KOMMISSION FÜR ALTE GESCHICHTE UND EPIGRAPHIK
DES DEUTSCHEN ARCHÄOLOGISCHEN INSTITUTS

VESTIGIA

BEITRÄGE ZUR ALTEN GESCHICHTE

BAND 66

Roberta Fabiani

I DECRETI ONORARI DI IASOS

CRONOLOGIA E STORIA

VERLAG C.H.BECK

Bibliografische Information Der Deutschen Bibliothek

Die Deutsche Bibliothek verzeichnet diese Publikation in der Deutschen Nationalbibliografie; detaillierte bibliografische Daten sind im Internet über *http://dnb.ddb.de* abrufbar

Satz: Boer Verlagsservice, Grafrath
Druck und Bindung: Beltz Bad Langensalza GmbH
Gedruckt auf säurefreiem, alterungsbeständigem Papier
(hergestellt aus chlorfrei gebleichtem Zellstoff)
Printed in Germany
ISBN 978 3 406 64843 4

www.beck.de

A
Francesca, Emanuele, Maria e Roberto

τὸ δὲ ζητούμενον
ἁλωτόν, ἐκφεύγει δὲ τἀμελούμενον.

Soph., *OT* 110–111

Indice

Premessa

Questo lavoro è il frutto dell'elaborazione, soltanto parziale, di una tesi di Dottorato discussa presso l'Università degli Studi di Perugia nel 2009. L'idea della ricerca era sorta da un'urgente esigenza scientifica. Nel momento in cui Gianfranco Maddoli, Massimo Nafissi e io avevamo avviato il lavoro di edizione del materiale epigrafico rinvenuto dagli scavi italiani della città, il *corpus* ben definito e ricco dei decreti di Iasos richiedeva in maniera impellente un ordinamento cronologico. All'assenza, in genere, di dati interni utili a definire una datazione assoluta si poteva ovviare solo ricorrendo all'analisi minuta e all'incrocio sistematico di tutti gli elementi disponibili. L'obiettivo non era poi fine a se stesso. La ricerca mirava a rendere leggibili in chiave diacronica le informazioni contenute nei testi e a cercare di ricostruire, nei limiti del possibile, lo sviluppo storico e politico della città.

Ho iniziato a lavorare su Iasos con la mia tesi di laurea, quando Gianfranco Maddoli, cui Giovanni Pugliese Carratelli aveva appena trasmesso l'incarico di pubblicare le epigrafi iasee, volle coinvolgermi nelle sue ricerche. La ricchezza del materiale iscritto di Iasos, la mancanza – perciò più singolare – di studi storici di grande respiro sulla città e la seducente e un po' straniante atmosfera del villaggio di Kıyıkışlacık e dei suoi resti antichi, dove, nel corso degli anni, ho ripetutamente soggiornato, hanno suscitato la mia passione scientifica e quel ‹mal di Iasos› che quasi tutti i frequentatori della casa della Missione Archeologica Italiana conoscono bene.

Una lunga serie di persone ha generosamente accompagnato il mio lavoro. Desidero ringraziare per prima Fede Berti, per anni Direttrice della Missione a Iasos, che ha sempre seguito con interesse la mia attività, per la liberalità con la quale mi ha permesso un illimitato accesso al materiale; con lei ringrazio, per il supporto non soltanto logistico, anche il suo successore alla Direzione della Missione, Marcello Spanu, e Daniela Baldoni. La mia gratitudine va anche a Nicolò Masturzo, al quale devo, oltre all'amicizia sincera, la sensibilità per gli aspetti monumentali dello studio epigrafico.

Riconoscente sono poi alla commissione (composta da Enrica Culasso, Emmanuele Curti, Arnaldo Marcone) che ha valutato positivamente la mia tesi di Dottorato e mi ha incoraggiato a curarne la pubblicazione; particolarmente prezioso il contributo di Enrica Culasso, lettrice attentissima, prodiga di indicazioni e suggerimenti di grande utilità.

La messa a punto conclusiva di questo lavoro è sostanzialmente avvenuta nel corso di un mio soggiorno in Germania come borsista della Alexander von Humboldt-Stiftung. Anche in questo caso sono tante le persone cui devo il mio grazie. Hans-Joachim Gehrke, da presidente del Deutsches Archäologisches Institut, mi ha offerto un indimenticabile posto di lavoro nella sede centrale dell'Istituto a Berlino, nella splendida biblioteca di Podbielskiallee, e più di tutto è stato prezioso e fattivo consigliere. Fondamentale è stato il rapporto con i componenti dell'Akademievorhaben *Inscriptiones Graecae* della Berlin-Brandenburgische Akademie der Wissenschaften: a Klaus Hallof, a Daniela Summa e a Jaime Curbera, dai quali ho appreso la preziosa arte del calco cartaceo, sono debitrice di innumerevoli consigli, indicazioni, suggerimenti; ma grande è anche la riconoscenza per l'amicizia, l'accoglienza, la disponibilità: i caffè delle 14.00 sono un ricordo particolarmente caro. Grande appoggio ho trovato anche nel Projektleiter delle *Inscriptiones Graecae*, Peter Funke dell'Università di Münster.

Per alcune proficue conversazioni e per importanti contributi alla messa a punto del lavoro sono grata a Wolfgang Blümel, che ha anche letto con pazienza e attenzione tutto il testo, e a Albio Cesare Cassio, che, come Jaime Curbera, si è reso disponibile a prestare la sua straordinaria competenza in qualità di consulente del capitolo linguistico. Utilissimo il confronto, lo stimolo e il consiglio, su temi specifici, di Riet van Bremen, Richard Catling e Daniel Kah; Charles V. Crowther ha messo gentilmente a mia disposizione importanti fotografie di calchi di iscrizioni oggi perdute.

Un grazie molto sentito anche alla Kommission für Alte Geschichte del DAI di München e ai suoi anonimi Gutachter per aver voluto accogliere il mio lavoro nella serie *Vestigia*; Christof Schuler è stato poi lettore attento del lavoro e gli devo non pochi utili commenti; un grazie anche a Filippo Battistoni, che si è dedicato, con competenza e acribia, a un'ulteriore preziosa revisione del testo.

La mia gratitudine va poi particolarmente a due persone la cui presenza è stata per me indispensabile. Il primo è Gianfranco Maddoli, che ha creduto in me da sempre: a lui sono grata per il coinvolgimento attivo in questa ricerca e il costante, affettuoso incoraggiamento a continuare nell'impegno della ricerca, che la necessità di lavorare, in questi lunghi anni, ha reso non sempre continuativo. Un ringraziamento speciale va a Massimo Nafissi, amico fraterno, paziente, generoso e instancabile ascoltatore e consigliere, prodigo di aiuto sempre e comunque: a lui devo l'idea di adoperare le tabelle per portare ordine nel labirinto e nel molteplice, a prima vista indominabile, dei decreti; a lui devo anche infiniti altri spunti nati dal dialogo continuo, sempre intelligente e stimolante, e molto più di quanto non sarebbe disposto ad ammettere.

L'ultima e più profonda parola di riconoscenza va alla mia famiglia, in particolare ai miei genitori, a mio marito Roberto e ai miei figli Francesca, Emanuele e Maria, che sono stati capaci di capire la mia passione e non l'hanno mai ostacolata, ma anzi mi hanno sostenuto in modo concreto, generoso e disinteressato. Il mio impegno ha sottratto loro attenzione, energie e un tempo che non mi sarà dato restituire. Perciò questo libro è dedicato a coloro dai quali sono stata troppo lontana.

I. Introduzione

1 Breve schizzo di storia iasea

Iasos (il nome odierno è Kıyıkışlacık) sorge in Caria in una profonda insenatura dell'antico Golfo Iaseo, detto anche Bargilietico; oggi i resti della città si trovano su una penisola, ma le fonti antiche definiscono Iasos un'isola.[1]

Occupato da un insediamento significativo già nell'Età del Bronzo, in rapporto con il mondo minoico e miceneo,[2] il sito torna ad offrire testimonianze archeologiche con il periodo Medio-Tardo Geometrico;[3] l'uso di ceramica greca fa ritenere che in questo luogo si siano insediati abitanti provenienti dalla penisola ellenica, probabilmente come esito di quel lento processo di spostamento di popolazioni dalla Grecia alle coste dell'Asia Minore con il quale oggi si intende la cosiddetta migrazione ionica.[4] Il ritrovamento in città di iscrizioni carie su doni votivi databili tra la fine del VI e l'inizio del IV secolo a.C. evidenzia tuttavia che fino in epoca classica tra la popolazione cittadina fu presente un consistente gruppo di abitanti di cultura caria, e di elevato livello sociale;[5] è probabile tuttavia che al più tardi dopo le Guerre Persiane e con l'adesione alla Lega delio-attica (forse intorno al 470 a.C.) la città abbia definito la propria identità come greca: le epigrafi attestano in effetti che già prima della metà del IV secolo a.C. i nomi di persona cari (si tratta evidentemente di persone nate tra la fine del V e l'inizio del IV secolo a.C.) sono ormai divenuti assai rari.[6]

Il mito (Polyb. 16.12.2), la cui epoca di elaborazione è discussa, presentava Iasos come una colonia originariamente argiva che, a causa di una sconfitta riportata nella guerra con i Cari, sarebbe stata rifondata da Mileto;[7] come Mileto, la città fu di cultura (lo evidenziano soprattutto il dialetto e il calendario) ionica.[8]

Notizie storiche certe si hanno solamente a partire dal V secolo.[9] Iasos aderì alla Lega delio-attica, versando al tesoro prima uno poi, dopo l'inasprimento del tributo del 425/4 a.C., tre talenti; nella parte conclusiva della Guerra del Peloponneso risiedette in città Amorges, il figlio del satrapo Pissouthnes; questi, come il padre, si ribellò al re di Persia e nella sua lotta si alleò con Atene:[10] fu per questo che nel 412 a.C. Iasos venne conqui-

---

[1] Strab. 14.2.21; Steph. Byz., *s. v.*

[2] Per misurati bilanci sui risultati degli scavi si vedano, per la fase precedente l'eruzione di Santorini, Momigliano 2005 e Ead. 2009, per quella successiva Benzi 1986, Id. 2005 e soprattutto Benzi – Graziadio 2013.

[3] Berti 2007.

[4] Herda 2009, spec. 28–31.

[5] Su queste epigrafi Adiego 2007, 145–149 e Piras 2009, 233–235. Sulla presenza caria a Iasos v. anche Berti 1993, 236–238 e Baldoni *et al.* 2004, 74–75.

[6] Degli oltre 150 antroponimi presenti in *I.Iasos* 1, quelli cari sono 9: cf. Blümel 1994, 74.

[7] Polyb. 16.12.1. Raffaelli 1995; Biraschi 1999; Bresson 2009, 110–111.

[8] Sulla questione v. Ehrhardt 1983, 26–27 e *passim*, che tuttavia, per alcuni aspetti, in particolare per la riflessione sul numero delle tribù (p. 99), non può essere più seguito: sulla questione delle φυλαί v. ora Fabiani 2010b, 477–480; sui nomi dei mesi iasei v. soprattutto Trümpy 1997, 114–117.

[9] Per le vicende di Iasos in epoca classica v. Fabiani 2004.

[10] Secondo una recente ricostruzione (Thonemann 2009) Amorges, all'inizio degli anni '20, sarebbe stato al servizio del Gran Re e sarebbe stato il protagonista della sconfitta subita dall'ateniese Lysikles nel 428 a.C. al colle Sandios, nella Ionia meridionale (Thuc. 3.1.19). Pur riconoscendo l'interesse di questa originale messa a punto delle vicende licie (e carie) negli anni della Guerra Archidamica, mi sembra opportuno chiarire che in ogni caso non è agevole supporre uno schieramento filopersiano di Iasos in quegli anni, alla luce della regolare presenza della città nella lista dei tributi del 427/6 a.C. (*IG* I^3, 294, 4). Nel caso in cui si voglia accogliere la proposta di Thonemann va pertanto almeno escluso che la città intrattenesse già a quel tempo un rapporto privilegiato con Amorges; a p. 180 lo studioso ammette d'altra parte che Iasos avrebbe disatteso l'ordine, impartitole dal supposto plenipotenziario achemenide residente a Cauno, di mobilitarsi contro Lysikles: l'ordine, a quel punto, sarebbe stato rivolto ad Amorges.

stata e saccheggiata da Spartani e Persiani e Tissaferne vi stabilì una guarnigione.[11] È probabile che sia stato in questa circostanza che un gruppo di Iasei ἀττικίζοντες, rimasto senza patria, si rivolse ad Atene in cerca di soccorso; Atene decretò che gli strateghi provvedessero loro una sistemazione e li dichiarò suoi prosseni.[12] È solo in base ad un emendamento a Diodoro 13.104.7 che si ritiene che la città venne rasa al suolo da Lisandro nel 405 perché di orientamento filoateniese.[13] Certa è in ogni caso la sua adesione all'alleanza attestata dalle cosiddette monete SYN, datate da alcuni nel 404, ma probabilmente da ricondurre al periodo della spedizione di Agesilao di Sparta in Asia Minore (396–394 a.C.).[14] Inserita nella satrapia di Caria almeno a partire dalla Pace del Re, dopo un periodo di tensioni interne culminate in una ‹congiura› contro Mausolo[15] scelse di essere fedele alla dinastia ecatomnide; a dimostrarlo, accanto alla repressione della ‹congiura›, sono la dedica di un Μαυσσωλλεῖον e di un monumento alla famiglia dei satrapi.[16] A quest'epoca sembra risalire la costruzione della più antica cinta muraria urbana.[17] Nel 334 a.C. la πόλις partecipò con una nave all'inutile resistenza opposta a Lade dalle truppe persiane al re Alessandro,[18] con il quale Iasos stabilì presto un forte legame: un cittadino iaseo, Gorgos, che fu φίλος del re e suo ὀπλοφύλαξ,[19] riuscì, insieme al fratello Minnion, a ottenere da Alessandro la restituzione alla città del cosiddetto Mar Piccolo,[20] con tutta probabilità un antico specchio d'acqua oggi prevalentemente interrato, ubicato nella zona dell'attuale palude alla foce del fiume Sarı Çay.[21] Gorgos diede anche un contributo al rimpatrio degli esuli di Samo, un gruppo dei quali aveva soggiornato a Iasos.[22] Nel 313 a.C. Antigono Monoftalmo sottrasse Iasos, tramite il nipote Polemaios, al controllo del satrapo di Caria,

---

[11] Thuc. 8.28.2 - 29.1. Secondo Pimouguet-Pédarros 2000, 203–205 la città sarebbe stata già allora dotata di mura.

[12] Si tratta del decreto *IG* II² 3, oggi integrabile grazie a Maddoli 2001, A. Su tutto questo v. Fabiani 2001, Fabiani 2013, 322–327 e ancora Ead. in stampa, a. Per una diversa contestualizzazione storica del decreto v. Culasso Gastaldi 2003 e Ead. 2004, 79–87; per l'attribuzione a *IG* II² 3 anche del frammento *IG* II² 165 v. *ibidem* e Walbank 2002b.

[13] Sul passo diodoreo e le sue difficoltà di lettura v. Fabiani 1997. Bleckmann 1998, 137–138 segnala Diodoro 13.104.7 tra i brani dello storico siceliota che citano in modo letterale passi delle *Elleniche* di Senofonte; in certi casi, come in quello presente, la ripresa letterale s'accompagna a varianti d'origine difficilmente spiegabile: qui è evidente l'analogia con Xen., *Hell.* 2.1.15, in cui tuttavia si legge che Lisandro avrebbe preso con la forza e reso schiavi gli abitanti di un'altra alleata caria di Atene, Kedreiai. A p. 137 n. 15 Bleckmann sottolinea come, a differenza di quanto si può dire per Kedreiai, non sia chiara la ragione dell'ostilità di Lisandro per Iasos, dato che non è esplicitamente noto un allontanamento della città dall'alleanza con Sparta e la Persia dopo la conquista del 412 a.C. Forse per risolvere questa aporia Bleckmann (p. 211 e 224 n. 83) ritiene che possa essere Iasos, e non Thasos, la città che nel 409 a.C. espulse una guarnigione spartana con l'armosta Eteonikos in seguito ad una στάσις (Xen., *Hell.* 1.1.32: il navarca Pasippidas fu accusato di essere stato, insieme a Tissaferne, l'ispiratore della sedizione), supponendo di fatto che anche qui si sia verificata la confusione che si immagina in Diodoro 13.104.7. Rinvio ancora a Fabiani 1997 anche per l'analisi di quest'ultimo passo senofonteo. V. anche Pimouguet-Pédarros 2000, 205.

[14] Per la datazione nel 404 a.C. v. da ultimo Ashton 2007, 50–52, con bibliografia precedente. Per l'altra ipotesi v. Fabiani 1999.

[15] *I.Iasos* 1; sulla vicenda e il suo contesto politico tra l'epoca ecatomnide e quella di Alessandro v. Fabiani 2013, 322–327 e Ead. in stampa, a. La ricostruzione delle vicende e del quadro politico che offro in questi studi differisce profondamente, soprattutto per quanto concerne il ruolo e lo schieramento politico dei fratelli iasei Gorgos e Minnion, da quello presente in Delrieux 2001a e Id. 2013.

[16] Per il Μαυσσωλλεῖον v. Maddoli 2007, 11–13, 248–271. Sul monumento alla famiglia dei satrapi v. Maddoli 2010; Fabiani *et al.* 2010; Fabiani in stampa, a; Nafissi 2013; Id. in stampa, a-b; Nafissi – Masturzo in stampa.

[17] La questione è stata recentemente riesaminata da Masturzo 2012.

[18] Arr., *An.* 1.19.10.

[19] Athen. 12.538b; v. anche *IG* IV² 1, 617, 4 (dove invece è definito ὀπλοφόρος). Presso Alessandro soggiornò anche un altro iaseo, Choirilos, noto nell'antichità come pessimo poeta epico: su di lui v. Fantuzzi 1997; Franco 2004, 389–390; Braccesi 2010; Walsh 2011; per i frammenti che gli sono attribuiti v. Lloyd-Jones – Parsons 1983 (frr. 333–335 e forse 329–332) e Lloyd-Jones 2005, 41–42. Nawotka 2003, 24–25 (ma v. anche Delrieux 2001a e Id. 2013, 209–210) è persuaso che dopo la conquista di Alessandro la città abbia goduto di un regime democratico; chi scrive ritiene invece che l'arrivo dei Macedoni non abbia portato trasformazioni politiche essenziali e profonde: per una presentazione più circostanziata di questa opinione v. Fabiani 2012, 150–151 e Ead. in stampa, a.

[20] *I.Iasos* 30 (= Rhodes – Osborne 2003, 90), che va oggi ricongiunta al decreto *I.Iasos* 24: Fabiani 2007. Su questo documento, i personaggi che menziona e sul suo possibile contesto storico v. Heisserer 1980, 169–179; Ruzicka 1992, 41 e 209 n. 52; Debord 1999, 446–448; Delrieux 2001a; Vacante 2008 (con Vacante 2010 e Id. 2011); Reger 2010, spec. 44–49; Bresson 2010a, 450–451; da ultimo, Lytle 2012, 16–19, con interessanti osservazioni.

[21] Sulla localizzazione v., con bibliografia precedente, Delrieux 2001a, 163–168, Vacante 2008, 510–511, Lytle 2012, 18.

[22] *IG* XII 6, 1, 17. Su Gorgos v., da ultimi, Franco 2004, 384–389 e Heckel 2006, *s. v.* Per una riconsiderazione del ruolo di questo personaggio e di suo fratello Minnion in città rinvio a Fabiani 2013, 327–330; v. anche Ead. in stampa, a–b.

Asandros.[23] Tra 309 e 305 la πόλις strinse un'alleanza, durata certamente qualche anno, con Tolomeo, che s'impegnò a rispettare l'autonomia della città;[24] al rapporto con la dinastia lagide è da riconnettere la presenza in città di un ginnasio chiamato Πτολεμαιεῖον.[25] All'inizio del III secolo a.C. Iasos potrebbe aver intrattenuto stretti rapporti con il dinasta Eupolemos.[26] Ampiamente oscure sono le vicende cittadine per gran parte del III secolo a.C.[27] Divenuta parte dei domini macedoni con la spedizione caria di Antigono Dosone del 227 a.C.,[28] subì dopo il 220 delle aggressioni da parte di Olympichos di Alinda, in quel momento subordinato a Filippo V; per reagire ad esse la città chiese aiuto a Rodi, che mediò in suo favore presso il re macedone.[29] Questi venne poi ad occupare la città nel 201 a.C., nel corso della sua spedizione microasiatica.[30] Una guarnigione macedone vi rimase fino al 197 a.C., quando Iasos fu presa da Antioco III. Le iscrizioni affermano che il re la dichiarò libera e cercò di favorire la ὁμόνοια; sua moglie Laodice accordò alla città, che in quel momento versava in condizioni economiche difficili, una donazione per costituire doti a favore delle figlie di cittadini indigenti: i cittadini di Iasos, in segno di gratitudine, istituirono onori divini per entrambi;[31] probabilmente è proprio Antioco il Grande l'eponimo del ginnasio cittadino chiamato Ἀντιοχεῖον.[32] Nel 190 a.C. Rodi, su pressione di esuli iasei, riuscì a dissuadere il pretore L. Emilio Regillo dal distruggere la città che, adesso occupata da una guarnigione di Antioco, non aveva accettato di arrendersi ai Romani.[33]

Dopo la Pace di Apamea fu probabilmente città libera.[34] Dubbio, come per tutta la Caria, il momento del suo ingresso nella Provincia d'Asia, che potrebbe risalire già al 129 a.C. oppure, come si ritiene ormai più probabile, a dopo la I Guerra Mitridatica,[35] nella quale con ogni verosimiglianza fu coinvolta, forse dalla parte del re del Ponto; è noto poi che al termine di essa fu razziata da pirati.[36] Nell'81 a.C. riconobbe la ἀσυλία del santuario di Hekate a Lagina.[37] Nel I sec. a.C. e d.C. fu certamente un porto importante, sede di una stazione doganale dei *publicani*.[38]

---

[23] Diod. 19.75.5. Sulle vicende della Caria in questo periodo v. Mastrocinque 1979, 24–32.

[24] *I.Iasos* 2 e 3. Su questi due documenti v. Giovannini 2004 e Migeotte 2005. Alla corte tolemaica furono certamente attivi almeno due iasei: il grammatico Hermokrates, maestro di Callimaco (su cui v. Leurini 2000; Franco 2004, 392 s.), e il filosofo dialettico Diodoro detto ‹Kronos›, uno dei maestri di Zenone di Kition, su cui v. Leurini 2001 e ancora Franco 2004, 390–392.

[25] *I.Iasos* 98, 36.

[26] V. Fabiani 2009.

[27] Nella nuova edizione (anno 2010) del *corpus* delle epigrafi di Cos Klaus Hallof esprime la convinzione che il decreto *IG* XII 4, 1, 227, 22–31 (l'ultimo di una stele che contiene tre ψηφίσματα), finora considerato il documento ufficiale con il quale nel 242 a.C. anche Iasos avrebbe riconosciuto l'ἀσυλία dell'Asklepieion (nella raccolta di Blümel esso compare come *I.Iasos* 21), non sia da ascrivere alla città caria. Quanto resta della l. 21 (]|ασου *vacat*) era stato interpretato, a partire da Herzog, come una notazione di archivio,]'Ιασοῦ, anteposta al decreto iaseo. Hallof esclude questa eventualità, poiché ci si attenderebbe piuttosto l'etnico'Ιασέων e perché (questa informazione è frutto di una comunicazione personale) il lapicida di questa pietra non suole incidere tali notazioni in posizione centrale (cf. ll. 9–10). Le lettere superstiti di l. 21 sarebbero piuttosto, a suo avviso, quanto rimane dell'ultima riga del decreto precedente, promulgato da una città dell'isola di Lesbo. Anche se questa ricostruzione del testo non è priva di difficoltà (in particolare mal si spiega la desinenza genetivale -ου nell'ultima presunta linea del documento lesbio, che in precedenza adopera sicuramente -ω: v. l. 18) e anche se il decreto finora attribuito a Iasos è, coerentemente, in κοινή e presenta i nomi dei due θεωροί che ebbero l'incarico di recarsi nelle *poleis* costiere dell'Asia Minore e nelle isole ad esse adiacenti (v. *ibidem*, p. 169), le osservazioni di Hallof sconsigliano di ritenere scontata l'attribuzione del decreto a Iasos.

[28] Mastrocinque 1979, 143–148; Le Bohec 1993, 327–361.

[29] *I.Iasos* 150, su cui v. Crowther 1995a, spec. 101–102 e 109–112 e Meadows 1996. Per una diversa datazione della vicenda Mastrocinque 1979, 163–165.

[30] Su Iasos nel *bellum Philippicum* v. Polyb. 18.2.3 e Liv. 32.33.6–7; Polyb. 18.8.8–9; 44.1–4 e Liv. 33.30.1–3; 34.32.5. Vi sono poi rinvii indiretti alla città anche nei passi in cui si fa riferimento alla vicinissima Bargylia: 16.24.1–8; Liv. 33.18.18–19 e probabilmente Polyain. 4.18.2; ancora Polyb. 18.48.2 e Liv. 33.35.1–2 oltre a Plut., *Flam.* 12.1–2; Polyb. 18.50.1 e Liv. 33.39.2. Si veda Mastrocinque 1979, 170–173.

[31] *I.Iasos* 4, su cui v. Ma 2000, 180–182, 216–217, 223–224, n° 26 (pp. 329–335) e Nafissi 2001.

[32] *I.Iasos* 93, 22–23.

[33] Su questo episodio relativo a Iasos nel *bellum Antiochicum* v. Liv. 37.17.3–8; cf. Mastrocinque 1979, 188–189.

[34] Ma 2000, 160 s.

[35] Errington 1987, 112–114; Marek 1988 (cf. anche Mileta 1990, 435 e 440); dichiaratamente a favore della seconda datazione Daubner 2003, 198, con argomentazioni e ulteriore bibliografia. Appartenne dapprima al *conventus* di Mylasa e poi a quello di Alicarnasso: Fabiani 2000, 387.

[36] App., *Mithr.* 262 - 263.

[37] *I.Stratonikeia* 508, 17.

[38] Cottier *et al.* 2009, § 9, l. 25 (cf. anche pp. 309–310).

Piuttosto floridi sembrano essere stati i primi due secoli dell'era cristiana, soprattutto il secondo: a dimostrarlo i numerosi lavori edilizi (come la στοά Est dell' ἀγορά[39] o le esedre nella cosiddetta area di Artemide Astias[40]) sostenuti dai ricchi evergeti cittadini. Statue, dediche, ambascerie attestano in ogni caso il rapporto della πόλις con numerosi imperatori[41] (particolarmente ben documentato è l'ossequio nei confronti della dinastia dei Severi[42]) fino al IV secolo d.C. All'avvento del cristianesimo furono costruiti vari edifici di culto.[43] Tra V e VI secolo divenne sede episcopale.[44]

Tucidide ricorda Iasos come una città ricca di beni accumulati da lungo tempo;[45] secondo Strabone invece il suo territorio sarebbe stato povero e la sua risorsa principale sarebbe stata la pesca.[46] L'importanza di questa attività per l'economia iasea è dimostrata da più indizi: oltre a un divertente aneddoto in Strabone, narrato con l'intento di mostrare ai lettori come per gli Iasei la vendita del pesce costituisse di gran lunga l'interesse prevalente, Archestrato di Gela nel IV secolo a.C. ricorda i suoi gamberi come una vera prelibatezza.[47] La proiezione marinara della πόλις è poi ribadita dall'esistenza e la notorietà nel mondo antico di un racconto sull'amore di un delfino per un ragazzo iaseo:[48] significativamente la città volle porre sulle proprie monete l'immagine del ragazzo che nuota aggrappato all'animale.[49] Tuttavia, le fattorie sparse nel territorio e i cenni delle iscrizioni a una tassa sulla vendita del vino locale dimostrano che anche l'agricoltura fu una risorsa non trascurabile.[50] E fiorente fu certamente anche il commercio: i materiali archeologici e le epigrafi attestano una rete di relazioni che si estese a buona parte del Mediterraneo.[51] Dall'epoca imperiale la città fu poi molto rinomata per il suo marmo rosso.[52] Sia pure in certi periodi drasticamente ridotto,[53] a Iasos non dovette dunque mancare un certo benessere.

2 Obiettivi, presupposti e metodo del lavoro

Tra le πόλεις d'Asia Minore Iasos si distingue per l'abbondanza delle sue testimonianze epigrafiche, soprattutto di epoca ellenistica, e in particolare per la quantità dei suoi decreti onorari, ad oggi oltre un centinaio:[54] la piccola città caria, pertanto, costituisce - soprattutto per l'area micrasiatica - un terreno d'indagine privilegiato per tale genere di documenti. Per questa ragione, determinare nella maniera quanto più possibile precisa la cronologia dei decreti onorari iasei rappresenta da tempo un ovvio *desideratum* della ricerca, tanto più che

---

[39] Pugliese Carratelli 1986; Trotta 2008.

[40] *I.Iasos* 251. Sull'area rinvio a Masturzo 2012.

[41] V. *e.g.* *I.Iasos* 7–19; 87; 113; 251; Pugliese Carratelli 1993, I-III, 261–269; Maddoli 2008 (= *SEG* 58.1213).

[42] *I.Iasos* 10–12; Pugliese Carratelli 1993, II-III, 265–269.

[43] Serin 2004.

[44] V. *Notitiae Episcopatuum Ecclesiae Constantinopolitanae* 1.302; 2.365; 3.483; 4.320; 7.379; 9.261; 10.314; 13.317. *Acta Conciliorum* 2.6. Queste fonti rendono noti i nomi di alcuni suoi vescovi.

[45] 8.28.2 (παλαιόπλουτον χωρίον); v. anche Benoit - Pierobon Benoit 1993, 908–911. Sulla ricchezza del territorio di Iasos v. adesso l'ipotesi di Vacante 2011, 329–331.

[46] 14.2.21.

[47] Archestr., *ap.* Athen. 3.65.105e (Olson - Sens 2000, fr. 26).

[48] Franco 1993.

[49] Ashton 2007, 55–77.

[50] Per la valorizzazione di questo aspetto, fondamentali i risultati del *survey* intrapreso dalla fine degli anni '80 del secolo scorso sulla χώρα della città, sui cui risultati v. *Sinus Iasius* 1993 (spec. Benoit - Pierobon Benoit 1993, 908–911) e Pierobon Benoit 2005a–b. A una tassa sulla vendita del vino locale si fa riferimento in *SEG* 41.929 (= PC 1989, 1), 4–5.

[51] Levi 1969; v. anche Carcaiso 2005.

[52] Paul. Sil., *Ekphr. M. Eccl.* II 213–216; per un quadro sul *Marmos Iassense* e il suo impiego v. Andreoli *et al.* 2002, con bibliografia precedente.

[53] Un lungo periodo di difficoltà finanziaria fu vissuto dalla città nel II secolo a.C. A testimoniarlo non soltanto il sostegno economico disposto dalla moglie di Antioco III, la regina Laodice (v. sopra), ma anche il ricorso della città a contribuiti privati per il finanziamento degli spettacoli teatrali (*I.Iasos* 160–218, su cui v. Migeotte 1993 e Crowther 1990, 1995b e 2007) e la decisione dei Τεχνῖται di Dioniso di offrire per un anno l'esibizione di un certo numero di artisti in occasione delle Dionisie a titolo gratuito: *I.Iasos* 152 (su cui v. Crowther 2007, 308–310 con bibliografia precedente).

[54] Per alcune valutazioni numeriche v. Knoepfler 2001, 21–23. Per una quantificazione più precisa dei decreti di Iasos v. oltre.

il materiale epigrafico costituisce, tranne poche eccezioni,[55] l'unica fonte scritta che possa dare qualche informazione sulla storia ellenistica della πόλις. Quello che qui viene presentato non è perciò il primo tentativo di datare queste iscrizioni. Alcune proposte di datazione sono state avanzate in passato, per i decreti della prima epoca ellenistica, da E.L. Hicks, L. Robert, G. Pugliese Carratelli e Ph. Gauthier;[56] risultati più considerevoli sono stati raggiunti per il secondo secolo, grazie alla presenza di una serie di documenti, i numerosi testi di coregia (non decreti, dunque), che consentono di costruire più facilmente una sequenza cronologica, e grazie all'impegno profuso su di essi da Ch. V. Crowther, L. Migeotte, F. Delrieux.[57] Questi ed altri studiosi – penso in particolare recentemente a Chr. Habicht, W. Blümel, G. Maddoli,[58] per menzionare solo alcuni – hanno dato un importante contributo all'edizione e all'analisi delle epigrafi iasee e nell'interpretarle e commentarle hanno raggiunto dei risultati che rappresentano un utile punto di partenza per il lavoro che intendo svolgere. Tuttavia quello che qui si propone è un tipo di studio nuovo, che si prefigge l'obiettivo di giungere a conclusioni più precise e più solidamente fondate. Premessa di questo possibile progresso sono da una parte la recente edizione di un consistente gruppo di iscrizioni iasee da parte di G. Maddoli che, col notevole ampliamento del numero di testi disponibili allo studio (46 nuove epigrafi tra integre e frammentarie, tra cui 40 decreti),[59] offre una base documentaria decisamente migliore di quella disponibile in precedenza – per questa ragione non può essere ritenuto affidabile il recente tentativo di datazione e interpretazione storica proposto da S. Carlsson, che non ha preso in considerazione tutta questa nuova serie di testi[60] –, dall'altra un metodo di lavoro più sistematico di quelli adottati sino ad oggi.

In questa sede ci si propone infatti di analizzare e valutare tutti i diversi elementi che caratterizzano i decreti onorari di Iasos di epoca tardo-classica ed ellenistica (fine V-seconda metà del II secolo a.C.):[61] solo un'indagine globale, facilitata dall'omogeneità di contenuto dei documenti, può permettere di ricostruire una seriazione e poi proporre una datazione assoluta, sia pure ragionevolmente approssimata e a maglie più o meno larghe a seconda della qualità e della quantità della documentazione disponibile per i singoli momenti. Questa, a sua volta, potrà rappresentare uno strumento di lavoro per future ricerche storiche.

Lo strumento d'analisi fondamentale utilizzato in questo lavoro è rappresentato dalle tabelle di associazione, che hanno consentito di operare confronti puntuali tra gli elementi costitutivi dei decreti e di individuare con precisione costanti e variabili, elementi omogenei o eterogenei, coesistenze possibili o impossibili. A queste tabelle sono soliti ricorrere gli archeologi, soprattutto – ma non soltanto – protostorici, sia nel lavoro di analisi e seriazione di complessi relativamente omogenei, come p. es. le tombe di una necropoli, sia in quello di datazione delle stesse.[62] Nel caso di una necropoli, le unità di riferimento sono rappresentate dalle singole tombe; il primo passo consiste nel costruire una tipologia degli oggetti contenuti nei corredi funerari e poi, incrociando due livelli di informazione (il numero della tomba e la tipologia degli oggetti del suo corredo), i dati vengono inseriti in tabelle che permettono di visualizzare con efficacia, rapidità e chiarezza quali deposizioni siano, o non siano, da considerare omogenee tra loro. Lo studio delle associazioni porta tuttavia a risultati anche più interessanti: permettendo di individuare persistenze, abbandoni, nuove acquisizioni nell'uso di certi oggetti, esso consente di determinare la sequenza delle fasi e delle sottofasi di una necropoli, e i rapporti fra di esse. L'uso di simili tabelle, che ha permesso p. es. a Müller-Karpe di definire le fasi delle necropoli e più in generale, a partire da esse, della cultura laziale,[63] si è raffinato nel corso del tempo, ma si fonda tuttora sugli stessi

[55] Le fonti letterarie menzionano Iasos soltanto a proposito del *bellum Philippicum e Antiochicum*: per i passi si rinvia alle note 30 e 33.

[56] Hicks 1888, 340; Robert 1936, 75; Pugliese Carratelli 1967–1968, 455; Id. 1969–1970, 382 s.; Gauthier 1990, 424, n. 15 e 16; 425, n. 20.

[57] Crowther 1990; Crowther 1995b; sui decreti per giudici stranieri v. Crowther 1995a; per alcune considerazioni in merito alla datazione di taluni decreti iasei v. anche Crowther 1994. V. poi Migeotte 1993 e Delrieux 1996.

[58] Habicht 1994; Blümel 2007; Maddoli 2007.

[59] Maddoli 2007.

[60] Carlsson 2010, spec. 296–302, su cui si vedano l'ampia recensione di Hamon 2009 e quella più generale di Wiemer 2010.

[61] La necessità e la validità di un approccio di questo genere era chiara anche a Delrieux 2005a, il cui tentativo è stato di portata più limitata a motivo del minor numero di testi in quel momento disponibili all'indagine.

[62] V. p. es. Buranelli 1983, 115–117; Bietti Sestieri 1992, 538–549.

[63] Müller-Karpe 1962, spec. tav. 44.

elementi teorici.[64] Le indagini più recenti, avendo individuato alcuni rischi insiti nelle loro prime applicazioni, hanno cercato strategie per annullarli. Uno dei problemi riscontrati consiste nel fatto che le tabelle di associazione consentono di analizzare una sola variabile alla volta;[65] in questo modo si corre il rischio di attribuire valenza diacronica a differenze spiegabili anche a livello sincronico: la tomba di un notabile può p. es. contenere oggetti rari e lussuosi (i cd. ‹indicatori di ruoli verticali›)[66] che non si incontrano nelle deposizioni di individui contemporanei di livello sociale meno elevato, ma che possono diventare comuni successivamente. Tale rischio può tuttavia essere ridotto, come è stato suggerito da A. M. Bietti Sestieri e A. Hoffmann, analizzando e confrontando non solo una quantità di dati statisticamente rilevante, ma anche omogenea sotto più profili (p. es. sia quanto alla tipologia degli oggetti contenuti che al livello sociale del defunto) ed avendo dunque contemporaneamente consapevolezza sia dei dati archeologici che di quelli sociali e antropologici.[67] Nel caso dei decreti, il rischio appena denunciato può essere a mio avviso annullato o drasticamente ridotto grazie alla presenza di molteplici variabili indipendenti (formulario, grafia, indizi linguistici e altro ancora): se tutte conducono allo stesso risultato, allora si può avere la ragionevole certezza di aver individuato il reale sviluppo diacronico dei testi. Va anche detto che, nel nostro caso, la presenza di certi elementi del prescritto, certi modi di esprimere gli onori, così come l'uso di una certa grafia, non hanno nessun rapporto con l'eventuale volontà di differenziare gli onori in relazione alla statura politica e sociale dell'onorando.

Come un archeologo che innanzitutto elabora una tipologia dei manufatti contenuti nei corredi funerari,[68] ho creato anche io una tipologia del materiale a mia disposizione: formulario, paleografia, dati linguistici. Ovviamente simili analisi dei testi epigrafici non sono in sé una novità: esistono già studi tipologici del formulario[69] e si fa comunemente ricorso all'esame della paleografia o degli elementi linguistici per desumerne indicazioni cronologiche. La novità del presente lavoro consiste piuttosto nell'aver *sistematicamente* studiato tutti questi dati e nell'averli *sistematicamente* combinati tra loro in tabelle d'associazione per determinare una cronologia relativa.[70] I dati ricavati dalle tipologie dei diversi materiali sono stati poi tabulati, riportando sull'asse delle ordinate le epigrafi oggetto d'esame e su quello delle ascisse i singoli elementi tipologici del materiale di volta in volta preso in esame; sono emerse così analogie, coesistenze, differenze che hanno consentito di isolare gruppi di epigrafi. I dati delle tabelle sono stati poi ulteriormente verificati e raffinati grazie a un'altra serie di osservazioni suggerite dai decreti stessi (indizi cronologici interni, collegamenti prosopografici): su questa base più ampia si è poi compilata una tabella conclusiva (la n. 35) che visualizza lo sviluppo cronologico dei decreti di Iasos. In questa tabella i decreti sono divisi in gruppi che, agganciati alla cronologia assoluta di alcune iscrizioni in essa contenute,[71] si estendono ciascuno per periodi di tempo di durata irregolare.

Sulle potenzialità di ricerca storica offerte da questa datazione ci si soffermerà nella parte conclusiva del lavoro.

---

64 Si veda in particolare Hoffmann 2002, spec. 17–24.

65 V. in proposito Bietti Sestieri 1986, 255–259. Sui correttivi e le attenzioni necessarie v. anche Hoffmann 2002, 23–24, 54–56.

66 Bietti Sestieri – De Santis 2006, 81–88.

67 Bietti Sestieri 1986, 255–263; Ead. 1988–1989, 422–423; Ead. 1992, 46–47 e 527–529; Hoffmann 2002, 23–24 e 79–115; Bietti Sestieri – De Santis 2006, 84–89.

68 Hoffmann 2002, 17–24.

69 Si vedano p. es. i lavori di A.S. Henry sui decreti di Atene: Henry 1977 e Henry 1983; Veligianni-Terzi 1997.

70 Lavori di riordino cronologico di decreti fondati sull'osservazione congiunta di più elementi (formulario, paleografia, aspetti linguistici e prosopografici) si trovano già in Knoepfler 2001 per Eretria e in Walser 2008, 321–356 per Efeso. Un tentativo concettualmente non dissimile, pur molto parziale anche perché esercitato su un gruppo di decreti molto ristretto come è quello di Argo, è anche in Charneaux 1990. Alcune considerazioni metodologiche, svolte prima di accingersi a uno studio dei decreti beotici, sono in Müller 2005, 97–100. Nella sua edizione dei decreti di Samo già Habicht 1957, 253–270 invitava, in assenza di strumenti di datazione esterna come p. es. liste di arconti, a riconoscere criteri datanti negli elementi che anche io ho qui analizzato (egli tuttavia rinunciava allo studio paleografico), e a cercare particolarmente in questi casi la congruenza fra i diversi indizi, senza affidarsi soltanto a uno di essi.

71 A questo è dedicato il capitolo 2. Sull'importanza dell'aggancio alla cronologia assoluta v. Hoffmann 2002, 56.

3 L'oggetto dell'indagine

L'indagine che qui viene presentata è stata svolta su un totale di 112 decreti del δῆμος di Iasos, di cui alcuni integri altri frammentari. I testi che sono stati oggetto d'esame sono così classificabili:[72]

Categoria 1: decreti onorari della città di Iasos[73] (92 exx.).

Genere 1: in onore di stranieri non giudici[74] (72 exx.).

Specie 1: pubblicati a Iasos (71 exx.).

Serie 1: di tipo non abbreviato (68 exx.).

Serie 2: di tipo abbreviato[75] (3 exx.).

Specie 2: non pubblicati a Iasos[76] (1 ex.).

Genere 2: in onore di giudici stranieri[77] (12 exx.).

Specie 1: pubblicati a Iasos (10 exx.).

Specie 2: non pubblicati a Iasos[78] (2 exx.).

Genere 3: in onore di cittadini[79] (5 exx.).

Genere 4: decreti certamente onorari per destinatari incerti[80] (5 exx.).

---

[72] Tale classificazione è plasmata, per comodità, su quella ‹gerarchica› proposta, per lo studio della ceramica campana, da Morel 1981, 34–36, sebbene sia consapevole delle obiezioni circa l' ‹artificialità› di essa espresse da Hoffmann 2002, 20–22.

[73] Si tratta dei 42 decreti, tra integri e frammentari, inseriti nei tomi 28.1 e 28.2 delle *Inschriften griechischer Städte aus Kleinasien* curati da W. Blümel (Bonn 1985): *I.Iasos* 4; 24+30 (v. Fabiani 2007; cf. *SEG* 57.1085 e P. Fröhlich, *BE* 2009, 454, 533, rispetto al quale non ritengo che costituisca un ostacolo al ricongiungimento dei decreti il fatto che gli onori a Gorgos risalgano all'anno del suo stefaneforato); 27; 31–43; 45–48; 50–54; 56–58+44 (v. Fabiani 2007; *SEG* 57.1086 e P. Fröhlich, *ibidem*); 59–63; 68 (questo ψήφισμα viene qui considerato in una forma diversa da quella presentata nel *corpus* curato da Blümel: la nuova proposta di lettura del testo è a § 9.18); 70–71; 73, 1–37; 74, 1–34; 75–77 (*I.Iasos* 78 è confluito in Pugliese Carratelli 1989, 1 = *SEG* 41.929; non è stato considerato per l'eccessiva lacunosità *I.Iasos* 79); 82. A questi si aggiungono poi i 12 decreti, tra integri e frammentari, pubblicati in Pugliese Carratelli 1985; Id. 1987 (uno dei testi rappresenta la reincisione di Pugliese Carratelli 1985, p. 155 = *SEG* 36.983 e verrà dunque considerato una sola volta; il testo ‹b› a p. 290 non verrà esaminato per l'eccessiva frammentarietà); Id. 1989: si tratta rispettivamente di *SEG* 36.982A-C, 36.983, 38.1061, 41.929–933. Oltre ad essi verrano considerati 35 decreti pubblicati in Maddoli 2007: 1.1–1.4; 4–14.A; 15–23; 24–25.A1; 25.B-26. Il decreto Maddoli 2007, 23.1, che nel corso di questo lavoro è stato ricongiunto a un suo frammento non aderente (*I.Iasos* 66), viene qui analizzato nella sua forma ricomposta, sebbene non ancora edita (la nuova integrazione è presentata a § 9.25). Vengono poi considerati due decreti recentemente pubblicati da W. Blümel (Blümel 2007, 2 II–III, 43–45) e un documento ancora inedito (privo di numero d'inventario e qui identificato con la sigla dell'archivio della ricerca su Iasos del Dipartimento di Scienze Storiche dell'Università di Perugia come NPg 898), che verrà presto pubblicato da G. Maddoli, M. Nafissi e dalla sottoscritta, il cui testo è qui anticipato a § 9.27.

[74] Si tratta di *I.Iasos* 4; 27; 31–42; 45–48; 50–51; 53–54; 56–58+44; 59–63; 68; 70–71; *SEG* 36.982A-C e 36.983 (vale a dire i testi pubblicati in Pugliese Carratelli 1985); *SEG* 41.931 (cioè Pugliese Carratelli 1989, 3), 15–58; Maddoli 2007 1.1–4; 4–12.A1; 12.B-13; 15–16.1; 17–25.A1; 25.B-26; NPg 898.

[75] Su questo tipo di decreti v. Gschnitzer 1973b, coll. 700–702. Sono Maddoli 2007, 1.3; 16.1; 20.A2.

[76] *I.Iasos* 51.

[77] *I.Iasos* 73, 1–37; 74, 1–34; 75–77; *SEG* 38.1061 (= Pugliese Carratelli 1987, c); *SEG* 41.929 (= Pugliese Carratelli 1989, 1); *SEG* 41.930 (= Pugliese Carratelli 1989, 2), 1–32; *SEG* 41.932 (= Pugliese Carratelli 1989, 4), 15–42; *SEG* 41.933 (= Pugliese Carratelli 1989, 5); Blümel 2007, II 2 e 3.

[78] *I.Iasos* 73, 1–37; 74, 1–34.

[79] *I.Iasos* 24+30; 43 (con il commento di Maddoli 2007, 5); 52 [quest'ultimo è indubbiamente, come dimostra il confronto prosopografico con *I.Iasos* 45, un decreto che attribuisce un sacerdozio ad uno iaseo e ai suoi discendenti: la cittadinanza era d'altra parte una *condicio sine qua non* per gli ἱερεῖς (Pirenne-Delforge in *ThesCRA* V, 6); non si tratta dunque di uno straniero, come lascia ipotizzare l'integrazione proposta da W. Blümel, che necessita di revisione: v., con ulteriori proposte di correzione, § 9.11 e Fabiani in stampa, b]; 82; Maddoli 2007, 14.A.

[80] A questa categoria appartengono decreti onorari certamente in favore di personaggi stranieri per i quali tuttavia non è possibile stabilire se siano stati onorati a Iasos in qualità di privati cittadini o come giudici. Il primo di essi è *I.Iasos* 28 (si rinvia alla nuova integrazione presente a § 9.3); *I.Iasos* 55 (§ 9.13); vi è poi *SEG* 41.931(= Pugliese Carratelli 1989, 3), 1–14: come dimostra uno studio archeologico-architettonico che verrà pubblicato dall'arch. Nicolò Masturzo, la porzione di stipite su cui è inciso que-

Categoria 2: decreti non onorari della città di Iasos[81] (8 exx.).

Categoria 3: decreti di incerta natura[82] (10 exx.).

La maggior parte dei testi che verrà qui analizzata è rappresentata dunque da decreti pubblicati in città in onore di stranieri non giudici in forma non abbreviata: questo tipo di ψηφίσματα non sarà segnalato nel corso del lavoro da alcun simbolo. Per rendere invece immediatamente chiari al lettore categorie, generi, specie o serie di decreti diversi – a causa del loro contenuto o delle circostanze della loro redazione e/o pubblicazione[83] – da quelle più comuni, si è scelto di porre accanto ad essi dei simboli (segni grafici o differenti tonalità di grigio).

Dall'analisi sono stati esclusi quei testi che, pur registrando probabilmente il contenuto di una decisione assembleare, presentano aspetti formali del tutto diversi da quelli degli ψηφίσματα onorari;[84] non sono oggetto d'indagine neppure i decreti onorari *I.Iasos* 98 e 99, posteriori al limite cronologico basso dei decreti qui analizzati (seconda metà II secolo a.C.) e dotati di caratteristiche necessariamente differenti. Non vengono inoltre prese in considerazione le epigrafi onorarie, che divengono frequenti in epoca romana, le quali, pur scaturendo certamente da un decreto della città, sono in se stesse prive della struttura formale di uno ψήφισμα.[85]

E' bene infine chiarire che i dati che verranno tenuti in considerazione nell'analisi saranno soltanto quelli effettivamente leggibili, e dunque verificabili, nei testi o quelli la cui integrazione, sulla base dei confronti, sia da ritenere più che probabile (in ogni caso un dato integrato viene segnalato con il simbolo *); saranno invece esclusi i dati incerti.

Quello che segue è l'elenco dei testi, accompagnati dai simboli distintivi loro assegnati, sui quali verrà condotta l'analisi. L'ordine con il quale sono presentati rispetta la sequenza cronologica delle pubblicazioni principali; tale ordine rispecchia tuttavia la soprastante classificazione per categoria, genere, specie, serie. La simbologia adoperata è tutta raccolta anche nella tavola ‹Simboli e abbreviazioni› (v. oltre).

---

sto decreto è da ricongiungere a quella su cui si trovano i decreti *SEG* 41.930 (=Pugliese Carratelli 1989, 2), 1–32 e 33–35, che costituiscono la parte soprastante; ciò significa che il decreto *SEG* 41.930 (=Pugliese Carratelli 1989, 2), 33–35, va riunito a *SEG* 41.931 (=Pugliese Carratelli 1989, 3), 1–14, di cui costituisce l'inizio: i due frammenti di ψηφίσματα sono pertanto qui presentati insieme (per il testo così ricostituito v. § 9.24); *SEG* 41.932 (= Pugliese Carratelli 1989, 4), 1–14; Maddoli 2007, 23.2 (l'integrazione proposta nel lavoro di edizione suggerisce che si tratti di un decreto in onore di giudici stranieri, ma l'estrema lacunosità del testo consiglia di considerarlo con cautela).

[81] *I.Iasos* 1–2; 6, 12 ss.; 20; 23; 152, 40–41; 219; Maddoli 2001, testo A (= *SEG* 51.1506), 16–22.

[82] Si tratta di testi la cui natura di decreti onorari non può essere considerata certa (ma che spesso tuttavia è da ritenere molto probabile sia per la struttura formulare che per la posizione su pietre conservanti altri ψηφίσματα di questo genere) a causa della lacunosità della parte relativa alla decisione. Si tratta di *I.Iasos* 25–26; 29; 49; 64; 69; Maddoli 2007, 12.A2; 16.2; 25.A2; Habicht 1994, p. 71. Quelli qui elencati sono in ogni caso testi che, per quanto lacunosi, conservano sempre una quantità di elementi sufficientemente valutabili. Sia la categoria 2 che la 3 verranno analizzate nella misura in cui (nel prescritto o in altre parti del formulario) vi è conservato materiale assimilabile e paragonabile a quello contenuto nei decreti certamente onorari.

[83] I decreti onorari di Iasos pubblicati in altra città (*I.Iasos* 51; 73; 74) sono infatti necessariamente diversi dagli altri. Il testo di un decreto recepito in una città straniera può infatti, in sede di pubblicazione, essere soggetto a selezione da parte della πόλις ricevente e può non riportare per esteso tutti gli elementi normalmente inseriti dai γραμματεῖς di Iasos (cf. Crowther 1995a, 94 e 102). Ciò può avvenire sia in obbedienza alla prassi cancelleresca locale sia, più frequentemente, per la mancanza di funzionalità, all'estero, della presentazione di certi elementi: l'assenza p. es. in tutti e tre i decreti in questione dell'elenco nominale dei pritani che hanno avanzato la proposta può spiegarsi con il fatto che fuori di Iasos quel decreto non sarebbe stato soggetto a una procedura di illegalità. La mancanza, dunque, in questi testi, di alcuni elementi attesi andrà valutata in maniera diversa rispetto alla stessa assenza in un decreto iaseo pubblicato in città.

Anche i decreti onorari di tipo abbreviato (Maddoli 2007, 1.3; 16.1; 20.A2) presentano necessariamente, nella loro sinteticità, una redazione che obbedisce a criteri esterni diversi rispetto a quella degli ψηφίσματα redatti *in extenso*.

[84] V. p. es. *I.Iasos* 22; 245 (è infatti probabile che si trattasse di un decreto: v. Migeotte 1992, 74, 232–236); 246; 248. Esclusi dall'analisi anche *I.Iasos* 5 (decreto di una φυλή e non del δῆμος), *I.Iasos* 220 (*lex sacra*) e, per la natura incerta e frammentaria, Maddoli 2007, 2.

[85] V. in proposito McLean 2002, 183–184 e 236–239; Quaß 1993, 29–30. È il caso, p. es., delle iscrizioni *I.Iasos* 84–92; 94–97; 100–105 oltre a quelle pubblicate in Pugliese Carratelli 1993. L'assenza della formula di sanzione sconsiglia anche di prendere in considerazione *I.Iasos* 150, 1–3, che registra su pietra alcuni decreti di Rodi.

Decreti onorari pubblicati a Iasos per stranieri non giudici in forma non abbreviata

1. *I.Iasos* 4
2. *I.Iasos* 27[86]
3. *I.Iasos* 31
4. *I.Iasos* 32
5. *I.Iasos* 33
6. *I.Iasos* 34
7. *I.Iasos* 35
8. *I.Iasos* 36
9. *I.Iasos* 37
10. *I.Iasos* 38
11. *I.Iasos* 39
12. *I.Iasos* 40
13. *I.Iasos* 41
14. *I.Iasos* 42
15. *I.Iasos* 45
16. *I.Iasos* 46
17. *I.Iasos* 47
18. *I.Iasos* 48
19. *I.Iasos* 50
20. *I.Iasos* 53
21. *I.Iasos* 54
22. *I.Iasos* 56
23. *I.Iasos* 57
24. *I.Iasos* 58+44
25. *I.Iasos* 59
26. *I.Iasos* 60
27. *I.Iasos* 61
28. *I.Iasos* 62
29. *I.Iasos* 63
30. *I.Iasos* 68
31. *I.Iasos* 70
32. *I.Iasos* 71
33. *SEG* 36.982A (= PC 1985, IIa)
34. *SEG* 36.982B (= PC 1985, IIb)
35. *SEG* 36.982C (= PC 1985, IIc)
36. *SEG* 36.983 (= PC 1985, p. 155) = *SEG* 38.1059 (= PC 1987, a)
37. *SEG* 41.931 (= PC 1989, 3), 15–58
38. M2007, 1.1
39. M2007, 1.2
40. M2007, 1.4
41. M2007, 4
42. M2007, 5
43. M2007, 6
44. M2007, 7
45. M2007, 8
46. M2007, 9
47. M2007, 10
48. M2007, 11.A
49. M2007, 11.B
50. M2007, 12.A1
51. M2007, 12.B
52. M2007, 13
53. M2007, 15
54. M2007, 17
55. M2007, 18.1
56. M2007, 18.2
57. M2007, 19.1
58. M2007, 19.2
59. M2007, 20.A1
60. M2007, 20.B
61. M2007, 21
62. M2007, 22
63. M2007, 23.1+*I.Iasos* 66[87]
64. M2007, 24
65. M2007, 25.A1
66. M2007, 25.B
67. M2007, 26
68. NPg 898

Decreti onorari pubblicati a Iasos per stranieri non giudici in forma abbreviata (□)

69. M2007, 1.3 □
70. M2007, 16.1 □
71. M2007, 20.A2 □

Decreti onorari per stranieri non giudici pubblicati in altra città (■)

72. *I.Iasos* 51 ■

Decreti onorari per giudici stranieri pubblicati in città (colore grigio chiaro)

73. *I.Iasos* 75
74. *I.Iasos* 76
75. *I.Iasos* 77
76. *SEG* 38.1061 (= PC 1987, c)
77. *SEG* 41.929 (= PC 1989, 1)
78. *SEG* 41.930 (= PC 1989, 2), 1–32
79. *SEG* 41.932 (= PC 1989, 4), 15–42
80. *SEG* 41.933 (= PC 1989, 5)
81. B2007, 2 II
82. B2007, 2 III

Decreti onorari per giudici stranieri pubblicati in altra città (colore grigio chiaro e ■)

83. *I.Iasos* 73 ■
84. *I.Iasos* 74 ■

Decreti onorari per cittadini (colore grigio medio)

85. *I.Iasos* 24+30
86. *I.Iasos* 43
87. *I.Iasos* 52
88. *I.Iasos* 82
89. M2007, 14.A

---

[86] Sebbene la parte contenente la decisione sia perduta, l'impostazione della formula di motivazione permette di interpretare questo lacunoso testo come un decreto onorario.

[87] La ricomposizione di questo decreto è uno dei frutti di questo lavoro (v. §§ 4.4.1.3; 9.25).

Decreti certamente onorari per destinatari incerti (colore grigio scuro)

90. *I.Iasos* 28
91. *I.Iasos* 55
92. *SEG* 41.930 (= PC 1989, 2), 33–35 + *SEG* 41.931 (= PC 1989, 3), 1–13
93. *SEG* 41.932 (= PC 1989, 4), 1–14
94. M2007, 23.2

Decreti non onorari (△)

95. *I.Iasos* 1 △
96. *I.Iasos* 2 △
97. *I.Iasos* 6 △
98. *I.Iasos* 20 △
99. *I.Iasos* 23 △
100. *I.Iasos* 152, 40–41 △
101. *I.Iasos* 219 △
102. M2001, A (*SEG* 51.1506) △

Decreti di incerta natura (▲)

103. *I.Iasos* 25 ▲
104. *I.Iasos* 26 ▲
105. *I.Iasos* 29 ▲
106. *I.Iasos* 49 ▲
107. *I.Iasos* 64 ▲
108. *I.Iasos* 69 ▲
109. M2007, 12.A2 ▲
110. M2007, 16.2 ▲
111. M2007, 25.A2 ▲
112. H1994, p. 71 ▲

4 Le edizioni di riferimento

Il principale testo di riferimento per il presente lavoro è, per tutto il materiale edito prima del 1985, la raccolta delle epigrafi di Iasos curata da W. Blümel nella serie delle *Inschriften griechischer Städte aus Kleinasien*, volumi 28.1–2 (1985); si rinvia ad esso con la sigla convenzionale di *I.Iasos*.

Per i testi pubblicati dopo il 1985 da G. Pugliese Carratelli,[88] Chr. Habicht,[89] lo stesso W. Blümel[90] e G. Maddoli,[91] si è lavorato sulle rispettive edizioni. Per la non del tutto ovvia reperibilità della rivista nella quale si trovano le pubblicazioni di Pugliese Carratelli, tali iscrizioni vengono citate in primo luogo attraverso il numero loro attribuito nel *SEG*. Per ragioni di brevità si fa riferimento nel testo a Pugliese Carratelli con la sigla ‹PC›, a Habicht con ‹H›, a Blümel con ‹B›, a Maddoli con ‹M›.

Poiché uno degli esiti dell'incremento del materiale edito, e uno degli esiti anche del presente lavoro di analisi, è quello di una più precisa conoscenza del formulario, ci si è resi conto nel corso dell'indagine che alcune delle integrazioni proposte in passato dovevano essere riviste. Le nuove restituzioni, che rappresentano uno dei frutti e degli sviluppi possibili di questo lavoro, si trovano al capitolo 9.[92] Lo studio e la catalogazione delle formule condotta nel capitolo 3 è svolta sulla base di queste nuove integrazioni: vengono tuttavia prese in esame solamente quelle che, sulla base dei confronti, possono essere considerate ragionevolmente sicure.

[88] Pugliese Carratelli 1985; 1987; 1989.

[89] Habicht 1994; non si tratta in realtà di una vera pubblicazione. Habicht infatti, riesaminando un calco di *I.Iasos* 72 eseguito da Louis Robert, si rese conto che la pietra portava incise iscrizioni disposte su due colonne: su quella di sinistra era *I.Iasos* 72, sulla destra un testo mal ridotto e mal leggibile, dal quale riuscì a estrapolare comunque alcuni elementi, tra cui dei nomi. Robert aveva esaminato la pietra con le due epigrafi presso i Musei Archeologici di Istanbul: oggi, purtroppo, essa non è più rintracciabile. Il calco è stato riletto qualche anno fa da Ch. Crowther, che ha assai cortesemente messo a mia disposizione l'esito del suo lavoro, tuttora inedito. Sebbene noto in modo tanto frammentario, questo decreto fornisce indicazioni prosopografiche di particolare interesse: per questa ragione si è deciso di annoverarlo tra quelli oggetto d'esame.

[90] Blümel 2007.

[91] Maddoli 2001; 2007.

[92] I decreti di cui sono state proposte nuove restituzioni, e il cui testo pertanto non corrisponde a quello presente nella pubblicazione di riferimento, sono: *I.Iasos* 27; 28; 29; 35; 38; 40 (la riedizione di questo testo, possibile anche grazie all'attribuzione di un nuovo frammento, è in Fabiani 2010a); 41; 48; 50; 52; 53; 55; 57; 61; 63; 68; 70; *SEG* 38.1061 (= PC 1987, c); *SEG* 41.930 (= PC 1989, 2), 33–35 + *SEG* 41.931 (= PC 1989, 3), 1–13; Maddoli 2007, 23.1+*I.Iasos* 66; Blümel 2007, 2 III. A questo *dossier* di testi, nel capitolo 9 sono stati aggiunti, per rendere più agevole il reperimento del materiale e il controllo da parte del lettore, alcuni decreti recentemente rieditati in una forma diversa da quella contenuta nella raccolta *I.Iasos*. Si tratta di: *I.Iasos* 24+30; 58+44; 75; 76; 77 (gli ultimi tre riediti da Crowther 1995a).

5 Abbreviazioni e simboli

B	Blümel
H	Habicht
I.Iasos	W. Blümel, *Die Inschriften von Iasos I-II*, IGSK 28.1–2, Bonn 1985
M	Maddoli
NPg	Numero dell'archivio della ricerca su Iasos dell'Università di Perugia
PC	Pugliese Carratelli

△	decreto non onorario[93]
▲	decreto di incerta natura
■	decreto onorario di Iasos pubblicato in altra città
▢	decreto onorario di tipo abbreviato
*	dato integrato
?	dato mancante (pietra o testo danneggiato)
sfondo grigio chiaro	decreti in onore di giudici stranieri
sfondo grigio medio	decreti in onore di cittadini
sfondo grigio scuro	decreti certamente onorari per destinatari incerti

Per le abbreviazioni delle pubblicazioni di carattere epigrafico si rinvia al *Supplementum Epigraphicum Graecum*.

[93] Questo e i simboli sottostanti hanno il compito di chiarire immediatamente la natura dello ψήφισμα di volta in volta analizzato ed accompagneranno costantemente il rinvio ai decreti, fatta eccezione per i capitoli 4, 5 e 6, dedicati ad aspetti per i quali il carattere specifico dello ψήφισμα non è rilevante.

II. Decreti onorari databili per elementi esterni

Il lavoro di ricostruzione che viene qui presentato poggia su alcuni punti fermi cronologici, vale a dire su alcuni ψηφίσματα ai quali si può attribuire in maniera relativamente certa una datazione – sia pure quasi mai *ad annum* – sulla base di fattori esterni: essi verranno sempre tenuti presenti e costituiranno un punto di riferimento costante nel tentativo di ricostruire l'evoluzione dei decreti onorari.[1] A questi dati possono esserne aggiunti altri, frutto di analisi storiche complesse[2] oppure dell'individuazione di elementi cronologici interni ai decreti e di collegamenti prosopografici tra le epigrafi: queste ultime sono informazioni di grandissima utilità, che consentono di creare connessioni tra i testi e allargare la rete dei rapporti tra i documenti oggetto di studio. All'analisi di questi ulteriori elementi sarà tuttavia dedicato il capitolo 5. In questo, invece, poiché nella fase di costruzione del sistema di inquadramento cronologico si intende creare una griglia di valutazione quanto più possibilmente oggettiva, ci si limiterà soltanto a identificare quelle epigrafi che abbiano, come si è detto, un chiaro ancoraggio alla datazione assoluta e che rappresenteranno i parametri di riferimento dello sviluppo.[3] Nell'elenco che segue questi decreti sono contrassegnati da numeri romani scritti in grassetto, assegnati secondo la loro successione cronologica.

1. **[I]** Il primo testo epigrafico riconducibile ad una datazione piuttosto circoscritta è il decreto Maddoli 2007, 1.1, nel quale l'onorato è Syennessis, il sovrano di Cilicia. Anche volendo essere molto cauti nella ricostruzione del contesto storico che condusse a questa decisione,[4] è tuttavia certo che lo ψήφισμα, che menziona i Lacedemoni, deve essere inserito nell'arco temporale che va tra il 412 a.C., anno dell'inattesa presa di Iasos da parte di un contingente navale spartano, e il 394 a.C.,[5] anno della vittoria della flotta persiana a Cnido, dopo il quale non è più pensabile un richiamo a Sparta.

2. **[II]** Il secondo documento epigrafico ancorabile ad una cronologia assoluta è rappresentato dall'epigrafe *SEG* 36.983 (= PC 1985, p. 155), decreto in onore di Myrmex, Manes e Targelios, detti παῖδες Πελδεμιος. Il decreto doveva rivestire grande importanza per gli Iasei, o almeno per alcuni tra loro, visto che venne pubblicato una seconda volta, esattamente nella stessa forma, a notevole distanza di tempo.[6] Come proposto già dall'editore del testo, G. Pugliese Carratelli, è assai probabile, e il valore attribuito al testo rende l'ipotesi ancora più verosimile, che i personaggi onorati in questo decreto vadano identificati con i Πελδεμω παῖδες che, resisi protagonisti nel 361/0 a Mylasa di un'azione ingiuriosa contro la statua di Ecatomno, padre del satrapo Mausolo, vennero puniti con la confisca dei beni.[7] Sebbene l'assenza dell'etnico accanto al nome dei tre personaggi possa indurre a credere – come suggerito da Pugliese Carratelli[8] – che lo ψήφισμα iaseo onori degli esuli e che

---

[1] Hoffmann 2002, spec. 56

[2] È il caso p. es. del decreto Maddoli 2007, 20.B, che un'elaborata indagine storica (v. comm. *ad loc.*) consente di datare con grande verosimiglianza negli anni '20 del III secolo a.C., ma che in se stesso non contiene elementi databili in maniera oggettiva.

[3] Non può essere p. es. utilizzato il decreto *I.Iasos* 54, per il quale può essere desunto soltanto un *terminus ante quem* troppo vago.

[4] Per una più precisa ipotesi di inquadramento storico v. Maddoli 2007, comm. *ad loc.* V. anche n. 33 a p. 16.

[5] Gli studi hanno infatti ormai messo in discussione (v. in proposito Casabonne 1995; Debord 1999, 330–336; Casabonne 2001, spec. 256–258; id. 2004, 165–181) la convinzione – per la quale v. Desideri – Jasink 1990, 188–199 – che la dinastia di Syennessis abbia avuto termine nel 401 a.C. Per la ricostruzione delle vicende di Iasos in quegli anni v. Fabiani 2004, spec. 28–36.

[6] *SEG* 38.1059 (= PC 1987, a): che la ripubblicazione sia avvenuta a distanza di tempo lo lasciano ipotizzare la grande differenza grafica tra i due testi (v. ancora oltre § 4.4.4.1) e la correzione nella forma della κοινή di alcuni ionismi e alcune peculiarità grafiche della prima versione: v. Pugliese Carratelli 1987, 289.

[7] *I.Mylasa* 2. Con Pugliese Carratelli concorda Ph. Gauthier, *BE* 1990, 276, 481 s.

[8] Pugliese Carratelli 1987, 291 s. Lo studioso riteneva in particolare che lo ψήφισμα risalisse all'epoca di Alessandro Magno quando, recuperata la libertà, la πόλις di Iasos avrebbe inteso manifestare, attraverso questo decreto, la propria simpatia verso

pertanto debba essere considerato successivo all'episodio di Mylasa, l'assenza dal testo milaseo di una esplicita condanna alla φυγή e la considerazione che Iasos, deliberando un decreto in onore di nemici dichiarati degli Ecatomnidi, avrebbe compiuto una scelta troppo audace, fa preferire l'opinione di quanti collocano il decreto prima di quel fatto e lo fanno risalire agli anni '60 del IV secolo a.C.[9]

3. Approssimativamente databile è anche il decreto *I.Iasos* 1 (△), nel quale il consiglio e l'assemblea della città stabiliscono di punire con la confisca dei beni e l'esilio coloro che hanno congiurato contro Mausolo e, dice il testo (l. 3), contro la πόλις stessa. Come già suggerito da altri, esso trova probabilmente il suo contesto più plausibile nell'arco di tempo che va tra il 367/6 e il 355/4, anni che videro il verificarsi in Caria di almeno tre altri episodi di rivolta contro Mausolo.[10] Poiché, come ho già avuto modo di scrivere, è probabile che all'episodio definito in questo testo ἐπιβουλή non sia estraneo il tradizionale rapporto di Iasos con Atene, è forse più verosimile per l'epigrafe una datazione non lontana dagli anni della Guerra Sociale (357–355 a.C.),[11] quando in città le tensioni fra le opposte fazioni dovettero raggiungere il loro culmine. Dal momento che il proponente del decreto n. 2, *SEG* 36.983 (= PC 1985, p. 155), è un prosseno di Atene, qualunque sia stato il contesto storico in cui quello ψήφισμα venne promulgato, *I.Iasos* 1 – che segna una chiara svolta in senso filoecatomnide della città di Iasos – è verosimilmente successivo ad esso.[12]

4. **[III]** Nel decreto ricongiunto *I.Iasos* 24+30[13] la città di Iasos rende onore ai suoi concittadini Gorgos e Minnion, figli di Theodotos, perché, ὑπὲρ τῆς μικρῆς θαλάσσης διαλεχθέντες Ἀλεξάνδρωι βασιλεῖ, ne ottennero la restituzione al δῆμος. Il decreto non può pertanto che essere datato tra il 334 e il 323 a.C.

5. Non distante da questo stesso periodo è naturalmente lo ψήφισμα *I.Iasos* 27, in cui στεφανηφόρος, cioè magistrato eponimo (v. § 3.1.3.1) è proprio il Minnion, figlio di Theodotos, che con il fratello esercitò i propri buoni uffici presso Alessandro; non è tuttavia immediatamente possibile stabilire se sia precedente o successivo al decreto qui presentato come n. 4.[14]

6. Si può ricondurre ad un contesto storico piuttosto preciso *I.Iasos* 2 (△) che, insieme a *I.Iasos* 3, è inciso su un'unica grande stele destinata a conservare memoria delle relazioni intercorse tra Iasos e Tolomeo I d'Egitto.[15] *I.Iasos* 2 è un complesso decreto contenente varie decisioni e numerosi giuramenti; il ripetuto riferimento del testo a Polemaios, il nipote di Antigono Monoftalmo divenuto brevemente alleato di Tolomeo prima di essere da questi costretto al suicidio, e l'assenza del titolo βασιλεύς accanto al nome del figlio di Lago permettono di datare il testo tra il 309 a.C. e il 305 a.C.[16] Blümel raccoglie invece sotto la denominazione *I.Iasos* 3 due epistole inviate alla città da altrettanti funzionari tolemaici (Aristoboulos e Asklepiodotos): le due lettere sono successive all'acquisizione del titolo di re da parte di Tolomeo, e, poiché fanno riferimento a un solo monarca, vanno datate a prima del 285/4 a.C., anno in cui Tolomeo I chiamò alla coreggenza il Filadelfo.[17] L'assoluta omogeneità grafica della stele mostra che tutti questi documenti furono incisi sulla grande pietra in un unico momento, necessariamente dopo l'arrivo in città anche dell'epistola di Asklepiodotos. Se dunque gli eventi storici sottesi a *I.Iasos* 2 e 3 sono in parte precedenti e in parte successivi al 305 a.C., la pubblicazione dei testi non può che essere posteriore a questa data: per ragioni di prudenza ci limitiamo a collocare la stele nell'arco cro-

---

dei Cari che durante il dominio ecatomnide avevano avuto il coraggio di manifestare il proprio dissenso nei confronti del potere.

9 Questa proposta di datazione si trova già in Gauthier, *BE*, 1990, 276, 482 e Delrieux 2008, 33–34. Per una disamina più dettagliata delle ragioni che suggeriscono questa datazione si rinvia a Fabiani 2013, 313–327 e Ead. in stampa, a.

10 W. Blümel in *I.Iasos* 1, p. 11. Sui rapporti tra Iasos e Mausolo v. Hornblower 1982, 112–113. Per i tre episodi di congiura, tutti attestati a Mylasa, v. *I.Mylasa* 1–3 e Rhodes – Osborne 2003, 54. La riflessione sulla datazione che qui è stata condotta vale per il primo dei due decreti compresi in *I.Iasos* 1, quello alle ll. 1–53; il secondo (ll. 54–83), datato sotto un altro stefaneforo e scritto in una grafia diversa, risale certamente ad un momento successivo, ma la distanza cronologica dal primo non può essere stabilita. Una riedizione e uno studio di *I.Iasos* 1(Δ) si trovano adesso in Delrieux 2013.

11 Così già Gehrke 1985, 75, 256, 270.

12 Per una più precisa ricostruzione di tutto il contesto storico v. Fabiani 2013 e Ead. in stampa, a.

13 Per la ricomposizione del decreto v. Fabiani 2007. Sulla vicenda e i personaggi v. bibliografia segnalata a § 1.1.

14 Fabiani in stampa, b.

15 Non essendo un decreto, *I.Iasos* 3 non viene direttamente considerato in questo lavoro.

16 Su Polemaios v. Diod. 20.27.3; per la datazione: Pugliese Carratelli 1967–1968, 440–445; sui documenti contenuti sulla stele v. Giovannini 2004 e Migeotte 2005.

17 Hölbl 1994, 32; Huss 2001, 252–254.

nologico, comunque piuttosto ampio, che va dal 305 al 285/4 a.C., anche se Migeotte ritiene, per esempio, che tra i due documenti non siano trascorsi molti anni.[18]

7. Di *I.Iasos* 54 è invece possibile proporre soltanto una datazione *ante quem*. L'onorato proviene infatti da Meliboia, πόλις tessala della Penisola di Magnesia che venne incorporata nella città di Demetriàs, fondata nel 293 a.C.:[19] il decreto deve essere antecedente a questa data.

8. **[IVa-b-c-d]** Databile, sia pure purtroppo senza grande precisione, è il gruppo di decreti *I.Iasos* 41, *I.Iasos* 58+44, Maddoli 2007, 18.2 e 19.2.[20] Essi, tutti promulgati nel sesto giorno del mese di Ἀφροδισιών dell'anno in cui στεφανηφόρος era il dio Apollo dopo che eponimo era stato Euthallion, hanno naturalmente in comune anche l'indicazione dell'ἐπιστάτης, vale a dire del presidente del collegio dei pritani e dell'assemblea (su cui v. § 3.1.3.5), il cui nome è Eukrates figlio di Menon. Poiché un personaggio iaseo con questo nome è proclamato prosseno ed evergeta a Mileto nel 265/4 a.C.,[21] questi decreti possono essere datati nel secondo quarto del III secolo a.C.

9. **[V]** *I.Iasos* 35 è uno ψήφισμα in onore del dinasta Olympichos di Alinda, attivo nell'arco cronologico che va all'incirca dall'anno 240 agli anni '10 del III secolo a.C.[22] Poiché all'epoca di Filippo V Iasos entrò in forte contrasto con Olympichos stesso, come attestano i decreti raccolti in *I.Iasos* 150, databili tra 220 e 214 a.C.,[23] sembra probabile che lo ψήφισμα votato dalla πόλις per esprimere la sua gratitudine al dinasta vada collocato prima di quel periodo, tra il 240 e il 220 del III secolo a.C. circa.

10. **[VI]** Circostanze analoghe a quelle del gruppo di decreti elencati al n. 8 permettono di proporre una cronologia assoluta, pure un po' vaga, per il decreto *I.Iasos* 36; esso onora infatti Antenor figlio di Euandrides, di Mileto, che fu στεφανηφόρος in patria nel 230/29 a.C.[24] Il decreto in questione deve dunque risalire ad anni non lontani da quella data, probabilmente tra il 240 e il 210 a.C. circa.

11. **[VII]** A un ambito cronologico non diverso risale anche lo ψήφισμα Maddoli 2007, 25.B. In esso viene ricordato come pritane lo stesso Demagoras figlio di Exekestos che è promotore dell'appena menzionato decreto *I.Iasos* 36; l'identificazione di questa figura nei due testi assicura che il προστάτης di Maddoli 2007, 25.B, Hekataios figlio di Admetos, è il padre dell'Admetos figlio di Hekataios, contribuente nel testo di coregia *I.Iasos* 162, 9, datato sotto lo stefaneforato di Kydias figlio di Hierokles, che cade nel 196/5 a.C. o nel 195/4 a.C. (v. oltre documento n. 14).

12. **[VIIIa-b]** Negli anni a cavallo tra la fine del III e l'inizio del II secolo a.C. vanno cronologicamente inseriti i decreti *SEG* 41.930 (= PC 1989, 2), 1–32 e *SEG* 41.931(= PC 1989, 3), 15–58; in essi (figg. 8 e 9) è infatti ἐπιστάτης Apollonios figlio di Nysios figlio di Apollonios, che è certamente da identificare con l'omonimo personaggio ricordato tra gli ambasciatori di Iasos presenti alla stipula del trattato tra Mileto e Magnesia al Meandro:[25] tale trattato, datato dall'editore Rehm al 196 a.C., e collocato invece da M. Errington nella seconda metà degli anni '80 del II secolo a.C.,[26] è stato recentemente restituito alla prima datazione (più precisamente tra 196 e 191 a.C.).[27] Come si vedrà più avanti (§§ 7.10; 8.3.2), le indicazioni provenienti da Iasos sembrano confermare la prima ipotesi.[28]

---

[18] Migeotte 2005, 190.

[19] Wehrli 1969, 196–199; Kramolisch 1999, 1184; Hansen - Nielsen 2004, 453, 720.

[20] Su di essi v. Fabiani 2007.

[21] *Milet* I 3, 96, 6. Sulla questione v. Fabiani 2007 (*SEG* 57.1069, 1071, 1084 e 1086; P. Fröhlich, *BE* 2009, 454, 533).

[22] V. Kobes 1996, 136–144.

[23] Su tutta la vicenda v. Crowther 1995a, spec. 109–112, e Meadows 1996.

[24] La datazione nel 230/29 a.C. dello stefaneforato di Antenor figlio di Euandrides a Mileto, diversa da quella ricostruita da Rehm, che riportava al 224/3 a.C., è stata proposta da Günther 1988, 407–409; essa dipende dalla nuova cronologia della lista di stefanefori *Milet* I 3, 124, per cui v. Wörrle 1988, spec. 428–439.

[25] *Milet* I 3, 148, 13–15. L'identificazione del personaggio, e la proposta di integrazione [Ἰα|σ]ε̣ίων alle ll. 13–14 è stata compiuta da Ch. Crowther (Id. 1995a, spec. 98; Id. 1995b, 232–234); v. anche Wörrle 2004, 53 s.

[26] Errington 1989.

[27] Wörrle 2004 (cui si oppone Habicht 2005, 140–142); sulla stessa linea di Wörrle, e con ulteriori argomenti, Magnetto 2008, 75–80.

[28] Si veda l'osservazione di Wörrle 2004, 54 n. 55.

13. Tra la fine del III e l'inizio del II secolo a.C. trova il suo contesto storico anche il decreto Maddoli 2007, 25.A2, ψήφισμα lacunoso e di incerta natura, in cui figura il poeta iaseo Dymas figlio di Antipatros; quest'ultimo è ricordato anche in *I.Iasos* 160, 5, convincentemente datato intorno al 198 a.C. o ad anni non lontani da questo,[29] fra i coreghi dell'anno precedente.

14. **[IX]** All'anno 196/5 o al 195/4 a.C. risale il celebre decreto *I.Iasos* 4, datato sotto il già ricordato stefaneforato di Kydias figlio di Hierokles: lo ψήφισμα onora il re Antioco III e sua moglie Laodice per la sollecitudine da loro dimostrata nei confronti della città, provata da un lungo periodo di difficoltà.[30]

15. Il decreto *I.Iasos* 6, con il quale la città risponde alla lettera di Eumene II relativa all'istituzione dei Νικηφόρια, risale precisamente all'anno 182 a.C.[31]

16. Genericamente databile nella seconda metà del II secolo a.C. è infine il decreto *I.Iasos* 51 in onore del coo Teleutias figlio di Theudoros, lodato in un epigramma funerario di Antipatro di Sidone, poeta attivo nella parte finale di quel secolo.[32]

Per comodità si fornisce qui di seguito un sintetico elenco dei decreti onorari che servono di orientamento nella ricostruzione della cronologia dei decreti onorari di Iasos, con la relativa datazione. Nel prosieguo del lavoro questi testi di riferimento verranno costantemente segnalati, nelle tabelle di distribuzione che corredano i diversi capitoli, da celle con bordi ispessiti e saranno accompagnati dai numeri romani in grassetto loro assegnati.

Elenco dei decreti onorari databili

Maddoli 2007, 1.1 (412–394 a.C.) **[I]**[33]

SEG 36.983 = PC 1985, p. 155 (370–360 a.C. circa) **[II]**

I.Iasos 24+30 (334–323 a.C.) **[III]**

I.Iasos 41 (275–250 a.C. circa) **[IVa]**

I.Iasos 58+44 (275–250 a.C. circa) **[IVb]**

Maddoli 2007, 18.2 (275–250 a.C. circa) **[IVc]**

Maddoli 2007, 19.2 (275–250 a.C. circa) **[IVd]**

I.Iasos 35 (240–220 a.C. circa) **[V]**

I.Iasos 36 (240–210 a.C. circa) **[VI]**

Maddoli 2007, 25.B (240–210 a.C. circa) **[VII]**

SEG 41.930 (= PC 1989, 2), 1–32 (220–190 a.C. circa) **[VIIIa]**

SEG 41.931 (= PC 1989, 3), 15–58 (220–190 a.C. circa) **[VIIIb]**

I.Iasos 4 (196/5–195/4 a.C.) **[IX]**

---

[29] Per la data del 198/7 a.C. v. Crowther 1990, 145; la precisione della proposta è un poco attenuata in Crowther 1995b, 227, a fronte delle osservazioni mosse da Migeotte 1993, 269. Su Dymas v. ancora § 5.4.8.

[30] V. in proposito Ma 2000 n° 26, 329–335; v. anche Nafissi 2001, spec. 102 s. n. 1, con bibliografia precedente.

[31] Sull'attribuzione a Iasos di questo testo vi sono state incertezze (v. Blümel, comm. *ad loc.*) che il presente lavoro consente di superare: § 4.4.4.5.

[32] *AP* 7, 426 = 31 Gow – Page. Il decreto è stato ripubblicato nel 2010 da Klaus Hallof in *IG* XII 4, 1, 172. Per la datazione v. Preuner 1894, 550–552; Sherwin-White 1978, 219; Höghammar 1996, 341–343.

[33] Di questo ψήφισμα resta pochissimo e dal punto di vista del formulario esso non offre di fatto elementi davvero utili per una valutazione (v. § 1.3). Verrà tuttavia inserito comunque nel novero dei decreti che fungono da punto di riferimento cronologico dal momento che rappresenta l'unico esempio di ψήφισμα databile tra la fine del V e l'inizio del IV secolo: in quanto tale, costituisce un importante parametro soprattutto per l'analisi paleografica.

III. Il formulario

Un elemento sino ad oggi poco valorizzato quale possibile fonte di informazioni utili a determinare la cronologia dei decreti di Iasos è il formulario. Di esso si è spesso anzi constatata la notevole variabilità, che non avrebbe consentito integrazioni sicure;[1] più o meno implicitamente, lo si è pertanto considerato inaffidabile ai fini della datazione.[2] Recentemente, seguendo alcune suggestioni di Philippe Gauthier, Fabrice Delrieux ha mosso dei passi in una direzione diversa, perché ha considerato le trasformazioni del formulario di Iasos come uno degli elementi atti a determinare l'evoluzione e la datazione dei decreti, individuando alcune interessanti linee di sviluppo.[3] E' tuttavia possibile procedere ancora più avanti su questa strada. Il formulario dei decreti onorari di Iasos, infatti, se analizzato con attenzione, si rivela meno incostante di quanto non sembri a prima vista e presenta soprattutto delle modificazioni ben comprensibili alla luce di un'analisi che tenga conto del fattore della diacronia.

Utile a questo scopo si rivela un esame dettagliato di ciascuna delle parti che compongono un decreto.[4] A Iasos, nella forma più semplice e più frequentemente attestata, esse sono prescritto, formula di motivazione, decisione circa gli onori da tributare, indicazioni relative alla pubblicazione; altri elementi (formula di mozione, mozione originaria, formula esortativa, esito della votazione in consiglio e assemblea, designazione di ambasciatori) non sono presenti in maniera sistematica: più avanti si cercherà di chiarire le ragioni di questa variabilità.

Nel presente capitolo verrà esaminata analiticamente proprio la composizione delle singole parti dei decreti di Iasos, astraendo in generale da valutazioni di ordine cronologico-evolutivo. Il primo obiettivo è infatti solo mostrare come possano variare i diversi elementi costitutivi del formulario, mettendo in luce di volta in volta i moduli più ricorrenti e quali tra di essi si trovino a convivere e quali invece non coesistano mai o solo eccezionalmente. Nel seguito del lavoro si potrà invece verificare come certe varianti individuate siano da considerare cronologicamente significative. Quella che qui viene presentata sarà un'analisi solo apparentemente simile a quella proposta per alcune parti e alcuni gruppi di decreti onorari ateniesi.[5] Innanzitutto perché il formulario verrà esaminato, sia pure per singole sezioni, nella sua integrità. Mentre poi ad Atene il lavoro di analisi e di studio evolutivo del formulario (e delle procedure che talora rispecchia) poggia su una cronologia già stabilita e piuttosto precisa,[6] nel caso dei decreti di Iasos sarà invece, come vedremo, soprattutto la valutazione delle formule stesse, ancorata ai pochissimi elementi (mai precisamente) databili e accompagnata da altre osservazioni (paleografiche, linguistiche, prosopografiche), a consentire di elaborare una griglia cronologica. La valutazione delle formule sarà minuziosa: si vogliono infatti valorizzare tutti i dati presenti nei testi.

---

[1] Pugliese Carratelli 1964, 458–459; Blümel nel commento a *I.Iasos* 58, 66; Bosnakis – Hallof 2003, 221. Auspicava uno studio attento del formulario di Iasos per mettere un po' d'ordine nei decreti Gauthier 1990, 425 n. 20. Müller 1995, 50 n. 81 riteneva invece che, sebbene la messa a punto fosse desiderabile, la situazione documentaria non potesse ancora consentire una seriazione cronologica degli ψηφίσματα iasei.

[2] Habicht 1994, 71 lamentava perfino l'impossibilità di comprendere il rapporto genealogico tra alcuni testi epigrafici che ricordavano personaggi evidentemente appartenenti alla stessa famiglia (padre-figlio).

[3] Gauthier 1990, 425 n. 20; Delrieux 2005a; Delrieux 2008.

[4] Già Swoboda 1890, 1 sottolineava l'importanza di esaminare il formulario dei decreti greci in maniera sistematica, analizzando analogie, differenze e trasformazioni.

[5] Henry 1977 (prescritti dei decreti ateniesi); Walbank 1978 (decreti ateniesi di prossenia); Henry 1983 (formule di conferimento di onori e privilegi); Veligianni-Terzi 1997 (formula di motivazione nei decreti onorari).

[6] Nonostante talune indubbie e fastidiose incertezze in alcune sequenze, Atene ha tuttavia a disposizione il fondamentale strumento delle liste degli arconti: Dinsmoor 1931; Bradeen 1963; per un esempio del progressivo aggiustamento (ma non stravolgimento) di esse v. Osborne 2000, con bibliografia.

1 Il prescritto

L'esame analitico delle singole parti dei decreti onorari comincia naturalmente dal prescritto.[7] A Iasos nella sua forma più completa esso contiene – in ordine variabile – diversi elementi, tutti presenti nel prescritto di *I.Iasos* 32: ἐπὶ στεφανηφόρου Ποσειδωνίου τοῦ Ἡγύλλου, μηνὸς | Ἐλαφηβολιῶνος ἕκτηι ἱσταμένου, Δρακοντίδης Ἑκαταίου | ἐπεστάτει, Διονυσόδωρος Ἰατροκλέους ἐγραμμάτευεν· | ἔδοξεν τῆι βουλῆι καὶ τῶι δήμωι, Ἀσκληπιάδης Ἰατροκλέους | εἶπεν. La presenza di questi dati risponde a quattro scopi principali.[8]

1) Garantire la piena legalità della decisione, presentandola come frutto di una ratifica e di un atto ufficiale della πόλις: questo è ovviamente lo scopo della formula di sanzione ma anche della menzione del γραμματεύς che, nella sua qualità di verbalizzatore delle sedute del consiglio e dell'assemblea e delle delibere adottate, garantisce la fedeltà del testo pubblicato all'originale e dunque la fedeltà alla volontà dei massimi organi politici cittadini.[9]

2) Fissare con estrema precisione la data della promulgazione: adempie a ciò soprattutto la menzione dello στεφανηφόρος, del mese e del giorno, ma la stessa funzione hanno anche il γραμματεύς,[10] carica probabilmente annuale come lo è ad Atene a partire dal 366/5 a.C.,[11] e l'ἐπιστάτης (cioè il presidente del collegio dei pritani e dell'assemblea mensile cittadina), che tuttavia nel prescritto rivestono anche altre funzioni.

3) Presentare i responsabili della procedura culminata nella promulgazione del decreto, anche in vista di un'eventuale denuncia per illegalità: a questo scopo risponde il ricordo del/dei proponente/i, ma anche dello stesso ἐπιστάτης, colui che pone formalmente la mozione ai voti e che pertanto condivide la responsabilità legale del decreto.[12]

4) Segnalare i nomi di coloro che avevano voluto e saputo promuovere una decisione che stava a cuore alla comunità; ciò, nel caso dei decreti onorari, ne mostrava la χάρις e poteva rappresentare un incentivo per altri possibili benefattori del δῆμος.

1.1 Presenza o assenza

Decreti in cui il prescritto è certamente assente (3 exx.):
SEG 36.982A (= PC 1985, IIa);[13] Maddoli 2007, 1.3(□); 16.1(□).

---

[7] Swoboda 1890, 24–32; v. anche 222–225 e 275 s. Un esame analitico dei prescritti dei decreti onorari ateniesi si trova in Henry 1977. Swoboda 1890, 44 s. suggeriva una stretta analogia tra i prescritti dei decreti ateniesi e iasei. Qui v. §§ 3.1.2 e 3.1.3.1–7.

[8] Sulla struttura dei decreti più comune in epoca ellenistica e sulla funzione dei singoli elementi v. McLean 2002, 218–223.

[9] Alessandrì 1982, 17 e 30–31; McLean 2002, 219 e 308.

[10] Questa funzione sembra emergere con più chiarezza quando il nome del segretario appare al genitivo, fra gli elementi di datazione (γραμματέως δὲ τοῦ δεῖνος τοῦ δεῖνος); v. in proposito § 3.1.2.2–3.

[11] Alessandrì 1982, 7–12. Sul ruolo dei differenti γραμματεῖς ateniesi (di cui parla Arist., [*Ath. Pol.*] 54.3–5) v. Sickinger 1999, 140–147; Henry 2002, spec. 91–94). Sulla doppia funzione svolta dall'indicazione del γραμματεύς, garante della natura ufficiale del documento e strumento di datazione, v. Alessandrì 1982, 17–18, 30–31.

[12] V. Rhodes – Lewis 1997, 482. Istruttivo Aeschin. 2.89: κάλλιστον γὰρ οἶμαι πρᾶγμα καὶ χρησιμώτατον τοῖς διαβαλλομένοις παρ' ὑμῖν γίγνεται· καὶ γὰρ τοὺς χρόνους καὶ τὰ ψηφίσματα καὶ τοὺς ἐπιψηφίσαντας ἐν τοῖς δημοσίοις γράμμασι τὸν ἅπαντα χρόνον φυλάττετε.

[13] Gauthier (*BE* 1990, 276, 481) supponeva che il prescritto di questo testo fosse inciso sul blocco sovrastante. Tuttavia ritengo che la distanza, pur non grande, dal margine superiore della pietra (si veda capitolo 4, figg. 11 e 13), sia sufficientemente ampia da lasciar pensare che il decreto fosse tutto iscritto su questo blocco, come d'altra parte avviene nel caso dei due ψηφίσματα incisi sui lati destro (*SEG* 36.983 = PC 1985, p. 155) e sinistro (Maddoli 2007, 17).

1.2 Tipologia

1.2.1 L'*incipit*

Secondo una prima possibile classificazione, i prescritti dei decreti iasei possono essere suddivisi, in base al loro avvio, in tre insiemi.

Insieme 1.
a. Decreti che iniziano con l'indicazione dello στεφανηφόρος (52 exx.):
I.Iasos 25, 1(▲); 26, 1(▲); 27, 1; 29, 1(▲); 32, 1; 36, 1; 39, 1; 40, 1(*); 41, 1; 45, 1; 47, 1; 48(*); 49, 1(▲); 50, 1; 52, 1; 56, 1; 57, 1; 58+44(*); 59, 1; 60, 1; 64, 1(▲); 69, 1(▲); 76, 1(*); 77, 1; *SEG* 38.1061 (= PC 1987, c), 1; *SEG* 41.930 (= PC 1989, 2), 1; *SEG* 41.930 (= PC 1989, 2), 33–35 + *SEG* 41.931 (= PC 1989, 3), 1–13, 1; *SEG* 41.931 (= PC 1989, 3), 15; *SEG* 41.932 (= PC 1989, 4), 15–16; Habicht 1994, p. 71, 1(▲); Maddoli 2007, 5, 1; 6, 1; 7, 1; 8, 1; 9, 1; 10, 1(*); 11.A, 1; 11.B, 1; 12.A2, 1(▲); 16.2, 1(▲); 17, 1; 18.1, 1; 18.2, 1; 19.2, 1; 21, 1; 22, 1; 23.1+ *I.Iasos* 66, 1; 25.A2, 1(▲); 26, 1(*); Blümel 2007, 2 II, 1; 2 III, 1; NPg 898, 1.
b. Decreti che iniziano con l'indicazione dello στεφανηφόρος ma sono preceduti da un'indicazione archivistica o da un documento emanato da un'altra comunità o autorità (4 exx.):
I.Iasos 4, 33; 6, 12(△); 23, 2–3(△); 152, 40–41(△).

Insieme 2. Decreti che iniziano con la formula di sanzione (12 exx.):
I.Iasos 1, 1(△); 24+30(*); 51, 1(■); 68, 2; 73, 1(■); 74, 1(■); *SEG* 36.982 B (= PC 1985, IIb), 1; *SEG* 36.982 C (= PC 1985, IIc), 1; *SEG* 36.983 (= PC 1985 p. 155), 1–2; Maddoli 2007, 1.2, 1; 1.4, 1; 20.A2, 1(□).

Insieme 3. Decreti che iniziano con l'indicazione del mese (3 exx.):
I.Iasos 42, 1; 54, 1; Maddoli 2007, 14.A, 1.

1.2.2 La sequenza

All'interno dei prescritti, i diversi elementi possono presentarsi secondo sequenze piuttosto variabili, anche se certamente, come lo schema che segue permette di verificare, alcune sono più comuni.
Insieme 1 (i sottoinsiemi 1.a e 1.b presentati al § 3.1.2.1 vengono considerati unitariamente; 23 exx.).
Tipo A: Decreti nei quali la formula di sanzione viene a separare una sezione di carattere strettamente datante (στεφανηφόρος-mese-giorno) da una seconda che pare contenere soprattutto indicazioni relative ai protagonisti dell'*iter* procedurale, vale a dire l'ἐπιστάτης (la cui funzione datante è probabilmente in questo caso al più secondaria) e il/i proponente/i; ad essi può aggiungersi, in maniera asistematica, il γραμματεύς. Quest'ultimo elemento può infatti mancare (v. sottotipo ‹b›), scambiarsi di posto con il proponente (v. sottotipo ‹c›) o, ancora, può essere anticipato nella prima parte, tra mese e giorno, ma comunque dopo il mese: in questa eventualità è espresso in genitivo (v. sottotipo ‹d›). All'interno di questo tipo è bene far rientrare anche altri due piccoli insiemi di decreti, quantunque privi della formula di sanzione: uno ψήφισμα infatti, *I.Iasos* 50 (sottotipo ‹e›), venne promulgato nello stesso giorno (e fu dunque redatto dallo stesso γραμματεύς) di Maddoli 2007, 17 e *SEG* 38.1061 (= PC 1987, c)(*), inseriti qui nel sottotipo ‹b›; ciò suggerisce che la formula di sanzione, verosimilmente dimenticata, avrebbe dovuto essere inserita dopo la sequenza στεφανηφόρος–mese–giorno; lo stesso ragionamento può essere esteso al sottotipo ‹f›, che è una semplice variante di ‹e› per l'aggiunta, sino ad oggi un *unicum* a Iasos, dell'indicazione del semestre.

A questo tipo sono da ricondursi anche due decreti che costituiscono dei casi particolari (*I.Iasos* 6 e 152), dal momento che recepiscono e pubblicano un documento non iaseo; il fatto che in questo caso la città si limiti sostanzialmente ad accogliere decisioni o inviti di altri soggetti politici esterni spiega la maggiore insistenza su alcuni elementi (datazione, sanzione) e la scarsissima importanza – fino all'assenza – attribuita ai protagonisti dell'*iter* della proposta.

Sottotipi:

a. στεφανηφόρος – mese – giorno – sanzione – ἐπιστάτης – γραμματεύς – proponente (8 exx.):
I.Iasos 41; 58+44; Maddoli 2007, 6; 7; 10(*); 12.A2(▲); 18.2; NPg 898.

b. στεφανηφόρος – mese – giorno – sanzione – ἐπιστάτης – proponente (7 exx.):
I.Iasos 4; 57;[14] *SEG* 38.1061 (= PC 1987, c)(*); Maddoli 2007, 11.A(*); 17; 19.2; 22.

c. στεφανηφόρος – mese – giorno – sanzione – ἐπιστάτης – proponente – γραμματεύς:
I.Iasos 59.

d. στεφανηφόρος – mese – γραμματεύς – giorno – sanzione – ἐπιστάτης – proponente:
Maddoli 2007, 25.A2(▲).

e. στεφανηφόρος – mese – giorno – ἐπιστάτης – γραμματεύς – proponente (3 exx.):
I.Iasos 39; 50; Maddoli 2007, 23.1+*I.Iasos* 66.

f. στεφανηφόρος – semestre – mese – giorno – ἐπιστάτης – γραμματεύς – proponente:
Maddoli 2007, 11.B.

Casi particolari:

- στεφανηφόρος – mese – giorno – sanzione – proponente:
I.Iasos 6(△).
- στεφανηφόρος – mese – giorno – sanzione:
I.Iasos 152, 40–41(△).

Tipo B: Decreti nei quali la formula di sanzione precede sistematicamente la sequenza giorno-ἐπιστάτης-proponente e separa il mese, quando è presente, dal giorno. Gli elementi con valore datante si trovano dunque a cavallo della formula di sanzione: prima di essa sono le sequenze στεφανηφόρος-γραμματεύς (al genitivo)-mese o στεφανηφόρος-mese, dopo di essa vi sono giorno ed ἐπιστάτης; la posizione scelta per l'ἐπιστάτης, tra giorno e proponente, sembra riflettere la duplice funzione della carica: egli è ricordato sia ai fini della datazione sia come attore della procedura deliberativa. Il γραμματεύς sembra avere, nei sottotipi ‹a› e ‹b›, nei quali si trova al genitivo, un esplicito ruolo datante; non è invece menzionato affatto nei sottotipi ‹d› ed ‹e›; il sottotipo ‹e› è ulteriormente contraddistinto da alcuni inserti atipici (18 exx.).

Sottotipi:

a. στεφανηφόρος – γραμματεύς – mese – sanzione – giorno – ἐπιστάτης – proponente (7 exx.):
I.Iasos 25(▲); 26(▲); 48(*); 76; 77(*); Blümel 2007, 2 II; 2 III(*).

b. στεφανηφόρος – γραμματεύς – sanzione – giorno – ἐπιστάτης – proponente (5 exx.):
I.Iasos 29, 1–6(▲)(*); *SEG* 41.930 (= PC 1989, 2), 1–13; *SEG* 41.930 (= PC 1989, 2), 31–33 + *SEG* 41.931 (= PC 1989, 3), 1–13(*);[15] *SEG* 41.931 (= PC 1989, 3), 15–27; *SEG* 41.932 (= PC 1989, 4), 15–31.

c. στεφανηφόρος – mese – sanzione – giorno – ἐπιστάτης – γραμματεύς – proponente (4 exx.[16]):
Maddoli 2007, 8(*); 9; 18.1; 21.

d. στεφανηφόρος – mese – sanzione – giorno – ἐπιστάτης – proponente:[17]
I.Iasos 36.

e. indicazione archivistica – στεφανηφόρος – mese – ὑπὲρ ὧν οἱ πρεσβύτεροι προεγράψαντο – sanzione – giorno – ἐπιστάτης – proponente:
I.Iasos 23(△).

---

[14] I confronti suggeriscono di integrare infatti la ε[alla fine di l. 3 con ἐ[πεστάτει anziché, come ipotizzato da Pugliese Carratelli 1969–1970, 6b, 382 (proposta poi accolta da W. Blümel in *I.Iasos* 57), con ε[ἶπεν. V. già Gauthier – Rougement, *BE* 1987, 18, 273 e Delrieux 2005a, 177 n. 39.

[15] Il fatto che il prescritto, pur ampiamente lacunoso, dovesse avere questa struttura è reso pressoché certo dal confronto con i decreti *SEG* 41.930 (= PC 1989, 2), 1–13 e *SEG* 41.931 (= PC 1989, 3), 15–27, promulgati nello stesso giorno e redatti dallo stesso γραμματεύς; cf. anche *SEG* 41.932 (= PC 1989, 4), 15–31.

[16] Potrebbero aver avuto la medesima struttura anche i lacunosi prescritti di Maddoli 2007, 16.2 (▲) e Habicht 1994, p. 71 (▲), per i quali non può tuttavia essere escluso neppure il sottotipo ‹d›.

[17] Per la possibile appartenenza dei prescritti di Maddoli 2007, 16.2 (▲) e Habicht 1994, 71 (▲) a questo sottotipo cf. nota precedente.

Tipo C: Decreti nei quali la formula di sanzione viene inserita dopo la sezione certamente datante (στεφανηφόρος-mese-giorno) e la coppia ἐπιστάτης-γραμματεύς (invertita nel sottotipo ‹c›); giorno ed ἐπιστάτης tendono anche in questo caso (fatta eccezione per il sottotipo ‹c›) a costituire una sequenza. La formula di sanzione è in genere seguita dal/i proponente/i (inversione nel sottotipo ‹b›). In tali prescritti sembra che l'ἐπιστάτης, presentato sempre subito dopo il giorno, e il γραμματεύς siano avvertiti soprattutto come elementi datanti. Una variante (sottotipo ‹d›) è caratterizzata dall'assenza del segretario (7 exx.).
Sottotipi:
a. στεφανηφόρος – mese – giorno – ἐπιστάτης – γραμματεύς – sanzione – proponente (3 exx.):
I.Iasos 32; 45; 69(▲)(*).
b. στεφανηφόρος – mese – giorno – ἐπιστάτης – γραμματεύς – proponente – sanzione (2 exx.):
I.Iasos 40(*); 64(▲).
c. στεφανηφόρος – mese – giorno – γραμματεύς – ἐπιστάτης – sanzione – proponente:
I.Iasos 60.
d. στεφανηφόρος – mese – giorno – ἐπιστάτης – sanzione – proponente:
I.Iasos 47.

Altri casi.
Vi sono infine alcuni prescritti che non si lasciano ricondurre ad alcuno dei tipi presentati sopra (4 exx.).
a. στεφανηφόρος – mese – proponente – sanzione (2 exx.):
I.Iasos 27(*); 52.
b. στεφανηφόρος – mese – giorno – ἐπὶ πρυτάνεων – γραμματεύς – sanzione – giorno – ἐπιστάτης – proponente:
I.Iasos 56.
c. στεφανηφόρος – collegio ἄρχοντες – γραμματεύς – mese – giorno – ἐπιστάτης – proponente – sanzione:
Maddoli 2007, 5.

Insieme 2. Questo insieme, al di là della sua caratteristica di base, quella di iniziare con la formula di sanzione, si distingue per una grandissima variabilità e instabilità, ben evidente nello schema che segue (12 exx.).
Tipo A: sanzione – proponente (3 exx.):
I.Iasos 51(■); 73(■); 74(■).
Tipo B: solo sanzione (3 exx.):
I.Iasos 68(*);[18] Maddoli 2007, 1.2 e 1.4.
Tipo C: sanzione – ἐπιστάτης:
Maddoli 2007, 20.A2(□).
Tipo D: Decreti in cui il mese è assente, sostituito dalla datazione nel giorno dell'assemblea elettiva; vi si trova l'insolita formula ὁ δεῖνα ἐπρυτάνευε (per cui v. § 8.2.2.2). La sequenza attestata è dunque: sanzione – ἐν ἀρχαιρεσίαισι – ὁ δεῖνα ἐπρυτάνευε (2 exx.):
SEG 36.982 B (= PC 1985, IIb); *SEG* 36.983 (= PC 1985, p. 155).
Tipo E: sanzione – mese – στεφανηφόρος:
I.Iasos 1(△).
Tipo F: sanzione – στεφανηφόρος – mese – ὁ δεῖνα ἐπρυτάνευε – proponente:
SEG 36.982 C (= PC 1985, IIc).
Tipo G: sanzione – mese – στεφανηφόρος – giorno – ἐπιστάτης – proponente – (γραμματεύς?):[19]
I.Iasos 24+30(*).

---

[18] Anche se il decreto *I.Iasos* 68 è molto lacunoso (v. § 9.18), credo che dopo la formula di sanzione debba esservi necessariamente stato il nome dell'onorato al dativo, con cui concorda il successivo [πρ]οξένωι γενομέν[ωι].
[19] Si veda Fabiani 2007, 382–383.

Insieme 3. Nessuna stabilità in questo insieme, nel quale l'unica costante è la sequenza iniziale mese + στεφανηφόρος e la conclusione con l'indicazione del proponente (3 exx.).

Tipo A: mese – στεφανηφόρος – γραμματεύς – giorno – ἐπιστάτης – sanzione – proponente: *I.Iasos* 42.

Tipo B: mese – στεφανηφόρος – giorno – ἐπιστάτης – proponente: *I.Iasos* 54.

Tipo C: mese – στεφανηφόρος – ἐπιστάτης – γραμματεύς – sanzione – proponente: Maddoli 2007, 14.A(*).

1.2.3 Alcune deduzioni

La semplice osservazione dei dati appena presentati consente già di estrapolare qualche elemento interessante.

1. Il tipo di prescritto più frequentemente attestato è quello che inizia con lo στεφανηφόρος.
2. Il prescritto è quasi sempre concluso dall'indicazione del proponente. Eccezioni: Insieme 1: sottotipi A.c; C.b e alcuni tra i cd. *casi particolari*. Insieme 2 (nel quale questa caratteristica è meno costante): tipi B; C; D; E.
3. L'Insieme 2 presenta elementi del tutto peculiari rispetto agli altri (datazione ἐν ἀρχαιρεσίαισι; formula ὁ δεῖνα ἐπρυτάνευε) e prescritti talora estremamente concisi, composti anche soltanto da 1–3 elementi.
4. Il grado di variabilità dei prescritti è piuttosto elevato. Tendono tuttavia a prevalere alcune forme, soprattutto – come è ovvio trattandosi del raggruppamento più numeroso – nell'Insieme 1. In esso sono preponderanti i sottotipi A.a e A.b, nei quali la formula di sanzione si inserisce tra la sequenza στεφανηφόρος-mese-giorno e la sequenza ἐπιστάτης-(γραμματεύς)-proponente, quasi a separare due funzioni: una prima metà datante, una seconda che presenta i protagonisti della procedura deliberativa; in questo primo modello il nome del segretario, quando presente, è accompagnato dal verbo γραμματεύω all'imperfetto. Un altro esempio piuttosto diffuso (sottotipi B.a e B.b) vede invece la formula di sanzione venire di seguito alla serie στεφανηφόρος-γραμματεύς-mese (raramente assente) e precedere la serie giorno-ἐπιστάτης-proponente, separando dunque nettamente il mese dal giorno e lasciando invariabilmente a contatto giorno ed ἐπιστάτης. In questo insieme il nome del γραμματεύς, quando presente, è al genitivo e, tranne una sola eccezione, si inserisce nella prima parte del prescritto: sembra svolgere dunque una funzione essenzialmente datante. La collocazione del nome dell'ἐπιστάτης tra giorno e proponente pare invece rinviare alla sua duplice funzione di elemento datante e di protagonista della procedura deliberativa.

1.3 I singoli elementi del prescritto

1.3.1 Lo στεφανηφόρος

Lo στεφανηφόρος è il magistrato eponimo di Iasos; egli, come rivela *I.Iasos* 248, 4–7, è più precisamente lo στεφανηφόρος delle dea Artemide.[20] Tale carica fu certamente a lungo considerata la più prestigiosa tra quelle cittadine.[21] Essa doveva comportare ingenti spese, ragion per cui l'eponimia della città venne ripetutamente assegnata, in particolare nella prima metà del II secolo a.C., al dio Apollo (v. sotto 1): in questi casi era la cassa del tesoro del dio a far fronte alle onerose spese connesse all'incarico.[22] Nel caso in cui l'eponimo era un uomo,

---

[20] Angiolillo 2004, 176. Sullo stefaneforato a Iasos v. Sherk 1991, 256–257. Sulla carica, piuttosto diffusa, v. Dignas 2007.

[21] Nelle epigrafi onorarie è infatti la prima carica ad essere ricordata: v. *I.Iasos* 84, 6–10; 87, 2–9. Dove non lo è, le ragioni sono facilmente comprensibili: in *I.Iasos* 249 Sopatros figlio di Epikrates, nel dedicare a Dioniso e al δῆμος la ricostruzione di parti significative del teatro, preferisce – come è ovvio – ricordare per prime le cariche di corego e agonoteta, strettamente connesse agli spettacoli teatrali e nelle cui vesti poteva aver promesso di compiere quei lavori; non sorprende poi che in *I.Iasos* 92, 3–10 la carica di στεφανηφόρος lasci il primo posto a quella di sommo sacerdote del culto imperiale.

[22] Per il frequente eponimato di Apollo nel II secolo a.C. si vedano gli elenchi presenti in Crowther 1990, 145–151. Sulla questione v. Dignas 2007, 174. La dispendiosità della carica è bene descritta dagli esempi prienei presentati in Fröhlich 2005, 239–245.

la formula con la quale viene indicato è costante: ἐπὶ στεφανηφόρου τοῦ δεῖνος τοῦ δεῖνος. Nel caso in cui l'eponimo era Apollo troviamo la formula ἐπὶ στεφανηφόρου Ἀπόλλωνος talora seguita da un numerale (es. τοῦ δευτέρου)[23] e/o dall'indicazione μετὰ τὸν δεῖνα (antroponimo dell'ultimo στεφανηφόρος mortale): p. es. τοῦ τετάρτου μετὰ Φορμίωνα.[24] La menzione di questo magistrato è quasi sempre presente; manca sistematicamente soltanto nei decreti onorari di Iasos pubblicati in altra città (simbolo ■), in quelli abbreviati (simbolo ▢) e in alcuni prescritti dell'Insieme 2 (§§ 3.1.2.1–2) che, come si è visto, sono in genere costituiti da pochissimi elementi (v. sotto 2). Nell'assoluta maggioranza dei casi lo στεφανηφόρος appare come primo elemento del prescritto (per le eccezioni v. sotto 3).

1. Lo stefaneforato è rivestito da Apollo (14 exx.):
   I.Iasos 36, 1; 39, 1; 41, 1; 48(*); 49, 1–2(▲); 56, 1; 58+44; 152, 40–41(△); Maddoli 2007, 11.B, 1; 16.2, 1–2(▲); 18.2, 1; 19.2, 1; 21; 22, 1–2.
2. L'indicazione è assente (11 exx.):
   I.Iasos 51(■); 68; 73(■); 74(■); *SEG* 36.982 B (= PC 1985, IIb); *SEG* 36.983 (= PC 1985, p. 155); Maddoli 2007, 1.2; 1.3(▢); 1.4; 16.1(▢); 20.A2(▢).
3. Esso è generalmente il primo elemento del prescritto. Se non lo è, può essere preceduto da:
   a. mese (3 exx.):
   I.Iasos 42, 1; 54, 1; Maddoli 2007, 14.A, 1.
   b. formula di sanzione – mese (2 exx.):
   I.Iasos 1, 1–2(△); 24+30, 1–2(*).
   c. formula di sanzione:
   SEG 36.982 C (= PC 1985, IIc), 1–2.
   d. indicazione archivistica:
   I.Iasos 23, 1–3(△).

1.3.2 Il mese

È un elemento solitamente presente nei prescritti, sporadicamente sostituito da ἐν ἀρχαιρεσίαισι (v. sotto 3): dal momento che le elezioni dei magistrati avevano di certo luogo annualmente a scadenze regolari, l'indicazione ἐν ἀρχαιρεσίαισι equivaleva di fatto a quella del mese in cui si teneva l'assemblea elettorale. Per altre eccezioni v. 1 con 2. Nella maggior parte dei casi il mese occupa il secondo posto del prescritto dopo lo στεφανηφόρος, molto raramente viene inserito oltre la terza posizione; in soli tre casi figura come primo elemento (v. 4). E' spesso seguito dal giorno; se non lo è, a separarli è più spesso la formula di sanzione (v. 5). Si trova invariabilmente al genitivo, solitamente preceduto dall'apposizione μηνός (per eccezioni v. 6). Il mese nettamente più attestato è Ἀφροδισιών (v. 7 e 8).

1. È sicuramente assente (14 exx.):
   I.Iasos 29(▲)(*); 51(■); 68(*); 73(■); 74(■); *SEG* 41.930 (= PC 1989, 2), 1–32; *SEG* 41.930 (= PC 1989, 2), 33–35 + *SEG* 41.931 (= PC 1989, 3), 1–13)(*); *SEG* 41.931 (= PC 1989, 3), 15–58; *SEG* 41.932 (= PC 1989, 4), 15–42; Maddoli 2007, 1.2; 1.3(▢); 1.4; 16.1; 20.A2(▢).
2. Sebbene sia assente l'indicazione del mese, è presente quella del giorno (4 exx.):
   SEG 41.930 (= PC 1989, 2), 3–4; *SEG* 41.930 (= PC 1989, 2), 33–35 + *SEG* 41.931 (= PC 1989, 3), 1–13, 3–4(*); *SEG* 41.931 (= PC 1989, 3), 17–18; *SEG* 41.932 (= PC 1989, 4), 19.
3. È sostituito da ἐν ἀρχαιρεσίαισι (2 exx.[25]):
   SEG 36.982 B (= PC 1985, IIb), 2; *SEG* 36.983 (= PC 1985, p. 155), 2–3.
4. È il primo elemento del prescritto (3 exx.):
   I.Iasos 42, 1; 54, 1; Maddoli 2007, 14.A, 1.

---

[23] Maddoli 2007, 11.B, 1.
[24] Maddoli 2007, 22, 1–2.
[25] V. anche *I.Iasos* 99, 3.

5. Non è immediatamente seguito dall'indicazione del giorno, che è tuttavia presente. Può esserne separato:
   a. dalla formula di sanzione (14 exx.[26]):
      I.Iasos 25, 2–3(▲); 26, 2(▲); 36, 2–3; 48, 1–2; 76, 2–3; 77, 2–3(*); Maddoli 2007, 8, 1–2(*); 9, 1–2; 16.2, 2–3(▲); 18.1, 1–2; 21, 1–2; Blümel 2007, 2 II, 2–3; 2 III, 2–3(*).
   b. dal rinvio alla mozione originaria e dalla formula di sanzione:
      I.Iasos 23, 3–6(△).
   c. dall'indicazione dello στεφανηφόρος (2 exx.):
      I.Iasos 24+30, 1–2(*); 54, 1–2.
   d. dall'indicazione dello στεφανηφόρος e del γραμματεύς:
      I.Iasos 42, 1–2.
   e. dall'indicazione del γραμματεύς:
      Maddoli 2007, 25.A2, 1–2(▲).
6. Il nome del mese non è preceduto dall'apposizione μηνός (7 exx.):
   I.Iasos 4, 34; 6, 12(△); 26, 2(▲); 76, 2; 152, 41(△); Blümel 2007, 2 II, 2; 2 III, 2(*).
7. Il mese è Ἀφροδισιών (25 exx.[27]):
   I.Iasos 36, 2; 41, 1–2; 45, 1–2; 47, 1; 48, 1; 50, 1–2(*); 54, 1; 56, 1; 57, 2; 58+44, 1; 59, 2; 64, 2(▲); 69, 2(▲)(*); *SEG* 38.1061 (= PC 1987, c), 1; Maddoli 2007, 11.A, 2; 16.2, 2(▲); 17, 2; 18.2, 1; 19.2, 2; 21, 1–2; 22, 2; 23.1+*I.Iasos* 66, 2; 25.A2, 1(▲); Blümel 2007, 2 III, 2; NPg 898, 2.
8. Il mese non è Ἀφροδισιών (22 exx.).
   a. Ἀδωνιών (2 exx.):
      I.Iasos 42, 1; 60, 2(*).
   b. Ἀληθιών:
      I.Iasos 23, 3(△).
   c. Ἀνθεστηριών (3 exx.):
      I.Iasos 6, 12(△); 40, 1; Blümel 2007, 2 II, 2.
   d. Ἀπατουριών (2 exx.):
      I.Iasos 1, 1(△); 152, 41(△).
   e. Ἀπολλωνιών (3 exx.):
      I.Iasos 27, 2; Maddoli 2007, 9, 1; 14.A, 1.
   f. Γηφοριών:
      I.Iasos 25, 2.[28]
   g. Ἐλαφηβολιών (6 exx.):
      I.Iasos 4, 2 e 34; 32, 1–2; 39, 1–2; Maddoli 2007, 10, 1; 11.B, 2; 18.1, 1.
   h. Θαργηλιών:[29]
      I.Iasos 26, 2(▲).
   i. Κολλυριών:
      SEG 36.982 C (= PC 1985, IIc), 2–3.
   j. Ποσιδεών (2 exx.):
      I.Iasos 24+30, 1; 76, 2.
   k. Ὑπερβερεταῖος:
      Maddoli 2007, 5, 6–7.
   l. Φυλαιών:[30]
      Maddoli 2007, 12.A2, 2(▲).

---

[26] Non si può escludere che questa stessa sequenza fosse attestata anche in Habicht 1994, 71 (▲) e Maddoli 2007, 16.2, 2–3 (▲).
[27] Il mese è attestato anche in *I.Iasos* 4, 83.
[28] Questa è la lettura che risulta dal riesame autoptico che l'*équipe* dell'Università di Perugia di cui faccio parte sta conducendo su tutti i decreti di Iasos; essa viene pertanto a correggere la proposta di integrazione [Σ]κιροφ[οριῶνος] dell'editore Pugliese Carratelli 1967–1968, 6, 455–456. Il mese Γηφοριών è anche attestato in *I.Iasos* 150, 2 (Robert, *BE* 1973, 433, 166–167).
[29] Il mese si trova anche in *I.Iasos* 63, 3.
[30] Nell'edizione di Maddoli 2007, 12.A2 la chiara lettura Φυλαιών era stata corretta, in modo troppo affrettato, in Φυλλιών

I mesi attestati dalle iscrizioni di Iasos sono dunque ad oggi tredici.[31] Al momento non è possibile offrire una spiegazione a questa anomalia, anche se risulta evidente il carattere ionico della formazione nominale di dodici mesi (anche di alcuni documentati soltanto a Iasos)[32], cui si oppone il solo Ὑπερβερεταῖος, mese macedone ben noto, attestato a Iasos da un'iscrizione che, come si vedrà meglio più avanti (§ 7.4), si data negli anni immediatamente successivi alla conquista di Alessandro.[33] Si può pensare forse a un brevissimo temporaneo utilizzo del calendario macedone che avrebbe lasciato quest'unica traccia oppure a una parziale, o forse piuttosto puntuale, adozione di uno o più mesi tratti da questo calendario, che comunque potrebbe non essere stata definitiva. La scarsità delle attestazioni per molti di questi mesi sconsiglia in ogni caso di tentare di dare un nome al mese che potrebbe essere stato sostituito, per molto o per poco tempo, da Ὑπερβερεταῖος.[34]

1.3.3 Il giorno

E' un elemento anch'esso presente in maniera piuttosto stabile nei prescritti,[35] solitamente nella forma ἕκτηι ἱσταμένου: a Iasos il giorno stabilito per lo svolgimento dell'assemblea era evidentemente il sesto di ogni mese;[36] sono tuttavia attestati casi di assemblea straordinaria (v. 4). Nella combinazione più frequente, il giorno viene inserito subito dopo il nome del mese; se non lo segue immediatamente, il più delle volte ne è separato dalla formula di sanzione. Assai di frequente dopo di esso si trova il nome dell'ἐπιστάτης. In ogni caso, il giorno precede sempre ἐπιστάτης e proponente/i.

1. È assente insieme al mese (11 exx.):
   I.Iasos 51(■); 68(*); 73(■); 74(■); *SEG* 36.982 B (= PC 1985, IIb); *SEG* 36.983 (= PC 1985, p. 155); Maddoli 2007, 1.2; 1.3(□); 1.4; 16.1; 20.A2(□).
2. È assente, ma è presente il mese (5 exx.):
   I.Iasos 1, 1(△); 27, 2(*); 52; *SEG* 36.982 C (= PC 1985, IIc), 2–3; Maddoli 2007, 14.A, 1.
3. È presente anche se manca il mese (4 exx.):
   SEG 41.930 (= PC 1989, 2), 3–4; *SEG* 41.930 (= PC 1989, 2), 33–35 + *SEG* 41.931 (= PC 1989, 3), 1–13, 3–4(*); *SEG* 41.931 (= PC 1989, 3), 17–18; *SEG* 41.932 (= PC 1989, 4), 19.
4. Il giorno non è ἕκτηι ἱσταμένου, si tratta cioè di un'assemblea straordinaria (2 exx.):
   I.Iasos 4, 35; Maddoli 2007, 25.A2, 2(▲).
5. È ripetuto due volte:
   I.Iasos 56, 2 e 5.

1.3.4 La formula di sanzione

Dal momento che esprime la legalità e dunque la validità del decreto (sancita dalla ratifica dell'assemblea), la formula di sanzione costituisce un componente stabile dei prescritti di Iasos (per eccezioni v. sotto 1) e in certi casi può persino rappresentare l'unico elemento presente (v. 2). Ricorre in posizione abbastanza variabile. In alcuni decreti apre il prescritto (v. 3), in casi sporadici – eccezioni alla consuetudine che la vuole in genere pre-

---

sulla base di *I.Iasos* 245, 17 (e 28), pubblicato da Reinach 1893, nr. 7, 171–172: Reinach aveva scritto in effetti che le tracce di lettere potevano permettere entrambe le letture, ma che Φυλλιών sembrava più verosimile (pp. 174–175). Il rinvenimento nella campagna di scavo 2012 di un nuovo decreto (NPg 970, inv. Iasos 8571) che presenta con estrema nettezza la formula [ἐν] τῶι μηνὶ τῶι Φυλαιῶνι dimostra ormai definitivamente che la lezione corretta, in tutti questi testi, è Φυλαιών.

[31] Trümpy 1997, 114–117 (che però elenca Σκιροφοριών e che non poteva conoscere l'attestazione di Ὑπερβερεταῖος).

[32] *Hapax* iasei assoluti sono Ἀληθιών, Γηφοριών, Κολλυριών, Φυλαιών; inoltre, solo nella città caria troviamo il mese di Ἀδωνιών, che a Selucia in Pieria e ad Entella e Nakone (*SEG* 30.1119; 32.914) è attestato nella forma Ἀδώνιος.

[33] Maddoli 2007, 5, 6–7.

[34] Trümpy 1997, 117.

[35] Per eccezioni v. 1 e 2: si tratta prevalentemente di decreti appartenenti all'Insieme 2, per cui cf. § 3.1.2.1; v. anche punto 3 qui di seguito.

[36] Rhodes – Lewis 1997, 339, 504–505; Ghinatti 2005, 51–59.

cedere il proponente – lo chiude (v. 4). Se è vero che più spesso compare dopo la sequenza στεφανηφόρος-mese-giorno e che precede l'ἐπιστάτης, è tuttavia usuale anche una sua collocazione tra mese e giorno; le varianti possibili sono comunque numerose (§ 3.1.2). Nella maggior parte dei casi si presenta nella forma probuleumatica[37] (ἔδοξεν τῆι βουλῆι καὶ τῶι δήμωι: v. 5), anche se non mancano esempi diversi (v. 6–8).

1. È certamente assente (7 exx.):
   I.Iasos 39; 50; 54; Maddoli 2007, 1.3(□); 16.1(□); 11.B; 23.1+*I.Iasos* 66(*).
2. È l'unico elemento del prescritto (3 exx.):
   I.Iasos 68 (*); Maddoli 2007, 1.2; 1.4.
3. Si trova in apertura di prescritto (12 exx.):
   I.Iasos 1, 1(△); 24+30(*); 51, 1(■); 68, 2; 73, 1(■); 74, 1(■); *SEG* 36.982 B (= PC 1985, IIb), 1; *SEG* 36.982 C (= PC 1985, IIb), 1; *SEG* 36.983 (= PC 1985, p. 155), 1–2; Maddoli 2007, 1.2, 1; 1.4, 1; 20.A2, 1(□).
4. È l'ultimo elemento del prescritto (5 exx.):
   I.Iasos 27, 3(*); 40, 3; 52, 3–4; 64, 5(▲); Maddoli 2007 5, 9.
5. Si presenta nella forma ἔδοξεν τῆι βουλῆι καὶ τῶι δήμωι (51 exx.):[38]
   I.Iasos 1, 1(△); 6, 13(△); 23, 5(△); 24+30(*); 25, 3(▲); 32, 4; 36, 2–3; 40, 3(*); 41, 2–3(*); 42, 3; 47, 2; 48, 1–2(*); 51, 1(■); 52, 3–4; 56, 5; 57, 2–3; 58+44, 1–2(*); 59, 2–3; 60, 5–6; 68, 6; 73, 1(■); 74, 1(■); 76, 2–3(*); 77, 2–3; *SEG* 36.982 B (= PC 1985, IIb), 1; *SEG* 36.982 C (= PC 1985, IIc), 1; *SEG* 36.983 (= PC 1985, p. 155), 1–2; *SEG* 41.930 (= PC 1989, 2), 3; *SEG* 41.930 (= PC 1989, 2), 33–35 + *SEG* 41.931 (= PC 1989, 3), 1–13, 3; *SEG* 41.931 (= PC 1989, 3), 17; *SEG* 41.932 (= PC 1989, 4), 18; Habicht 1994, p. 71(▲); Maddoli 2007, 5, 9; 7, 2(*); 8, 2; 9, 2(*); 11.A, 3(*); 12.A2, 2–3(▲); 14.A, 3–4(*); 16.2, 2–3(▲)(*); 17, 3–4; 18.1, 1; 18.2, 1; 19.2, 2–3; 21, 2; 22, 2–3; 25.A2, 2 e 5–6(*)(▲); Blümel 2007, 2 II, 2; 2 III, 2; NPg 898, 2–3.
6. Si presenta nella forma ἔδοξεν τῶι δήμωι (6 exx.):
   I.Iasos 4, 35–36; 26, 2(▲); 27, 3(*); 45, 4; 64, 5(▲); Maddoli 2007, 6, 2(*).
7. Si presenta come ἔδοξεν Ἰασεῦσι (2 exx.):
   Maddoli 2007, 1.2, 1; 1.4, 1.
8. Si presenta come ἔδοξεν τῆι βουλῆι:
   Maddoli 2007, 20.A2, 1(▲).
9. E' ripetuta due volte (1 ex.):
   Maddoli 2007, 25.A2, 2 e 5–6(*)(▲).[39]

1.3.5 L'ἐπιστάτης

È il presidente dell'assemblea mensile di Iasos ed è membro del collegio dei pritani.[40] La sua presenza nel prescritto dei decreti può essere considerata piuttosto stabile (v. però sotto 1). La sistematica mancanza di questo elemento nei decreti dell'Insieme 2 (§§ 3.1.2.1–2) è infatti solo apparente, dal momento che molto probabilmente in essi la formula ὁ δεῖνα ἐπρυτάνευε indica in effetti l'ἐπιστάτης (v. 2; § 8.2.2.2); il riferimento al nome del presidente manca invece sempre nei decreti abbreviati e in alcuni di quelli non onorari. Normalmente l'indicazione è presentata adoperando l'imperfetto del verbo ἐπιστατέω nella forma ὁ δεῖνα τοῦ δεῖνος ἐπεστάτει,[41] fatto salvo un caso di genitivo assoluto (v. 3). La sua posizione è piuttosto variabile. Il riferimento all'ἐπιστάτης non è mai né al principio (di fatto non compare mai prima della quarta posizione) né alla fine del prescritto; spesso segue immediatamente il giorno e non di rado si lega al γραμματεύς, quando si fa riferimento al segreta-

---

[37] Per una riflessione sull'uso di questa e delle altre formule di sanzione (e di mozione, su cui v. § 3.4) ad Atene v. Rhodes – Lewis 1997, 18–27; nel mondo greco in generale *ibid.*, 484–491.

[38] In base agli spazi sembra questa l'integrazione più probabile della formula in *I.Iasos* 29, 2(▲) e Maddoli 2007, 10.2.

[39] Lo è apparentemente anche in *I.Iasos* 68, 1–2, ma la prima delle due formule è stata erasa, probabilmente per distanziare l'inizio del nuovo decreto dal precedente: v. § 9.18.

[40] Cf. p. es. *I.Iasos* 56, 2 e 5–6. Rhodes – Lewis 1997, 339 e 483.

[41] Come cortesemente indicatomi da W. Blümel, anche in Maddoli 2007, 18.1, 2 la lettura corretta è [ἐπεσ]τάτει e non [ἐπεσ]τάτευε.

rio con il verbo γραμματέυω all'imperfetto. Precede sempre il proponente. In alcuni casi il nome dell'ἐπιστάτης può, come accade agli altri pritani (v. § 3.1.3.7), essere seguito dall'indicazione aggiuntiva καταστaθέντος ὑπό ('designato da') + altro nome con patronimico (v. 4), nei casi in cui il titolare nominava in sua vece un sostituto, il cui nome viene presentato per primo in quanto effettivo ἐπιστάτης dell'assemblea.

1. E' sicuramente assente (16 exx.):
   I.Iasos 1(△); 6(△); 27(*); 51(■); 52; 68(*); 73(■); 74(■); 152, 40–41(△); *SEG* 36.982 B (= PC 1985, IIb); *SEG* 36.982 C (= PC 1985, IIc); *SEG* 36.983 (= PC 1985, p. 155); Maddoli 2007, 1.2; 1.3(□); 1.4; 16.1(□).
2. E' indicato con la formula ὁ δεῖνα ἐπρυτάνευε (3 exx.):
   SEG 36.982 B (= PC 1985, IIb), 2–3; *SEG* 36.982 C (= PC 1985, IIc), 3; *SEG* 36.983 (= PC 1985, p. 155), 3–5.[42]
3. E' espresso al genitivo assoluto:
   Maddoli 2007, 18.2, 1–2.
4. E' seguito dalla formula καταστaθέντος ὑπό + altro nome con patronimico (5 exx.):
   I.Iasos 25, 3–5(▲); 26, 3–4(▲); *SEG* 41.930 (= PC 1989, 2), 4–6; *SEG* 41.930 (= PC 1989, 2), 33–35 + *SEG* 41.931 (= PC 1989, 3), 1–13, 4–6(*); *SEG* 41.931 (= PC 1989, 3), 18–20.

1.3.6 Il γραμματεύς

L'indicazione del nome del segretario in carica (si tratta con ogni probabilità del γραμματεύς della βουλή)[43] è l'elemento del prescritto che può mancare più spesso, anche se la sua presenza resta comunque abbastanza frequente. E' sistematicamente assente nei decreti dell'Insieme 2 (per un quadro v. però sotto 1). Compare più assiduamente nella forma ὁ δεῖνα τοῦ δεῖνος ἐγραμμάτευε (v. 2) ma non di rado si trova al genitivo (γραμματέως δὲ τοῦ δεῖνος τοῦ δεῖνος: v. 3); solo in un caso si riscontra con il participio del verbo γραμματεύω, al genitivo assoluto (v. 4). Quando è espressa in genitivo, la menzione del segretario tende a porsi nella parte iniziale del prescritto, quella più strettamente datante, mai comunque in prima posizione e quanto meno sempre dopo lo στεφανηφόρος (per questo caso v. 5); quando è invece espressa con il verbo γραμματεύω all'imperfetto, essa si pone nella parte centrale o preferibilmente conclusiva del prescritto, frequentemente in coppia con l'ἐπιστάτης e comunque prima del/i proponente/i. Solo in un caso si trova in ultima posizione (v. 6).

1. E' sicuramente assente (28 exx.):
   I.Iasos 1(△); 4; 6(△); 23(△); 27(*); 36; 47; 51(■); 52; 54; 57; 68(*); 73(■); 74(■); 152, 40–41(△); *SEG* 36.982 B (= PC 1985, IIb); *SEG* 36.982 C (= PC 1985, IIc); *SEG* 36.983 (= PC 1985, p. 155); *SEG* 38.1061 (= PC 1987, c); Maddoli 2007 1.2; 1.3(□); 1.4; 11.A; 16.1(□); 17; 19.2; 20.A2(□); 22.
2. E' indicato con il verbo γραμματεύω all'imperfetto (23 exx.):
   I.Iasos 32, 3; 39, 3; 40, 2; 41, 3–4; 45, 3–4; 50, 3; 58+44, 3; 59, 7–8; 60, 3–4; 64, 3–4(▲); 69, 3–4(▲); Maddoli 2007, 6, 3; 7, 3(*); 8, 3(*); 9, 3; 10, 3(*); 11.B, 4; 12.A2, 4(▲)(*); 14.A, 3(*); 18.1, 2; 21, 3; 23.1+*I.Iasos* 66, 3–4; NPg 898, 4.
3. E' indicato al genitivo (17 exx.):
   I.Iasos 25, 2(▲); 26, 1–2(▲); 29, 1–2(▲)(*); 42, 1–2; 48, 1(*); 49, 2(▲); 56, 4–5; 76, 1–2; 77, 1–2; *SEG* 41.930 (= PC 1989, 2), 2; *SEG* 41.930 (= PC 1989, 2), 33–35 + *SEG* 41.931 (= PC 1989, 3), 1–13, 2; *SEG* 41.931 (= PC 1989, 3), 16; *SEG* 41.932 (= PC 1989, 4), 16–17; Maddoli 2007, 5, 5–6; 25.A2, 1–2(▲); Blümel 2007, 2 II, 1–2; 2 III, 1–2.
4. E' indicato in genitivo assoluto:
   Maddoli 2007, 18.2, 2.
5. Figura subito dopo lo στεφανηφόρος (12 exx.):
   I.Iasos 25, 2(▲); 26, 1–2(▲); 29, 1–2(▲)(*); 49, 2(▲); 76, 1–2; 77, 1–2; *SEG* 41.930 (= PC 1989, 2), 2; *SEG* 41.930 (= PC 1989, 2), 33–35 + *SEG* 41.931 (= PC 1989, 3), 1–13, 2; *SEG* 41.931 (= PC 1989, 3), 16; *SEG* 41.932 (= PC 1989, 4), 16–17; Blümel 2007, 2 II, 1–2; 2 III, 1–2.

---

[42] In questo caso l'indicazione è al plurale, ad indicare apparentemente una duplice contemporanea presidenza (§ 8.2.2.2).
[43] Cf. *I.Iasos* 23, 15–16(△).

6. Conclude il prescritto:
I.Iasos 59, 7–8.

1.3.7 Il/i proponente/i[44]

E' un elemento quasi sempre presente nei prescritti (pochissime le eccezioni, v. sotto 1, quasi tutte tra le sequenze dell'Insieme 2) dove, a parte casi sporadici, occupa generalmente l'ultima posizione. Assume forme diversificate. Può infatti essere presentato con la formula ὁ δεῖνα τοῦ δεῖνος εἶπε (v. 2)[45] oppure, più frequentemente, con il sostantivo γνώμη preceduto dal genitivo di una magistratura iasea;[46] di questa seconda formula sono ad oggi note due varianti: la rara ἀρχόντων γνώμη (v. 3–4) o la ben più attestata πρυτάνεων γνώμη (v. 5–6).[47] Nel caso in cui si tratti della γνώμη di un collegio magistratuale, tale formula può essere seguita dall'elenco nominale - completo di patronimici - dei magistrati componenti il collegio (v. 4 e 6). Il numero complessivo dei pritani è estremamente variabile (v. 10) e il nome di alcuni (come nel caso dell'ἐπιστάτης, anch'egli un pritane: v. § 3.1.3.5) può essere seguito dall'indicazione aggiuntiva καταστaθέντος ὑπό ('designato da') + altro nome con patronimico (v. 9), nei casi in cui il pritane titolare nominava in sua vece un sostituto, il cui nome viene riferito per primo in quanto effettivo responsabile della proposta avanzata. Accade poi in taluni casi che la variante formulare πρυτάνεων γνώμη (più o meno accompagnata da elenco) sia seguita dalla proposizione relativa περὶ ὧν ἐπῆλθεν/ἐπῆλθον (v. 7–8), che introduce la cosiddetta mozione originaria (su cui v. più precisamente § 3.4), avanzata da uno o più promotori ma fatta propria dai pritani.

1. L'elemento è sicuramente assente (9 exx.):
   I.Iasos 1(△); 68(*); 152, 40–41(△); *SEG* 36.982 B (= PC 1985, IIb); Maddoli 2007, 1.2; 1.3(□); 1.4; 16.1(□); 20.A(□).
2. Si presenta come ὁ δεῖνα τοῦ δεῖνος εἶπε (12 exx.):
   I.Iasos 32, 4–5; 40, 2–3(*); 42, 3; 45, 4–5; 48, 3–4; 54, 3–4; 56, 6; 64, 4–5(▲); *SEG* 36.982 C (= PC 1985, IIc), 3–4; *SEG* 36.983 (= PC 1985, p. 155), 5–6; Maddoli 2007, 14.A, 4(*); 18.1, 3.
3. Si presenta come ἀρχόντων γνώμη senza elenco nominale:
   I.Iasos 27, 3.
4. Si presenta come ἀρχόντων γνώμη con elenco nominale (2 exx.):
   I.Iasos 24+30, 4–8; 59, 4–7 (γνώμη ἀρχόντων).
5. Si presenta come πρυτάνεων γνώμη senza elenco nominale (20 exx.):
   I.Iasos 6, 13(△); 23, 7(△); 36, 4; 41, 4; 47, 3; 50, 3–4; 51, 1–2(■); 52, 3; 57, 4; 58+44, 3; 60, 6–7; 73, 1(■); 74, 1(■); *SEG* 38.1061 (= PC 1987, c), 2; Maddoli 2007, 5, 8; 17, 5; 18.2, 2; 19.2, 3–4; 21, 4; NPg 898, 5.
6. Si presenta come πρυτάνεων γνώμη con elenco nominale (35 exx.):
   I.Iasos 4, 36–41; 20(△), 2–4 con Gauthier 1990, p. 435(*); 25, 5–9(▲); 26, 4–5(▲); 29, 3–6(▲)(*); 35, 1–5(*); 37, 1–4; 39, 3–6; 53, 1–4; 76, 4–8; 77, 4–6; 82, 2–7; *SEG* 41.930 (= PC 1989, 2), 6–13; *SEG* 41.930 (= PC 1989, 2), 33–35 + *SEG* 41.931 (= PC 1989, 3), 1–13, 6–13(*); *SEG* 41.931 (= PC 1989, 3), 20–27; *SEG* 41.932 (= PC 1989, 4), 21–31; *SEG* 41.933 (= PC 1989, 5), 1–8; Habicht 1994, p. 71(▲)(*);[48] Maddoli 2007, 6, 3–5 (γνώμη πρυτάνεων); 7, 4–6 (γνώμη πρυτάνεων); 8, 3–5; 9, 3–5 (γνώμη πρυτάνεων); 10, 3–5; 11.A,

---

[44] V. Swoboda 1890, 33–39.

[45] Questa è, come sottolinea Swoboda 1890, 33–55, la formulazione in genere più antica.

[46] Per un'analisi del significato di γνώμη, e una valutazione delle possibili procedure sintetizzate nell'impiego di questo termine, v. Müller 1976, spec. 86–91; per alcune avvertenze sul suo uso v. Rhodes - Lewis 1997, 557–560. In generale, sui collegi magistratuali proponenti di decreti nelle πόλεις v. Swoboda 1890, 116–133; Rhodes - Lewis 1999, 493–497; McLean 2002, 220. Per delle prudenti considerazioni circa la crescita del ruolo dei magistrati come proponenti di mozioni a partire dall'epoca ellenistica avanzata v. Fröhlich 2002, spec. 81–83.

[47] V. anche Rhodes - Lewis 1997, 338–339.

[48] A lasciar ipotizzare che in questo testo vi sia l'elenco dei pritani è il fatto che dopo l'indicazione dell'ἐπιστάτης (il cui nome è in caso nominativo) vi è, come informa Habicht, una serie di nomi in caso genitivo. Il modello, molto comune, è lo stesso di decreti come, *e.g.*, *I.Iasos* 76, 3–8 e *SEG* 41.930 (= PC 1989, 2), 4–13.

4–7; 11.B, 4–8; 12.A2, 5–6(▲)(*); 12.B, 1–3; 20. B, 1; 22, 4–7; 23.1+*I.Iasos* 66, 4–10; Maddoli 2007, 25.A2, 3–5(▲); 25.B, 1–3; 26, 3–6(*); Blümel 2007, 2 II, 3–6; 2 III, 3–7.

7. Si presenta come πρυτάνεων γνώμη senza elenco nominale ed è seguita da περὶ ὧν ἐπῆλθεν/ἐπῆλθον (5 exx.):
   I.Iasos 23, 7(△); 36, 4; 51, 1–2 (■); 73, 1 (■); 74, 1(■).
8. Si presenta come πρυτάνεων γνώμη con elenco nominale ed è seguita da περὶ ὧν ἐπῆλθεν/ἐπῆλθον (15 exx.):
   I.Iasos 29, 3–6(▲); 35, 1–6; 76, 4–8; 77, 4–6; *SEG* 41.930 (= PC 1989, 2), 6–14; *SEG* 41.930 (= PC 1989, 2), 33–35 + *SEG* 41.931 (= PC 1989, 3), 1–13, 6–14(*); *SEG* 41.931, (= PC 1989, 3), 20–30; *SEG* 41.932 (= PC 1989, 4), 21–32; *SEG* 41.933 (= PC 1989, 5), 1–9; Habicht 1994, p. 71(▲)(*);[49] Maddoli 2007, 20.B, 1–2; 25.B, 1–5; 26, 3–6(*); Blümel 2007, 2 II, 3–7; 2 III, 3–7.
9. Nell'elenco nominale dei pritani si riscontra l'uso della formula κατασταθέντος ὑπό in (16 exx.):
   I.Iasos 25, 7–8(▲); 82, 2–3. 3–4. 5; *SEG* 41.930 (= PC 1989, 2), 8–9; *SEG* 41.930 (= PC 1989, 2), 33–35 + *SEG* 41.931 (= PC 1989, 3), 1–13. 8–9(*); *SEG* 41.931 (= PC 1989, 3), 22–23; *SEG* 41.932 (= PC 1989, 4), 27–28; *SEG* 41.933 (= PC 1989, 5), 5–6; Maddoli 2007, 22, 7; 23.1+*I.Iasos* 66, 6–7. 10; 25.A2, 5(▲); 25.B, 2; Blümel 2007, 2 III, 4(*). 5–6.
10. Il numero dei pritani elencati è variabile:
    a. un pritane[50] (2 exx.):
       SEG 36.982 B (= PC 1985, IIb), 2–3; *SEG* 36.982 C (= PC 1985, IIc), 3.
    b. due pritani:[51]
       SEG 36.983 (= PC 1985, p. 155), 3–5.
    c. tre pritani:
       Maddoli 2007, 9, 3–5.
    d. quattro pritani (3 exx.):
       Maddoli 2007, 6, 3–5; 8, 3–5(*); 11.A, 4–7.
    e. cinque pritani (3 exx.):
       I.Iasos 39, 3–6; Maddoli 2007, 7, 4–6(*); 10, 3–5(*).
    f. sei pritani (8 exx.):
       I.Iasos 1, 12–14(△); 20, 2–4(△) con Gauthier 1990, p. 435(*); 37, 1–4; 53, 1–4; 56, 2–4; *SEG* 41.932 (= PC 1989, 4), 21–31; *SEG* 41.933 (= PC 1989, 5), 1–8(*); Maddoli 2007, 22, 4–7.
    g. sette pritani (6 exx.[52]):
       I.Iasos 4, 36–41; *SEG* 41.930 (= PC 1989, 2), 6–13; *SEG* 41.930 (= PC 1989, 2), 33–35 + *SEG* 41.931 (= PC 1989, 3), 1–13, 6–13(*); *SEG* 41.931 (= PC 1989, 3), 20–27; Maddoli 2007, 11.B, 4–8; 25.A2, 3–5(▲).
    h. otto pritani (3 exx.):
       I.Iasos 76, 4–8;[53] 82, 2–7; Blümel 2007, 2 II, 3–6.

---

[49] L'ipotesi che in questo testo vi sia la mozione originaria dipende dal fatto che, in base alle informazioni offerte da Habicht, dopo una serie di nomi al genitivo (v. n. 48) si legge, alla l. 13, οἱ προστάται. Il confronto con *SEG* 41.931 (= PC 1989, 3), 20–30, con Maddoli 2007, 20.B, 1–2 e con 25.B, 1–5 suggerisce che essi siano i promotori della mozione originaria.

[50] Per la assai probabile ipotesi che in questo caso l'espressione ὁ δεῖνα ἐπρυτάνευε voglia indicare il solo presidente del collegio dei pritani v. § 3.1.3.5 e § 8.2.2.2.

[51] Il breve elenco di due soli pritani, ad oggi un *unicum* a Iasos, resta ancora difficile da spiegare («surprenant» anche per Ph. Gauthier, *BE* 1990, 276, 482): l'unico tentativo di spiegazione resta quello di Pugliese Carratelli 1987, 289–290. Si potrebbe anche pensare che i due siano il presidente dell'assemblea e del consiglio: v. Fabiani 2012, 124 e § 8.2.2.2.

[52] Potrebbero essere sette anche in Maddoli 2007, 23.1+*I.Iasos* 66, ma la lacunosità lascia qualche incertezza: v. comm. *ad loc.*

[53] Si accoglie qui la correzione proposta da Gauthier – Rougement, *BE* 1987, 18, 274.

Tabelle

Riassumiamo adesso, attraverso una tabella, le varianti più interessanti del prescritto dei decreti iasei. Per l'interpretazione dei simboli si rinvia a § 1.5; per le indicazioni in ascissa, si veda la legenda che precede la tabella.

Tabella n. 1. Riepilogo degli elementi contenuti nel prescritto, quando almeno parzialmente valutabile (i decreti sono presentati secondo l'ordine standard definito a § 1.3)

LEGENDA:

senza prescr.	decreto privo di prescritto
solo sanz.	prescritto che contiene la sola formula di sanzione
incipit con sanz.	prescritto che inizia con la formula di sanzione
incipit con mese	prescritto che inizia con l'indicazione del mese
incipit con στεφ.	prescritto che inizia con l'indicazione dello στεφανηφόρος
στεφανηφόρος ass.	indicazione dello στεφανηφόρος assente
στεφανηφόρος Apollo	στεφανηφόρος è il dio Apollo
ἐν ἀρχ.	promulgazione avvenuta ἐν ἀρχαιρεσίαισι
mese ass.	mese assente
mese ≠ Ἀφρ.	promulgazione avvenuta in un mese diverso da Ἀφροδισιών
mese Ἀφρ.	promulgazione avvenuta nel mese di Ἀφροδισιών
gior. ass.	indicazione del giorno dell'assemblea assente
ἐπιστ. ass.	indicazione dell'ἐπιστάτης assente
γραμμ. ass.	indicazione del γραμματεύς assente
ὁ δεῖνα εἶπε	proposta del tipo ὁ δεῖνα τοῦ δεῖνος εἶπε
ἀρχ. γνώμη	proposta del tipo ἀρχόντων γνώμη
πρυτ. no nomi	proposta del tipo πρυτάνεων γνώμη senza elenco nominale
πρυτ. + nomi	proposta del tipo πρυτάνεων γνώμη con elenco nominale
πρυτ. + moz. or.	proposta del tipo πρυτάνεων γνώμη con o senza elenco nominale, accompagnata dalla formula περὶ ὧν ἐπῆλθεν/ἐπῆλθον
πρυτ. < 6	collegio di pritani composto da meno di sei membri
πρυτ. 6 o >	collegio di pritani composto da almeno sei membri
πρυτ. κατ.	elenco nominale dei pritani che presenta formula di sostituzione (κατασταθέντος ὑπό)

Tabella n. 2. Raggruppamenti di decreti sulla base della tipologia del prescritto, quando almeno parzialmente valutabile

LEGENDA:

senza prescr.	decreto privo di prescritto
inc. sanz.	prescritto che inizia con la formula di sanzione
solo sanz.	prescritto che contiene la sola formula di sanzione
στεφ. ass.	indicazione dello στεφανηφόρος assente
ἐπιστ. ass.	indicazione dell'ἐπιστάτης assente
γραμμ. ass.	indicazione del γραμματεύς assente
gior. ass.	indicazione del giorno dell'assemblea assente
mese ass.	mese assente
ἐν ἀρχ.	promulgazione avvenuta ἐν ἀρχαιρεσίαισι
mese ≠ Ἀφρ.	promulgazione avvenuta in un mese diverso da Ἀφροδισιών
ὁ δεῖνα εἶπε	proposta del tipo ὁ δεῖνα τοῦ δεῖνος εἶπε
πρυτ. < 6	collegio di pritani composto da meno di sei membri
ἀρχ. γνώμη	proposta del tipo ἀρχόντων γνώμη
inc. mese	prescritto che inizia con l'indicazione del mese
inc. στεφ.	prescritto che inizia con l'indicazione dello στεφανηφόρος
mese Ἀφρ.	promulgazione avvenuta nel mese di Ἀφροδισιών
πρυτ. + nomi	proposta del tipo πρυτάνεων γνώμη con elenco nominale
πρυτ. no nomi	proposta del tipo πρυτάνεων γνώμη senza elenco nominale
στεφανηφόρος Apollo	στεφανηφόρος è il dio Apollo
πρυτ. + moz. or.	proposta del tipo πρυτάνεων γνώμη con o senza elenco nominale, accompagnata dalla formula περὶ ὧν ἐπῆλθεν/ἐπῆλθον
πρυτ. 6 o >	collegio di pritani composto da almeno sei membri
πρυτ. κατ.	elenco nominale dei pritani che presenta formula di sostituzione (κατασταθέντος ὑπό)

Tabella n. 1. Riepilogo degli elementi contenuti nel prescritto, quando almeno parzialmente valutabile (i decreti sono presentati secondo l'ordine standard definito a § 1.3)

decreto	senza prescr.	solo sanz.	*incipit* con			στεφανηφόρος		ἐν ἀρχ.	mese			gior. ass.	ἐπιστ. ass.	γραμμ. ass.	proposta					numero pritani		
			sanz.	mese	στεφ.	ass.	Apollo		ass.	≠ Ἀφρ.	Ἀφρ.				ὁ δεῖνα εἶπε	ἀρχ. γνώμη	πρυτ. no nomi	πρυτ. + nomi	πρυτ. + moz. or.	πρυτ. < 6	πρυτ. 6 o >	πρυτ. κατ.
I.Iasos 4 (**IX**)					X					X				X				X			X	
I.Iasos 27					X					X		X*	X	X		X						
I.Iasos 32					X					X					X							
I.Iasos 35 (**V**)		?	?	?	?	?	?	?	?	?	?	?	?	?				X	X	?	?	X*
I.Iasos 36 (**VI**)					X		X				X			X			X		X			
I.Iasos 37			?	?	?	?	?	?	?	?	?	?	?	?				X			X	
I.Iasos 39					X		X			X								X		X		
I.Iasos 40					X*		?			X					X							
I.Iasos 41 (**IVa**)					X		X				X						X					
I.Iasos 42				X						X					X							
I.Iasos 45					X						X				X							
I.Iasos 47					X						X			X			X					
I.Iasos 48					X*		X*				X				X							
I.Iasos 50					X						X						X					
I.Iasos 53			?	?	?	?	?	?	?	?	?	?	?	?				X			X	
I.Iasos 54				X							X			X	X							
I.Iasos 56					X		X				X				X						X	
I.Iasos 57					X						X			X			X					
I.Iasos 58+44 (**IVb**)					X		X				X						X					
I.Iasos 59					X						X					X						
I.Iasos 60					X					X							X					
I.Iasos 68		X*	X			X*			X*			X*	X*	X*								
SEG 36.982A	X					X			X			X	X	X								
SEG 36.982B			X			X		X				X	X	X						X		
SEG 36.982C			X							X		X	X	X	X					X		
SEG 36.983 = *SEG* 38.1059 (**II**)			X			X		X				X	X	X	X					X		
SEG 41.931,15-58 (**VIIIb**)					X				X									X	X		X	X
M2007,1.2		X	X			X			X			X	X	X								
M2007,1.4		X	X			X			X			X	X	X								
M2007,5					X					X							X					
M2007,6					X					?	?							X		X		
M2007,7					X					?	?							X		X*		
M2007,8					X					?	?							X		X*		
M2007,9					X					X								X		X		
M2007,10					X*		?			X								X		X*		
M2007,11.A					X		?				X			X				X		X*		
M2007,11.B					X		X			X								X			X	
M2007,12.B			?	?	?	?	?	?	?	?	?	?	?	?				X		?	?	
M2007,17					X						X			X			X					
M2007,18.1					X					X					X							

M2007,18.2 (**IVc**)					X		X				X						X					
M2007,19.2 (**IVd**)					X		X				X			X			X					
M2007,20.B			?	?	?	?	?	?	?	?	?	?	?	?	?			X	X	?	?	?
M2007,21					X		X				X						X					
M2007,22					X		X				X			X				X			X	X
M2007,23.1 + *I.Iasos* 66					X						X							X			X*	X
M2007,25.B (**VII**)			?	?	?	?	?	?	?	?	?	?	?	?				X	X	?	?	X
M2007,26					X*				?	?	?	?	?	?				X*	X	?	?	?
NPg 898					X						X						X					
M2007,1.3 ▢	X					X			X			X	X	X								
M2007,16.1 ▢	X					X			X			X	X	X								
M2007,20.A2 ▢			X			X			X			X		X								
I.Iasos 51 ■			X			X			X			X	X	X			X		X			
I.Iasos 76					X					X								X	X		X	
I.Iasos 77					X		?			?	?							X	X	?	?	
SEG 38.1061					X						X			X			X					
SEG 41.930,1-32 (**VIIIa**)					X				X									X	X		X	X
SEG 41.932,15-42					X				X									X	X		X	X
SEG 41.933			?	?	?	?	?	?	?	?	?	?	?	?				X	X		X	X
B2007, 2 II					X					X								X	X		X	
B2007, 2 III					X						X							X	X	?	?	X
I.Iasos 73 ■			X			X			X			X	X	X			X		X			
I.Iasos 74 ■			X			X			X			X	X	X			X		X			
I.Iasos 24+30 (**III**)			X							X						X						
I.Iasos 52					X					?	?	X	X	X			X					
I.Iasos 82			?	?	?	?	?		?	?	?			?				X			X	X
M2007,14.A				X						X		X*			X*							
SEG 41.930,33-35 + *SEG* 41.931,1-13					X				X*									X*	X*		X*	X*
I.Iasos 1△			X							X		X	X	X							X	
I.Iasos 6△					X					X			X	X			X					
I.Iasos 20 △			?	?	?	?	?	?	?	?	?	?	?	?				X			X	
I.Iasos 23△					X					X				X			X		X			
I.Iasos 152,40-41△					X		X			X			X	X								
I.Iasos 25▲					X					X								X			X*	X
I.Iasos 26▲					X					X								X		?	?	X
I.Iasos 29▲					X		?		X*									X	X*	?	?	?
I.Iasos 49▲					X		X		?	?	?	?	?		?	?	?	?	?	?	?	?
I.Iasos 64▲					X						X				X							
I.Iasos 69▲					X						X				?	?	?	?	?	?	?	?
M2007,12.A2▲					X					X								X*	?	?	?	?
M2007,16.2▲					X		X				X		?	?	?	?	?	?	?	?	?	?
M2007,25.A2▲					X						X							X			X	X
H1994, p. 71▲					X					?	?			?				X*	X*	?	?	?

Tabella n. 2. Raggruppamenti di decreti sulla base della tipologia del prescritto, quando almeno parzialmente valutabile.

decreto	senza prescr.	solo sanz.	inc. sanz.	στεφ. ass.	ἐπιστ. ass.	γραμμ. ass.	gior. ass.	mese ass.	ἐν ἀρχ.	mese ≠ Ἀφρ.	ὁ δεῖνα εἶπε	πρυτ. < 6	ἀρχ. γνώμη	inc. mese	inc. στεφ.	mese Ἀφρ.	πρυτ. + nomi	πρυτ. no nomi	στεφ. Apollo	πρυτ. + moz. or.	πρυτ. 6 o >	πρυτ. κατ.
SEG 36.982A	X			X	X	X	X	X														
M2007, 1.3 ▢	X			X	X	X	X	X														
M2007,16.1 ▢	X			X	X	X	X	X														
I.Iasos 68		X*	X	X*	X*	X*	X*	X*														
M2007,1.2		X	X	X	X	X	X	X														
M2007,1.4		X	X	X	X	X	X	X														
SEG 36.982B			X	X	X	X	X		X			X										
SEG 36.982C			X		X	X	X			X	X	X										
SEG 36.983 = *SEG* 38.1059 (**II**)			X	X	X	X	X		X		X	X										
I.Iasos 24+30 (**III**)			X							X			X									
I.Iasos 1 △			X		X	X	X			X											X	
M2007,20.A2 ▢			X	X		X	X	X														
I.Iasos 32										X	X				X							
I.Iasos 40										X	X				X*				?			
I.Iasos 42										X	X			X								
I.Iasos 45											X				X	X						
I.Iasos 48											X				X*	X			X*			
I.Iasos 54						X					X			X		X						
I.Iasos 56											X				X	X			X		X	
M2007,18.1										X	X				X							
M2007, 14.A							X*			X	X*			X								
I.Iasos 64 ▲											X				X	X						
I.Iasos 39										X		X			X		X		X			
M2007,6										?		X			X	?	X					
M2007,7										?		X*			X	?	X					
M2007,8										?		X*			X	?	X					
M2007,9										X		X			X		X					
M2007,10										X		X*			X*		X		?			
M2007,11.A						X						X*			X	X	X		?			
I.Iasos 41 (**IVa**)															X	X		X	X			
I.Iasos 47						X									X	X		X				
I.Iasos 50															X	X		X				
I.Iasos 57						X									X	X		X				
I.Iasos 58+44 (**IVb**)															X	X		X	X			
I.Iasos 60										X					X			X				
M2007,5										X					X			X				
M2007,17						X									X	X		X				
M2007,18.2 (**IVc**)															X	X		X	X			
M2007,19.2 (**IVd**)						X									X	X		X	X			
M2007,21															X	X		X	X			
NPg 898															X	X		X				

SEG 38.1061						X									X	X		X				
I.Iasos 52					X	X	X			?					X	?		X				
I.Iasos 6 △					X	X				X					X			X				
I.Iasos 35 (**V**)		?	?	?	?	?	?	?	?	?		?		?	?	?	X		?	X	?	X*
I.Iasos 36 (**VI**)						X									X	X		X	X	X		
SEG 41.931,15-58 (**VIIIb**)								X							X		X			X	X	X
M2007,20.B			?	?	?	?	?	?	?	?	?	?		?	?	?	X		?	X	?	?
M2007,25.B (**VII**)			?	?	?	?	?	?	?	?		?		?	?	?	X		?	X	?	X
M2007,26					?	?	?	?		?		?			X*	?	X*			X	?	?
I.Iasos 76										X					X		X			X	X	
I.Iasos 77										?		?			X	?	X		?	X	?	
SEG 41.930,1-32 (**VIIIa**)								X							X		X			X	X	X
SEG 41.932,15-42								X							X		X			X	X	X
SEG 41.933			?	?	?	?	?	?	?	?				?	?	?	X		?	X	X	X
B2007, 2 II										X					X		X			X	X	
B2007, 2 III												?			X	X	X			X	?	X
SEG 41.930,33-35 + *SEG* 41.931,1-13								X*							X		X*			X*	X*	X*
I.Iasos 20 △			?	?	?	?	?	?	?	?				?	?	?	X		?		X	
I.Iasos 23 △						X				X					X			X		X		
I.Iasos 29 ▲								X*				?			X		X		?	X*	?	?
H1994, p. 71 ▲						?				?		?			X	?	X*			X*	?	?
I.Iasos 4 (**IX**)						X				X					X		X				X	
I.Iasos 37			?	?	?	?	?	?	?	?				?	?		X		?		X	
I.Iasos 53			?	?	?	?	?	?	?	?				?	?		X		?		X	
M2007,11.B										X					X		X		X		X	
M2007,22						X									X	X	X		X		X	X
M2007,23.1 + *I.Iasos* 66															X	X	X				X*	X
I.Iasos 82			?	?		?		?		?				?	?	?	X		?		X	X
I.Iasos 25 ▲										X					X		X				X*	X
M2007,25.A2 ▲															X	X	X				X	X
I.Iasos 51 ■			X	X	X	X	X	X										X		X		
I.Iasos 73 ■			X	X	X	X	X	X										X		X		
I.Iasos 74 ■			X	X	X	X	X	X										X		X		
I.Iasos 27					X	X	X*			X			X		X							
I.Iasos 59													X		X	X						
M2007,12.B			?	?	?	?	?	?	?	?		?		?	?	?	X		?		?	
I.Iasos 152,40-41 △					X	X				X					X				X			
I.Iasos 26 ▲										X		?			X		X				?	X
I.Iasos 49 ▲					?		?	?		?	?	?	?		X	?	?	?	X	?	?	?
I.Iasos 69 ▲											?	?	?		X	X	?	?		?	?	?
M2007,12.A2 ▲										X		?			X		X*			?	?	?
M2007,16.2 ▲					?	?					?	?	?		X	X	?	?	X	?	?	?

La successione dei raggruppamenti visibile nella Tabella n. 2 è stata per gran parte stabilita sulla base di quella dei decreti databili. Ciascun gruppo è separato dal precedente da una doppia linea.

Primo gruppo: decreti pubblicati in città privi di prescritto.

Secondo gruppo: decreti pubblicati in città che iniziano con formula di sanzione.

Terzo gruppo: decreti pubblicati in città nei quali la proposta è del tipo ὁ δεῖνα τοῦ δεῖνος εἶπε.

Quarto gruppo: decreti pubblicati in città che si aprono con l'indicazione dello στεφανηφόρος, nei quali la proposta è del tipo πρυτάνεων γνώμη non seguita dall'indicazione della mozione originaria e i pritani sono meno di sei.

Quinto gruppo: decreti pubblicati in città che si aprono con l'indicazione dello στεφανηφόρος, nei quali la proposta è del tipo πρυτάνεων γνώμη non seguita dall'indicazione della mozione originaria e i pritani non sono elencati.

Sesto gruppo: decreti pubblicati in città che si aprono con l'indicazione dello στεφανηφόρος, nei quali la proposta è del tipo πρυτάνεων γνώμη non seguita dall'indicazione della mozione originaria e i pritani sono almeno sei.

Settimo gruppo: decreti pubblicati in città che si aprono con l'indicazione dello στεφανηφόρος e nei quali la proposta è del tipo πρυτάνεων γνώμη seguita dall'indicazione della mozione originaria.

Ottavo gruppo: decreti di Iasos pubblicati in altra città.

Nono gruppo: decreti non inseribili in nessuno degli altri gruppi.

Di seguito alcune prime deduzioni ricavabili dall'osservazione della tabella. Poiché la sezione analitica precedente (§ 3.1.3.1–7) ha evidenziato la maggiore frequenza di alcuni elementi, quali la promulgazione nel mese di Ἀφροδισιών e la registrazione di collegi di sei pritani, nell'esame di ciascun gruppo questi stessi elementi verranno utilizzati come naturali termini di confronto. Nel prosieguo del lavoro si appurerà che tali dati possiedono rilevanza cronologica, ma in questa fase essi vengono utilizzati per ragioni meramente statistiche.

Primo gruppo
I decreti del tutto privi di prescritto sono molto pochi; tra di essi ben due sono di tipo abbreviato.

Secondo gruppo
I decreti pubblicati in città che esordiscono con la formula di sanzione sono spesso caratterizzati dall'assenza di altri elementi in genere piuttosto consueti, come l'indicazione dello στεφανηφόρος, dell'ἐπιστάτης, del γραμματεύς, del giorno. Il mese della promulgazione – talora assente, talora sostituito dall'indicazione ἐν ἀρχαιρεσίαισι (che compare solo in questo gruppo)[54] – non è mai Ἀφροδισιών che, come si ricordava poc'anzi, è quello più frequentemente documentato nei decreti onorari di Iasos. La proposta, quando registrata, è del tipo ὁ δεῖνα τοῦ δεῖνος εἶπε.[55] I pritani sono in tre casi meno di sei (il numero più spesso registrato a Iasos); nell'unico altro caso sono pari a tale numero. In questo gruppo non si trova mai la formula κατασταθέντος ὑπό.

Terzo gruppo
I decreti pubblicati in città nei quali la proposta è del tipo ὁ δεῖνα τοῦ δεῖνος εἶπε possono prendere avvio sia con il mese (tutti e tre i casi noti si inseriscono in questo gruppo) sia con lo στεφανηφόρος. La promulgazione può avvenire sia in Ἀφροδισιών che in un altro mese. In questo insieme si registra un solo esempio di stefaneforato di Apollo, mentre non è mai attestata la formula κατασταθέντος ὑπό.

---

[54] V. però anche *I.Iasos* 99, 3.
[55] L'assenza del proponente era indicata come una caratteristica dei decreti più antichi già da Swoboda 1890, 24–28.

Quarto gruppo

I decreti pubblicati in città che iniziano ricordando il nome dello στεφανηφόρος, e nei quali la proposta, del tipo πρυτάνεων γνώμη, non è seguita dall'indicazione della mozione originaria e i pritani sono meno di sei, sono più spesso approvati in un mese diverso da Ἀφροδισιών. In un solo caso un decreto è promulgato in un anno in cui stefaneforo fu Apollo.

Quinto gruppo

I decreti pubblicati in città che esordiscono menzionando il nome dello στεφανηφόρος, e nei quali la proposta, del tipo πρυτάνεων γνώμη, non è seguita dall'indicazione della mozione originaria e i pritani non sono elencati, vengono promulgati quasi sempre nel mese di Ἀφροδισιών (due sole eccezioni sicure tra i decreti onorari; un altro esempio in un decreto non onorario). In questo gruppo capita con una certa frequenza che la magistratura eponima sia attribuita ad Apollo.

Sesto gruppo

I decreti pubblicati in città che prendono avvio ricordando il nome dello στεφανηφόρος, e nei quali la proposta, del tipo πρυτάνεων γνώμη, non è seguita dall'indicazione della mozione originaria, e i pritani sono più di sei, presentano spesso la formula κατασταθέντος ὑπό; il mese della promulgazione può variare. Due i casi di stefaneforato di Apollo.

Settimo gruppo

I decreti pubblicati in città che si aprono menzionando lo στεφανηφόρος, e nei quali la proposta, del tipo πρυτάνεων γνώμη, è seguita dall'indicazione della mozione originaria, sono spesso privi dell'indicazione del mese della promulgazione, che – quando è presente – è variabile. I pritani, se elencati (e lo sono spesso), sono sempre in numero pari o superiore a sei; nel loro elenco è frequentemente inserita la formula κατασταθέντος ὑπό. Si registra un esempio di stefaneforato di Apollo. In questo gruppo rientra un gran numero di decreti in onore di giudici stranieri.

Ottavo gruppo

I decreti di Iasos pubblicati in altra città evidenziano un prescritto largamente privo dei componenti consueti, in particolare quelli datanti; gli unici elementi presenti sono la formula di sanzione, con cui regolarmente prendono avvio, e l'indicazione dei proponenti, sempre i pritani (non elencati), che in tutti i casi attestati hanno accolto la proposta di un qualche promotore non facente parte del loro collegio. La presenza dell'indicazione della mozione originaria avvicina questo insieme di testi ai decreti del settimo gruppo.

Alcune caratteristiche sembrano emergere a livello statistico:

1. Un decreto che prende avvio con la formula di sanzione tende ad avere un prescritto incompleto.
2. I decreti che iniziano con la menzione dello στεφανηφόρος sono quelli nettamente più attestati e presentano in genere un prescritto completo dei suoi dati abituali.
3. Promulgazioni avvenute in mesi diversi da Ἀφροδισιών si trovano preferibilmente insieme a proposte del tipo ὁ δεῖνα τοῦ δεῖνος εἶπε nonché a collegi di pritani inferiori alle sei unità, nei quali non è attestata la formula κατασταθέντος ὑπό; esse sono la norma nei decreti pubblicati in città che esordiscono con la formula di sanzione.
4. A completamento di quanto affermato al punto 3, i decreti nei quali i pritani sono meno di sei prendono talora avvio con la formula di sanzione, possono essere incompleti, e inoltre vengono più spesso promulgati in mesi diversi da Ἀφροδισιών e non presentano indicazione della mozione originaria.
5. La formula κατασταθέντος ὑπό è attestata soltanto in decreti nei quali il collegio dei pritani conta almeno sei unità; in questi testi è spesso presente anche l'indicazione della mozione originaria.
6. I decreti nei quali è στεφανηφόρος Apollo sono stati più spesso promulgati in Ἀφροδισιών (due sole eccezioni tra gli ψηφίσματα onorari) e presentano in genere proposte del tipo πρυτάνεων γνώμη (un solo caso di ὁ δεῖνα τοῦ δεῖνος εἶπε); i pritani, se elencati, sono di preferenza almeno sei.

7. I decreti per giudici stranieri hanno in genere una struttura abbastanza riconoscibile e sono, tranne una sola eccezione, sempre caratterizzati dalla presenza della mozione originaria; tra di essi nessuna proposta è del tipo ὁ δεῖνα τοῦ δεῖνος εἶπε.

Alcune osservazioni di carattere cronologico.

A. Al secondo gruppo appartengono i decreti databili **II–III**; le caratteristiche di questo prescritto (*incipit* con formula di sanzione, incompletezza e altro, v. sopra n. 1) sembrano pertanto tipiche del pieno IV secolo a.C.

B. *Incipit* con στεφανηφόρος e prescritto completo si presentano, come logica conseguenza, quali caratteri recenziori.

C. Al quinto gruppo appartengono i decreti databili **IVa–d**: le caratteristiche di questo prescritto sembrano pertanto risalire ad anni di poco precedenti la metà del III secolo a.C.

D. Al sesto gruppo appartengono infine i decreti databili **V–VIIIa–b**: le caratteristiche di questo raggruppamento sembrano pertanto rappresentare un ulteriore livello di evoluzione dei decreti di Iasos, *grosso modo* elaborato a partire dall'ultimo terzo del III secolo a.C.

2 La formula di motivazione

La formula di motivazione manca assai di rado nei decreti onorari di Iasos; in genere si inserisce subito dopo la conclusione del prescritto e, più frequentemente (ma v. § 3.2.2), dopo il proponente. Essa si prefigge lo scopo di esprimere le ragioni che hanno condotto la πόλις al conferimento degli onori successivamente presentati. Il contenuto è espresso in maniera per lo più formulare, ma le clausole testimoniate sono suscettibili di una notevole variabilità: è comunque possibile distinguerle e raggrupparle sulla base della loro struttura logica e sintattica. A Iasos la motivazione, quando non è espressa da un participio congiunto o da un complemento di causa, prende sempre avvio con la congiunzione ἐπειδή; i verbi sono adoperati al modo indicativo.[56]

2.1 Presenza o assenza

Come già accennato, nei decreti onorari di Iasos la formula di motivazione è assai raramente assente (v. 1). In casi sporadici essa può anche essere duplice: se ciò avviene, una prima volta compare in forma sintetica all'interno della mozione originaria, una seconda volta è presentata in modo più articolato dopo la formula di mozione (v. 3).

1. Motivazione sicuramente assente (15 exx.):
I.Iasos 1(△); 20(*)(△); 23(△); 36; 47; 152, 40–41(△); *SEG* 36.982 B (= PC 1985, IIb); *SEG* 36.983 (= PC 1985, p. 155); *SEG* 41.930 (= PC 1989, 2), 1–32; *SEG* 41.930 (= PC 1989, 2), 33–35 + *SEG* 41.931 (= PC 1989, 3), 1–13(*); Maddoli 2007, 1.2; 1.3(□); 1.4; 5; 20.A2(□).
2. Motivazione sicuramente presente (67 exx.):
I.Iasos 4, 41 ss.; 6, 13 ss.(△); 24+30, 10–17; 27, 4–5; 32, 5–7; 33, 1–3; 34, 1–7; 35, 6–7 e 13–16; 37, 4–7; 38, 1; 40, 3–5; 41, 4–7; 42, 3–5; 43, 1–3; 45, 5–7; 46, 1–2; 48, 4–6; 50, 4–8; 51, 4–8(■); 52, 4–6; 53, 5–7; 54, 4–8; 56, 6–9; 57, 4–6; 58+44, 4–8; 59, 8–11; 60, 7–11; 61, 1; 64, 5(▲); 73, 6–13(■); 74, 5–12(■); 75, 4–12; 76, 13–16; 82, 7–18; *SEG* 36.982 A (= PC 1985, IIa), 1–2; *SEG* 36.982 C (= PC 1985, IIc), 6–7; *SEG* 38.1061 (= PC 1987, c), 3–7; *SEG* 41.929 (= PC 1989, 1), 7–12; *SEG* 41.931 (= PC 1989, 3), 30–34; Maddoli 2007, 6, 5–6; 7, 6–8; 8, 5–6; 9, 5; 10, 5–6; 11.A, 7–8; 11.B, 8–13; 12.B, 3–7; 13, 1–2; 14.A, 4–5; 15, 1–3; 16.1, 2(□); 17, 5–11; 18.1, 3–5;

[56] Quella che segue è una semplice catalogazione del materiale: essa prescinde da un'indagine più approfondita sul valore e le implicazioni dei termini impiegati (soprattutto gli aggettivi: πρόθυμος, ἀγαθός, καλοκἀγαθός) come quella portata avanti, ad esempio, da Veligianni-Terzi 1997 per Atene.

18.2, 2–4; 19.1, 1–2; 19.2, 4–5; 20.A1, 1–5; 20.B, 3–6; 21, 4–8; 22, 7–10; 23.1+*I.Iasos* 66, 11–15; 25.A1, 1–3; 25.A2, 6(▲); 25.B, 6–7 e 12–15; 26, 6–9; Blümel 2007, 2 II, 13–20; NPg 898, 5–9.

3. Motivazione ripetuta (2 exx.):
I.Iasos 35, 6–7 e 13–16; Maddoli 2007, 25.B, 6–7 e 12–15 (in entrambi i decreti la prima formula è più sintetica).

Come si può notare, la formula di motivazione manca, com'è ovvio, soprattutto nei decreti non onorari o abbreviati. Sono pertanto solamente otto i veri e propri ψηφίσματα onorari privi di essa.

2.2 Posizione

Quattro sono le possibili collocazioni della formula di motivazione.

1. Subito dopo la conclusione del prescritto (43 exx.):
I.Iasos 4, 41 ss.; 6, 13 ss.(△); 24+30, 10–17; 27, 4–5; 32, 5–7; 33, 1–3(*); 37, 4–7; 40, 3–5; 41, 4–7; 42, 3–5; 45, 5–7; 46, 1–2(*); 48, 4–6; 50, 4–8; 52, 4–6; 53, 5–7; 54, 4–8; 56, 6–9; 57, 4–6; 58+44, 4–8; 59, 8–11; 60, 7–11; 64, 5(▲); 82, 7–18; Maddoli 2007, 6, 5–6; 7, 6–8; 8, 5–6; 9, 5; 10, 5–6; 11.A, 7–8; 11.B, 8–13; 14.A, 4–5; 17, 5–11; 18.1, 3–5; 18.2, 2–4; 19.2, 4–5; 20.A1, 1–5; 20.B, 3–6; 21, 4–8; 22, 7–10; 23.1+*I.Iasos* 66, 11–15; 25.A2, 6(▲); NPg 898, 5–9.
2. Dopo la formula di mozione (8 exx.):
I.Iasos 35, 13–16;[57] 73, 6–13(■); 74, 5–12(■); 75, 4–12; 76, 13–16; *SEG* 41.929 (= PC 1989, 1), 7–12; Maddoli 25.B, 12–15;[58] Blümel 2007, 2 II, 13–20.
3. All'interno della mozione originaria (5 exx.):
I.Iasos 35, 6–7;[59] 51, 4–8(■); *SEG* 41.931 (= PC 1989, 3), 30–34; Maddoli 2007, 25.B, 6–7;[60] 26, 6–9.
4. All'interno della decisione stessa con participio congiunto o complemento di causa (3 exx.):
SEG 36.982 A (= PC 1985, IIa), 1–2; *SEG* 36.982 C (= PC 1985, IIc), 6–7; 16.1, 2(□).[61]

- Non determinabile (9 exx.):
I.Iasos 34, 1–7; 43, 1–3; 61, 1; *SEG* 38.1061 (= PC 1987, c), 3–7; Maddoli 2007, 12.B, 3–7; 13, 1–2; 15, 1–3; 19.1, 1–2; 25.A1, 1–3.

2.3 Formulazione

Le formulazioni possibili sono assai varie. Esiste una forma molto stringata, in cui la motivazione è espressa con un participio congiunto o con un complemento di causa all'interno della decisione stessa (v. sotto Classe 2), ma in genere si ricorre a proposizioni dipendenti di tipo causale introdotte da ἐπειδή. Fra le motivazioni di questo genere più articolato alcune, strettamente legate ad una decisione e ad una situazione peculiare, si presentano come originali, non stereotipe e prive di paralleli (v. sotto Classe 1); nelle altre sono invece riconoscibili, per il loro contenuto e aspetto generale, delle strutture logico-sintattiche ricorrenti, che consentono una classificazione per tipi, anche se in ciascun tipo il grado di variabilità resta sempre estremamente elevato (v. sotto Classe 3).[62]

---

[57] Si tratta della forma più ampia delle due formule di motivazione presenti nel decreto (v. § 3.2.1).
[58] Si tratta della forma più ampia delle due formule di motivazione presenti nel decreto (v. § 3.2.1).
[59] Si tratta della forma sintetica delle due formule di motivazione presenti nel decreto (v. § 3.2.1).
[60] Si tratta della forma sintetica delle due formule di motivazione presenti nel decreto (v. § 3.2.1).
[61] Per la loro formulazione v. sotto § 3.2.3, Classe 2.
[62] Le formule elencate di seguito vengono presentate corredate degli abituali segni diacritici epigrafici (parentesi, punti sotto le lettere) soltanto quando sono attestate in un solo decreto; quando invece sono riscontrabili in più ψηφίσματα, tali segni sono omessi.

Classe 1.

Motivazioni non formulari (8 exx.):

I.Iasos 4, 41 ss; 6, 13 ss.(△); 24+30, 10–17; 33, 1–3; 34, 1–7; 43, 1–3; 82, 7–18; Maddoli 2007, 25.A1, 1–3.

Classe 2.

Motivazioni espresse con participio congiunto o complemento di causa (4 exx.):

SEG 36.982 A (= PC 1985, IIa), 1–2 (εὐεργέτηι ἐόντι); *SEG* 36.982 C (= PC 1985, IIc), 6–7 (ἐπ' εὐεργεσίηι τῆς πόλεως τῆς Ἰασέων); Maddoli 2007, 1.1, 5 (φίλωι καὶ εὐεργέτηι); 16.1, 2(□) (ἀνδρὶ ἀγαθῶι ἐόντι).

Classe 3.

Motivazioni formulari per stranieri non giudici (41 exx.):

Possibili varianti:

Tipo A: Formula a struttura semplice, nelle quali si ricorda un solo ambito d'azione del beneficio, rivolto alla città o ai cittadini. (9 exx.).

a. ἐπειδὴ ὁ δεῖνα καλὸς καὶ ἀγαθός ἐστιν περὶ τὴν πόλιν (5 exx.):
I.Iasos 35, 6–7;[63] Maddoli 2007, 6, 5–6(*); 9, 5; 11.A, 7–8; 25.B, 6–7.[64]

b. ἐπειδὴ ὁ δεῖνα ἀνὴρ καλὸς καὶ πρόθυμός ἐστιν περὶ τὴν πόλιν τὴν Ἰασέων:
I.Iasos 37, 4–7.

c. ἐπειδὴ ὁ δεῖνα ἀνὴρ καλὸς καὶ ἀγαθός ἐστιν περὶ τοὺς πολίτας (2 exx.):
Maddoli 2007, 8, 5–6(*);[65] 10, 5–6(*).[66]

d. ἐπειδὴ ὁ δεῖνα πολλοῖς τῶν πολιτῶν χρήσιμος γεγένηται:
I.Iasos 48, 4–6.

Tipo B: Formule a struttura binaria, nelle quali i meriti del benefattore si articolano in due parti, ponendoli in relazione con la πόλις nel suo complesso e con i singoli cittadini (32 exx.).

Sottotipo ι) Presenta formule in cui i meriti del benefattore vengono articolati su due livelli: egli si è distinto per il suo nobile atteggiamento nei confronti della πόλις nel suo complesso e si è reso utile a πολλοῖς τῶν πολιτῶν (7 exx.):

a. ἐπειδὴ ὁ δεῖνα ἀνὴρ καλὸς καὶ ἀγαθός ἐστιν περ̣[ὶ τὴν πόλιν καὶ πολλοῖς τῶν πολιτῶν] χρήσιμος:
Maddoli 2007, 7, 6–8(*).

b. ἐπειδὴ ὁ δεῖνα ἀνὴρ ἀγαθός ἐστιν περὶ τὴν πόλιν καὶ πολλοῖς τῶν πολιτῶν χρήσιμος γέγονεν (2 exx.):
I.Iasos 53, 5–7; Maddoli 2007, 12.B, 3–7.

c. ἐπειδὴ ὁ δεῖνα ἀνὴρ ἀγαθὸς καὶ πρόθυμός ἐστιν περὶ τὴν πόλιν καὶ ἰδίαι πολλοῖς τῶν πολιτῶν χρήσιμος γεγένηται:
I.Iasos 45, 5–7.

d. [ἐπειδὴ ὁ δεῖνα ἀνὴρ καλὸς] κἀγαθός ἐστιν περὶ τὴν [πό]λιν̣ τὴν Ἰ̣ασέω̣ν κα̣ὶ [πολλοῖς τῶν] πολιτῶν χρείας παρέχεται:[67]
Maddoli 2007, 19.1, 1–2.

e. ἐπειδὴ ὁ δεῖνα ἀνὴρ ἀγαθός [ἐ]στιν περὶ τὴν πόλιν τὴν Ἰασέων καὶ πολλοῖς τῶν πολιτῶν [προ]θύμως χρείας παρέσχηται:
I.Iasos 32, 5–7.

f. ἐ[πει]δὴ ὁ δεῖνα [ἀνὴρ ἀγαθ]ὸ̣ς [ἐστιν περὶ τὴν πόλιν τὴ]ν Ἰασείων καὶ πο]λ̣λοῖς τῶν ἐντυχόντ[ω]ν [χρήσιμος γε]γένητα̣[ι]:
I.Iasos 40, 3–5.

---

[63] I due aggettivi sono probabilmente preceduti da ἀνήρ; si tratta della prima delle due motivazioni del decreto.

[64] I due aggettivi sono preceduti da ἀνήρ; si tratta della prima delle due motivazioni del decreto.

[65] I due aggettivi sono perduti in lacuna; sono stati integrati nella loro forma più comune.

[66] Nonostante la formula sia quasi completamente perduta, gli spazi a disposizione e il]ς finale documentato rendono plausibile questa integrazione.

[67] Questa formula sembra ragionevolmente integrabile all'inizio della parte conservata di *I.Iasos* 61.

Sottotipo II) Presenta formule in cui si sottolinea l'azione benefica dell'evergeta sia nei confronti della πόλις nel suo complesso che più specificamente nell'accoglienza concreta di Iasei nella sua città di origine (3 exx.):

a. ἐπειδὴ ὁ δεῖνα καλὸς καὶ ἀγαθός ἐστιν περὶ τὴν πόλιν τὴν Ἰασέων καὶ τοῖς ἀφικνουμένοις τῶν πολιτῶν εἰς ... προθύμως ὑπηρετεῖ:
I.Iasos 54, 4–8.

b. ἐπειδ̣[ὴ ὁ δεῖνα ἀνὴρ καλὸς κἀ]γαθός ἐστιν [περὶ τὴν πόλιν τὴν Ἰα]σέων καὶ πρ[οθύμως ὑπηρετεῖ τοῖς ἀεὶ ἀ]φικνουμέ[νοις Ἰασέων]:
I.Iasos 60, 7–11.[68]

c. [ἐπειδὴ οἱ δεῖνες καλοὶ καὶ ἀγαθοί εἰσιν περὶ τὴν πόλιν] τὴν Ἰασέ̣[ων καὶ περὶ τοὺς πολίτας τοὺς ἀφι]κνουμένους:
Maddoli 2007, 13, 1–2(*).

Sottotipo III) Presenta formule in cui si sottolineano sia l'azione benefica dell'evergeta nei confronti della πόλις nel suo complesso che i servigi da lui resi a Iasei in un luogo non meglio specificato (3 exx.).

a. ἐπειδὴ οἱ δεῖνες καλοὶ καὶ ἀγαθοί εἰσιν περὶ τὴν πόλιν τὴν Ἰασέων καὶ προθύμως ὑπηρετοῦσιν τοῖς ἐντυνχάνουσιν Ἰασέων:
I.Iasos 42, 3–5.

b. [ἐπειδὴ ὁ δεῖνα ἀνὴρ ἀγαθός ἐστιν καὶ] π̣ρόθυμος περὶ τὸ κοινὸν [τῆς πόλεως κ]α̣ὶ περὶ τοὺς ἰδίαι ἐντυ̣[γχάνοντας τῶν πολιτῶν]:[69]
I.Iasos 59, 8–11.

c. ἐπειδὴ ὁ δεῖνα καλὸς [καὶ ἀγαθός] ἐσ[τι] καὶ πρόθυμος εἰς τὴν πόλιν [τὴν Ἰασέων] καὶ ἰδίαι τοῖς ὑ̣παντῶσι τῶν πολιτῶν [χρείας παρ]εχόμενος διατελεῖ:
SEG 41.931 (= PC 1989, 3), 30–34.[70]

Sottotipo IV) Presenta formule articolate sulla duplicità di intervento ἰδίαι – κοινῆι (19 exx.).

a. ἐπειδὴ ὁ δεῖνα ἀνὴρ καλὸς καὶ ἀγαθὸς περὶ τὴν πόλιν τὴν Ἰασέων ἐστίν, ἰδίαι τε τοῖς ἐντυνχάνουσι τῶν πολιτῶν χρείας παρεχόμενος καὶ κοινῆι περὶ τῆς πόλεως, καὶ λέγων καὶ πράσσων ἀγαθὸν ὅτι ἂν δύνηται (10 exx.):
I.Iasos 35, 13–16;[71] 50, 4–8;[72] 56, 6–9; Maddoli 17, 5–11;[73] 20.A1, 1–5;[74] 20.B, 3–6;[75] 21, 4–8; 23.1+*I.Iasos* 66, 11–15;[76] 25.B, 12–15;[77] 26, 6–9(*).[78]

b. ἐπειδὴ ὁ δεῖνα ἀνὴρ καλὸς καὶ ἀγαθός ἐστιν περὶ τὴν πόλιν τὴν Ἰασέων καὶ ἰδίαι περὶ ἕκαστον καὶ κοινῆι περὶ πάντας τοὺς πολίτας (6 exx.):
I.Iasos 38, 1(*); 41, 4–7(*);[79] 58+44, 4–6(*);[80] Maddoli 2007, 11.B, 8–13;[81] 18.2, 2–3;[82] 22, 7–10.[83]

---

68 Per la riedizione del decreto, che apporta tuttavia correzioni minime al testo, v. Fabiani 2010c, nr. 3, testo D.

69 Si avvicina molto alla struttura del *sottotipo* iv).

70 È possibile che una formulazione non molto dissimile avesse il lacunoso decreto Maddoli 2007, 15, 1–3.

71 Dopo ἀγαθός vi era ancora un altro aggettivo, forse καὶ πρόθυμος; mancava poi τὴν Ἰασέων.

72 In questo testo ἐστιν si trova subito dopo καλὸς καὶ ἀγαθός.

73 Vi si trova ὑπὲρ τῆς πόλεως al posto di περὶ τῆς πόλεως.

74 La formulazione è volta qui al plurale.

75 Manca solamente τὴν Ἰασέων.

76 In questa epigrafe ἐστιν è inserito subito dopo καλὸς καὶ ἀγαθός.

77 Qui la formula presenta alcune peculiarità: ἐστιν si trova subito dopo καλὸς καὶ ἀγαθός; manca τὴν Ἰασέων; vi è ὑπὲρ τῆς πόλεως al posto di περὶ τῆς πόλεως.

78 Nel testo, ampiamente integrato, la formula presenta alcune peculiarità: ἐστιν è inserito subito dopo καλὸς καὶ ἀγαθός; potrebbe mancare τὴν Ἰασέων; vi è παρέχεται al posto di παρεχόμενος.

79 La formulazione è volta qui al plurale.

80 Diversi potrebbero essere gli aggettivi, p. es. ἀγαθὸς καὶ πρόθυμος: v. Fabiani 2007, 380–381.

81 La formulazione è volta al plurale; il verbo εἰσιν era probabilmente inserito tra i due aggettivi.

82 Vi si trova περὶ τὸν δῆμον anziché περὶ τὴν πόλιν.

83 Manca solamente ἀνήρ.

c. ἐπειδὴ ὁ δεῖνα ἀνὴρ ἀγαθός ἐστιν περὶ τὴν πόλιν τὴν Ἰασέων καὶ κοινῆι καὶ ἰδίαι τοῖς ἐντυνχάνουσι τῶν πολιτ[ῶ]ν διατελεῖ χρήσιμος ὤν:
NPg 898, 5–9.

d. ἐπειδ[ὴ] ὁ δεῖνα ἀνὴρ καλὸς καὶ ἀγαθὸς περὶ τὴν πόλιν τὴν Ἰασέων ἐστίν, ἰδίαι τε τοῖς ἐντυνχάνουσι τῶν πολιτῶν χρείας παρεχόμενος καὶ κοινῆι περὶ τῆς πόλεως ὅτι ἂν δύνηται, καὶ λέγων καὶ πράττων ἀγαθὸν διατελεῖ:
Maddoli 2007, 18.1, 3–5.

e. ἐπειδὴ ὁ δεῖνα ἀνὴρ καλὸς καὶ ἀγαθός ἐστιν εἰς τὴν πόλιν καὶ ἰδίαι τε τοῖς ἐντυνχάνουσι τῶν πολιτ[ῶ]ν εὐχρηστῶν διατελεῖ καὶ κατὰ κοινὸν παντὶ τῶι δήμωι εὔνους ὑπάρχει, ἀεί τι καὶ λέγων καὶ πράσσων ὑπὲρ τοῦ πλήθους:
I.Iasos 51, 3–8.

Classe 4.

Motivazioni formulari per giudici stranieri (7 exx.):

a. ἐπειδὴ ὁ δῆμος ὁ ... ἐν τε τοῖς πρότερον χρόνοις εὔνους ὢν καὶ φίλος διετέλει τῶι δήμωι καὶ ἀξιωσάντων ἡμῶν ἀποστεῖλαι δικαστὰς ... ὡς ἐπιεικεστάτους ἀπέστειλεν ἄνδρας καλοὺς καὶ ἀγαθοὺς ..., οἵτινες παραγενόμενοι τὰς μὲν διέλυσαν τῶν δικῶν οὐθὲν ἐλλείποντες προθυμίας, ἀλλὰ πᾶσαν σπουδὴν ποιούμενοι, ἵνα συλλυθέντες οἱ ἀντίδικοι τὰ πρὸς αὐτοὺς μεθ᾽ὁμονοίας πολιτεύωνται, τὰς δὲ λοιπὰς διέκρινεν δικαίως, τήν τε ἄλλην ἐνδημίαν ἐποιήσατο ἀπὸ παντὸς τοῦ βελτίστου (5 exx.):
I.Iasos 73, 6–13(■);[84] 74, 5–12(■);[85] 75, 4–12;[86] Blümel 2007, 2 II, 13–20;[87] *SEG* 41.929 (= PC 1989, 1), 7–12.[88]

b. ἐπειδὴ Ῥόδιοι συγγενεῖς [ὑπάρχοντες καὶ φίλοι καὶ εὔνοι κ]αὶ [σ]ύμμαχοι τῆς πόλ[εως ἔν τε τοῖς πρότερον χρόνοις τῆι] πόλει πρόνοιαν ποιο[ύμενοι – – -]
I.Iasos 76, 13 ss.

- formulazione non ricostruibile:
  SEG 38.1061 (= PC 1987, c), 3–6.

Classe 5.

Motivazioni formulari per cittadini:

Formula a struttura semplice:[89]
[ἐπειδὴ] ὁ δεῖνα [ἀνὴρ καλὸς] καὶ ἀγαθὸς περ[ὶ τὴν πόλιν ἐστί]:
I.Iasos 52, 4–6.[90]

---

[84] Rispetto alla formula sopra esposta, il dettato di questo decreto, in onore di un solo giudice e pertanto declinato al singolare, diverge per la mancanza di τῶι δήμωι (l. 7); inserisce invece νῦν prima di ἀξιωσάντων (l. 7); non presenta ὡς ἐπιεικέστατον dopo δικαστήν (ll. 7–8); a l. 9 adopera il verbo συνέλυσεν al posto di διέλυσεν; prima di διέκριναν (l. 11) si trova solamente τὰς δέ. Infine, la formula si conclude aggiungendo ἀξίως ἀμφοτέρων τῶν πόλεων (ll. 12–13).

[85] Il testo, per gran parte integrato sulla base di *I.Iasos* 73(■), sembrerebbe come quello mancare di τῶι δήμωι (l. 6), inserirebbe però νῦν prima di ἀξιωσάντων (l. 6), ma non dovrebbe presentare ὡς ἐπιεικέστατον dopo δικαστήν (l. 7); a l. 8 aggiungeva πρὸς ἡμᾶς dopo παραγενόμενος, mentre a l. 9 adoperava il verbo συνέλυσεν al posto di διέλυσεν; prima di διέκρινεν (l. 10) vi era solamente τὰς δέ. Infine, anche in questo decreto la formula si concludeva aggiungendo ἀξίως ἀμφοτέρων τῶν πόλεων (ll. 11–12).

[86] Si segue l'integrazione proposta da Crowther 1995a, 133.

[87] Alcune divergenze rispetto alla formula proposta come modello: il testo presenta νῦν prima di ἀξιωσάντων (l. 14); a l. 16 è stato integrato il verbo συνέλυσαν; μεθ᾽ὁμονοίας è inserito prima di τὰ πρὸς αὐτοὺς (l. 18).

[88] Alcune divergenze: a l. 10 manca ἀλλὰ πᾶσαν σπουδὴν ποιούμενοι; a l. 11 μεθ᾽ὁμονοίας è inserito prima di τὰ πρὸς αὐτούς; a l. 12 viene adoperata la parola ἐπιδημίαν al posto di ἐνδημίαν.

[89] Degli altri quattro decreti per cittadini uno è lacunoso (Maddoli 2007, 25.A2) e tre presentano motivazione non formulare (*I.Iasos* 24+30, 10–17; 43, 1–3; 82, 7–18).

[90] Non molto dissimile la formula di motivazione, anch'essa per un cittadino (v. comm. *ad loc.*), di Maddoli 2007, 14.A, 4–5(*), dove probabilmente l'aggettivo era solamente uno; il verbo ἐστί doveva essere inserito dopo di esso.

2.4 Tabelle

Tabella n. 3. Le diverse formule di motivazione nei decreti (presentati secondo l'ordine standard definito a § 1.3)

decreto	assente	non formulare (classe 1)	partic. cong. o compl. causa (classe 2)	semplice (classi 3.A; 5)	binaria (classe 3.B.i)	binaria (classe 3.B.ii)	binaria (classe 3.B.iii)	binaria (classe 3.B.iv)	giudici stranieri (classe 4)
I.Iasos 4 **(IX)**		X							
I.Iasos 32					X				
I.Iasos 33		X							
I.Iasos 34		X							
I.Iasos 35 **(V)**				X				X	
I.Iasos 36 **(VI)**	X								
I.Iasos 37				X					
I.Iasos 38								X	
I.Iasos 40					X				
I.Iasos 41 **(IVa)**								X	
I.Iasos 42							X		
I.Iasos 45					X				
I.Iasos 47	X								
I.Iasos 48				X					
I.Iasos 50								X	
I.Iasos 53					X				
I.Iasos 54						X			
I.Iasos 56								X	
I.Iasos 58+44 **(IVb)**								X	
I.Iasos 59							X		
I.Iasos 60						X			
SEG 36.982A			X						
SEG 36.982B	X								
SEG 36.982C			X						
SEG 36.983 **(II)**	X								
SEG 41.931,15–58 **(VIIIb)**							X		
M2007,1.1 **(I)**			X						
M2007,1.2	X								
M2007,1.4	X								
M2007,5	X								
M2007,6				X					
M2007,7					X				
M2007,8				X					
M2007,9				X					
M2007,10				X					
M2007,11.A				X					
M2007,11.B								X	
M2007,12.B					X				
M2007,13						X			
M2007,17								X	
M2007,18.1								X	
M2007,18.2 **(IVc)**								X	
M2007,19.1					X				
M2007,20.A1								X	
M2007,20.B								X	
M2007,21								X	
M2007,22								X	
M2007,23.1+*I.Iasos* 66								X	

M2007,25.A1		X							
M2007,25.B **(VII)**				X				X	
M2007,26								X	
NPg 898								X	
M2007,1.3 ▢	X								
M2007,16.1 ▢			X						
M2007,20.A2 ▢	X								
I.Iasos 51 ■								X	
I.Iasos 75									X
I.Iasos 76									X
SEG 38.1061									X
SEG 41.929									X
SEG 41.930,1–32 **(VIIIa)**	X								
B2007, 2 II									X
I.Iasos 73 ■									X
I.Iasos 74 ■									X
I.Iasos 24+30 **(III)**		X							
I.Iasos 43		X							
I.Iasos 52				X					
I.Iasos 82		X							
SEG 41.930,33–35 + *SEG* 41.931,1–13	X*								
I.Iasos 1 △	X								
I.Iasos 6 △		X							
I.Iasos 20 △	X*								
I.Iasos 23 △	X								
I.Iasos 152,40–41 △	X								

La tabella consente già alcune semplici constatazioni:

1. i decreti onorari abbreviati non presentano formula di motivazione; se c'è, essa è espressa tramite un participio congiunto o un complemento di causa.
2. I decreti onorari per cittadini, di numero ridottissimo, testimoniano in genere una motivazione non formulare o di tipo semplice.
3. I decreti non onorari sono spesso privi della motivazione; quando essa è attestata, non è, com'è d'altra parte ovvio, di tipo formulare.

Tabella n. 4. Le diverse formule di motivazione, ordinate per gruppi omogenei

decreto	**assente**	**non formulare (classe 1)**	**partic. cong. o compl. causa (classe 2)**	**semplice (classi 3.A; 5)**	**binaria (classe 3.B.i)**	**binaria (classe 3.B.ii)**	**binaria (classe 3.B.iii)**	**binaria (classe 3.B.iv)**	**giudici stranieri (classe 4)**
I.Iasos 36 **(VI)**	X								
I.Iasos 47	X								
SEG 36.982B	X								
SEG 36.983 **(II)**	X								
M2007,1.2	X								
M2007,1.4	X								
M2007,5	X								
M2007,1.3 ▢	X								
M2007,20.A2 ▢	X								
SEG 41.930,1–32 **(VIIIa)**	X								
SEG 41.930,33–35 + *SEG* 41.931,1–13	X*								
I.Iasos 1 △	X								

I.Iasos 20 △	X*								
I.Iasos 23 △	X								
I.Iasos 152,40–41 △	X								
I.Iasos 4 **(IX)**		X							
I.Iasos 33		X							
I.Iasos 34		X							
M2007,25.A1		X							
I.Iasos 24+30 **(III)**		X							
I.Iasos 43		X							
I.Iasos 82		X							
I.Iasos 6 △		X							
SEG 36.982A			X						
SEG 36.982C			X						
M2007,1.1 **(I)**			X						
M2007,16.1 ▢			X						
I.Iasos 37				X					
I.Iasos 48				X					
M2007,6				X					
M2007,8				X					
M2007,9				X					
M2007,10				X					
M2007,11.A				X					
I.Iasos 52				X					
I.Iasos 32					X				
I.Iasos 40					X				
I.Iasos 45					X				
I.Iasos 53					X				
M2007,7					X				
M2007,12.B					X				
M2007,19.1					X				
I.Iasos 54						X			
I.Iasos 60						X			
M2007,13						X			
I.Iasos 42							X		
I.Iasos 59							X		
SEG 41.931,15–58 **(VIIIb)**							X		
I.Iasos 35 **(V)**				X				X	
I.Iasos 38								X	
I.Iasos 41 **(IVa)**								X	
I.Iasos 50								X	
I.Iasos 56								X	
I.Iasos 58+44 **(IVb)**								X	
M2007,11.B								X	
M2007,17								X	
M2007,18.1								X	
M2007,18.2 **(IVc)**								X	
M2007,20.A1								X	
M2007,20.B								X	
M2007,21								X	
M2007,22								X	
M2007,23.1+*I.Iasos* 66								X	
M2007,25.B **(VII)**				X				X	
M2007,26								X	
NPg 898								X	
I.Iasos 51 ■								X	
SEG 38.1061									X
SEG 41.929									X

I.Iasos 75									X
I.Iasos 76									X
B2007, 2 II									X
I.Iasos 73 ■									X
I.Iasos 74 ■									X

Come si può vedere, la distribuzione dei decreti databili non traccia a prima vista un' univoca linea di sviluppo della formula di motivazione. L'uso del participio congiunto o del complemento di causa (Classe 2) pare certamente un modello antico, mentre la Classe 3.B.iv è frequente a partire dal secondo quarto del III secolo a.C. Tuttavia, la complessità del quadro ci dice che il solo richiamo ai decreti databili non è sufficiente a proporre un'evoluzione chiara e univoca delle formule di motivazione.

3 La formula di mozione

La formula di mozione consiste in una proposizione all'infinito perfetto che dipende direttamente da quella che identifica l'autore della proposta (ὁ δεῖνα τοῦ δεῖνος εἶπε oppure πρυτάνεων γνώμη, quest'ultima seguita o meno da elenco di nomi). La clausola in esame introduce la richiesta avanzata dal proponente; attraverso di essa egli chiede che l'assemblea (e spesso anche il consiglio) vogliano accogliere e approvare il contenuto della sua proposta. Il perfetto greco possiede in modo finanche enfatico, come è noto, valore stativo: usando δεδόχθαι il proponente guarda pertanto alla decisione, poi divenuta decreto, come al risultato finale di un processo (in effetti la proposta ha dovuto affrontare un percorso e passare già quanto meno attraverso l'approvazione del consiglio). Ci si può chiedere se qui il perfetto non abbia anche, come non di rado accade, un retorico carattere anticipatorio: in questi casi colui che parla si pone in qualche modo nel futuro e guarda all'azione come a un fatto già compiuto.[91]

A Iasos la formula di mozione non è attestata in tutti i decreti; la sua formulazione non è sempre costante (anche se alcune varianti sono nettamente prevalenti) e non occupa una posizione fissa.

3.1 Presenza o assenza

1. La formula di mozione è sicuramente assente (44 exx.):
I.Iasos 1(△); 24+30; 32; 34; 37; 40; 41; 42; 43; 45; 47; 48; 50; 52; 53; 58+44(*); 59; 60; 68(*); 152, 40–41(△); *SEG* 36.982 A (= PC 1985, IIa); *SEG* 36.982 B (= PC 1985, IIb); *SEG* 36.982 C (= PC 1985, IIc); *SEG* 36.983 (= PC 1985, p. 155); *SEG* 38.1061 (= PC 1987, c)(*); Maddoli 2007, 1.2; 1.3(□); 1.4; 5; 6(*); 7; 8(*); 9; 10(*); 11.A; 11.B; 12.B; 16.1(□); 17; 18.1; 18.2; 20.A2(□); 22; NPg 898.
2. La formula di mozione è presente (28 exx.):
I.Iasos 2, 3–4(△); 23, 19(△); 33, 3–4; 35, 12; 36, 8–9; 46, 1; 51, 20(■); 54, 8; 56, 9–10; 73, 5–6(■); 74, 5(■); 75, 4(*); 76, 13(*); 82, 18; 219, 14–15(△); *SEG* 41.929 (= PC 1989, 1), 6; *SEG* 41.930 (= PC 1989, 2), 23–24; *SEG* 41.930 (= PC 1989, 2), 33–35 + *SEG* 41.931, (= PC 1989, 3), 1–13, 22–23(*); *SEG* 41.931 (= PC 1989, 3), 41; *SEG* 41.932 (= PC 1989, 4), 42; Maddoli 2007, 20.A1, 5; 20.B, 7; 21, 8; 23.1+*I.Iasos* 66, 16; 25.A1, 8; 25.B, 12; 26, 14–15(*); Blümel 2007, 2 II, 12–13.

[91] Sul perfetto e i suoi molteplici e complessi valori v. Wackernagel 1926^2, I, 166–171; Schwyzer 1959^2, 286–288; Duhoux 1992, 406–426. Un esempio di uso anticipatorio si trova in Soph., *Phil.* 75–76: Εἴ με τόξων ἐγκρατὴς αἰσθήσεται, ὄλωλα. Sulla posizione della formula di mozione v. Rhodes 1972, 65; per una riflessione sull'uso e il valore di essa (come di quella di sanzione, su cui v. § 3.1.3.4) ad Atene, v. Rhodes – Lewis 1997, 18–27, e nel mondo greco in generale *ibid.*, 484–491. Per uno studio del rapporto, quando non regolare e prevedibile, tra formula di sanzione e formula di mozione nei decreti ateniesi v. Gagliumi 2004.

3.2 Posizione

1. Dopo la formula di motivazione (9 exx.):
   I.Iasos 33, 3–4; 46, 1; 54, 8; 56, 9–10; 82, 18; Maddoli 2007, 20.A1, 5; 20.B, 7; 21, 8; 23.1+*I.Iasos* 66, 16.
2. Dopo la presentazione, o almeno dopo l'avvio, della mozione originaria (18 exx.):[92]
   I.Iasos 23, 19(△); 35, 12; 36, 8–9; 51, 20(■); 73, 5–6(■); 74, 5(■); 75, 4(*); 76, 13(*); 219, 14–15(△); *SEG* 41.929 (= PC 1989, 1), 6; *SEG* 41.930 (= PC 1989, 2), 23–24; *SEG* 41.930 (= PC 1989, 2), 33–35 + *SEG* 41.931 (= PC 1989, 3), 1–13, 22–23(*); *SEG* 41.931 (= PC 1989, 3), 41; *SEG* 41.932 (= PC 1989, 4), 42; Maddoli 2007, 25.A1, 8; 25.B, 12; 26, 14–15(*); Blümel 2007, 2 II, 12–13.
- Non determinabile:
  I.Iasos 2, 3–4(△).

3.3 Formulazione

1. δεδόχθαι τῆι βουλῆι καὶ τῶι δήμωι (20 exx.):
   I.Iasos 2, 3–4(△); 23, 19(△); 35, 12; 36, 8–9; 46, 1; 73, 5–6(■); 74, 5(■); 75, 4(*); 76, 13(*); 219, 14–15(△); *SEG* 41.929 (= PC 1989, 1), 6; *SEG* 41.930 (= PC 1989, 2), 23–24; *SEG* 41.930 (= PC 1989, 2), 33–35 + *SEG* 41.931 (= PC 1989, 3), 1–13, 22–23(*); *SEG* 41.931 (= PC 1989, 3), 41; *SEG* 41.932 (= PC 1989, 4), 42(*);[93] Maddoli 2007, 20.B, 7; 23.1+*I.Iasos* 66, 16; 25.A1, 8; 25.B, 12; Blümel 2007, 2 II, 12–13.
2. δεδόχθαι τῶι δήμωι (6 exx.):
   I.Iasos 33, 3–4; 54, 8; 56, 9–10; 82, 18; Maddoli 2007, 20.A1, 5; 21, 8.[94]
3. δεδόχθαι Ἰασεῦσιν:
   I.Iasos 51, 20(■).

3.4 Tabelle

Tabella n. 5. La formula di mozione nei decreti (presentati secondo l'ordine standard definito a § 1.3)

decreto	presenza formula di mozione		posizione formula di mozione		formulazione		
	assente	presente	f. mozione dopo motiv.	f. mozione dopo o entro moz. originaria	δεδόχθαι τῆι βουλῆι καὶ τῶι δήμωι	δεδόχθαι τῶι δήμωι	δεδόχθαι Ἰασεῦσιν
I.Iasos 32	X						
I.Iasos 33		X	X			X	
I.Iasos 34	X						
I.Iasos 35 **(V)**		X		X	X		
I.Iasos 36 **(VI)**		X		X	X		
I.Iasos 37	X						
I.Iasos 40	X						
I.Iasos 41 **(IVa)**	X						
I.Iasos 42	X						
I.Iasos 43	X						
I.Iasos 45	X						
I.Iasos 46		X	X		X		
I.Iasos 47	X						

[92] Sulla mozione originaria v. § 3.4.
[93] A suggerire che questa sia l'integrazione più probabile il confronto con i decreti *SEG* 41.930 (= PC 1989, 2), 23–24 e *SEG* 41.931 (= PC 1989, 3), 41, analoghi in tutto.
[94] Potrebbe, per ragioni di spazio, essere questa la formula da integrare anche in Maddoli 2007, 26, 14–15.

I.Iasos 48	X						
I.Iasos 50	X						
I.Iasos 53	X						
I.Iasos 54		X	X			X	
I.Iasos 56		X	X			X	
I.Iasos 58+44 **(IVb)**	X						
I.Iasos 59	X						
I.Iasos 60	X						
I.Iasos 68	X*						
SEG 36.982A	X						
SEG 36.982B	X						
SEG 36.982C	X						
SEG 36.983 **(II)**	X						
SEG 41.931,15–58 **(VIIIb)**		X		X	X		
M2007,1.2	X						
M2007,1.4	X						
M2007,5	X						
M2007,6	X*						
M2007,7	X						
M2007,8	X*						
M2007,9	X						
M2007,10	X*						
M2007,11.A	X						
M2007,11.B	X						
M2007,12.B	X						
M2007,17	X						
M2007,18.1	X						
M2007,18.2 **IVc)**	X						
M2007,20.A1		X	X			X	
M2007,20.B		X	X		X		
M2007,21		X	X			X	
M2007,22	X						
M2007,23.1+ *I.Iasos* 66		X	X		X		
M2007,25.A1		X		X	X		
M2007,25.B **(VII)**		X		X	X		
M2007,26		X*		X*	?	?	?
NPg 898	X						
M2007,1.3 ▢	X						
M2007,16.1 ▢	X						
M2007,20.A2 ▢	X						
I.Iasos 51 ■		X		X			X
I.Iasos 75		X*		X*	X*		
I.Iasos 76		X*		X*	X*		
SEG 38.1061	X						
SEG 41.929		X		X	X		
SEG 41.930,1–32 **(VIIIa)**		X		X	X		
SEG 41.932,15–42		X		X	X*		
B2007, 2 II		X		X	X		
I.Iasos 73 ■		X		X	X		
I.Iasos 74 ■		X		X	X		
I.Iasos 24+30 **(III)**	X						
I.Iasos 52	X						
I.Iasos 82		X	X			X	
SEG 41.930,33–35 + *SEG* 41.931,1–13		X*		X*	X*		
I.Iasos 1 △	X						

I.Iasos 2 △		X	?	?	X		
I.Iasos 23 △		X		X	X		
I.Iasos 152,40–41 △	X						
I.Iasos 219 △		X		X	X		

Tabella n. 6. La formula di mozione nei decreti, ordinata per gruppi omogenei

decreto	**presenza formula di mozione**		**posizione formula di mozione**		**formulazione**		
	assente	**presente**	**f. mozione dopo motiv.**	**f. mozione dopo o entro moz. originaria**	**δεδόχθαι τῶι δήμωι**	**δεδόχθαι τῆι βουλῆι καὶ τῶι δήμωι**	**δεδόχθαι Ἰασεῦσιν**
I.Iasos 32	X						
I.Iasos 34	X						
I.Iasos 37	X						
I.Iasos 40	X						
I.Iasos 41 **(IVa)**	X						
I.Iasos 42	X						
I.Iasos 43	X						
I.Iasos 45	X						
I.Iasos 47	X						
I.Iasos 48	X						
I.Iasos 50	X						
I.Iasos 53	X						
I.Iasos 58+44 **(IVb)**	X						
I.Iasos 59	X						
I.Iasos 60	X						
I.Iasos 68	X*						
SEG 36.982A	X						
SEG 36.982B	X						
SEG 36.982C	X						
SEG 36.983 **(II)**	X						
M2007,1.2	X						
M2007, .4	X						
M2007,5	X						
M2007,6	X*						
M2007,7	X						
M2007,8	X*						
M2007,9	X						
M2007,10	X*						
M2007,11.A	X						
M2007,11.B	X						
M2007,12.B	X						
M2007,17	X						
M2007,18.1	X						
M2007,18.2 **(IVc)**	X						
M2007,22	X						
NPg 898	X						
M2007,1.3 ▢	X						
M2007,16.1 ▢	X						
M2007,20.A2 ▢	X						
SEG 38.1061	X						
I.Iasos 24+30 **(III)**	X						
I.Iasos 52	X						
I.Iasos 1 △	X						

I.Iasos 152,40–41 △	X						
I.Iasos 33		X	X		X		
I.Iasos 46		X	X			X	
I.Iasos 54		X	X		X		
I.Iasos 56		X	X		X		
M2007,20.A1		X	X		X		
M2007,20.B		X	X			X	
M2007,21		X	X		X		
M2007,23.1 +*I.Iasos* 66		X	X			X	
I.Iasos 82		X	X		X		
I.Iasos 35 **(V)**		X		X		X	
I.Iasos 36 **(VI)**		X		X		X	
SEG 41.931,15–58 **(VIIIb)**		X		X		X	
M2007,25.A1		X		X		X	
M2007,25.B **(VII)**		X		X		X	
M2007,26		X*		X*	?	?	?
I.Iasos 51 ■		X		X			X
I.Iasos 75		X*		X*		X*	
I.Iasos 76		X*		X*		X*	
SEG 41.929		X		X		X	
SEG 41.930,1–32 **(VIIIa)**		X		X		X	
SEG 41.932,15–42		X		X		X*	
B2007, 2 II		X		X		X	
I.Iasos 73 ■		X		X		X	
I.Iasos 74 ■		X		X		X	
SEG 41.930,33–35 + *SEG* 41.931,1–13		X*		X*		X*	
I.Iasos 23 △		X		X		X	
I.Iasos 219 △		X		X		X	
I.Iasos 2 △		X	?	?		X	

La tabella permette di constatare che:

- la formula di mozione è frequentemente assente dai decreti di Iasos;
- quando è attestata, è più frequentemente inserita dopo o entro la mozione originaria;
- la forma δεδόχθαι τῶι δήμωι si trova quasi sempre nei decreti in cui la formula di mozione è inserita dopo la motivazione;
- nei casi in cui la si inserisce entro o dopo la mozione originaria, si presenta quasi sempre nella forma δεδόχθαι τῆι βουλῆι καὶ τῶι δήμωι.

Dal punto di vista cronologico si desume invece che:

- la formula di mozione è assente nei decreti databili **II–IV**;
- è invece sempre presente nei decreti databili **V–VIII**:
- sembra dunque che la presenza o l'assenza di essa possa rappresentare un indizio cronologico e che il suo inserimento nella struttura redazionale dei decreti abbia avuto luogo almeno alla metà del III secolo a.C.

4 La mozione originaria

Alcuni decreti di Iasos (onorari e non) inseriscono per esteso nel testo il contenuto della mozione originariamente avanzata presso i pritani dai promotori dello ψήφισμα.[95] Nei decreti tale mozione è sinteticamente definita ἔφοδος.[96] L'esistenza di questi promotori, come già anticipato a § 3.1.3.7, viene ricordata per mezzo della formula περὶ ὧν ἐπῆλθεν/ἐπῆλθον; possono essere sia privati cittadini (o personaggi che si presentano in ogni caso in veste privata)[97] menzionati con il loro nome e patronimico[98] sia collegi magistratuali, i cui componenti sono talora citati *nominatim*[99] (v. sotto § 3.4.2, punti 1–3). La proposizione relativa περὶ ὧν... si trova inserita immediatamente dopo la formula πρυτάνεων γνώμη, che a sua volta può essere seguita o meno dall'elenco nominale dei pritani (v. sotto § 3.4.2, punti 4–5); pertanto, in presenza della mozione originaria il prescritto viene ad essere sistematicamente chiuso dall'indicazione del/dei proponente/i. Dalla proposizione introdotta da περὶ ὧν dipendono una o più proposizioni finali, delle quali la prima è, con una sola eccezione,[100] sempre introdotta da ἵνα; i verbi sono ovviamente al congiuntivo e di forma in genere passiva: soggetto può essere l'onorato (quando si propone di assegnargli un qualche titolo onorifico)[101] o una delle onorificenze concesse.[102] Capita talora che le proposizioni finali successive alla prima non siano più introdotte da ἵνα ma da ὅπως; in alcuni casi la proposta può essere ulteriormente completata da una o due proposizioni infinitive (§ 3.4.4). La dipendenza di ἵνα da περὶ ὧν... è in alcuni decreti immediata; in altri invece i due elementi sono separati dalla formula di motivazione[103] (v. sotto § 3.4.3). Al termine della presentazione dell'ἔφοδος si trova in genere la formula di mozione δεδόχθαι (τῆι βουλῆι καὶ) τῶι δήμωι o espressioni consimili (§ 3.3.3).

Dopo la presentazione, la mozione originaria viene ripresa e sostanzialmente ripetuta nella parte del decreto che riferisce la decisione dell'assemblea,[104] ma in taluni esempi ciò non avviene esattamente negli stessi termini. *SEG* 41.930 (= PC 1989, 2), 15–18, p. es., che nella mozione originaria recita ἵνα οἱ δεῖνες πρόξενοι καὶ πολῖται γένωνται, afferma nella decisione (ll. 24–27) εἶναι αὐτοὺς προξένους τῆς πόλεως, δεδόσθαι δὲ καὶ πολιτείαν αὐτοῖς μετέχουσι πάντων ὧν καὶ οἱ ἄλλοι πολῖται μετέχουσι. Sono possibili anche altre lievi differenze, soltanto formali: (ἵνα ὁ δεῖνα) ἀναγραφῆι πρόξενος καὶ εὐεργέτης τοῦ δήμου diventa p. es. nella decisione εἶναι τὸν δεῖνα πρόξενον καὶ εὐεργέτην τοῦ δήμου.[105] In generale, sembra che nella decisione il dettato tenda ad una maggiore concisione; tuttavia, nei due decreti che presentano una doppia motivazione (§ 3.2.1), quest'ultima si presenta in forma breve proprio nella mozione originaria.[106]

Quando i promotori avanzano solamente una generica richiesta di attribuizione di onori, lasciando a consiglio e assemblea il compito di decidere quali effettivamente riconoscere (circostanza che si verifica soltanto nei decreti per giudici stranieri definiti ‹di secondo tipo› (v. § 3.4.5, Classe 2), la formula di motivazione viene inserita dopo δεδόχθαι τῆι βουλῆι καὶ τῶι δήμωι, come se il compito di concepire in concreto il decreto venisse

---

[95] Su questa procedura e per una valutazione del suo significato v. Gauthier 1993, 220 s. e Id. 2005.

[96] *I.Iasos* 23, 20(△); 35, 20; *SEG* 41.929 (= PC 1989, 1), 33; *SEG* 41.930 (= PC 1989, 2), 30–31; *SEG* 41.931 (= PC 1989, 3), 12; *SEG* 41.932 (= PC 1989, 4), 9; Maddoli 2007, 26, 18. È il termine tecnico per indicare una proposta scritta avanzata da qualcuno che non fa parte della βουλή: Müller 1995, 51.

[97] Secondo Müller 1976, 87–92 (su questo punto consenziente con Swoboda 1890, 66 s.) e Gauthier 1993, spec. 220, con Id. 2005, i promotori originari della proposta sarebbero privati cittadini. Si segnala tuttavia che in Blümel 2007, 2 II, 7–12 ad avanzare la mozione originaria è Philemon figlio di Philotes, che nello stesso decreto è ricordato anche in qualità di ἐπιστάτης: era dunque pritane.

[98] V. *e.g.* *I.Iasos* 73, 1–2(■).

[99] Collegio citato *nominatim*: *SEG* 41.931 (= PC 1989, 3), 27–30; indicazione soltanto del collegio nel suo complesso: Maddoli 2007, 20.B, 2.

[100] Maddoli 2001, A (= *SEG* 51.1506), 3(△). Non può essere escluso che ciò avvenisse anche in *I.Iasos* 35, 5–7.

[101] V. *e.g.* ἵνα ὁ δεῖνα ἀναγραφῆι πρόξενος καὶ εὐεργέτης τοῦ δήμου [*SEG* 41.931 (= PC 1989, 3), 30–35]; è tuttavia attestata anche una forma verbale non passiva: ἵνα οἱ δεῖνες πρόξενοι καὶ πολῖται γένωνται [*SEG* 41.930 (= PC 1989, 2), 15–18].

[102] καὶ δοθῆι πολιτεία αὐτῶι καὶ ἐκγόνοις [*SEG* 41.931 (= PC 1989, 3), 36].

[103] Sulla peculiarità iasea di questa collocazione v. Rhodes - Lewis 1997, 338 e 561.

[104] Rhodes - Lewis 1997, 339.

[105] *SEG* 41.931 (= PC 1989, 3), 34–35 e 41–43.

[106] Cf. *I.Iasos* 35, 6–7 e 13–16; Maddoli 2007, 25.B, 6–7 e 12–15.

completamente lasciato ai pritani,[107] non solo in relazione alla proposta degli onori da tributare ma anche alla motivazione di essi; quando invece i promotori propongono esplicitamente quali onori o privilegi tributare, sono essi stessi a fornire la motivazione, che viene introdotta subito prima o subito dopo ἵνα.

4.1 Presenza o assenza

La mozione originaria non è sempre presente. In un solo caso la formula περὶ ὧν ἐπῆλθεν/ἐπῆλθον non introduce, come di prassi, il contenuto della proposta dei primi promotori, ma piuttosto la formula di motivazione; quest'ultima tuttavia, per la sua posizione, pare da ricondurre proprio agli iniziatori del decreto (v. sotto § 3.4.2, punto 6).

1. La formula περὶ ὧν ἐπῆλθεν/ἐπῆλθον è presente (25 exx.):
   I.Iasos 23, 7–18(△); *I.Iasos* 29, 6–9(▲)(*); 35, 5–12; 36, 5–8; 51, 2–3, 8–19(■); 73, 1–5(■); 74, 1–4(■); 75, 1–4(*); 76, 8–12; 77, 6–12; 219, 1–14(△)(*); *SEG* 41.929 (= PC 1989, 1), 1–6(*); *SEG* 41.930 (= PC 1989, 2), 14–23; *SEG* 41.930 (= PC 1989, 2), 33–35 + *SEG* 41.931, (= PC 1989, 3), 1–13, 14–22(*); *SEG* 41.931 (= PC 1989, 3), 27–40; *SEG* 41.932 (= PC 1989, 4), 31–42; *SEG* 41.933 (= PC 1989, 5), 8–11; Maddoli 2001, A (= *SEG* 51.1506), 1–33(△); Maddoli 2007, 20. B, 2; 25.A1, 1–8(*); 25.B, 3–12; 26, 6.9–14(*); Blümel 2007, 2 II, 7–12; 2 III, 7–8; Habicht 1994, p. 71(▲).
2. La formula περὶ ὧν ἐπῆλθεν/ἐπῆλθον è sicuramente assente (57 exx.):
   I.Iasos 1(△); 4(*); 6(△)(*); 24+30; 27; 32; 37; 39; 40; 41; 42; 45; 47; 48; 50; 52; 53; 54; 56; 57; 58+44; 59; 60; 64(▲); 68; 82; 152, 40–41(△); *SEG* 36.982A (= PC 1985, IIa); *SEG* 36.982B (= PC 1985, IIb); *SEG* 36.982C (= PC 1985, IIc); *SEG* 36.983 (= PC 1985, p. 155); *SEG* 38.1061 (= PC 1987, c); Maddoli 2007, 1.1; 1.2; 1.3(▢); 1.4; 5; 6; 7; 8; 9; 10; 11.A; 11.B; 12.B; 14.A; 16.1(▢); 17; 18.1; 18.2; 19.2; 20.A2(▢); 21; 22; 23.1+*I.Iasos* 66; 25.A2(▲);[108] NPg 898.
3. La presenza della formula περὶ ὧν ἐπῆλθεν/ἐπῆλθον non è determinabile (30 exx.):
   I.Iasos 2(△); 20(△); 25(▲); 26(▲); 28; 31; 33; 34; 38; 43; 46; 49(▲); 55; 61; 62; 63; 69(▲); 70; 71; *SEG* 41.932 (= PC 1989, 4), 1–14; Maddoli 2007, 4; 12.A1; 12.A2(▲); 13; 15; 16.2(▲); 19.1; 20.A1; 23.2; 24.

4.2 Promotori

1. A presentare la mozione originaria sono privati cittadini (12 exx.):
   I.Iasos 36, 5; 73, 1–2(■); 74, 1–2(■); 76, 8(*); 77, 6; *SEG* 41.930 (= PC 1989, 2), 14; *SEG* 41.932 (= PC 1989, 4), 31–32; *SEG* 41.933 (= PC 1989, 5), 8–9; Maddoli 2001, A (= *SEG* 51.1506), 1–2(△); Maddoli 2007, 26, 6(*); Blümel 2007, 2 II, 7; 2 III, 7.
2. A presentare la mozione originaria sono dei magistrati che non vengono elencati per nome (4 exx.):
   I.Iasos 23, 7–8(△); *I.Iasos* 35, 5–6; 51, 2–3(■); Maddoli 2007, 20. B, 2.
3. A presentare la mozione originaria sono dei magistrati che vengono elencati per nome (2 exx.):[109]
   SEG 41.931 (= PC 1989, 3), 27–30; Maddoli 2007, 25.B, 3–5.
4. La formula περὶ ὧν ἐπῆλθεν/ἐπῆλθον è preceduta da πρυτάνεων γνώμη con elenco di nomi:
   cf. § 3.1.3.7, punto 8.
5. La formula περὶ ὧν ἐπῆλθεν/ἐπῆλθον è preceduta da πρυτάνεων γνώμη senza elenco di nomi:
   cf. § 3.1.3.7, punto 7.
6. La formula περὶ ὧν ἐπῆλθεν/ἐπῆλθον non è seguita dall'effettivo contenuto della mozione originaria:
   Maddoli 2007, 20. B, 2.

---

[107] Parziale eccezione è rappresentata da Blümel 2007, 2 II, 7–12, decreto nel quale la richiesta generica di onori da parte del proponente è accompagnata da un'indicazione pratica circa il fondo cui attingere per le spese (ll. 10–12).

[108] La struttura del testo, con la formula di sanzione (ripetuta) subito dopo l'elenco dei pritani, fa ipotizzare che la mozione originaria fosse assente anche in questo decreto.

[109] In entrambi i casi si tratta del collegio dei προστάται.

4.3 Posizione

1. La formula περὶ ὧν ἐπῆλθεν/ἐπῆλθον è subito seguita da proposizione finale o almeno dal suo avvio (17 exx.):
   I.Iasos 23, 7–18(△); 29, 6–9(▲)(*); 36, 5–8; 73, 1–5(■); 74, 1–4(■); 75, 1–4(*); 76, 8–12; 77, 6–12; *SEG* 41.930 (= PC 1989, 2), 14–23; *SEG* 41.930 (= PC 1989, 2), 33–35 + *SEG* 41.931, (= PC 1989, 3), 1–13, 14–22(*); *SEG* 41.931 (= PC 1989, 3), 27–40; *SEG* 41.932 (= PC 1989, 4), 31–42; Maddoli 2001, A (= *SEG* 51.1506), 1–33(△); Maddoli 2007, 25.A1(*), 1–8; 25.B, 3–12; Blümel 2007, 2 II, 7–12; 2 III, 7–8.
2. La formula περὶ ὧν ἐπῆλθεν/ἐπῆλθον è subito seguita da formula di motivazione (4 exx.):
   I.Iasos 35, 5–7; 51, 2–8(■); Maddoli 2007, 20.B, 2–6; 26, 6–9.

4.4 Formulazione generale

1. La proposizione finale è introdotta soltanto da ἵνα (12 exx.):[110]
   I.Iasos 23, 9(△); 36, 5; 51, 8 e 17(■);[111] 73, 2(■); 74, 2(■); 76, 8; *SEG* 41.930 (= PC 1989, 2), 15; *SEG* 41.931 (= PC 1989, 3), 30; *SEG* 41.932 (= PC 1989, 4), 32; Maddoli 2007, 26, 9; Blümel 2007, 2 II, 7; 2 III, 7.
2. La proposizione finale è introdotta prima da ἵνα poi da ὅπως:[112]
   Maddoli 2007, 25.B, 6 e 9.
3. La proposizione finale è introdotta subito da ὅπως:
   Maddoli 2001, A (= *SEG* 51.1506), 1–33, 3(△).
4. La formula περὶ ὧν ἐπῆλθεν/ἐπῆλθον è seguita, dopo le finali, anche da infinitiva/e (3 exx.):
   SEG 41.931 (= PC 1989, 3), 27–40; Maddoli 2007, 25.A1, 1–8; 25.B, 3–12.

4.5 Il contenuto della proposta

Classe 1: Decreti per stranieri non giudici.

Tipo A. Mozioni formulari.
i. Titolo di prosseno (3 exx.):
   a. (ἵνα) γένηται δὲ καὶ πρόξενος τῆς πόλεως:
      I.Iasos 51, 11–12.
   b. (ἵνα) προξένους αὐτοὺς ποιήσηται ὁ δῆμος:
      Maddoli 2007, 25.A1, 3–4.
   c. ἵνα ὁ δῆμο[ς ἀναγραφῆι[113] αὐτὸν πρόξενον τῆς πόλεως]:
      Maddoli 2007, 26, 9–10.
ii. Titolo di prosseno ed evergeta (2 exx.):[114]
   – (ἵνα) ἀναγραφῆι πρόξενος καὶ εὐεργέτης τοῦ δήμου:
     SEG 41.931 (= PC 1989, 3), 34–35; Maddoli 2007, 25.B, 7–8.[115]

---

[110] La congiunzione ἵνα introduce sicuramente la prima proposizione finale anche nei decreti Maddoli 2007, 26, 9 e Blümel 2007, 2 III, 7; la lacunosità dei due testi non consente tuttavia di escludere che essa fosse successivamente sostituita da ὅπως (v. punto 2).

[111] La congiunzione ἵνα è ripetuta due volte.

[112] È assai probabile che la stessa sequenza fosse attestata in *I.Iasos* 35, 7–9(*) e in Maddoli 2007, 25.A1, 1–5(*). Non può essere stabilito se *I.Iasos* 219 (△) debba essere inserito in questo raggruppamento o nel successivo.

[113] Si preferisce ἀναγραφῆι a ποιήσηται per analogia con la corrispettiva parte della decisione (l. 15), in cui si integra, in base ai confronti, ἀναγράψαι. A Iasos v. p. es. *SEG* 36.982 B (= PC 1985, IIb), 3–5; Maddoli 2007, 25.B, 15–16. Ad Atene si veda solo *e.g.* *IG* I³ 110, 13–15, a Samo *IG* XII 6, 1, 25, 14–15 e 33, 14–15.

[114] Simile l'integrazione proposta per *I.Iasos* 35, 7–8, in cui si suppone l'assenza di τοῦ δήμου.

[115] Con diversa distribuzione delle parole.

iii. Cittadinanza (6 exx.):
  a. (ἵνα) δοθῆι δὲ καὶ πολιτεία αὐτῶι καὶ ἐκγόνοις μετέχοντι πάντων ὧν καὶ οἱ ἄλλοι πολῖται μετέχουσι (3 exx.):
  I.Iasos 35, 8–9(*); *SEG* 41.931 (= PC 1989, 3), 36–38;[116] Maddoli 2007, 26, 10–11(*).[117]
  b. (ἵνα) δοθῆι δὲ καὶ πολιτεία αὐτῶι καὶ ἐκγόνοις μετέχουσι πάντων ὧν καὶ τοῖς λοιποῖς πολίταις μέτεστιν (2 exx.):
  Maddoli 2007, 25.A1, 4–5;[118] 25.B, 8–9.
  c. (ἵνα) δοθῆι δὲ αὐτῶι καὶ πολιτεία μετέχοντι πάντων ὧν καὶ τοῖς ἄλλοις πολίταις μέτεστιν:
  I.Iasos 51, 12–14.
iv. Προεδρία:
  – (ἵνα) ὑπάρχηι δὲ αὐτῶι κα[ὶ] προεδρία ἐν τοῖς ἀγῶσι πᾶσι οἷς ἡ πόλις τίθ[η]σι:
  I.Iasos 51, 15–17.
v. Ἔπαινος e corona (2 exx.):
  a. ἵνα ὁ δεῖνα ἐπ[αινεθῆι καὶ στ]εφανωθῆι τῶι ἐννόμωι στεφ[άνωι ἀρετῆς ἕνεκε]ν ἧς ἔχει περὶ τὴμ πόλιν:
  I.Iasos 36, 5–8.
  b. ἐπαινεθῇ τε ὑπὸ τῆς βουλῆς καὶ τοῦ δήμου καὶ στεφαν[ω]θῇ χρυσῶι στεφάνωι ἀπὸ πλήθους ὅσου πλίστου ἔξεστι ἐκ τῶν νόμων:
  I.Iasos 51, 8–11.
vi. Estensione degli onori ai discendenti:
  – (ἵνα) τὰ δὲ αὐτὰ ὑπάρχῃ τίμι[α] καὶ τοῖς ἐκγόνοις αὐτοῦ:
  I.Iasos 51, 14–15.
vii. Annuncio degli onori:
  – ἵνα ὁ ἀγωνοθέτης ἐπιμελὲς ποιήσητ[αι] ὅπως ἀνανγελῇ ὁ στέ{ε}φανος, ὧι τετίμηται ὁ δεῖνα ἐν τοῖς πρώτοις Διονυσίο[ις]:
  I.Iasos 51, 17–19.
viii. Pubblicazione del decreto (4 exx.):
  a. ὅπως ἀναγραφῆι τὸ ψήφισμα ἐν… (3 exx.):
  I.Iasos 35, 9–10(*); Maddoli 2007, 25.A1, 5–6; 25.B, 9–10.
  b. (ἵνα) [ο]ἱ δὲ νεωποῖαι ἀναγράψα[ι ἐγδῶσιν τὸ ψήφισμα τὸ ὑπὲρ αὐτοῦ ἐν …]:
  Maddoli 2007, 26, 11–13(*).[119]
ix. Reperimento dei fondi necessari alla pubblicazione (6 exx.):[120]
  a. πόρος δὲ ὑπάρχηι εἰς τὴν ἀναγραφὴν ὁ ἀποδεδειγμένος τοῖς νεωποίαις καὶ εἰς τὰ λοιπὰ ἀναλώματα (3 exx.):
  I.Iasos 35, 10–12(*); *SEG* 41.930 (= PC 1989, 2), 33–35 + *SEG* 41.931 (= PC 1989, 3), 1–13, 20–22(*); Maddoli 2007, 26, 13–14.[121]
  b. πόρον δὲ ὑπάρχειν εἰς τὴν ἀναγραφὴν τὸν ἀποδεδειγμένον τοῖς νεωποίαις καὶ εἰς τὰ λοιπὰ ἀναλώματα (2 exx.):

---

116 Il testo è qui declinato al plurale.

117 Distribuzione delle parole appena diversa; manca probabilmente il μετέχουσι finale.

118 In questo decreto si trova αὐτοῖς al posto di αὐτῶι καὶ ἐγγόνοις.

119 L'ampia integrazione del decreto è plasmata su *SEG* 41.930 (= PC 1989, 2), 18–21 (v. sotto Classe 2, ii.a).

120 Le formule adoperate sembrano alludere all'esistenza, anche a Iasos, di un'operazione di ripartizione razionale periodica delle risorse cittadine, in genere annuale, ben attestata in molte πόλεις greche e definita con termini diversi quali, *i.a.*, ἀνάταξις, διάταξις, κατάταξις, μερισμός: v. in proposito Migeotte 2006; più difficile da inquadrare, perché apparentemente più generico, il termine διοίκησις (che sembra soprattutto indicare l'amministrazione cittadina e il suo finanziamento), su cui v. Schuler 2005 e le successive osservazioni di Rhodes 2007. Si è pensato che nell'ambito di questa organizzazione finanziaria ai νεωποῖαι fosse destinato, tra gli altri, un fondo definito καὶ εἰς τὰ λοιπὰ ἀναλώματα, al quale essi evidentemente attingevano per pagare la pubblicazione dei decreti (v. Maddoli 2007, 20.B, 310 e anche Fabiani 2010b, 471–472); tuttavia l'inserimento di *καί* nella parte finale della formula rivela che la πόλις, per la pubblicazione, non metteva a disposizione alcun finanziamento particolare, ma che a questo fine i νεωποῖαι dovevano ricorrere ai fondi loro assegnati «anche per le altre spese».

121 In questo decreto si trova la forma plurale πόροι, con verbo coniugato in maniera corrispondente.

SEG 41.931 (= PC 1989, 3), 38–40; Maddoli 2007, 25.B, 10–12.[122]

c. π̣όρον δ̣ὲ ὑπάρχειν εἰς τὴν ἀναγραφὴν τοῦ ψηφίσ[μ]ατος ὥσπερ δεδειγμένον τοῖς νεωποίαις καὶ εἰς τὰ λοιπὰ ἀναλώμ[ατ]α:
Maddoli 2007, 25.A1, 6–8.

Tipo B. Mozioni non formulari (2 exx.):
I.Iasos 23, 7–18(△); Maddoli 2001, A (= *SEG* 51.1506), 1–33, 1–16(△)(*).

Classe 2: Decreti per giudici stranieri.

Ch. Crowther ha per primo riconosciuto che i decreti per giudici stranieri di Iasos si distinguono in due gruppi dalla caratteristiche molto diverse tra loro, che egli definisce di ‹primo tipo› e ‹secondo tipo› (v. § 3.6.4, ma soprattutto v. oltre § 8.3.1).[123] Il ‹primo tipo› è più succinto. Esso registra la mozione originaria e propone di concedere onori ben precisi, vale a dire la cittadinanza e talora la prossenia, può mancare della formula di motivazione ed è sistematicamente privo di quella esortativa. Il ‹secondo tipo›, molto più articolato, domanda invece nella mozione originaria a consiglio e assemblea quali onori possano essere tributati ai giudici che hanno svolto con zelo e competenza il loro lavoro; l'elenco dei riconoscimenti effettivamente conferiti, solitamente molto ricchi (lode e corone sia ai giudici che al δῆμος da cui provengono, προεδρία, invio di ambasciatori nelle città d'origine), figura pertanto solamente nella decisione; la motivazione è particolarmente ricca e non manca mai la formula esortativa.

A causa delle notevoli differenze tra questi due diversi tipi di ψηφίσματα per giudici stranieri, che riportano tuttavia entrambi la mozione originaria, l'elenco che segue specificherà sempre a quale dei due appartengano i decreti in esame. Per l'esistenza di un ulteriore modello di decreto per giudici stranieri privo invece della formula di mozione e della mozione originaria v. oltre § 3.6.4.1.

Primo tipo (2 exx.).
Nei decreti così definiti da Crowther, la mozione originaria richiede il conferimento di onori ben precisi, che vengono resi espliciti; richiede inoltre la pubblicazione del decreto e offre indicazioni sul reperimento dei fondi necessari a far fronte alle spese.

i. Titolo di prosseno e attribuzione della cittadinanza (2 exx.):
 – ἵνα οἱ δικασταὶ οἱ παραγενόμενοι ἐκ ... οἱ δεῖνες πρόξενοι καὶ πολῖται γένωνται:
 SEG 41.930 (= PC 1989, 2), 15–18; *SEG* 41.932 (= PC 1989, 4), 32–37.

ii. Pubblicazione del decreto (2 exx.):
 a. (ἵνα) τὸ ψήφισμα τὸ γραφὲν ὑπὲρ αὐτῶν ἐγδῶσιν οἱ νεωποῖαι ἀναγράψαι ἐν...:
 SEG 41.930 (= PC 1989, 2), 18–21.
 b. (ἵνα) τὸ [ψήφισμα τὸ γραφὲν ὑπὲρ αὐτῶ]ν ἀναγραφῆ̣ι̣ [ἐν]... :
 SEG 41.932 (= PC 1989, 4), 37–39.

iii. Reperimento dei fondi necessari alla pubblicazione (2 exx.):
 a. πόρος δὲ ὑπάρχηι εἰς τὴν ἀναγραφὴν ὁ ἀποδεδειγμένος αὐτοῖς (=τοῖς νεωποίαις) καὶ εἰς τὰ λοιπὰ ἀναλώματα:
 SEG 41.930 (= PC 1989, 2), 21–23.
 b. [πόρος δὲ ὑ]πάρχηι εἰς τὴ[ν ἀναγραφὴν] ὁ ἀποδεδειγμ[ένος τοῖς νεω]ποίαις:[124]
 SEG 41.932 (= PC 1989, 4), 40–42.

[122] Dopo ἀναγραφὴν è inserito τοῦ ψηφίσματος.

[123] Crowther 1995a, 93–98.

[124] La lettura qui presentata è frutto di autopsia; essa si discosta un poco dall'integrazione suggerita da Pugliese Carratelli nella *editio princeps* ([τὸ ἀνάλ]ω̣[μ]α̣ ὑπάρχηι εἰς τ[ὴν ἀναγραφὴν τ]ὸ δεδε̣ιγ[μένον τοῖς νεω]π̣οίαις) e non conferma la proposta di Gauthier, *BE* 1992, 446, 508 ([καὶ τὸ ἀνάλ]ω[μ]α ὑπάρχηι ἐ̣κ̣ τ[ῶν πόρων τῶν ἀπ]οδεδειγ[μένων τοῖς νεω]ποίαις), che sulla foto non riusciva a leggere εἰς.

Secondo tipo (7 exx.).
In questo gruppo di decreti per giudici stranieri la mozione originaria richiede soltanto in modo generico a consiglio ed assemblea di attribuire degli onori ai giudici meritevoli e lascia ai due organi il compito di decidere quali. In alcuni casi richiede tuttavia la pubblicazione del decreto e a tal fine fornisce anche indicazioni in vista del reperimento dei fondi.

i. Generica richiesta di onori (5 exx.):
   - ἵνα ἡ βουλὴ καὶ ὁ δῆμος βουλεύσηται, τίσιν δεῖ τιμαῖς τιμηθῆναι τὸν δῆμον τὸν ... καὶ τὸν παραγενόμενον πρὸς ἡμᾶς δικαστήν...:
     I.Iasos 73, 2–5 (■); 74, 2–4 (■);[125] 76, 8–12;[126] 77, 7–8; Blümel 2007, 2 II, 7–10.
ii. Domanda di un decreto onorario:[127]
   - καὶ τὸ ψήφισμα γένηται εἰς τάδε:
     SEG 41.929 (= PC 1989, 1), 2–3.
iii. Reperimento dei fondi necessari alla pubblicazione (3 exx.):
   a. καὶ πόροι ὑπάρχωσιν οἱ ἀποδεδειγμένοι τοῖς νεωποίαις καὶ εἰς τὰ λοιπὰ ἀναλώματα πλὴν τοῦ περιγινομένου ἀπὸ τῆς δωδεκάτης τοῦ πωληθέντος οἴνου τοῦ ἐπιχωρίου, ἐξοικονομηθέντων τῶν πρότερον ἐψηφισμένων (2 exx.)[128]
      I.Iasos 77, 9–12(*); *SEG* 41.929 (= PC 1989, 1), 3–6.
   b. πόρος δὲ ὑπάρχηι [- - - ἀν]ạλω[μ]α ἀπὸ τοῦ ἀποδοθέντος ταμίαις τοῖς ṣὺν ... [- - -]Ọ εἰσαγωγέων τῶν σὺν ...:[129]
      Blümel 2007, 2 II, 10–12.

4.6 Tabelle

Tabella n. 7. Caratteristiche della mozione originaria nei decreti (presentati secondo l'ordine standard definito a § 1.3)

LEGENDA:

non det.	presenza della mozione originaria non determinabile
assente	mozione originaria assente
presente	mozione originaria presente
→ prop. finale	la formula περὶ ὧν è seguita da proposizione finale o almeno dal suo avvio
→ formula motiv.	la formula περὶ ὧν è seguita da formula di motivazione
magistrati senza nomi	mozione originaria promossa da magistrati senza elenco nominale
magistrati con nomi	mozione originaria promossa da magistrati con elenco nominale
privati cittadini	mozione originaria promossa da privati cittadini
πρυτ. γνώμη senza nomi	la formula περὶ ὧν è preceduta da πρυτάνεων γνώμη senza elenco nominale
πρυτ. γνώμη con nomi	la formula περὶ ὧν è preceduta da πρυτάνεων γνώμη con elenco nominale
solo ἵνα	la proposizione finale è introdotta soltanto da ἵνα
ἵνα + ὅπως	la proposizione finale è introdotta prima da ἵνα poi da ὅπως
solo ὅπως	la proposizione finale è introdotta soltanto da ὅπως
finali + inf.	la formula περὶ ὧν è seguita, dopo le finali, anche da infinitiva/e

[125] In questo decreto manca παραγενόμενον πρὸς ἡμᾶς (l. 4).
[126] La formula, ragionevolmente integrabile, si distingue da quella dell'esempio presente nel testo per il verbo (τιμῆσαι al posto dell'infinito aoristo passivo) e per l'assenza di πρὸς ἡμᾶς. I giudici onorati erano inoltre tre, come anche nei due successivi decreti qui elencati.
[127] La formula è stata convincentemente integrata da Crowther 1995a, 131 e 133 anche in *I.Iasos* 75, 1 e 77, 9.
[128] La formula sembra integrabile anche in *I.Iasos* 75, 1–4 (Crowther 1995a, 133).
[129] Quello in esame è uno dei due soli esempi di decreto iaseo nel quale, anziché i νεωποῖαι, nel pagamento delle spese connesse allo ψήφισμα onorario vengono coinvolti i ταμίαι, che ricevono il denaro dagli εἰσαγωγεῖς. V. oltre § 3.6.7.1.

decreto	presenza della mozione originaria			posizione della mozione originaria		promotori della mozione originaria			a precedere la mozione originaria		proposizioni finali			
	non det.	assente	presente	→ prop. finale	→ formula motiv.	magistrati senza nomi	magistrati con nomi	privati cittadini	πρυτ. γνώμη senza nomi	πρυτ. γνώμη con nomi	solo ἵνα	ἵνα + ὅπως	solo ὅπως	finali + inf.
I.Iasos 4 **(IX)**		X*												
I.Iasos 27		X												
I.Iasos 31	X													
I.Iasos 32		X												
I.Iasos 33	X													
I.Iasos 34	X													
I.Iasos 35 **(V)**			X		X	X				X	?	?	?	
I.Iasos 36 **(VI)**			X	X				X	X		X			
I.Iasos 37		X												
I.Iasos 38	X													
I.Iasos 39		X												
I.Iasos 40		X												
I.Iasos 41 **(IVa)**		X												
I.Iasos 42		X												
I.Iasos 45		X												
I.Iasos 46	X													
I.Iasos 47		X												
I.Iasos 48		X												
I.Iasos 50		X												
I.Iasos 53		X												
I.Iasos 54		X												
I.Iasos 56		X												
I.Iasos 57		X												
I.Iasos 58+44 **(IVb)**		X												
I.Iasos 59		X												
I.Iasos 60		X												
I.Iasos 61	X													
I.Iasos 62	X													
I.Iasos 63	X													
I.Iasos 68		X												
I.Iasos 70	X													
I.Iasos 71	X													
SEG 36.982A		X												
SEG 36.982B		X												
SEG 36.982C		X												
SEG 36.983 **(II)**		X												
SEG 41.931, 15–58 **(VIIIb)**			X	X			X			X	X			X
M2007,1.1 **(I)**		X												
M2007,1.2		X												
M2007,1.4		X												
M2007,4	X													
M2007,5		X												
M2007,6		X												
M2007,7		X												
M2007,8		X												
M2007,9		X												
M2007,10		X												
M2007,11.A		X												
M2007,11.B		X												

M2007,12.A1	X													
M2007,12.B		X												
M2007,13	X													
M2007,15	X													
M2007,17		X												
M2007,18.1		X												
M2007,18.2 **(IVc)**		X												
M2007,19.1	X													
M2007,19.2 **(IVd)**		X												
M2007,20.A1	X													
M2007,20.B			X		X	X				X				
M2007,21		X												
M2007,22		X												
M2007,23.1 +*I.Iasos* 66		X												
M2007,24	X													
M2007,25.A1			X*	X*		?	?	?	?	?	?	?	?	X
M2007,25.B **(VII)**			X	X			X			X		X		X
M2007,26			X*		X			X*		X*	X			
NPg 898		X												
M2007,1.3 ▢		X												
M2007,16.1 ▢		X												
M2007,20.A2 ▢		X												
I.Iasos 51 ■			X		X	X			X		X			
I.Iasos 75			X*	X*		?	?	?	?	?	?	?	?	?
I.Iasos 76			X	X				X*		X	X			
I.Iasos 77			X	X				X		X				
SEG 38.1061		X												
SEG 41.929			X*	?	?	?	?	?	?	?	?	?	?	?
SEG 41.930, 1–32 **(VIIIa)**			X	X				X		X	X			
SEG 41.932,15–42			X	X				X		X	X			
SEG 41.933			X	?	?			X		X				
B2007, 2 II			X	X				X		X	X			
B2007, 2 III			X	X				X		X	X			
I.Iasos 73 ■			X	X				X	X		X			
I.Iasos 74 ■			X	X				X	X		X			
I.Iasos 24+30 **(III)**		X												
I.Iasos 43	X													
I.Iasos 52		X												
I.Iasos 82		X												
M2007,14.A		X												
I.Iasos 28	X													
I.Iasos 55	X													
SEG 41.930, 33–35 + *SEG* 41.931,1–13			X*	X*	?	?	?	?		X*	?	?	?	?
SEG 41.932,1–14	X													
M2007,23.2	X													
I.Iasos 1 △		X												
I.Iasos 2 △	X													
I.Iasos 6 △		X*												
I.Iasos 20 △	X													

I.Iasos 23 △			X	X		X			X		X			
I.Iasos 152, 40–41 △		X												
I.Iasos 219 △			X*	?	?	?	?	?	?	?	?	?	?	?
M2001,A (*SEG* 51.1506) r			X	X				X					X	
I.Iasos 25 ▲	X													
I.Iasos 26 ▲	X													
I.Iasos 29 ▲			X	X*		?	?	?		X	?	?		?
I.Iasos 49 ▲	X													
I.Iasos 64 ▲		X												
I.Iasos 69 ▲	X													
M2007,12. A2 ▲	X													
M2007,16.2 ▲	X													
M2007,25. A2 ▲		X*												
H1994, p. 71 ▲			X	?	?	?	?	?	?	X*	?	?	?	?

Tabella n. 8. La mozione originaria nei decreti, ordinata per gruppi omogenei

Per la legenda si rinvia alla tabella n. 7.

decreto	**presenza della mozione originaria**			**posizione della mozione originaria**		**promotori della mozione originaria**			**a precedere la mozione originaria**		**proposizioni finali**			
	non det.	**assente**	**presente**	**→ prop. finale**	**→ formula motiv.**	**magist-rati senza nomi**	**magist-rati con nomi**	**privati**	**πρυτ. γνώμη senza nomi**	**πρυτ. γνώμη con nomi**	**solo ἵνα**	**ἵνα + ὅπως**	**solo ὅπως**	**finali + inf.**
I.Iasos 31	X													
I.Iasos 33	X													
I.Iasos 34	X													
I.Iasos 38	X													
I.Iasos 46	X													
I.Iasos 61	X													
I.Iasos 62	X													
I.Iasos 63	X													
I.Iasos 70	X													
I.Iasos 71	X													
M2007,4	X													
M2007,12.A1	X													
M2007,13	X													
M2007,15	X													
M2007,19.1	X													
M2007,20.A1	X													
M2007,24	X													
I.Iasos 43	X													
I.Iasos 28	X													
I.Iasos 55	X													
SEG 41.932,1–14	X													
M2007,23.2	X													
I.Iasos 2 △	X													
I.Iasos 20 △	X													
I.Iasos 25 ▲	X													
I.Iasos 26 ▲	X													
I.Iasos 49 ▲	X													
I.Iasos 69 ▲	X													

M2007,12.A2 ▲	X													
M2007,16.2 ▲	X													
I.Iasos 4 **(IX)**		X*												
I.Iasos 27		X												
I.Iasos 32		X												
I.Iasos 37		X												
I.Iasos 39		X												
I.Iasos 40		X												
I.Iasos 41 **(IVa)**		X												
I.Iasos 42		X												
I.Iasos 45		X												
I.Iasos 47		X												
I.Iasos 48		X												
I.Iasos 50		X												
I.Iasos 53		X												
I.Iasos 54		X												
I.Iasos 56		X												
I.Iasos 57		X												
I.Iasos 58+44 **(IVb)**		X												
I.Iasos 59		X												
I.Iasos 60		X												
I.Iasos 68		X												
SEG 36.982A		X												
SEG 36.982B		X												
SEG 36.982C		X												
SEG 36.983 **(II)**		X												
M2007,1.1 **(I)**		X												
M2007,1.2		X												
M2007,1.4		X												
M2007,5		X												
M2007,6		X												
M2007,7		X												
M2007,8		X												
M2007,9		X												
M2007,10		X												
M2007,11.A		X												
M2007,11.B		X												
M2007,12.B		X												
M2007,17		X												
M2007,18.1		X												
M2007,18.2 **(IVc)**		X												
M2007,19.2 **(IVd)**		X												
M2007,21		X												
M2007,22		X												
M2007,23.1 +*I.Iasos* 66		X												
NPg 898		X												
M2007,1.3 ▢		X												
M2007,16.1 ▢		X												
M2007,20.A2 ▢		X												
SEG 38.1061		X												
I.Iasos 24+30 **(III)**		X												
I.Iasos 52		X												
I.Iasos 82		X												

M2007,14.A		X												
I.Iasos 1 △		X												
I.Iasos 6 △		X*												
I.Iasos 152, 40–41 △		X												
I.Iasos 64 ▲		X												
M2007,25.A2 ▲		X												
I.Iasos 36 **(VI)**			X	X				X	X		X			
SEG 41.931, 15–58 **(VIIIb)**			X	X			X			X	X			X
M2007,25.A1			X*	X*		?	?	?	?	?	?	?	?	X
M2007,25.B **(VII)**			X	X			X			X		X		X
I.Iasos 75			X*	X*		?	?	?	?	?	?	?	?	?
I.Iasos 76			X	X				X*		X	X			
I.Iasos 77			X	X				X		X				
SEG 41.930, 1–32 **(VIIIa)**			X	X				X		X	X			
SEG 41.932, 15–42			X	X				X		X	X			
B2007, 2 II			X	X				X		X	X			
B2007, 2 III			X	X				X		X	X			
I.Iasos 73 ■			X	X				X	X		X			
I.Iasos 74 ■			X	X				X	X		X			
SEG 41.930,33–35 + *SEG* 41.931,1–13			X*	X*	?	?	?	?		X*	?	?	?	?
I.Iasos 23 △			X	X		X			X		X			
I.Iasos 29 ▲			X*	X*		?	?	?		X	?	?		?
M2001,A (*SEG* 51.1506) △			X	X				X					X	
I.Iasos 35 **(V)**			X		X	X				X	?	?	?	
M2007,20.B			X		X	X				X				
M2007,26			X*		X			X*		X*	X			
I.Iasos 51 ■			X		X	X			X		X			
SEG 41.929			X*	?	?	?	?	?	?	?	?	?	?	?
SEG 41.933			X	?	?			X		X				
I.Iasos 219 △			X*	?	?	?	?	?	?	?	?	?	?	?
H1994,p. 71 ▲			X	?	?	?	?	?	?	X*	?	?	?	?

La tabella aiuta ad osservare che:

- la mozione originaria subito seguita da proposizione finale è sempre registrata nei decreti per giudici stranieri (unica eccezione è *SEG* 38.1061);
- originari promotori dei decreti per giudici stranieri sono di norma privati cittadini (o personaggi che si presentano in veste privata).

Dal punto di vista cronologico, in linea con quanto desunto a proposito della formula di mozione, che si accompagna regolarmente all'elemento formulare qui esaminato, si desume che:

- la mozione originaria è sicuramente assente in tutti i decreti databili **I–IV**, mentre è presente nei decreti databili **V–VIII**. Si tratta di un elemento che entra a far parte della struttura redazionale dei decreti iasei con il tempo, oltre la metà del III secolo a.C.

5 La formula esortativa

La formula esortativa[130] è un elemento raramente presente nei decreti di Iasos: si contano a oggi solo quattro occorrenze sicure. Essa dichiara *expressis verbis* uno degli intenti impliciti nell'atto di onorare i benefattori della città: incoraggiare altri futuri benefici. Nello specifico, l'incoraggiamento pare rivolto essenzialmente all'attività delle corti dei giudici stranieri. La formula trova infatti impiego solamente negli ψηφίσματα che omaggiano δικασταί forestieri: con essa si afferma che gli onori decisi dall'assemblea vengono offerti affinché chiunque sappia che il δῆμος di Iasos sa esprimere la propria gratitudine a coloro che lo beneficano e che si impegnano a emettere sentenze degne di lode; l'auspicio è che ciò sia di incentivo ad altri potenziali evergeti di questo genere. Nei decreti iasei tale formula, quando presente, è inserita tra la clausola di motivazione e l'elenco degli onori conferiti: introduce cioè di fatto il complesso delle decisioni. Laddove attestata, essa viene significativamente ripetuta nella sezione in cui si definiscono i compiti degli ambasciatori che dovranno recarsi nella πόλις di origine dei giudici (v. § 3.6.4.16): qui lo ψήφισμα specifica che gli inviati dovranno fare in modo che il decreto e l'annuncio degli onori deliberati abbiano la maggiore pubblicità possibile «affinché sia manifesto a tutti che il δῆμος degli Iasei sa onorare le città e gli uomini dabbene».

Ad oggi la formula esortativa si riscontra soltanto nei decreti per giudici stranieri di ‹secondo tipo›, sui quali v. § 3.4.5 (**Classe 2**) e § 3.6.4. Dal momento che i decreti per le corti dicastiche forestiere presentano, come si è potuto ripetutamente constatare, un formulario di carattere recenziore, sembra di poter dedurre che la formula esortativa rappresenti un elemento che invita a datare i testi dopo la metà del III secolo a.C.

Questi i pochi casi in cui è presente la formula esortativa (4 exx.).[131]

I.Iasos 73, 13–17(■); 74, 12–15(■); *SEG* 41.929 (= PC 1989, 1), 12–16; Blümel 2007, 2 II, 20–21.

Queste le formule con le quali si presenta:

1. ἵνα οὖν καὶ ὁ δῆμ[ος φαίνηται χάριν ἀπο]διδοὺς τοῖς εὐεργετοῦσιν αὐτόν:
   Blümel 2007, 2 II, 20–21.
2. ἵνα οὖν καὶ ὁ δῆμος φαίνηται χάριν ἀποδιδοὺς τοῖς εὐεργετοῦσιν αὐτὸν καὶ οἱ λοιποὶ οἱ παραγινόμενοι δικάζειν εἰς τὴν πόλιν ζητῶσιν ἀξίως ἐπαίνου καὶ τιμῶν ποιεῖσθαι τὰς κρίσεις, εἰδότες ὅτι ὁ δῆμος τοὺς καλοὺς καὶ ἀγαθοὺς τῶν ἀνδρῶν ἐπαινεῖ τε καὶ τιμᾶι (3 exx.):
   I.Iasos 73, 13–17(■); 74, 12–15(■)(*);[132] *SEG* 41.929 (= PC 1989, 1), 12–16.[133]

6 La decisione

Il cuore dei decreti è certamente costituito dalla sezione che presenta ed elenca le deliberazioni dell'assemblea. Esse vengono esposte attraverso una o più proposizioni infinitive che dipendono dalla formula di sanzione (ἔδοξεν …). Può trattarsi di risoluzioni di varia natura; nel caso dei decreti onorari consistono per lo più nell'elenco degli onori e dei privilegi di cui si è deliberata l'attribuzione (e tale elenco assume in genere aspetto formulare[134]); negli altri tipi di decreti si tratta di provvedimenti di genere diversificato. Le decisioni ven-

---

[130] V. McLean 2002, 230–232. Per le numerose varianti presenti ad Atene v. Henry 1996.

[131] Sembra ragionevole integrare la formula anche in *I.Iasos* 75, 12–13, come già intravisto dall'editore del testo, G. Pugliese Carratelli, e come proposto da W. Blümel nella sua raccolta.

[132] La formula è integrata, ma la somiglianza di questo decreto, quasi in ogni dettaglio, a *I.Iasos* 73(■) rende più che verosimile la proposta.

[133] Il dettato del decreto presenta qui εὐεργ[ε]τηκόσιν al posto di εὐεργετοῦσιν (l. 14); manca poi καὶ τιμῶν (l. 14).

[134] Un'eccezione in questo senso è sicuramente rappresentata da *I.Iasos* 4, decreto che stabilisce un'ampia ma inusitata serie di onori per il re Antioco III e sua moglie Laodice, e una gamma inconsueta di onorificenze non poteva ovviamente essere presentata attraverso formule abituali.

gono più spesso presentate dopo la formula di motivazione o dopo quella di mozione; sporadiche altre modalità (§ 3.6.2). Nei decreti onorari l'elenco dei privilegi e delle onorificenze conferite può presentarsi secondo sequenze molto variabili. Le formule per l'attribuzione degli onori, pur stabili nella sostanza, conoscono inoltre nella forma un notevole grado di variabilità.

La parte del decreto che riferisce il contenuto della decisione assembleare comprende, laddove presente, anche l'eventuale risoluzione circa la pubblicazione dello ψήφισμα e il reperimento dei fondi necessari a far iscrivere il testo e a mettere in atto quanto deliberato. Tutti questi aspetti vengono di seguito esaminati proprio in questo ordine, secondo la sequenza documentata dai decreti.

6.1 Contenuto della risoluzione

A. Risoluzioni non concernenti onori (6 exx.).[135]
I.Iasos 1, 2–6(△); 2, 4 ss.(△); 20, 4 ss.(△); 23, 19–20(△); 152, 41(△);[136] 219, 15–16(△).

B. Risoluzioni sicuramente concernenti onori (81 exx.).[137]
I.Iasos 4, 63 ss.; 24+30, 17–21; 31, 1–5; 32, 7–9; 33, 4–13; 34, 7–9; 35, 16–21; 36, 9–11; 37, 7–13; 38, 1–7; 40, 5–7; 41, 7–8; 42, 5–9; 43, 3–13; 45, 7–11; 46, 1–8; 47, 3–5; 48, 6–12; 50, 8–12; 51, 20–42(■); 52, 7–13; 53, 7–11; 54, 8–13; 56, 10–14; 58+44, 8–17; 59, 11–13; 60, 11–20; 61, 1–10; 62, 1–11; 63, 1–4; 68, 3–5; 70, 1–6; 71, 1–2; 73, 17–37(■); 74, 15–34(■); 82, 18–28; *SEG* 36.982 A (= PC 1985, IIa), 2–6; *SEG* 36.982 B (= PC 1985, IIb), 3–10; *SEG* 36.982 C (= PC 1985, IIc), 4–12; *SEG* 36.983 (= PC 1985, p. 155), 6–18; *SEG* 38.1061 (= PC 1987, c), 7–11; *SEG* 41.929 (= PC 1989, 1), 16–34; *SEG* 41.930 (= PC 1989, 2), 24–32; *SEG* 41.930 (= PC 1989, 2), 33–35 + *SEG* 41.931 (= PC 1989, 3), 1–13, 23–30; *SEG* 41.931 (= PC 1989, 3), 41–53; *SEG* 41.932 (= PC 1989, 4), 1–9; Maddoli 2007, 1.1, 1–7; 1.2, 1–2; 1.3, 1–2(□); 1.4, 1–3; 4, 1–11; 5, 9–12; 6, 6–8; 7, 8–9; 8, 6–8; 9, 6–7; 10, 6–7; 11.A, 9–14; 11.B, 13–21; 12.A1, 1–5; 12.B, 7–11; 13, 3–6; 15, 3–8; 16.1, 1–4(□); 17, 11–18; 18.1, 5–11; 18.2, 3–7; 19.1, 2–8; 20.A1, 5–15; 20.A2, 2–3(□); 20.B, 7–19; 21, 8–13; 22, 10–12; 23.1+*I.Iasos* 66, 16–26; 23.2, 1–24; 24, 1–4; 25.A1, 8–13; 25.B, 15–17; 26, 15–19; Blümel 2007, 2 II, 21–37; NPg 898, 9–13.

6.2 Posizione della decisione

A. Dopo la formula di motivazione (38 exx.).
I.Iasos 24+30, 17–21; 32, 7–9; 34, 7–9; 35, 16–21;[138] 37, 7–13; 38, 1–7; 40, 5–7; 41, 7–8; 42, 5–9; 43, 3–13; 45, 7–11; 48, 6–12; 50, 8–12; 52, 7–13; 53, 7–11; 58+44, 8–17; 59, 11–13; 60, 11–20; 61, 1–10; *SEG* 36.982 A (= PC 1985, IIa), 2–6; *SEG* 38.1061 (= PC 1987, c), 7–11(*); Maddoli 2007, 6, 6–8; 7, 8–9; 8, 6–8; 9, 6–7; 10, 6–7(*); 11.A, 9–14; 11.B, 13–21; 12.B, 7–11; 13, 3–6; 15, 3–8; 17, 11–18; 18.1, 5–11; 18.2, 3–7; 19.1, 2–8; 22, 10–12; 25.B, 15–17;[139] NPg 898, 9–13.

---

[135] Del decreto non onorario *I.Iasos* 6(△) non è rimasta la parte relativa alla risoluzione; lo stesso vale per Maddoli 2001, A (= *SEG* 51.1506)(△), di cui resta il testo della mozione originaria (l. 3–33), grazie al quale riusciamo a supporre almeno in parte il contenuto della risoluzione finale.

[136] La risoluzione consiste di fatto nella presa d'atto della generosa decisione dei Τεχνῖται di Dioniso, che viene presentata subito prima.

[137] Sono qui elencati solamente i decreti onorari di cui è rimasta almeno parte della decisione; considerate le loro cattive condizioni, si preferisce non inserire in questo raggruppamento né *I.Iasos* 57, 6–7 né Maddoli 2007, 14.A, 6, anche se probabilmente conservano minuscole tracce dell'avvio della decisione.

[138] In questo decreto la formula di motivazione è presente due volte (v. § 3.2.1): la decisione si inserisce dopo la seconda.

[139] Anche in questo decreto, nel quale la formula di motivazione è inserita due volte (v. § 3.2.1), la decisione si colloca dopo la seconda presentazione.

B. Dopo la formula di mozione (18 exx.).
I.Iasos 23, 19–20(△); 33, 4–13; 36, 9–11; 46, 1–8; 51, 20–42(■); 54, 8–13; 56, 10–14; 82, 18–28; 219, 15–16(△); *SEG* 41.930 (= PC 1989, 2), 23–30; *SEG* 41.930 (= PC 1989, 2), 33–35 + *SEG* 41.931 (= PC 1989, 3), 1–13, 24–39(*); *SEG* 41.931 (= PC 1989, 3), 41–53; Maddoli 2007, 20.A1, 5–15; 20.B, 7–19; 21, 8–13; 23.1+*I.Iasos* 66, 16–26; 25.A1, 8–13; 26, 15–19(*).
C. Dopo la formula esortativa (4 exx.).
I.Iasos 73, 17–37(■); 74, 15–34(■); *SEG* 41.929 (= PC 1989, 1), 16–34; Blümel 2007, 2 II, 21–37.
D. Dopo la formula di sanzione (3 exx.).
Maddoli 2007, 1.2, 1–2; 1.4, 1–3; 5, 9–12.
E. Dopo la formula di sanzione e le formule datanti (3 exx.).
I.Iasos 1, 2–6(△); *SEG* 36.982 B (= PC 1985, IIb), 3–10; Maddoli 2007, 20.A2, 2–3(□).
F. Dopo il proponente (3 exx.).
I.Iasos 47, 3–5; *SEG* 36.982 C (= PC 1985, IIc), 4–12; *SEG* 36.983 (= PC 1985, p. 155), 6–18.
G. In posizione iniziale (2 exx.).
Maddoli 2007, 1.3, 1–2(□); 16.1, 1–4(□).
• Non precisabile con sicurezza (12 exx.).
I.Iasos 20, 4 ss. (△); 31, 1–5; 62, 1–11; 63, 1–4; 70, 1–6; 71, 1–2; *SEG* 41.932 (= PC 1989, 4), 1–9; Maddoli 2007, 1.1, 1–7; 4, 1–11; 12.A1, 1–5; 23.2, 1–24; 24, 1–4.

6.3 Onori e privilegi a stranieri

La πόλις di Iasos conferisce agli stranieri benemeriti un'ampia gamma di onori o privilegi; la frequenza con la quale i singoli onori e privilegi vengono attribuiti è comunque molto variabile.[140]

Analizziamo ora i riconoscimenti documentati nei decreti in favore di stranieri (escludendo quelli riservati ai giudici, esaminati in una sezione a parte: § 3.6.4) la cui parte deliberativa è integra o ricostruibile.[141] Poiché a Iasos un onore importante quale la cittadinanza viene concesso molto spesso (quasi quanto la prossenia), la Classe 1, nella catalogazione che segue, raccoglie i pochi decreti che non la conferiscono, mentre la Classe 2 riunisce tutti gli altri; la Classe 2 è ulteriormente suddivisa in due parti, distinte in base alla assenza (2.A) o alla presenza (2.B) dell'importante – e altrettanto frequente – riconoscimento dell'ἔπαινος. All'interno dei singoli raggruppamenti gli ψηφίσματα sono stati raccolti secondo il diverso ordine con il quale gli onori vengono tributati.

6.3.1 Differenti sequenze di attribuzione di onori e privilegi

Classe 1: Decreti in cui è assente l'onore della cittadinanza.

In questo insieme rientrano sette decreti. Due soli tra essi presentano lo stesso tipo di concessione; in nessun esempio si ripete lo stesso genere di sequenza. Viene quasi sempre concessa la prossenia, con la sola eccezione di due casi; in uno di questi essa era tuttavia probabilmente un'onorificenza già precedentemente tributata alla famiglia dell'onorato.[142] In quattro dei sette casi la prossenia viene conferita insieme all'evergesia. Un onore piuttosto comune è la προεδρία (v. § 3.6.3.5). Soltanto in questa classe è attestato il conferimento di onori quali la ἀσυλία (v. § 3.6.3.10), la ἰσοτέλεια (v. § 3.6.3.12), lo stesso trattamento degli Iasei in caso di procedura giudi-

[140] Molti degli onori e privilegi che qui sono elencati sono stati raccolti ed analizzati da Gschnitzer 1973b, 710–721. V. anche Schmitt 2005a. Un primo rapido studio degli onori per gli stranieri nei decreti iasei della prima epoca ellenistica è in Delrieux 2005b. Uno studio più dettagliato e cronologicamente esteso, con uno sguardo alla evoluzione della prassi, è ora in Fabiani 2014.

[141] Un lavoro analogo era stato già compiuto, sui decreti onorari di Delfi, da Bouvier 1978.

[142] In Maddoli 2007, 20.B, decreto in onore di Hekatomnos figlio di Korrhis, sacerdote di Zeus a Labraunda, si legge che i suoi πρόγονοι erano già stati onorati a Iasos: cf. il commento dell'editore (308–312).

ziaria, dell'εἰσαγωγή e dell'ἐξαγωγή (per cui v. § 3.6.3.6); essa annovera inoltre due dei quattro casi di ἔγκτησις (v. § 3.6.3.11) sinora attestati a Iasos. Le epigrafi di questo raggruppamento dunque, anche se non concedono la cittadinanza, attribuiscono tuttavia onori e privilegi molto concreti, che assicurano all'onorato un trattamento alla stessa stregua di uno Iaseo; non a caso non sono rare in questa classe espressioni del tipo ὥσπερ Ἰασεῖς. A se stante il decreto Maddoli 2007, 20.B, i cui particolari onori sono legati alla peculiare importanza, in Caria, del personaggio e della sua famiglia, da tempo in rapporto con Iasos.

Questi i diversi tipi di sequenze (7 exx.).

1.a prossenia – evergesia:
Maddoli 2007, 7, 8(*).

1.b evergesia – prossenia – ereditarietà di tutti gli onori:
Maddoli 2007, 20.A2, 2–3(□).

2. prossenia – ἀτέλεια – εἴσπλους ed ἔκπλους – προεδρία:
I.Iasos 54, 8–12.

3. prossenia – evergesia – ἔγκτησις – ἀσυλία – προεδρία – stesso trattamento degli Iasei in caso di procedura giudiziaria – ἰσοτέλεια:
SEG 36.982 B (= PC 1985, IIb), 3–10.[143]

4. prossenia – evergesia – ἀτέλεια – προεδρία – εἴσπλους ed ἔκπλους – ἔγκτησις – stesso trattamento degli Iasei in caso di procedura giudiziaria – ἰσοτέλεια – ereditarietà di tutti gli onori:
SEG 36.983 (= PC 1985, p. 155), 6–18.

5. ereditarietà di tutti gli onori – ἀσυλία – προεδρία – ἰσοτέλεια – εἰσαγωγή ed ἐξαγωγή:
SEG 36.982 A (= PC 1985, IIa), 2–6.

6. corona – invio di ambasciatori nella patria dell'onorato – proclamazione dei meriti dell'onorato nella sua città – incisione del decreto nel santuario di cui l'onorato è sacerdote (la collocazione verrà scelta dall'onorato stesso):
Maddoli 2007, 20.B, 7–16.

Classe 2.A: Decreti in cui è presente l'onore della cittadinanza e assente quello dell'ἔπαινος.

In questa classe, che conta 27 esempi di sequenze complete, la concessione della cittadinanza è costantemente accompagnata, fatta eccezione per un testo (*I.Iasos* 47), dalla prossenia. Frequentemente attestata anche l'evergesia, assente soltanto in 11 casi. A questo insieme appartengono le due sequenze di onori più comuni a Iasos, vale a dire prossenia-cittadinanza e prossenia-evergesia-cittadinanza (v. 1 e 2). Molto ben documentato, spesso contemporaneamente, anche un gruppo di privilegi accessori: ἀτέλεια, προεδρία ed εἴσπλους-ἔκπλους. A questa classe appartengono tre dei quattro casi di esplicita indicazione di inserimento dell'onorato in una φυλή (e talora πατριά). Non rara l'indicazione dell'ereditarietà degli onori.

1.a prossenia – cittadinanza (7 exx.):
I.Iasos 34, 7–9; *SEG* 41.930 (= PC 1989, 2), 33–35 + *SEG* 41.931 (= PC 1989, 3), 1–13, 23–25; Maddoli 2007, 5, 9–12;[144] 9, 6–7; 12.B, 7–10; 25.A1, 8–10; 26, 15–16(*).[145]

1.b prossenia – cittadinanza – ereditarietà di tutti gli onori:
I.Iasos 48, 6–10.

2.a prossenia – evergesia – cittadinanza (6 exx.):
I.Iasos 35, 16–18;[146] *I.Iasos* 53, 7–10; *SEG* 41.931 (= PC 1989, 3), 41–45;[147] Maddoli 2007, 6, 6–7; 8, 6–7(*); 25.B, 15–17.[148]

---

[143] Solamente gli onori della prossenia e dell'evergesia vengono estesi anche ai discendenti.
[144] Sia in *I.Iasos* 34, 8 s. che in questo decreto (ll. 11–12) ad essere ereditaria è la sola cittadinanza.
[145] Anche in questo decreto ad essere ereditaria è probabilmente soltanto la cittadinanza.
[146] La cittadinanza è il solo onore ereditario.
[147] V. nota precedente.
[148] V. nota precedente.

2.b prossenia – evergesia – cittadinanza – ereditarietà di tutti gli onori (3 exx.):
I.Iasos 50, 8–12; Maddoli 2007, 11.A, 9–13; 17, 11–16.

3.a prossenia – cittadinanza – προεδρία – ἀτέλεια – εἴσπλους ed ἔκπλους – ereditarietà di tutti gli onori:
I.Iasos 38, 1–6.

3.b prossenia – ἀτέλεια – προεδρία – εἴσπλους ed ἔκπλους – cittadinanza – ereditarietà di tutti gli onori:
SEG 36.982 C (= PC 1985, IIc), 4–12.

4. prossenia – evergesia – cittadinanza – ἀτέλεια – προεδρία – εἴσπλους ed ἔκπλους (3 exx.):
I.Iasos 42, 5–9;[149] 45, 7–11 (*);[150] Maddoli 2007, 24, 1–4(*).

5. prossenia – evergesia – cittadinanza – ἀτέλεια – προεδρία – εἴσπλους ed ἔκπλους – ereditarietà di tutti gli onori:
I.Iasos 37, 7–12.

6. prossenia – evergesia (entrambe ereditarie) – cittadinanza – προεδρία – ἔγκτησις – εἴσπλους ed ἔκπλους – ἀτέλεια:
Maddoli 2007, 15, 3–7(*).[151]

7. prossenia – evergesia – cittadinanza – inserimento in una φυλή e πατριά – προεδρία – ἀτέλεια – εἴσπλους ed ἔκπλους – ereditarietà di tutti gli onori – ἐπιμέλεια da parte di magistrati cittadini:
Maddoli 2007, 18.1, 5–10.

8. estensione di tutti gli onori – prossenia – cittadinanza – προεδρία – εἴσπλους ed ἔκπλους:
I.Iasos 40, 5–7.

9. cittadinanza – inserimento in una φυλή (e in una πατριά):
I.Iasos 47, 3–4.[152]

Classe 2.B: Decreti in cui sono presenti sia l'onore della cittadinanza che quello dell'ἔπαινος.

In questa classe, che conta 16 esempi di deliberazioni integralmente conservate, l'onore della cittadinanza è costantemente accompagnato dal riconoscimento della lode pubblica (ἔπαινος) e, fatta eccezione per un caso, da quello della prossenia; soltanto in 4 esempi non viene tributato anche il titolo di εὐεργέτης. Tra gli altri privilegi, quasi costante il conferimento della προεδρία (che manca solo in 3 casi) e dell'εἴσπλους-ἔκπλους (assente in 5); meno sistematica la presenza dell'ἀτέλεια (che manca in 9 esempi). Quasi sempre onori e privilegi sono estesi anche ai discendenti.

1. ἔπαινος – cittadinanza – ἔγκτησις[153] – ἀτέλεια – προεδρία – εἴσπλους ed ἔκπλους:
I.Iasos 61, 1–10.

2. ἔπαινος – prossenia – cittadinanza – ereditarietà di tutti gli onori:
Maddoli 2007, 21, 8–12.

3.a ἔπαινος – prossenia – evergesia – cittadinanza:
Maddoli 2007, 22, 10–12.

3.b ἔπαινος – evergesia – prossenia – cittadinanza – ereditarietà di tutti gli onori:
Maddoli 2007, 11.B, 13–19.

4. ἔπαινος – prossenia – cittadinanza – προεδρία – ἀτέλεια – εἴσπλους ed ἔκπλους – ereditarietà di tutti gli onori:
I.Iasos 33, 4–11.

5.a ἔπαινος – prossenia – evergesia – cittadinanza – προεδρία – εἴσπλους ed ἔκπλους (2 exx.):
I.Iasos 56, 10–14;[154] 60, 11–18.

---

[149] Il dettato del testo sembra suggerire che solo prossenia ed evergesia fossero ereditarie.

[150] Il testo è lacunoso della parte conclusiva, dove poteva forse conservare indicazioni circa l'ereditarietà degli onori.

[151] Il decreto è ampiamente integrato, ma la sequenza degli onori sembra più che verosimile; prossenia ed evergesia dovevano essere ereditarie.

[152] La cittadinanza è estesa anche ai discendenti: v. n. 242 a p. 84.

[153] Cittadinanza ed ἔγκτησις (ll. 5–7) sono attribuite anche agli eredi.

[154] Il testo è lacunoso della parte conclusiva, dove poteva forse contenere indicazioni circa l'ereditarietà degli onori.

5.b ἔπαινος – prossenia – evergesia – cittadinanza – εἴσπλους ed ἔκπλους – προεδρία – ereditarietà di tutti gli onori (3 exx.):
I.Iasos 46, 1–7; Maddoli 2007, 20.A1, 5–14;[155] 23.1+*I.Iasos* 66, 16–25.
6. ἔπαινος – prossenia – evergesia – cittadinanza – ἀτέλεια – προεδρία – εἴσπλους ed ἔκπλους – ereditarietà di tutti gli onori (2 exx.):
I.Iasos 62, 1–9; Maddoli 2007, 18.2, 3–6.[156]
7. ἔπαινος – prossenia – evergesia – cittadinanza – προεδρία – ἀτέλεια – ereditarietà di tutti gli onori:
Maddoli 2007, 19.1, 2–7.
8. ἔπαινος – prossenia – evergesia – cittadinanza – προεδρία – ἀτέλεια – εἴσπλους ed ἔκπλους – accesso privilegiato a consiglio ed assemblea – ereditarietà di tutti gli onori – ἐπιμέλεια da parte di magistrati cittadini:
I.Iasos 58+44, 7–16.
9. ἔπαινος – corona – προεδρία – prossenia – cittadinanza – inserimento in una φυλή – ereditarietà di tutti gli onori – proclamazione della corona – invio di un ambasciatore nella patria dell'onorato:
I.Iasos 51, 20–42(■).
- Decreti con sequenze di onori non ricostruibili con sicurezza (17 exx.):
I.Iasos 32, 7–9; 36, 9–11; 41, 7–8; 59, 11–13; 70, 1–5; 71, 1–2; *SEG* 41.932 (= PC 1989, 4), 1–4; Maddoli 2007, 1.1, 1–7; 1.2, 1–2; 1.3, 1–2(□); 1.4, 1–3; 4, 1–11; 10, 6–7(*); 12.A1, 1–5; 13, 3–5; 16.1, 1–4(□); NPg 898, 9–13.

Dal complesso di questa catalogazione si deduce che a Iasos in epoca ellenistica i due onori più frequentemente tributati furono la prossenia, assai spesso accompagnata dal riconoscimento del titolo di εὐεργέτης, e la cittadinanza, assente dalla sola Classe 1. Tra gli altri privilegi la προεδρία è la più attestata, seguita dal diritto di εἴσπλους-ἔκπλους; numericamente meno rilevante ma comunque ben presente l'ἀτέλεια. Non di rado tutta la gamma delle onorificenze veniva estesa anche ai discendenti. Sovente la città faceva ricorso anche all'ἔπαινος, mentre sporadici si presentano tutti gli altri onori o privilegi. In particolare, molto raro appare a Iasos, per gli stranieri che non siano giudici, il conferimento di una corona, riservata soltanto a personaggi di altissimo livello sociale e politico.[157]

155 I privilegi di εἴσπλους ed ἔκπλους e della προεδρία invertono le rispettive posizioni.
156 I privilegi di προεδρία e ἀτέλεια invertono le rispettive posizioni.
157 È il caso del sacerdote di Zeus a Labraunda, Hekatomnos figlio di Korrhis (Maddoli 2007, 20.B, 7–9), e di Teleutias di Cos (*I.Iasos* 51, 22–25). Anche l'Antenor figlio di Euandrides, στεφανηφόρος a Mileto onorato in *I.Iasos* 36, doveva essere un personaggio di altissimo livello. Per considerazioni su questi dati statistici rinvio ancora a Fabiani 2014.

Tabella n. 9. Onori tributati a stranieri non giudici

1 prossenia
2 evergesia
3 cittadinanza
4 ἀτέλεια
5 προεδρία
6 εἴσπλους – ἔκπλους
7 ereditarietà degli onori
8 inserimento in una φυλή
9 ἔπαινος
10 ἀσυλία
11 ἔγκτησις
12 ἰσοτέλεια
13 stesso trattamento degli Iasei in caso di procedura giudiziaria
14 εἰσαγωγή-ἐξαγωγή
15 ἐπιμέλεια da parte di magistrati cittadini
16 accesso privilegiato (ἔφοδος) a consiglio ed assemblea
17 corona
18 proclamazione della corona
19 invio di uno o più ambasciatori nella patria dell'onorato
20 pubblicazione del decreto in un luogo importante della città dell'onorato.

decreto	**1**	**2**	**3**	**4**	**5**	**6**	**7**	**8**	**9**	**10**	**11**	**12**	**13**	**14**	**15**	**16**	**17**	**18**	**19**	**20**	
I.Iasos 54	X			X	X	X															**CLASSE 1**
SEG 36.982B	X	X			X					X	X	X	X								
SEG 36.983 **(II)**	X	X		X	X	X	X				X	X	X								
M2007,7	X	X																			
M2007,20.A2 ▢	X	X					X														
SEG 36.982A					X		X			X		X		X							
M2007,20.B																	X	X	X	X	
I.Iasos 34	X		X																		**CLASSE 2.A**
M2007,9	X		X																		
M2007,12.B	X		X																		
M2007,25.A1	X		X																		
SEG 41.930,33-35 + *SEG* 41.931,1-13	X		X																		
M2007,5	X		X																		
M2007,26	X		X																		
I.Iasos 48	X		X				X														
I.Iasos 35	X	X	X																		
I.Iasos 53	X	X	X																		
SEG 41.931,15-58 **(VIIIb)**	X	X	X																		
M2007,6	X	X	X																		
M2007,8	X	X	X																		
M2007,25.B **(VII)**	X	X	X																		
I.Iasos 50	X	X	X				X														
M2007,11.A	X	X	X				X														
M2007,17	X	X	X				X														
I.Iasos 38	X		X	X	X	X	X														
SEG 36.982 C	X		X	X	X	X	X														
I.Iasos 42	X	X	X	X	X	X															
I.Iasos 45	X	X	X	X	X	X															
M2007,24	X	X	X	X	X	X															
I.Iasos 37	X	X	X	X	X	X	X														
M2007,15	X	X	X	X	X	X					X										
M2007,18.1	X	X	X	X	X	X	X	X							X						
I.Iasos 40	X		X		X	X	X														
I.Iasos 47			X					X													
I.Iasos 61			X	X	X	X			X		X										**CLASSE 2.B**
M2007,21	X		X				X		X												
M2007,22	X	X	X						X												
M2007,11.B	X	X	X				X		X												
I.Iasos 33	X		X	X	X	X	X		X												
I.Iasos 56	X	X	X		X	X			X												
I.Iasos 60	X	X	X		X	X			X												
I.Iasos 46	X	X	X		X	X	X		X												
M2007,20.A1	X	X	X		X	X	X		X												
M2007,23.1 + *I.Iasos* 66	X	X	X		X	X	X		X												
I.Iasos 62	X	X	X	X	X	X	X		X												
M2007,18.2 **(IV)**	X	X	X	X	X	X	X		X												
M2007,19.1	X	X	X	X	X		X		X												
I.Iasos 58+44 **(IVb)**	X	X	X	X	X	X	X		X						X	X					
I.Iasos 51 ■	X		X		X		X	X	X								X	X	X		

6.3.2 Prossenia ed evergesia

Analizziamo adesso nel dettaglio e in tutte le loro varianti le formule con cui i decreti di Iasos tributano i diversi onori e privilegi, a cominciare dalla prossenia, il riconoscimento in assoluto più attestato.[158]

La prossenia era di frequente concessa insieme all'evergesia e il conferimento dei due onori era spesso riunito in una formula unica.[159] Le clausole che riguardano prossenia ed evergesia verranno perciò esaminate contestualmente, in una sezione articolata in due parti: 1) decreti che attribuiscono la sola prossenia; 2) decreti che conferiscono prossenia e evergesia insieme. Il nome dell'onorato figura normalmente nella formula di motivazione: tuttavia, poiché prossenia ed evergesia sono quasi sempre i primi onori dell'elenco, in alcuni casi esso compare direttamente all'interno della formula che li tributa, al posto del più comune pronome αὐτόν;[160] in due esempi il nome proprio viene invece ripetuto in entrambe le posizioni.[161] Raramente i titoli di prosseno ed evergeta sono inseriti in maniera secca; più spesso sono accompagnati da diversi complementi di specificazione il cui uso, come si vedrà oltre, si modifica nel tempo. Quello documentato più spesso è τοῦ δήμου τοῦ Ἰασέων (13 esempi), seguito da Ἰασέων (9) e τῆς πόλεως (9); un po' meno attestati τοῦ δήμου (6) e τῆς πόλεως τῆς Ἰασέων (2). Nell'assoluta maggioranza dei casi il conferimento di questi due onori avviene adoperando il verbo εἰμί nella forma εἶναι αὐτὸν πρόξενον...(39 esempi);[162] solo raramente εἶναι è sostituito da ἀναγράψαι (5)[163] o, ancor più sporadicamente, da ὑπάρχειν (2). In tre soli casi è adoperato l'astratto προξενία, in uno solo εὐεργεσία. (Totale occorrenze: 47).

Classe 1. Formule che attribuiscono la sola prossenia (17 exx.).

Tipo A. Il titolo non è accompagnato da alcuna specificazione (5 exx.):

a. εἶναι αὐτὸν πρόξενον (2 exx.):
I.Iasos 35, 16(*); 38, 1–2.

b. [ἀναγράψαι τὸν δῆμ]ọν τὸν δεῖνα [πρόξενον]:
Maddoli 2007, 26, 15(*).

c. ἀναγράψαι τὴμ προξενίην:
SEG 36.982 C (= PC 1985, IIc), 5.

d. ὑπάρχειν δὲ αὐτῶι [κ]αὶ προξενίαν:
I.Iasos 33, 5–6.

Tipo B. Il titolo è accompagnato da un complemento di specificazione (12 exx.).

Sottotipo i) τῆς πόλεως (6 exx.):

a. εἶναι αὐτὸν πρόξενον τῆς πόλεως (4 exx.):
I.Iasos 48, 6–7; *SEG* 41.930 (= PC 1989, 2), 33–35 + *SEG* 41.931 (= PC 1989, 3), 1–13, 23(*); *SEG* 41.932 (= PC 1989, 4), 1–2; Maddoli 2007, 5, 9–11.[164]

b. ἀναγράψαι αὐτοὺς π̣ροξ̣ένους τῆ[ς] π̣ό̣λεως:
Maddoli 2007, 25.A1, 8–9.

c. ὑπάρχειν δὲ αὐτὸν καὶ πρόξεν[ον] τῆς πόλεως:
I.Iasos 51, 26–27(■).

---

[158] Per ragioni di omogeneità, in questa analisi le formule documentate in più decreti verranno sempre presentate vòlte al singolare. Per un'indagine sui decreti onorari ateniesi non dissimile dalla presente (ma v. introduzione al capitolo) v. Henry 1983.

[159] Lo stesso accade anche altrove: per Atene v. Walbank 1978, 4–5; Henry 1983, 116–140; per Eretria v. Knoepfler 2001, 136. Su prosseni e prossenia in generale v. (oltre ai citati Walbank 1978, spec. 2–9, e Knoepfler 2001, spec. 17–24) Gschnitzer 1973b; Marek 1984; Gauthier 1985, 134–149; Gerolymatos 1986, spec. 3–12; da ultimi Culasso Gastaldi 2004, spec. 11–18 con bibliografia precedente e Schmitt 2005b. Sul titolo di evergeta v. Gauthier 1985, spec. 16–24; Schmitt 2005b.

[160] Si veda p. es. *I.Iasos* 54, 8–9; *SEG* 36.982 B (= PC 1985, IIb), 4–5; *SEG* 36.983 (= PC 1985, p. 155), 6–9; Maddoli 2007, 5, 9–11.

[161] *I.Iasos* 32, 8–9; Maddoli 2007, 26, 15.

[162] Agli esempi elencati sotto sono da aggiungere anche *I.Iasos* 60, 13(*) e le iscrizioni Maddoli 2007, 6 e 7, le cui formule non sono state presentate perché lacunose nella parte finale (v. sotto la voce *formule incerte*).

[163] Questa sembra essere la forma più antica: Swoboda 1890, 46.

[164] V. nota precedente.

Sottotipo ii) τοῦ δήμου τοῦ Ἰασέων (3 exx.):
εἶναι αὐτὸν πρόξενον τοῦ δήμου τοῦ Ἰασέων:
I.Iasos 40, 5; Maddoli 2007, 9, 6; 21, 9–10.

Sottotipo iii) Ἰασέων (2 exx.):
εἶναι αὐτὸν πρόξενον Ἰασέων:
I.Iasos 34, 7–8; 54, 8–9.[165]

Sottotipo iv) τοῦ δήμου:
εἶναι αὐτὸν πρόξενον τοῦ δήμου:
Maddoli 2007, 12.B, 7–8.

Classe 2. Formule che attribuiscono prossenia ed evergesia insieme (27 exx.).

Tipo A. I titoli non sono accompagnati da alcuna specificazione:
[Ἰασεῖς ἔδοσαν] τῶι δεῖνι εὐεργε[σίαν, προξενίαν]:
Maddoli 2007, 16.1, 1–2(□)(*).[166]

Tipo B. I titoli sono accompagnati da un complemento di specificazione (26 exx.).

Sottotipo i) τοῦ δήμου τοῦ Ἰασέων (10 exx.):
εἶναι αὐτὸν πρόξενον καὶ εὐεργέτην τοῦ δήμου τοῦ Ἰασέων:
I.Iasos 46, 2–3; 56, 10–11; 58+44, 8–9; Maddoli 2007, 11.B, 15–16;[167] 18.1, 5–6; 18.2, 4; 20.A1, 7–8; 22, 11–12; 23.1+*I.Iasos* 66, 18–19; NPg 898, 9–11.[168]

Sottotipo ii) Ἰασέων (7 exx.):
a. εἶναι αὐτὸν πρόξενον καὶ εὐεργέτην Ἰασέων (6 exx.):[169]
I.Iasos 37, 7–8; 42, 5–6;[170] 45, 7–8; *SEG* 36.983 (= PC 1985, p. 155), 6–10;[171] Maddoli 2007, 4, 2–3(*); 20.A2, 2–3(□).[172]
b. τὸν δεῖνα ἀναγράψαι πρόξενον καὶ εὐεργέτην Ἰασέων:
SEG 36.982 B (= PC 1985, IIb), 3–5.

Sottotipo iii) τοῦ δήμου (5 exx.):
a. εἶναι αὐτὸν πρόξενον καὶ εὐεργέτην τοῦ δήμου (4 exx.):
I.Iasos 50, 8; 53, 7–8; *SEG* 41.931 (= PC 1989, 3), 42–43; Maddoli 2007, 17, 11–12.
b. ἀναγράψαι αὐτὸν π̣ρόξενον καὶ εὐ̣[εργέ]τ̣ην τοῦ δήμου:
Maddoli 2007, 25.B, 15–16.

Sottotipo iv) τῆς πόλεως (2 exx.):
εἶναι αὐτὸν πρόξενον καὶ εὐεργέτην τῆς πόλεως:
I.Iasos 62, 3–4; Maddoli 2007, 19.1, 3–4.

Sottotipo v) τῆς πόλεως τῆς Ἰασέων (2 exx.):
εἶναι αὐτὸν πρόξενον καὶ εὐεργέτην τῆς πόλεως τῆς Ἰασέων:
I.Iasos 32, 8–9 (τὸν δεῖνα);[173] Maddoli 2007, 11.A, 9–10.

- Formule incerte (3 exx.):
I.Iasos 60, 13–14; Maddoli 2007, 6, 6–7; 7, 8.

---

165 Il soggetto (espresso non con il pronome αὐτόν ma con il nome proprio dell'onorato) precede il verbo.

166 Si tratta di un decreto in buona parte integrato; tuttavia, la sua natura di ψήφισμα abbreviato rende del tutto ragionevole proporre una formula priva di complementi di specificazione.

167 I titoli di prosseno ed evergeta sono in posizione invertita.

168 La formula si presenta arricchita dell'estensione dell'onore anche ai discendenti.

169 Sembrerebbe potersi ragionevolmente inserire qui il decreto Maddoli 2007, 13, 4–5, la cui lacunosità lascia tuttavia qualche incertezza.

170 V. nota precedente.

171 La formula, che presenta in apertura i nomi degli onorati, è distribuita diversamente; i titoli di prosseno ed evergeta si trovano a cavallo del verbo.

172 La formula presenta come primo elemento il nome proprio dell'onorato; i titoli di prosseno ed evergeta sono in posizione invertita.

173 Qui il pronome αὐτόν è sostituito dal nome proprio dell'onorato.

Tabella n. 10. Le formule di conferimento dei titoli di prosseno/evergeta suddivise per gruppi[174]

decreto	formulazione semplice		formula seguita da complementi di specificazione									uso del sostantivo astratto	verbo adoperato			
	solo pross.	pross./everg.	pross. Ἰασέων	pross./everg. + Ἰασέων	pross. + τῆς πόλεως	pross./everg. + τῆς πόλεως	pross./everg. + τῆς πόλεως τῆς Ἰασέων	pross. + τοῦ δήμου	pross./everg. + τοῦ δήμου	pross. + τοῦ δήμου τοῦ Ἰασέων	pross./everg. + τοῦ δήμου τοῦ Ἰασέων		εἰμί	ἀναγράφω	ὑπάρχω	δίδωμι
I.Iasos 33	X											X			X	
I.Iasos 35 **(V)**	X*												X			
I.Iasos 38	X												X			
SEG 36.982C	X											X		X		
M2007,26	X*													X*		
M2007,16.1 ▢		X*										X*				X
I.Iasos 34			X										X			
I.Iasos 54			X										X			
I.Iasos 37				X									X			
I.Iasos 42				X									X			
I.Iasos 45				X									X			
SEG 36.982B				X										X		
SEG 36.983 **(II)**				X									X			
M2007,4				X*									X*			
M2007,20.A2▢				X									X			
I.Iasos 48					X								X			
M2007,5					X								X			
M2007,25.A1					X									X		
I.Iasos 51 ■					X										X	
SEG 41.930,33–35 + *SEG* 41.931,1–13					X*								X*			
SEG 41.932,1–14					X								X*			
I.Iasos 62						X							X			
M2007,19.1						X							X			
I.Iasos 32							X						X			
M2007,11.A							X						X			
M2007,12.B								X					X			
I.Iasos 50									X				X			
I.Iasos 53									X				X			
SEG 41.931,15–58 **(VIIIb)**									X				X			
M2007,17									X				X			
M2007,25.B **(VII)**									X*					X		
I.Iasos 40										X			X*			
M2007,9										X			X			
M2007,21										X			X			
I.Iasos 46											X		X			
I.Iasos 56											X		X			
I.Iasos 58+44 **(IVb)**											X		X			
M2007,11.B											X		X			

[174] Si rinuncia, nel caso delle formule che tributano gli onori, a riassumere i dati in due tabelle (una con i decreti secondo l'ordine standard definito a § 1.3 e una organizzata per gruppi omogenei), come si è fatto in precedenza con le tabelle nn. 1–2, 3–4, 5–6, 7–8 e come si farà ancora con le tabelle nn. 23–24 e 26–27. Verrà invece presentato direttamente un prospetto ordinato secondo gli insiemi che si possono definire. Il numero in genere circoscritto dei testi rende infatti agevole riconoscere attraverso un unico sguardo le specificità dei diversi tipi di decreti definiti a § 1.3.

M2007,18.1											X		X			
M2007,18.2 (**IVc**)											X		X			
M2007,20.A1											X		X			
M2007,22											X		X			
M2007,23.1 +*I.Iasos* 66											X		X*			
NPg 898											X		X			

Seguendo la traccia indicata dai decreti databili, dalla tabella si desume che:

- la formula che concedeva l'onore della prossenia e della evergesia sembra essere stata arricchita, nel primo periodo documentato (decreto databile **II**), dal complemento di specificazione'Ιασέων, che pare dunque rappresentare un indizio di maggiore antichità.
- Successivamente, poco prima della metà del III secolo (v. decreti databili **IV b–c**), pare essere divenuta consueta l'espansione τοῦ δήμου τοῦ'Ιασέων.
- Nella seconda metà del III secolo sembra essere stata preferita la sola specificazione τοῦ δήμου (decreti databili **VII**, **VIIIb**).

6.3.3 Cittadinanza

La cittadinanza è uno degli onori che a Iasos, a differenza di quanto accade in alcuni altri luoghi, vengono riconosciuti con maggiore frequenza.[175] Anche in questa πόλις dev'essersi trattato per lo più di una cittadinanza che rimaneva ‹virtuale› e che in genere non era seguita da un trasferimento dell'onorato nella città che aveva emesso il decreto.[176] Le formule che la conferiscono sono solitamente introdotte dal verbo δίδωμι, quasi senza eccezioni nella forma δεδόσθαι. Rara la dipendenza da ὑπάρχω ed εἰμί. L'attribuzione della cittadinanza può essere formulata in maniera secca, semplicemente con il verbo seguito dal sostantivo πολιτείαν, o può essere accompagnata da una formula abbastanza lunga (‹formula di partecipazione›) che esprime la volontà della πόλις di rendere l'onorato partecipe di tutto quanto è proprio di uno Iaseo;[177] tale clausola, costante nella sostanza, è nella forma suscettibile di molte variazioni. (Totale occorrenze: 46).

Classe 1. Cittadinanza conferita senza formula di partecipazione (15 exx.).

a. δεδόσθαι δὲ αὐτῶι (καὶ) πολιτείαν (13 exx.):[178]
I.Iasos 34, 8–9;[179] 37, 8; 40, 6(*); 42, 6; 45, 8–9; 47, 3;[180] 60, 15(*); 62, 4–5; Maddoli 2007, 5, 11; 6, 7–8; 8, 7; 9, 7; 22, 12.

b. πολιτ̣ε̣ίαν εἶναι α[ὐτῶι]:
Maddoli 2007, 1.2, 2.[181]

[175] Si vedano gli esempi di Delo, Oropos e Delfi descritti da Habicht 2002, 13–25 e 29–30. Rara la concessione della πολιτεία anche ad Eretria: v. Knoepfler 2001, 37–38. Per un esame dell'evidenza iasea rinvio a Fabiani 2014, spec. 105–108.

[176] Sulla cittadinanza ‹virtuale› v. Savalli 1985, 427, con 410–412, 431 e Knoepfler 2001, 39 con bibliografia precedente. Circa la necessità della residenza per rendere effettiva la πολιτεία v. anche Sugliano 2001, 298. Non verrà qui indagata la questione se tale concessione conferisse soltanto una cittadinanza potenziale, che spettava all'onorato rendere effettiva o meno, come secondo Osborne 1983, 148–149, 171–183 e *passim* (ma sulla questione v. anche Gauthier 1985, 150–152, 197–206) sarebbe avvenuto ad Atene, oppure di una cittadinanza che, per la πόλις erogante, era da subito effettiva, come pensa Savalli 1985, 392. Si veda anche Schmitt 2005d. Sulla controversia relativa al significato da attribuire alla compresenza in uno stesso decreto del conferimento di prossenia e cittadinanza, onori in sé inconciliabili, v. Knoepfler 2001, 39 e 116–117 con bibliografia precedente.

[177] La formula di partecipazione, attestata in molti altri luoghi, è molto frequente soprattutto in Asia Minore: Knoepfler 2001, 38–39.

[178] In questo insieme potrebbero rientrare, se le integrazioni colgono nel segno, Maddoli 2007, 15, 5 (il verbo sarebbe tuttavia δοθῆναι) e 24, 1–2.

[179] αὐτῶι è posto in chiusura, così da collegarsi alla clausola che estende l'onore agli ἔκγονοι.

[180] Prima del verbo si trova, al dativo, il nome dell'onorato; dopo πολιτείαν ritorna, con la presenza del pronome αὐτῶι, il riferimento al destinatario del decreto, inserito nella clausola di ereditarietà della cittadinanza.

[181] Il testo inserisce in realtà un καί prima di αὐτῶι, a collegare il pronome all'estensione degli onori ai discendenti.

c. Ἰα[σέ]α εἶναι ἐὰμ βόληται:
SEG 36.982 C (= PC 1985, IIc), 10–11.

Classe 2. Cittadinanza conferita con formula di partecipazione (29 exx.).

Tipo A. La formula non contiene alcun riferimento agli altri cittadini (3 exx.):
δεδόσθαι δὲ αὐτῶι (καὶ) πολιτείαν μετέχοντι τῶν κοινῶν κατὰ τὸν νόμον:
I.Iasos 53, 8–10; 71, 1–2;[182] Maddoli 2007, 12.B, 8–11.

Tipo B. La formula fa riferimento agli altri cittadini (26 exx.).

Sottotipo i) Il riferimento agli altri cittadini è con la clausola ἄλλοι πολῖται (6 exx.):
a. δεδόσθαι δὲ καὶ πολιτείαν αὐτῶι μετέχοντι πάντων ὧν καὶ οἱ ἄλλοι πολῖται μετέχουσιν (4 exx.):[183]
Maddoli 2007, 19.1, 4–5; *SEG* 41.931 (= PC 1989, 3), 43–45(*);[184] *SEG* 41.930 (= PC 1989, 2), 33–35 + *SEG* 41.931 (= PC 1989, 3), 1–13, 24–25; *SEG* 41.932 (= PC 1989, 4), 2–4.[185]
b. δεδόσθαι δὲ αὐτῶι καὶ πολιτείαν [μετέ]χοντι πάντων ὧν καὶ τοῖς ἄλλοις πολίταις μέτεστι:
I.Iasos 51, 27–29(■).
c. (εἶναι αὐτὸν) καὶ πολίτην μετέχοντι πάντων ὧγ καὶ [οἱ ἄ]λλοι πολῖται μετέχουσιν:
I.Iasos 38, 1–3.

Sottotipo ii) Il riferimento agli altri cittadini è con la clausola λοιποὶ Ἰασεῖς (6 exx.):
δεδόσθαι δὲ αὐτῶι καὶ πολιτείαν μετέχοντι πάντων ὧν καὶ οἱ λοιποὶ Ἰασεῖς μετέχουσιν:
I.Iasos 46, 3–5; 56, 11–12; Maddoli 2007, 18.1, 6–7; 20.A1, 8–10; 21, 10–11; 23.1+*I.Iasos* 66, 19–21.

Sottotipo iii) Il riferimento agli altri cittadini è con la clausola λοιποὶ πολῖται (7 exx.):
a. δεδόσθαι αὐτῶι καὶ πολιτείαν μετέχοντι πάντων ὧν καὶ οἱ λοιποὶ πολῖται μετέχουσιν (4 exx.):[186]
I.Iasos 48, 7–9;[187] 50, 9–10; Maddoli 2007, 17, 13–15; 18.2, 4–5.
b. δεδόσθαι δὲ αὐτῶι καὶ πολιτείαν μετέχοντι πάντων ὧν καὶ τοῖς λοιποῖς πολίταις μέτεστι (2 exx.):
Maddoli 2007, 25.A1, 9–10; 25.B, 16–17(*).[188]
c. (ὑπάρχειν δὲ αὐτῶι) καὶ πολιτείαν μετέχοντι πάντων ὧν καὶ [ο]ἱ λοιποὶ πολῖται μετέχουσιν:
I.Iasos 33, 6–7.

Sottotipo iv) Il riferimento agli altri cittadini è con la clausola (ἄλλοι) Ἰασεῖς (4 exx.):
a. δεδόσθαι δὲ αὐτῶι καὶ πολιτείαν μετέχοντι πάντων ὧν καὶ οἱ ἄλλοι Ἰασεῖς μετέχουσιν (2 exx.):
Maddoli 2007, 11.A, 10–12; 11.B, 16–18.
b. δεδόσθαι αὐ[τῶι] ... πολιτείαν ... μετέ[χον]ṭ[ι] πάντων ὧν Ἰασεῖς μετέχουσιν:
I.Iasos 61, 2–4.[189]
c. [ὑ]πάρχειν δὲ αụ̓[τῶι] ... πολ[ιτείαν μετέχοντι – – – τ]ῶν αὐτῶν Ἰασεῖ[ς μετέχουσιν]:
NPg 898, 11–13.[190]

- Formula incerta (ma sicuro riferimento agli altri cittadini) (3 exx.):
I.Iasos 35, 17–18; 58+44, 9–10; Maddoli 2007, 26, 15–16.

---

182 Sembra non esserci spazio per αὐτῶι.

183 La stessa formula è attestata anche nel decreto per giudici stranieri *SEG* 41.930 (= PC 1989, 2), 25–27: § 3.6.4.3.

184 Dopo il pronome αὐτῶι si trova anche καὶ ἐκγόνοις, con cui la πολιτεία viene estesa anche ai discendenti.

185 La formula è priva del μετέχουσιν finale.

186 La stessa formula è attestata anche nel decreto per giudici stranieri *SEG* 38.1061 (= PC 1987, c), 7–8: § 3.6.4.3.

187 Qui il decreto assume una sfumatura eventuale, inserendo ἂν μετέχωσιν.

188 Nella parte della decisione la formula è integrata, ma la sua correttezza è assicurata dal confronto con il dettato della mozione originaria alle ll. 7–8. Il dativo è collocato dopo πολιτείαν, in collegamento con καὶ ἐγγόνοις.

189 Dopo αὐτῶι vi è καὶ ἐκγόνοις; nel testo si inserisce poi, dopo πολιτείαν, ἔγκτησιν; entrambi i sostantivi rientrano nella formula di partecipazione.

190 Dopo αὐτῶι vi è καὶ ἐκγόνοις.

Classe 3. Cittadinanza e partecipazione sono espresse con due formule distinte (2 exx.).[191]

a. [δεδόσθαι δὲ α]ὐτῶι καὶ πολιτείη[ν] ... [καὶ] μετουσίην πάντω[ν ὧν καὶ Ἰασεῦσιν μέτ]εστιν: Maddoli 2007, 4, 6–8.

b: [εἶναι αὐτὸν Ἰασέα ἐὰ]ν βούληται· μετε[ῖναι δὲ πάν]των αὐτῶι [ὧν καὶ τοῖς ἄλ]λοις: *I.Iasos* 70, 1–2.

Tabella n. 11. Le formule di conferimento della cittadinanza suddivise per gruppi

decreto	cittadinanza senza formula di partecipazione	cittadinanza con formula di partecipazione							verbi		
		senza rif. altri cittadini	ἄλλοι πολῖται	λοιποὶ Ἰασεῖς	λοιποὶ πολῖται	(ἄλλοι) Ἰασεῖς	formula a parte	formula incerta	δίδωμι	ὑπάρχω	εἰμί
I.Iasos 34	X								X		
I.Iasos 37	X								X		
I.Iasos 40	X*								X*		
I.Iasos 42	X								X		
I.Iasos 45	X								X		
I.Iasos 47	X								X		
I.Iasos 60	X*								X*		
I.Iasos 62	X								X		
SEG 36.982C	X										X
M2007,1.2	X										X
M2007,5	X								X		
M2007,6	X								X		
M2007,8	X								X		
M2007,9	X								X		
M2007,22	X								X		
I.Iasos 53		X							X		
I.Iasos 71		X							X		
M2007,12.B		X							X		
I.Iasos 38			X								X
SEG 41.931,15–58 **(VIIIb)**			X*						X		
M2007,19.1			X						X		
I.Iasos 51 ■			X						X		
SEG 41.930,33–35 + *SEG* 41.931,1–13			X						X		
SEG 41.932,1–14			X						X		
I.Iasos 46				X					X		
I.Iasos 56				X					X		
M2007,18.1				X					X		
M2007,20.A1				X					X		
M2007,21				X					X		
M2007,23.1 +*I.Iasos* 66				X					X*		
I.Iasos 33					X					X	
I.Iasos 48					X				X		
I.Iasos 50					X				X		
M2007,17					X				X		
M2007,18.2 **(IVc)**					X				X		
M2007,25.A1					X				X		
M2007,25.B **(VII)**					X*				X		

191 Per un caso analogo cf. Knoepfler 2001, n° 1, 11–16 (spec. pp. 38–39).

I.Iasos 61						X			X		
M2007,11.A						X			X		
M2007,11.B						X			X		
NPg 898						X				X	
I.Iasos 70							X		?	?	?
M2007,4							X		?	?	?
I.Iasos 35 **(V)**								X			
I.Iasos 58+44 **(IVb)**								X			
M2007,26								X			

La tabella permette di osservare che in tutti i decreti databili qui raccolti (**IV b–c, V, VII, VIIIb**) la formula di concessione della cittadinanza presenta la clausola di partecipazione; il dato lascia pensare che questa clausola costituisca un inserto recente della formula: si dovrà tornare su questo punto.

Tabella n. 12. Confronto tra i decreti che conservano sia le formule di conferimento della prossenia/evergesia che della cittadinanza

decreto	**formule prossenia/evergesia seguite da complemento di specificazione**			**Cittadinanza**	
	+Ἰασέων	+ τῆς πόλεως	+ τοῦ δήμου τοῦ Ἰασέων	**senza formula di partecipazione**	**con formula di partecipazione**
I.Iasos 34	X			X	
I.Iasos 37	X			X	
I.Iasos 42	X			X	
I.Iasos 45	X			X	
M2007,4	X*			X[192]	
I.Iasos 48		X			X
I.Iasos 62		X		X	
M2007,5		X		X	
M2007,19.1		X			X
M2007,25.A1		X			X
I.Iasos 51 ■		X			X
I.Iasos 40			X	X*	
I.Iasos 46			X		X
I.Iasos 56			X		X
I.Iasos 58+44 **(IVb)**			X		X
M2007,9			X	X	
M2007,18.1			X		X
M2007,18.2 **(IVc)**			X		X
M2007,20.A1			X		X
M2007,21			X		X
M2007,22			X	X	
M2007,23.1 + *I.Iasos* 66			X		X

Dalla tabella si deduce che:

1. la formula di conferimento di prossenia/evergesia seguita dal genitivo Ἰασέων convive esclusivamente con l'attribuzione della cittadinanza senza formula di partecipazione; quest'ultima può invece accompagnarsi in alcuni casi agli altri tipi di genitivo;

[192] La formula di partecipazione è espressa a parte (ll. 7–8) e non è direttamente collegata a quella che attribuisce la cittadinanza.

2. la cittadinanza con formula di partecipazione convive soltanto con le formule di prossenia/evergesia seguite dal genitivo τῆς πόλεως o τοῦ δήμου τοῦ Ἰασέων.

6.3.4 Ἀτέλεια

L'ἀτέλεια esentava, in tutto o in parte, dal pagamento di tasse. Mancano informazioni che consentano di determinare quali fossero nello specifico i τέλη da cui si veniva concretamente esonerati a Iasos.[193] Nella maggioranza dei casi (12 su 18) l'esenzione è parziale e il termine ἀτέλειαν è seguito da una proposizione relativa che limita l'esonero alle sole tasse i cui proventi erano amministrati dalla città in piena sovranità (ὧν ἡ πόλις κυρία ἐστί): i τέλη da cui si veniva dispensati erano dunque in questo caso quelli che rientravano nell'ambito della fiscalità civica. Si deve supporre un alternarsi fra uno o più periodi di piena autonomia fiscale, testimoniati dall'esistenza di una formula che non esprime eccezioni, e un altro o altri in cui la città non era più totalmente sovrana in quel campo ed era sottoposta alla riscossione di tasse regali.[194] La proposizione relativa che esplicita la limitazione può essere preceduta (4 esempi sicuri) dall'aggettivo πάντων, che tuttavia ha solo valore enfatico e serve unicamente a sottolineare le buone intenzioni della città nei confronti dell'onorato: concretamente non aggiunge nulla alla formula ἀτέλειαν ὧν ἡ πόλις κυρία ἐστί. Il conferimento dell'ἀτέλεια è prevalentemente espresso con il verbo δίδωμι, per lo più nella forma δεδόσθαι, anche se non mancano attestazioni dell'uso del verbo εἰμί e in un caso di ὑπάρχω. (Totale occorrenze: 18).

Classe 1. Ἀτέλεια semplice (5 exx.).
a. (εἶναι αὐτῶι) ἀτέλειαν (2 exx.):
SEG 36.982 C (= PC 1985, IIc), 7–8;[195] *SEG* 36.983 (= PC 1985, p. 155), 9–11.[196]
b. (δεδόσθαι δὲ αὐτῶι) καὶ ἀτέλειαν (2 exx.):
I.Iasos 42, 6–7; Maddoli 2007, 24, 1–2(*).[197]
c. Ἰασεῖς ἔδοσαν τῶι δεῖνι ἀτέλειαν:[198]
Maddoli 2007, 16.1, 1–3(▢).

Classe 2. Ἀτέλεια con limitazione (12 exx.).
Tipo A. Seguita da proposizione relativa ὧν ἡ πόλις κυρία ἐστί (8 exx.).
a. εἶναι δὲ αὐτῶι καὶ ἀτέλειαν ὧν ἡ πόλις κυρία ἐστί (6 exx.):
I.Iasos 31, 1; 33, 8; 38, 3–4; 58+44, 11–12; Maddoli 2007, 18.2, 5–6; 19.1, 5–7.
b. (ὑπάρχειν δὲ αὐτῶι) καὶ ἀτέλειαν ὧν ἡ πόλις κυρία:
Maddoli 2007, 18.1, 7–8.
c. δεδόσθαι δὲ αὐτῶι καὶ ἀτέλειαν ὧν ἡ πόλις κυρία ἐστίν:
I.Iasos 54, 9–10.
Tipo B. La proposizione relativa è preceduta da πάντων (4 exx.).
(δεδόσθαι δὲ αὐτῶι) καὶ ἀτέλειαν πάντων ὧν ἡ πόλις κυρία ἐστίν (4 exx.):
I.Iasos 37, 8–9; 45, 8–10; 61, 4–5; 62, 5–6.

- Formula incerta:
(δοθῆναι δὲ αὐτῶι) [κ]αὶ ἀτέ̣λ̣[ειαν πάντων ὧν ἡ πόλις κυρία ἐστίν]:
Maddoli 2007, 15, 5–7(*).[199]

---

[193] Naturalmente tra queste vi erano quelle di importazione e esportazione: su Atene v. in proposito MacDowell 2004, spec. 129 e Sugliano 2001, 300. A beneficiare delle esenzioni dovevano infatti essere spesso i commercianti: Migeotte 2003, 142–143. Per una definizione del privilegio v. Chaniotis 1986. Sulle formule di conferimento dell'ἀτέλεια ad Atene v. Henry 1983, 241–246. Una rapida valutazione di quelle attestate a Creta in Perlman 1999, 146 s., con le osservazioni di Chaniotis 2004, 78 s.

[194] Sulla questione v. Ma 2000, 154–156; Chandezon 2003, 327–330; Capdetrey 2007, 395–422.

[195] Il decreto presenta la forma ἀτελείην.

[196] Lo ψήφισμα è privo del pronome in caso dativo.

[197] Incerto è quale sia il verbo reggente; la formula è invece sicuramente semplice.

[198] Questo tipo di formula potrebbe essere stata usata in Maddoli 2007, 4, 6–7.

[199] Il testo è troppo lacunoso per avere certezze sulla reale struttura della formula.

Tabella n. 13. Le formule di conferimento dell'ἀτέλεια suddivise per gruppi

decreto	**ἀτέλεια semplice**	**ἀτέλεια limitata**	**ἀτέλεια limitata con πάντων**	**εἰμί**	**δίδωμι**	**ὑπάρχω**
I.Iasos 42	X				X	
SEG 36.982C	X			X		
SEG 36.983 **(II)**	X			X		
M2007,24	X*				X*	
M2007,16.1 □	X				X	
I.Iasos 31		X		X		
I.Iasos 33		X		X		
I.Iasos 38		X		X		
I.Iasos 54		X			X	
I.Iasos 58+44 **(IVb)**		X		X		
M2007,18.1		X				X
M2007,18.2 **(IVc)**		X		X		
M2007,19.1		X		X		
I.Iasos 37			X		X	
I.Iasos 45			X		X	
I.Iasos 61			X		X	
I.Iasos 62			X		X	

Dal punto di vista cronologico, dalla tabella si desume che:

- la formula che conferisce l'ἀτέλεια semplice è la più antica: essa è infatti attestata nel decreto databile **II**, di poco antecedente la metà del IV secolo a.C.;
- l'ἀτέλεια limitata si configura invece come dato posteriore: l'esenzione dalle tasse è sicuramente conferita in questa forma poco prima della metà del III secolo a.C. (decreti databili **IVb–c**).[200]

Tabella n. 14. Confronto tra decreti che conservano le formule di conferimento della ἀτέλεια e quelle della prossenia/evergesia e/o della cittadinanza

decreto	**formule prossenia/evergesia seguite da complemento di specificazione**			**cittadinanza**		**ἀτέλεια**	
	+ Ἰασέων	+ τῆς πόλεως	+ τοῦ δήμου τοῦ Ἰασέων	senza formula di partecipazione	con formula di partecipazione	semplice	limitata
I.Iasos 37	X			X			X
I.Iasos 42	X			X		X	
I.Iasos 45	X			X			X
I.Iasos 54	X			-	-		X
SEG 36.983 **(II)**	X			-	-	X	
M2007,4	X*			X[201]		?	?
SEG 36.982C	-	-	-	X		X	
I.Iasos 62		X		X			X
M2007,19.1		X			X		X
I.Iasos 58+44 **(IVb)**			X		X		X
M2007,18.1			X		X		X
M2007,18.2 **(IVc)**			X		X		X

[200] Che la duplice formulazione della clausola che conferisce l'ἀτέλεια potesse costituire un indizio cronologico era già stato suggerito da Gauthier 1990, 425 n. 20.

[201] La formula di partecipazione è espressa a parte (ll. 7–8) e non è direttamente collegata a quella che attribuisce la cittadinanza.

La tabella, pur composta di pochi elementi, permette di osservare che:

1. l'ἀτέλεια semplice si accompagna a formula di prossenia/evergesia seguita dal genitivo Ἰασέων;
2. l'ἀτέλεια limitata convive con formule di prossenia/evergesia di tipo variabile;
3. l'ἀτέλεια semplice si trova in decreti che non conferiscono la cittadinanza o nei quali la πολιτεία è attribuita senza formula di partecipazione;
4. la cittadinanza senza formula di partecipazione convive anch'essa quasi esclusivamente con la formula di conferimento della prossenia/evergesia seguita dal genitivo Ἰασέων;
5. l'attribuzione della cittadinanza con formula di partecipazione si trova sempre insieme ad ἀτέλεια limitata.

Unendo queste osservazioni a quelle già presentate dopo la tabella n. 13, si desume che l'impiego del genitivo Ἰασέων dopo la formula di conferimento di prossenia/evergesia[202] e l'attribuzione della cittadinanza senza formula di partecipazione (si veda anche il commento alle tabelle nn. 10 e 11) rappresentano moduli usati preferibilmente nei decreti più antichi (IV secolo).

6.3.5 Προεδρία

Il privilegio di disporre vita natural durante di un seggio d'onore per assistere dalla prima fila allo svolgimento degli spettacoli allestiti in città[203] è piuttosto diffuso a Iasos, dove è espresso più frequentemente con εἶναι (14 esempi), non di rado con forme del verbo δίδωμι (9 casi), in genere δεδόσθαι (7 esempi), mentre sporadico è l'uso di ὑπάρχειν (2 casi certi). A Iasos l'attribuzione di tale onorificenza a stranieri non giudici è presentata secondo tre modalità: con l'uso del solo sostantivo (in caso accusativo) προεδρίαν, con προεδρίαν seguito da ἐν τοῖς ἀγῶσι oppure da ἐν τοῖς ἀγῶσι πᾶσιν.[204] (Totale occorrenze: 28).

Classe 1. Προεδρία semplice (7 exx.).[205]
a. (εἶναι δ' αὐτῶι) καὶ προεδρίην (3 exx.):
SEG 36.982 B (= PC 1985, IIb), 6–8; *SEG* 36.982 C (= PC 1985, IIc), 7–8; *SEG* 36.983 (= PC 1985, p. 155), 9–11.[206]
b. (αὐτῶι Ἰασεῖς ἔδωκαν) προεδρίην (2 exx.):
SEG 36.982 A (= PC 1985, IIa), 2–3; Maddoli 2007, 1.3, 2 (□).
- Formula incerta (2 exx.):
– – – – προεδρίην:
I.Iasos 68, 4; Maddoli 2007, 4, 3(*).[207]

Classe 2. Προεδρία ἐν τοῖς ἀγῶσι (9 exx.).[208]
a. (εἶναι δὲ αὐτῶι) καὶ προεδρίαν ἐν τοῖς ἀγῶσι (2 exx.):
I.Iasos 31, 1–2; 54, 12.[209]
b. (δεδόσθαι δὲ αὐτῶι) καὶ προεδρίαν ἐν τοῖς ἀγῶσιν (7 exx.):
I.Iasos 37, 9–10; 40, 6;[210] 42, 6–7;[211] 45, 8–10; 60, 15–16(*); 61, 4–6; 62, 4–6.

---

[202] Lo stesso accade ad Eretria con la formula Ἐρετριέων: Knoepfler 2001, 136.

[203] A proposito di Atene, uno scolio al v. 575 dei *Cavalieri* di Aristofane afferma che colui che riceveva l'onorificenza della προεδρία nel βουλευτήριον, nell'assemblea o nei teatri era autorizzato ad allontanare chi vi si fosse già seduto, chiunque fosse. Per la προεδρία nei teatri di Atene v. Pickard-Cambridge 1968², 268–270; Maas 1972. V. anche Fensterbusch 1957.

[204] Per le formule con le quali la προεδρία viene attribuita ad Atene v. Henry 1983, 291–294. A Iasos, una quarta tipologia della clausola di προεδρία è attestata nei decreti per giudici stranieri: § 3.6.4.4.

[205] In cinque dei sei casi di προεδρία semplice il nome è sicuramente attestato in forma ionica; in uno (*SEG* 36.982C = PC 1985, IIc, 8) questa forma è ragionevolmente integrabile, a motivo dei molteplici ionismi presenti nel testo.

[206] La formula manca del pronome al dativo.

[207] Il verbo non è sicuramente integrabile; per il sostantivo non sembrano esserci, in questo contesto, altre alternative.

[208] La clausola è assai ragionevolmente integrabile, con questa formulazione, anche in *SEG* 38.1061 (= PC 1987, c), 9: v. § 9.23.

[209] Il testo offre la forma ionica.

[210] Qualche incertezza riguarda l'integrazione del verbo, completamente in lacuna.

[211] Il testo presenta la forma ionica.

Classe 3. Προεδρία ἐν τοῖς ἀγῶσι πᾶσιν (12 exx.).[212]

a. (εἶναι δὲ αὐτῶι) καὶ προεδρίαν ἐν τοῖς ἀγῶσι πᾶσιν (9 exx.):
I.Iasos 33, 7–8;[213] 38, 3–4; 46, 5–6; 51, 25–26(■);[214] 56, 12–13; 58+44, 10–11(*); Maddoli 2007, 18.2, 5; 19.1, 5–6; 20.A1, 10–11.

b. (ὑπάρχειν δὲ αὐτῶι) καὶ προεδρίαν ἐν τοῖς ἀγῶσι πᾶσιν (2 exx.):
Maddoli 2007, 18.1, 7–8; 23.1+*I.Iasos* 66, 21–24.[215]

- Formula incerta:
  [- - - -] καὶ προ[εδρίαν ἐν τοῖς ἀγῶσι πᾶσι]:
  Maddoli 2007, 24, 2–3 (*).[216]

Tabella n. 15. Le formule di conferimento della προεδρία suddivise per gruppi

decreto	προεδρία semplice	προεδρία ἐν τοῖς ἀγῶσι	προεδρία ἐν τοῖς ἀγῶσι πᾶσιν	εἰμί	δίδωμι	ὑπάρχω
I.Iasos 68	X			?	?	?
SEG 38.982A	X				X	
SEG 36.982B	X			X		
SEG 36.982C	X			X		
SEG 36.983 **(II)**	X			X		
M2007,4	X*					X*
M2007,1.3 ▢	X				X	
I.Iasos 31		X		X		
I.Iasos 37		X			X	
I.Iasos 40		X			X	
I.Iasos 42		X			X	
I.Iasos 45		X			X	
I.Iasos 54		X		X		
I.Iasos 60		X*			X	
I.Iasos 61		X			X	
I.Iasos 62		X			X	
I.Iasos 33			X	X		
I.Iasos 38			X	X		
I.Iasos 46			X	X		
I.Iasos 56			X	X		
I.Iasos 58+44 **(IVb)**			X*	X		
M2007,18.1			X			X
M2007,18.2 **(IVc)**			X	X		
M2007,19.1			X	X		
M2007,20.A1			X	X		
M2007,23.1 + *I.Iasos* 66			X			X*
M2007,24			X*			
I.Iasos 51 ■			X	X		

Dal punto di vista cronologico, dalle tabelle si desume che:

- la formula semplice di conferimento della προεδρία si riscontra nel decreto databile **II** (di poco precedente la metà del IV secolo): essa si presenta dunque come un modulo antico;
- la formula arricchita dal complemento di limitazione ἐν τοῖς ἀγῶσι πᾶσιν si trova nei decreti databili **IVb–c**, della metà circa del III secolo a.C.; essa è pertanto di uso più tardo.

[212] Questa formula è stata integrata anche in Maddoli 2007, 15, 5 che qui, per l'estrema lacunosità, non viene preso in esame.
[213] Nella formula manca καί.
[214] Il dettato è privo del pronome al dativo.
[215] Qualche incertezza riguarda l'integrazione del verbo, completamente in lacuna.
[216] Il verbo non è sicuramente integrabile.

Tabella n. 16. Confronto tra i decreti che conservano le formule di conferimento della προεδρία, della prossenia/evergesia e/o della cittadinanza e/o dell'ἀτέλεια[217]

decreto	formula prossenia/evergesia seguite da complemento di specificazione			cittadinanza		ἀτέλεια		προεδρία		
	+ Ἰασέων	+ τῆς πόλεως	+ τοῦ δήμου τοῦ Ἰασέων	senza formula di partecipazione	con formula di partecipazione	semplice	limitata	semplice	ἐν τοῖς ἀγῶσι	ἐν τοῖς ἀγῶσι πᾶσιν
SEG 36.982C	-	-	-	X		X		X		
SEG 36.983 **(II)**	X			-	-	X		X		
M2007,4	X*			X[217]		?	?	X*		
I.Iasos 42	X			X		X			X	
I.Iasos 54	X			-	-		X		X	
I.Iasos 37	X			X			X		X	
I.Iasos 45	X			X			X		X	
I.Iasos 62		X		X			X		X	
M2007,19.1		X			X		X			X
I.Iasos 51 ■		X			X	-	-			X
I.Iasos 58+44 **(IVb)**			X		X		X			X*
M2007,18.1			X		X		X			X
M2007,18.2 **(IVc)**			X		X		X			X
I.Iasos 40			X	X*		-	-		X	
I.Iasos 46			X		X	-	-			X
I.Iasos 56			X		X	-	-			X
M2007,20.A1			X		X	-	-			X
M2007,23.1 + *I.Iasos* 66			X		X	-	-			X

Dalla tabella si evince che:

1. nei decreti in cui è presente la προεδρία semplice, la formula di conferimento della prossenia/evergesia è seguita dal genitivo Ἰασέων mentre quella relativa all'ἀτέλεια è semplice; per quanto attiene alla cittadinanza, essa non viene attribuita o è presentata senza formula di partecipazione;
2. nei decreti in cui è presente la clausola προεδρία ἐν τοῖς ἀγῶσι la formula di attribuzione della prossenia/evergesia è ancora quasi sempre quella seguita dal genitivo Ἰασέων, mentre l'ἀτέλεια è in genere (una sola eccezione) limitata; la cittadinanza viene presentata senza formula di partecipazione o non viene elargita affatto;
3. nei decreti in cui è presente la clausola προεδρία ἐν τοῖς ἀγῶσι πᾶσιν la formula per il riconoscimento della prossenia/evergesia è più spesso quella seguita dal genitivo τοῦ δήμου τοῦ Ἰασέων, comunque mai da Ἰασέων; l'ἀτέλεια, quando è presente, è sempre limitata, mentre la cittadinanza compare senza eccezioni con formula di partecipazione.

Unendo queste osservazioni a quelle poste a commento delle tabelle n. 13 e 14 si possono formulare alcune notazioni di qualche interesse per la cronologia dei decreti:

1. il genitivo Ἰασέων a chiusura della formula di conferimento di prossenia/evergesia, la cittadinanza senza formula di partecipazione, la ἀτέλεια semplice e la προεδρία semplice sono moduli che si riscontrano nei decreti più antichi, di pieno IV secolo;
2. le formule di attribuzione della ἀτέλεια e della προεδρία si sono arricchite di elementi aggiuntivi prima di quella della cittadinanza;
3. la clausola προεδρίαν ἐν τοῖς ἀγῶσι, di forma intermedia tra le altre due attestate a Iasos, può essere considerata anche da un punto di vista cronologico un momento di passaggio tra di esse, come suggerisce in particolare il fatto che convive con l'attribuzione della cittadinanza senza formula di partecipazione.

[217] La formula di partecipazione è espressa a parte (ll. 7–8) e non è direttamente collegata a quella che attribuisce la cittadinanza.

6.3.6 Εἴσπλους καὶ ἔκπλους

Nella sua enunciazione più frequente (che è assai diffusa anche in altre πόλεις) questo privilegio è espresso a Iasos dalla formula καὶ εἴσπλουν καὶ ἔκπλουν καὶ ἐν εἰρήνηι καὶ ἐν πολέμωι ἀσυλεὶ καὶ ἀσπονδεί. I diversi elementi specificano che all'onorato vengono garantite libertà di movimento, protezione e immunità nell'entrare e uscire dal porto della città che vuole ossequiarlo sia in pace che in guerra, sia nel caso in cui la sua comunità di origine si trovi ἐν σύλοις con quella iasea (è questo il significato dell'avverbio ἀσυλεί) che nel caso in cui, in presenza di un conflitto, non siano state stipulate tregue tra le stesse due parti (ἀσπονδεί).[218] Tale concessione doveva risultare gradita a chiunque, ma forse soprattutto ai mercanti, cui consentiva maggior libertà di movimento e assicurava protezione all'interno del porto, in particolare nel cruciale momento dell'imbarco e dello sbarco dei beni, quando potevano essere fatti valere dalla città e dai singoli eventuali diritti di rappresaglia.[219]

In pochissimi casi la città non riconosce all'onorato εἴσπλους καὶ ἔκπλους, ma εἰσαγωγὴ καὶ ἐξαγωγή; e in almeno una circostanza – in un decreto rinvenuto nel 2012 e ancora inedito – a uno straniero sono tributati insieme sia εἴσπλους καὶ ἔκπλους che εἰσαγωγὴ καὶ ἐξαγωγή.[220] Le due coppie di privilegi vengono concesse contemporaneamente e in una stessa formula non soltanto a Iasos, ma, sia pur di rado, anche in altre comunità, come Priene e Kyme in Asia Minore, Olbia e Gorgippia sul Mar Nero, tutte località dotate di un porto.[221] La compresenza delle due clausole all'interno di una stessa formula, la comune aggiunta delle stesse specificazioni, soggette a una variabilità solo minima, quali καὶ κατὰ γῆν καὶ κατὰ θάλασσαν καὶ ἐν εἰρήνηι καὶ ἐμ πολέμωι ἀσυλεὶ καὶ ἀσπονδεί, fa pensare che le due formulazioni designassero lo stesso privilegio: entrambe facevano cioè riferimento alla medesima garanzia di libertà di movimento e di immunità.[222] Tuttavia, come sostengo più ampiamente nel lavoro di edizione del succitato decreto iaseo di nuova scoperta, i cui risultati qui mi limito a riassumere, pur ammettendo che la formulazione, apparentemente ridondante, risponda al desiderio di onorare nella maniera più eloquente possibile, è probabile che le due clausole siano compresenti perché le due coppie di termini non sono semanticamente del tutto equivalenti.

Se infatti il privilegio di εἴσπλους καὶ ἔκπλους si collega ovviamente alla navigazione e indica un accesso alle città attraverso il porto, quello di εἰσαγωγὴ καὶ ἐξαγωγή non svolge un ruolo complementare: la clausola è infatti ovviamente preferita quando ad elargire il privilegio sono località dell'interno[223] (si noti, tra l'altro, che a Iasos, città ovviamente costiera, la clausola è testimoniata in un decreto per un abitante di Chalketor, limi-

---

[218] Il diritto di rappresaglia era infatti contemplato nell'ambito della relazioni interstatali. Sulla questione v. Gauthier 1972, 219–221 (spec. 221, in cui offre una lucida spiegazione di tutta la formula nella sua completezza); Bravo 1980, 841–870; Rigsby 1996, 31–32; Dreher 2003. Per una riflessione in particolare sull'avverbio ἀσπονδεί v. Baltrusch 1994, 99–104; una lettura diversa di esso propone Bresson 2000, 29 n. 66, secondo cui si sarebbe trattato di una garanzia di neutralità in tempo di guerra.

[219] Knoepfler 2001, 48–50; Migeotte 2003, 141. Una rapida valutazione di queste formule a Creta in Perlman 1999, 146 s., con le osservazioni di Chaniotis 2004, 78 s.

[220] Fabiani – Nafissi in preparazione. A fronte di 24 esempi di εἴσπλους καὶ ἔκπλους, ad oggi sono documentati a Iasos soltanto tre esempi di εἰσαγωγὴ καὶ ἐξαγωγή: il primo si trova in un'epigrafe edita, *SEG* 36.982 A (= PC 1985, IIa), 2–6; il secondo è sicuramente integrabile in *SEG* 38.1060 (= PC 1987, b): alla linea 4 la lettura corretta, come ha appurato il riesame autoptico, è infatti γωγη[e non, come proposto dal primo editore, γωση[; il terzo in un'epigrafe rinvenuta soltanto nella campagna di scavo del 2012 (pietra n. inv. 8571), di cui è già in corso il lavoro di edizione. Mentre nel primo esempio il privilegio non si collega a quello di εἴσπλους ed ἔκπλους, nel terzo i due benefici sono concessi congiuntamente; la seconda epigrafe è invece troppo lacunosa per poter affermare se l'elargizione fosse isolata o congiunta.

[221] *I.Priene* 6, 16–18. *I.Kyme* 4, 7–10; 5, 5–7. Per i decreti frammentari *I.Olbia* 3 e 12, v. la proposta di integrazione avanzata da V.P. Yaylenko nel commento a *SEG* 33.616–617. Per Gorgippia v. *CIRB*, *Addenda* 4 = *SEG* 40.623.

[222] L'epigrafe inedita cui abbiamo fatto cenno sopra alla n. 220 presenta la seguente formula, che qui anticipo: καὶ εἴσπλουν καὶ ἔκπλουν καὶ εἰσαγωγὴν καὶ ἐξαγωγὴν καὶ κατὰ γῆν καὶ κατὰ θάλασσαν πάντων καὶ ἐν εἰρήνηι καὶ ἐμ πολέμωι ἀσυλεὶ καὶ ἀσπονδεὶ. In *IG* IX 1^2, 8, 5–9 (Thermos) i participi εἰσάγουσι e ἐξάγουσι, pur collocati lontano, sono evidentemente collegati alla concessione dell'ἀσφάλεια. Secondo Bresson 2000, 127–130 e *ibid.* 136–137, 145–149, invece, con εἰσαγωγὴ καὶ ἐξαγωγή la città accorderebbe una licenza di importazione e esportazione.

[223] La troviamo infatti abbondantemente attestata da sola a Magnesia al Meandro (*I.Magnesia* 1, 9–12; 2, 16–18; 4, 21–23; 5, 25–27; 6, 16–18; 7b, 5–8; 9, 18–21; 10, 21–24; 12, 10–12) e in un decreto di Tralleis, in Caria (*I.Tralleis* 28, 5–6); è documentata anche in un decreto dei Pladaseis pubblicato a Labraunda (*I.Labraunda* 42, 13–14); è stata ragionevolmente integrata anche in un decreto piuttosto frammentario di Thermos in Etolia (*IG* IX 1^2 19, 12–14; cf. anche *IG* IX 1^2 8, 5–9).

trofa località caria dell'interno: l'ingresso dell'onorato a Iasos non poteva che avvenire preferenzialmente via terra),[224] tuttavia può riferirsi anche ad un accesso via mare.[225]

A differenziare le due coppie di termini è tuttavia un tratto semantico più netto. Si trova infatti attestata la formula καὶ εἰσαγωγὴν καὶ ἐξαγωγὴν πάντων κτλ.[226] o, in modo anche più chiaro, εἰσαγωγὴν καὶ ἐξαγωγὴν πάντων χρημάτων.[227] Quando si usa questa coppia di sostantivi, al centro del privilegio conferito sono pertanto i χρήματα, che l'onorato ha il diritto di importare e esportare senza rischi di rappresaglia o azioni ostili; anche le concessioni, in certi luoghi frequenti, di ἀτέλειαν πάντων χρημάτων ὧν ἂν αὐτὸς εἰσάγηι ἢ ἐξάγηι rendono evidente che la clausola εἰσαγωγή καὶ ἐξαγωγή fa riferimento a beni.

Dietro la compresenza delle due clausole, accanto a una probabile ansia di completezza e al desiderio di offrire onori abbondanti, vi è dunque essenzialmente il fatto che i termini εἴσπλους καὶ ἔκπλους e εἰσαγωγὴ καὶ ἐξαγωγή sono caratterizzati da tratti semantici non del tutto equivalenti; in particolare mentre la coppia εἰσαγωγὴ καὶ ἐξαγωγή, neutra quanto al mezzo di trasporto, è focalizzata sui beni, il privilegio conferito con la formula εἴσπλους καὶ ἔκπλους fa riferimento al solo traffico via mare e sembra concentrarsi prevalentemente sulla persona: non a caso le comunità che elargiscono il beneficio, anche quella degli Iasei, sentono talora il bisogno di specificare che il privilegio si applica καὶ αὐτῶι καὶ χρήμασιν (v. 2.D).[228] Probabilmente, in genere doveva essere ovvio che l'immunità riservata al benefattore cui si concedeva il privilegio si estendesse automaticamente ai beni che viaggiavano con lui, però, in un'epoca in cui forse un mercante non commerciava più da solo con la propria nave ma si serviva frequentemente di schiavi o ναύκληροι,[229] si poteva occasionalmente desiderare una formulazione più esplicita. Normalmente le due formule, usate separatamente, coprono sia persone che cose; quando invece sono usate insieme i loro valori si polarizzano, ciascuna riacquista in pienezza il proprio significato e insieme riescono a esplicitare in maniera più enfatica la completezza di una garanzia offerta tanto a persone quanto a cose e valida sia per terra che per mare.

Mentre per l'enunciazione dell'unico esempio edito e integro di concessione di εἰσαγωγὴ καὶ ἐξαγωγή si rinvia sotto (Classe 3), analizziamo più da vicino la clausola che attribuisce il privilegio di εἴσπλους καὶ ἔκπλους. Essa si compone, come si è visto, di sei elementi ed è pertanto piuttosto articolata. Come detto, nella formula più comune e che definirò ‹canonica› i diversi *cola* compaiono in questo ordine: καὶ εἴσπλουν καὶ ἔκπλουν καὶ ἐν εἰρήνηι καὶ ἐν πολέμωι ἀσυλεὶ καὶ ἀσπονδεί. Essa viene più frequentemente introdotta da εἶναι (11 casi), ma spesso dipende anche da forme del verbo δίδωμι (10), soprattutto δεδόσθαι (8); raro è invece ὑπάρχειν (3). In alcuni casi essa conosce delle varianti: in tre circostanze manca la clausola ἀσυλεὶ καὶ ἀσπονδεί (2.A), in una quest'ultima è anticipata e si inserisce subito dopo εἴσπλουν καὶ ἔκπλουν (2.B), mentre in due esempi ἐμ πολέμωι precede ἐν εἰρήνηι (2.C; 3). In un caso la formula è seguita dall'aggiunta di καὶ αὐτῶι καὶ χρήμασιν (2.D).[230] (Totale occorrenze: 25).

Classe 1. εἴσπλους καὶ ἔκπλους: formula ‹canonica› (17 exx.).
Tipo A. Con il verbo εἰμί (7 exx.):
(εἶναι δὲ αὐτῶι) καὶ εἴσπλουν καὶ ἔκπλουν καὶ ἐν εἰρήνηι καὶ ἐμ πολέμωι ἀσυλεὶ καὶ ἀσπονδεί:
I.Iasos 31, 1–3; 33, 7–10; 38, 3–5; 46, 5–6; 56, 12–14; 61, 3–5; Maddoli 2007, 20.A1, 10–13.

---

[224] *SEG* 36.982A (= PC 1985, IIa), 2–6: v. sotto Classe 3.

[225] Nel già citato decreto dei Pladaseis (*I.Labraunda* 42, 13–14) e nell'epigrafe iasea inedita (per cui rinvio a Fabiani - Nafissi in preparazione) il privilegio è offerto all'interno di formule che specificano κατὰ γῆν καὶ κατὰ θάλασσαν. In *I.Priene* 12, 24–28 κατὰ γῆν καὶ κατὰ θάλασσαν è riferito a ἄφιξιν [εἰς τὴμ πόλ]ι[γ], ma è con ogni probabilità concettualmente da estendersi anche alla clausola εἰσαγωγὴ καὶ ἐξαγωγή aggiunta subito dopo. In *I.Priene* 2, 11–12 il privilegio è offerto al Monoftalmo: è lecito supporre che gli si volesse offrire la possibilità di un accesso protetto anche via mare.

[226] *I.Priene* 12, 26–27.

[227] *SEG* 40.623, 8–11.

[228] Per il caso di Iasos v. sotto; la clausola si trova anche in un altro decreto iaseo inedito rinvenuto integro nella campagna 2012 (pietra *in situ*, senza n. inv.). Per due altri esempi, tra i vari possibili, v. *IOSPE* I² 340, 5–6; 349, 14–16. Alla stessa maniera accade nella formula di ereditarietà, che di frequente estende ai discendenti tutti o alcuni degli onori o dei privilegi concessi nella forma καὶ αὐτῶι καὶ ἐκγόνοις (v. oltre § 6.3.7).

[229] Si può vedere in proposito Migeotte 2003, 127–132.

[230] Per un altro esempio in uno ψήφισμα inedito v. sopra n. 228.

Tipo B. Con il verbo δίδωμι (8 exx.):
a. (δεδόσθαι δὲ αὐτῶι) καὶ εἴσπλουν καὶ ἔκπλουν καὶ ἐν εἰρήνηι καὶ ἐμ πολέμωι ἀσυλεὶ καὶ ἀσπονδεί (7 exx.):[231]
I.Iasos 37, 8–11; 40, 6–7;[232] 42, 6–8; 54, 9–12; 60, 15–18(*); 62, 4–8;[233] Maddoli 2007, 24, 1–4(*).
b. (δοθῆ̣ν̣[αι δ]ὲ αὐτ[ῶι]) [κ]αὶ ἔσπ[λουν καὶ ἔκπλουν καὶ ἐν εἰρήνηι καὶ ἐμ πολέμωι ἀσυλεὶ καὶ] ἀσπ̣[ονδεί]:
Maddoli 2007, 15, 5–7(*).[234]
Tipo C. Con il verbo ὑπάρχω (2 exx.):
(ὑπάρχειν δὲ αὐτῶι) καὶ εἴσπλουν καὶ ἔκπλουν καὶ ἐν εἰρήνηι καὶ ἐμ πολέμωι ἀσυλεὶ καὶ ἀσπονδεί:
Maddoli 2007, 18.1, 7–9; 23.1+*I.Iasos* 66, 21–23.[235]

Classe 2. εἴσπλους καὶ ἔκπλους: formula ‹non canonica› (7 exx.).
Tipo A. Senza la clausola ἀσυλεὶ καὶ ἀσπονδεί (3 exx.):
a. (εἶναι δὲ αὐτῶι) καὶ εἴσπλουν καὶ ἔκπλουν καὶ ἐν εἰρήνηι καὶ ἐμ πολέμωι (2 exx.):
SEG 36.983 (= PC 1985, p. 155), 9–13;[236] Maddoli 2007, 18.2, 5–6.
b. (['Ιασεῖς ἔδο]σαν τῶι δεῖνι) ἔσπλου̣ν̣ [καὶ ἔκπλουν ἐν πολέμωι καὶ ἐν εἰρ]ήνηι:
Maddoli 2007, 16.1, 1–4(☐).
Tipo B. La clausola ἀσυλεὶ καὶ ἀσπονδεί è anticipata (2 exx.):
(εἶναι αὐτῶι) καὶ εἴσπλουν καὶ ἔκπλουν ἀσυλεὶ καὶ ἀσπονδεὶ καὶ ἐν εἰρήνηι καὶ ἐμ πολέμωι:
I.Iasos 68, 4–5;[237] *SEG* 36.982 C (= PC 1985, IIc), 7–10.
Tipo C. Viene seguito il modello della formula ‹canonica›, ma καὶ ἐν πολέμωι precede καὶ ἐν εἰρήνηι:
[εἶναι αὐτῶι καὶ εἴσπλουν καὶ ἔκπλουν καὶ] ἐν πολέμωι [καὶ ἐν εἰρήνηι ἀσυλεὶ καὶ ἀσπονδεί]:
I.Iasos 58+44, 12–13(*).[238]
Tipo D. Alla formula si aggiunge la clausola καὶ αὐτῶι καὶ χρήμασιν:
([ὑπάρχειν δὲ]) καὶ ἔ[σπλουν καὶ ἔκπλουν ἐν εἰρή]ν̣ηι καὶ ἐμ πολέ̣[μωι ἀσυλεὶ καὶ ἀσπονδεὶ καὶ αὐτῶι κ]αὶ χρή̣[μασιν]:
Maddoli 2007, 4, 3–6(*).

Classe 3. εἰσαγωγὴ καὶ ἐξαγωγή:[239]
('Ια[σεῖς] ἔδωκαν) καὶ εἰσαγωγὴν καὶ ἐξαγωγὴν καὶ ἐμ πολέμωι καὶ ἐν εἰρήνηι ὥσπερ τῶι 'Ιασεῖ:
SEG 36.982 A (= PC 1985, IIa), 2–6.

Tabella n. 17. Formule che conferiscono il privilegio dell'εἴσπλους καὶ ἔκπλους suddivise per gruppi

decreto	tipo di formula			verbi		
	‹non canonica›	‹canonica›	εἰσαγωγὴ καὶ ἐξαγωγή	εἰμί	δίδωμι	ὑπάρχω
I.Iasos 58+44 **(IVb)**	X*			X		
I.Iasos 68	X			?	?	?
SEG 36.982C	X			X		
SEG 36.983 **(II)**	X			X		
M2007,4	X*					X*

231 In questo insieme potrebbe rientrare *I.Iasos* 45, 8–11, ma l'espressione è troppo lacunosa per dare margini di sicurezza.
232 Qualche incertezza riguarda l'integrazione del verbo, completamente in lacuna.
233 La formula è priva di καὶ prima di ἐν εἰρήνηι.
234 Il testo è molto lacunoso, ma gli spazi a disposizione sembrano rendere ragionevole questa integrazione.
235 Incerto in verità il verbo, completamente in lacuna.
236 La formula è priva del pronome in caso dativo.
237 *I.Iasos* 68, 4–5 anticipa in verità ἐμ πο[λέμωι rispetto a ἐν εἰρήνηι.
238 Così anche *I.Iasos* 68: v. nota predecente.
239 La formula è sicuramente da integrare anche nel frammento di decreto *SEG* 38.1060 (= PC 1987, b), 4: v. sopra n. 220 a p. 81.

M2007,18.2 (IVc)	X			X		
M2007,16.1 ▢	X				X	
I.Iasos 31		X		X		
I.Iasos 33		X		X		
I.Iasos 37		X			X	
I.Iasos 38		X		X		
I.Iasos 40		X			X*	
I.Iasos 42		X			X	
I.Iasos 46		X		X		
I.Iasos 54		X			X	
I.Iasos 56		X		X		
I.Iasos 60		X*			X	
I.Iasos 61		X		X		
I.Iasos 62		X			X	
M2007,15		X*			X	
M2007,18.1		X				X
M2007,20.A1		X		X		
M2007,23.1 + *I.Iasos* 66		X				X*
M2007,24		X*			X*	
SEG 36.982.A			X		X	

6.3.7 Ereditarietà degli onori

E' abbastanza comune a Iasos che gli onori e i privilegi tributati ai benefattori stranieri che la città vuole ossequiare vengano estesi anche ai loro discendenti.[240] La modalità attraverso cui ciò viene prescritto può essere molto varia nella formulazione, ma le tipologie principali sono di fatto due: 1) solo uno o solo alcuni tra tutti gli onori vengono trasmessi anche alla progenie dell'onorato: in questo caso al beneficio concesso si aggiungono in genere i dativi αὐτῶι καὶ τοῖς ἐγγόνοις (v. però anche 2.C; sono poi attestate anche altre varianti); il verbo adoperato è lo stesso usato per attribuire l'onore o il privilegio che viene esteso. 2) Ad essere trasmesso è l'intero gruppo di onori approvati dall'assemblea, che vengono riassunti nella clausola ταῦτα δὲ ... (καὶ) αὐτῶι καὶ ἐγγόνοις con alcune possibili varianti; il verbo che più frequentemente regge la formula è ὑπάρχειν, anche se non mancano attestazioni di εἶναι. (Totale occorrenze: 44).

Classe 1. Ereditarietà parziale degli onori (18 exx.).
Tipo A. Attribuzione di un onore o un privilegio αὐτῶι καὶ ἐγγόνοις (11 exx.):
I.Iasos 34, 9;[241] 35, 17; *I.Iasos* 47, 3–4;[242] 61, 2–3; *SEG* 41.931 (= PC 1989, 3), 44; Maddoli 2007, 1.2, 2; 1.4, 3;[243] 5, 11–12;[244] 25.B, 16–17(*); 26, 15–16 (*);[245] NPg 898, 11–13.
Tipo B. εἶναι αὐτὸν καὶ ἐγγόνους + il titolo onorario conferito (5 exx.):
I.Iasos 40, 5; 42, 5–6; Maddoli 2007, 13, 4–5; 20.A2, 2–3(▢); NPg 898, 9–11.[246]

---

240 Per attestazioni di questa formula ad Eretria v. Knoepfler 2001, 66–67.

241 ἐκγόνοις è preceduto dall'articolo determinativo.

242 Prima di καὶ è inserito anche τε. Questo decreto rappresenta un caso particolare, in quanto alla concessione della cittadinanza, estesa anche ai discendenti, si accompagna l'inserimento in una φυλή e in una πατριά. Questa seconda procedura (v. § 3.6.3.8), pure menzionata con un intento onorifico, non può che avvenire *una tantum* e non può interessare gli ἐγγόνοις, la cui appartenenza alle suddivisioni del corpo civico si concretizzerà eventualmente per via ereditaria.

243 In questo decreto e nel precedente prima di αὐτῶι viene καὶ; in Maddoli 2007, 1.4 ἐκγόνοις è seguito da αὐτῶν (lo ψήφισμα onora due persone).

244 Anche in questo caso αὐτῶι è preceduto da καὶ.

245 Il testo è integrato, ma è sicuro in virtù del confronto con la formula di mozione (l. 10).

246 Questo decreto attesta una duplice estensione degli onori, una relativa (in questo caso) al titolo di prosseni ed evergeti e una (v. sopra) alla cittadinanza.

Tipo C. ἀναγράψαι αὐτὸν καὶ ἐγγόνους + il titolo onorario conferito (2 exx.):
SEG 36.982 B (= PC 1985, IIb), 4–6;[247] Maddoli 2007, 15, 3–4.

Classe 2. Ereditarietà di tutti gli onori (26 exx.).
Tipo A. Formula introdotta da εἶναι (5 exx.):
a. ταῦτα δὲ εἶναι καὶ αὐτῶι καὶ τοῖς ἐκγόνοις (3 exx.):
SEG 36.982 C (= PC 1985, IIc), 11–12; Maddoli 2007, 4, 10–11;[248] 11.A, 12–13.[249]
b. ταῦτα δὲ εἶναι καὶ αὐτῶι καὶ τοῖς ἐκγόνοις αὐτοῦ (2 exx.):
I.Iasos 37, 12; Maddoli 2007, 23.1+*I.Iasos* 66, 24–25(*).[250]
Tipo B. Formula introdotta da ὑπάρχειν (17 exx.):
a. ὑπάρχειν δὲ ταῦτα αὐτῶι καὶ ἐγγόνοις (2 exx.):
I.Iasos 31, 3–4; 62, 8–9.[251]
b. ταῦτα δὲ ὑπάρχειν αὐτῶι καὶ τοῖς ἐκγόνοις (8 exx.):
I.Iasos 48, 9–10;[252] 50, 10–11; 70, 2–3;[253] Maddoli 2007, 17, 15–16; 18.1, 9; 18.2, 6; 20.A1, 13–14;[254] 21, 11–12.
c. ὑπάρχειν δὲ ταῦτα καὶ τοῖς ἐκγόνοις αὐτοῦ (7 exx.):
I.Iasos 33, 10–11; 38, 8; 46, 6–7; 51, 30–31 (■);[255] 58+44, 14–15; Maddoli 2007, 11.B, 18–19; 19.1, 7.
Tipo C. Formula contenente δίδωμι (3 exx.):
Ἰασεῖς ἔδωκαν αὐτῶι καὶ ἐγγόνοις + elenco degli onori:
SEG 36.982 A (= PC 1985, IIa), 2–3;[256] Maddoli 2007, 1.3, 2(▢);[257] 16.1, 1–4(▢).[258]
Tipo D. Formula composta soltanto da αὐτῶι καὶ ἐκγόνοις:
SEG 36.983 (= PC 1985, p. 155), 18.

Tabella n. 18. Le formule di ereditarietà degli onori suddivise per gruppi

decreto	ampiezza dell'onore		Verbi				costruzione con dativo semplice
	ereditarietà parziale	ereditarietà totale	ὑπάρχω	εἰμί	δίδωμι	ἀναγράφω	
I.Iasos 34	X				X		
I.Iasos 35 **(V)**	X				X*		
I.Iasos 40	X			X			
I.Iasos 42	X			X			
I.Iasos 47	X				X		
I.Iasos 61	X				X		
SEG 36.982B	X					X	
SEG 41.931,15–58 **(VIIIb)**	X				X		
M2007,1.2	X			X			
M2007,1.4	X				X		
M2007,5	X				X		

[247] Il pronome è sostituito dal nome proprio dell'onorato, che precede ἀναγράψαι.
[248] ταῦτα ed εἶναι sono in posizione invertita.
[249] Manca καὶ prima di αὐτῶι.
[250] La formula è priva di καὶ αὐτῶι.
[251] Prima di αὐτῶι vi è καὶ.
[252] I primi tre elementi della formula occupano posizioni diverse; a ἐκγόνοις è aggiunto αὐτοῦ.
[253] Manca αὐτῶι.
[254] ἐκγόνοις è privo di τοῖς.
[255] ὑπάρχειν occupa la seconda posizione; al posto di ταῦτα vi è τὰ δὲ αὐτά.
[256] I dativi sono in prima posizione.
[257] αὐτῶι è preceduto da καὶ.
[258] I dativi vengono collocati in ultima posizione; il verbo è [ἔδο]σαν.

M2007,13	X			X			
M2007,15	X					X	
M2007,25.B **(VII)**	X*				X		
M2007,26	X*				X*		
NPg 898	X			X			
M2007,20.A2 ▢	X			X			
I.Iasos 31		X	X				
I.Iasos 33		X	X				
I.Iasos 38		X	X				
I.Iasos 46		X	X				
I.Iasos 48		X	X				
I.Iasos 50		X	X				
I.Iasos 58+44 **(IVb)**		X	X				
I.Iasos 62		X	X				
I.Iasos 70		X	X				
M2007,11.B		X	X				
M2007,17		X	X				
M2007,18.1		X	X				
M2007,18.2 **(IVc)**		X	X				
M2007,19.1		X	X				
M2007,20.A1		X	X				
M2007,21		X	X				
I.Iasos 51 ■		X	X				
I.Iasos 37		X		X			
SEG 36.982C		X		X			
M2007,4		X		X			
M2007,11.A		X		X			
M2007,23.1 + *I.Iasos* 66		X*		X			
SEG 36.982A		X			X		
M2007,1.3 ▢		X			X		
M2007,16.1		X			X		
SEG 36.983 **(II)**		X					X

6.3.8 Inserimento in una φυλή (ed eventualmente in una πατριά)

Ad oggi sono quattro i decreti iasei che prescrivono esplicitamente l'inserimento in una delle suddivisioni civiche (φυλαί e talora anche πατριαί) di un benefattore cui la πόλις concede la cittadinanza; l'intento è, a mio avviso, quello di rafforzare e amplificare l'onore della πολιτεία.[259] Al tempo dello ψήφισμα Maddoli 2007, 4 (ll. 8–10) a sovrintendere a questa operazione erano gli ἄρχοντες; negli altri decreti non vi sono indicazioni esplicite in questo senso.[260]

La disposizione si presenta in forme molto varie; ad oggi le iscrizioni documentano con certezza due procedure, la libertà di scelta lasciata all'onorato (εἶναι δὲ φυλῆς καὶ πατριᾶς αὐτὸν ἧς ἂμ βούληται) oppure il sorteggio (ἐπικληρόω: a meno che ad un certo punto il verbo non avesse perso il suo valore etimologico). Meno chiaro è quale procedura sottintendano gli altri verbi utilizzati, κατατάσσω e προσγράφω: essi potrebbero far

[259] Per questa interpretazione rinvio a Fabiani 2014, 112–113; l'aspetto rafforzativo di questa concessione potrebbe dipendere dal fatto che, come ricorda Hamon 2012, 58, l'iscrizione nelle φυλαί consentiva all'onorato di entrare nel meccanismo dell'assegnazione e della distribuzione delle cariche politiche: in tal modo si sottolineava il pieno inserimento nella vita pubblica cittadina. Savalli 1985, 387 n. 2 ritiene invece che la presenza di questa formula non distingua gli ψηφίσματα che l'attestano dagli altri: l'operazione d'inserimento nelle φυλαί e πατριαί avrebbe avuto luogo in ogni caso. Ad Atene invece la πολιτεία potenziale concessa dai decreti diventava reale soltanto con l'atto di iscrizione nelle ripartizioni civiche, operazione per la quale era necessario l'intervento attivo del beneficiato (*ibid.*, 392); in proposito v. soprattutto Osborne 1983, 171–173.

[260] Sulle φυλαί di Iasos (numero, evoluzione) e per l'ipotesi di un successivo passaggio ai προστάται dell'incarico di iscrivere i neocittadini nelle ripartizioni civiche v. Fabiani 2010b, 477–480.

riferimento a un'assegnazione stabilita dalla città, ma anche essere compatibili con la prassi del sorteggio. Al momento non è possibile neanche affermare se il sorteggio coesistesse con la libera scelta (che sarebbe dunque stata un onore aggiuntivo) o se ci si trovi di fronte a procedure adottate in tempi diversi.[261] Data l'estrema variabilità delle formule, i dati relativi non vengono riassunti in forma tabulare. (Totale occorrenze: 4).

Classe 1. Inserimento in una φυλή e una πατριά (2 exx.).
a. εἶναι δὲ φυλῆς καὶ πατριᾶς αὐτὸν ἧς ἂμ βούληται:
Maddoli 2007, 18.1, 7.
b. κατατάξαι αὐτὸν εἰς φυλὴν καὶ πατριήν:
I.Iasos 47, 4.

Classe 2. Inserimento in una φυλή (2 exx.).
a. προσγραψά[ντων δὲ αὐτὸν] καὶ ἐς φυλὴν οἱ ἄρχοντες [ἣν ἂν βούλ]ηται:
Maddoli 2007, 4, 8–10.
b. ἐπικληρῶσαι δὲ αὐτὸν καὶ ἐπὶ φυλὴν ἐν τοῖς ἐννόμοις χρόνοις:
I.Iasos 51, 29–30(■).

6.3.9 Ἔπαινος

L'elogio pubblico dell'onorato viene decretato con una certa frequenza a Iasos.[262] Quando presente, esso occupa sempre la prima posizione nell'elenco delle concessioni: l'onore doveva essere ritenuto particolarmente prestigioso, e al tempo stesso costituire un *prius* logico rispetto agli altri, in quanto con l'elogio si ribadivano le ragioni che portavano la città a omaggiare il benefattore. Il verbo adoperato è ἐπαινέω, in genere nella forma dell'infinito perfetto ἐπηινῆσθαι o, molto meno frequentemente, dell'infinito aoristo ἐπαινέσαι: l'aoristo indica chiaramente che l'elogio formale avrà luogo una volta sola, mentre il perfetto serve a sottolineare che, seppur proclamato una sola volta (anche se di fatto lo stesso *iter* di approvazione del decreto era occasione di ripetute lodi), esso avrà tuttavia un effetto permanente.[263] Di rado esso è seguito solamente dal complemento oggetto (2 casi) oppure dal complemento oggetto e dal complemento d'agente ὑπὸ τοῦ δήμου (τοῦ Ἰασέων) (4 esempi); molto più spesso (15 occorrenze) è invece accompagnato da una motivazione che spiega, in maniera formulare (molte tuttavia le varianti possibili), le ragioni della lode. Tale motivazione è costituita da un complemento di causa (εὐνοίας / ἀρετῆς ἕνεκεν oppure ἀρετῆς ἕνεκεν καὶ εὐνοίας) seguito da una proposizione relativa (ἧς ἔχει) che spiega nei confronti di chi era stata esercitata l'azione virtuosa, vale a dire περὶ τὴν πόλιν o περὶ τὸν δῆμον, seguito talora dal genitivo Ἰασέων. (Totale occorrenze: 21).

Classe 1. Verbo – complemento oggetto (2 exx.):
ἐπηινῆσθαι αὐτόν:
I.Iasos 36, 9–10;[264] NPg 898, 9.

Classe 2. Verbo – complemento oggetto – complemento d'agente (4 exx.):
a. ἐπηινῆσθαι αὐτὸν ὑπὸ τοῦ δήμου:
I.Iasos 32, 7–8.

---

[261] Anche su tale questione v. già Fabiani 2010b, 478 n. 86; sul possibile slittamento del significato del verbo ἐπικληρόω cf. Savalli 1985, 390. Sulla ἐπικλήρωσις a Cos e Calymna per la ripartizione e l'inserimento dei neo-cittadini nelle unità civiche v. *IG* XII 4, 1, 315, 4–5 con Bosnakis – Hallof 2005, 224–225, 243–245.

[262] Ad Atene esso è in assoluto l'onore più diffuso: v. Henry 1983, 1–11, con elenco delle varianti di tutte le formule.

[263] A Samo Habicht 1957, 266–267 osserva che i primi decreti a documentare l'onore dell'elogio pubblico (fine IV secolo) impiegano l'infinito ἐπαινέσαι, mentre quelli di III e II secolo soltanto ἐπηινῆσθαι. Come si constaterà al termine di questo lavoro, non sembra che a Iasos possa essere attribuito alla presenza delle due forme verbali il valore di indicatore cronologico.

[264] Il pronome è però sostituito da nome, patronimico ed etnico dell'onorato.

b. ἐπῃνῆσθαι αὐτὸν ὑπὸ τοῦ δήμου τοῦ Ἰασέων (3 exx.):
I.Iasos 60, 11–12;[265] Maddoli 2007, 13, 3; 19.1, 2–3.

Classe 3. Verbo – complemento oggetto – motivazione conclusa da complemento di causa (11 exx.):
a. ἐπῃνῆσθαι τὸν δεῖνα ἀρετῆς [ἕν]εκεν ἧς ἔχει περὶ τὴν πόλιν:
I.Iasos 46, 1–2.
b. ἐπηινῆσθαι αὐτὸν εὐνοίας ἕνεκεν ἧς ἔχει περὶ τὴν πόλιν (2 exx.):
I.Iasos 56, 10; Maddoli 2007, 20.A1, 5–7;
c. ἐπαιν[έ]σαι αὐτὸν ε[ὐνοίας ἕνεκεν ἧς] ἔχει περὶ τὴν πόλιν:
I.Iasos 61, 1–2.
d. ἐπαινέσαι τὸν δεῖνα εὐνοίας ἕνεκε τῆς εἰς τὴν [πό]λιν:
I.Iasos 51, 20–22(■).
e. ἐπηινῆσθαι αὐτὸν ἀρετῆς ἕνεκεν καὶ εὐνοίας ἧς ἔχει περὶ τὴν πόλιν (4 exx.):
58+44, 7–8(*); Maddoli 2007, 11.B, 13–14; 18.2, 3–4; 22, 10–11.
f. ἐπαινέ[σαι] τὸν δεῖνα ἀρε[τῆς ἕνεκεν καὶ εὐ]νοίας ἧς ἔ[χει] περὶ τὴν πόλιν:
Maddoli 2007, 23.1+*I.Iasos* 66, 16–18.
g. [ἐπηινῆσθαι] αὐτὸν ἀρετῆς ἕνεκεν καὶ εὐνοίας ἧς ἔχει [π]ερὶ τὸν δῆμον:
I.Iasos 62, 1–3.[266]

Classe 4. Verbo – complemento oggetto – motivazione conclusa da complemento di causa seguito da genitivo (3 exx.):
a. ἐπηινῆσθαι αὐτὸν εὐνοίας ἕνεκεν ἧς ἔχει περὶ τὴν πόλιν τὴν Ἰασέων (2 exx.):
I.Iasos 33, 4–5;[267] Maddoli 2007, 21, 8–9.
b. [ἐ]πα[ι]νέσαι [α]ὐτὸν εὐνο[ίας ἕνεκεν ἧς ἔχει περὶ τ]ὸν δ[ῆ]μον [τ]ὸ[ν Ἰ]ασέων:
I.Iasos 59, 11–13.

Formula incerta:
[ἐπηινῆσθαι αὐτοὺς] ἀρετῆς ἕνεκεν καὶ εὐνοίας ἧς ἔχου[σιν - - -]
I.Iasos 41, 7–8[268]

Tabella n. 19. Le formule di conferimento dell'onore dell'ἔπαινος suddivise per gruppi

decreto	verbo – complemento oggetto	verbo – complemento oggetto – complemento d'agente	verbo – motivazione con complemento di causa	verbo – motivazione con complemento di causa + genitivo	ἐπηινῆσθαι	ἐπαινέσαι
I.Iasos 36	X				X	
NPg 898	X				X	
I.Iasos 32		X			X	
I.Iasos 60		X			X	
M2007,13		X			X	
M2007,19.1		X			X	
I.Iasos 46			X		X	
I.Iasos 56			X		X	
I.Iasos 58+44 **(IVb)**			X*		X	
I.Iasos 61			X			X
I.Iasos 62			X		X*	

265 Gli spazi a disposizione lasciano ritenere che sia questa la formula più ragionevolmente integrabile.
266 La forma verbale non può essere precisata; si integra qui [ἐπηινῆσθαι] solo per la sua più frequente attestazione.
267 Il pronome è qui sostituito dal nome proprio dell'onorato, che nella formula occupa il primo posto.
268 La lacuna dopo ἔχου[σιν - - -] consente soltanto un'assegnazione generica dell'iscrizione alle Classi 3 o 4.

M2007,11.B			X		X	
M2007,18.2 (**IVc**)			X		X	
M2007,20.A1			X		X	
M2007,22			X		X	
M2007,23.1 + *I.Iasos* 66			X			X
I.Iasos 51 ■			X			X
I.Iasos 33				X	X	
I.Iasos 59				X		X
M2007,21				X	X	

La tabella permette di osservare che, tra i decreti databili, l'onore dell'ἔπαινος è presente soltanto negli ψηφίσματα **IVa–c**: soltanto il rapporto con le altre formule potrà accertarne il valore di indizio cronologico.

Tabella n. 20. Confronto tra i decreti che conservano sia le formule di conferimento della prossenia/evergesia che della cittadinanza, dell' ἀτέλεια, della προεδρία e dell'ἔπαινος

decreto	**formula prossenia/evergesia**			**cittadinanza**		**ἀτέλεια**		**προεδρία**			**ἔπαινος**
	+ Ἰασέων	+ τῆς πόλεως	+ τοῦ δήμου τοῦ Ἰασέων	senza formula di partecipazione	con formula di partecipazione	semplice	limitata	semplice	ἐν τοῖς ἀγῶσι	ἐν τοῖς ἀγῶσι πᾶσιν	
I.Iasos 62		X		X			X		X		X
M2007,19.1		X			X		X			X	X
I.Iasos 58+44			X		X		X			X*	X
M2007,18.2			X		X		X			X	X

Dalla breve tabella si desume che:

1. l'onore della lode non si accompagna mai a formule di attribuzione della prossenia/evergesia seguite dal genitivo Ἰασέων;
2. quando è attribuita la lode, la cittadinanza è in 3 casi su 4 conferita con formula di partecipazione;
3. quando è attribuita la lode, l'ἀτέλεια è sempre limitata;
4. quando è attribuita la lode, la προεδρία è conferita, in 3 esempi su 4, con la formula ἐν τοῖς ἀγῶσι πᾶσιν; non è comunque in nessun caso di tipo semplice.

L'accostamento di queste osservazioni a quelle già esposte in precedenza (dopo le tabelle 13, 14 e 16) permette di desumere, in risposta alle incertezze espresse a commento della tabella n. 19, che l'elogio pubblico fu un riconoscimento che a Iasos si prese a tributare più tardi di altri, comunque non prima del III secolo a.C.[269]

6.3.10 Ἀσυλία

L' ἀσυλία era un importante privilegio che garantiva l'inviolabilità fisica e l'immunità dal sequestro violento dei beni (συλᾶν) alla persona cui era riconosciuto: vi erano infatti circostanze in cui, senza una simile protezione, uno straniero poteva essere legittimamente sottoposto a questo genere di rappresaglie.[270] Come onore isolato l'ἀσυλία è piuttosto rara a Iasos, dove è attestata soltanto due volte. Essa infatti viene più frequentemente accor-

[269] Anche a Samo e Eretria l' ἔπαινος non è documentato nei decreti più antichi: cf. rispettivamente Habicht 1957, 262 e 266–267; Knoepfler 2001, 62 e 214.

[270] Sulla questione v. Gauthier 1972, 219–221; Bravo 1980, 841–870; Rigsby 1996, 30–33; Dreher 2003; Schmitt 2005e–f; v. anche Knoepfler 2001, 48–49.

data, quale importantissimo corollario della concessione di εἴσπλους καὶ ἔκπλους, con l'avverbio ἀσυλεί (v. § 3.6.3.6). In entrambe le circostanze in cui l'ἀσυλία è concessa come privilegio autonomo il termine ricorre nella forma dialettale ionica (v. § 6.2.1.1): ciò suggerisce che la città avesse avuto l'abitudine di tributarlo singolarmente in epoca antica e che solo in seguito fosse divenuto un'utile estensione di εἴσπλους καὶ ἔκπλους. Quanto all'uso dei verbi, in uno dei due casi documentati il sostantivo è retto dall'aoristo del verbo δίδωμι, nell'altro da εἶναι.

In dipendenza da δίδωμι:
Ἰα[σεῖς] ἔδωκαν ἀσυλίην:
SEG 36.982 A (= PC 1985, IIa), 2–3.

In dipendenza da εἰμί:
(εἶναι δ' αὐτῶι) καὶ ἀσυλίην:
SEG 36.982 B (= PC 1985, IIb), 6–7.

6.3.11 Ἔγκτησις

Concedendo il privilegio della ἔγκτησις, una πόλις riconosceva ad un benefattore straniero il diritto di acquistare un bene immobile (terra e/o casa) nel proprio territorio, diritto altrimenti riservato soltanto ai propri πολῖται.[271] L'onore poteva essere concesso tanto a stranieri benemeriti non residenti quanto a meteci concretamente distintisi per il loro zelo nei confronti della città in cui vivevano.[272] A Iasos questo privilegio è piuttosto raro (4 esempi). In due casi la formula con cui viene erogato presenta la specificazione γῆς καὶ οἰκιῶν; in un decreto esso è strettamente connesso alla concessione della cittadinanza e si lega pertanto alla clausola di partecipazione μετέχοντι πάντων ὧν Ἰασεῖς μετέχουσιν che spesso accompagna la formula che attribuisce la πολιτεία (v. § 3.6.3.3, Classe 2).

Classe 1. Solo ἔγκτησις:
(δοθῆ̣ν[αι δ]ὲ αὐτ[ῶι]) [καὶ] ἔγκτ[ησιν]:
Maddoli 2007, 15, 5–6.

Classe 2. Ἔγκτησις γῆς καὶ οἰκιῶν (2 exx.):
εἶναι δ' αὐτῶι ἔγκτησιν γῆς καὶ οἰκιῶν:
SEG 36.982 B (= PC 1985, IIb), 6–7;[273] *SEG* 36.983 (= PC 1985, p. 155), 13–15.[274]

Classe 3. Ἔγκτησις + formula di partecipazione:
(δεδόσθαι αὐτῶι) καὶ ἔγκτησιν μετέ[χον]τ̣[ι] πάντων ὧν Ἰασεῖς μετέχουσιν:
I.Iasos 61, 2–4.

---

[271] Sull'ἔγκτησις in generale v. Hennig 1994, spec. 305–337, e Lücke 2005. Per le formule relative a questo privilegio ad Atene v. Henry 1983, 204–223. Un dato cronologico: secondo Gauthier 1973, 171, la ἔγκτησις ad Atene sarebbe stata conferita con una qualche frequenza soltanto dopo la metà del IV secolo a.C. Per un confronto con il caso di Eretria v. Knoepfler 2001, 50–53. Riflessioni più ampie su questo privilegio a Iasos in Fabiani 2014, 108–109.

[272] Per questa seconda eventualità v. soprattutto Niku 2007, 114–138, 142–144.

[273] Hennig 1994, 307 n. 10.

[274] Inserito un καὶ prima di ἔγκτησιν. Il plurale οἰκιῶν è certamente da spiegare con la pluralità degli onorati, tre fratelli, ciascuno dei quali, evidentemente, capofamiglia: su questo v. Fabiani 2013, 318 n. 11.

6.3.12 Ἰσοτέλεια

Grazie a questo privilegio, un benefattore straniero veniva a godere, in materia fiscale, dello stesso trattamento di un cittadino. Ad Atene l'ἰσοτέλεια era riconosciuta esclusivamente ai meteci, in particolare a quelli che si distinguevano per grandi meriti in battaglia o per importanti contribuzioni finanziarie, e rappresentava uno dei massimi onori che poteva essere loro riservato. Venivano così ad essere fra l'altro esentati dal pesante μετοίκιον e forse dalle tasse dette ξενικά, dovute dagli stranieri che commerciavano nell'ἀγορά;[275] solo due decreti, peraltro ampiamente integrati, sostengono l'ipotesi che potesse essere offerta anche a dei prosseni.[276] I decreti di Iasos, nei quali l'ἰσοτέλεια è un onore molto infrequente, sembrano tuttavia testimoniare una pratica diversa: in due casi sui tre documentati viene infatti conferita insieme alla prossenia e non sembra pertanto presentarsi come un onore prevalentemente riservato a meteci.[277] Come altri privilegi ai quali è associata in almeno due circostanze (ἔγκτησις, stesso trattamento degli Iasei nelle procedure giudiziarie), essa sembra piuttosto essere una concessione che, in decreti che non accordano la πολιτεία, intende comunque parificare l'onorato a un cittadino (v. ancora sotto).[278] Le due formule con cui viene conferita sono molto diverse tra loro.

a. (Ἰα[σεῖς] ἔδωκαν) καὶ ἰσοτ[έ]λειαν ὥσπερ τῶι Ἰασεῖ:
SEG 36.982 A (= PC 1985, IIa), 2–4.
b. τέλεα τελεῖν καθόπερ Ἰασεῖ (2 exx.):
SEG 36.982 B (= PC 1985, IIb), 9–10; *SEG* 36.983 (= PC 1985, p. 155), 16–17.[279]

6.3.13 Stesso trattamento degli Iasei in caso di procedura giudiziaria

Raro è, non solo a Iasos (dove le attestazioni sono ad oggi due), il privilegio che accorda il diritto di godere dello stesso trattamento di un cittadino nelle procedure giudiziarie: l'onorato si poteva così rivolgere agli stessi tribunali ed essere sottoposto a processo con le stesse procedure dei πολῖται, senza la necessità, ad esempio, di ricorrere alla mediazione di un προστάτης, come era obbligatorio per i meteci.[280] Inoltre, come potrebbe suggerire il confronto con Atene, il privilegio poteva forse riconoscere al benefattore la possibilità – intesa evidentemente come un vantaggio – di sostenere eventuali processi nella città che erogava il riconoscimento.[281] Per quanto è documentato, questo privilegio si accompagna regolarmente alla ἰσοτέλεια (v. § precedente): se ne deduce che, conferendolo, la città manifestava la propria volontà di trattare questi suoi benefattori come dei cittadini, pur senza concedere loro l'onore della πολιτεία.[282]

(εἶναι δ' αὐτῶι) καὶ δίκας κατάπερ Ἰασεῦσιν (2 exx.):
SEG 36.982 B (= PC 1985, IIb), 6–9; *SEG* 36.983 (= PC 1985, p. 155), 13–16.

---

[275] Maffi 1973; Chaniotis 1986, 160–162; Niku 2002, spec. 43, 45–48, ma soprattutto Ead. 2007, 24, 30–31, 89–100, 139–141 con bibliografia precedente e rinvio alle fonti. Sulle formule attestate ad Atene v. Henry 1983, 246–249. V. anche Knoepfler 2001, 56–60. La concessione tanto dell'ἰσοτέλεια quanto dell'ἀτέλεια nel decreto *SEG* 36.983 (= PC 1985, p. 155), 10–11 e 16–17 (un parallelo di questa doppia attribuzione si trova anche in Pelasgiotide: *IG* IX 2, 490, 3–4) li identifica come privilegi tra loro indipendenti e esclude pertanto che, almeno a Iasos, i due termini fossero sostanzialmente dei sinonimi, come suggerisce Rhodes 1998.

[276] *IG* II/III^2 83, 4–8; 287, 1–3; l'integrazione proposta per II/III^2 288, 3–7 è ora ritenuta inadeguata da S.D. Lambert in *IG* II/III^3 1, 2, 493, che tuttavia pare più prudente in Id. 2012, 114 n. 40. Sul tema si veda Whitehead 1977, 11–14.

[277] *SEG* 36.982B (= PC 1985, IIb); *SEG* 36.983 (= PC 1986, p. 155).

[278] Sulla questione rinvio a Fabiani 2014, 108–109.

[279] La formula si chiude con καθάπερ Ἰασεῖς. In entrambi i decreti che attestano questa clausola l'infinito τελεῖν dipende dalla formula di sanzione ἔδοξεν τῆι βουλῆι καὶ τῶι δήμωι presente alla l. 1.

[280] Niku 2007, 87 n. 15; Cassayre 2010, 189–193.

[281] Per i prosseni di Atene questo privilegio è certamente garantito almeno dall'inizio del IV secolo a.C.: Henry 1993, 163–168, spec. 167. Per un altro esempio, da Atene, dell'onore qui considerato, v. Rhodes – Osborne 2003, 77, 26–27, con commento a p. 383. Questo tipo di concessione rappresentava un livello diverso e più ampio della protezione giudiziaria che era comunque accordata ai prosseni: v. Gauthier 1972, 230–237; Maffi 1973, 948.

[282] E in effetti non sarà un caso che la concessione di questi privilegi venga accompagnata da clausole come ὥσπερ τῶι Ἰασεῖ (*SEG* 36.982A = PC 1985, IIa, 4), καθόπερ Ἰασεῖ (*SEG* 36.982B = PC 1985, IIb, 8–10) o κατάπερ Ἰασεῦσιν (*SEG* 36.983 = PC 1985, p. 155, 15–16). Utili annotazioni sui privilegi concreti concessi dalle città greche a stranieri residenti in Gauthier 2000, 109–114.

6.3.14 *Formula di* ἐπιμέλεια

A Iasos sono conservati solamente due esempi della formula di ἐπιμέλεια, altrove molto diffusa, con la quale le assemblee cittadine incaricavano certi collegi magistratuali di prendersi cura e proteggere l'onorato da potenziali situazioni spiacevoli, in genere non specificate.[283] Investiti di tale compito sono a Iasos gli ἄρχοντες di volta in volta in carica. Come spesso accade, l'uso del termine ἄρχοντες resta ambiguo.[284] Potrebbe trattarsi infatti sia di un'indicazione da riferire ai magistrati nel loro complesso, quelli che a seconda dei casi fossero stati utili all'onorato, sia, come mi sembra preferibile, di un'assegnazione puntuale al collegio magistratuale, a lungo tra i maggiori, che in città portava questo nome (§ 8.1.3): sarebbero poi stati loro a capire in che modo la πόλις avrebbe potuto rendersi utile al benefattore.

a. ἐπιμέλεσθαι δὲ αὐτοῦ τοὺς ἄρχοντας τοὺς [ἐνεσ]τῶτας:
   I.Iasos 58+44, 15–16.
b. ἐπιμελῆσθαι δὲ ἀẹị τοὺς ẹṿ[εσ]τηκότ[ας ἄρχ]ον[τ]ας [ὅ]πωṣ ẹ[άν τι δε]ọμẹ[ν]ọς τυγχάνηι παρὰ τῆς πόλεως ὑπηρετῆται αὐτῶι προθύμωṣ:
   Maddoli 2007, 18.1, 9–10.

6.3.15 Accesso privilegiato a consiglio e assemblea

Il diritto di godere dell'accesso privilegiato al consiglio e all'assemblea, altrove molto comune,[285] è riconosciuto una sola volta a Iasos ad uno straniero non giudice. Ricevendolo, l'onorato acquisiva la possibilità di essere ascoltato per primo da βουλή e δῆμος subito dopo la trattazione degli affari sacri. L'eccezionalità della concessione evidenzia il grandissimo valore del personaggio di Arados onorato nello ψήφισμα *I.Iasos* 58+44 e l'importanza dei suoi benefici per la città, ma contestualmente suggerisce che a Iasos questa onorificenza dovesse essere considerata particolarmente prestigiosa.

[εἶναι δὲ αὐτῶι καὶ ἔφοδον ἐπὶ βου]λὴν καὶ δῆμ̣[ον πρώτωι μετ]ὰ τὰ [ἱερά]:
I.Iasos 58+44, 13–14.

6.3.16 Corona

Come dimostra l'evidenza (4 casi), a Iasos anche l'onore della corona era concesso molto raramente a stranieri che non fossero giudici (v. § 3.6.4).[286] In due casi la si trova offerta in decreti che non accordano l'onore della πολιτεία; in uno di questi due esempi è quasi certo che la cittadinanza appartenesse già all'onorato per diritto ereditario.[287] La si ritrova poi nello ψήφισμα *I.Iasos* 70, nel quale invece la corona è concessa insieme alla cittadinanza, e in *I.Iasos* 51, nel quale a questi due onori si aggiunge anche la prossenia: entrambi sono decreti eccezionali, che deliberano persino l'invio (o la possibilità dell'invio) di ambasciatori presso l'onorato;[288] il secondo

---

[283] Per la presenza di questa formula ad Atene v. Henry 1983, 171–181; ad Eretria, Knoepfler 2001, 150, 255–256.

[284] L'assegnazione del compito di aver cura degli onorati agli ἄρχοντες «che saranno di volta di volta in carica» è esplicita in Maddoli 18.1, 9–10, ma l'indicazione τοὺς ἐνεστηκότας deve essere sottintesa anche in *I.Iasos* 58+44, 15–16, poiché in questo modo il privilegio, esteso nel tempo, è reso più significativo. Su questi magistrati e sull'incerta interpretazione della loro effettiva presenza in questa ed altre formule non dissimili v. Fabiani 2010b, 467–469. Su questo privilegio v. ancora Fabiani 2014, 112–113.

[285] Henry 1983, 191–199; Knoepfler 2001, 46–48. Su questo riconoscimento a Iasos v. Fabiani 2014, 113.

[286] Lo stesso accade ad Eretria, dove la corona non viene mai tributata a dei prosseni: v. Knoepfler 2001, 177, 419–420; la concessione di corone onorarie era invece più comune ad Atene: Henry 1983, 22–44.

[287] Maddoli 2007, 20.B, 13–15 con commento alle pp. 309–311.

[288] In *I.Iasos* 70, 3–5 si prevedono due possibilità, o che i due cittadini scelti a questo scopo consegnino la corona all'onorato giunto in città o che si rechino da lui. In *I.Iasos* 51 la procedura è deliberata alle ll. 34 ss.. (ma v. 3.6.3.18).

in particolare è ad oggi, fra tutti gli ψηφίσματα di Iasos, quello che riconosce a un benefattore straniero gli onori più ampi (v. anche § 3.6.3.17), ed è di fatto destinato a un personaggio certamente di altissimo livello, Teleutias di Cos.[289] La corona, dunque, rappresentava a Iasos un onore estremamente prestigioso: come altrove (p.es. a Delo e Delfi), poteva in certi casi costituire un onore aggiuntivo e di livello superiore, conferito quando già un primo ψήφισμα aveva tributato prossenia e πολιτεία;[290] veniva invece immediatamente offerta, almeno a partire da una certa epoca, a quei benefattori cui la città voleva dichiarare maggiore riconoscenza, sia pur rimanendo ben dentro i confini degli onori riservati agli umani.

In due dei quattro esempi documentati si prescrive di conferire una corona d'oro del peso massimo consentito dalle leggi. Esistevano dunque anche a Iasos, e di certo non soltanto in relazione alle corone, νόμοι che regolamentavano gli onori.[291] In tre casi la formula si conclude certamente con un complemento di causa che spiega le ragioni del prestigioso riconoscimento.

a. ἑλέσθαι δὲ ἄνδρας δύο οἵτιν[ες] ἢ παραγενόμενον κατὰ τὸ ψήφισμα στεφανώσουσιν αὐτὸν ἢ πρὸς ἐκεῖνον̣ [- - -]
I.Iasos 70, 3–5.
b. σ̣τεφανῶ̣σ̣[αι αὐτὸν τῶι ἐννόμωι στεφάνωι ἀρετῆς ἕνεκεν ἧς ἔχει περὶ τὴν πόλιν]:
I.Iasos 36, 10.[292]
c. στεφανῶσαι αὐτὸν χρυσῶι στεφάνωι ἀπὸ πλήθους ὅσου ἔξεστιν ἐκ τῶν νόμων πλείστου ἀρετῆς ἕνεκεν καὶ εὐνοίας τῆς εἰς τὴν πόλιν:
Maddoli 2007, 20.B, 7–9.
d. στεφανῶσαι χρυσέωι στεφάνωι [ἀπὸ] πλήθους ὅσου πλείστου ἔξεστιν ἐκ τῶν ν[ό]μων ἀρετῆς ἕνεκεν καὶ εὐνοίας τῆς ε *v* ἰ[ς] τὸ πλῆθος τὸ Ἰασέων:
I.Iasos 51, 22–25(■).[293]

6.3.17 Proclamazione della corona

Se si escludono quelli per i giudici stranieri, un solo decreto onorario per forestieri prescrive che in città abbia luogo la proclamazione della corona; l'annuncio dovrà avvenire a cura dell'agonoteta nel corso della prima celebrazione delle Dionisie, dopo la processione. L'onore è raro certamente perché prestigioso: e in effetti si trova nello ψήφισμα più ricco di onorificenze che ci sia giunto (v. già § precedente). Nonostante l'aggiunta di una formula specifica possa far pensare che anche a Iasos, come si crede avvenisse ad Atene, il conferimento della corona non comportasse automaticamente la proclamazione pubblica dell'onore,[294] mi sembra più probabile che essa avesse comunque luogo, anche quando non era ricordata esplicitamente, specie nel caso in cui veniva contestualmente tributato l'ἔπαινος.[295]

τὸν δὲ ἀγωνοθέτην ἐπιμελὲς πο[ιή]σασθαι ὅπως ἀναγγελῆ ὁ στέφανος, ὧι τετίμη[ται] Τελευτίας, τῆς ἀναγγελίας γινομένης ἐν τοῖς πρώτοι<ς> Διονυσίοις μετὰ τὴν πομπήν:
I.Iasos 51, 31–34(■).[296]

[289] Su Teleutias v. cap. 2, punto 16.
[290] Per Delo e Delfi v. Habicht 2002, 16, 24; si deve forse supporre che questa fosse la prassi anche a Samo ed Efeso (*ibid.*, 26–28), ma è molto probabile che si trattasse di un uso diffuso (*ibid.*, 30); per Iasos v. ancora Fabiani 2014, 115–117. Sul significato della corona come premio per l'ἀρετή v. Blech 1982, spec. 153–161.
[291] Cf. *e.g. FD* III 2, 88; v. Habicht 2002, 13–15 n. 17, 24.
[292] L'integrazione del testo è fatta sulla base del confronto con la mozione originaria (ll. 7–8).
[293] Il testo di *I.Iasos* 51(■) è qui presentato come nella riedizione di K. Hallof in *IG* XII 4, 1, 172.
[294] Henry 1983, 28–36.
[295] Ciò accade in *I.Iasos* 36 e 51.
[296] V. nota 293.

6.3.18 Invio di ambasciatori nella patria dell'onorato

Accade abbastanza di rado che i decreti di Iasos per stranieri non giudici prescrivano che uno o due ambasciatori debbano recarsi nella città della persona onorata per tributargli pubblicamente la corona e per proclamarne i meriti verso il δῆμος iaseo. E certo non sarà incidentale il fatto che tre dei quattro ψηφίσματα in cui ciò è previsto siano in onore di personaggi prestigiosissimi (Syennessis di Cilicia, Hekatomnos figlio di Korrhis, sacerdote di Zeus a Labraunda e il già menzionato Teleutias figlio di Theodoros di Cos, su cui v. anche § 3.6.3.16–17): agli ultimi due viene anche riservata la corona del peso maggiore previsto per legge. L'altro esempio è rappresentato invece da un decreto di cui resta solo una piccola parte della sezione finale (*I.Iasos* 70) e del quale sfugge pertanto l'intero contesto; in esso viene in realtà anche contemplata l'ipotesi che la consegna e la proclamazione della corona possano avvenire a Iasos e che a muoversi, per ricevere la corona, sia l'onorato.

Le formulazioni attestate sono molto diverse tra loro; in *I.Iasos* 51 si accenna anche al fatto che uno degli scopi della proclamazione sia mostrare la gratitudine del δῆμος iaseo, in analogia con gli intenti della formula esortativa (v. § 3.5); Maddoli 2007, 1.1 è troppo malridotto perché se ne possa ricostruire il dettato. Nei tre casi verificabili gli ambasciatori devono essere eletti e non sorteggiati;[297] poiché non viene specificato che l'elezione debba aver luogo tra cittadini in carica all'interno degli organismi politici (es. la βουλή, i collegi magistratuali), penso che essa dovesse coinvolgere l'intero corpo civico. V. ancora oltre §§ 3.6.4.14 e 3.6.9. (Totale occorrenze: 4).

a. [– – –]. ἄγγελοι Συέννεσι[– – –]
Maddoli 2007, 1.1, 6.

b. ἑλέσθαι δὲ ἄνδρας δύο οἵτιν[ες] ἢ παραγενόμενον κατὰ τὸ ψήφισμα στεφανώσουσιν αὐτὸν ἢ πρὸς ἐκεῖνο̣ν [παραγενόμενοι]...:
I.Iasos 70, 3–5.

c. ἑλέσθαι δὲ καὶ πρεσβευτὰς δύο ο̣ἵτινες ἀφικόμενοι καὶ ἀποδόντες τό τε ψήφισμα καὶ τὸν στέ̣φανον παρακαλέσουσιν τὸν δεῖνα διατηροῦντα τὴν διὰ προγόνων ὑπάρχουσαν αὐτῶι πρὸς τὸν δῆμον εὔνοιαν ἀεί τινος ἀγαθοῦ παραίτιον γίνεσθαι τῆι πόλει:
Maddoli 2007, 20.B, 9–13.

d. ἵνα [δὲ] καὶ Κῶιοι εἰδήσωσι τὴν τοῦ δεῖνος καλοκἀγαθίαν [καὶ] τὴν Ἰασέων εὐχαριστίαν, ἑλέσθαι πρεσβευτ[ήν], τὸν δὲ αἱρεθέντα ἀφικόμενον πρὸς Κώιους πε[ρί τε] τῆς τοῦ δεῖνος καλοκἀγαθίας καὶ τῆς πρὸς τὸν [δῆ]μον εὐνοίας ἐνφανίσα[ι καὶ πα]ρακαλεῖν οἰκήου̣[ς] καὶ φίλους καὶ συμμά[χους ὑπάρχ]οντας τῆς πό[λεω]ς̣ φι̣λ̣ο̣φρό̣νω̣ς ἀ̣π[οδέξασθαι τὰ] ἐψηφισμέν[α – – – – –]:
I.*Iasos* 51, 34–42(■).[298]

6.3.19 Incisione del decreto nella patria dell'onorato

Come si vedrà più avanti (§ 3.6.4.16), alcune delle deliberazioni in favore di giudici stranieri prevedono che gli ambasciatori inviati presso l'onorato provvedano a far incidere nel posto più in vista della πόλις in cui egli risiede, di norma nel santuario principale, lo ψήφισμα che esprime la gratitudine della comunità degli Iasei nei confronti dell'onorato e della sua città. Solo in un decreto non dicastico, quello in onore del sacerdote di Zeus a Labraunda, personalità di indubbio prestigio, è previsto un riconoscimento sostanzialmente analogo a quest'ultimo: in questo testo si prevede che l'onorato stesso, in virtù dell'autorità che detiene, possa decidere in quale punto dello ἱερόν far esporre il testo. I πρεσβευταί avranno in ogni caso certamente avuto mandato di sostenere le spese relative e probabilmente di risolvere tutte le questioni connesse all'incisione (attivandosi p. es. per ottenere il consenso da parte delle autorità preposte e per individuare le maestranze necessarie).

[297] L'editore del testo ritiene che anche in Maddoli 2007, 1.1 si faccia riferimento alla nomina di almeno due ambasciatori, il cui nome sarebbe inserito nel testo del decreto (v. p. 211 e 214).

[298] V. sopra n. 293 a p. 93.

οἱ δὲ πρεσβευταὶ (ἀναγραψάτωσαν τὸ ψήφισμα) ἐν τῶι τοῦ [Διὸ]ς τοῦ Λαβραύνδου ἱερῶι ὅπου ἂν καὶ αὐτῶι τῶι ἱερεῖ συνδοκῆι:
Maddoli 2007, 20.B, 14–16.

6.4 Onori e privilegi a giudici stranieri[299]

Non altrettanto numerosi (anche se la scelta resta comunque piuttosto ampia) gli onori o i privilegi che l'assemblea di Iasos ebbe l'abitudine di conferire a giudici stranieri. Di seguito analizzeremo i sei decreti in favore di δικασταί la cui parte deliberativa è integra o ricostruibile.

I decreti iasei per giudici stranieri sono stati distinti da Ch. Crowther (v. già § 3.4.5) in due tipi dotati di caratteristiche molto diverse tra loro. Nella sezione deliberativa:

Primo tipo. L'assemblea conferisce la cittadinanza e, in genere, la prossenia.

Secondo tipo. L'assemblea conferisce ἔπαινος e corone a tutto il collegio dei giudici e al δῆμος da cui provengono; stabilisce anche l'invio di ambasciatori nella città d'origine dei giudici al fine di renderne nota la καλοκἀγαθία; non tributa invece nell'immediato la cittadinanza (e in un caso neppure la prossenia): l'eventuale delibera in merito è rinviata ad un successivo momento.

Queste due tipologie di decreti tanto diversi trovano un elemento comune nella presenza, in entrambi, della formula di mozione e della mozione originaria. È proprio per l'assenza di questi due elementi – accanto al conferimento di onori in parte diversi dagli altri ψηφίσματα in favore di corti dicastiche – che si preferisce tenere distinto il decreto *SEG* 38.1061 (= PC 1987, c), che dunque verrà considerato a parte e definito di ‹terzo tipo›.[300]

Terzo tipo. L'assemblea conferisce onori molto simili a quelli per stranieri non giudici: ἔπαινος, prossenia, evergesia, cittadinanza, προεδρία, εἴσπλους καὶ ἔκπλους, ereditarietà degli onori.

6.4.1 Differenti sequenze di attribuzione di onori e privilegi

Primo tipo: prossenia – cittadinanza:
SEG 41.930 (= PC 1989, 2), 24–27.[301]

Secondo tipo: In questo gruppo rientrano 4 decreti. La sequenza degli onori è variabile, ma in tutti i casi ad aprire l'elenco sono la lode pubblica e l'attribuzione della corona tanto al δῆμος di provenienza dei giudici quanto al collegio dicastico; tutti garantiscono poi l'accesso privilegiato al consiglio e all'assemblea e deliberano di inviare ambasciatori nella πόλις d'origine degli onorati. Fatta eccezione per uno ψήφισμα, che ricorda come la πολιτεία fosse stata già precedentemente attribuita,[302] la decisione relativa alla concessione della cittadinanza (e in un caso anche della prossenia) viene rinviata ad un momento successivo, quello stabilito per legge.

1. ἔπαινος e corona al δῆμος di provenienza – ἔπαινος del giudice – ἔπαινος del segretario del giudice – corona del giudice e del segretario – prossenia (seguita dal riferimento al rinvio della decisione sulla cittadinanza al momento stabilito per legge) – accesso privilegiato al consiglio e all'assemblea – invio di ambasciatori nella

---

[299] Sui giudici stranieri in generale v. Robert 1974; Walser 2008, 258–272; Cassayre 2010, 127–180 (la documentazione iasea è raccolta alle pp. 150–152), 291–294, 353–359, 423–432, con bibliografia precedente; Walser 2012, 96–107; sui decreti in loro onore v. anche Knoepfler 2001, 419–421.

[300] Questo ψήφισμα è stato giustamente definito da Crowther 1995a, 107 n. 81 il più antico esempio iaseo di decreto in onore di giudici stranieri.

[301] Stessa coppia di onori doveva essere tributata in *SEG* 41.932 (= PC 1989, 4), 15–42 (lo si desume dalla mozione originaria alle ll. 32–37) e in Blümel 2007, 2 III: tale decreto (promulgato in Ἀφροδισιών e inciso subito di seguito a 2 II) porta a compimento quanto previsto nel decreto 2 II, 34–35, che rinviava al mese di Ἀφροδισιών il conferimento della prossenia e della cittadinanza; ma su questo v. oltre (§§ 8.2.2.2; 8.3.1).

[302] *SEG* 41.929 (= PC 1989, 1), 20–21.

città dell'onorato – proclamazione della corona nella città dell'onorato – incisione del decreto in un luogo importante della città dell'onorato (2 exx.):
I.Iasos 73, 17–36 (■);[303] 74, 15–33 (■).[304]

2. ἔπαινος e corona al δῆμος di provenienza – ἔπαινος e corona al collegio dicastico – προεδρία – accesso privilegiato al consiglio e all'assemblea – invio di ambasciatori nella città dell'onorato – proclamazione della corona nella città dell'onorato – incisione del decreto in un luogo importante della città dell'onorato[305] – (decisioni relative alla pubblicazione del decreto a Iasos, seguite dalla menzione del rinvio della decisione sulla cittadinanza al momento stabilito per legge):
Blümel 2007, 2 II, 21–35.
3. ἔπαινος e corona al δῆμος di provenienza – ἔπαινος e corona al collegio dicastico – προεδρία – accesso privilegiato al consiglio e all'assemblea – invio di ambasciatori nella città dell'onorato – proclamazione della corona nella città dell'onorato – incisione del decreto in un luogo importante della città dell'onorato:
SEG 41.929 (= PC 1989, 1), 16–28.

Terzo tipo: ἔπαινος – prossenia – evergesia – cittadinanza – προεδρία – εἴσπλους καὶ ἔκπλους – ereditarietà di tutti gli onori:
SEG 38.1061 (= PC 1987, c), 7–10(*).

Tabella n. 21. Onori tributati a giudici stranieri, al loro segretario e alla loro città

1 prossenia
2 evergesia
3 cittadinanza
4 προεδρία
5 εἴσπλους – ἔκπλους
6 ereditarietà degli onori
7 ἔπαινος per il δῆμος di provenienza del collegio dicastico
8 ἔπαινος per il collegio dicastico
9 ἔπαινος per il segretario del collegio dicastico
10 corona per il δῆμος di provenienza del collegio dicastico
11 corona per il collegio dicastico
12 corona per il segretario del collegio dicastico
13 accesso privilegiato (ἔφοδος) a consiglio ed assemblea
14 invio di uno o più ambasciatori nella patria dell'onorato
15 proclamazione della corona
16 pubblicazione del decreto in un luogo importante della città degli onorati

decreto	1	2	3	4	5	6	7	8	9	10	11	12	13	14	15	16
SEG 38.1061	X	X	X	X	X	X		X*								
SEG 41.929				X			X	X		X	X		X	X	X	X
SEG 41.930,1–32 **(VIIIa)**	X		X													
B2007, 2 II				X			X	X		X	X		X	X	X	X
I.Iasos 73 ■	X						X	X	X	X	X	X	X	X	X	X
I.Iasos 74 ■	X						X	X	X	X	X	X	X	X	X	X

Un primo rapidissimo esame permette subito di notare come l'elenco di onori che la città di Iasos fu solita tributare ai giudici stranieri sia diverso (e in parte più ristretto) rispetto alla gamma che aveva l'abitudine di offrire agli altri stranieri benemeriti. Confrontando questa lista con la precedente (per cui v. § 3.6.3.1 e particolarmente la tabella n. 9), si può notare la mancanza dei seguenti onori:

- ἀτέλεια;
- inserimento in una φυλή (e πατριά);
- ἀσυλία;
- ἔγκτησις;

[303] Gli onorati stessi possono scegliere in quale santuario preferiscono far incidere il decreto in loro onore.
[304] La posizione del rinvio della decisione sulla cittadinanza e quella dell'accesso privilegiato al consiglio e all'assemblea è invertita.
[305] Gli onorati stessi scelgono il luogo in cui preferiscono far incidere lo ψήφισμα.

- ἰσοτέλεια;
- stesso trattamento degli Iasei in materia giudiziaria;
- ἐπιμέλεια da parte dei magistrati cittadini.

Va poi anche sottolineato che alcune onorificenze (evergesia, εἴσπλους καὶ ἔκπλους, ereditarietà degli onori) si riscontrano solamente nel decreto *SEG* 38.1061 (= PC 1987, c), sulle cui peculiarità si veda il paragrafo successivo.

Rispetto alla lista di § 3.6.3.1 troviamo tuttavia in aggiunta una maggiore articolazione di onori come l'ἔπαινος e la corona, che possono essere conferiti anche al δῆμος di provenienza dei giudici e al segretario che con essi aveva collaborato. Capita inoltre che nella sezione deliberativa del decreto si rinvii ad un secondo momento la decisione di attribuire o meno al collegio dicastico la cittadinanza (e in un caso anche la prossenia). Ancora una differenza: la proclamazione delle corone non sembra avvenire a Iasos, come era previsto nel decreto per Teleutias di Cos (*I.Iasos* 51; § 3.6.3.18), ma sistematicamente nella città degli onorati.

6.4.2 Prossenia (ed evergesia)

La prossenia (su cui v. § 3.6.3.2) è concessa in 4 dei 6 decreti per giudici stranieri globalmente valutabili. Solo nell'esemplare che abbiamo definito come di ‹terzo tipo› (*SEG* 38.1061, 7 = PC 1987, c) essa si accompagna alla evergesia. Il verbo che introduce la formula è sempre εἶναι. Il genitivo che segue il titolo è più spesso τῆς πόλεως. (Totale occorrenze: 4).

Decreti di secondo tipo:
Formula che attribuisce la sola prossenia (3 exx.).
εἶναι δὲ αὐτοὺς καὶ προξένους τῆς πόλεως:
I.Iasos 73, 27–28 (■); 74, 24–25 (■); *SEG* 41.930 (= PC 1989, 2), 24–25.[306]

Decreto di terzo tipo:
Formula che attribuisce prossenia ed evergesia insieme.
εἶναι προξένους καὶ εὐεργέτας τοῦ δήμου:
SEG 38.1061 (= PC 1987, c), 7.

6.4.3 Cittadinanza

Nei decreti per giudici stranieri la πολιτεία (su cui v. § 3.6.3.3) viene concessa soltanto in due casi, uno del ‹primo› e nell'unico esemplare del ‹terzo tipo›; in entrambi gli esempi essa è conferita con formula di partecipazione che fa riferimento agli altri cittadini.

Decreti di primo tipo:
δεδόσθαι δὲ καὶ πολιτείαν αὐτοῖς μετέχουσι πάντων ὧν καὶ οἱ ἄλλοι πολῖται μετέχουσι:
SEG 41.930 (= PC 1989, 2), 25–27.

Decreto di terzo tipo:
δεδόσθαι δὲ αὐτοῖς καὶ πολιτείαν μετέχουσι πάντων ὧν καὶ οἱ λοιποὶ πολῖται μετέχουσιν:
SEG 38.1061 (= PC 1987, c), 7–8.

---

306 Poiché in questo decreto la prossenia è il primo onore erogato, la formula è priva di δὲ e di καὶ.

6.4.4 Προεδρία

La προεδρία (su cui v. § 3.6.3.5) è attribuita nei decreti di ‹secondo tipo› e nell'unico esempio di ‹terzo›. Se in quest'ultimo viene adoperata una delle 3 formule in uso per stranieri non giudici, nel secondo la προεδρία è conferita con una formula ancora non riscontrata. (Totale occorrenze: 3).

Decreti di secondo tipo:
εἶναι δὲ αὐτοῖς προεδρίαν ἐν τοῖς ἀγῶσιν οὓς ἡ πόλις τίθησιν (2 exx.):
SEG 41.929 (= PC 1989, 1), 22–23; Blümel 2007, 2 II, 27.[307]

Decreto di terzo tipo:
εἶναι δὲ αὐτοῖς καὶ [προεδρίαν ἐν τοῖς ἀγῶσι]:
SEG 38.1061 (= PC 1987, c), 8–9(*).

6.4.5 Εἴσπλους καὶ ἔκπλους

Questo privilegio (su cui v. § 3.6.3.6) è concesso nell'unico decreto per giudici stranieri di ‹terzo tipo›. Assente dal gruppo degli ψηφίσματα in onore di collegi dicastici la formula che offre εἰσαγωγὴ καὶ ἐξαγωγή.

Decreto di terzo tipo:
(εἶναι δὲ αὐτοῖς) [καὶ εἴσπλουν κ]αὶ ἔκπλουν καὶ ἐν εἰρήνηι καὶ ἐμ πολέμωι ἀσυλεὶ καὶ [ἀσπονδεί]:
SEG 38.1061 (= PC 1987, c), 8–10.

6.4.6 Ereditarietà degli onori

Tale privilegio (su cui v. § 3.6.3.7) non è affatto comune nei decreti per giudici stranieri; come l'εἴσπλους καὶ ἔκπλους, esso è attestato soltanto nell'unico esempio di decreto di ‹terzo tipo›.

Decreto di terzo tipo:
[ὑπάρχειν δὲ ταῦτα καὶ αὐτοῖς] καὶ τοῖς ἐκγόνοις:
SEG 38.1061 (= PC 1987, c), 10.

6.4.7 Ἔπαινος del δῆμος dei giudici

L'onore di riservare un elogio pubblico (sulla diffusione di questo onore a Iasos v. § 3.6.3.9) anche al δῆμος di provenienza dei giudici stranieri si riscontra soltanto nei decreti di ‹secondo tipo›. La formula che lo esprime si presenta piuttosto stabile. (Totale occorrenze: 4).

Decreti di secondo tipo:
a. ἐπηνῆσθαι τὸν δῆμον τὸν ... ἀρετῆς ἕνεκεν καὶ εὐνοίας ἧς ἔχει εἰς τὴν πόλιν (2 exx.):
I.Iasos 73, 17–18(■); 74, 15–16 (■).
b. ἐπηινῆσθαι τὸν δῆμον τὸν ... ἀρετῆς ἕνεκεν καὶ εὐνοίας ἣν ἔχει πρὸς τὸν δῆμον τὸν Ἰασέων (2 exx.):
SEG 41.929 (= PC 1989, 1), 16–17; Blümel 2007, 2 II, 21–22.[308]

---

[307] Si trova καὶ prima di προεδρίαν; οἷς anziché οὕς.
[308] Vi è ἧς al posto di ἥν.

6.4.8 Ἔπαινος dei giudici

L'onore del pubblico elogio dei giudici si riscontra sistematicamente nei decreti di ‹secondo tipo›, nei quali la formula è arricchita da un complemento di causa che ricorda, più o meno precisamente, le ragioni e il valore della loro azione. Essa è quasi certamente presente, nella forma più semplice, anche nell'unico esemplare di ‹terzo tipo›.

Decreti di secondo tipo (4 exx.):
ἐπηνῆσθαι δὲ καὶ τὸν ἀποσταλέντα δικαστὴν τὸν δεῖνα ἀρετῆς ἕνεκεν καὶ καλοκἀγαθίας ἐπὶ τῶι προστῆναι τῶν τε κρίσεων καὶ τῶν συλλύσεων ἴσως καὶ δικαίως (2 exx.):
I.Iasos 73, 20–22(■); 74, 18–20(■).[309]
ἐπηινῆσθαι δὲ καὶ τοὺς δικαστὰς τοὺς ἀποσταλέντας ἀρετῆς ἕνεκεν καὶ καλοκἀγαθίας τοὺς δεῖνας (2 exx.):
SEG 41.929 (= PC 1989, 1), 19–20; Blümel 2007, 2 II, 23–25.[310]

Decreto di terzo tipo:
[ἐπηινῆσθαι αὐτοὺς]:
SEG 38.1061(= PC 1987, c), 7(*).[311]

6.4.9 Ἔπαινος del segretario del collegio dicastico

In due esempi di decreti di ‹secondo tipo› si prevede una lode pubblica anche per il segretario dell'unico giudice inviato in città.

Decreti di secondo tipo:
ἐπαινέσαι δὲ καὶ τὸν συνεξαποσταλέντα μετ᾽αὐτοῦ γραμματέα τὸν δεῖνα ἐπὶ τῶι τὴν καθ᾽αὐτὸν χρείαν διωικηκέναι ἐπιμελῶς καὶ εὐτάκτως καὶ τὴν ἐνδημίαν πεποιῆσθαι μετὰ πάσης εὐταξίας (2 exx.):
I.Iasos 73, 22–25(■); 74, 20–23 (■).[312]

6.4.10 Corona al δῆμος di provenienza dei giudici

Contestualmente all'attribuzione dell'onore di un elogio pubblico, i decreti di ‹secondo tipo› stabiliscono anche sempre di onorare il δῆμος di provenienza dei giudici con una corona (v. anche § 3.6.3.16); in tutti i casi si delibera di conferire una corona d'oro del peso stabilito per legge.

Decreti di secondo tipo (4 exx.):
a. καὶ στεφανῶσαι χρυσῶι στεφάνωι ἀπὸ πλήθους τοῦ ἐκ τοῦ νόμου, ὅτι αἰτησαμένων ἡμῶν δικαστὴν ἀπέστειλεν ἄνδρα καλὸν καὶ ἀγαθὸν ἐπὶ τὰς κρίσεις (3 exx.):
I.Iasos 73, 18–20(■); 74, 16–18 (■);[313] *SEG* 41.929 (= PC 1989, 1), 17–19.[314]
b. στεφανῶσαι χρυσῶι στεφάνωι τῶι ἐκ τοῦ νόμου:
Blümel 2007, 2 II, 23.

---

[309] La formula è priva di τὸν ἀποσταλέντα.
[310] La clausola presenta un ordine appena diverso, con τοὺς ἀποσταλέντας δικαστάς.
[311] La formula è qui completamente integrata, ma è resa necessaria e insieme plausibile dallo spazio a disposizione e dal fatto che il successivo εἶναι προξένους καὶ εὐεργέτας τοῦ δήμου è preceduto da un [κ]αὶ, che lega necessariamente εἶναι ad un precedente infinito.
[312] In questo decreto manca καὶ εὐτάκτως.
[313] Lievissima variante: [π]ερὶ τὰς κρίσεις.
[314] Il verbo ἀπέστειλεν è un poco posticipato e si inserisce subito prima di ἐπὶ τὰς κρίσεις.

6.4.11 Corona ai giudici

Nei decreti di ‹secondo tipo› che prescrivono di conferire l'ἔπαινος ai giudici (non così, tuttavia, nell'unico caso di ‹terzo tipo›), si stabilisce contestualmente di tributare loro una corona, sempre d'oro, del peso stabilito per legge.

Decreti di secondo tipo (4 exx.):
a. καὶ στεφανῶσαι τὸν μὲν δικαστὴν χρυσῶι στεφάνωι ἀπὸ πλήθους τοῦ ἐκ τοῦ νόμου (3 exx.):
I.Iasos 73, 25–26(■); 74, 23–24 (■);[315] *SEG* 41.929 (= PC 1989, 1), 21–22.[316]
b. καὶ στεφανῶσαι ἕκαστον αὐτῶν χρυσῶι στεφάνωι τῶι ἐκ τοῦ νόμου:
Blümel 2007, 2 II, 26.

6.4.12 Corona al segretario del collegio dicastico

In due esempi di decreti di ‹secondo tipo› si prevede l'omaggio di una corona, che dovrà essere d'olivo, anche al segretario del giudice inviato in città.

Decreti di secondo tipo:
(καὶ στεφανῶσαι) τὸν δὲ γραμματέα θαλλοῦ στεφάνωι (2 exx.):
I.Iasos 73, 25–27(■); 74, 23–24(■).

6.4.13 Accesso privilegiato al consiglio e all'assemblea

Un onore comune tra i decreti di ‹secondo tipo› – e riservato a Iasos quasi solamente ai membri di corti dicastiche (un solo caso in ψηφίσματα per stranieri non giudici: v. § 3.6.3.15) – è quello dell'accesso privilegiato al consiglio e all'assemblea subito dopo la trattazione degli affari sacri. La formula è molto stabile.

Decreti di secondo tipo (4 exx.):
εἶναι δὲ αὐτοῖς καὶ ἔφοδον ἐπὶ τὴν βουλὴν καὶ τὴν ἐκκλησίαν πρώτοις μετὰ τὰ ἱερά:
I.Iasos 73, 29–30(■); 74, 25–26 (■); *SEG* 41.929 (= PC 1989, 1), 23; Blümel 2007, 2 II, 27–28.

6.4.14 Invio di ambasciatori nella patria dell'onorato

Nei decreti di ‹secondo tipo› si prescrive sempre di inviare nella città degli onorati uno o più ambasciatori perché provvedano a consegnare pubblicamente il decreto onorario e le corone ed esortino il popolo di quella πόλις a conservare per sempre nei confronti del δῆμος di Iasos la medesima disposizione favorevole dimostrata nell'occasione che ha dato origine allo ψήφισμα. Come è stato già sottolineato, i decreti per stranieri non giudici attestano invece molto di rado questa prassi (v. § 3.6.3.18): mentre infatti gli onori per privati sono destinati a individui, nel caso delle corti dicastiche il rapporto è invece in primo luogo tra δῆμος e δῆμος.[317] Anche nel caso di queste delegazioni, come in quelle che si muovono per rendere onore a singoli (sulla questione v. *ibidem*), gli ambasciatori vengono eletti e non sorteggiati: il compito, prestigioso e delicato, richiedeva competenze che non tutti potevano avere. Accade di frequente che la scelta ricada sul/sui promotore/i del decreto (v. oltre § 3.6.9).

---

[315] Piccola variante: ἐκ τῶ[ν νόμων].
[316] Il verbo regge l'accusativo ἕκαστον αὐτῶν.
[317] Ma 2003 ha ben messo in evidenza la *peer polity interaction* tra πόλεις in epoca ellenistica, proprio a partire, fra l'altro, dallo scambio e dalla circolazione di giudici, ambasciatori e decreti (spec. 15–16, 19–23, 32–33).

Decreti di secondo tipo (4 exx.):

a. ἑλέσθαι δὲ καὶ πρεσβευτάς, οἵτινες παραγενόμενοι εἰς ... τό τε ψήφισμα ἀποδώσουσιν καὶ παρακαλέσουσιν αὐτοὺς τὴν αὐτὴν αἵρεσιν ἔχειν πρὸς τὸν δῆμον:
I.Iasos 73, 30–32(■).

b. ἑλέσθαι δὲ καὶ πρε[σβευτ]ὰ̣ς, ο[ἵ]τ[ι]νες [παραγενόμενοι εἰς ...] τό τε ψήφισμα ἀποδώσουσιν καὶ π[αρα]καλ[έσ]ουσιν αὐτοὺ[ς οἰκείους καὶ φίλους ὑπάρ]χοντας τῆς πόλεως τὴν α̣ὐτὴν αἵρεσιν ἔ̣χ[ειν πρ]ὸς τ[ὸν δῆμον]:
I.Iasos 74, 27–30.

c. ἑλέσθαι δὲ καὶ πρεσβευτήν, ὅστις ἀφικόμενος εἰς ... τό τε ψήφισμα καὶ τοὺς στεφάνους ἀποδώσει καὶ παρακαλεῖ αὐτοὺς τὴν αὐτὴν αἵρεσιν ἔχειν πρὸς τὸν δῆμον (2 exx.):
SEG 41.929 (= PC 1989, 1), 23–25; Blümel 2007, 2 II, 28–31.[318]

6.4.15 Proclamazione della corona nella città dell'onorato

Nei decreti di ‹secondo tipo› si incaricano sempre gli ambasciatori inviati nelle città degli onorati di chiedere che l'attribuzione delle corone da parte della città di Iasos venga pubblicamente proclamata nel corso delle prime Dionisie; di solito si prescrive esplicitamente che ciò avvenga, come è logico, nel teatro cittadino.[319]

Decreti di secondo tipo (4 exx.):
(ἑλέσθαι δὲ καὶ πρεσβευτήν, ὅστις παραγενόμενος εἰς ...) ἀξιώσει δὲ καί, ἵνα οἱ στέφανοι ἀναγγελθῶσιν ἐν .... τοῖς πρώτοις Διονυσίοις:
I.Iasos 73, 30–34(■); 74, 27–31(■); *SEG* 41.929 (= PC 1989, 1), 23–26;[320] Blümel 2007, 2 II, 28–32.[321]

6.4.16 Incisione del decreto nella città dell'onorato

Nei decreti di ‹secondo tipo› si prescrive regolarmente che gli ambasciatori inviati nelle città degli onorati, una volta giunti sul luogo, abbiano cura di far pubblicare il decreto iaseo di cui sono latori, affinché appaia chiaro a tutti che il δῆμος di Iasos onora le città e gli uomini probi (v. anche § 3.6.3.19). In un caso, alla πόλις di appartenenza dei giudici viene affidato *in toto* il compito di decidere il luogo in cui esporre lo ψήφισμα iaseo, in un altro le si lascia ugualmente libertà di scelta, ma le si chiede *expressis verbis* che la pubblicazione avvenga in un santuario; in due esempi gli Iasei stessi indicano il santuario, in cui vorrebbero fosse pubblicato il decreto. La costante presenza della proposizione ἵνα πᾶσιν φανερὸν ἦι a completare la richiesta sottintende la preghiera che la pubblicazione avvenga in un luogo ben visibile a chiunque.

Decreti di secondo tipo (4 exx.):

Gli Iasei affidano completamente alla πόλις dei giudici la scelta del luogo di esposizione.
(ἑλέσθαι δὲ καὶ πρεσβευτήν, ὅστις ἀφικόμενος εἰς ... ἀξιώσει δὲ καί, ἵνα) τὸ ψήφισμα ἀναγραφῆι οὗ ἂν αὐτοῖς καλ[ῶς εἶναι φαίνηται, ἵνα] πᾶσιν φανερὸν ἦι, διότι ὁ δῆμος ὁ Ἰασέων καὶ τὰς πόλεις [καὶ τοὺς ἄνδρας τοὺ]ς ἀγαθοὺς τιμᾶι:
Blümel 2007, 2 II, 28–34.

Gli Iasei affidano alla πόλις dei giudici la scelta del luogo di esposizione, ma chiedono che sia un santuario.
(ἑλέσθαι δὲ καὶ πρεσβευτήν, ὅστις παραγενόμενος εἰς ... ἀξιώσει δὲ καί, ἵνα) τὸ ψήφισμα ἀναγραφῇ ἐν ἱερῶι ὧι ἂν αὐτοῖς φαίνηται, ἵνα [πᾶσιν φανερ]ὸν ἦι, διότι ὁ δῆμος ὁ Ἰασέων καὶ τὰς πόλεις καὶ τοὺς ἄνδρας τοὺ[ς ἀγαθοὺς τιμᾶι]:
I.Iasos 73, 30–36(■).

---

[318] Lieve variante: il verbo è coniugato nella forma παρακαλέσει.
[319] È soltanto nel decreto Blümel 2007, 2 II, 29–30 che il teatro non è indicato esplicitamente.
[320] Il decreto prescrive semplicemente Διονυσίοις.
[321] V. nota precedente.

Gli Iasei stessi indicano il santuario in cui vorrebbero che il decreto fosse pubblicato (2 exx.).
(ἑλέσθαι δὲ καὶ πρεσβευτήν, ὅστις παραγενόμενος εἰς ... ἀξιώσει δὲ καί, ἵνα) τὸ ψήφισμα ἀναγραφῆι ἐν ...,[322]
ἵνα πᾶσιν φανερὸν ἧι, ὅτι ὁ δῆμος ὁ Ἰασέων καὶ τὰς πόλεις καὶ τοὺς ἄνδρας τοὺς ἀγαθοὺς τιμᾶι:
I.Iasos 74, 27–33(■); *SEG* 41.929 (= PC 1989, 1), 23–28.[323]

6.4.17 Rinvio della decisione sulla cittadinanza (e la prossenia)

Nei decreti per giudici stranieri di ‹secondo tipo›, la decisione se attribuire o meno l'onore della πολιτεία (e in un caso della prossenia) non viene presa immediatamente, come accade in quelli di ‹primo tipo› e nell'unico esempio del ‹terzo›, ma è rinviata ad una seduta successiva dell'assemblea, facendo riferimento all'esistenza di tempi stabiliti per legge (v. in proposito § 8.2.2.2 e 8.3.1). Fa eccezione un caso, ma si tratta di una singolarità solo apparente, dal momento che i giudici onorati sono, come afferma il decreto stesso, già cittadini.[324] (Totale occorrenze: 3).

Decreto di secondo tipo (2 exx.):
Formula relativa alla sola cittadinanza.
a. περὶ πολιτείας δὲ αὐτοῖς τε καὶ τοῖς ἐκγόνοις αὐτῶν προγράψ[ασ]θαι τοὺς προστάτας ἐν τοῖς ἐννόμοις χρόνο<ι>ς:
I.Iasos 73, 28–29(■).
b. [περὶ πολιτεία]ς δὲ αὐτοῖς καὶ ἐκγόνοις προγράψασθαι [τοὺς προστά]τας [καὶ τοὺς στρατηγοὺς ἐν το]ῖς ἐννόμοις χρόνοις:
I.Iasos 74, 26–27(■).

Formula relativa alla cittadinanza e alla prossenia.
ἵνα δὲ πρόξ[ενοι καὶ πολῖται γέν]ωνται ὁ δῆμος βουλευσάσθω ἐμ μηνὶ Ἀφροδισιῶνι:
Blümel 2007, 2 II, 36–37.

6.5 Onori e privilegi a cittadini di Iasos

Assai rari sono a Iasos i decreti in onore di cittadini. Dal momento che in questa sede, come premesso nell'introduzione, per la loro eterogeneità rispetto ai testi qui presi in esame non vengono considerate né le epigrafi onorarie né i decreti che le prescrivono,[325] la casistica sicura si riduce a 4 soli esempi.[326]

6.5.1 Diverse sequenze di attribuzione di onori e privilegi

I decreti per cittadini presentano una grande variabilità, le sequenze degli onori e dei privilegi conferiti sono tutte diverse tra loro, probabilmente anche in ragione della loro rarità.

---

322 *I.Iasos* 74, 31(■): ἐν τῶι ἱερῶι τῆς Ἀθηνᾶς τῆς Πολιάδος; *SEG* 41.929 (= PC 1989, 1), 28: [ἐ]ν τῶι τ[οῦ Ἀ]πόλωνος (*sic* in Pugliese Carratelli) ἱερῶι (ma v. oltre n. 82 a p. 238).
323 In questo decreto la formula presenta διότι al posto di ὅτι.
324 *SEG* 41.929 (= PC 1989, 1), 20–21.
325 È il caso p. es. di *I.Iasos* 98 e 99, decreti che al loro interno prevedono la pubblicazione di iscrizioni onorarie da apporre su monumenti.
326 Decreto per un πολίτης è assai probabilmente anche Maddoli 2007, 14.A (v. commento *ad loc.*), mutilo tuttavia della decisione e pertanto non esaminato in questa sede. In generale sugli onori per cittadini v. Gauthier 1985, 24–39. Sulla scarsa attestazione epigrafica di essi v. *ibid.*, 32 s.

1. ereditarietà degli onori – ἀτέλεια – προεδρία:
   I.Iasos 24+30, 17–19.
2. sacerdozio – προεδρία – ἀτέλεια – ereditarietà di tutti gli onori:
   I.Iasos 52, 7–13.
3. ἔπαινος – corona – proclamazione della corona – προεδρία:
   I.Iasos 43, 3–10.
4. proclamazione della corona attribuita al δῆμος di Iasos e agli onorati – ἔπαινος – incisione del decreto in un luogo importante – invito nel pritaneo:
   I.Iasos 82, 18–28.

Tabella n. 22. Onori tributati a cittadini

decreto	ἀτέλεια	προεδρία	ereditarietà	ἔπαινος	corona	proclamazione della corona	pubblicazione del decreto	sacerdozio	pasto nel pritaneo
I.Iasos 24+30 (III)	X	X	X						
I.Iasos 43		X		X	X	X			
I.Iasos 52	X	X	X					X	
I.Iasos 82				X		X	X		X

Dalla tabella emerge dunque che l'onore più diffusamente attribuito ai cittadini era la προεδρία; seguono l'ἀτέλεια e l'elogio pubblico; in due casi gli onori sono anche ereditari. In un solo decreto gli Iasei conferiscono una corona e ne deliberano la proclamazione pubblica, mentre in un altro (*I.Iasos* 82) si decide la pubblica proclamazione della corona che il δῆμος di Calymna ha concesso a giudici provenienti dalla πόλις caria. Appare per la prima volta in questo gruppo l'attribuzione di un sacerdozio e, a conferma dell'importanza, della peculiarità e della ricchezza degli onori riservati ai giudici, Iasos – unico caso ad oggi attestato in città – onora i suoi concittadini δικασταί che hanno ben figurato a Calymna invitandoli a consumare un pasto nel pritaneo.

Rispetto ai riconoscimenti conferiti a stranieri mancano, come è ovvio, quegli onori che servono ad attribuire ai forestieri i vantaggi propri dei πολῖται (ἔγκτησις, ἰσοτέλεια, εἴσπλους καὶ ἔκπλους ecc.) o convenienti solo a stranieri (come p. es. la prossenia). Tra gli onori che potrebbero essere erogati, mancano il titolo di evergeta – come è normale, ancora in epoca alto ellenistica, per dei cittadini[327] – e l'accesso privilegiato a consiglio e assemblea. Ad oggi, l'invito nel pritaneo è documentato solo in favore di cittadini. Riservata esclusivamente ai πολῖται è, come ovvio, anche l'attribuzione onoraria di un sacerdozio.

6.5.2 Ἀτέλεια

L'ἀτέλεια (v. § 3.6.3.4) è conferita in due casi e in entrambi è assoluta, vale a dire senza limitazioni. In tutti e due i casi l'assegnazione del privilegio è seguita da una formula che ne assicura il carattere permanente.

a. (δεδόσθαι αὐτοῖς) ἀτέλειαν ... εἰς τὸν ἀεὶ χρόνον:
   I.Iasos 24+30, 17–19.
b. δεδόσθαι δὲ [αὐτῶι καὶ] ἀτέλεαν πάντων τ[ῶν ἐκ τοῦ νόμου] εἰς τὸν ἅπαντα χρόνο[ν]:[328]
   I.Iasos 52, 10–12.

[327] Gauthier 1985, spec. 7–39.

[328] Per questa integrazione, che non accoglie quella proposta da W. Blümel (ἀτέλεαν πάντων τ[ῶν ἡ πόλις κυρία ἐστίν]) – la quale presuppone l'uso, rarissimo, dell'articolo in funzione di pronome relativo – v. Fabiani in stampa, b e qui § 9.11.

6.5.3 Προεδρία

E' l'onore (su di esso v. § 3.6.3.5) che più comunemente viene attribuito ai cittadini. E' conferito con formule molto diverse tra loro. (Totale occorrenze: 3).

a. (δεδόσθαι αὐτοῖς) καὶ προεδρίην εἰς τὸν ἀεὶ χρόνον:
I.Iasos 24+30, 17–19.

b. δεδόσθαι δὲ αὐτ[ῶι καὶ προεδρίαν] ἐν τῶι Διονυσιακῶι ἀγῶνι:
I.Iasos 43, 9–10.

c. [εἶναι] δὲ αὐτῶι καὶ προε[δρίαν ἐν ἀγῶσι] πᾶσιν:[329]
I.Iasos 52, 8–10.

6.5.4 Ereditarietà degli onori

In due casi gli onori conferiti vengono estesi anche ai discendenti. In entrambi gli esempi l'estensione vale per tutto il gruppo degli onori tributati (v. § 3.6.3.7).

Tipo A. Attribuzione di onori e privilegi αὐτῶι καὶ ἐκγόνοις:
I.Iasos 24+30, 17–19.

Tipo B. ὑπάρχειν δὲ ταῦτα καὶ ἐγγόνοις:
I.Iasos 52, 12–13.

6.5.5 Ἔπαινος

Sono attestati due casi di elogio pubblico, uno di tipo semplice, un altro seguito da motivazione (v. § 3.6.3.9).

Tipo A. Verbo – complemento oggetto:
[ἐπηινῆσθαι] ... αὐτόν:
I.Iasos 43, 3–4.[330]

Tipo B. Verbo – complemento oggetto – proposizione causale:
ἐπηινῆσθαι δὲ καὶ τ[οὺς] δικαστὰς τοὺς ἀποσταλέντας, ἐπειδὴ ἄξιοι γενό[με]νοι τοῦ δήμου τιμὰς περιεποίησαν τῆι πόλει:
I.Iasos 82, 20–22.

6.5.6 Corona

E' documentato un solo esempio di corona attribuita da Iasos a propri concittadini (v. § 3.6.3.16). Si tratta di una corona d'oro del peso stabilito per legge. La consegna deve avvenire nel teatro, nel corso delle Dionisie (v. § 3.6.5.7).

καὶ στεφανῶσαι αὐτὸν χρυσῶι στε[φάνωι τῶι ἐκ τοῦ] νόμου ἐν τῶι θεάτρωι τῶι Διονυ[σιακῶι ἀγῶνι]:
I.Iasos 43, 4–5.

---

329 Per questa integrazione v. Fabiani in stampa, b.

330 La forma verbale non può essere precisata; si integra qui [ἐπηινῆσθαι] solo perché più frequentemente attestato (v. § 3.6.3.9).

6.5.7 Proclamazione della corona

In due casi si prescrive che la corona tributata a cittadini di Iasos venga pubblicamente proclamata alle Dionisie, nel corso delle esibizioni corali previste (v. anche § 3.6.3.17).[331] La procedura adottata è simile in entrambe le circostanze. Sia nel caso in cui la corona è stata assegnata dalla πόλις di Iasos a un concittadino (*I.Iasos* 43) sia nel caso in cui essa è stata deliberata dal δῆμος di Calymna in onore di una corte di giudici iasei (*I.Iasos* 82), lo στέφανος viene consegnato pubblicamente nel teatro nel corso della Dionisie (i Calymnii lo chiedono esplicitamente: lo stesso d'altronde fanno gli Iasei quando assegnano una corona a corti dicastiche e al δῆμος da cui provengono: v. § 3.6.4.15). In quel contesto dovrà avvenire anche la proclamazione dell'attribuzione dello στέφανος: nel primo caso a farlo dovrà essere l'araldo, nel secondo l'agonoteta.[332] Il primo decreto prescrive poi che la corona venga annunziata in occasione della prima esibizione di cori, il secondo chiede più precisamente (ma in realtà la maggiore vaghezza del primo non consente di escludere che si tratti della stessa cosa) che avvenga nel primo giorno dei κύκλιοι χοροί, vale a dire nel primo giorno dedicato alle esibizioni (probabilmente a carattere competitivo) di danze corali circolari.[333] Al tempo in cui venne promulgato il decreto *I.Iasos* 82 (sulla datazione § 7.9), le Dionisie di Iasos prevedevano dunque almeno due giorni di spettacoli corali.[334]

a. καὶ ἀναγγεῖλαι τὸν κήρυκα, ὅτα̣[ν ἡ πόλις πρῶτον] χοροὺς ἄγηι, ὅτι ἡ πόλις ἡ Ἰασ[έων στεφανοῖ] τὸν δεῖνα εὐνοίας καὶ φιλίας [ἕνεκεν ἧς ἔχει] περὶ τὸν δῆμον:
I.Iasos 43, 6–9.
b. τὸν μὲν ἀγωνοθέτην ἀναγγεῖλαι τὸν τῆς πόλεως στέφανον καὶ τὸν [τ]ῶν δικαστῶν, κυκλίων τῆι πρώτηι:
I.Iasos 82, 18–20.

6.5.8 Incisione del decreto in un luogo particolarmente in vista

In obbedienza ad una richiesta di Calymna (secondo una prassi ben attestata anche localmente: v. § 3.6.4.16), la πόλις di Iasos procede a far incidere il decreto del δῆμος calimnio in favore dei concittadini giudici in un luogo importante e in vista, che viene lasciato in parte indeterminato: si delibera infatti di esporre lo ψήφισμα o nello ἱερόν di Artemide o in quello di Zeus. Entrambi i santuari, evidentemente, erano considerati luoghi prestigiosi dagli Iasei.

ὅπως δὲ [καὶ τ]ὸ ψήφισμα τοῦτο καὶ τὸ παρὰ Καλυμνίων ἀναγραφῆι [ἐν] τῶι ἐπιφανεστάτωι τόπωι καθὰ καὶ Καλύμνιοι ἀξιοῦσιν, [οἱ ν]εωποῖαι ἐπιμέλειαν ποιησάσθωσαν, ἵνα ἀναγραφῆ ἀμφό[τερα] τὰ ψηφίσματα ἐν τῶι ἱερῶι τοῦ Διὸς ἢ τῆς Ἀρτέμιδος:
I.Iasos 82, 22–26.

---

331 Lo prescrive anche uno dei decreti di Samotracia in onore del poeta tragico iaseo Dymas figlio di Antipatros (*I.Iasos* 153, 34–35), su cui v. § 5.4.8.

332 In *IG* XII 7, 231, 34–38, i Sami che risiedono a Minoa di Amorgo dispongono che l'annuncio, evidentemente annuale, della corona tributata al medico Ouliades venga fatto sia dagli agonoteti che dagli ἱεροκήρυκες in carica.

333 In uno studio molto accurato e convincente, Ceccarelli 2013 giunge alla conclusione che tali danze circolari non corrispondessero necessariamente alle esibizioni ditirambiche, nonostante alcune fonti le assimilino. Nello scolio a Aeschin., *In Tim.* 10 si legge infatti: Λέγονται δὲ οἱ διθύραμβοι χοροὶ κύκλιοι καὶ χορὸς κύκλιος; si veda in proposito Pickard-Cambridge 1968², 74–80 e 239, con rinvio alle fonti. Ma sulla questione giudizi prudenti erano stati già espressi da Ieranò 1997, 234–238 e Wilson 2007b, 164–175.

334 Il τῆι πρώτηι di *I.Iasos* 82 sottintende ἡμέραι, come mostrano i confronti: *Tit.Cam.* 106, 3–12; *IG* XII 5 (Suppl.), 869, 60–61. In altre πόλεις l'annuncio può essere rinviato anche al secondo giorno: *I.Pergamon* I 167, 16–18; a Cos *IG* XII 4, 1, 142, 17–20. La giornata invece non è specificata in *IG* XII 9, 196, 14–17. Che le Dionisie di Iasos durassero più giorni lo si desume anche dalle prime tra le liste coregiche cittadine, *I.Iasos* 160–166, che risalgono ai primi anni del II secolo a.C. (per la datazione v. Crowther 1990, 144–146 e Migeotte 1993, 268–278): in periodo di difficoltà economiche esse documentano donazioni di privati cittadini che sovvenzionano prestazioni di artisti alla Dionisie fino a 6 giorni (cf. in particolare *I.Iasos* 165; uno schema in Migeotte 1993, 270). Intorno alla metà del II secolo a.C. i Τεχνῖται di Dioniso accolsero in un'occasione la richiesta di Iasos di sostenere l'allestimento degli spettacoli connessi alle Dionisie: affinché la città potesse celebrare la festa secondo le regole avite i Τεχνῖται inviarono a titolo gratuito due auleti, due attori tragici, due comici, un citaredo e un citarista con i loro aiutanti (*I.Iasos* 152, 15–16, su cui v. Aneziri 2003, D 13, 392; *ibidem*, 287 la studiosa allude alla possibilità che le Dionisie iasee non prevedessero agoni).

6.5.9 Sacerdozio

È documentata l'assegnazione di un incarico sacerdotale ad un cittadino tramite un decreto che presenta in tutto e per tutto l'aspetto di uno ψήφισμα onorario.

δεδόσθαι αὐτῶ[ι ἱερωσύνην] Διὸς Ἰδριέως καὶ Ἥ[ρας:
I.Iasos 52, 7–8.[335]

6.5.10 Invito nel pritaneo

L'invito nel pritaneo è un onore piuttosto comune ad Atene, dove è certamente esteso anche a stranieri;[336] a Iasos, nella sola circostanza in cui è attestato, è riservato a dei concittadini, più precisamente ai giudici che si sono ben comportati a Calymna. Si tratta dell'invito ad un singolo pasto e non di una σίτησις permanente.[337]

[καλ]έσαι δὲ καὶ τοὺς δικ[αστ]ὰς τοὺς ἀποσταλέντας [εἰς] τὸ πρυτανεῖον:
I.Iasos 82, 27–28.

6.6 La pubblicazione

Una delle decisioni che l'assemblea può assumere, e che in fondo rappresenta un ulteriore riconoscimento riservato all'onorato, concerne la pubblicazione dello ψήφισμα deliberato; il δῆμος ha infatti il potere di consentirla e di finanziarla a spese della comunità. Ignoriamo completamente quale fosse a Iasos la percentuale di decreti ai quali veniva accordato il diritto di essere eternati su pietra (conosciamo infatti, come è ovvio, soltanto decreti pubblicati) e di quanti di essi la πόλις si accollasse i costi.

La maggior parte dei decreti onorari (v. § 3.6.6.3) ricorda nella parte conclusiva della sezione deliberativa chi fosse stato incaricato di curare la pubblicazione (si tratta in genere del collegio dei νεωποῖαι) e il luogo in cui il testo doveva essere fatto incidere.[338] In prevalenza, l'indicazione relativa alla pubblicazione rappresenta l'ultimo elemento del decreto; non mancano tuttavia casi in cui essa è seguita da ulteriori formule (clausole finanziarie, registrazione della votazione, elezione di ambasciatori; v. § 3.6.6.2), ugualmente connesse alla promulgazione dello ψήφισμα.

6.6.1 Presenza o assenza

1. La formula di pubblicazione è sicuramente assente (22 exx.):
I.Iasos 1(△); 23(△); 34; 40; 52; 54;[339] 68; 71(*); 152, 40–41(△); *SEG* 36.982 A (= PC 1985, IIa); *SEG* 36.982 B (= PC 1985, IIb); *SEG* 36.982 C (= PC 1985, IIc); *SEG* 36.983 (= PC 1985, p. 155); Maddoli 2007, 1.1; 1.2; 1.3(□); 1.4; 5; 16.1(□); 20.A2(□); 22; 24.

---

[335] Riflessioni sullo ψήφισμα, sulla tipologia di sacerdozio e sulle ragioni di un decreto pubblico per concederlo si trovano in Fabiani in stampa, b; alcune considerazioni sono contenute anche in Nafissi 2013, 313–314. Su questo documento, che presenta alcune peculiarità, si vedano ancora i §§ 5.5.10, 7.4 e 9.11. Προεδρία e ἀτέλεια erano tra i privilegi più frequentemente assegnati ai sacerdoti (Pirenne-Delforge in *ThesCRA* V, 25 e 27).

[336] Henry 1983, 262–275.

[337] La posizione dell'onore, collocato in conclusione di decreto e già dopo le indicazioni relative alla pubblicazione del testo, lascia pensare che la proposta di erogarlo fosse stata avanzata in forma di emendamento: per altri casi v. Laqueur 1927, 44–47.

[338] Sui luoghi di pubblicazione dei decreti iasei v. Fabiani - Nafissi 2013.

[339] Alle ll. 12–13 il decreto presenta la clausola ἀναγράψαι δὲ αὐτὸν καθάπερ καὶ τοὺς ἄλλους προξένους: la formula di concessione della prossenia documenta dunque l'uso del verbo ἀναγράφω, la cui presenza è considerata da Swoboda 1890, 46 un indizio di antichità. Anche se questa formula, come conferma l'esistenza stessa di una copia del decreto iscritta su pietra, doveva prevedere – accanto alla registrazione dell'onorato in un elenco dei prosseni – pure l'incisione dello ψήφισμα, essa non può tuttavia essere considerata equivalente alle altre formule che prescrivono la pubblicazione: queste ultime indicano infatti sempre un luogo di esposizione, anche se con ineguale grado di precisione, e, con una sola eccezione (Maddoli 2007, 17, 16–18), hanno per oggetto lo ψήφισμα o, più raramente, τὰ δεδογμένα (*I.Iasos* 31, 4–5; Maddoli 2007, 4, 14–17), e non il nome dell'onorato.

2. La formula di pubblicazione è presente (53 exx.):[340]
   I.Iasos 2, 59–61(△); 24+30, 20–21; 28, 1; 31, 4–5; 33, 11–13; 35, 18–20; 37, 13; 38, 6–7; 42, 8–9; 43, 10–13; 46, 7–8; 47, 4–5; 48, 10–12; 50, 11–12; 53, 10; 55, 1–2; 58+44, 16–17; 60, 19–20; 61, 11–13; 62, 9–11; 63, 1–4; 73, 36–37(■); 74, 33–34(■); 82, 22–26; *SEG* 38.1061 (= PC 1987, c), 10–11; *SEG* 41.929 (= PC 1989, 1), 28–30; *SEG* 41.930 (= PC 1989, 2), 27–29; *SEG* 41.930 (= PC 1989, 2), 33–35 + *SEG* 41.931 (= PC 1989, 3), 1–13, 26–27; *SEG* 41.931 (= PC 1989, 3), 46–47; *SEG* 41.932 (= PC 1989, 4), 5–6; Maddoli 2007, 4, 11–13 e 14–17; 6, 7–8; 7, 9; 8, 7–8; 9, 7; 11.A, 13–14; 11.B, 18–20; 12.A1, 4–5; 12.B, 11; 15, 7–8; 17, 16–18; 18.1, 10–11; 18.2, 6–7; 19.1, 8; 20.A1, 14–15; 20.B, 13–15; 21, 12–13; 23.1+*I.Iasos* 66, 25–26; 23.2, 22–23(*); 25.A1, 10–11; 25.B, 9–10(*);[341] 26, 16–18; Blümel 2007, 2 II, 34–36.
3. La presenza della formula di pubblicazione non è determinabile (37 exx.):
   I.Iasos 4; 6(△); 20(△); 25(▲); 26(▲); 27; 29(▲); 32; 36; 39; 41; 45; 49(▲); 51(■); 56; 57; 59; 64(▲); 65; 67; 69(▲); 70; 75; 76; 77; 219(△); Habicht 1994, p. 71(▲); *SEG* 41.933 (= PC 1989, 5); Maddoli 2007, 10; 12.A2(▲); 13; 14.A; 16.2(▲); 19.2; 25.A2(▲); NPg 898; Blümel 2007, 2 III.

6.6.2 Posizione

1. È l'ultimo elemento del decreto (35 exx.):
   Iasos 2, 59–61(△); 24+30, 20–21; 31, 4–5; 33, 11–13; 37, 13; 38, 6–7; 42, 8–9; 43, 10–13; 46, 7–8; 47, 4–5; 48, 10–12; 50, 11–12; 53, 10(*); 55, 1–2; 58+44, 16–17; 60, 19–20; 61, 11–13; 62, 9–11; *SEG* 38.1061 (= PC 1987, c), 10–11; Maddoli 2007, 4, 11–13 e 14–17;[342] 6, 7–8; 7, 9; 8, 7–8; 9, 7; 11.A, 13–14; 11.B, 18–20; 12.A1, 4–5; 12.B, 11(*); 17, 16–18; 18.1, 10–11; 18.2, 6–7; 19.1, 8; 20.A1, 14–15; 21, 12–13; 23.1+*I.Iasos* 66, 25–26.
2. È seguita da clausole finanziarie e altre decisioni assembleari (17 exx.):
   I.Iasos 28, 1–5; 35, 18–21; 63, 1–4; 73, 36–37(■); 74, 33–34(■); 82, 22–28; *SEG* 41.929 (= PC 1989, 1), 28–36; *SEG* 41.930 (= PC 1989, 2), 27–32; *SEG* 41.930 (= PC 1989, 2), 33–35 + *SEG* 41.931 (= PC 1989, 3), 1–13, 26–30; *SEG* 41.931 (= PC 1989, 3), 46–58; *SEG* 41.932 (= PC 1989, 4), 5–14; Maddoli 2007, 20.B, 13–23; 23.2, 22–26; 25.A1, 10–13; 25.B, 9–12;[343] 26, 16–19; Blümel 2007, 2 II, 34–41.
3. La posizione della formula non è determinabile:
   Maddoli 2007, 15, 7–8.

6.6.3 Formulazione

Le formule con cui si prescrive la pubblicazione dei decreti sono, come si constaterà, assai mutevoli.[344] Variano infatti le due informazioni principali in esse contenute, il luogo scelto per la pubblicazione e i magistrati incaricati di provvedere a essa. I decreti sono raccolti in classi secondo il luogo di pubblicazione. Quanto al responsabile di essa, a volte non viene specificato (Tipo A delle varie classi), altre volte è un singolo νεωποίης (Tipo B), mentre più spesso l'incombenza è affidata all'intero collegio dei νεωποῖαι (Tipo C); in un solo caso il compito è assegnato agli ἄρχοντες (Tipo D); in alcuni esempi, la lacunosità del testo non permette di conoscere con certezza il destinatario del compito (per comodità raccolgo questi casi sotto la definizione ‹Tipo E›).

[340] La pubblicazione doveva essere prevista anche nella parte relativa alla decisione, in entrambi i casi perduta, di *SEG* 41.932 (= PC 1989, 4) – lo prevede la mozione originaria (ll. 37–39) – e di Maddoli 2001, A (= *SEG* 51.1506)(△). A proposito di questo secondo testo, la mozione originaria (ll. 3 ss.) indica chiaramente che il decreto aveva per scopo proprio l'incisione di un antico ψήφισμα ateniese.

[341] In realtà il decreto in questione è mutilo proprio della parte della decisione che concerne la pubblicazione: che tuttavia essa fosse prevista lo si desume dalla mozione originaria (ll. 9–10).

[342] In questo caso la valutazione della posizione della formula è complicata dalla sua scansione in due parti, in mezzo alle quali è indicato il responsabile finanziario della pubblicazione. In ogni caso, lo ψήφισμα può essere inserito in questo insieme perché la decisione di affidare a una determinata magistratura l'incisione del testo non è seguita da nessun'altra clausola. Si potrebbe ipotizzare che la seconda parte della formula rappresenti un emendamento al testo sottoposto all'assemblea.

[343] Anche in questo caso la posizione della decisione della pubblicazione si desume dalla mozione originaria (ll. 9–10).

[344] Per gli ufficiali incaricati della pubblicazione ad Atene e le formule connesse v. Henry 2002.

Classe 1. L'incisione deve aver luogo su una παραστάς che non viene specificata (5 exx.).
Tipo A. Manca l'indicazione di chi deve provvedere alla pubblicazione:
τὸ δὲ ψήφισμα ἀναγραφῆναι ἐν τῆι παραστά̣[δι]:
I.Iasos 37, 13.
Tipo B. L'incarico è affidato a un solo νεωποίης:
τὸ δὲ ψήφισμα τόδε ἀναγραφῆναι εἰς παραστάδα, ἐπ[ι]μεληθῆναι δὲ τῆς ἀναγραφῆς τὸν νεωποίην:
I.Iasos 58+44, 16–17.
Tipo C. L'incarico è affidato al collegio dei νεωποῖαι (3 exx.):
a. ἀναγράψαι δὲ τὸ ψήφισμα τοὺς νεωποίας [ἐν τ]ῆι παραστάδι:
I.Iasos 50, 11–12.
b. ἀναγράψαι δὲ τοὺς νεωποίας ἐν τῆι παραστάδι καθὼς καὶ τοὺς λοιποὺς προξένους:
Maddoli 2007, 17, 16–18.
c. τὸ δὲ ψήφισμα ἀναγράψα[ι] τοὺς νεωποίας τοὺς ἐνεστῶτας ἐν τῆ[ι πα]ραστάδι:
I.Iasos 48, 10–12.

Classe 2. L'incisione deve aver luogo ἐν τῆι παραστάδι τῆς στοᾶς τοῦ Ποσειδῶνος (4 exx.).[345]
Tipo C. L'incarico è affidato al collegio dei νεωποῖαι:
a. ἀναγράψαι δὲ τοὺς νεωποίας τοὺς ἐνεστηκότας τὸ ψήφισμα τόδε ἐν τῆι παραστάδι τῆς στοᾶς:
I.Iasos 61, 11–13.[346]
b. ἀναγράψαι δὲ τὸ ψήφισμ[α τ]οὺς νεωποίας τοὺς ἐπ' Ἡγύλλου ἐν τῆι παρ[αστάδι] τῆς στοᾶς τοῦ Ποσειδῶνος:
I.Iasos 62, 9–11.
c. ἀν[αγράψαι δὲ τόδε τὸ ψήφισμα το]ὺ̣ς ἐνεστηκότας [ν]ε[ωποίας –] Θαργελιῶνος ἐν τῆι π‹α›ρα[στάδι ἐν τῆι] Ποσειδῶνος στοᾶι:
I.Iasos 63, 1–4.
d. τόδε τ̣[ὸ ψήφισμα ἀ]ναγράψαι ἐν τῆι παραστά[δι τῆς στοᾶς] τοῦ Ποσειδῶνος· ὅπως δὲ [ἀναγραφῆι ἐπ]ιμεληθῆναι τοὺ[ς] νεωπ[οίας]:
I.Iasos 43, 10–13.

Classe 3. L'incisione deve aver luogo ἐν τῆι παραστάδι τῆι πρὸ τοῦ ἀρχείου (3 exx.).
Tipo A. Manca l'indicazione di chi deve provvedere alla pubblicazione:
ἀναγράψαι δὲ τὸ ψήφισμα ἐν τῆι παραστάδι τῆι πρὸ τοῦ ἀρχείου:
I.Iasos 24+30, 20–21.
Tipo B. L'incarico è affidato a un solo νεωποίης (2 exx.):
a. τὸν δὲ νεωποίην τὸν ἐνεστῶτα ἀναγράψαι τὰ δεδο[γ]μένα ἐν τῆι παραστάδι τῆι πρὸ τοῦ ἀρχείου:
I.Iasos 31, 4–5.
b. ἀναγράψαι δὲ τὸ ψήφισμα τὸν νεωποίην ἐν τῆι παραστάδι πρὸ τοῦ ἀρχείου:
I.Iasos 38, 6–7.

Classe 4. L'incisione deve aver luogo ἐν τῆι παραστάδι τοῦ Μαυσσωλλείου (3 exx.).
Tipo A. Manca l'indicazione di chi deve provvedere alla pubblicazione:
τὸ δὲ ψήφισμα ἀναγρα[φῆναι][347] ἐν τῆι παραστάδι τοῦ Μαυσσωλλείου:
Maddoli 2007, 11.A, 13–14.
Tipo B. L'incarico è affidato a un solo νεωποίης.
ἀναγράψαι δὲ τὸ ψήφισμα τὸν νεωποίην ἐν τῆι παραστάδι τῆι ἐπὶ τῆς εἰσόδου τοῦ Μαυσσωλλείου:
Maddoli 2007, 11.B, 19–21.

---

345 Sulle diverse παραστάδες che a Iasos vennero impiegate per l'esposizione dei decreti v. Fabiani – Nafissi 2013.

346 È dal confronto con le epigrafi sottostanti che si evince che questa στοά è quella di Poseidon, ad oggi l'unica che sia ricordata a Iasos come luogo di esposizione di decreti: v. Fabiani – Nafissi 2013, 44–54.

347 È questa probabilmente, vista anche la disposizione della parole, l'integrazione più probabile; nell'*editio princeps* era stato proposto ἀναγρά[ψαι]. Il suggerimento è di Wolfgang Blümel, che ringrazio.

Tipo E. L'incarico della pubblicazione resta incerto in lacuna:
ἀν̣[αγράψαι δὲ τὸ ψήφισμα τοὺς νεωποίας(?)] ἐν τῆι παραστάδι τοῦ Μ̣[αυσσωλλείου]:
Maddoli 2007, 12.A1, 4–5.

Classe 5. L'incisione deve aver luogo ἐν τῆι παραστάδι τοῦ βουλευτηρίου.
Tipo B. L'incarico è affidato a un solo νεωποίης:
[ἀναγράψαι δὲ τὸ ψ]ήφισμα τὸν νεωποίην ἐν τῆι παραστάδι τοῦ βουλευτηρίου:
I.Iasos 55, 2.

Classe 6. L'incisione deve aver luogo nell'ἀγορά (2 exx.).
Tipo C. L'incarico è affidato al collegio dei νεωποῖαι:
a. ἀναγράψαι δὲ τοὺς νεωποίας τὸ ψήφισμα ἐν τῆι ἀγορᾶι:
I.Iasos 46, 7–8.
b. ἀναγράψαι δὲ τὸ [ψήφισμα τοὺς νεωποίας ἐν τῶι ἐπιφανεστάτωι τόπωι ἐν τ]ῆι ἀγορᾶι:
SEG 38.1061 (= PC 1987, c), 10–11.[348]

Classe 7. L'incisione deve aver luogo nell'Ἀπολλώνιον (8 exx.).
Tipo C. L'incarico è affidato al collegio dei νεωποῖαι.
a. ἀναγράψαι δὲ τὸ ψήφισμα τοὺς νεωποίας ἐπὶ τοῦ Ἀπολλωνίου (4 exx.):
Maddoli 2007, 18.1, 10–11; 18.2, 6–7; 20.A1, 14–15; 21, 12–13.
b. τὸ δὲ ψήφισμα ἀναγράψαι τοὺς νεωποίας εἰς τὸ Ἀπολλώνιον (2 exx.):
I.Iasos 42, 8–9; 60, 19–20.[349]
c. [ἀναγράψαι δὲ τὸ ψήφισμα τοὺς νεωποίας ἐν τ]ῶι Ἀπολλωνίωι:
Maddoli 2007, 8, 7–8.
d. καὶ οἱ νεωποῖαι ἀναγραψάτωσαν τὸ ψήφισμα ἐπὶ τοῦ Ἀπολλωνίου [π]αρ̣ὰ τ̣ὸ τῶν προγόνων αὐτοῦ ψήφισμα:
Maddoli 2007, 20.B, 13–15.

Classe 8. L'incisione deve aver luogo nello ἱερόν di Zeus e Hera (5 exx.).[350]
Tipo C. L'incarico è affidato al collegio dei νεωποῖαι:
a. ἀναγράψαι δὲ τὸ ψήφισμα τοὺς νεωποίας ἐν τῶι ἱερῶι τοῦ Διὸς καὶ τῆς Ἥρας (4 exx.):[351]
SEG 41.930 (= PC 1989, 2), 27–29;[352] *SEG* 41.930 (= PC 1989, 2), 33–35 + *SEG* 41.931 (= PC 1989, 3), 1–13, 26–27; *SEG* 41.931 (= PC 1989, 3), 46–47;[353] Maddoli 2007, 25.A1, 10–11.
b. οἱ δὲ [νεωποῖαι ἀναγραφέτωσαν (?) τὸ ψήφισ]μα ἐν τῶι ἱερῶι τοῦ Διὸς [καὶ τῆς Ἥρας]:
I.Iasos 35, 18–20.

Classe 9. L'incisione deve aver luogo nello ἱερόν di Artemide (4 exx.).
Tipo A. Manca l'indicazione di chi deve provvedere alla pubblicazione (2 exx.):
ἀναγράψαι δὲ τὸ ψήφισμα καὶ παρ' ἡμῖν ἐν τῶι ἱερῶι τῆς Ἀρτέμιδος:
I.Iasos 73, 36–37(■); 74, 33–34(■).[354]

---

348 L'integrazione è quella da me proposta a § 9.23.
349 I due elementi iniziali della formula occupano posizioni invertite.
350 Una pubblicazione nel santuario di Zeus e Hera è certa anche per *I.Iasos* 28 (§ 9.3), anche se la formula è ampiamente integrata.
351 Sulla base del confronto con la mozione originaria, dovevano con tutta probabilità rientrare in questo insieme le formule di pubblicazione, non conservate, di *SEG* 41.932 = PC 1989, 4 (cf. ll. 37–39) e di Maddoli 2007, 25.B (cf. ll. 9–10).
352 Vi è καὶ prima di τὸ ψήφισμα.
353 τοὺς δὲ νεωποίας occupava probabilmente il primo posto nella formula.
354 Dopo ψήφισμα è stato inserito anche τόδε.

Tipo C. L'incarico è affidato al collegio dei νεωποῖαι (2 exx.):
a. ἀναγ[ρά]ψαι δὲ τὸ ψήφισμα τόδε [καὶ παρ'] ἡμῖν [ἐν] τῶι ἱερῶι τῆς Ἀρτέμιδος, τῆς δὲ ἀναγραφῆς ἐπιμεληθήτω[σαν οἱ νεω]ποῖαι:
SEG 41.929 (= PC 1989, 1), 28–30.
b. ἀναγράψαι δὲ τὸ ψήφισμα τόδε καὶ π[αρ' ἡμῖν ἐν τ]ῶι τῆς Ἀρτέμιδος ἱερῶι ἐν τῶι ἐπιφανεστάτωι τόπωι· τῆ[ς δὲ ἀνα]γραφῆς ἐπιμεληθ[ήτ]ωσαν οἱ νεωποῖαι:
Blümel 2007, 2 II, 34–36.

Classe 10. L'incisione deve aver luogo nello ἱερόν di Zeus (2 exx.).
Tipo C. L'incarico è affidato al collegio dei νεωποῖαι:
τοὺς νεωποίας ἀνα[γράψαι – – – –] καὶ στῆναι ἐν τῶι τοῦ Διὸς ἱερῶι:
I.Iasos 2, 59–61(△).
Tipo D. L'incarico è affidato al collegio degli ἄρχοντες:
ἀναγράψαι δὲ ταῦτα ἐν [στήληι λι]θίνηι καὶ στῆσαι ἐν τῶι ἱερῶι [τοῦ Διός]· … ὅπως δὲ [ἡ στήλη] σταθήσεται καὶ τὰ δεδογμ[ένα τῆι πόλ]ει ἀναγεγράψεται ἐπιμε[ληθῆναι τοὺς ἄ]ρχοντας τοὺς ἐνεστεῶτα[ς]:
Maddoli 2007, 4, 11–13 e 14–17(*).[355]

Classe 11. L'incisione deve aver luogo nello ἱερόν di Artemide o in quello di Zeus.
Tipo C. L'incarico è affidato al collegio dei νεωποῖαι:
ὅπως δὲ [καὶ τ]ὸ ψήφισμα τοῦτο καὶ τὸ παρὰ Καλυμνίων ἀναγραφῆι [ἐν] τῶι ἐπιφανεστάτωι τόπωι καθὰ καὶ Καλύμνιοι ἀξιοῦσιν, [οἱ ν]εωποῖαι ἐπιμέλειαν ποιησάσθωσαν, ἵνα ἀναγραφῇ ἀμφό[τερα] τὰ ψηφίσματα ἐν τῶι ἱερῶι τοῦ Διὸς ἢ τῆς Ἀρτέμιδος:
I.Iasos 82, 22–26.[356]

Classe 12. L'incisione deve aver luogo in un ἐπιφανέστατος τόπος.
Tipo B. L'incarico è affidato a un solo νεωποίης:
ἵνα δὲ τὸ ψήφισμα ἀναγραφῆι ἐπιμεληθῆναι τὸν νεωποίην, τόπον δὲ ἀποδεῖξαι τοὺς προστάτας τὸ[ν ἐπιφανέστ]ατον, [ὅπ]ου τὸ ψήφισμα ἀναγραφήσεται:
I.Iasos 33, 11–13.[357]

Classe 13. Non viene indicato un luogo di incisione (3 exx.).
Tipo C. L'incarico è affidato al collegio dei νεωποῖαι:
a. ἀναγράψαι δὲ αὐτοὺς τοὺς νεωποίας:
SEG 41.932 (= PC 1989, 4), 5–6.
b. ἀναγράψαι δὲ τὸ ψήφισμα τοὺς νεωποίας (2 exx.):
I.Iasos 47, 4–5; Maddoli 2007, 19.1, 8.

Classe 14. La formula è lacunosa (7 exx.).
Tipo A. Manca l'indicazione di chi deve provvedere alla pubblicazione (2 exx.):
ἀναγραφῆναι δὲ τὸ ψήφισμα [– – –]:
Maddoli 2007, 12.B, 11; *I.Iasos* 53, 10.[358]

---

[355] L'integrazione del nome della divinità è resa convincente dal ridotto spazio a disposizione: in base alle attuali conoscenze, in una lacuna di questa estensione, a Iasos, non può che trovarsi il nome di Zeus.
[356] Sulle caratteristiche di emendamento della proposizione introdotta da ἵνα v. Laqueur 1927, 109–110.
[357] L'espressione è da me integrata anche nel decreto *SEG* 38.1061 (= PC 1987, c), 11, nel quale tuttavia l'ἐπιφανέστατος τόπος è collocato nell'ἀγορά (v. sopra Classe 6 e § 9.23).
[358] I due elementi della formula occupano posizioni invertite.

Tipo C. L'incarico è affidato al collegio dei νεωποῖαι (5 exx.):
a. ἀναγράψαι δὲ τὸ ψήφισμα τοὺς νεωποίας [- - -] (3 exx.):
Maddoli 2007, 6, 7–8 (*); 7, 9; 9, 7.
b. ἀνα[γράψαι δὲ τὸ ψήφισμα τοὺς νεωποίας] ἐν τῶι ἱερ[ῶι - - -]:
Maddoli 2007, 23.1+*I.Iasos* 66, 25–26.
c. [τῆς δὲ ἀναγραφῆς ἐπιμέλειαν π]ọιησάσθωσạν καθότι ἐν τῆι [ἐφόδωι γέγραπται οἱ νεωποῖαι]:
Maddoli 2007, 26, 16–18.[359]

- Decreti con formulazione molto frammentaria (3 exx.).
I.Iasos 28, 1–2(▲); Maddoli 2007, 15, 7–8; 23.2, 22–23.

Tabelle

Tabella n. 23. Le formule di pubblicazione nei decreti (presentati secondo l'ordine standard definito a § 1.3)

LEGENDA:

assente	la formula di pubblicazione è assente
presente	la formula di pubblicazione è presente
ultima formula	la formula di pubblicazione è l'ultima del decreto
+ altre formule	la formula di pubblicazione è seguita da altre
παρ. non spec.	il decreto deve essere inciso su una παραστάς non specificata
παρ. στ. Ποσειδ.	il decreto deve essere inciso ἐν τῆι παραστάδι τῆς στοᾶς τοῦ Ποσειδῶνος
παρ. πρὸ τ. ἀρχ.	il decreto deve essere inciso ἐν τῆι παραστάδι τῆι πρὸ τοῦ ἀρχείου
παρ. Μαυσσωλλ.	il decreto deve essere inciso ἐν τῆι παραστάδι τοῦ Μαυσσωλλείου
παρ. τ. βουλ.	il decreto deve essere inciso ἐν τῆι παραστάδι τοῦ βουλευτηρίου
ἀγορά	il decreto deve essere inciso nell'ἀγορά
Ἀπολλώνιον	il decreto deve essere inciso nell'Ἀπολλώνιον
ἱερόν Zeus - Hera	il decreto deve essere inciso nello ἱερόν di Zeus e Hera
ἱερόν Artemide	il decreto deve essere inciso nello ἱερόν di Artemide
ἱερόν Zeus	il decreto deve essere inciso nello ἱερόν di Zeus
ἱερόν Art. o Zeus	il decreto deve essere inciso nello ἱερόν di Artemide oppure di Zeus
ἐπιφαν. τόπος	il decreto deve essere inciso in un ἐπιφανέστατος τόπος
luogo non indic.	non viene indicato un luogo di incisione
non specificati	gli incaricati della pubblicazione non vengono indicati
un νεωποίης	incaricato della pubblicazione è un solo νεωποίης
collegio νεωπ.	incaricato della pubblicazione è l'intero collegio dei νεωποῖαι
collegio ἄρχοντ.	incaricato della pubblicazione è il collegio degli ἄρχοντες

[359] L'integrazione [οἱ νεωποῖαι] è resa sicura dal confronto con la mozione originaria (l. 11–12).

decreto	presenza della formula		posizione della formula		luogo di esposizione													incaricati della pubblicazione			
	assente	presente	ultima formula	+ altre formule	παρ. non spec.	παρ. στ. Ποσειδ.	παρ. πρὸ τ. ἀρχ.	παρ. Μαυσσωλλ.	παρ. τ. βουλ.	ἀγορά	Ἀπολλώνιον	ἱερόν Zeus - Hera	ἱερόν Artemide	ἱερόν Zeus	ἱερόν Art. o Zeus	ἐπιφαν. τόπος	luogo non indic.	non specificati	un νεωποίης	collegio νεωπ.	collegio ἀρχοντ.
I.Iasos 31		X	X				X												X		
I.Iasos 33		X	X													X			X		
I.Iasos 34	X																				
I.Iasos 35 **(V)**		X		X								X								X	
I.Iasos 37		X	X		X													X			
I.Iasos 38		X	X				X												X		
I.Iasos 40	X																				
I.Iasos 42		X	X								X									X	
I.Iasos 46		X	X							X										X	
I.Iasos 47		X	X														X			X	
I.Iasos 48		X	X		X															X	
I.Iasos 50		X	X		X															X	
I.Iasos 53		X	X*		?	?	?	?	?	?	?	?	?	?	?	?	?	X			
I.Iasos 54	X																				
I.Iasos 58+44 **(IVb)**		X	X		X														X		
I.Iasos 60		X	X								X									X	
I.Iasos 61		X	X			X														X	
I.Iasos 62		X	X			X														X	
I.Iasos 63		X		X		X														X	
I.Iasos 68	X																				
I.Iasos 71	X*																				
SEG 36.982A	X																				
SEG 36.982B	X																				
SEG 36.982C	X																				
SEG 36.983 **(II)**	X																				
SEG 41.931,15–58 **(VIIIb)**		X		X								X								X	
M2007,1.1 **(I)**	X																				
M2007,1.2	X																				
M2007,1.4	X																				
M2007,4		X	X											X*							X
M2007,5	X																				
M2007,6		X	X		?	?	?	?	?	?	?	?	?	?	?	?	?			X*	
M2007,7		X	X		?	?	?	?	?	?	?	?	?	?	?	?	?			X	
M2007,8		X	X								X									X	
M2007,9		X	X		?	?	?	?	?	?	?	?	?	?	?	?	?			X	

M2007,11.A		X	X					X										X			
M2007,11.B		X	X					X											X		
M2007,12.A1		X	X					X												X	
M2007,12.B		X	X*															X			
M2007,15		X	?	?	?	?	?	?	?	?	?	?	?	?	?	?	?			X*	
M2007,17		X	X		X															X	
M2007,18.1		X	X								X									X	
M2007,18.2 **(IVc)**		X	X								X									X	
M2007,19.1		X	X														X			X	
M2007,20.A1		X	X								X									X	
M2007,20.B		X		X							X									X	
M2007,21		X	X								X									X	
M2007,22	X																				
M2007,23.1 + *I.Iasos* 66		X	X								?	?	?	?	?					X*	
M2007,24	X																				
M2007,25.A1		X		X								X								X	
M2007,25.B **(VII)**		X*		X								X*								X*	
M2007,26		X		X	?	?	?	?	?	?	?	?	?	?	?	?	?			X*	
M2007,1.3 □	X																				
M2007,16.1 □	X																				
M2007,20.A2 □	X																				
SEG 38.1061		X	X							X										X	
SEG 41.929		X		X									X							X	
SEG 41.930,1–32 **(VIIIa)**		X		X								X								X	
SEG 41.932,15–42		X*		X*								X*						?	?	?	?
B2007, 2 II		X		X									X							X	
I.Iasos 73 ■		X		X									X					X			
I.Iasos 74 ■		X		X									X					X			
I.Iasos 24+30 **(III)**		X	X				X											X			
I.Iasos 43		X	X			X														X	
I.Iasos 52	X																				
I.Iasos 82		X		X											X					X	
I.Iasos 28		X		X								X*						?	?	?	?
I.Iasos 55		X	X						X										X		
SEG 41.930,33–35 + *SEG* 41.931,1–13		X		X								X								X	
SEG 41.932,1–14		X		X													X			X	
M2007,23.2		X*		X	?	?	?	?	?	?	?	?	?	?	?	?	?	?	?	?	?
I.Iasos 1 △	X																				
I.Iasos 2 △		X	X											X						X	
I.Iasos 23 △	X																				
I.Iasos 152, 40–41 △	X																				

Tabella n. 24. Le formule di pubblicazione suddivise per gruppi

decreto	presenza della formula		posizione della formula		luogo di esposizione													incaricati della pubblicazione			
	assente	presente	ultima formula	+ altre formule	παρ. non spec.	παρ. στ. Ποσειδ.	παρ. πρὸ τ. ἀρχ.	παρ. Μαυσσωλλ.	παρ. τ. βουλ.	ἀγορά	Ἀπολλώνιον	ἱερόν Zeus – Hera	ἱερόν Artemide	ἱερόν Zeus	ἱερόν Art. o Zeus	ἐπιφαν. τόπος	luogo non indic.	non specificati	un νεωποίης	collegio νεωπ.	collegio ἄρχοντ.
I.Iasos 34	X																				
I.Iasos 40	X																				
I.Iasos 54	X																				
I.Iasos 68	X																				
I.Iasos 71	X*																				
SEG 36.982A	X																				
SEG 36.982B	X																				
SEG 36.982C	X																				
SEG 36.983 **(II)**	X																				
M2007,1.1 **(I)**	X																				
M2007,1.2	X																				
M2007,1.4	X																				
M2007,5	X																				
M2007,22	X																				
M2007,24	X																				
M2007,1.3 ▢	X																				
M2007,16.1 ▢	X																				
M2007,20.A2 ▢	X																				
I.Iasos 52	X																				
I.Iasos 1 △	X																				
I.Iasos 23 △	X																				
I.Iasos 152,40–41 △	X																				
I.Iasos 31		X	X				X												X		
I.Iasos 33		X	X													X			X		
I.Iasos 37		X	X		X													X			
I.Iasos 38		X	X				X												X		
I.Iasos 42		X	X								X									X	
I.Iasos 46		X	X							X										X	
I.Iasos 47		X	X														X			X	
I.Iasos 48		X	X		X															X	
I.Iasos 50		X	X		X															X	
I.Iasos 53		X	X*		?	?	?	?	?	?	?	?	?	?	?	?	?	X			
I.Iasos 58+44 **(IVb)**		X	X		X														X		
I.Iasos 60		X	X								X									X	
I.Iasos 61		X	X			X														X	
I.Iasos 62		X	X			X														X	
M2007,4		X	X											X*							X
M2007,6		X	X		?	?	?	?	?	?	?	?	?	?	?	?	?			X*	
M2007,7		X	X		?	?	?	?	?	?	?	?	?	?	?	?	?			X	

M2007,8		X	X								X									X	
M2007,9		X	X		?	?	?	?	?	?	?	?	?	?	?	?	?			X	
M2007,11.A		X	X					X										X			
M2007,11.B		X	X					X											X		
M2007,12.A1		X	X					X												X	
M2007,12.B		X	X*															X			
M2007,17		X	X		X															X	
M2007,18.1		X	X								X									X	
M2007,18.2 (**IVc**)		X	X								X									X	
M2007,19.1		X	X														X			X	
M2007,20.A1		X	X								X									X	
M2007,21		X	X								X									X	
M2007,23. + *I.Iasos* 66		X	X								?	?	?	?	?					X*	
SEG 38.1061		X	X							X										X	
I.Iasos 24+30 (**III**)		X	X				X											X			
I.Iasos 43		X	X			X														X	
I.Iasos 2 △		X	X											X						X	
I.Iasos 55		X	X						X										X		
I.Iasos 35 (**V**)		X		X								X								X	
I.Iasos 63		X		X		X														X	
SEG 41.931,15–58 (**VIIIb**)		X		X								X								X	
M2007,20.B		X		X							X									X	
M2007,25.A1		X		X								X								X	
M2007,25.B (**VII**)		X*		X*								X*								X*	
M2007,26		X		X	?	?	?	?	?	?	?	?	?	?	?	?	?			X*	
SEG 41.929		X		X									X							X	
SEG 41.930,1–32 (**VIIIa**)		X		X								X								X	
SEG 41.932,15–42		X*		X*								X*						?	?	?	?
B2007, 2 II		X		X									X							X	
I.Iasos 73 ■		X		X									X					X			
I.Iasos 74 ■		X		X									X					X			
I.Iasos 82		X		X											X					X	
Iasos 28		X		X								X*						?	?	?	?
SEG 41.930,33–35 + *SEG* 41.931,1–13		X		X								X								X	
SEG 41.932,1–14		X		X													X			X	
M2007,23.2		X*		X	?	?	?	?	?	?	?	?	?	?	?	?	?	?	?	?	?
M2007,15		X	?	?	?	?	?	?	?	?	?	?	?	?	?	?	?			X*	

Dal punto di vista cronologico l'osservazione della tabella permette di desumere che:

- l'assenza della formula di pubblicazione sembra delinearsi come una caratteristica dei decreti più antichi: a indicarlo i decreti databili **I–II**;
- negli ψηφίσματα successivi la presenza della clausola diventa abituale (si vedano i decreti databili **III–IV**) e la sua collocazione è costantemente in chiusura di decreto;
- in seguito, come rivela l'analisi dei decreti databili **V–VIIIa–b**, la formula continua ad essere presente ma non più in posizione di chiusura; a partire dalla seconda metà del III secolo a.C., subito dopo di essa vengono inserite clausole finanziarie e altre informazioni, che verranno esaminate qui di seguito.

6.7 Le clausole finanziarie

Nella parte conclusiva di alcuni decreti si trovano – di norma subito dopo la decisione relativa alla pubblicazione – delle formule che riferiscono le disposizioni dell'assemblea in merito alle risorse cui attingere per coprire le spese che gli onori comportano.[360] In molti casi l'unico costo cui far fronte è quello relativo alla pubblicazione del decreto (eventuale acquisto e messa in posa della pietra, prestazione del lapicida), ma in alcuni invece è detto esplicitamente (in altri è desumibile dal contesto) che le spese riguardano anche il pagamento di alcuni specifici onori, quali le corone e il viaggio degli ambasciatori nella patria dell'onorato. Di norma l'indicazione di questi provvedimenti si trova in quei decreti che documentano anche la mozione originaria, che già anticipa la questione individuando i fondi cui attingere per pagare le spese (v. § 3.4.5), fatto che implica, fra l'altro, che il proponente è e si presenta come persona consapevole di questioni finanziarie; per questa ragione nella parte deliberativa la formula non ripete, tranne poche eccezioni, il nome del fondo, già segnalato, ma si limita a confermare l'indicazione già data nell'ἔφοδος, cui viene spesso fatto esplicito riferimento (i decreti che lo fanno sono raccolti qui sotto nella Classe 1, gli altri nella Classe 2). In genere, i fondi designati sono quelli assegnati ai νεωποῖαι καὶ εἰς τὰ λοιπὰ ἀναλώματα (Classe 1, Tipo A), ma in un paio di casi vengono coinvolti anche i ταμίαι (Classe 1, Tipo B).[361] Molto spesso, alla clausola che individua le risorse finanziarie ne è aggiunta un'altra che prescrive di non attingere alle somme già impegnate dalla comunità in decreti precedenti (ἐξοικονομηθέντων τῶν πρότερον ἐψηφισμένων). Tutti i decreti che vengono qui considerati presentano sicuramente clausole finanziarie, ma in certi casi sono così lacunosi che non riusciamo ad accertare la presenza del riferimento all'ἔφοδος e ad altri elementi. In alcuni ψηφίσματα particolarmente frammentari la presenza delle clausole finanziarie è ricostruibile grazie alla mozione originaria. (Totale occorrenze, tra certamente documentate e ricostruibili: 17).

6.7.1 Presenza o assenza

1. Le clausole finanziarie sono assenti (61 exx.):
   I.Iasos 1(△); 2(△); 23(△); 24+30; 31; 33; 34; 37; 38; 40; 42; 43; 58+44; 46; 47; 48; 50; 52; 53; 54; 55(▲); 60; 61; 62; 68; 71; 73(■); 74(■); 82; 152, 40–41(△); *SEG* 36.982 A (= PC 1985, IIa); *SEG* 36.982 B (= PC 1985, IIb); *SEG* 36.982 C (= PC 1985, IIc); *SEG* 36.983 (= PC 1985, p. 155); *SEG* 38.1061 (= PC 1987, c); Maddoli 2007, 1.1; 1.2; 1.3; 1.4; 5; 6; 7; 8; 9; 10; 11.A; 11.B; 12.A1; 12.B; 16.1(▢); 17; 18.1; 18.2; 19.1; 20.A1; 20.A2(▢); 21; 22; 23.1+*I.Iasos* 66; 24; NPg 898.
2. Le clausole finanziarie sono presenti (17 exx.):
   I.Iasos 28, 2–5; 35, 20–21; 63, 4(*); 77;[362] *SEG* 41.929 (= PC 1989, 1), 30–34; *SEG* 41.930 (= PC 1989, 2), 29–32; *SEG* 41.930 (= PC 1989, 2), 33–35 + *SEG* 41.931 (= PC 1989, 3), 1–13, 27–30; *SEG* 41.931 (= PC 1989, 3), 47–50; *SEG* 41.932 (= PC 1989, 4), 6–9; *SEG* 41.932 (= PC 1989, 4);[363] Maddoli 2007, 4, 13–14; 20.B, 17–19; 23.2, 23–24(*); 25.A1, 11–13; 25.B;[364] 26, 18–19; Blümel 2007, 2 II, 37–39.

- La presenza delle clausole finanziarie non è determinabile (33 exx.).
  I.Iasos 4; 6(△); 20(△); 25(▲); 26(▲); 27; 29(▲); 32; 36; 39; 41; 45; 49(▲); 51; 56; 57; 59; 64(▲); 69(▲); 70; 75; 76; 219(△); Habicht 1994, p. 71 (▲); Maddoli 2001, A (= *SEG* 51.1506)(△); *SEG* 41.933 (= PC 1989, 5), 1–11; Maddoli 2007, 12.A2(▲); 13; 14.A; 16.2(▲); 19.2; 25.A2(▲); Blümel 2007, 2 III.

---

[360] L'unica anomalia rispetto a questa posizione è riscontrabile in Maddoli 2007, 4, 13–14, decreto nel quale la clausola finanziaria si trova inserita tra l'indicazione del luogo di pubblicazione e la formula che indica la magistratura incaricata di portare a termine tale compito. Sulla formula relativa al reperimento dei fondi v. sopra § 3.4.5, spec. n. 120 a p. 54.

[361] In *SEG* 41.929 (= PC 1989, 1), 30–34 i fondi da impiegare sono, come di consueto, quelli assegnati ai νεωποῖαι (cf. ll. 3–6), ma, forse in mancanza di liquidità, si delibera che i ταμίαι chiedano in prestito, a qualcuno che non viene specificato, il denaro per pagare le corone: il prestito verrà in seguito rimborsato dai νεωποῖαι. In Blümel 2007, 2 II, 37–39 a pagare sono invece in tutto e per tutto i ταμίαι, che dovranno usare il denaro ricevuto dagli εἰσαγωγεῖς (ll. 10–12): cf. sopra § 3.4.5.

[362] In realtà il decreto in questione è mutilo della parte inferiore ed è privo anche della formula che delibera quali fondi impiegare per le spese; che essa tuttavia fosse prevista è desumibile dalla mozione originaria (ll. 8–12).

[363] V. nota precedente (mozione originaria ll. 40–42).

[364] V. n. 362 (mozione originaria ll. 10–12).

6.7.2 Formulazione

Classe 1. La formula fa riferimento all' ἔφοδος (9 exx.).
Tipo A. La formula rinvia all'ἔφοδος, che affida l'incarico del pagamento ai νεωποῖαι, e non fa cenno ai ταμίαι (6 exx.):
a. πόρον δὲ ὑπάρχειν (εἰς τὴν ἀναγραφὴν) τὸν ἐν τῆι ἐφόδωι γεγραμμένον, ἐξοικονομηθέντων τῶν πρότερον ἐψηφισμένων (4 exx.):
SEG 41.930 (= PC 1989, 2), 29–32; *SEG* 41.930 (= PC 1989, 2), 33–35 + *SEG* 41.931 (= PC 1989, 3), 1–13, 27–30; *SEG* 41.931 (= PC 1989, 3), 47–50; Maddoli 2007, 23.2, 23–24(*).[365]
b. πόρον δὲ ὑπάρχειν τὸν ἐν τῆι ἐφόδωι γεγραμμένον, ἐξοικονομηθέντων τῶν πρότερον ἐψηφισμένων (2 exx.):
I.Iasos 35, 20–21; Maddoli 2007, 26, 18–19(*).[366]
Tipo B. La formula coinvolge nel pagamento i ταμίαι (2 exx.):
a. πόρους δὲ ὑπάρχειν εἰς ταῦτα τοὺς ἐν τῆι ἐφόδωι γεγραμμένους κ̣[αθ]ὼ̣[ς] γέγραπται, οἱ δὲ ταμίαι δανεισάμενοι τὸ γινόμενον εἰς τοὺς στεφάνους [δότ]ωσαν τῶι α̣ἱρεθέν̣[τ]ι πρεσβευτῆι, πόρους δὲ ὑπάρχειν τοῖς εἰς ταῦτα δανε̣[ίσασι] τοὺ̣ς ἐν τῆι [ἐφόδω]ι γεγραμμένους, ἐξοικονομηθέντων τῶμ πρότερον ἐψηφι[σμέν]ω̣ν:
SEG 41.929 (= PC 1989, 1), 30–34.
b. οἱ δ[ὲ ταμίαι δότωσ]αν τῶι πρεσβευτῆι τό τε εἰς τοὺς στεφάνους καὶ ΤΟ[– – –· πόρον δὲ] ὑπάρχειν τὸν ἐν τῆι ἐφόδωι γεγραμμένον:
Blümel 2007, 2 II, 37–39.
Tipo C. Il decreto è lacunoso e resta incerto chi debba sostenere le spese:
a. τὸν πόρον ὑπάρχειν εἰς τὴν ἀναγραφὴν καθότι ἐν τῆι ἐφόδωι γέγραπται:
SEG 41.932 (= PC 1989, 4), 6–9.

Classe 2: La formula non fa riferimento all'ἔφοδος (3 exx.):
a. [τ]ὸ δὲ ἀργύριον δοῦναι τὸ ἀνα[λισκόμενο]ν τοὺς νεωποίας:
Maddoli 2007, 4, 13–14.
b. π̣όρους δὲ ὑπάρχειν τοὺς ἀποδεδειγμένους τοῖς νεωποίαις καὶ εἰς τὰ λοιπὰ ἀναλώματα πλὴν τοῦ πανηγυρικοῦ, ἐξοικονομηθέντω[ν] τῶν πρότερον ἐψηφισμένων:
Maddoli 2007, 20.B, 17–19.
c. πόρον δ[ὲ ὑπ]άρ̣[χε]ιν ε̣[ἰς τ]ὴ̣ν̣ [ἀνα]γ̣[ρ]α̣φὴ̣ν̣ [τοῦ] ψηφίσ̣μ̣α̣τ̣ο̣ς̣ τὸν ὑπὸ π̣ρ̣υ̣[τά]ν̣[εων γ]εγραμμέ̣[νον]:
Maddoli 2007, 25.A1, 11–13.

Tabella n. 25. Le clausole finanziarie suddivise per gruppi[367]

decreto	con riferimento all'ἔφοδος	senza riferimento all'ἔφοδος	con riferimento ai ταμίαι	senza riferimento ai ταμίαι
I.Iasos 35 **(V)**	X			X*
SEG 41.931,15–58 **(VIIIb)**	X			X
M2007,26	X*			X*
SEG 41.929	X		X	
SEG 41.930,1–32 **(VIIIa)**	X			X
B2007, 2 II	X		X	
SEG 41.930,33–35 + *SEG* 41.931,1–13	X			X
SEG 41.932,1–14	X			X
M2007,23.2	X*		?	?
M2007,4		X		X
M2007,20.B		X		X
M2007,25.A1		X		X

365 In questo lacunoso decreto non pare esservi spazio per la formula ἐξοικονομηθέντων τῶν πρότερον ἐψηφισμένων.
366 La formulazione doveva essere declinata al plurale, come suggerisce il confronto con la mozione originaria (ll. 13–14).
367 Non vengono inseriti nella tabella i decreti per i quali la presenza della formula è ricostruita sulla sola base della mozione originaria.

Dal punto di vista cronologico si desume, sulla scorta della presenza nella tabella dei soli decreti databili **V** e **VIIIa–b** (nel **VII** è tuttavia ricostruibile grazie alla mozione originaria), che l'inserimento delle clausole finanziarie avvenne con il tempo, non prima dell'ultimo terzo del III secolo a.C.; questo uso tardivo è probabilmente la ragione della posizione conclusiva (o quasi) che esse assumono all'interno del decreto, sempre di seguito alla formula di pubblicazione che, come si è già ricordato, per lungo tempo era stato l'ultimo elemento degli ψηφίσματα onorari di Iasos.

6.8 La registrazione dell'esito del voto

In un piccolo gruppo di decreti (ad oggi otto), prevalentemente in onore di giudici stranieri, dopo le decisioni approvate è riportato l'esito della votazione a scrutinio segreto avvenuta prima nella βουλή e poi nel corso dell'assemblea. In alcuni casi fortunati viene registrato anche il numero dei voti favorevoli.[368] Di seguito i decreti in cui è presente l'indicazione:

I.Iasos 28, 5–6(*);[369] *SEG* 41.929 (= PC 1989, 1), 34–35; *SEG* 41.931 (= PC 1989, 3), 54–57; *SEG* 41.932 (= PC 1989, 4), 9–14; Maddoli 2007, 20.B, 20–22; 23.2, 24–26(*); 26, 19; Blümel 2007, 2 II, 39–41.

6.8.1 Formulazione

a. ἐδόθην ψήφωι κρυφαίαι· ψῆφοι αἱ διδοῦσαι ἐν τῆι βουλῆι ...... ἐν δὲ τῶι δήμωι ... (7 exx.):
I.Iasos 28, 5–6(*);[370] *SEG* 41.929 (= PC 1989, 1), 34–35; *SEG* 41.932 (= PC 1989, 4), 9–14; Maddoli 2007, 20.B, 20–22;[371] 23.2, 24–26(*); 26, 19(*);[372] Blümel 2007, 2 II, 39–41.

b. ἐδόθη ψήφωι [κρυφαίαι· ψῆφοι αἱ διδοῦσαι ἐν τ]ῆι βουλῆι [..., ψῆφ]οι αἱ διδοῦσαι [ἐν δὲ τῶι δήμωι – – –]:
SEG 41.931 (= PC 1989, 3), 54–57.

6.8.2 I numeri di voti attestati

Βουλή:	**68**:	*SEG* 41.932 (= PC 1989, 4), 10–12;
	83:	*SEG* 41.929 (= PC 1989, 1), 34–35; Maddoli 2007, 20.B, 20–21;
	90–99:	*I.Iasos* 28, 4–5;
	111:	Blümel 2007, 2 II, 39–40.
Δῆμος:	**841**:	*SEG* 41.932 (= PC 1989, 4), 13–14;
	[7]58 o [8]58:	*SEG* 41.929 (= PC 1989, 1), 35;[373]
	1011:	Maddoli 2007, 20.B, 21–22);
	[102]2 o [110]2:	Blümel 2007, 2 II, 40–41.[374]

---

368 Rhodes - Lewis 1997, 340 e 510.

369 Robert 1963, 306 n. 6 aveva già compreso che il numero documentato nel frammentario documento doveva essere riferito al numero dei voti, ma esprimeva qualche incertezza sulla provenienza iasea dell'epigrafe.

370 V. già Ph. Gauthier, *BE* 1992, 447, 509 s.

371 Il testo recita più precisamente ἐμ μὲν τῆι βουλῆι.

372 κρυφαίαι anticipa ψήφωι.

373 Neppure un controllo autoptico è riuscito a sciogliere il dubbio. Alla l. 35 si legge infatti [..]τακόσιαι πεντήκοντα ὀκτώι (*sic*), che è integrabile sia in [ἑπ]τακόσιαι che in [ὀκ]τακόσιαι.

374 Per l'integrazione rinvio al commento dell'editore del testo: Blümel 2007, 45.

6.9 La scelta degli ambasciatori

Un ristretto gruppo di decreti (sei in tutto)[375] si conclude – diversamente dalla maggioranza degli ψηφίσματα onorari di Iasos – con l'elezione, senza dubbio compiuta in assemblea, di uno o due ambasciatori, designato/i a recarsi nella patria dell'onorato per compiere tutti gli atti che il decreto prescrive (proclamazione della corona, lode pubblica ecc.: v. §§ 3.6.3.17–19 e 3.6.4.14–16). Tale indicazione è pertanto circoscritta a quei decreti che deliberano, come parte integrante dell'onore, di inviare πρεσβευταί. L'uso costante del verbo αἱρέω ci assicura che la scelta avveniva per elezione e non sorteggio; come si è già detto, dal momento che non si specifica che l'elezione debba aver luogo tra cittadini in carica all'interno degli organismi politici (es. la βουλή, i collegi magistratuali), essa doveva coinvolgere l'intero corpo civico (v. § 3.6.3.18). In ogni caso, non di rado sono eletti ambasciatori i proponenti stessi del decreto,[376] in genere esponenti della *élite* cittadina: il compito di rappresentare degnamente all'estero la propria città non era certo alla portata di tutti.[377] Questi i testi che documentano la formula:

I.Iasos 73, 37(■); 74, 34(■); *SEG* 41.929 (= PC 1989, 1), 36; *SEG* 41.931 (= PC 1989, 3), 58;[378] Maddoli 2007, 20.B, 22–23; Blümel 2007, 2 II, 41.

Queste le formulazioni possibili:

Classe 1. Viene eletto un solo ambasciatore (3 exx.).
πρεσβευτὴς ἡιρέθη *nomen*:
SEG 41.929 (= PC 1989, 1), 36; *SEG* 41.931 (= PC 1989, 3), 58(*); Blümel 2007, 2 II, 41.

Classe 2. Vengono eletti due ambasciatori (3 exx.).
πρεσβευταὶ ἡιρέθησαν *nomen* καὶ *nomen*:
I.Iasos 73, 37(■); 74, 34(■);[379] Maddoli 2007, 20.B, 22–23.

7 Tabelle di associazione

Dopo aver preso in esame i singoli elementi che compongono i decreti onorari e dopo averne analiticamente evidenziato le possibili varianti sia in relazione alla posizione che alla formulazione adottata, vengono qui presentate delle tabelle che riepilogano i dati; tra questi, soprattutto quelli che, come si è di volta in volta sottolineato nel corso del lavoro, si sono mostrati indicativi sul piano cronologico e rivelatori di cambiamenti. Questi dati permetteranno di definire gruppi di aspetto omogeneo e gruppi di transizione tra le diverse caratteristiche. Su questa base sarà possibile delineare una sequenza di ‹stadi evolutivi› del formulario dei decreti onorari di Iasos, che tuttavia dovrà necessariamente escludere, per il momento, i testi troppo lacunosi: solo l'aggiunta di ulteriori osservazioni provenienti dall'analisi della paleografia, dei dati prosopografici e linguistici, cui saranno dedicati i capitoli seguenti, potrà fornire indicazioni utili a inserirli nella tabella generale conclusiva (la n. 35).

---

[375] È molto probabile che l'indicazione fosse contenuta anche nelle ultime linee di Maddoli 2007, 23.2.

[376] Questo accade certamente in *I.Iasos* 73 (■) (cf. l. 2 e 37: uno dei due proponenti è designato come membro della coppia di ambasciatori); *I.Iasos* 74(■) (cf. l. 1–2 e 34: entrambi i proponenti sono ambasciatori); Blümel 2007, 2 II (cf. l. 7 e 41). Questo dato non è verificabile in *SEG* 41.929 (= PC 1989, 1) e Maddoli 2007, 23.2(*). In *SEG* 41.931 (= PC 1989, 3) e Maddoli 2007, 20.B la proposta è avanzata da un collegio di magistrati, i προστάται, e non è verificabile (anche se nel caso di *SEG* 41.931 = PC 1989, 3 quanto resta sembra rendere la cosa improbabile) se i πρεσβευταί fossero stati scelti all'interno del collegio o meno.

[377] Su questo rinvio ai §§ 8.2.3.3, 8.3.2 e soprattutto a Fabiani 2012, spec. 138–141, 155–157.

[378] Va infatti interpretato come parte conclusiva del patronimico di un ambasciatore lo]ίππου che chiude l. 58.

[379] Il testo potrebbe essere privo della parola πρεσβευταί.

Tabella n. 26. Tabella riassuntiva delle principali caratteristiche emerse dall'analisi del formulario (i decreti sono presentati secondo l'ordine standard definito a § 1.3)

Legenda

solo sanz.	prescritto che contiene la sola formula di sanzione
inc. sanz.	prescritto che inizia con la formula di sanzione
inc. στεφ.	prescritto che inizia con l'indicazione dello στεφανηφόρος
inc. mese	prescritto che inizia con l'indicazione del mese
στεφανηφόρος Ap.	στεφανηφόρος è il dio Apollo
promulgazione ἐν ἀρχ.	promulgazione ἐν ἀρχαιρεσίαισι
≠ Ἀφρ.	promulgazione avvenuta in un mese diverso da Ἀφροδισιών
Ἀφρ.	promulgazione avvenuta nel mese di Ἀφροδισιών
proponente ass.	indicazione del proponente assente
ὁ δ. εἶπε	proposta del tipo ὁ δεῖνα τοῦ δεῖνος εἶπε
ἀρχ./πρ. γν.	proposta del tipo ἀρχόντων (A) o πρυτάνεων γνώμη (P)
πρυτ. < 6	collegio di pritani composto da meno di sei membri
πρυτ. 6 o >	collegio di pritani composto da almeno sei membri
πρυτ. κατ.	elenco nominale dei pritani contenente formula di sostituzione (κατασταθέντος ὑπό)
motivazione ass.	formula di motivazione assente
p. cong.	motivazione espressa da un participio congiunto o un complemento di causa
sempl.	formula di motivazione semplice
3.B.i-iii	formula di motivazione del tipo 3.B.i-iii
3.B.iv	formula di motivazione del tipo 3.B.iv
g. str.	formula di motivazione per giudici stranieri
f. di mozione δτδ	presente formula di mozione del tipo δεδόχθαι τῶι δήμωι
f. di mozione δτβκτδ	presente formula di mozione del tipo δεδόχθαι τῆι βουλῆι καὶ τῶι δήμωι
moz. orig. pres.	presente mozione originaria (introdotta da περὶ ὧν ἐπῆλθεν / ἐπῆλθον)
form. esor. pres.	presente formula esortativa
pross./everg. con Ἰασέων	formula di prossenia/evergesia seguita dal genitivo Ἰασέων
pross./everg. con altro gen.	formula di prossenia/evergesia seguita da altri genitivi
cittadinanza sempl.	formula di cittadinanza nella forma semplice
cittadinanza con f. part.A	formula di cittadinanza seguita da formula di partecipazione μετέχοντι τῶν κοινῶν κατὰ τὸν νόμον
cittadinanza con f. part.B	formula di cittadinanza seguita da formula di partecipazione del tipo μετέχοντι πάντων ὧν καὶ οἱ ἄλλοι πολῖται (*vel similia*) μετέχουσιν
ἀτέλεια sempl.	formula di ἀτέλεια semplice
ἀτέλεια lim.	ἀτέλεια limitata
προεδρία sempl.	formula di προεδρία semplice
προεδρία ἐν.τ.ἀγ.	προεδρία ἐν τοῖς ἀγῶσι
προεδρία ἐν.τ.ἀγ.π.	προεδρία ἐν τοῖς ἀγῶσι πᾶσι
formula pubbl. ass.	formula di pubblicazione assente
formula pubbl. *in fine*	formula di pubblicazione posta in chiusura di decreto
form. fin. pres.	presenti formule finanziarie
voto pres.	registrato esito del voto in consiglio e assemblea
scelta amb. pres.	registrata designazione degli ambasciatori

Tabella n. 26. Tabella riassuntiva delle principali caratteristiche emerse dall'analisi del formulario (i decreti sono presentati secondo l'ordine standard definito a § 1.3)

decreto	prescritto					promulgazione			proponenti			πρυτάνεις			motivazione						formula di mozione				pross./ everg.		cittadinanza			ἀτέλεια		προεδρία			formula pubbl.				
	solo sanz.	inc. sanz.	inc. στεφ.	inc. mese	στεφανηφόρος Ap.	ἐν ἀρχ.	≠ Ἀφρ.	Ἀφρ.	ass.	ὁ δ. εἶπε	ἀρχ./πρ. γν.	< 6	6 o >	κατ.	ass.	p. cong.	sempl.	3.B.i-iii	3.B.iv	g. str.	δτδ	δτβτδ	moz. orig. pres.	form esor. pres.	con Ἰασέων	con altro gen.	sempl.	con f. part. A	con f. part. B	sempl.	limitata	sempl.	ἐν.τ.ἀγ.	ἐν.τ.ἀγ.π.	ass.	*in fine*	form. fin. pres.	voto pres.	scelta amb. pres.
I.Iasos 4 (**IX**)			X				X				P		X								?	?	?	?	?	?	?	?	?	?	?	?	?	?	?	?	?	?	?
I.Iasos 27			X				X				A						?	?	?	?	?	?	?	?	?	?	?	?	?	?	?	?	?	?	?	?	?	?	?
I.Iasos 31	?	?	?	?	?	?	?	?	?	?	?	?	?	?	?	?	?	?	?	?	?	?	?	?	?	?	?	?	?		X		X			X			
I.Iasos 32			X				X			X								X								X	?	?	?	?	?	?	?	?	?	?	?	?	?
I.Iasos 33	?	?	?	?	?	?	?	?	?	?	?	?	?	?							X		?						X		X			X		X			
I.Iasos 34	?	?	?	?	?	?	?	?	?	?	?	?	?	?											X		X								X				
I.Iasos 35 (**V**)		?	?	?	?	?	?	?			P		X*	X			X		X			X	X		?	?			X								X	?	?
I.Iasos 36 (**VI**)			X		X			X			P				X							X	X												?	?	?	?	?
I.Iasos 37		?	?	?	?	?	?	?			P		X				X								X		X				X		X			X			
I.Iasos 38	?	?	?	?	?	?	?	?	?	?	?	?	?	?					X										X		X			X		X			
I.Iasos 39			X		X		X				P	X					?	?	?		?	?		?	?	?	?	?	?	?	?	?	?	?	?	?	?	?	?
I.Iasos 40			X*		?		X			X								X								X	X*						X		X				
I.Iasos 41 (**IVa**)			X		X			X			P								X						?	?	?	?	?	?	?	?	?	?	?	?	?	?	?
I.Iasos 42				X			X			X								X							X		X			X			X			X			
I.Iasos 45			X					X		X								X							X		X				X		X		?	?	?	?	?
I.Iasos 46	?	?	?	?	?	?	?	?	?	?	?	?	?	?					X			X	?	?		X			X					X		X			
I.Iasos 47			X					X			P				X												X									X			
I.Iasos 48			X*		X*			X		X							X									X			X							X			
I.Iasos 50			X					X*			P								X							X			X							X			
I.Iasos 53		?	?	?	?	?	?	?			P		X					X								X		X								X*			
I.Iasos 54				X				X		X								X			X				X						X		X		X				
I.Iasos 56			X		X			X		X			X						X		X					X			X					X	?	?	?	?	?
I.Iasos 57			X					X			P						?	?	?		?	?	?	?	?	?	?	?	?	?	?	?	?	?	?	?	?	?	?
I.Iasos 58+44 (**IVb**)			X*		X*			X*			P								X							X			X		X			X*		X			
I.Iasos 59			X					X			A							X							?	?	?	?	?	?	?	?	?	?	?	?	?	?	?
I.Iasos 60			X				X				P*							X								X*	X*						X*			X			
I.Iasos 61	?	?	?	?	?	?	?	?	?	?	?	?	?	?				X*											X		X		X			X			
I.Iasos 62	?	?	?	?	?	?	?	?	?	?	?	?	?	?	?	?	?	?	?	?	?	?	?	?		X	X				X		X			X			
I.Iasos 63	?	?	?	?	?	?	?	?	?	?	?	?	?	?	?	?	?	?	?	?	?	?	?	?	?	?	?	?	?	?	?	?	?	?			X*		
I.Iasos 68	X	X							X						?	?																X			X				
I.Iasos 70	?	?	?	?	?	?	?	?	?	?	?	?	?	?	?	?	?	?	?	?	?	?	?	?	?	?				?	?	?	?	?	?	?	?	?	?
I.Iasos 71	?	?	?	?	?	?	?	?	?	?	?	?	?	?	?	?	?	?	?	?	?	?	?	?	?	?		X		?	?	?	?	?	X				

SEG 36.982A									X							X																X			X				
SEG 36.982B		X				X			X			X			X										X							X			X				
SEG 36.982C		X					X			X		X				X											X			X		X			X				
SEG 36.983 (**II**)		X				X				X		X			X										X					X		X			X				
SEG 41.931,15–58 (**VIIIb**)			X								P		X	X				X				X	X			X			X								X	X	X
M2007,1.1 (**I**)	?	?	?	?	?	?	?	?	?	?	?	?	?			X								?	?	?	?	?	?	?	?	?	?	?	?	X*				?
M2007,1.2	X								X						X										?	?	X			?	?	?	?	?	X				
M2007,1.4	X								X						X												?	?	?	?	?	?	?	?	X				
M2007,4	?	?	?	?	?	?	?	?	?	?	?	?	?	?	?	?	?	?	?	?	?	?	?	?	X*					X		X*				X	X		
M2007,5			X				X				P				X											X	X								X				
M2007,6			X				?	?			P	X					X								?	?	X									X			
M2007,7			X				?	?			P	X						X							?	?										X			
M2007,8			X				?	?			P	X					X								?	?	X									X			
M2007,9			X				X				P	X					X									X	X									X			
M2007,10			X*		?		X				P	X					X*								?	?	?	?	?	?	?	?	?	?	?	?	?	?	?
M2007,11.A			X		?			X			P	X					X									X			X							X			
M2007,11.B			X		X		X				P		X						X							X			X							X			
M2007,12.A1	?	?	?	?	?	?	?	?	?	?	?	?	?	?	?	?	?	?	?	?	?	?	?	?	?	?	?	?	?	?	?	?	?	?		X			
M2007,12.B		?	?	?	?	?	?	?			P	?	?	?				X								X		X								X			
M2007,13	?	?	?	?	?	?	?	?	?	?	?	?	?	?				X							?	?	?	?	?	?	?	?	?	?	?	?	?	?	?
M2007,15	?	?	?	?	?	?	?	?	?	?	?	?	?	?				X*							?	?	?	?	?	?	?	?	?	?		?	?	?	?
M2007,17			X					X			P								X							X			X							X			
M2007,18.1			X				X			X									X							X			X		X			X		X			
M2007,18.2 (**IVc**)			X		X			X			P								X							X			X		X			X		X			
M2007,19.1	?	?	?	?	?	?	?	?	?	?	?	?	?	?				X								X			X		X			X		X			
M2007,19.2 (**IVd**)			X		X			X			P						?	?	?	?	?	?	?	?	?	?	?	?	?	?	?	?	?	?	?	?	?	?	?
M2007,20.A1	?	?	?	?	?	?	?	?	?	?	?	?	?	?					X		X					X			X					X		X			
M2007,20.B		?	?	?	?	?	?	?			P	?	?	?					X			X	X														X	X	X
M2007,21			X		X			X			P								X		X					X			X							X			
M2007,22			X		X			X			P		X	X					X							X	X								X				
M2007,23.1 + *I.Iasos* 66			X		?			X			P		X	X					X			X				X			X					X		X			
M2007,24	?	?	?	?	?	?	?	?	?	?	?	?	?	?	?	?	?	?	?	?	?	?	?	?	?	?	?	?	?	X*				X*	X				
M2007,25.A1	?	?	?	?	?	?	?	?	?	?	?	?	?	?								X	X			X			X								X	?	?
M2007,25.B (**VII**)		?	?	?	?	?	?	?			P	?	?	X		X			X			X	X			X			X								X	?	
M2007,26			X*		?		?	?			P*	?	?	?					X		?	?	X		?	?			X								X	X	?
NPg 898			X					X			P								X							X			X	?	?	?	?	?	?	?	?	?	?
M2007,1.3 ▢									X						X										?	?	?	?	?	?	?	X			X				
M2007,16.1 ▢									X							X									?	?	?	?	?	X		?	?	?	X				
M2007,20.A2 ▢		X							X						X										X										X				
I.Iasos 51 ■		X									P								X				X			X			X					X	?	?	?	?	
I.Iasos 75	?	?	?	?	?	?	?	?	?	?	?	?	?	?						X*		X*	X	X*	?	?	?	?	?	?	?	?	?	?			X*	?	?

I.Iasos 76			X				X				P		X	?						X		X*	X	?	?	?	?	?	?	?	?	?	?	?	?	?	?	?	?
I.Iasos 77			X		?		?	?			P	?	?	?	?	?	?	?	?	?	?	?	X	?	?	?	?	?	?	?	?	?	?	?		?	X*	?	?
SEG 38.1061			X					X			P									X						X			X				X*			X			
SEG 41.929	?	?	?	?	?	?	?	?	?	?	?	?	?	?						X		X	X	X													X	X	X
SEG 41.930,1–32 (**VIIIa**)			X								P		X	X	X							X	X			X			X								X		
SEG 41.932,15–42			X								P		X	X	X							X*	X		?	?	?	?	?	?	?	?	?	?			X*	?	?
SEG 41.933		?	?	?	?	?	?	?			P		X	X	?	?	?	?	?	?	?	?	X	?	?	?	?	?	?	?	?	?	?	?	?	?	?	?	?
B2007, 2 II			X				X				P		X							X		X	X	X													X	X	X
B2007, 2 III			X					X			P	?	?	X	?	?	?	?	?	?	?	?	X	?	?	?	?	?	?	?	?	?	?	?	?	?	?	?	?
I.Iasos 73 ■		X									P									X		X	X	X		X													X
I.Iasos 74 ■		X									P									X		X	X	X		X													X
I.Iasos 24+30 (**III**)		X*					X				A																			X		X				X			
I.Iasos 43	?	?	?	?	?	?	?	?	?	?	?	?	?	?																						X			
I.Iasos 52			X				?	?			P						X																	X	X				
I.Iasos 82		?	?	?	?		?	?			P		X	X							X																		
M2007, 14.A				X			X			X*							?	?	?		?	?	?	?	?	?	?	?	?	?	?	?	?	?	?	?	?	?	?
I.Iasos 28	?	?	?	?	?	?	?	?	?	?	?	?	?	?	?	?	?	?	?	?	?	?	?	?	?	?	?	?	?	?	?	?	?	?			X	X	?
I.Iasos 55	?	?	?	?	?	?	?	?	?	?	?	?	?	?	?	?	?	?	?	?	?	?	?	?	?	?	?	?	?	?	?	?	?	?		X			
SEG 41.930,33-35 + *SEG* 41.931,1-13			X								P*		X*	X*	?	?	?	?	?	?		X*	X*			X*			X								X		
SEG 41.932,1-14	?	?	?	?	?	?	?	?	?	?	?	?	?	?	?	?	?	?	?	?	?	?	?	?		X			X	?	?	?	?	?			X	X	
M2007, 23.2	?	?	?	?	?	?	?	?	?	?	?	?	?	?	?	?	?	?	?	?	?	?	?	?	?	?	?	?	?	?	?	?	?		?		X	X	?
I.Iasos 1 △		X					X		X				X		X																				X				
I.Iasos 2 △	?	?	?	?	?	?	?	?	?	?	?	?	?	?	?	?	?	?	?			X	?													X			
I.Iasos 6 △			X				X				P										?	?	?	?	?	?	?	?	?	?	?	?	?	?	?	?	?	?	?
I.Iasos 20 △		?	?	?	?	?	?	?			P*		X		?	?	?	?	?	?	?	?	?	?											?	?	?	?	
I.Iasos 23 △			X				X				P				X							X	X												X				
I.Iasos 152,40-41 △			X		X		X		X						X																				X				
I.Iasos 219 △	?	?	?	?	?	?	?	?	?	?	?	?	?	?	?	?	?	?	?	?		X	X												?	?	?	?	?
M2001,A (*SEG* 51.1506) △	?	?	?	?	?	?	?	?	?	?	?	?	?	?	?	?	?	?	?	?	?	?	X	?											?	?	?	?	?
I.Iasos 25 ▲			X				X				P		X	X	?	?	?	?	?	?	?	?	?	?	?	?	?	?	?	?	?	?	?	?	?	?	?	?	?
I.Iasos 26 ▲			X				X				P		?	X	?	?	?	?	?	?	?	?	?	?	?	?	?	?	?	?	?	?	?	?	?	?	?	?	?
I.Iasos 29 ▲			X		?		?	?			P*	?	?	?	?	?	?	?	?	?	?	?	X	?	?	?	?	?	?	?	?	?	?	?	?	?	?	?	?
I.Iasos 49 ▲			X		X	?	?	?	?	?	?	?	?	?	?	?	?	?	?	?	?	?	?	?	?	?	?	?	?	?	?	?	?	?	?	?	?	?	?
I.Iasos 64 ▲			X					X		X							?	?	?	?	?	?	?	?	?	?	?	?	?	?	?	?	?	?	?	?	?	?	?
I.Iasos 69 ▲			X					X	?	?	?	?	?	?	?	?	?	?	?	?	?	?	?	?	?	?	?	?	?	?	?	?	?	?	?	?	?	?	?
M2007,12.A2 ▲			X				X				P	?	?	?	?	?	?	?	?	?	?	?	?	?	?	?	?	?	?	?	?	?	?	?	?	?	?	?	?
M2007,16.2 ▲			X		X			X	?	?	?	?	?	?	?	?	?	?	?	?	?	?	?	?	?	?	?	?	?	?	?	?	?	?	?	?	?	?	?
M2007,25.A2 ▲			X					X			P		X	X							?	?		?	?	?	?	?	?	?	?	?	?	?	?	?	?	?	?
H1994, p. 71 ▲			X		?		?	?			P*	?	?	X	?	?	?	?	?	?	?	?	X	?	?	?	?	?	?	?	?	?	?	?	?	?	?	?	?

Tabella n. 27. Tabella riassuntiva delle principali caratteristiche dei decreti emerse dall'analisi del formulario, ordinate per gruppi

Per la legenda si rinvia alla tabella n. 26. I gruppi sono tra loro separati da una linea doppia.

Decreto	publ. ass.	motiv. p. cong.	motiv. ass.	prop. ass.	solo sanz.	ἐν ἀρχ.	inc. sanz.	προεδρ. sempl.	citt. sempl.	pross./ev. + Ἰασέων	ἀτέλ. sempl.	πρυτ. < 6	≠ Ἀφρ.	ὁ δ. εἶπε	publ. in fine	inc. στεφ.	ἀρχ./πρ. γν.	motiv. sempl.	pross./ev. + altro gen.	motiv. 3.B.i–iii	Ἀφρ.	inc. mese	προεδρ.ἐν.τ.ἀγ.	ἀτέλ. lim.	citt. + f. part.A	citt. + f. part.B	πρυτ. 6 o >	motiv. 3.B.iv	προεδρ. ἐν.τ.ἀγ.π.	στεφ. Ap.	δτδ	δτβκτδ	pritani καταστ.	moz. orig.	form. fin.	motiv. g. str.	form. esor.	voto	scelta amb.	gruppo
M2007,1.1 (**I**)	X*	X		?	?	?	?	?	?	?	?	?	?	?		?	?		?		?	?	?	?	?	?	?		?	?									?	
M2007,1.2	X		X	X	X			?	X	?	?								?				?	?					?											
M2007,1.4	X		X	X	X			?	?		?												?	?	?	?			?											
I.Iasos 68	X	?	?	X	X		X	X																																
SEG 36.982A	X	X		X				X																																
SEG 36.982B	X		X	X		X	X	X		X		X																												
SEG 36.982C	X	X					X	X	X		X	X	X	X																										I
SEG 36.983 (**II**)	X		X			X	X	X		X	X	X		X																										
I.Iasos 1 △	X		X	X			X						X														X													
M2007,1.3 ▢	X		X	X				X	?	?	?								?					?	?	?														
M2007,16.1 ▢	X	X		X				?	?	?	X								?				?		?	?			?											
M2007,20.A2 ▢	X		X	X			X			X																														
I.Iasos 24+30 (**III**)							X*	X			X		X		X		A																							
I.Iasos 52	X												?			X	P	X			?								X											
M2007,5	X		X						X				X			X	P		X																					
M2007,6									X	?		X	?		X	X	P	X	?		?																			
M2007,7										?		X	?		X	X	P		?	X	?																			II
M2007,8									X	?		X	?		X	X	P	X	?		?																			
M2007,9									X			X	X		X	X	P	X	X																					
M2007,10	?							?	?	?	?	X	X		?	X*	P	X*	?				?	?	?	?			?	?					?			?	?	
I.Iasos 40	X								X*				X	X		X*			X	X			X							?										
I.Iasos 54	X									X				X						X	X	X	X	X							X									
I.Iasos 47			X						X						X	X	P				X																			
I.Iasos 42									X	X	X		X	X	X					X		X	X																	
I.Iasos 60									X*				X		X	X	P*		X*	X			X*																	
I.Iasos 53						?	?						?		X*	?	P		X	X	?	?			X		X			?										
I.Iasos 37						?	?		X	X			?		X	?	P	X			?	?	X	X			X			?										
M2007,12.B						?	?					?	?		X	?	P		X	X	?	?			X		?			?			?							III
M2007,11.A												X			X	X	P	X	X		X					X				?										
M2007,14.A	?							?	?	?	?		X	X*	?				?	?		X	?	?	?	?		?	?		?	?		?	?		?	?	?	
I.Iasos 45	?								X	X				X	?	X				X	X		X	X											?			?	?	
I.Iasos 61				?	?	?	?					?	?	?	X	?	?			X*	?	?	X	X		X	?			?			?							
I.Iasos 62		?	?	?	?	?	?		X			?	?	?	X	?	?	?	X	?	?	?	X	X			?	?		?	?	?	?	?		?	?			
I.Iasos 31		?	?	?	?	?	?		?	?		?	?	?	X	?	?	?	?	?	?	?	X	X	?	?	?	?		?	?	?	?	?		?	?			

I.Iasos 38				?	?	?	?					?	?	?	X	?	?				?	?		X		X	?	X	X	?			?							
I.Iasos 32	?							?	?		?		X	X	?	X			X	X			?	?	?	?			?						?			?	?	
M2007,18.1													X	X	X	X			X					X		X		X	X											
M2007,19.1				?	?	?	?					?	?	?	X	?	?		X	X	?	?		X		X	?		X	?			?							IV
I.Iasos 39	?							?	?	?	?	X	X		?	X	P	?	?	?			?	?	?	?		?	?	X	?	?			?		?	?	?	
M2007,11.B													X		X	X	P		X							X	X	X		X										
I.Iasos 48														X	X	X*		X	X		X					X				X*										
I.Iasos 50															X	X	P		X		X*					X		X												
SEG 38.1061															X	X	P		X		X		X*			X										X				
M2007,17															X	X	P		X		X					X		X												
I.Iasos 58+44 (**IV b**)															X	X*	P		X		X*			X		X		X	X*	X*										V
M2007, 18.2 (**IV c**)															X	X	P		X		X			X		X		X	X	X										
I.Iasos 41 (**IV a**)	?							?	?	?	?				?	X	P		?		X		?	?	?	?		X	?	X					?			?	?	
M2007, 19.2 (**IV d**)	?							?	?	?	?				?	X	P	?	?	?	X		?	?	?	?		?	?	X	?	?		?	?	?	?	?	?	
M2007,20.A1				?	?	?	?					?	?	?	X	?	?		X		?	?				X	?	X	X	?	X		?							
M2007,21															X	X	P		X		X					X		X		X	X									VI
I.Iasos 56	?													X	?	X			X		X					X	X	X	X	X	X				?			?	?	
I.Iasos 33				?	?	?	?					?	?	?	X	?	?				?	?		X		X	?		X	?	X		?	?						
I.Iasos 82							?						?			?	P				?	?					X			?	X		X							
M2007,22	X								X							X	P		X		X						X	X		X			X							VII
M2007,23.1 + *I.Iasos* 66															X	X	P		X		X					X	X	X	X	?		X	X							
I.Iasos 46				?	?	?	?					?	?	?	X	?	?		X		?	?				X	?	X	X	?		X	?	?			?			
I.Iasos 35 (**V**)						?	?			?			?			?	P	X	?		?	?				X	X*	X		?		X	X	X	X			?	?	
I.Iasos 36 (**VI**)	?		X												?	X	P				X									X		X		X	?			?	?	
M2007, 25.B (**VII**)						?	?					?	?			?	P	X	X		?	?				X	?	X		?		X	X	X	X			?		
SEG 41.931,15–58 (**VIII b**)																X	P		X	X						X	X					X	X	X	X			X	X	
M2007,20.B						?	?					?	?			?	P				?	?					?	X		?		X	?	X	X			X	X	
M2007,25.A1				?	?	?	?					?	?	?		?	?		X		?	?				X	?			?		X	?	X	X			?	?	
M2007,26										?		?	?			X*	P*		?		?					X	?	X		?	?	?	?	X	X			X	?	
I.Iasos 51 ■	?						X								?		P		X							X		X	X					X	?			?		
SEG 41.930,1–32 (**VIII a**)			X													X	P		X							X	X					X	X	X	X					
B2007, 2 II													X			X	P										X					X		X	X	X	X	X	X	VIII
SEG 41.932,15–42			X					?	?	?	?					X	P		?				?	?	?	?	X		?			X*	X	X	X*			?	?	
I.Iasos 75				?	?	?	?	?	?	?	?	?	?	?		?	?		?		?	?	?	?	?	?	?		?	?		X*	?	X	X*	X*	X*	?	?	
I.Iasos 76	?							?	?	?	?		X		?	X	P		?				?	?	?	?	X		?			X*	?	X	?	X	?	?	?	
I.Iasos 77		?	?					?	?	?	?	?	?		?	X	P	?	?	?	?		?	?	?	?	?	?	?	?	?	?	?	X	X*	?	?	?	?	
SEG 41.929				?	?	?	?					?	?	?		?	?				?	?					?			?		X	?	X	X	X	X	X	X	
SEG 41.933	?	?	?			?	?	?	?	?	?		?		?	?	P	?	?	?	?	?	?	?	?	?	X	?	?	?	?	?	X	X	?	?	?	?	?	
B2007, 2 III	?	?	?					?	?	?	?	?			?	X	P	?	?	?	X		?	?	?	?	?	?	?		?	?	X	X	?	?	?	?	?	
I.Iasos 73 ■							X										P		X													X		X		X	X		X	
I.Iasos 74 ■							X										P		X													X		X		X	X		X	

I.Iasos 28		?	?	?	?	?	?	?	?	?	?	?	?	?		?	?	?	?	?	?	?	?	?	?	?	?	?	?	?	?	?	?	?	X	?	?	X	?	VIII
SEG 41.930,33-35 + *SEG* 41.931,1-13		?	?													X	P*	?	X*	?						X	X*	?				X*	X*	X*	X	?				
SEG 41.932,1-14		?	?	?	?	?	?				?	?	?	?		?	?	?	X	?	?	?	?	?		X	?	?	?	?	?	?	?	?	X	?	?	X		
M2007,23.2		?	?	?	?	?	?	?	?	?	?	?	?	?		?	?	?	?	?	?	?	?	?	?	?	?	?	?	?	?	?	?	?	X	?	?	X	?	
I.Iasos 23 △	X		X										X			X	P															X		X						
I.Iasos 219 △	?	?	?	?	?	?	?					?	?	?	?	?	?	?		?	?	?					?	?		?		X	?	X	?	?		?	?	
M2001,A (*SEG* 51.1506) △	?	?	?	?	?	?	?					?	?	?	?	?	?	?		?	?	?					?	?		?	?	?	?	X	?	?	?	?	?	
I.Iasos 29 ▲	?	?	?					?	?	?	?	?	?		?	X	P*	?	?	?	?		?	?	?	?	?	?	?	?	?	?	?	X	?	?	?	?	?	
M2007, 25.A2 ▲	?							?	?	?	?				?	X	P		?		X		?	?	?	?	X		?		?	?	X		?		?	?	?	
H1994, p. 71 ▲	?	?	?				?	?	?	?	?	?	?	?	?	?	P*	?	?	?	?	?	?	?	?	?	?	?	?	?	?	?	X	X	?	?	?	?	?	
I.Iasos 4 (**IX**)	?							?	?	?	?		X		?	X	P		?				?	?	?	?	X		?		?	?		?	?		?	?	?	decreti lacunosi, non inseribili in alcun gruppo
I.Iasos 27	?							?	?	?	?		X		?	X	A	?	?	?			?	?	?	?		?	?		?	?		?	?	?	?	?	?	
I.Iasos 34	X			?	?	?	?		X	X		?	?	?		?	?				?	?					?			?			?							
I.Iasos 57	?							?	?	?	?				?	X	P	?	?	?	X		?	?	?	?		?	?		?	?		?	?		?	?	?	
I.Iasos 59	?							?	?	?	?				?	X	A		?	X	X		?	?	?	?			?						?			?	?	
I.Iasos 63		?	?	?	?	?	?	?	?	?	?	?	?	?		?	?	?	?	?	?	?	?	?	?	?	?	?	?	?	?	?	?	?	X*	?	?			
I.Iasos 70	?	?	?	?	?	?	?	?		?	?	?	?	?	?	?	?	?	?	?	?	?	?	?			?	?	?	?	?	?	?	?	?	?	?	?	?	
I.Iasos 71	X	?	?	?	?	?	?	?		?	?	?	?	?		?	?	?	?	?	?	?	?	?	X		?	?	?	?	?	?	?	?		?	?			
M2007,4		?	?	?	?	?	?	X*		X*	X	?	?	?	X	?	?	?		?	?	?					?	?		?	?	?	?	?	X	?	?			
M2007,12.A1		?	?	?	?	?	?	?	?	?	?	?	?	?	X	?	?	?	?	?	?	?	?	?	?	?	?	?	?	?	?	?	?	?		?	?			
M2007,13	?			?	?	?	?	?	?	?	?	?	?	?	?	?	?		?	X	?	?	?	?	?	?	?		?	?			?		?			?	?	
M2007,15				?	?	?	?	?	?	?	?	?	?	?	?	?	?		?	X*	?	?	?	?	?	?	?		?	?			?		?			?	?	
M2007,24	X	?	?	?	?	?	?		?	?	X*	?	?	?		?	?	?	?	?	?	?			?	?	?	?	X*	?	?	?	?	?		?	?			
NPg 898	?							?			?				?	X	P		X		X		?	?		X		X	?						?			?	?	
I.Iasos 43				?	?	?	?					?	?	?	X	?	?				?	?					?			?			?							
I.Iasos 55		?	?	?	?	?	?	?	?	?	?	?	?	?	X	?	?	?	?	?	?	?	?	?	?	?	?	?	?	?	?	?	?	?		?	?			
I.Iasos 2 △		?	?	?	?	?	?					?	?	?	X	?	?	?		?	?	?					?	?		?		X	?	?						
I.Iasos 6 △	?							?	?	?	?		X		?	X	P		?				?	?	?	?			?		?	?		?	?		?	?	?	
I.Iasos 20 △	?	?	?			?	?						?		?	?	P*	?		?	?	?					X	?		?	?	?		?	?		?	?		
I.Iasos 152,40–41 △	X		X	X									X			X														X										
I.Iasos 25 ▲	?	?	?					?	?	?	?		X		?	X	P	?	?	?			?	?	?	?	X	?	?		?	?	X	?	?	?	?	?	?	
I.Iasos 26 ▲	?	?	?					?	?	?	?		X		?	X	P	?	?	?			?	?	?	?	?	?	?		?	?	X	?	?	?	?	?	?	
I.Iasos 49 ▲	?	?	?	?		?		?	?	?	?	?	?	?	?	X	?	?	?	?	?		?	?	?	?	?	?	?	X	?	?	?	?	?	?	?	?	?	
I.Iasos 64 ▲	?							?	?	?	?			X	?	X		?	?	?	X		?	?	?	?		?	?		?	?		?	?	?	?	?	?	
I.Iasos 69 ▲	?	?	?	?				?	?	?	?	?		?	?	X	?	?	?	?	X		?	?	?	?	?	?	?		?	?	?	?	?	?	?	?	?	
M2007,12.A2 ▲	?	?	?					?	?	?	?	?	X		?	X	P	?	?	?			?	?	?	?	?	?	?		?	?	?	?	?	?	?	?	?	
M2007,16.2 ▲	?	?	?	?				?	?	?	?	?		?	?	X	?	?	?	?	X		?	?	?	?	?	?	?	X	?	?	?	?	?	?	?	?	?	

8 Suddivisione dei decreti in gruppi sulla base del formulario

L'analisi delle tabelle, condotta seguendo il filo rosso dei decreti databili, evidenzia dunque, per quanto concerne il formulario, alcune caratteristiche che verranno delineate qui di seguito. Anche in questo caso (come già a § 3.1.3.8), la promulgazione nel mese di Ἀφροδισιών e la registrazione di collegi di sei pritani continuano ad essere proposti – in virtù della loro maggiore frequenza – come naturali criteri di ordinamento del materiale.

Primo gruppo
In esso confluiscono i decreti databili **I–III**. È costituito da testi caratterizzati in genere da un prescritto molto parco di informazioni, talora del tutto assente, talora circoscritto alla sola formula di sanzione, che ne rappresenta comunque sempre l'*incipit*; mancano spesso elementi come lo στεφανηφόρος, il proponente, l'ἐπιστάτης e il γραμματεύς. La data della promulgazione può mancare, essere ἐν ἀρχαιρεσίαισι e, se viene registrato un mese, non è mai attestato Ἀφροδισιών. I pritani, se indicati, sono di solito in numero inferiore a sei,[380] fatta eccezione per il peculiare decreto non onorario *I.Iasos* 1(△). La proposta, quando presente, è del tipo ὁ δεῖνα τοῦ δεῖνος εἶπε. La motivazione è di frequente assente o è espressa da un participio congiunto o da un complemento di causa, vero e proprio ulteriore tratto caratteristico di questo gruppo. Gli onori (cittadinanza, ἀτέλεια, προεδρία) sono conferiti esclusivamente in forma semplice; prossenia ed evergesia sono completate dal genitivo'Ιασέων. E' generalmente assente la formula di pubblicazione.[381] Per le caratteristiche di stringatezza di questo gruppo, confluiscono in esso anche i decreti abbreviati, che tuttavia non hanno necessariamente la stessa cronologia degli altri; per una loro più attendibile datazione si dovrà far ricorso anche all'esame del dato paleografico e linguistico. Decreto di passaggio tra questo gruppo e il successivo è *I.Iasos* 24+30 (**III**), che per primo presenta un prescritto completo e la formula di pubblicazione in chiusura di testo.

Secondo gruppo
Come nel precedente, nei decreti raccolti in questo gruppo i pritani, se elencati, sono in numero inferiore a sei; quanto al momento della promulgazione non è mai documentato il mese di Ἀφροδισιών. Questi ψηφίσματα prendono però regolamente avvio con lo στεφανηφόρος e presentano un prescritto completo (caratteristica, quest'ultima, anche dei gruppi successivi), ad eccezione di *I.Iasos* 52, collocato per questa ragione in testa al raggruppamento. La motivazione, generalmente presente (una sola eccezione), è quasi sempre semplice, in un solo caso è di tipo 3.B.i–iii (cf. § 3.2.3). La proposta è invariabilmente del tipo πρυτάνεων γνώμη. Gli onori, molto poco numerosi, prevedono di norma la cittadinanza, sempre conferita con formula semplice. La clausola di pubblicazione, posta *in fine*, manca in due soli casi.

Terzo gruppo
I decreti di questo gruppo prendono avvio con l'indicazione dello στεφανηφόρος o del mese. Essi presentano alcuni moduli che ricalcano quelli dell'insieme precedente ma mostrano anche qualche differenza: la promulgazione avviene spesso in mesi diversi da Ἀφροδισιών, ma si trovano tuttavia alcune attestazioni di essa; la proposta può essere sia del tipo ὁ δεῖνα τοῦ δεῖνος εἶπε che del tipo πρυτάνεων γνώμη; i pritani, che in un decreto sono in numero inferiore a sei, in due casi si presentano invece a collegio completo (v. §§ 8.1.4 e 8.2.3.2). La motivazione, assente in un solo caso, oltre che nella forma semplice, caratteristica del secondo gruppo, si trova frequentemente anche nella forma binaria 3.B.i–iii (§ 3.2.3). Quanto agli onori, nelle formule per l'attribuzione della prossenia/evergesia si trovano, accanto al titolo, oltre al genitivo Ἰασέων, che rappresenta – lo si è visto – un modulo più antico, anche gli altri complementi di specificazione; per la cittadinanza prevale il tipo semplice, ma si trova qualche caso di formula di partecipazione, di tipo A o B;[382] l' ἀτέλεια, che in un testo è semplice, è più spesso limitata; caratteristica di questo gruppo è la formula per la concessione della προεδρία, sempre completata dall'espressione ἐν τοῖς ἀγῶσι, che – lo si era già notato in precedenza –

---

[380] Come già anticipato, in questi decreti si fa riferimento ai pritani con la formula ὁ δεῖνα ἐπρυτάνευε, che indica probabilmente soltanto il presidente dell'assemblea: v. § 3.1.3.5.

[381] Alcune di queste osservazioni sono già in Delrieux 2008, 34–36.

[382] Per questa distinzione v. § 3.6.3.3 e la legenda che precede la tabella n. 26.

rappresenta lo stadio successivo a quella semplice. La formula di pubblicazione, assente in due casi, chiude costantemente i decreti.

Quarto gruppo

A partire da questo gruppo, i decreti iniziano esclusivamente con l'indicazione dello στεφανηφόρος (ad eccezione di quelli pubblicati in altra città e accompagnati dal simbolo ■). In tre casi è eponimo Apollo, eventualità non riscontrata nei gruppi precedenti. La promulgazione, quando nota, avviene in genere in mesi diversi da Ἀφροδισιών; i pritani continuano a oscillare tra collegi di 6 membri e collegi più ristretti. Quanto alla proposta, continuano a convivere le formule ὁ δεῖνα τοῦ δεῖνος εἶπε e πρυτάνεων γνώμη; la motivazione, più spesso binaria di tipo 3.B.i–iii, presenta anche dei casi di 3.B.iv (§ 3.2.3). Per quanto concerne gli onori, i titoli di prosseno/evergeta non sono seguiti dal genitivo Ἰασέων, la cittadinanza è ormai stabilmente conferita con formula di partecipazione di tipo B, la ἀτέλεια è sempre limitata e la προεδρία è completata dall'aggiunta di ἐν τοῖς ἀγῶσι πᾶσι. La pubblicazione resta collocata *in fine*.

Quinto gruppo

Gli ψηφίσματα di questo gruppo (tra i quali i decreti databili **IVa.b.c.d**) confermano e stabilizzano le caratteristiche nuove di quello precedente. Apollo può essere στεφανηφόρος, la proposta è soltanto del tipo πρυτάνεων γνώμη, la motivazione è sempre 3.B.iv., gli onori presentano le caratteristiche già viste; il conferimento dell'ἀτέλεια sembra subire un brusco calo. La vera differenza consiste in una preferenza assoluta per promulgazioni nel mese di Ἀφροδισιών. La pubblicazione è sempre *in fine*.

Sesto gruppo

I decreti, il cui prescritto ha assunto ormai una forma del tutto stabile, si presentano con un aspetto analogo a quello del gruppo precedente, da cui si differenziano tuttavia per l'inserimento, da ora definitivo, della formula di mozione, prevalentemente nella forma δεδόχθαι τῶι δήμωι. I pritani, elencati una sola volta, sono in numero di sei. In questo gruppo è presente l'ultimo esempio di proposta del tipo ὁ δεῖνα τοῦ δεῖνος εἶπε. La formula di pubblicazione continua a trovarsi *in fine*.

Settimo gruppo

Questo piccolo gruppo conferma le caratteristiche essenziali del precedente. Tra le novità, la scomparsa assoluta – tra i privilegi accordati – di quello dell' ἀτέλεια, l'adozione della formula di mozione nella forma δεδόχθαι τῆι βουλῆι καὶ τῶι δήμωι, l'esclusività della proposta da parte dei pritani, assai spesso elencati e sempre in numero pari o superiore a sei; a partire da questo gruppo è poi in uso la formula κατασταθέντος ὑπό, adoperata per indicare il nome del pritane cui è subentrato un sostituto.

Ottavo gruppo

Si tratta di un gruppo ampio, nel quale confluiscono i decreti databili **V–VIII**, che conserva le caratteristiche dei precedenti ma si differenzia per l'introduzione, in maniera pressoché sistematica, della mozione originaria. Oltre a ciò, nei decreti di questo raggruppamento si prende l'abitudine di indicare quali debbano essere i fondi cui attingere per sostenere le spese che la promulgazione comporta. In alcuni di essi compare poi il risultato della votazione svolta in consiglio e assemblea, talora viene segnalato anche il nome dell'ambasciatore o degli ambasciatori designato/i.

Resta infine un ampio insieme di decreti, il nono: i testi che lo compongono non possono, a causa della loro lacunosità, essere inseriti con sicurezza in nessuno dei gruppi appena individuati; per attribuire loro un posto, e una cronologia, sarà importante la ricerca di ulteriori indizi, a cominciare da quelli paleografici, seguiti poi da quelli prosopografici; si passerà poi a valutare le indicazioni cronologiche interne e, infine, le spie linguistiche.[383]

---

[383] In questo nono gruppo è inserito anche *I.Iasos* 152, 40–41: sebbene infatti il formulario che documenta abbia caratteristiche che potrebbero consigliare di inserirlo nel primo gruppo (assenza del proponente, della formula di pubblicazione e della motivazione), ne presenta altre che non sono coerenti con le precedenti (*incipit* con indicazione dello stefaneforo, che nel caso specifico è il dio Apollo). Ciò consiglia, a maggior ragione in un decreto non onorario (simbolo △), di attendere ulteriori elementi prima di inserirlo con qualche certezza in un raggruppamento.

IV. La paleografia

La grafia dei testi iscritti può, sia pure tra molte cautele, rivelarsi utile a precisare la cronologia dei decreti.[1] In questo capitolo l'esame delle lettere sarà affrontato sia come dato a se stante sia come elemento utile a definire la cronologia dei testi. Verranno dapprima esaminati i decreti databili (**I–VIII**), al fine di determinare le caratteristiche attestate con certezza nei diversi periodi. Successivamente, laddove possibile, si cercherà di individuare mani di singoli lapicidi, al fine di aggregare alcune epigrafi, o almeno di rintracciare stili grafici omogenei, che consentano di inserire le iscrizioni in contesti cronologici relativamente ben definiti. L'analisi è stata condotta su tutte le lettere, ma nel presentare le singole grafie se ne selezionano alcune che, per la loro maggiore variabilità, possono assumere valore di campione.

Tale lavoro non potrà coinvolgere tutti i 112 decreti che sono stati presi in esame in questo volume, perché molte pietre sono scomparse e la loro grafia non è ovviamente più verificabile. Non sono stati inoltre valutati i decreti iasei in onore di stranieri a noi noti solo grazie a iscrizioni pubblicate nella πόλις degli onorati, come *I.Iasos* 51, 73 e 74. Quanto ai decreti non onorari, l'aspetto grafico verrà esaminato soltanto quando si conservino ampie parti del prescritto (la cui struttura costituisce un punto di riferimento fondamentale per la cronologia) o elementi interni che consentano qualche datazione.

Le epigrafi di cui è possibile valutare la grafia sono pertanto le seguenti:[2]

1. *I.Iasos* 4 (**IX**)
2. *I.Iasos* 27
3. *I.Iasos* 34
4. *I.Iasos* 37
5. *I.Iasos* 40
6. *I.Iasos* 42
7. *I.Iasos* 47
8. *I.Iasos* 50
9. *I.Iasos* 53
10. *I.Iasos* 54
11. *I.Iasos* 56
12. *I.Iasos* 57
13. *I.Iasos* 58+44 (**IVb**)
14. *I.Iasos* 59
15. *I.Iasos* 60
16. *I.Iasos* 61
17. *I.Iasos* 62
18. *I.Iasos* 63
19. *I.Iasos* 68
20. *I.Iasos* 70
21. *I.Iasos* 71
22. *SEG* 36.982A (= PC 1985, IIa)
23. *SEG* 36.982B (=PC 1985, IIb)
24. *SEG* 36.982C (=PC 1985, IIc)
25. *SEG* 36.983 (=PC 1985, p. 155) = *SEG* 38.1059 (=PC 1987, a) (**II**)
26. *SEG* 41.931 (= PC 1989, 3), 15–58 (**VIIIb**)
27. M2007, 1.1 (**I**)
28. M2007, 1.2
29. M2007, 1.4
30. M2007, 4
31. M2007, 5
32. M2007, 6
33. M2007, 7
34. M2007, 8
35. M2007, 9
36. M2007, 10
37. M2007, 11.A
38. M2007, 11.B
39. M2007, 12.A1
40. M2007, 12.B
41. M2007, 13
42. M2007, 15
43. M2007, 17
44. M2007, 18.1
45. M2007, 18.2 (**IVc**)
46. M2007, 19.1
47. M2007, 19.2 (**IVd**)
48. M2007, 20.A1
49. M2007, 20.B
50. M2007, 21
51. M2007, 22
52. M2007, 23.1+*I.Iasos* 66
53. M2007, 24
54. M2007, 25.A1
55. M2007, 25.B (**VII**)
56. M2007, 26
57. NPg 898

58. M2007, 1.3(□)
59. M2007, 16.1(□)
60. M2007, 20.A2 (□)

61. *I.Iasos* 75
62. *I.Iasos* 77
63. *SEG* 38.1061 (= PC 1987, c)
64. *SEG* 41.929 (= PC 1989, 1)
65. *SEG* 41.930 (= PC 1989, 2), 1-32 (**VIIIa**)
66. *SEG* 41.932 (= PC 1989, 4), 15–42
67. *SEG* 41.933 (= PC 1989, 5)
68. B2007, 2 II
69. B2007, 2 III

70. *I.Iasos* 24+30 (**III**)
71. *I.Iasos* 43

---

[1] L'importanza di questa analisi era evidente anche a Ph. Gauthier, che tentò una definizione della grafia dei decreti di fine IV secolo: Gauthier 1990, 424 n. 16. Sulla strada da lui tracciata è anche il tentativo di delineare i caratteri costitutivi della grafia nei diversi periodi compiuto da Delrieux 2005, 176. Un importante tentativo di definizione dello stile paleografico dominante a Iasos tra fine III – inizio II secolo a.C. è stato poi compiuto da Crowther 1995a, 106–107 e 133–136.

[2] L'ordine con cui i decreti vengono presentati è lo stesso definito a § 1.3.

72. *I.Iasos* 52
73. *I.Iasos* 82
74. M2007, 14.A

75. *I.Iasos* 28
76. *I.Iasos* 55
77. *SEG* 41.930 (= PC 1989, 2), 33–35 + *SEG* 41.931 (= PC 1989, 3), 1–13

78. *SEG* 41.932 (= PC 1989, 4), 1–14
79. M2007, 23.2

80. *I.Iasos* 1 △
81. *I.Iasos* 2 △
82. *I.Iasos* 6 △
83. *I.Iasos* 23 △
84. *I.Iasos* 219 △

85. M2001, A (*SEG* 51.1506) △
86. *I.Iasos* 25 ▲
87. *I.Iasos* 26 ▲
88. *I.Iasos* 29 ▲
89. *I.Iasos* 64 ▲
90. *I.Iasos* 69 ▲
91. M2007, 12.A2 ▲
92. M2007, 16.2 ▲
93. M2007, 25.A2 ▲

1 Caratteristiche paleografiche dei decreti databili

1.1 Maddoli 2007, 1.1 (412–394 a.C.) [I]

In generale, il testo in esame presenta lettere molto lineari, sostanzialmente prive di apici. La spaziatura tra le righe e le lettere è minima e comunica una forte impressione di affollamento, dovuta forse in parte anche alle condizioni della pietra. H lettere: 1,5–1,7 cm. Interlinea: 0,1–0,2 cm. (Fig. 1).

Alpha: ampio, come le altre lettere triangolari, a barra centrale diritta, impostata esattamente a metà dei tratti obliqui.
Epsilon: le tre barre orizzontali tendono ad avere la stessa lunghezza.
Kappa: tratti obliqui brevi, che in altezza non giungono mai al limite inferiore dell'asta, talvolta neppure a quello superiore; il loro punto d'incontro cade all'incirca a metà dell'asta verticale, con una lieve tendenza verso il basso.
My: nessun esempio.
Ny: regolare, la seconda asta verticale incontra il tratto obliquo molto in basso, spesso toccando la linea inferiore.
Csi: molto largo, la barra centrale è leggermente più breve delle altre due orizzontali.
Omikron: di dimensioni non del tutto costanti, tende comunque a occupare all'incirca lo stesso spazio delle altre lettere.
Pi: lineare, non presenta apici o prolungamenti nel punto d'incontro tra le aste verticali, che sono asimmetriche, e la barra orizzontale.
Sigma: pur con qualche irregolarità, ha barre esterne in genere divaricate.
Ypsilon: forcella molto profonda e tratti obliqui curvilinei.
Phi: anello lievemente schiacciato, impostato sulla parte alta dell'asta.
Omega: molto aperto con barrette laterali brevi.

Fig. 1: Maddoli 2007, 1.1[3]

[3] Due fotografie dell'intera pietra sono pubblicate in Maddoli 2007, 206–207.

1.2 *SEG*. 983 (= PC 1985, p. 155) (370–360 a.C. circa) [II]

Anche in questo caso le lettere sono molto essenziali e sostanzialmente prive di apici. Segni e linee sono tuttavia molto meno affollati che nell'epigrafe precedente.[4] H lettere: 1,2 cm (*omikron* 1 cm). Interlinea: 1–1,2 cm circa. (Fig. 2).

Alpha: ampio, ma un poco meno di quello presente in Maddoli 2007, 1.1, rispetto al quale attesta una maggior verticalità; barra centrale diritta, che più spesso interseca i tratti obliqui un poco più in basso della metà della loro altezza.
Epsilon: non sempre regolare, ha la barra orizzontale superiore talora lievemente più lunga, quella centrale appena più breve.
Kappa: barrette oblique brevi, che non si estendono in altezza fino al normale limite superiore e (ancor meno) inferiore delle lettere. Il loro punto d'incontro sull'asta verticale è collocato alla metà di essa.
My: aste esterne ben divaricate; i due tratti centrali s'incontrano ad altezza irregolare, più spesso abbastanza in alto.
Ny: l'asta destra interseca la barra obliqua in modo incostante, più spesso tuttavia molto in basso, quasi a toccare il rigo inferiore.
Csi: asta verticale attraversata da tre barrette orizzontali della stessa lunghezza.
Omikron: seppure con qualche incostanza, occupa di solito lo stesso spazio delle altre lettere.
Pi: lineare, non presenta prolungamenti nel punto d'incontro tra le aste verticali, che sono asimmetriche, e la barra orizzontale.
Sigma: barre esterne molto divaricate, soprattutto in alto; il punto d'incontro dei segni obliqui varia in profondità.
Ypsilon: non del tutto regolare, la sua forcella tende ad essere piuttosto profonda; tratti obliqui curvilinei.
Phi: nessun esempio.
Omega: di fattura discontinua, tende a chiudere poco il cerchio; barrette diritte; lievemente più piccolo delle altre lettere, resta sollevato rispetto alla linea inferiore.

Fig. 2: *SEG* 36.983 (= PC 1985, p. 155)

[4] Una breve descrizione della grafia dell'epigrafe in Delrieux 2008, 34.

1.3 *I.Iasos* 24+30 (334–323 a.C.) [III]

La grafia presenta un *ductus* molto regolare; le lettere sono eleganti, curate e regolarmente distanziate, più compresse le righe. Sono presenti apici molto lievi all'estremità inferiore delle aste. H lettere: 1,5 cm (*omikron* ca. 1).[5] Interlinea: 0,7 cm. (Fig. 3).

Alpha: piuttosto ampio; barra centrale diritta collocata più o meno a metà dell'altezza dei tratti obliqui, i quali talora, nel punto di incontro, formano un piccolissimo apice in alto.
Epsilon: ampio; la barra centrale è più breve delle altre.
Kappa: un solo esempio; tratti obliqui che giungono quasi a toccare il limite superiore e inferiore delle lettere; il loro punto d'incontro cade esattamente a metà dell'asta verticale.
My: barre esterne appena divaricate, quasi del tutto verticali; i due tratti centrali s'incontrano in alto.
Ny: l'asta destra, che risalendo tende ad aprirsi, incontra la barra obliqua molto in basso, quasi a toccare il rigo inferiore.
Csi: nessun esempio.
Omikron: un poco più piccolo delle altre lettere, prende di solito posto a metà della loro altezza.
Pi: tratti verticali asimmetrici; a destra la barra orizzontale sporge lievemente oltre la breve asta verticale.
Sigma: piuttosto irregolare; le due barre esterne sono talora dritte, talora alquanto incurvate. In alcuni casi la barra inferiore è quasi orizzontale. Il punto d'incontro dei tratti obliqui è molto avanzato, quasi in corrispondenza dell'estremità dei segni esterni.
Ypsilon: forcella poco profonda; tratti obliqui incurvati.
Phi: nessun esempio.
Omega: tende alla chiusura del cerchio, barrette orizzontali abbastanza lunghe; si colloca un poco sopra la linea inferiore.

Fig. 3: *I.Iasos* 24

[5] Bosnakis – Hallof 2003, 220.

1.4 *I.Iasos* 58+44 (275–250 a.C. circa) [**IVb**][6]

Le lettere sono un po' più piccole di quelle incontrate nei decreti finora esaminati (H 1 cm). Segni e linee sono piuttosto vicini tra loro (interlinea 0,5–0,7 cm).[7] Tutti i tratti terminano in apici, più spesso triangolari; sebbene più accentuati che nelle epigrafi considerate in precedenza, essi restano tuttavia nel complesso contenuti. (Fig 4a–b).

Alpha: abbastanza ampio, barra centrale diritta che interseca i tratti obliqui un po' più in basso della metà della loro altezza; tali tratti sono chiusi da una sorta di ‹piedini› piuttosto accentuati.
Epsilon: barra centrale più breve, le altre della stessa lunghezza; sono presenti apici.
Kappa: grazie ad un apice a sviluppo verticale, il trattino obliquo superiore giunge in pratica a toccare il limite delle lettere in alto, diversamente da quello inferiore, pure molto apicato, che rimane leggermente sollevato rispetto alla linea di base.
My: aste verticali diritte, la destra appena più breve. I tratti obliqui, che proseguono lievemente anche dopo aver incrociato le aste verticali, s'incontrano in genere abbastanza in alto.
Ny: la diagonale e l'asta destra s'intersecano al di sopra della linea inferiore.
Omikron: ha in genere le stesse dimensioni delle altre lettere e poggia sulla linea di base.
Pi: aste verticali asimmetriche; la destra è conclusa in basso da un apice piuttosto evidente teso verso l'esterno; piccolissima sporgenza della barra orizzontale all'incontro con l'asta destra.
Sigma: barre orizzontali appena divaricate (soprattutto l'inferiore); l'impressione dell'apertura è accentuata dagli apici. Il punto d'incontro dei tratti obliqui non è sempre regolare, ma tende a essere piuttosto avanzato.
Ypsilon: forcella che si apre più o meno a metà dell'altezza della lettera, tratti obliqui un po' incurvati, soprattutto il destro.
Phi: nessun esempio.
Omega: della stessa grandezza delle altre lettere, tende a chiudere molto il cerchietto; barrette laterali brevi e apicate. Poggia sulla linea di base.

Fig. 4a–b: *I.Iasos* 58, calchi dei due frammenti superstiti

[6] Manca, come è ovvio, la presentazione della grafia dell'epigrafe databile *I.Iasos* 41 (**IVa**), oggi perduta.
[7] Bosnakis – Hallof 2003, 220.

1.5 Maddoli 2007, 18.2 (275–250 a.C. circa) [IVc]

La grafia è regolare e curata. H lettere 1–1,2 cm. Interlinea 1 cm. (Fig. 5).[8]

Alpha: regolare e a barra diritta, non molto larga, proprio come le altre lettere triangolari.
Epsilon: ha le barrette orizzontali, di cui la centrale più breve, chiuse da evidenti apici.
Kappa: presenta tratti obliqui della stessa lunghezza che tendono a raggiungere con i loro apici il limite superiore e inferiore delle lettere.
My: aste lievemente oblique e talora un po' incurvate, tratti interni di lunghezza variabile (anche se più spesso brevi) che proseguono appena anche oltre l'incontro con le aste verticali.
Ny: diagonale e asta destra s'intersecano un poco sopra la linea inferiore.
Omikron: ha in genere le stesse dimensioni delle altre lettere.
Pi: è corredato di un piccolissimo prolungamento orizzontale oltre la breve asta destra, non di rado anche oltre la sinistra.
Sigma: barre esterne un po' aperte e incurvate: entrambe le caratteristiche sono enfatizzate dai grossi apici in fondo ad esse; il punto d'incontro dei tratti interni è di profondità variabile, ma resta preferibilmente piuttosto arretrato.
Ypsilon: la forcella si apre a metà dell'altezza della lettera; tratti obliqui un poco curvi.
Phi: anello appena schiacciato, impostato sulla parte bassa dell'asta.
Omega: piuttosto aperto, ha le dimensioni delle altre lettere.

Il decreto Maddoli 2007, 18.2 presenta uno stile grafico molto vicino a quello di *I.Iasos* 58+44, ma non può essere attribuito alla stessa mano che incise l'epigrafe precedente (della quale resta peraltro assai poco; v. comunque § 4.4.3.5) a motivo di alcune lievi differenze (in particolare nella fattura di *alpha*, *my*, *sigma* e *omega*). Cf. § 4.4.3.4.

Fig. 5: Maddoli 2007, 18.2, parte centrale

1.6 Maddoli 2007, 19.2 (275–250 a.C. circa) [IVd]

La grafia è identica a quella di Maddoli 2007, 18.2 [IVc], cui si rimanda per la descrizione. (Fig. 6).[9]

Fig. 6: Maddoli 2007, 19.2

[8] Altre immagini della grande lastra, sulla quale è inciso anche il decreto Maddoli 2007, 18.1, sono pubblicate in Maddoli 2007, 290–291.
[9] Una foto dell'intera pietra è pubblicata in Maddoli 2007, 299.

1.7 Maddoli 2007, 25.B (240–210 a.C. circa) [VII][10]

La grafia, il cui *ductus* non appare regolare, comunica un'impressione di affollamento, dovuto anche all'adozione di un'interlinea molto stretta, che aumenta ulteriormente nelle righe inferiori; le lettere sono molto ampie e arricchite da grandi apici triangolari. H lettere: 0,8–1 cm (*omikron* 0,6). Interlinea: 0,3–0,5 cm. (Fig. 7).

Alpha: come le altre lettere triangolari, ha un prevalente sviluppo verticale; la barra centrale diritta interseca i tratti obliqui a metà della loro altezza.
Epsilon: barra centrale più breve, la superiore spesso leggermente più lunga.
Kappa: tratti obliqui molto protesi in avanti, in alcuni casi quasi orizzontali: l'inferiore resta molto distante dal limite delle lettere in basso, il superiore talora raggiunge invece, o quasi, quello in alto grazie ad un apice molto sviluppato.
My: non molto regolare: più spesso il punto d'incontro dei tratti interni è profondo. L'angolo che si forma tra l'asta verticale sinistra e il tratto obliquo corrispondente è talora meno ampio del destro.
Ny: molto alto rispetto al rigo inferiore l'incrocio tra diagonale e asta destra, che risulta conseguentemente molto più breve della sinistra.
Csi: attestato solo tre volte, sempre con ampi apici in fondo alle barre; quella centrale è più breve delle altre, particolarmente nel primo esemplare (l. 3).
Omikron: di dimensioni incostanti, è comunque sempre più piccolo delle altre lettere.
Pi: barra orizzontale che prosegue anche oltre l'incontro con l'asta verticale destra, più breve della sinistra.
Sigma: barre esterne piuttosto diritte; avanzato l'incrocio dei tratti interni.
Ypsilon: tratti obliqui tendenzialmente diritti e protesi verso l'alto, biforcazione variabile che tende a porsi a metà dell'altezza della lettera.
Phi: anello ampio e schiacciato, più spesso impostato sulla parte alta dell'asta.
Omega: grandezza simile a quella delle altre lettere, cerchio che quasi si chiude; barrette esterne che si avvicinano molto tra loro e diventano quasi una linea orizzontale diritta, chiusa da ampi apici, che lambisce la parte inferiore del cerchio.

Fig. 7: Maddoli 2007, 25.B

[10] Mancano, come è ovvio, le presentazioni delle grafie delle epigrafi databili *I.Iasos* 35 (**V**) e 36 (**VI**), oggi perdute. Su *I.Iasos* 35 v. comunque oltre n. 58 a p. 178.

1.8 *SEG* 41.930 (= PC 1989, 2), 1–32 (220–190 a.C. circa) [VIIIa]

La grafia è identica a quella di Maddoli 2007, 25.B, cui si rimanda per la descrizione. H lettere: 0,7–0,8 cm (*omikron* 0,5). Interlinea: 0,3–0,4 cm. (Fig. 8).

Fig. 8: *SEG* 41.930 (= PC 1989, 2), 1–32

1.9 *SEG* 41.931 (= PC 1989, 3), 15–58 (220–190 a.C. circa) [VIIIb]

La grafia è identica a quella di Maddoli 2007, 25.B, cui si rimanda per la descrizione. Nella parte destra la scrittura si presenta a tratti più disordinata, fatica a mantenere il proprio allineamento orizzontale probabilmente a causa della presenza, su quel lato, di un listello sporgente. H lettere: 0,7–0,8 cm (*omikron* 0,5). Interlinea: 0,3–0,4 cm. (Fig. 9).

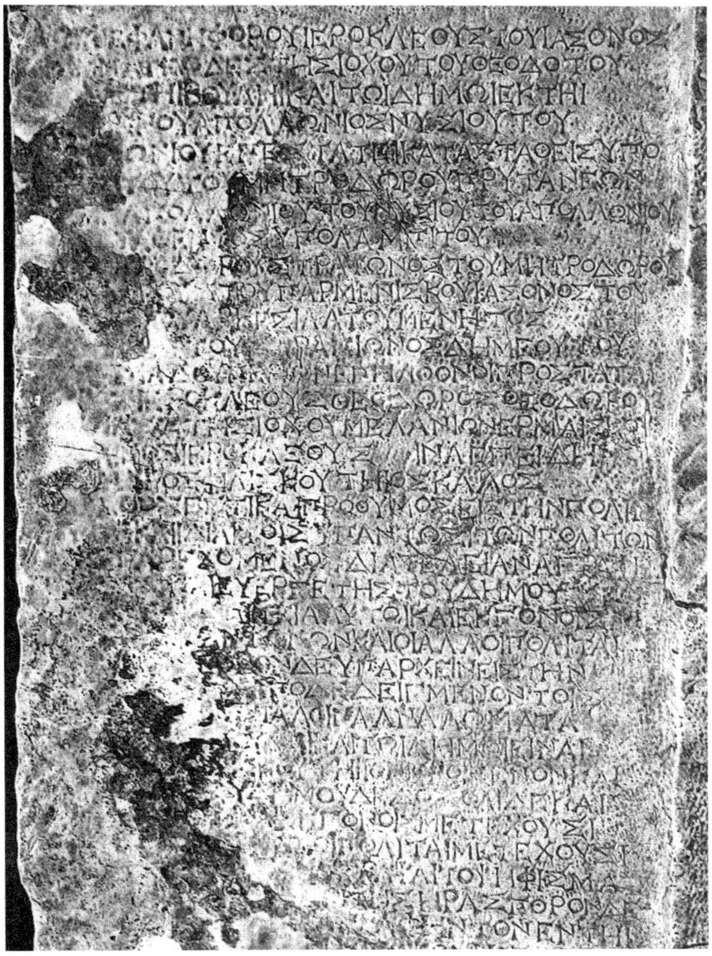

Fig. 9: *SEG* 41.931 (= PC 1989, 3), 15–58 (qui ll. 15–48)

1.10 *I.Iasos* 4 (196/5–195/4 a.C.) [IX]

Grafia elegantissima, *ductus* regolare: la grande cura dipende certamente dall'importanza dei testi riprodotti, una lettera della regina Laodice e un decreto in onore della sovrana e del suo sposo, il re Antioco III; le lettere sono incise molto vicine le une alle altre ma sono comunque piuttosto ampie.[11] Sono presenti apici, generalmente abbastanza sobri. H lettere: 1,1 cm (*omikron* 1). Interlinea: 0,9 cm. (Fig. 10).

Alpha: ampio, a barra centrale diritta che interseca i tratti obliqui a metà della loro altezza.
Epsilon: le tre barre orizzontali, di cui la centrale più breve, terminano in ampi apici triangolari.
Kappa: tratti obliqui che, nonostante gli apici, non giungono (soprattutto in basso) a toccare il limite delle lettere;

---

[11] Descrive questa grafia anche Crowther 1995a, 106 s. e 133–136.

incrociano l'asta verticale appena sopra la metà della sua altezza.
My: aste verticali un poco divaricate; punto d'incontro dei tratti obliqui abbastanza alto.
Ny: la diagonale interseca l'asta destra al di sopra della linea inferiore.
Csi: molto sobrio ed essenziale, barra centrale più breve delle altre.
Omikron: più o meno delle stesse dimensioni delle altre lettere, poggia sulla linea di base.
Pi: asta verticale destra breve e conclusa in basso da un apice piuttosto evidente; un lungo prolungamento orizzontale, chiuso anch'essa da un grosso apice, sporge ben oltre l'incontro della barra orizzontale con la breve asta destra.
Sigma: ampio e schiacciato, con lunghe barre orizzontali diritte apicate. Nel loro punto d'incontro, piuttosto avanzato, i tratti obliqui formano un apice che sporge verso destra.
Ypsilon: forcella non molto profonda, tratti obliqui curvi.
Phi: anello schiacciato, di forma ovale, collocato all'incirca a metà dell'asta.
Omega: un po' largo e schiacciato, apertura abbastanza ampia; molto apicate le barrette laterali.

Fig. 10: *I.Iasos* 4

2 Linee evolutive della grafia

L'esame della grafia dei decreti onorari di Iasos mostra alcune linee di tendenza abbastanza chiare, peraltro in genere coerenti con quanto attestato in tutto il mondo greco.[12] La tabella n. 28 propone sinteticamente le caratteristiche delle lettere campione nei decreti databili elencati al termine del capitolo 2 e appena descritti (§§ 4.1.1–10).

L'arco di tempo coperto dagli ψηφίσματα che possono essere utilmente analizzati dal punto di vista paleografico va dalla fine del V-inizio del IV secolo a.C. all'inizio del II secolo a.C. Si constata che per tutto il IV secolo i decreti presentano lettere semplici, essenziali; a partire dal III i segni si arricchiscono gradualmente di apici, in genere sempre più ampi fino a divenire a coda di rondine, più o meno accentuata. Naturalmente, al di là delle tendenze generali, esiste sempre il gusto e lo stile del singolo scalpellino, che può amare la sobrietà più dei suoi contemporanei: è il caso p. es. del lapicida di *I.Iasos* 4 (196/5–195/4 a.C.), che tende a ridurre molto gli apici, contro la tendenza dei colleghi dell'epoca:[13] ma lo stile misurato di questo artigiano dipende certamente anche dalla solennità del testo che era stato chiamato a incidere.

Le lettere evolvono anche nelle dimensioni: se nel IV secolo a.C. tendono di solito ad essere abbastanza grandi (1,5 cm circa), a partire dal III secolo si rimpiccioliscono e misurano in genere 1 cm circa.

Per quanto concerne le singole lettere, nell'arco di tempo qui considerato *alpha* presenta sempre la barra orizzontale diritta e mai spezzata; occorre invece notare che a partire dalla fine del III secolo a.C. esso, come le altre lettere triangolari, tende quasi in ogni grafia (una parziale eccezione è rappresentata ancora dal lapicida di *I.Iasos* 4) a diminuire in larghezza, restringendosi, e comunicando l'impressione di una maggiore verticalità. Dalla fine del IV secolo la barretta centrale di *epsilon* comincia a divenire sensibilmente più breve delle altre due. Quanto a *theta*, in tutti i decreti presi in esame è realizzato con un punto e mai con una lineetta all'interno del cerchio. A partire dalla fine del IV secolo a.C. s'impone poi la tendenza – ma anche in questo caso occorre fare una distinzione per qualche singolo lapicida (p. es. ancora una volta quello di *I.Iasos* 4, di gusto ‹classicheggiante›) – a rendere parallele e non più divergenti le coppie di tratti esterni: dapprima ciò accade a *sigma* e poi a *my*. Anche la forma di *ny* presenta un'evoluzione riconoscibile, sebbene segnata da qualche contraddizione: mentre nelle iscrizioni di IV secolo questa lettera fa generalmente poggiare, o quasi, il punto d'incontro tra la diagonale e l'asta verticale destra sulla linea inferiore, dall'inizio del III secolo questo punto tende progressivamente a sollevarsi. Le diverse dimensioni di *omikron*, talora alto *grosso modo* quanto le altre lettere, talora molto più piccolo, non sembrano invece riconducibili a un processo coerente di trasformazione quanto al gusto dei singoli lapicidi. Particolarmente evidente l'evoluzione di *pi*: molto lineare e semplice per quasi tutto il IV secolo, comincia, a partire dall'epoca di Alessandro, ad arricchirsi di un apice – dapprima minuscolo – che sporge a destra oltre l'incontro tra la barra orizzontale e l'asta destra; nel corso del III secolo a.C. e all'inizio del II esso è gradualmente sempre più accentuato, fino a divenire una sporgenza assai evidente e spesso molto sviluppata in tutte le direzioni. Nei testi qui presi in esame, *pi* presenta comunque sempre aste di lunghezza diversa (asimmetriche). Per quanto concerne *omega*, l'apertura tende in generale a stringersi, sia pure in misura maggiore o minore, fino a che, verso la fine del III secolo a.C. (con la consueta eccezione di *I.Iasos* 4), si giunge a una chiusura pressoché completa e le barrette laterali diventano un'unica linea posta sotto l'anello.

---

[12] Per una breve storia dell'evoluzione dell'alfabeto greco v. Klaffenbach 1966², 43–45; Guarducci 1967, 368–390; alcune indicazioni (e bibliografia precedente) sono offerte anche da S. Dow in Tracy 1975, xiii-xviii.

[13] V. p. es. la grafia di Maddoli 2007, 25.B (§ 4.1.7).

Tabella n. 28. Evoluzione di alcune lettere campione nei decreti ellenistici di Iasos*

Decreto	*alpha*	*epsilon*	*kappa*	*my*	*ny*	*csi*	*omicron*	*pi*	*sigma*	*ypsilon*	*phi*	*omega*
M2007,1.1 [**I**] (412–394 a.C.)	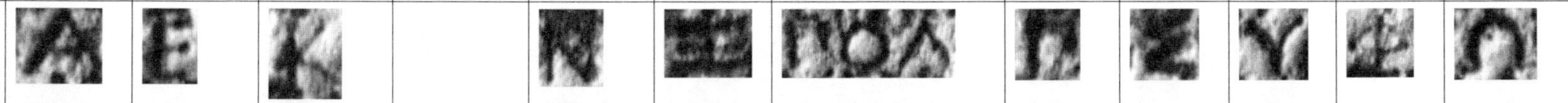											
SEG 36.983 (= PC 1985, p. 155) [**II**] (370–360 a.C. circa)												
I.Iasos 1 (370–350 a.C. circa)	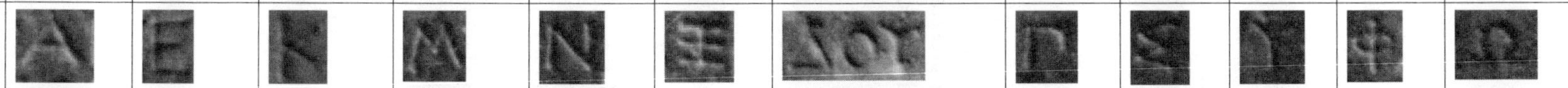											
I.Iasos 24+30 (334–323 a.C.) [**III**]	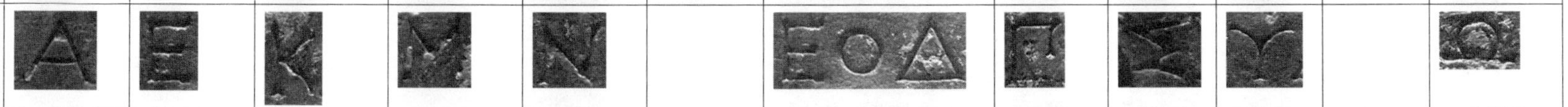											
I.Iasos 27 (340–320 a.C. circa)			Non si presenta il *kappa* di l. 4 perché il tratto obliquo inferiore è incompleto.	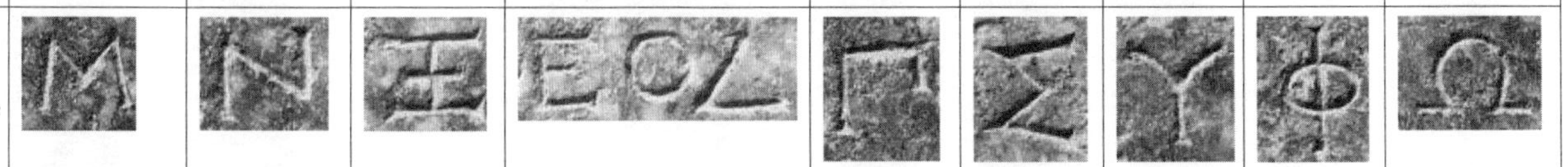								
I.Iasos 2 (305–285 a.C.)	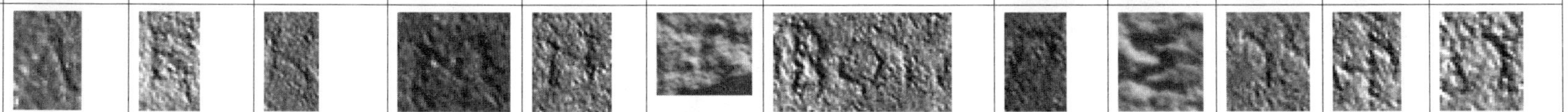											
I.Iasos 54 (fine IV–inizio III sec. a.C.)	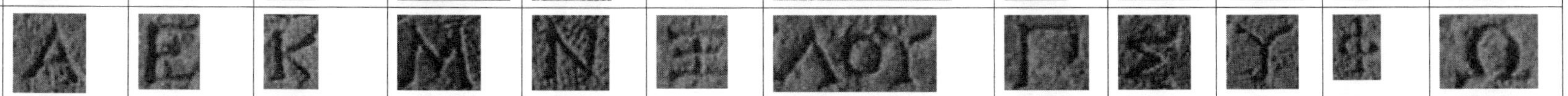											
M2007,19.2 [**IVd**] (275–250 a.C. circa)	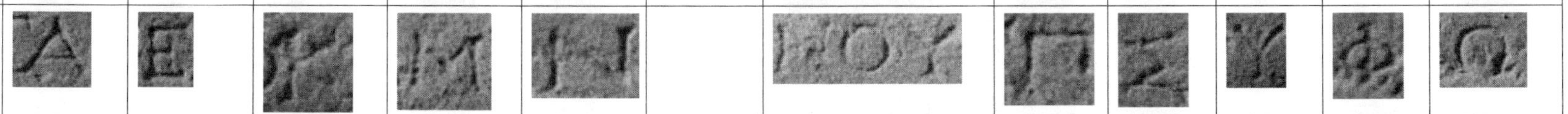											
M2007,25.B [**VII**] (240–210 a.C. circa)	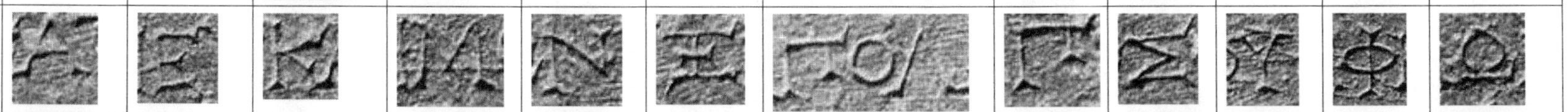											
I.Iasos 4 [**IX**] (196/5 –195/4 a.C.)	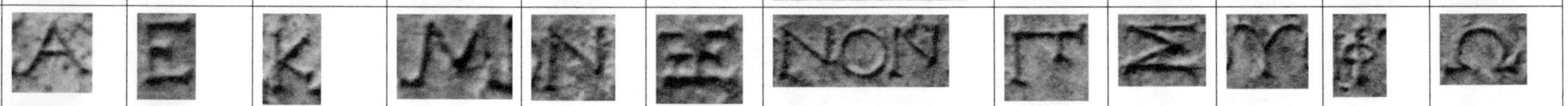											
I.Iasos 6 (182 a.C.)	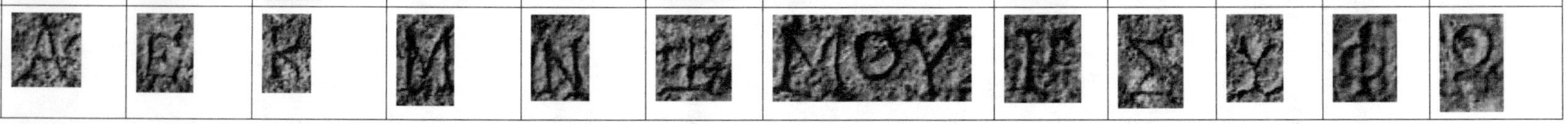											

* I segni qui scelti come campione sono gli stessi che vengono valutati al momento dell'analisi paleografica dei decreti iasei. Rispetto all'elenco di decreti databili presentato nel capitolo 2, non vengono qui raccolte le lettere dei seguenti decreti: *I.Iasos* 35 [**V**] (se ne conserva soltanto un calco che non ho potuto vedere di persona: v. n. 58 a p. 178); *I.Iasos* 36 [**VI**] (oggi scomparso); *SEG* 41.930 (= PC 1989, 2), 1–32 e *SEG* 41.931 (incisi dallo stesso lapicida di Maddoli 2007, 25.B: v. § 4.4.4.3); Maddoli 2007, 25.A2 (molto mal leggibile); *I.Iasos* 51 (inciso da un lapicida a Cos).

3 Creazione di gruppi sulla base degli elementi grafici dirimenti

L'esame dei segni grafici delle epigrafi databili ha evidenziato come le lettere che presentano un'evoluzione più lineare e riconoscibile sono *my*, *pi* e *sigma*; ne valuteremo perciò adesso le caratteristiche nei diversi decreti, secondo lo sviluppo riscontrato a §§ 4.1.1–10 e 4.2. È proprio sulla base della fattura di queste lettere che i decreti saranno divisi in 4 gruppi.

Gruppo 1: Decreti con *pi* privo di prolungamenti o con una sporgenza appena accennata e non apicata oltre l'asta destra e con *my* e *sigma* ENTRAMBI a tratti esterni SEMPRE divergenti, anche solo lievemente.[14]

Gruppo 2: Decreti con *pi* privo di prolungamenti o con una sporgenza appena accennata e non apicata oltre l'asta destra e con il SOLO *my* a tratti esterni SEMPRE divergenti, anche solo lievemente.

Gruppo 3: Decreti con *pi* privo di prolungamenti o con una sporgenza poco accennata e non apicata oltre l'asta destra e con *my* e *sigma* a tratti esterni paralleli o SOLO OCCASIONALMENTE divergenti.

Gruppo 4: Decreti con *pi* realizzato con un forte prolungamento della barra orizzontale oltre l'asta destra.

La grande maggioranza dei decreti, come si vedrà subito, può essere ripartita nei quattro gruppi appena presentati. Solo i sette ψηφίσματα elencati di seguito, a questo stadio del lavoro, non possono essere inseriti con sicurezza in nessuno di essi, perché privi di uno o più dei descrittori ritenuti dirimenti. Si tratta di:

- *I.Iasos* 63, Maddoli 2007, 8, 10 e 15[15] (la mancanza di *my* rende incerta la loro classificazione; potrebbero appartenere al secondo o al terzo gruppo).
- *I.Iasos* 28, 69 e 71 (la mancata o inadeguata attestazione di *pi* rende del tutto incerta la loro classificazione).

Nel prosieguo del lavoro l'identificazione di mani di lapicidi autori di più epigrafi consentirà in tutti i casi di sciogliere la riserva e di inserire con certezza in un gruppo preciso anche le epigrafi appena elencate. Per questa ragione le tabelle che visualizzano non solo la suddivisione in gruppi paleografici ma anche l'esito complessivo del lavoro di analisi sulla scrittura (tabelle nn. 31–32) si trovano alla fine del capitolo.

4 Individuazione delle mani di alcuni lapicidi

Nonostante l'invito in senso contrario rivolto ai lettori da parte del vero maestro di questo genere di studi, S.V. Tracy,[16] ho tentato di individuare, all'interno del gruppo di decreti esaminati, singole mani di lapicidi che avessero inciso più di un testo: ciò naturalmente al fine di disporre di un ulteriore elemento di datazione, almeno relativa, dei decreti di Iasos.[17] Questo lavoro è stato reso possibile dalla cortesia della dott.ssa Fede Berti, Direttrice della Missione Archeologica Italiana di Iasos fino al dicembre 2010, grazie alla quale ho avuto accesso a quasi tutti i testi oggetto d'esame: ho potuto pertanto esaminarli autopticamente ed eseguire calchi; i ripetuti

---

[14] Verranno esclusi tuttavia quei decreti nei quali i tratti esterni di *sigma* appaiano incurvati, perché la divergenza è in quel caso di natura diversa.

[15] In Maddoli 2007, 15 anche la lettera *pi* è sempre documentata in modo soltanto frammentario, ma ne resta abbastanza da escludere l'inserimento nel gruppo 4.

[16] Tracy 2003, xviii-xix: l'invito a non intraprendere un'attività del genere nasce, dice Tracy, dalla difficoltà d'accesso al materiale e dalla consapevolezza dell'assoluta necessità di una dedizione a tempo pieno, dal momento che serve molto tempo per imparare a distinguere le idiosincrasie delle diverse mani.

[17] Auspicava che un tentativo di questo genere fosse fatto (in particolare per i testi di Iasos di fine III-inizio II secolo a.C.), e si candidava a farlo, Crowther 1995a, 134–136.

soggiorni a Iasos, sia pur di non lunga durata, hanno reso possibile un'indagine accurata, che è stata agevolata dal numero dei testi, importante ma ben dominabile.

L'osservazione attenta della grafia consente di individuare in alcuni casi dei decreti incisi da uno stesso lapicida.[18] Questi pertanto possono essere considerati in stretta connessione cronologica tra di loro, dal momento che, come ha insegnato lo stesso Tracy, la carriera di un lapicida può essere misurata nell'arco di circa 20–25 anni.[19] L'attribuzione alle singole mani che qui viene proposta obbedisce al criterio della massima prudenza. Saranno pertanto considerati come opera del ‹Lapicida di ...› soltanto quei testi in cui ciò appaia del tutto evidente, pur nella consapevolezza dell'inevitabile soggettività di una simile valutazione, che – come ha ricordato più volte ancora Tracy[20] – appartiene al campo dell'attribuzione stilistica. Nei casi di epigrafi che evidenzino una forte similarità grafica ma per le quali permanga incertezza circa l'attribuzione a un determinato lapicida, verranno adoperate due categorie già usate da S.V. Tracy: 1) ‹nello stile di›, ad indicare testi in cui si ha l'impressione che la mano possa essere effettivamente la stessa, nonostante alcune piccole differenze lascino adito a dubbi; 2) ‹scuola di›, ad indicare casi in cui si riscontra una notevole somiglianza ma in cui si è ragionevolmente certi che le mani dei lapicidi sono diverse.[21]

Con la definizione ‹analogie di stile› verranno infine evidenziate somiglianze grafiche piuttosto evidenti tra testi incisi da lapicidi del cui lavoro resta un unico esempio.

4.1 Lapicidi nel gruppo paleografico n. 1

Il Gruppo paleografico n. 1 conta, sulla base dei parametri fissati a § 4.3, quindici testi. Ne fanno parte alcuni documenti sicuramente di pieno IV secolo (decreti databili **I-III**). All'interno di questo gruppo le grafie non sono facili da distinguere perché, essendo molto geometriche e schematiche, lasciano poco spazio alle idiosincrasie individuali.[22] Per quanto è dato verificare, l'impaginazione di questa serie di epigrafi presenta una peculiarità: la scrittura tende a coprire tutto lo spazio che la linea mette a disposizione,[23] tanto che in più casi si va a capo spezzando le parole, più spesso comunque rispettando la sillabazione.[24] I lapicidi individuabili all'interno di questo gruppo sono tre.

4.1.1 Lapicida di *SEG* 36.983 (= PC 1985, p. 155) (II)

Grafia molto nitida e geometrica, ariosa e regolare nella distribuzione degli spazi. I tratti sono perfettamente rettilinei, senza incurvature, gli apici sono sostanzialmente assenti.

Caratteristiche delle singole lettere:

Per la descrizione si rinvia a § 4.1.2, dove è anche una fotografia del testo (fig. 2).

Altre iscrizioni dello stesso lapicida:

- *SEG* 36.982A (= PC 1985, IIa) (figg. 11 e 13)
- *SEG* 36.982C (= PC 1985, IIc)[25] (figg. 12 e 13)

---

[18] Per una teorizzazione del metodo di lavoro, al quale mi sono attenuta, v. Tracy 1970, 326–327 e Tracy 1990, 2–4. Forti riserve nei confronti di questo approccio sono state espresse da Dreyer 1998.

[19] Tracy 1970, 325; Tracy 1990, xv.

[20] Tracy 1970, 327; Tracy 1995, 3–4; Tracy 2003, xviii-xix.

[21] Il modello di riferimento è quello proposto da Tracy 1990 (e da lui teorizzato a p. 6), poi riutilizzato con maggiore prudenza – e soltanto per il tipo ‹nello stile di› – in Tracy 2003 (v. xviii); v. anche Crowther 1995a, 135. La complessiva ristrettezza del numero di testi indagabili a Iasos invita, a me pare, a non escludere, ai fini della datazione, queste ulteriori categorie.

[22] Lo stesso vale per i testi ateniesi di IV secolo a.C.: v. Tracy 1995, 2 e 76.

[23] Un'eccezione è costituita da *SEG* 36.982B (= PC 1985, IIb).

[24] V. p. es. *SEG* 36.982A (= PC 1985, IIa), 3; *SEG* 36.982C (= PC 1985, IIc), 2, 3, 9–10; *SEG* 36.983 (= PC 1985, p. 155), 2, 3, 4, 6, 10–17; Maddoli 2007, 4, 2–3, 6, 15 (in cui non viene rispettata la sillabazione).

[25] Questo decreto si presenta lievemente meno regolare, alcune lettere (*epsilon* e soprattutto *ny*) tendono a inclinarsi un poco verso destra, ma il confronto stilistico tra le lettere è del tutto a favore dell'identità grafica: forse l'incisione di quella parte della pietra, per la collocazione più in basso, era meno agevole e l'esecuzione in parte ne risentì.

Il decreto *SEG* 36.983 (= PC 1985, p. 155) si trova sul lato destro di un blocco appartenente a una parasta. I due decreti incisi dal medesimo lapicida sono il primo e il terzo dei tre iscritti sul lato frontale di questa stessa pietra.

Fig. 11: *SEG* 36.982A (= PC 1985, IIa)

Fig 12: *SEG* 36.982C (= PC 1985, IIc)

Lo ψήφισμα al centro del lato frontale (*SEG* 36.982B = PC 1985, IIb) non può essere invece attribuito allo stesso lapicida[26] (v. fig. 13, nella quale sono visibili insieme i tre decreti); a sconsigliarlo il *ductus* più irregolare e, in particolare, la diversa fattura di *ny*, generalmente inclinato verso destra, di *sigma*, con aste esterne più divaricate, e di *omega*, molto più aperto in basso.

Fig. 13: *SEG* 36.982A–B-C (= PC 1985 IIa-b-c)

[26] Diversa opinione in Delrieux 2008, 36.

Scuola del lapicida di *SEG* 36.983 (= PC 1985, p. 155):

- *I.Iasos* 1 (fig. 14).[27]

Lo stile è davvero molto vicino; si notano però differenze nell'esecuzione delle lettere tonde, che in *I.Iasos* 1 sono molto più piccole, di *rho*, che ha un occhiello di dimensioni minori, e di *ypsilon*, che ha una forcella meno profonda.

Fig. 14: *I.Iasos* 1, 22–53

Fig. 15: *I.Iasos* 27

[27] Alcune note sulla grafia di *I.Iasos* 1 in Delrieux 2013, 215 n. 13.

4.1.2 Lapicida di *I.Iasos* 27

Grafia molto accurata, regolare e graziosa, con piccolissimi apici e ampia interlinea (fig. 15).

Caratteristiche delle singole lettere:

Alpha: piuttosto ampio, barra centrale diritta che spesso interseca i tratti obliqui un poco più in basso della metà della loro altezza.
Epsilon: barra orizzontale centrale un poco più breve delle altre.
Kappa: apici sobri permettono ai trattini obliqui di giungere a lambire il limite superiore e inferiore delle lettere.
My: ampio, aste esterne un poco divaricate; punto d'incontro dei tratti interni alto sul rigo.
Ny: diagonale e asta destra s'incrociano al di sopra della linea inferiore.
Csi: barra centrale più breve delle altre.
Omikron: di dimensioni non sempre costanti, è comunque più piccolo delle altre lettere.
Pi: lineare e senza prolungamenti; aste asimmetriche.
Sigma: barre esterne leggermente divaricate.
Ypsilon: forcella alta, brevi tratti obliqui solo appena curvi.
Phi: anello ovale posto all'incirca a metà dell'asta.
Omega: ampio quasi quanto le altre lettere, poggia sulla linea inferiore.

Altre iscrizioni dello stesso lapicida:

- *I.Iasos* 52 (fig. 16).

In questo secondo testo i tratti esterni di *sigma* tendono maggiormente all'orizzontalità; in ogni caso la comparazione depone del tutto a favore dell'identità grafica: si confronti ad esempio l'esecuzione del nome ΘΕΟΔΟΤΟΥ, presente in entrambi i decreti alla linea 2. Considerato che sia in *I.Iasos* 27 che in *I.Iasos* 52 lo στεφανηφόρος ha lo stesso patronimico, la loro attribuzione a una stesso lapicida è un forte argomento in favore dell'integrazione, in *I.Iasos* 52 (cf. § 9.11), dell'idionimo del magistrato eponimo di *I.Iasos* 27. Ritengo pertanto che in entrambi i testi στεφανηφόρος sia Minnion figlio di Theodotos, noto cittadino iaseo della seconda metà del IV secolo a.C.;[28] su di lui v. §§ 5.2.4, 5.5.10 e 7.1.

Fig. 16: *I.Iasos* 52

[28] Sul personaggio v. Fabiani 2007 e Ead. 2013, 327–330; per una nuova integrazione e nuovo studio del decreto *I.Iasos* 52 rinvio invece a Fabiani in stampa, b.

4.1.3 Lapicida di Maddoli 2007, 23.1

Grafia essenziale, quasi priva di apici, apparentemente poco curata; sono lasciati ampi spazi sia tra le lettere che tra le linee. I segni sono tracciati con leggerezza e tendono a essere inclinati verso destra. H lettere 1 cm (*omikron* 0,6). Interlinea: 0,8–1 cm (fig. 17).

Caratteristiche delle singole lettere:

Alpha: piuttosto ampio, barra centrale diritta che spesso interseca i tratti obliqui un poco più in alto della metà della loro altezza.

Epsilon: barra orizzontale centrale nettamente più breve delle altre; interseca l'asta verticale ad altezza irregolare.

Kappa: trattini obliqui brevi; quello inferiore non giunge a toccare il limite inferiore e si protende vistosamente in avanti.

My: aste esterne un poco divaricate; punto d'incontro dei tratti interni piuttosto alto.

Ny: l'asta sinistra è leggermente inclinata verso destra; la diagonale e l'asta destra s'incrociano molto vicino alla linea inferiore.

Csi: nessun esempio.

Omikron: più piccolo delle altre lettere, si pone più spesso a metà della loro altezza, anche se talora si sposta verso l'alto.

Pi: lineare e senza prolungamenti; aste asimmetriche, la destra misura in genere esattamente la metà della sinistra.

Sigma: barre esterne divaricate.

Ypsilon: non molto regolare; tratti obliqui generalmente rettilinei, talora uno dei due si allunga un po' più dell'altro.

Phi: anello schiacciato impostato a metà dell'asta.

Omega: appoggiato sulla linea inferiore e un po' appiattito, resta piuttosto aperto; piccole e rettilinee le barrette laterali.

Fig. 17: Maddoli 2007, 23.1

Altre iscrizioni dello stesso lapicida:

- *I.Iasos* 66 (fig. 18).[29]

L'identificazione della mano ha permesso di riconoscere nella scheggia iscritta che contiene l'epigrafe *I.Iasos* 66 un frammento non aderente di Maddoli 2007, 23.1; la relazione fra i due pezzi è confermata dall'omogeneità e dalla compatibilità dei testi incisi su di essi. A ulteriore conferma dell'unità delle due pietre anche il dato archeologico: entrambe provengono dalla stessa area della città.[30] Il decreto ricomposto è presentato, così come oggi ricostruibile, a § 9.25.

[29] Delrieux 2005, 175 n. 24 accostava la grafia di questo frammento (per una datazione del testo v. § 7.7) a quella di *I.Iasos* 1.

[30] Pugliese Carratelli 1967–1968, 13, 459 riferisce infatti che il pezzo proviene dall'area della cd. Basilica della Porta Est. Nell'estate 2008 il dott. Maurizio Landolfi, cui va il mio ringraziamento più sentito, mi ha molto cortesemente informato del fatto che anche il blocco con il decreto Maddoli 2007, 23.1 proviene dalla medesima area, dato ignoto al momento della sua prima edizione.

Fig. 18: *I.Iasos* 66

4.1.4 Altri decreti con analogie grafiche

Fra alcuni decreti del Gruppo 1 sembrano esservi alcune somiglianze di stile, anche se, per varie ragioni, non sembra (o non si può essere certi) che ad inciderle sia stato il medesimo scalpellino.

1) Tra Maddoli 2007, 1.1[31] **(I)** (fig. 1) e *SEG* 36.982B (= PC 1985, IIb) (fig. 19).
   Il cattivo stato di conservazione di Maddoli 2007, 1.1 **(I)** e la scarsità complessiva di lettere chiaramente leggibili sconsiglia di proporre, nonostante le indubbie somiglianze, un'attribuzione sicura al lapicida che incise l'altro decreto, *SEG* 36.982B (= PC 1985, IIb).

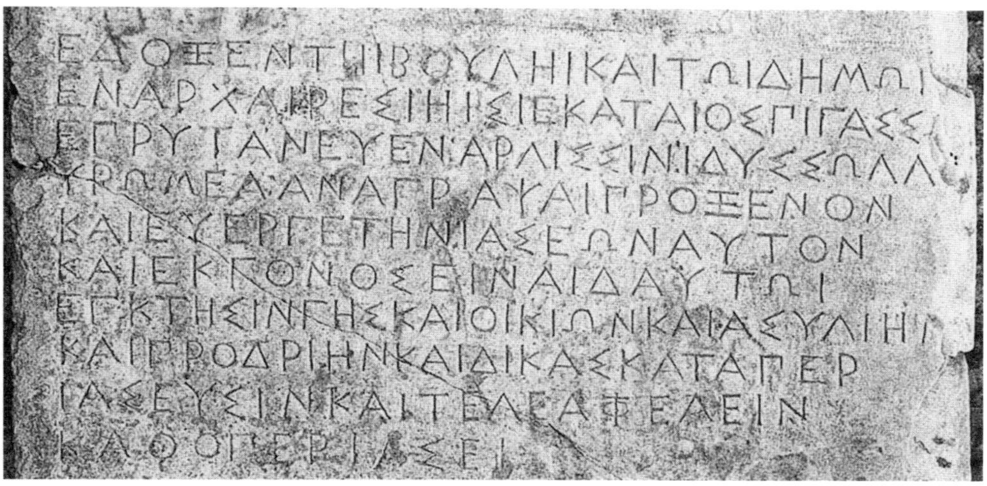

Fig. 19: *SEG* 36.982B (= PC 1985 IIb)

[31] Per la fotografia v. § 4.1.1.

2) Tra *I.Iasos* 24+30 **(III)** (fig. 3)[32] e *I.Iasos* 27 e 52 (figg. 15–16).
Oltre che nel *ductus* e nell'uso degli spazi, è analoga la fattura delle lettere tonde, in entrambi i casi più piccole delle altre. Le due iscrizioni, nelle quali è presente un medesimo personaggio, Minnion figlio di Theodotos (v. sopra), non sembrano tuttavia essere opera della stessa mano; differente soprattutto l'esecuzione di *ny* e *omega*.
3) Tra *I.Iasos* 68 (fig. 20) da una parte e *I.Iasos* 27 e 52 (figg. 15–16) dall'altra.
Le due grafie sono per più versi simili, ma il cattivo stato di conservazione di *I.Iasos* 68[33] (che non pare molto lontana neppure dallo stile del ‹Lapicida di *I.Iasos* 54›) e soprattutto la profondità dei solchi con cui è tracciata, profondità che forse dipende dalla diversa qualità della pietra su cui è incisa, invitano alla prudenza.

Fig. 20: *I.Iasos* 68

4.1.5 Grafie senza confronti convincenti

- Maddoli 2007, 4 (fig. 21).

La minore regolarità del *ductus* e altre peculiarità, quali la posizione molto rialzata di *omega* sulla linea inferiore e il piccolo prolungamento della barra orizzontale di *pi* oltre il suo punto d'incontro con l'asta destra, allontanano questo decreto, nonostante l'analogo stile angolato e geometrico, dagli altri del gruppo inciso dal ‹Lapicida di *SEG* 36.983› (fig. 2).

4.1.6 Grafie non valutabili[34]

1) Maddoli 2007, 1.2 (fig. 22).
2) Maddoli 2007, 1.3 (fig. 22).
3) Maddoli 2007, 1.4 (fig. 22).

Questi tre decreti non possono essere valutati per la scarsità delle lettere rimaste e per il cattivo stato di conservazione della superficie lapidea. Sarebbe imprudente un loro accostamento al soprastante Maddoli 2007, 1.1, che pure graficamente sembra offrire delle analogie.

---

[32] Per la fotografia v. § 4.1.3.

[33] Nuova edizione del testo a § 9.18.

[34] Vengono considerati ‹non valutabili› testi che si trovano in cattivo stato di conservazione e/o che presentano un numero di lettere troppo scarso perché possano essere avanzate affermazioni di una qualche solidità.

Fig. 21: Maddoli 2007, 4

Fig. 22: Maddoli 2007, 1.2–4[35]

[35] Due fotografie dell'intera pietra sono pubblicate in Maddoli 2007, 206–207.

4.2 Lapicidi nel gruppo paleografico n. 2

Sulla base dei parametri fissati a § 4.3, a questo gruppo possono essere sicuramente ascritte dieci iscrizioni; a queste vanno senz'altro aggiunti i decreti Maddoli 2007, 8 e 10, sebbene, come si ricordava proprio a § 4.3, siano privi di una delle lettere scelte come parametro di riferimento; il confronto paleografico dimostra infatti, come si vedrà subito, una fortissima somiglianza fra questi testi e altri che fanno parte dello stesso gruppo.

L'insieme definito ‹gruppo paleografico n. 2› è graficamente molto omogeneo. I lapicidi individuati sono quattro. Forte è stata la tentazione di attribuire a una stessa mano molte epigrafi. Laddove rimaneva però qualche margine di dubbio si è preferito far ricorso – ed è accaduto spesso – alla formula ‹nello stile di› o ‹scuola di›.

Quando il dato è verificabile, si constata che normalmente le parole non vengono spezzate tra una riga e l'altra;[36] con la sola eccezione di *I.Iasos* 2, le epigrafi del gruppo sono impaginate così da lasciare in genere sulla destra *vacat* anche molto ampi: siamo probabilmente in un'epoca che dispone in abbondanza di superfici iscrivibili.

4.2.1 Lapicida di Maddoli 2007, 7

Nonostante un esame minuzioso riveli molteplici irregolarità, la grafia si presenta a prima vista ordinata, con lettere ampie, arricchita da piccoli apici triangolari e da tratti spesso lievemente arcuati e sempre incisi con leggerezza (fig. 23).

Fig. 23: Maddoli 2007, 7

Caratteristiche delle singole lettere:
Alpha: ampio, a barra centrale diritta.
Epsilon: la barra centrale, più breve, interseca l'asta verticale ad altezza incostante; apici piuttosto evidenti.
Kappa: di fattura molto irregolare; il tratto obliquo superiore giunge, con l'apice, a toccare il limite alto delle lettere, mentre ciò non accade con quello inferiore.
My: tratti esterni un poco divergenti; alto il punto d'incontro dei tratti interni.

[36] Così già Gauthier 1990, 424.

Ny: molto regolare, la diagonale interseca l'asta destra quasi sempre sulla linea inferiore.
Csi: esteso, con barra centrale molto più breve delle altre.
Omikron: di dimensioni variabili ma sempre più piccolo delle altre lettere, si avvicina alla linea inferiore pur senza toccarla.
Pi: aste asimmetriche, la destra di lunghezza non del tutto regolare.
Sigma: grande, la barra orizzontale inferiore è diritta o appena aperta, la superiore più frequentemente un po' incurvata; il punto d'incontro dei tratti interni è molto avanzato, quasi al di sotto dell'estremità delle barre esterne.
Ypsilon: tratti obliqui curvilinei; apertura in genere alta.
Phi: anello sempre un po' schiacciato; l'esecuzione tuttavia non è costante.
Omega: più grande di *omikron* ma comunque un poco più piccolo delle altre lettere; accentuata la chiusura del cerchio.

ALTRE ISCRIZIONI DELLO STESSO LAPICIDA:
- Maddoli 2007, 6 (fig. 24).

Fig. 24: Maddoli 2007, 6

SCUOLA DEL LAPICIDA DI MADDOLI 2007, 7:
- Maddoli 2007, 10 (fig. 25).

L'attribuzione al Lapicida di MADDOLI 2007, 7 è dubbia per l'esecuzione in parte difforme di *kappa* e *omega* (di quest'ultimo per la verità il decreto conserva un solo esemplare).

Fig. 25: Maddoli 2007, 10

4.2.2 Lapicida di Maddoli 2007, 9

Grafia ampia e regolare, con apici abbastanza contenuti, assai vicina a quella del ‹Lapicida di Maddoli 2007, 7›, dalla quale si distingue soprattutto per una minore tendenza a incurvare i tratti e per un'incisione appena un po' più ampia e profonda, che potrebbe tuttavia essere anche dovuta alla diversa qualità della pietra (fig. 26).

Caratteristiche delle singole lettere:
Alpha: come tutte le lettere triangolari è molto ampio, a barra centrale diritta che interseca i tratti obliqui un po' sotto la metà della loro altezza.
Epsilon: barra centrale più breve delle altre; tutte sono chiuse da piccoli apici triangolari.
Kappa: il trattino obliquo superiore sfiora il limite alto delle lettere o gli si avvicina molto, l'inferiore tende a rimanerne distante.
My: tratti esterni un poco divergenti; piuttosto alto il punto d'incontro di quelli interni.
Ny: molto grande e regolare, con la diagonale che incontra l'asta destra quasi sempre sul rigo inferiore.
Csi: ampio, con linea centrale un poco più breve delle altre.
Omikron: più piccolo delle altre lettere, lambisce talvolta la linea inferiore.
Pi: lineare, aste asimmetriche, con un minuscolo prolungamento della barra orizzontale oltre l'incontro con l'asta destra.
Sigma: piuttosto grande, la barra orizzontale inferiore è diritta, la superiore è appena divergente e spesso caratterizzata da una piccola incurvatura, accentuata da un grande apice; il punto d'incontro dei tratti interni è molto avanzato ed è posto quasi al di sotto dell'estremità delle barre esterne.
Ypsilon: piccolo e regolare, con tratti obliqui solo lievemente curvi e di dimensioni uguali fra loro.
Phi: l'unico esempio presenta un anello un po' schiacciato e impostato sulla metà inferiore dell'asta, chiusa in alto da un apice piuttosto evidente.
Omega: appena più piccolo delle altre lettere, poggia sul rigo inferiore; il cerchio è abbastanza chiuso. La barretta laterale destra è spesso un poco più lunga e apicata dell'altra.

Fig. 26: Maddoli 2007, 9

ALTRE ISCRIZIONI DELLO STESSO LAPICIDA:
- Maddoli 2007, 8 (fig. 27).

Fig. 27: Maddoli 2007, 8

4.2.3 Lapicida di *I.Iasos* 54

Grafia molto regolare, con tratti tendenzialmente non rigidi, appena un poco curvi, e piccoli apici (fig. 28).

CARATTERISTICHE DELLE SINGOLE LETTERE:
Alpha: media ampiezza, barra centrale diritta che interseca i tratti obliqui un po' al di sotto della metà della loro altezza.
Epsilon: barre orizzontali, di cui la centrale solo appena più breve, chiuse da apici triangolari piuttosto grandi.
Kappa: entrambi i tratti obliqui, anche l'inferiore, si avvicinano moltissimo alle linee che definiscono in alto e in basso le dimensioni delle lettere.
My: aste esterne un poco divergenti; in genere piuttosto alto il punto d'incontro dei tratti interni.
Ny: regolare, la diagonale incontra spesso l'asta destra molto vicino al rigo inferiore.
Csi: ampio, con barra centrale un po' più breve.
Omikron: tendenzialmente molto più piccolo delle altre lettere, anche se le sue dimensioni sono incostanti; variabile anche la sua posizione in altezza.
Pi: aste asimmetriche, a volte è presente un lievissimo prolungamento della barra orizzontale oltre l'incontro con l'astina destra.
Sigma: irregolare, barre esterne a volte entrambe divergenti, chiuse da apici che accentuano l'impressione dell'incurvatura; a volte una delle due barre, soprattutto quella inferiore, tende a essere rettilinea.

Ypsilon: piccolo e regolare, presenta tratti obliqui curvilinei, più spesso delle stesse dimensioni.
Phi: anello in genere abbastanza schiacciato e impostato a metà dell'asta.
Omega: generalmente delle stesse dimensioni delle altre lettere, tende a chiudere abbastanza decisamente il cerchio.

Fig. 28: *I.Iasos* 54[37]

Altre iscrizioni dello stesso lapicida:

- *I.Iasos* 47 (fig. 29).

Il decreto è inciso subito sotto *I.Iasos* 54, sul lato frontale di un blocco, probabilmente un ortostato, conservato ai Musei Archeologici di Istanbul (inv. 3092).[38] È inciso meno profondamente del testo precedente, l'impaginazione è diversa (il testo, forse per risparmiare spazio, occupa tutta la larghezza della pietra), ma le lettere, con la sola eccezione di *alpha*, che è più largo, presentano le stesse caratteristiche.

Fig. 29: *I.Iasos* 47

Scuola del lapicida di I.Iasos 54:

- *I.Iasos* 40 (fig. 30).

Molte le analogie. A sconsigliare l'identificazione sono sia la scarsità di lettere ben leggibili in *I.Iasos* 40 sia le differenze apparentemente riscontrabili nell'esecuzione di *rho*, che ha un occhiello più grande, e di *sigma*, dai tratti interni più brevi.

Fig. 30: *I.Iasos* 40

[37] Un'immagine completa del lato frontale della pietra, con i tre decreti *I.Iasos* 54, 47 e 42, si trova in Berti *et al.* 2010, tav. XVII, 1, 231.

[38] Fabiani 2010c.

- Maddoli 2007, 5 (fig. 31)

Nonostante le somiglianze, l'attribuzione resta dubbia soprattutto a motivo del *ductus*, più irregolare, e della discontinua esecuzione di alcune lettere, in particolare le tonde, di grandezza incostante; le barre esterne di *sigma* sono poi eseguite spesso con una incurvatura forte che non si riscontra in *I.Iasos* 54.

Fig. 31: Maddoli 2007, 5

4.2.4 Lapicida di *I.Iasos* 42

Grafia molto regolare, con tratti tendenzialmente rettilinei e piccoli apici. La fattura delle lettere somiglia molto a quella delle iscrizioni attribuite al ‹Lapicida di *I.Iasos* 54› e sembra esserne una semplice evoluzione (di cui il decreto *I.Iasos* 47, inciso anche materialmente tra i due, rappresenterebbe una tappa): le lettere sono divenute un poco più piccole (certo anche, in verità, per ragioni di spazio) e hanno un andamento meno curvilineo. Anche se alcune differenze sconsigliano di attribuirle tutte con sicurezza alla stessa mano, *I.Iasos* 54, 47 e 42 (cui va aggiunto *I.Iasos* 60, su cui v. sotto) presentano insomma una grafia nella sostanza assimilabile e possono essere quanto meno considerate il prodotto di una stessa scuola dallo stile grafico via via orientatosi verso un'esecuzione maggiormente regolare e geometrica delle lettere, caratterizzate da tratti più rettilinei.[39] Tra i primi tre testi, datati sotto tre stefanefori diversi, è d'altra parte certamente trascorso del tempo. I segni che hanno subito un cambiamento maggiore sono *sigma* (in *I.Iasos* 54 e 47 le barre esterne sono più spesso divergenti che parallele, nella sottostante *I.Iasos* 42 accade il contrario) e *pi*, la cui barra orizzontale si allunga più di frequente verso destra, oltre l'incontro con l'asta. Le caratteristiche grafiche di questo lapicida cominciano dunque ad accostarsi molto a quelle che contraddistinguono il terzo gruppo paleografico (fig. 32).

Fig. 32: *I.Iasos* 42

[39] Per altri casi di evoluzione stilistica v. Tracy 1970, 325.

CARATTERISTICHE DELLE SINGOLE LETTERE:
Alpha: piuttosto ampio, barra centrale diritta che interseca i tratti obliqui un po' al di sotto della metà della loro altezza.
Epsilon: barre orizzontali, di cui la centrale un poco più breve, chiuse da apici triangolari piuttosto grandi.
Kappa: entrambi i tratti obliqui, anche l'inferiore, si avvicinano moltissimo alle linee che definiscono in alto e in basso le dimensioni delle lettere.
My: aste esterne un poco divergenti; in genere il punto d'incontro dei tratti interni non scende molto in basso.
Ny: regolare, la diagonale incontra più spesso l'asta destra sul rigo inferiore.
Csi: molto ampio, con barra centrale un po' più breve.
Omikron: più piccolo delle altre lettere, ma non in modo sensibile; la sua posizione in altezza non è costante.
Pi: aste asimmetriche, piccolo prolungamento della barra orizzontale oltre l'incontro con l'astina destra.
Sigma: le barre orizzontali tendono a essere rettilinee, ma quella inferiore è talora un poco aperta verso l'esterno.
Ypsilon: regolare, i tratti obliqui sono in genere simmetrici.
Phi: anello solo appena schiacciato e impostato a metà dell'asta.
Omega: generalmente delle stesse dimensioni delle altre lettere, tende a chiudere abbastanza decisamente il cerchio.

ALTRE ISCRIZIONI DELLO STESSO LAPICIDA:

- *I.Iasos* 60 (fig. 33).

Il decreto è iscritto sul lato destro del blocco che sulla fronte porta i decreti *I.Iasos* 54, 47 e 42.

4.2.5 Altri decreti con analogie grafiche

Analogie grafiche vi sono in apparenza tra i testi incisi dal ‹Lapicida di *I.Iasos* 54› e *I.Iasos* 68 (fig. 20), del gruppo 1. La diversa qualità dell'incisione, particolarmente profonda in *I.Iasos* 68, e il diverso stato di conservazione della pietra rendono tuttavia il confronto molto dubbio.

4.2.6 Grafie non valutabili

- *I.Iasos* 2 (fig. 34).[40]

Diverse ragioni impediscono un'adeguata valutazione paleografica di questo lunghissimo e importantissimo documento (su cui v. § 2, 6). Esso è isolato rispetto a tutti gli altri testi in quanto inciso in una grafia molto più piccola e fitta; inoltre il tempo e gli agenti atmosferici hanno reso molto tenue e indistinta la traccia delle lettere, fin dall'inizio assai lieve: dunque anche se in molti punti la lettura è ancora possibile, è assai difficile individuare con chiarezza le peculiarità dell'esecuzione delle singole lettere, delle quali resta una traccia troppo poco nitida.

Fig. 33: *I.Iasos* 60

[40] Un'immagine intera di quanto resta della grande stele si trova in Pugliese Carratelli 1967–1968, 441.

Fig. 34: *I.Iasos* 2, 56–61; 3, 1–23 (il lapicida che ha inciso le due iscrizioni è lo stesso: § 2, 6)

4.3 Lapicidi nel gruppo paleografico n. 3

Sulla base dei parametri indicati a § 4.3, è possibile ascrivere a questo insieme 29 testi; ad esso sono tuttavia attribuibili anche i decreti *I.Iasos* 69 e 71, anche se proprio a § 4.3 si era ricordato che essi non potevano essere inseriti fin da subito in un gruppo, perché privi di una delle lettere scelte come riferimento, *pi*. L'analisi paleografica che qui verrà presentata dimostra però che essi possono essere inclusi a pieno titolo in questo insieme. Al gruppo in esame appartengono i decreti databili **IVb.c.d** (secondo quarto del III secolo a.C.: v. § 2, 8).

Le epigrafi qui raccolte sembrano più spesso cercare di sfruttare con sapienza tutto lo spazio che la linea mette a disposizione: lasciano infatti sulla destra *vacat* piuttosto brevi;[41] tuttavia non ricorrono alla spezzatura delle parole tra le due linee.

I lapicidi individuati sono quattro. Si potrebbe essere tentati di attribuire ad una stessa mano due gruppi di epigrafi (quelle opera del ‹Lapicida di *I.Iasos* 37› e del ‹Lapicida di *I.Iasos* 61›). L'esistenza di piccole varianti invita tuttavia a distinguerli e a ipotizzare o che siano opera di uno stesso lapicida che modificò nel tempo alcuni aspetti del proprio stile oppure di artigiani che lavorarono a stretto contatto all'interno di un laboratorio contraddistinto da una notevolissima coerenza grafica.

[41] Eccezioni: *I.Iasos* 37; 53; 69; 70; Maddoli 2007, 11.A; 12.B.

4.3.1 Lapicida di *I.Iasos* 37

Grafia molto regolare e accurata, con lettere ampie e tutte della stessa misura, anche le tonde. Gli apici sono molto piccoli. Le lettere triangolari presentano non di rado la tendenza ad appoggiarsi al tratto obliquo destro: ciò causa l'allungamento del sinistro (fig. 35).

Caratteristiche delle singole lettere:
Alpha: ampio, barra centrale diritta; spesso l'apice alla base del tratto obliquo destro è di lunghezza maggiore dell'altro.
Epsilon: barre orizzontali non molto lunghe – la centrale sensibilmente più breve – chiuse da apici triangolari piuttosto evidenti.
Kappa: tratti obliqui conclusi da apici che conferiscono loro una lieve incurvatura e che li portano a raggiungere, o quasi, il limite superiore e inferiore delle lettere.
My: aste esterne a volte un poco divergenti, punto d'incontro dei tratti interni molto basso.
Ny: ampio, la diagonale incontra spesso l'asta destra sulla linea inferiore o molto vicino ad essa.
Omikron: generalmente quasi delle stesse dimensioni delle altre lettere.
Pi: molto semplice e lineare, privo di prolungamenti, aste asimmetriche.
Sigma: barra orizzontale inferiore non divergente ma un poco incurvata, barra orizzontale superiore appena aperta, chiusa da apice proteso in alto a destra; il tratto obliquo inferiore è un po' curvo; profondo il punto d'intersezione dei tratti interni.
Ypsilon: forcella con apertura alta; i tratti obliqui sono curvi, soprattutto il destro, a volte appena più breve del sinistro e spesso concluso da un apice più grande.
Phi: anello un po' schiacciato, tendenzialmente impostato sulla parte inferiore dell'asta,
Omega: ampio, piuttosto chiuso, soprattutto a destra, dove il segno curvo scende talora appena sotto l'incontro con la barretta laterale.

Fig. 35: *I.Iasos* 37

Altre iscrizioni dello stesso lapicida:
I.Iasos 53 (fig. 36).
I.Iasos 62 (fig. 37).
I.Iasos 69 (fig. 38).[42]
Maddoli 2007, 11.A (fig. 39).
Maddoli 2007, 12.A1 (fig. 40).
Maddoli 2007, 12.A2 (fig. 40).
Maddoli 2007, 12.B (fig. 41).

Fig. 36: *I.Iasos* 53

Fig. 37: *I.Iasos* 62

[42] Il decreto *I.Iasos* 69 non era stato immediatamente inserito in un raggruppamento paleografico perché privo di *pi* (uno dei parametri fondamentali per determinare l'appartenenza al gruppo): cf. § 4.3. La sua collocazione tra le epigrafi incise dal ‹Lapicida di *I.Iasos* 37› permette tuttavia di inserirlo nel terzo gruppo.

Fig. 38: *I.Iasos* 69

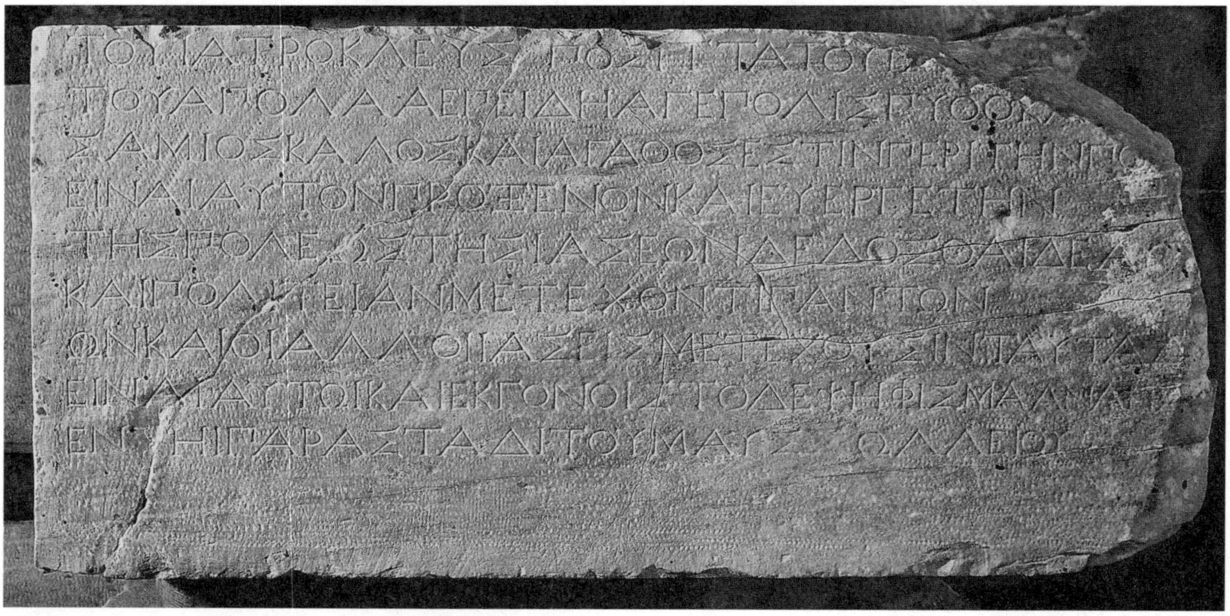

Fig. 39: Maddoli 2007, 11.A, 6–14

Fig. 40: Maddoli 2007, 12.A1–2

Fig. 41: Maddoli 2007, 12.B

Le iscrizioni attribuibili a questo lapicida sembrano porsi quasi a confine tra il gruppo 2 e il 3. In alcuni di questi testi (*I.Iasos* 37, *I.Iasos* 53, Maddoli 2007, 12.B) *my* è quasi costantemente a tratti esterni leggermente divergenti, mentre negli altri lo è in maniera meno regolare. L'incostanza del tratto spiega l'inserimento dell'intera produzione del ‹Lapicida di *I.Iasos* 37› all'interno del gruppo 3.

4.3.2 Lapicida di *I.Iasos* 61

A distinguere questo lapicida da quello di *I.Iasos* 37 sono soprattutto una maggiore costanza nel tracciare parallelamente le aste esterne di *my* (i cui tratti obliqui si incontrano poi più in alto), la tendenza a porre un poco più in alto rispetto al rigo inferiore l'incontro tra la diagonale e l'asta destra di *ny*, la rigidità dei tratti obliqui di *ypsilon* (nell'altro caso più curvi), la rotondità dell'anello di *phi*.

La grafia è molto regolare e accurata, sobria, con lettere ampie più o meno tutte della stessa misura, anche le tonde. Gli apici sono molto piccoli (fig. 42).

Caratteristiche delle singole lettere:
Alpha: ampio, barra centrale diritta che incontra i tratti obliqui piuttosto regolarmente alla metà della loro altezza.
Epsilon: barre orizzontali, di cui la centrale molto più breve, chiuse da apici triangolari abbastanza evidenti.
Kappa: tratti obliqui conclusi da apici che conferiscono loro una lieve incurvatura e che li portano a sfiorare le linee ideali che definiscono in alto e in basso le dimensioni delle lettere.
My: tratti esterni solitamente paralleli, punto d'incontro dei tratti obliqui abbastanza alto.
Ny: ampio, la diagonale incontra l'asta destra più spesso sopra la linea inferiore, ad altezza variabile.
Omikron: appena più piccolo delle altre lettere, tende a poggiare sulla linea inferiore.
Pi: lineare, aste asimmetriche; la barra orizzontale prosegue spesso in un minuscolo apice oltre l'incontro con l'asta destra.

Sigma: le barre orizzontali inferiore e superiore sono diritte, ma la seconda assume un aspetto ricurvo per effetto dell'ampio apice proteso in alto che la chiude; il tratto obliquo inferiore è un po' arcuato; profondo il punto d'incontro dei tratti interni.
Ypsilon: forcella ampia, con apertura piuttosto alta; i tratti obliqui sono rettilinei.
Phi: anello molto tondeggiante, solo appena schiacciato, impostato sulla parte bassa dell'asta.
Omega: un poco più basso delle altre lettere, tende a chiudere il cerchio; barrette laterali molto brevi.

Fig. 42: *I.Iasos* 61

ALTRE ISCRIZIONI DELLO STESSO LAPICIDA:

- *I.Iasos* 43 (fig. 43).
- *I.Iasos* 59 (fig. 44).
- *I.Iasos* 64 (fig. 45).
- *I.Iasos* 70 (fig. 46).

Tra di esse si distinguono *I.Iasos* 43 e 59 per la forma della lettera *ny*: il punto d'incontro tra la diagonale e l'asta destra di questa lettera è qui sollevato rispetto alla linea di base.

Fig. 43: *I.Iasos* 43

Fig. 44: *I.Iasos* 59

Fig. 45: *I.Iasos* 64[43]

Fig. 46: *I.Iasos* 70

[43] Una foto dell'intero lato della pietra, su cui è inciso anche il decreto *I.Iasos* 63, è pubblicata in Pugliese Carratelli 1969–1970, 377 (4b).

Nello stile del lapicida di *I.Iasos* 61:

- *I.Iasos* 71[44] (fig. 47).

Si preferisce limitarsi a definire con l'espressione ‹nello stile di› la notevolissima somiglianza tra le due grafie, perché in *I.Iasos* 71 sono molto scarse le lettere effettivamente confrontabili.

Fig. 47: *I.Iasos* 71

4.3.3 Lapicida di *I.Iasos* 56

La grafia, molto regolare e accurata, presenta lettere piccole, disegnate con grande precisione; è arricchita da apici molto contenuti sebbene lievemente più evidenti di quelli presenti nei gruppi precedentemente individuati. Un tratto caratteristico è costituito da *ny*, la cui asta sinistra è molto spesso più breve dell'altra: la lettera si presenta pertanto di frequente quasi piegata e inclinata all'indietro (fig. 48).

Caratteristiche delle singole lettere:

Alpha: non molto largo, talora lievemente inclinato a destra, presenta ampi apici orizzontali a chiusura dei tratti obliqui.

Epsilon: barre orizzontali, di cui la centrale più breve, chiuse da apici triangolari piuttosto evidenti.

Kappa: tratti obliqui brevi; quello superiore si prolunga in un apice piuttosto ampio che lo porta a toccare la linea superiore mentre quello inferiore ne resta distante.

My: aste verticali diritte, i tratti obliqui, che s'incontrano abbastanza in alto, proseguono un poco verso l'esterno anche oltre l'incontro con esse.

Ny: asta sinistra sensibilmente più corta della destra, tanto da non raggiungere la linea superiore; il triangolo che la lettera forma a sinistra è pertanto più piccolo di quello a destra.

Omikron: stesse dimensioni delle altre lettere.

Pi: piccolissimi prolungamenti orizzontali oltre l'incontro della barra orizzontale con entrambe le aste, di cui la destra conclusa da un ampio apice proteso verso l'esterno.

Sigma: barra orizzontale inferiore diritta, la superiore appena divergente, anche grazie a un apice nettamente proteso a destra in alto.

Ypsilon: forcella poco profonda, astine oblique brevi, disuguali (la sinistra appena più lunga), un poco curve, chiuse da apici evidenti.

Phi: anello piuttosto schiacciato, impostato sulla parte bassa dell'asta, conclusa da grandi apici.

---

[44] *I.Iasos* 71 non era stato immediatamente inserito in un gruppo paleografico perché privo di *pi* (uno dei parametri fondamentali per determinare l'appartenenza al gruppo) veramente leggibili (cf. § 4.3). La fortissima vicinanza della sua grafia a quella delle epigrafi incise dal ‹Lapicida di *I.Iasos* 61› permette tuttavia di inserire il decreto in questo gruppo.

Omega: ampio, piuttosto chiuso, delle stesse dimensioni delle altre lettere, con barrette laterali brevi, apicate, di cui la destra talora lievemente rialzata sulla linea.

Fig. 48: *I.Iasos* 55–56

ALTRE ISCRIZIONI DELLO STESSO LAPICIDA:

In alcune iscrizioni (quali *I.Iasos* 50, Maddoli 2007, 17 e 18.1, che forse risalgono ad una stessa fase lavorativa del lapicida),[45] il peculiare *ny* con asta sinistra più breve è presente in maniera meno costante.

- *I.Iasos* 50 (fig. 49).
- Maddoli 2007, 11.B (fig. 50).
- Maddoli 2007, 17 (fig. 51).
- Maddoli 2007, 18.1 (fig. 52).
- Maddoli 2007, 21 (fig. 53).

Fig. 49: *I.Iasos* 50

[45] Una più puntuale analisi rende infatti superabile, fatta eccezione per questo dettaglio, la distinzione proposta in Maddoli 2007, tra un lapicida di 11.B e 18.1 e uno di 17 e 21. Come si vedrà meglio più avanti, *I.Iasos* 50 e Maddoli 2007, 17 furono fra l'altro promulgati nella stessa giornata (§ 5.1.7) e sono collegati, per via prosopografica, a Maddoli 2007, 18.1 (§ 5.4.19).

Fig. 50: Maddoli 2007, 11.B, 1–11

Fig. 51: Maddoli 2007, 17[46]

[46] Per un'altra immagine della pietra, che ha una superficie molto scabra e mal leggibile in fotografia, si rinvia a Maddoli 2007, 285.

Fig 52: Maddoli 2007, 18.1, parte centrale[47]

Fig. 53: Maddoli 2007, 21

[47] Fotografie dell'intera pietra (risalenti al momento del ritrovamento) in Maddoli 2007, 290 s.

Nello stile del lapicida di *I.Iasos* 56:
- *I.Iasos* 55 (fig. 48).

Si preferisce limitarsi a definire con l'espressione ‹nello stile di› la notevolissima somiglianza tra le due grafie, perché in *I.Iasos* 55, la prima delle due iscrizioni incise su quel lato della pietra, le lettere effettivamente confrontabili sono troppo poco numerose (è di fatto completamente leggibile una sola linea).

4.3.4 Lapicida di Maddoli 2007, 19.1

La grafia è curata e regolare, con piccoli apici e tratti lunghi lievemente curvi; si distingue per lettere triangolari non molto larghe e per un *sigma* i cui tratti obliqui s'incontrano in un punto piuttosto arretrato (fig. 54).

Caratteristiche delle singole lettere:
Poiché la mano è la stessa che incise anche Maddoli 2007, 18.2 e 19.2, la descrizione delle lettere si trova al § 4.1.5.

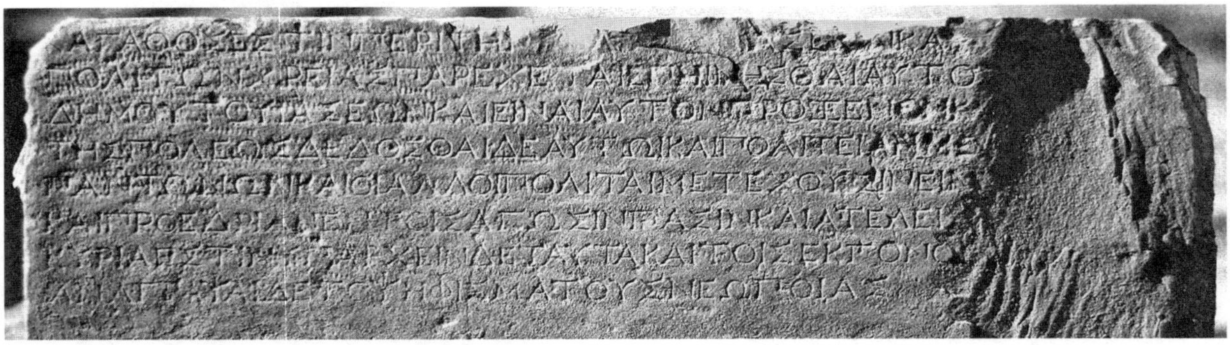

Fig. 54: Maddoli 2007, 19.1[48]

Altre iscrizioni dello stesso lapicida:
- Maddoli 2007, 18.2 (fig. 5).
- Maddoli 2007, 19.2 (fig. 6).

Le fotografie di queste epigrafi si trovano ai §§ 4.1.5 e 4.1.6.

Scuola del lapicida di Maddoli 2007, 19.1:
- *I.Iasos* 58+44 (fig. 4a–b).

La grafia è molto vicina a quella del lapicida di Maddoli 2007, 19.1, ma la limitatezza del testo conservato e alcune differenze (*alpha* più ampio, *my* con aste esterne più diritte, punto d'incontro dei tratti obliqui di *sigma* più profondo, *omega* più chiuso) sconsigliano l'identificazione.

4.3.5 Altri decreti con analogie grafiche

1. *I.Iasos* 20 – di essa si dispone purtroppo soltanto di una fotografia del calco[49] – sembra avere strette analogie con la produzione del ‹Lapicida di *I.Iasos* 37›, ma forse soprattutto con quella, d'altra parte assai simile, del ‹Lapicida di *I.Iasos* 61›; rispetto a quest'ultima *I.Iasos* 20 propone un *ypsilon* di fattura meno rigida e un *phi*

[48] Una foto dell'intero lato della pietra, su cui è inciso anche il decreto Maddoli 2007, 19.2, è pubblicata in Maddoli 2007, 299.
[49] Per essa si veda Gauthier 1990, 419 e 422.

dall'occhiello più schiacciato. Si può in ogni caso inserire a pieno titolo questo decreto tra quelli del gruppo paleografico n. 3.

2. *I.Iasos* 57: il cattivo stato di conservazione del testo e le difficoltà di lettura dei segni non consentono di andare oltre la constatazione di un'evidente analogia di stile con il gruppo del ‹Lapicida di *I.Iasos* 37› (§ 4.4.3.1) e con quello del ‹Lapicida di *I.Iasos* 61› (§ 4.4.3.2). Rispetto al primo diversa sembra l'esecuzione di *ypsilon*, meno ampio, e di *my*: questi ultimi, pur essendo tutti malamente leggibili, sembrano a barre esterne verticali e rigide; ciò è in linea con le caratteristiche dell'altro lapicida, rispetto al quale invece si distingue per la fattura di *ny*, dal momento che la diagonale e l'asta destra si incontrano all'altezza del rigo inferiore (fig. 55).

Fig. 55: *I.Iasos* 57

3. L'epigrafe Maddoli 2007, 13 presenta analogie stilistiche con le iscrizioni del gruppo del ‹Lapicida di *I.Iasos* 56› (§ 4.4.3.3); se ne differenzia per la esecuzione regolare di *ny*, per lettere circolari un poco più piccole e una maggiore spinta verticale di *ypsilon* (fig. 56).

Fig 56: Maddoli 2007, 13

4. Analogie di stile generale sono presenti anche tra l'iscrizione Maddoli 2007, 22 e il gruppo dei decreti incisi dal ‹Lapicida di *I.Iasos* 56›: assimilabile la distribuzione degli spazi, molto simile anche la verticalizzazione delle lettere triangolari e l'esecuzione di singoli segni alfabetici (*pi*, *rho*, *phi*). L'epigrafe Maddoli 2007, 22 è tuttavia arricchita da apici molto più evidenti, il *ductus* è meno regolare e presenta un *ny* il cui punto d'incontro tra la diagonale e l'asta destra resta spesso molto alto rispetto alla linea inferiore (fig. 57).

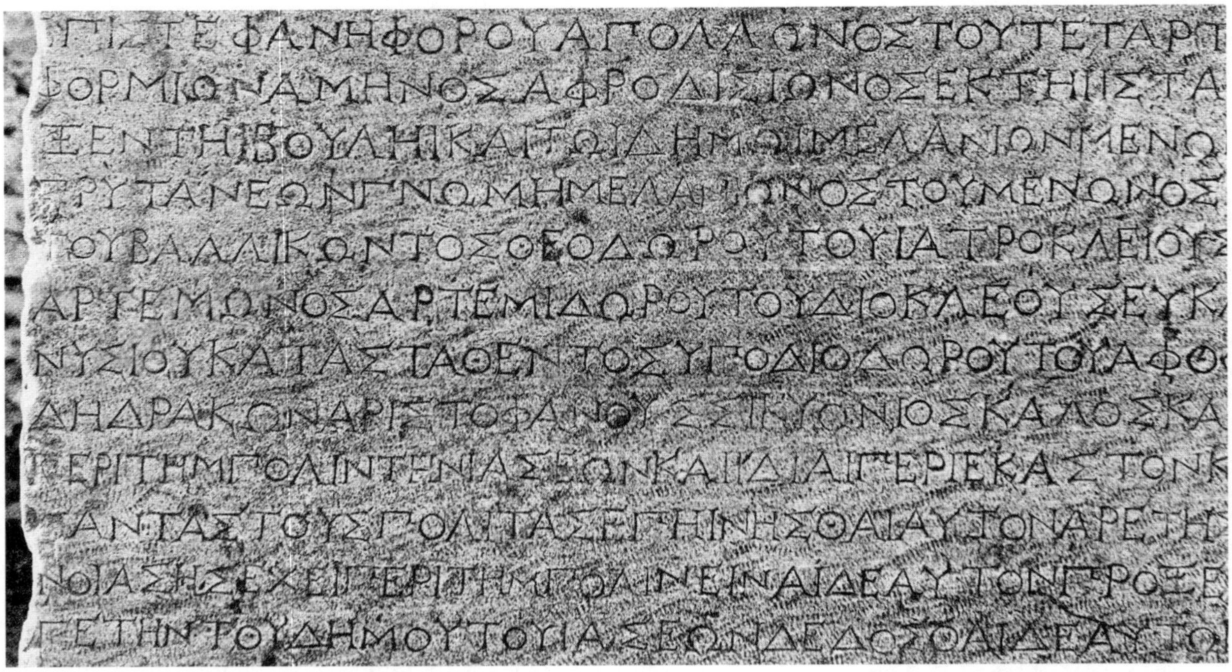

Fig. 57: Maddoli 2007, 22

4.3.6 Grafie senza confronti convincenti

1) NPg 898 (fig. 58).
Sebbene il decreto sia stato promulgato esattamente nello stesso giorno di *I.Iasos* 57 (§ 5.1.9), la grafia è diversa e non sembra trovare paralleli davvero convincenti. Una certa incurvatura delle aste esterne la avvicina alla grafia del ‹Lapicida di *I.Iasos* 54›, ma le mani sono diverse.

2) *I.Iasos* 34 (fig. 59).
La grafia molto peculiare di questo ψήφισμα, in cui il lapicida ha frequentemente dimenticato di incidere la barra orizzontale di *epsilon*,[50] sembra assimilabile a quella di *I.Iasos* 63 (fig. 60). Di quest'ultimo decreto resta però pochissimo; esso inoltre non offre esempi delle lettere adoperate come parametro nell'analisi. In entrambi i testi *omikron* e *omega*, di dimensioni mai regolari, sono più piccoli degli altri segni e i tratti obliqui di *sigma* tendono a incontrarsi in posizione molto arretrata. La somiglianza tra le due grafie consente di porre *I.Iasos* 63 – annoverato a § 4.3 tra i decreti non immediatamente ascrivibili a un preciso insieme paleografico – all'interno del gruppo n. 3.

3) *I.Iasos* 63 (fig. 60).
V. punto 2.

[50] Alcune considerazioni sugli errori dei lapicidi in Tracy 1975, 87 n. 12 e 114.

Fig. 58: NPg 898

Fig. 59: *I.Iasos* 34

Fig. 60: *I.Iasos* 63[51]

[51] Una foto dell'intero lato della pietra, su cui è inciso anche il decreto *I.Iasos* 64, è pubblicata in Pugliese Carratelli 1969–1970, 377 (4b).

4) Maddoli 2007, 14.A (fig. 61).
Questa grafia, che per il tipo di esecuzione di *pi* può essere considerata a cavallo tra il gruppo paleografico n. 3 e il n. 4, non trova confronti sicuri. Mostra qualche somiglianza con Maddoli 2007, 15, in particolare per la fattura di *ny* e delle lettere tonde, molto piccole; se ne distingue tuttavia per l'esecuzione più rigida dei tratti obliqui di *ypsilon*. Tali somiglianze rappresentano tuttavia un motivo sufficiente a inserire nel gruppo paleografico n. 3 Maddoli 2007, 15, classificato a § 4.3 tra i decreti dalla grafia non immediatamente valutabile.

Fig. 61: Maddoli 2007, 14.A

5) Maddoli 2007, 15 (fig. 62).
V. punto 4.

Fig. 62: Maddoli 2007, 15

4.4 Lapicidi nel gruppo paleografico n. 4

Sulla base dei parametri stabiliti a § 4.3, il gruppo 4 conta 32 testi sicuri; annovera in particolare i decreti databili **VII–IX**, cronologicamente inseribili tra l'ultimo terzo del III secolo a.C. e l'inizio del II a.C. Come si vedrà tra poco, a essi può essere aggiunto, per l'identificazione della mano (v. § 4.4.4.2), anche il decreto *I.Iasos* 28, precedentemente (§ 4.3) considerato non immediatamente valutabile. I lapicidi individuati sono cinque.
Per quanto è dato verificare, in questo insieme di testi l'impaginazione tende in genere a coprire tutto lo spazio disponibile. Questo è il gruppo nel quale i lapicidi spezzano con maggiore frequenza le parole a fine riga; in genere si tende tuttavia a rispettare la divisione in sillabe.

4.4.1 Lapicida di Maddoli 2007, 20.A1

La scrittura si presenta piuttosto curata, con lettere ben distanziate. L'andamento non è tuttavia del tutto regolare: l'ampiezza degli spazi tra i segni è incostante e talora il rigo d'appoggio delle lettere non è rettilineo ma lievemente ondulato. Gli apici sono piuttosto ampi, l'incisione abbastanza larga e profonda (fig. 63).

Fig. 63: Maddoli 2007, 20.A1[52]

Caratteristiche delle singole lettere:
Alpha: ampio, barra centrale diritta.
Epsilon: barre orizzontali, di cui la centrale più breve, chiuse da apici piuttosto evidenti; particolarmente grande quello che si protende in alto al termine della barra superiore.
Kappa: tratti obliqui conclusi da apici che conferiscono loro (e soprattutto a quello superiore), un aspetto ricurvo, ma che non sempre li portano a toccare le linee ideali che definiscono in alto e in basso le dimensioni delle lettere.
My: aste esterne parallele, talora lievemente incurvate nella parte inferiore; il punto d'incontro dei tratti interni è piuttosto alto.
Ny: la diagonale incontra l'asta destra sulla linea inferiore o molto vicino ad essa; grandi apici in fondo alle aste.
Omikron: un po' più piccolo delle altre lettere, tende a rimanere a metà della loro altezza.
Pi: aste asimmetriche; evidente prolungamento chiuso da un grosso apice oltre l'incontro della barra orizzontale con l'astina destra.
Sigma: barre orizzontali chiuse da grossi apici, l'inferiore sempre rettilinea, la superiore lievemente divergente. Il punto d'intersezione dei tratti interni è in genere poco profondo; degli angoli che i segni obliqui vengono a formare,

[52] Una foto dell'intero lato frontale della pietra, su cui è iscritto anche il decreto 20.A2, è pubblicata in Maddoli 2007, 302.

quello superiore è spesso più ampio di quello inferiore.
Ypsilon: forcella molto aperta e di profondità variabile, i tratti obliqui s'incurvano con decisione.
Phi: anello un poco schiacciato, impostato a metà dell'asta.
Omega: più piccolo delle altre lettere, poggia sulla linea inferiore e ha barrette laterali piuttosto lunghe e concluse da apici molto evidenti.

Altre iscrizioni dello stesso lapicida:[53]

- *SEG* 38.1061 (= PC 1987, c) (fig. 64).
- Maddoli 2007, 16.1 (fig. 65).
- Maddoli 2007, 16.2 (fig. 66).
- Maddoli 2007, 20.A2 (fig. 67).

Fig. 64: *SEG* 38.1061

Fig. 65: Maddoli 2007, 16.1[54]

[53] A questo lapicida risale anche l'incisione dell'epigrafe Maddoli 2007, 14.A, che nel presente capitolo non viene considerata perché conserva frammenti troppo esigui di formulario, e di *SEG* 38.1059 (= PC 1987, a), reincisione del decreto *SEG* 36.983 (= PC 1985, p. 155).

[54] Una foto dell'intero lato frontale della pietra, su cui è incisa anche l'iscrizione 16.2, è pubblicata in Maddoli 2007, 281.

Fig. 66: Maddoli 2007, 16.2

Fig. 67: Maddoli 2007, 20.A2[55]

Nello stile del lapicida di Maddoli 2007, 20.A1:

- Maddoli 2007, 24 (fig. 68).

L'identità grafica non è determinabile oltre ogni ragionevole dubbio a motivo dell'esiguo numero di lettere conservate.

Fig. 68: Maddoli 2007, 24

[55] Una foto dell'intero lato frontale della pietra, su cui è incisa anche l'iscrizione 20.A1, è pubblicata in Maddoli 2007, 302.

4.4.2 Lapicida di Maddoli 2007, 20.B

La grafia è caratterizzata da apici a coda di rondine molto grandi al termine di ogni tratto; le lettere sono ampie e ben spazieggiate (fig. 69).

Fig. 69: Maddoli 2007, 20.B[56]

Caratteristiche delle singole lettere:
Alpha: non molto largo e a sviluppo soprattutto verticale; barra centrale diritta.
Epsilon: barre orizzontali, di cui la centrale nettamente più breve; tutte si aprono a coda di rondine.
Kappa: tratti obliqui piuttosto brevi e molto protesi in avanti; benché grandi, dei due apici solo il superiore giunge spesso a toccare la linea superiore.
My: il punto d'intersezione dei tratti obliqui è variabile; tuttavia è più frequentemente alto.
Ny: l'asta destra incontra la diagonale molto sopra la linea inferiore.
Omikron: di dimensioni irregolari, è comunque sempre più piccolo delle altre lettere; la sua posizione rispetto alla linea inferiore non è costante.
Pi: aste asimmetriche, la barra orizzontale, chiusa da un grande apice che si protende verso l'alto, prosegue oltre l'incontro con l'asta destra, che termina anch'essa in un ampio apice a coda di rondine.

[56] Non si riesce a presentare un'immagine fotografica migliore, poiché l'iscrizione è incisa su una superficie molto scabra, che rende particolarmente difficile eseguire riprese e scatti adeguati. Ardua anche la lettura del testo: fondamentale è stato l'uso di calchi.

Sigma: barre orizzontali diritte; il punto d'incontro dei tratti obliqui è poco profondo; ampi gli apici.
Ypsilon: non molto regolare, ha una biforcazione più spesso poco profonda; i tratti obliqui s'incurvano molto.
Phi: anello piuttosto tondeggiante, impostato sull'asta ad altezza incostante.
Omega: non sempre regolare; spesso è sensibilmente più piccolo delle altre lettere e assai schiacciato, tanto che le barrette laterali, di fatto unificate, in pratica ne chiudono l'apertura in basso.

Altre iscrizioni dello stesso lapicida:
SEG 41.932 (= PC 1989, 4), 1–14 (fig. 70).
SEG 41.932 (= PC 1989, 4), 15–42 (fig. 71).

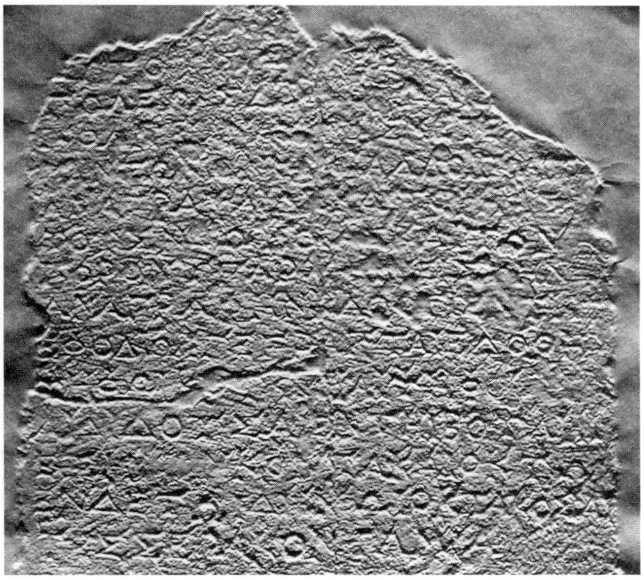

Fig. 70: *SEG* 41.932 (= PC 1989, 4), 1–14 (calco)

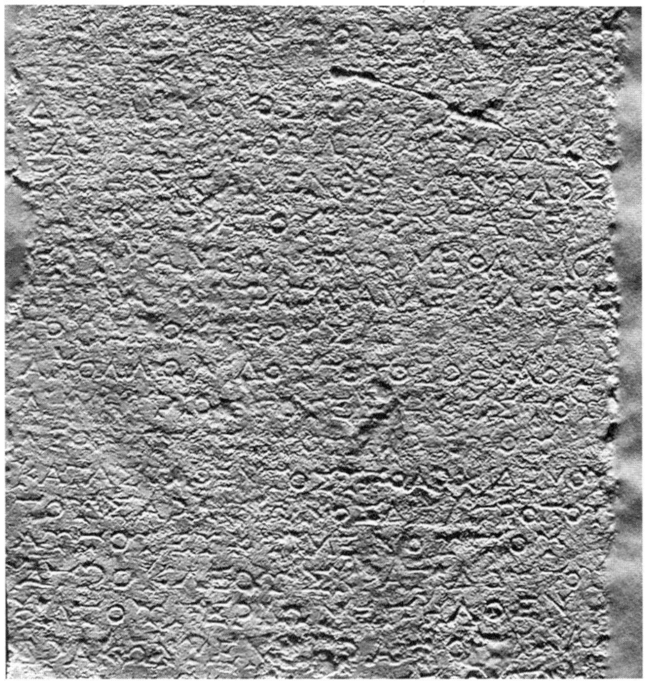

Fig. 71: *SEG* 41.932 (= PC 1989, 4), 15–42 (qui ll. 15–32) (calco)

Nello stile del lapicida di Maddoli 2007, 20.B:
- *I.Iasos* 28 (fig. 72).
- *I.Iasos* 29 (fig. 72).

Per prudenza non si propone l'identificazione della mano, dal momento che *I.Iasos* 28 e 29 sono dei piccoli frammenti di testo e il confronto è stato possibile, a oggi, solamente su base fotografica.[57]

Scuola del lapicida di Maddoli 2007, 20.B:
- Maddoli 2007, 26 (fig. 73).

La grafia di questo lapicida, molto vicina a quella di Maddoli 2007, 20.B, sembra tuttavia accentuare ulteriormente l'ampiezza degli apici; l'impressione generale è anche di una minore accuratezza.

[57] La pietra su cui sono iscritti i due frammenti di decreti è infatti conservata al Musée du Louvre; non mi è stato ancora possibile provvedere ad una revisione autoptica.

Fig. 72: *I.Iasos* 28 e 29

Fig. 73: Maddoli 2007, 26

4.4.3 Lapicida di Maddoli 2007, 25.B

CARATTERISTICHE DELLE SINGOLE LETTERE:

Per una descrizione della grafia v. sopra, a § 4.1.7, dove si trova anche una fotografia (fig. 7).

ALTRE ISCRIZIONI DELLO STESSO LAPICIDA:[58]

- *I.Iasos* 25 (fig. 74).
- *I.Iasos* 26 (fig. 75).
- *SEG* 41.930 (= PC 1989, 2), 1–32 (v. § 4.1.8, fig. 8).
- *SEG* 41.930 (= PC 1989, 2), 33–35+ *SEG* 41.931 (= PC 1989, 3), 1–14 (fig. 76+77).
- *SEG* 41.931 (= PC 1989, 3), 15–58 (v. § 4.1.9, fig. 9).[59]
- Blümel 2007, 2 II (fig. 78).
- Blümel 2007, 2 III (fig. 79).

[58] Allo stile di questo lapicida è riconducibile anche l'epigrafe *I.Iasos* 266, che si differenzia soltanto per lo *ypsilon* meno proteso verso l'alto. Presso la parte dei *Fonds Louis Robert* custodita al *Center for Hellenic Studies* di Princeton si conserva poi un calco di *I.Iasos* 35 [**V**]: di esso il Dr. Charles Crowther ha molto cortesemente messo a mia disposizione una foto. Su questa base – ma la prudenza è in questo caso particolarmente necessaria – si può proporre un avvicinamento del testo allo stile grafico del ‹Lapicida di Maddoli 25.B›.

[59] L'identità grafica di *SEG* 41.931 (= PC 1989, 3), 15–58, di *SEG* 41.930 (= PC 1989, 2), 1–32 e di *SEG* 41.930 (= PC 1989, 2), 33–35+ *SEG* 41.931 (= PC 1989, 3), 1–14 era stata già constatata da Crowther 1995a, 136.

Fig. 74: *I.Iasos* 25

Fig. 75: *I.Iasos* 26

Fig. 76: *SEG* 41.930 (= PC 1989, 2), 33–35

Fig. 77: *SEG* 41.931 (= PC 1989, 3), 1–14

Fig. 78: Blümel 2007, 2 II, 1–21

Fig. 79: Blümel 2007, 2 III

Nello stile del Lapicida di Maddoli 2007, 25.B
- *SEG* 41.933 (= PC 1989, 5) (fig. 80).

Sebbene la somiglianza sia fortissima e le caratteristiche delle lettere siano le medesime, questa iscrizione sembra avere uno stile generale un poco diverso e una maggiore ariosità.

Fig. 80: *SEG* 41.933 (= PC 1989, 5)

4.4.4 Lapicida di *I.Iasos* 219

La grafia è chiara e regolare, curata, con apici ampi ma sobri (fig. 81).

Caratteristiche delle singole lettere:
Alpha: come le altre lettere triangolari tende soprattutto allo sviluppo verticale; la barra centrale è diritta.
Epsilon: barre orizzontali, di cui la centrale molto più breve, concluse da apici triangolari.
Kappa: tratti obliqui protesi con decisione verso destra; essi tuttavia, pur con gli apici, raramente giungono a sfiorare, soprattutto in basso, le linee ideali che definiscono in alto e in basso le dimensioni delle lettere.
My: aste esterne appena divergenti, punto d'incontro dei tratti obliqui piuttosto basso.
Ny: il punto d'incontro tra la diagonale e l'asta destra resta un poco alto rispetto al rigo.
Omikron: di grandezza variabile ma sempre più piccolo delle altre lettere, non occupa una posizione costante in altezza.
Pi: tratti verticali asimmetrici, lungo prolungamento della barra orizzontale oltre l'incontro con l'asta destra.
Sigma: barra orizzontale inferiore talora appena divergente; l'intersezione dei tratti obliqui interni è di profondità variabile.
Ypsilon: forcella poco profonda e piuttosto aperta; tratti obliqui brevi e curvi.
Phi: di fattura molto irregolare; vi è un esemplare con anello molto tondeggiante impostato a metà dell'asta (l. 9) e uno con anello molto schiacciato inciso quasi alla base dell'asta (l. 13).
Omega: più piccolo delle altre lettere, tende ad avvicinarsi al rigo inferiore; chiude piuttosto nettamente l'apertura.

Fig. 81: *I.Iasos* 219

Alla mano di questo lapicida possono essere attribuiti i decreti *I.Iasos* 80 e 81[60] che non sono però direttamente oggetto di questa indagine: si tratta infatti di ψηφίσματα promulgati da un'altra πόλις, Colofone, in onore di giudici di Iasos, e qui incisi.

Nello stile del Lapicida di I.Iasos 219:

- *I.Iasos* 75[61] (fig. 82).

La fattura delle lettere è di fatto la medesima, ma in questo testo i segni grafici sono più stretti e hanno uno sviluppo più verticale.

4.4.5 Lapicida di *I.Iasos* 6

La grafia è molto regolare, nitida e precisa, caratterizzata dalla forte verticalizzazione di tutte le lettere, in particolare di quelle triangolari. I segni sono tutti molto vicini gli uni agli altri, mentre piuttosto spaziosa è l'interlinea. Gli apici, presenti, sono abbastanza contenuti (fig. 83).

Caratteristiche delle singole lettere:
Alpha: come tutte le lettere triangolari, è molto sviluppato in altezza e piuttosto stretto; barra centrale diritta.
Epsilon: barre tutte piuttosto brevi (soprattutto quella centrale) e chiuse da grossi apici.
Kappa: tratti obliqui corti, abbastanza protesi verso

Fig. 82: *I.Iasos* 75

[60] V. già Crowther 1995a, 134.
[61] Crowther 1995a, 134 considera *I.Iasos* 75, 80 e 81 opera dello stesso lapicida.

destra, che in genere non raggiungono, soprattutto in basso, le linee che definiscono l'altezza delle lettere.
My: slanciato e di larghezza assai ridotta, i tratti obliqui s'incontrano appena sotto la metà dell'altezza delle aste esterne.
Ny: stretto, la diagonale incontra l'asta destra sulla linea inferiore.
Omikron: più piccolo delle altre lettere, si avvicina alla linea superiore.
Pi: barra orizzontale che si allunga oltre l'incontro con entrambe le aste verticali; il prolungamento di sinistra presenta un piccolo apice che scende verso il basso, quello di destra e la breve asta che ne discende sono chiusi da un grosso apice triangolare.
Sigma: barre esterne brevi, diritte, molto apicate; l'inferiore è spesso più lunga della superiore. Il punto d'incontro dei tratti interni non è molto profondo.
Ypsilon: forcella di profondità irregolare; i tratti obliqui, generalmente abbastanza rigidi, si protendono più verso l'alto che verso l'esterno.
Phi: anello appena schiacciato, impostato sull'asta ad altezza incostante.
Omega: cerchio appena aperto in basso; sotto di esso corre a piccola distanza un'unica barra orizzontale molto apicata.

Fig. 83: *I.Iasos* 6

Nello stile del Lapicida di I.Iasos 6:[62]

- Maddoli 2007, 23.2 (fig. 84).

Si preferisce non proporre un'identificazione delle due grafie – pure assai verosimile – perché non è stato ancora possibile procedere a un controllo autoptico di *I.Iasos* 6, conservata al Museo del Louvre e della quale non sono disponibili calchi; il confronto è stato dunque condotto a partire soltanto da una fotografia. A me pare tuttavia che la spiccata somiglianza tra le due grafie possa costituire un ulteriore argomento per attribuire *I.Iasos* 6 alla πόλις di Iasos, contro i dubbi sollevati per l'assenza di sicuri riferimenti interni (fatta eccezione per la data dell'assemblea mensile, fissata al giorno 6)[63] e di informazioni incontrovertibili sul luogo di ritrovamento.

Fig. 84: Maddoli 2007, 23.2

4.4.6 Altri decreti con analogie grafiche

1) Se ne riscontrano tra la produzione del ‹Lapicida di *I.Iasos* 219› e *I.Iasos* 77 (fig. 85)[64] che, pur nella vicinanza, si differenzia per una maggiore ariosità e rotondità e per un *omega* sempre grande quanto le altre lettere.

2) I testi riconducibili alla produzione del ‹Lapicida di *I.Iasos* 219›, in particolare *I.Iasos* 75 (v. § 4.4.4.4), presentano forti analogie anche con l'epigrafe *SEG* 41.929 (= PC 1989, 1).[65] La grafia di quest'ultima si distingue dall'altra soprattutto perché il punto d'incontro tra la diagonale e l'asta destra di *ny* è più frequentemente posto sul rigo inferiore e *omega* è più grande (fig. 86).

3) Molto vicina alla grafia di *I.Iasos* 219, ma soprattutto a quella di *I.Iasos* 75 (v. § 4.4.4.4), è poi la scrittura che si riscontra nelle epigrafi raccolte da W. Blümel sotto la denominazione *I.Iasos* 153, non considerate in questa

[62] Presso la parte dei *Fonds Louis Robert* custodita al *Center for Hellenic Studies* di Princeton si conserva un calco di *I.Iasos* 76: di esso il Dr. Charles Crowther ha molto cortesemente messo a mia disposizione una foto. Su questa base – ma la prudenza è in questo caso particolarmente necessaria – si può proporre un avvicinamento del testo allo stile grafico del ‹Lapicida di *I.Iasos* 6›.

[63] L'attribuzione a Iasos fu proposta dall'editore, Lambrino 1929. I dubbi principali su di essa furono espressi da Robert 1930, 338–339 n. 3 (= *OMS* I, 157–158: «je dois dire che que l'origine iasienne me semble probable. Cependant la démonstration n'est pas encore faite»; segue la presentazione degli argomenti contrari) e sono recepiti in Welles 1934, 49, 200; Segre in Robert 1948, 102 n.1 riteneva probabile, anche se non ancora accertata, la provenienza da Iasos, e presentava anche un argomento che poteva sostenerla (117–118). V. ancora oltre, § 7.10.

[64] V. anche Crowther 1995a, 107 n. 80 e 134.

[65] Questa grafia presenta analogie anche con quella di *I.Iasos* 150 (qui non presa in esame), pietra che riunisce decreti promulgati da Rodi in favore di Iasos (su di essi v. Meadows 1996) negli anni 220–214 a.C.; non dissimile neppure lo stile di *I.Iasos* 151 (decreto di Euromos per Pantainos di Iasos), il quale è tuttavia meticolosamente arricchito di eleganti apici a coda di rondine. Per l'individuazione di queste somiglianze v. già Crowther 1995a, 107 n. 80 e 134, che sottolineava, tra le altre, le analogie tra *SEG* 41.929 (= PC 1989, 1) e *I.Iasos* 77.

Fig. 85: *I.Iasos* 77

Fig. 86: *SEG* 41.929
(= PC 1989, 1)

sede: si tratta infatti di due decreti di Samotracia in onore del poeta iaseo Dymas figlio di Antipatros (v. § 5.4.8) a noi giunti nella versione incisa a Iasos (fig. 87).[66] Si potrebbe essere tentati di attribuire almeno *I.Iasos* 75 e *I.Iasos* 153 a uno stesso lapicida. La lacunosità di *I.Iasos* 75 riduce però molto le possibilità di confronto fra i due testi: ciò rende paradossalmente meno decisive anche alcune divergenze (*I.Iasos* 153 pare in effetti distinguersi soprattutto per un *epsilon* dai tratti orizzontali meno estesi e un *omega* con segni inferiori meno regolarmente tesi), ma impone anche di rinunciare a un'ipotesi al momento non sufficientemente fondata.

Fig. 87: *I.Iasos* 153

[66] La constatazione della vicinanza grafica di *I.Iasos* 153 a *I.Iasos* 219 e 75 deriva dalla revisione autoptica di *I.Iasos* 153 (= *GIBM* 444), conservata presso il British Museum.

4) Tra il gruppo del ‹Lapicida di Maddoli 2007, 20.A1› e *I.Iasos* 82 (fig. 88). Tutte le lettere sono di fattura analoga. *I.Iasos* 82 presenta però apici più contenuti; l'*omikron* e l'occhiello di *rho* sono poi di dimensioni inferiori.

5) Qualche analogia è riscontrabile anche tra la grafia di Maddoli 2007, 26 (scuola del ‹Lapicida di Maddoli 2007, 25.B›) e Maddoli 2001, A (= *SEG* 51.1506) (fig. 89). Paragonabile è infatti la fattura di molte lettere, in particolare di *omega*, molto schiacciato, e di *sigma*, nel quale il punto d'incontro tra i tratti obliqui è in entrambi i casi piuttosto arretrato. Numerose tuttavia le differenze: Maddoli 2001, A (= *SEG* 51.1506) ha un *ductus* molto più irregolare, presenta apici assai più contenuti e aste più rigide; *omikron* è sempre molto ampio.

Fig. 88: frammento della parte finale destra delle ll. 38–62 di *I.Iasos* 82

Fig. 89: Maddoli 2001, A (= *SEG* 51.1506)

4.4.7 Grafie senza confronti convincenti

1) *I.Iasos* 4 (fig. 10).
L'iscrizione, ben conservata per un'ampia parte e dunque largamente disponibile all'esame grafico, non trova paralleli tra i decreti finora noti.[67] Essa si distingue per una grande regolarità e per un gusto estetico che sembra guardare al passato e voler riproporre all'inizio del II secolo a.C., in una versione parzialmente aggiornata (il *pi* è eseguito, secondo la nuova moda, con un ampio prolungamento a destra), tendenze vicine a quelle dei lapicidi qui inseriti nel gruppo paleografico n. 3 (al quale appartengono decreti databili nella prima metà del III secolo a.C.).

2) *I.Iasos* 23 (fig. 90).[68]
La grafia di questa iscrizione, dalle lettere molto ampie (comprese le tonde), dall'esecuzione costante e dagli apici estremamente contenuti, non trova alcun parallelo tra quelle qui prese in esame.

Fig. 90: *I.Iasos* 23 (calco)

3) Maddoli 2007, 25.A1 (fig. 91).
Anche in questo caso, l'ampia grafia non può essere accostata ad altre in modo convincente, di certo anche a causa del cattivo stato di conservazione della superficie lapidea e della conseguente scarsa visibilità delle lettere.

[67] Si vedano anche le annotazioni di Crowther 1995a, 106–107 e 133–136.
[68] Viene qui presentata una foto del calco perché la colonna su cui è iscritto il decreto è conservata nel giardino del Museo Archeologico di Istanbul al di sotto di alberi che creano condizioni di luce assai sfavorevoli alla riproduzione fotografica.

Fig. 91: Maddoli 2007, 25.A1–2

4.4.8 Grafie non valutabili

1) Maddoli 2007, 25.A2 (fig. 91).
Sebbene quanto resta possa sembrare non lontano dalla grafia del ‹Lapicida di Maddoli 2007, 25.B›, il pessimo stato di conservazione della pellicola lapidea suggerisce di astenersi da un giudizio definitivo.

4.5 Tabella di riepilogo dei lapicidi individuati

Tabella n. 29. Riepilogo dei lapicidi individuati e dei decreti loro attribuiti

Tabella n. 29 Riepilogo dei lapicidi individuati e dei lavori loro attribuiti.

decreto	Lap. di *SEG* 36. 983 (II)			Lap. di M2007, 23.1			Lap. di *I.Iasos* 27			Lap. di M2007, 7		
	decreti incisi	stile di	scuola di	decreti incisi	stile di	scuola di	decreti incisi	stile di	scuola di	decreti incisi	stile di	scuola di
SEG 36.983 (II)	X											
SEG 36.982A	X											
SEG 36.982C	X											
I.Iasos 1			X									
M2007,23.1				X								
I.Iasos 66				X								
I.Iasos 27							X					
I.Iasos 52							X					
M2007,7										X		
M2007,6										X		
M2007,10												X
M2007,9												
M2007,8												
I.Iasos 54												
I.Iasos 47												
I.Iasos 40												
M2007,5												
I.Iasos 42												
I.Iasos 60												
I.Iasos 37												
I.Iasos 53												
I.Iasos 62												
I.Iasos 69												
M2007,11.A												
M2007,12.A1												
M2007,12.A2												
M2007,12.B												
I.Iasos 61												
I.Iasos 43												
I.Iasos 59												
I.Iasos 64												

decreto	Lap. di M2007, 9			Lap. di *I.Iasos* 54			Lap. di *I.Iasos* 42			Lap. di *I.Iasos* 37		
	decreti incisi	stile di	scuola di	decreti incisi	stile di	scuola di	decreti incisi	stile di	scuola di	decreti incisi	stile di	scuola di
SEG 36.983 (II)												
SEG 36.982A												
SEG 36.982C												
I.Iasos 1												
M2007,23.1												
I.Iasos 66												
I.Iasos 27												
I.Iasos 52												
M2007,7												
M2007,6												
M2007,10												
M2007,9	X											
M2007,8	X											
I.Iasos 54				X								
I.Iasos 47				X								
I.Iasos 40						X						
M2007,5						X						
I.Iasos 42							X					
I.Iasos 60							X					
I.Iasos 37										X		
I.Iasos 53										X		
I.Iasos 62										X		
I.Iasos 69										X		
M2007,11.A										X		
M2007,12.A1										X		
M2007,12.A2										X		
M2007,12.B										X		
I.Iasos 61												
I.Iasos 43												
I.Iasos 59												
I.Iasos 64												

decreto	Lap. di *I.Iasos* 61			Lap. di *I.Iasos* 56			Lap. di M2007, 19.1			Lap. di M2007, 20.A1		
	decreti incisi	stile di	scuola di	decreti incisi	stile di	scuola di	decreti incisi	stile di	scuola di	decreti incisi	stile di	scuola di
SEG 36.983 (II)												
SEG 36.982A												
SEG 36.982C												
I.Iasos 1												
M2007,23.1												
I.Iasos 66												
I.Iasos 27												
I.Iasos 52												
M2007,7												
M2007,6												
M2007,10												
M2007,9												
M2007,8												
I.Iasos 54												
I.Iasos 47												
I.Iasos 40												
M2007,5												
I.Iasos 42												
I.Iasos 60												
I.Iasos 37												
I.Iasos 53												
I.Iasos 62												
I.Iasos 69												
M2007,11.A												
M2007,12.A1												
M2007,12.A2												
M2007,12.B												
I.Iasos 61	X											
I.Iasos 43	X											
I.Iasos 59	X											
I.Iasos 64	X											

decreto	Lap. di M2007, 20.B			Lap. di M2007, 25.B			Lap. di *I.Iasos* 219			Lap. di *I.Iasos* 6		
	decreti incisi	stile di	scuola di	decreti incisi	stile di	scuola di	decreti incisi	stile di	scuola di	decreti incisi	stile di	scuola di
SEG 36.983 (II)												
SEG 36.982A												
SEG 36.982C												
I.Iasos 1												
M2007,23.1												
I.Iasos 66												
I.Iasos 27												
I.Iasos 52												
M2007,7												
M2007,6												
M2007,10												
M2007,9												
M2007,8												
I.Iasos 54												
I.Iasos 47												
I.Iasos 40												
M2007,5												
I.Iasos 42												
I.Iasos 60												
I.Iasos 37												
I.Iasos 53												
I.Iasos 62												
I.Iasos 69												
M2007,11.A												
M2007,12.A1												
M2007,12.A2												
M2007,12.B												
I.Iasos 61												
I.Iasos 43												
I.Iasos 59												
I.Iasos 64												

I.Iasos 70																									X																							
I.Iasos 71																										X																						
I.Iasos 56																												X																				
I.Iasos 50																												X																				
M2007,11.B																												X																				
M2007,17																												X																				
M2007,18.1																												X																				
M2007,21																												X																				
I.Iasos 55																													X																			
M2007,19.1																															X																	
M2007,18.2 (**IVc**)																															X																	
M2007,19.2 (**IVd**)																															X																	
I.Iasos 58 + 44 (**IVb**)																																	X															
M2007,20.A1																																		X														
SEG 38.1061																																		X														
M2007,16.1																																		X														
M2007,16.2																																		X														
M2007,20.A2																																		X														
M2007,24																																			X													
M2007,20.B																																					X											
SEG 41.932, 1–14																																					X											
SEG 41.932, 15–42																																					X											
I.Iasos 28																																						X										
I.Iasos 29																																						X										
M2007,26																																							X									
M2007,25.B (**VII**)																																								X								
I.Iasos 25																																								X								
I.Iasos 26																																								X								
SEG 41.930, 1–32 (**VIIIa**)																																								X								
SEG 41.930, 33–35 +931.1–13																																								X								
SEG 41.931, 15–58 (**VIIIb**)																																								X								
B2007, 2 II																																								X								
B2007, 2 III																																								X								
SEG 41.933																																									X							
I.Iasos 219																																											X					
I.Iasos 75																																												X				
I.Iasos 6																																														X		
M2007,23.2																																														X		

Conclusa questa ulteriore fase di valutazione delle scritture documentate, è possibile adesso proporre una tabella che riepiloga il lavoro di ascrizione della grafia dei decreti esaminati ai quattro gruppi paleografici individuati a § 4.3; tale tabella accoglierà anche quei decreti che in prima istanza, proprio a § 4.3, non erano stati immediatamente inseriti in un gruppo paleografico. Essa include, sebbene il riscontro sia stato condotto sulla sola base di una foto di un calco, anche il decreto *I.Iasos* 20, che viene inserito nel gruppo paleografico n. 3 (v. § 4.4.3.5).

Tabella n. 30. Decreti secondo i 4 gruppi paleografici (come definiti a § 4.3)

decreto	**gruppo 1** *pi* senza prolungamenti; *my* e *sigma* a tratti esterni divergenti	**gruppo 2** *pi* senza prolungamenti; *my* a tratti esterni sempre divergenti	**gruppo 3** *pi* senza grandi prolungamenti; *my* e *sigma* a tratti esterni paralleli o solo occasionalmente divergenti	**gruppo 4** *pi* con forte prolungamento oltre l'asta destra
I.Iasos 27	X			
I.Iasos 68	X			
SEG 36.982A	X			
SEG 36.982B	X			
SEG 36.982C	X			
SEG 36.983 **(II)**	X			
M2007,1.1 **(I)**	X			
M2007,1.2	X			
M2007,1.4	X(?[69])			
M2007,4	X			
M2007, 23.1 + *I.Iasos* 66	X			
M2007,1.3	X(?[70])			
I.Iasos 24+30 **(III)**	X			
I.Iasos 52	X[71]			
I.Iasos 1	X			
I.Iasos 40		X		
I.Iasos 42		X		
I.Iasos 47		X		
I.Iasos 54		X[72]		
I.Iasos 60		X		
M2007,5		X		
M2007,6		X		
M2007,7		X		
M2007,8		X		
M2007,9		X		
M2007,10		X		
I.Iasos 2		X[73]		
I.Iasos 34			X	
I.Iasos 37			X[74]	
I.Iasos 50			X	
I.Iasos 53			X	
I.Iasos 56			X	

[69] *My*, non attestato, non è valutabile; *sigma* ha tuttavia i tratti esterni molto divergenti.

[70] V. nota precedente.

[71] È visibile solo la metà di un *my* al termine di l. 2, ma l'identificazione della lettera è certa, così come il fatto che le sue aste esterne sono divaricate.

[72] In questo decreto *my* è sempre divergente mentre *sigma*, più spesso divergente, presenta casi di tratti esterni paralleli.

[73] *I.Iasos* 2 è un caso difficile da inquadrare perché la grafia è piccolissima e difficilmente leggibile; tuttavia nel testo *my* pare eseguito con sistematicità a tratti esterni lievemente divergenti, mentre *sigma* sembra alternare tratti un poco aperti e tratti paralleli.

[74] In questo decreto *my* è in realtà sempre a barre esterne leggermente divergenti; l'identità grafica rispetto ad altre epigrafi (v. § 4.4.3.1), nelle quali *my* è invece realizzato in questo modo con incostanza, induce a inserire anche tale iscrizione in questo gruppo (v. § 4.4.3.1).

I.Iasos 57			X[75]	
I.Iasos 58+44 **(IVb)**			X	
I.Iasos 59			X	
I.Iasos 61			X	
I.Iasos 62			X[76]	
I.Iasos 63			X	
I.Iasos 70			X	
I.Iasos 71			X	
M2007,11.A			X	
M2007,11.B			X	
M2007,12.A1			X	
M2007,12.B			X	
M2007,13			X	
M2007,15			X	
M2007,17			X	
M2007,18.1			X	
M2007,18.2 **(IVc)**			X	
M2007,19.1			X	
M2007,19.2 **(IVd)**			X	
M2007,21			X	
M2007,22			X	
NPg 898			X	
I.Iasos 43			X	
M2007,14.A			X[77]	
I.Iasos 20			X	
I.Iasos 55			X	
I.Iasos 64			X	
I.Iasos 69			X	
M2007,12.A2			X	
I.Iasos 4 **(IX)**				X
SEG 41.931,15–58 **(VIIIb)**				X
M2007,20.A1				X
M2007,20.B				X
M2007,24				X
M2007,25.A1				X
M2007,25.B **(VII)**				X
M2007,26				X
M2007,16.1				X
M2007,20.A2				X
I.Iasos 75				X
I.Iasos 77				X
SEG 38.1061				X
SEG 41.929				X
SEG 41.930,1–32 **(VIIIa)**				X
SEG 41.932,15–42				X
SEG 41.933				X
B2007, 2 II				X
B2007, 2 III				X
I.Iasos 82				X
I.Iasos 28				X
SEG 41.930, 33–35 + *SEG* 41.931, 1–13				X

[75] La lettura di *my* è molto incerta, ma pare a barre diritte.

[76] V. nota precedente.

[77] La grafia di questo decreto è in realtà quasi a cavallo tra il gruppo paleografico 3 e 4, dal momento che *pi* presenta un prolungamento abbastanza pronunciato; esso non ha però ancora lo sviluppo e la forte apicatura che caratterizzano le lettere di questo tipo nel gruppo 4.

SEG 41.932,1–14				X
M2007,23.2				X
I.Iasos 6				X
I.Iasos 23				X
I.Iasos 219				X
M2001,A (*SEG* 51.1506)				X
I.Iasos 25				X
I.Iasos 26				X
I.Iasos 29				X
M2007,16.2				X
M2007,25.A2				X

5 Gruppi paleografici e cronologia

L'analisi paleografica dei decreti databili ha consentito, come si è visto, di individuare una linea evolutiva della grafia delle epigrafi di Iasos soprattutto sulla base di alcuni segni dirimenti e di procedere all'individuazione di gruppi in successione cronologica. Un ulteriore livello di analisi, volto a riconoscere i decreti incisi da una stessa mano e comunque dai caratteri affini, ha consentito – tra gli altri risultati – di inserire in questa ripartizione la totalità degli ψηφίσματα di cui si è potuta esaminare la grafia. Si ha così a disposizione un chiaro criterio di analisi paleografica, che può rappresentare un utile strumento di orientamento cronologico nello studio e nell'interpretazione dei decreti. Riepiloghiamo di seguito i risultati principali:

Gruppo paleografico n. 1

Tra gli ψηφίσματα nei quali sono attestati *pi* senza prolungamenti e *my* e *sigma* presentano entrambi tratti esterni sempre divergenti figurano i decreti databili **I–III**; accanto a questi, altri certamente di IV secolo, quali *I.Iasos* 1 e *I.Iasos* 27 (v. § 2, 3 e 5). La presenza di questi tre tratti grafici rappresenta pertanto un forte indizio a favore di una datazione nel IV secolo a.C. In tale gruppo sono pressoché assenti o sono minuscoli gli apici, *alpha* è ampio, la barretta centrale di *epsilon* è solo appena più breve delle altre due, *ny* tende a far poggiare sul rigo inferiore il punto d'incontro tra il tratto diagonale e l'asta destra, *omega* è piuttosto aperto in basso.

Gruppo paleografico n. 2

È il gruppo nel quale sono stati raccolti i decreti in cui *pi* è privo di prolungamenti sensibili e soltanto *my* è eseguito con tratti esterni costantemente divergenti. Tra di essi non figura alcun decreto certamente databile, tuttavia a questo gruppo afferiscono lo ψήφισμα *I.Iasos* 54, genericamente riconducibile a prima del 293 a.C. (v. § 2, 7), e *I.Iasos* 2 (§ 2, 6), risalente nella sua redazione epigrafica al periodo 305–285 a.C. Queste caratteristiche grafiche sembrano pertanto rappresentare, in questa fase del lavoro, un indizio per una datazione a cavallo tra la fine del IV e l'inizio del III secolo a.C. Quanto ad altre peculiarità, rispetto al gruppo precedente le lettere si arricchiscono di apici più grandi ma sempre molto contenuti, la barretta centrale di *epsilon* diviene più breve e in *ny* il punto d'intersezione tra la diagonale e l'asta destra si alza un poco rispetto al rigo inferiore.[78]

[78] I gruppi paleografici n. 1 e 2 sono spesso accomunati anche da un altro elemento: con poche eccezioni il *ny* viene tracciato in maniera sempre regolare, con il punto d'incontro tra la diagonale e l'asta destra che tocca o è tesa a toccare la linea inferiore. Questa caratteristica trova eccezioni soltanto in *I.Iasos* 27, *I.Iasos* 52 e Maddoli 23.1+*I.Iasos* 66 (dove la distanza dal rigo resta tuttavia molto limitata) e soprattutto in *I.Iasos* 2.

Gruppo paleografico n. 3

Nei decreti di questo gruppo *pi* è eseguito senza prolungamenti o con un'estensione piuttosto contenuta verso destra e *my* e *sigma* presentano tratti esterni in genere paralleli o solo occasionalmente divergenti;[79] a esso appartengono tre ψηφίσματα databili (**IVb.c.d**) al secondo quarto del III secolo a.C. (§ 2, 8). Queste caratteristiche grafiche sembrano dunque suggerire una datazione nel pieno III secolo a.C. Fatta eccezione per la tensione a rendere paralleli tratti eseguiti in coppia (soprattutto nel caso di *my* e *sigma*), la scrittura di questi decreti non presenta sostanziali novità rispetto a quella del gruppo precedente.

Gruppo paleografico n. 4

Tra i decreti nei quali *pi* è eseguito con ampio prolungamento verso destra[80] rientrano quattro ψηφίσματα databili (**VII–IX**) tra il 240 e il 190 a.C. circa (§ 2, 12–15). È dunque evidente che la presenza di questo carattere grafico rappresenta un forte indizio per datare i decreti di questo gruppo almeno nella seconda metà del III e all'inizio del II secolo a.C. Nei testi inseriti in questo insieme si accresce l'ampiezza degli apici, le lettere triangolari tendono alla verticalizzazione, il tratto centrale di *csi* diviene molto più breve degli altri, *rho* viene spesso realizzato con un occhiello molto più ampio che in precedenza, al cerchio di *omega* capita spesso di chiudersi: in questo caso le barrette che in precedenza concludevano e ornavano l'apertura inferiore divengono un unico tratto orizzontale.

È opportuno a questo punto chiedersi se la linea evolutiva individuata grazie allo studio della grafia coincida con quella suggerita dall'esame del formulario. Se infatti due elementi del tutto indipendenti tra loro – formulario e paleografia – suggerissero il medesimo sviluppo, ci si potrebbe sentire ragionevolmente certi di aver colto nel segno in questa indagine sulla successione cronologica dei decreti di Iasos. È con questo intento che viene adesso presentata la stessa tabella già proposta a conclusione del capitolo 3, dedicato all'esame del formulario. In essa non si impiegheranno i toni di grigio adoperati per distinguere le diverse tipologie dei decreti (per giudici stranieri, cittadini, destinatari incerti); quattro diverse sfumature dello stesso colore serviranno invece ad identificare ψηφίσματα appartenenti allo stesso gruppo paleografico; gli otto gruppi individuati sulla base del formulario (cui si aggiunge il nono raggruppamento, quello che raccoglieva i decreti non attribuibili a causa della lacunosità delle formule) saranno agevolmente individuabili grazie alla presenza, anche in questa tabella, di una doppia linea.

Tabella n. 31. Confronto tra i gruppi di decreti stabiliti sulla base del formulario e quelli determinati dalla paleografia

Legenda:

	grigio 1 (10 % nero)	gruppo paleografico n. 1
	grigio 2 (20 % nero)	gruppo paleografico n. 2
	grigio 3 (30 % nero)	gruppo paleografico n. 3
	grigio 4 (40 % nero)	gruppo paleografico n. 4
	bianco	decreti scomparsi o incisi in altre πόλεις

Per le sigle adoperate si rinvia alla tabella n. 26.

[79] In questo gruppo si registra qualche oscillazione nell'esecuzione di *ny*; il punto d'incontro tra la diagonale e l'asta destra, pur ancora spesso teso a toccare la linea inferiore, resta in parecchi casi alto sopra di essa: v. p.es. *I.Iasos* 34; 43; 53 (con incostanza); 58+44; 59; 70 (con incostanza); Maddoli 2007, 19.1; 19.2; 22.

[80] In questo gruppo il *ny* viene eseguito con grande variabilità; dei 32 decreti in esso inseriti, in 13 è tracciato con il punto d'incontro tra la diagonale e l'asta destra sulla linea inferiore [*I.Iasos* 6; 77; 82; *SEG* 38.1061 (= PC 1987, c); *SEG* 41.929 (= PC 1989, 1); Maddoli 2007, 16.1; 16.2; 20.A1; 20.A2; 23.2; 24; 25.A1; 25.A2], mentre in 19 tale punto rimane molto alto rispetto alla riga. Si veda già Crowther 1995a, 106–107 e 133–134.

Tabella n. 31. Confronto tra i gruppi di decreti stabiliti sulla base del formulario e quelli determinati dalla paleografia

Decreto	publ. ass.	mot. p. cong.	mot. ass.	prop. ass.	solo sanz.	ἐν ἀρχ.	inc. sanz.	προεδρ. sempl.	citt. sempl.	pross./ev. + Ἰασέων	ἀτέλ. sempl.	πρυτ. < 6	≠ Ἀφρ.	ὁ δ. εἶπε	publ. *in fine*	inc. στεφ.	ἀρχ./πρ.γν.	mot. sempl.	pross./ev. + altro gen.	mot. 3.B.i–iii	Ἀφρ.	inc. mese	προεδρ. ἐν.τ.ἀγ.	ἀτέλ. lim.	citt.+ f. part. A	citt.+ f. part. B	πρυτ. 6 o >	mot. 3.B.iv	προεδρ. ἐν.τ.ἀγ.π.	στεφ. Ἀρ.	δτδ	δτβκτδ	pritani καταστ.	moz. or.	form. fin.	mot. g. str.	form. esor.	voto	scelta amb.	gruppi secondo il formulario
M2007,1.1 (**I**)	X	X		?	?	?	?	?	?	?	?	?	?	?		?	?		?		?	?	?	?	?	?	?		?	?									?	I
M2007,1.2	X		X	X	X			?	X	?	?								?				?	?					?											
M2007,1.4	X		X	X	X			?	?		?												?	?	?	?			?											
I.Iasos 68	X	?	?	X	X		X	X										?																						
SEG 36.982A	X	X		X				X																																
SEG 36.982B	X		X	X		X	X	X		X		X																												
SEG 36.982C	X	X					X	X	X		X	X	X	X																										
SEG 36.983 (**II**)	X		X			X	X	X		X	X	X		X																										
I.Iasos 1 △	X		X	X			X						X														X													
M2007,1.3 ▢	X		X	X				X	?	?	?								?					?	?	?														
M2007,16.1 ▢	X	X		X				?	?	?	X								?				?		?	?			?											
M2007,20.A2 ▢	X		X	X			X			X																														
I.Iasos 24+30 (**III**)							X*	X			X		X		X		A																							
I.Iasos 52	X												?			X	P	X			?								X											II
M2007,5	X		X						X				X			X	P		X																					
M2007,6									X	?		X	?		X	X	P	X	?		?																			
M2007,7										?		X	?		X	X	P		?	X	?																			
M2007,8									X	?		X	?		X	X	P	X	?		?																			
M2007,9									X			X	X		X	X	P	X	X																					
M2007,10	?							?	?	?	?	X	X		?	X*	P	X*	?				?	?	?	?			?	?					?			?	?	
I.Iasos 40	X								X*				X	X		X*			X	X			X							?										III
I.Iasos 54	X									X				X						X	X	X	X	X							X									
I.Iasos 47			X						X						X	X	P				X																			
I.Iasos 42									X	X	X		X	X	X					X		X	X																	
I.Iasos 60									X*				X		X	X	P*		X*	X			X*																	
I.Iasos 53						?	?						?		X*	?	P		X	X	?	?			X		X			?										
I.Iasos 37						?	?		X	X			?		X	?	P	X			?	?	X	X			X			?										
M2007,12.B						?	?					?	?		X	?	P		X	X	?	?			X		?			?			?							
M2007,11.A												X			X	X	P	X	X		X					X				?										
M2007,14.A	?							?	?	?	?		X	X*	?			?	?	?		X	?	?	?	?		?	?		?	?		?	?		?	?	?	
I.Iasos 45	?								X	X				X	?	X				X	X		X	X											?			?	?	
I.Iasos 61				?	?	?	?					?	?	?	X	?	?			X*	?	?	X	X		X	?			?			?							
I.Iasos 62		?	?	?	?	?	?		X			?	?	?	X	?	?	?	X	?	?	?	X	X			?	?		?	?	?	?	?		?	?			
I.Iasos 31		?	?	?	?	?	?		?	?		?	?	?	X	?	?	?	?	?	?	?	X	X	?	?	?	?		?	?	?	?	?		?	?			
I.Iasos 38				?	?	?	?					?	?	?	X	?	?				?	?		X		X	?	X	X	?			?							IV
I.Iasos 32	?							?	?		?		X	X	?	X			X	X			?	?	?	?			?						?			?	?	
M2007,18.1													X	X	X	X			X					X		X		X	X											
M2007,19.1				?	?	?	?					?	?	?	X	?	?		X	X	?	?		X		X	?		X	?			?							
I.Iasos 39	?							?	?	?	?	X	X		?	X	P	?	?	?			?	?	?	?		?	?	X	?	?			?		?	?	?	
M2007,11.B													X		X	X	P		X							X	X	X		X										
I.Iasos 48														X	X	X*		X	X		X					X				X*										

I.Iasos 50															X	X	P		X		X					X		X												
SEG 38.1061															X	X	P		X		X		X*			X										X				
M2007,17															X	X	P		X		X					X		X												
I.Iasos 58+44 (**IVb**)															X	X*	P		X		X*			X		X		X	X*	X*										V
M2007,18.2 (**IVc**)															X	X	P		X		X			X		X		X	X	X										
I.Iasos 41 (**IVa**)	?							?	?	?	?				?	X	P		?		X		?	?	?	?		X	?	X					?			?	?	
M2007,19.2 (**IVd**)	?							?	?	?	?				?	X	P	?	?	?	X		?	?	?	?		?	?	X	?	?		?	?	?	?	?	?	
M2007,20.A1				?	?	?	?					?	?	?	X	?	?		X		?	?				X	?	X	X	?	X		?							
M2007,21															X	X	P		X		X					X		X		X	X									
I.Iasos 56	?													X	?	X			X		X					X	X	X	X	X	X				?			?	?	VI
I.Iasos 33				?	?	?	?					?	?	?	X	?	?				?	?		X		X	?		X	?	X		?	?						
I.Iasos 82							?						?			?	P				?	?					X			?	X		X							
M2007,22	X								X							X	P		X		X						X	X		X			X							
M2007,23.1 + *I.Iasos* 66															X	X	P		X		X					X	X	X	X	?		X	X							VII
I.Iasos 46				?	?	?	?					?	?	?	X	?	?		X		?	?				X	?	X	X	?		X	X	?			?			
I.Iasos 35 (**V**)						?	?			?			?			?	P	X	?		?	?				X	X*	X		?		X	?	X	X			?	?	
I.Iasos 36(**VI**)	?		X												?	X	P				X									X		X		X	?			?	?	
M2007,25.B(**VII**)						?	?					?	?			?	P	X	X		?	?				X	?	X		?		X	X	X	X			?		
*SEG*41.931,15–58 (**VIIIb**)																X	P		X	X						X	X					X	X	X	X			X	X	
M2007,20.B						?	?					?	?			?	P				?	?					?	X		?		X	?	X	X			X	X	
M2007,25.A1				?	?	?	?					?	?	?		?	?		X		?	?				X	?			?		X	?	X	X			?	?	
M2007,26										?		?	?			X*	P*		?		?					X	?	X		?	?	?	?	X	X			X	?	
I.Iasos 51 ■	?						X								?		P		X							X		X	X					X	?			?		
*SEG*41.930,1–32 (**VIIIa**)			X													X	P		X							X	X					X	X	X	X					
B2007, 2 II													X			X	P										X					X		X	X	X	X	X	X	
*SEG*41.932,15–42			X					?	?	?	?					X	P		?				?	?	?	?	X		?			X*	X	X	X*			?	?	
I.Iasos 75				?	?	?	?	?	?	?	?	?	?	?		?	?		?		?	?	?	?	?	?	?		?	?		X*	?	X	X*	X*	X*	?	?	
I.Iasos 76	?							?	?	?	?		X		?	X	P		?				?	?	?	?	X		?			X*	?	X	?	X	?	?	?	
I.Iasos 77		?	?					?	?	?	?	?	?		?	X	P	?	?	?	?		?	?	?	?	?	?	?	?	?	?	?	X	X*	?	?	?	?	
SEG 41.929				?	?	?	?					?	?	?		?	?				?	?					?			?		X	?	X	X	X	X	X	X	VIII
SEG 41.933	?	?	?			?	?	?	?	?	?		?		?	?	P	?	?	?	?	?	?	?	?	?	X	?	?	?	?	?	X	X	?	?	?	?	?	
B2007, 2 III	?	?	?					?	?	?	?	?			?	X	P	?	?	?	X		?	?	?	?	?	?	?		?	?	X	X	?	?	?	?	?	
I.Iasos 73 ■							X										P		X													X		X		X	X		X	
I.Iasos 74 ■							X										P		X													X		X		X	X		X	
I.Iasos 28	?	?	?	?	?	?	?	?	?	?	?	?	?	?		?	?	?	?	?	?	?	?	?	?	?	?	?	?	?	?	?	?	?	X	?	?	X		
SEG 41.930,33–35 + *SEG* 41.931,1–13		?	?													X	P*	?	X*	?						X	X*	?				X*	X*	X*	X	?				
SEG 41.932,1-14		?	?	?	?	?	?	?			?	?	?	?		?	?	?	X	?	?	?	?	?		X	?	?	?	?	?	?	?	?	X	?	?	X		
M2007,23.2		?	?	?	?	?	?	?	?	?	?	?	?	?		?	?	?	?	?	?	?	?	?	?	?	?	?	?	?	?	?	?	?	X	?	?	X	?	
I.Iasos 23 △	X		X										X			X	P															X		X						
I.Iasos 219 △	?	?	?	?	?	?	?					?	?	?	?	?	?	?		?	?	?					?	?		?		X	?	X	?	?		?	?	
M2001,A (*SEG* 51.1506) △	?	?	?	?	?	?	?					?	?	?	?	?	?	?		?	?	?					?	?		?	?	?	?	X	?	?	?	?	?	
I.Iasos 29 ▲	?	?	?					?	?	?	?	?	?		?	X	P*	?	?	?	?		?	?	?	?	?	?	?	?	?	?	?	X	?	?	?	?	?	
M2007,25.A2 ▲	?							?	?	?	?				?	X	P		?		X		?	?	?	?	X		?		?	?	X		?		?	?	?	
H1994, p. 71 ▲	?	?	?				?	?	?	?	?	?	?	?	?	?	P*	?	?	?	?	?	?	?	?	?	?	?	?	?	?	?	X	X	?	?	?	?	?	

Tabella n. 31. Confronto tra i gruppi di decreti stabiliti sulla base del formulario e quelli determinati dalla paleografia

Decreto	pubbl. ass.	mot. p. cong.	mot. ass.	prop. ass.	solo sanz.	ἐν ἀρχ.	inc. sanz.	προεδρ. sempl.	citt. sempl.	pross./ev.+Ἰασέων	ἀτέλ. sempl.	πρυτ. < 6	≠ Ἀφρ.	ὁ δ. εἶπε	pubbl. *in fine*	inc. στεφ.	ἀρχ./πρ.γν.	mot. sempl.	pross./ev. + altro gen.	mot. 3.B.i–iii	Ἀφρ.	inc. mese	προεδρ. ἐν.τ.ἀγ.	ἀτέλ. lim.	citt.+ f. part. A	citt.+ f. part. B	πρυτ. 6 ο >	mot. 3.B.iv	προσδρ. ἐν.τ.ἀ γ.π.	στεφ. Ap.	δτδ	δτβκτδ	pritani καταστ.	moz. or.	form. fin.	mot. g. str.	form. esor.	voto	scelta amb.	gruppi secondo il formulario
I.Iasos 4 (**IX**)	?							?	?	?	?		X		?	X	P		?				?	?	?	?	X		?		?	?		?	?		?	?	?	decreti lacunosi, non inseribili in alcun gruppo
I.Iasos 27	?							?	?	?	?		X		?	X	A	?	?	?			?	?	?	?		?	?		?	?		?	?	?	?	?	?	
I.Iasos 34	X			?	?	?	?		X	X		?	?	?		?	?				?	?					?			?			?							
I.Iasos 57	?							?	?	?	?				?	X	P	?	?	?	X		?	?	?	?		?	?		?	?		?	?		?	?	?	
I.Iasos 59	?							?	?	?	?				?	X	A		?	X	X		?	?	?	?			?						?			?	?	
I.Iasos 63		?	?	?	?	?	?	?	?	?	?	?	?	?		?	?	?	?	?	?	?	?	?	?	?	?	?	?	?	?	?	?	?	X*	?	?			
I.Iasos 70	?	?	?	?	?	?	?	?		?	?	?	?	?	?	?	?	?	?	?	?	?	?	?			?	?	?	?	?	?	?	?	?	?	?	?	?	
I.Iasos 71	X	?	?	?	?	?	?	?		?	?	?	?	?		?	?	?	?	?	?	?	?	?	X		?	?	?	?	?	?	?	?		?	?			
M2007,4		?	?	?	?	?	?	X*		X*	X	?	?	?	X	?	?	?		?	?	?					?	?		?	?	?	?	?	X	?	?			
M2007,12.A1		?	?	?	?	?	?	?	?	?	?	?	?	?	X	?	?	?	?	?	?	?	?	?	?	?	?	?	?	?	?	?	?	?		?	?			
M2007,13	?			?	?	?	?	?	?	?	?	?	?	?	?	?	?		?	X	?	?	?	?	?	?	?		?	?			?		?			?	?	
M2007,15				?	?	?	?	?	?	?	?	?	?	?	?	?	?		?	X*	?	?	?	?	?	?	?		?	?			?		?			?	?	
M2007,24	X	?	?	?	?	?	?		?	?	X*	?	?	?		?	?	?	?	?	?	?			?	?	?	?	X*	?	?	?	?	?		?	?			
NPg 898	?							?			?				?	X	P		X		X		?	?		X		X	?						?			?	?	
I.Iasos 43				?	?	?	?					?	?	?	X	?	?				?	?					?			?			?							
I.Iasos 55		?	?	?	?	?	?	?	?	?	?	?	?	?	X	?	?	?	?	?	?	?	?	?	?	?	?	?	?	?	?	?	?	?		?	?			
I.Iasos 2 △		?	?	?	?	?	?					?	?	?	X	?	?	?		?	?	?					?	?		?		X	?	?						
I.Iasos 6 △	?							?	?	?	?		X		?	X	P		?				?	?	?	?			?		?	?		?	?		?	?	?	
I.Iasos 20 △	?	?	?			?	?						?		?	?	P*	?		?	?	?					X	?		?	?	?		?	?		?	?		
I.Iasos 152,40–41 △	X		X	X									X			X														X										
I.Iasos 25 ▲	?	?	?					?	?	?	?		X		?	X	P	?	?	?			?	?	?	?	X	?	?		?	?	X	?	?	?	?	?	?	
I.Iasos 26 ▲	?	?	?					?	?	?	?		X		?	X	P	?	?	?			?	?	?	?	?	?	?		?	?	X	?	?	?	?	?	?	
I.Iasos 49 ▲	?	?	?	?		?		?	?	?	?	?	?	?	?	X	?	?	?	?	?		?	?	?	?	?	?	?	X	?	?	?	?	?	?	?	?	?	
I.Iasos 64 ▲	?							?	?	?	?			X	?	X		?	?	?	X		?	?	?	?		?	?		?	?		?	?	?	?	?	?	
I.Iasos 69 ▲	?	?	?	?				?	?	?	?	?		?	?	X	?	?	?	?	X		?	?	?	?	?	?	?		?	?	?	?	?	?	?	?	?	
M2007,12.A2 ▲	?	?	?					?	?	?	?	?	X		?	X	P	?	?	?			?	?	?	?	?	?	?		?	?	?	?	?	?	?	?	?	
M2007,16.2▲	?	?	?	?				?	?	?	?	?		?	?	X	?	?	?	?	X		?	?	?	?	?	?	?	X	?	?	?	?	?	?	?	?	?	

La lettura della tabella propone risultati di grande interesse.

Il GRUPPO PALEOGRAFICO N. 1 coincide quasi perfettamente con il primo gruppo del formulario e scende appena nel secondo; fanno eccezione solamente due decreti abbreviati,[81] che presentano naturalmente un formulario sintetico che non deve evidentemente essere scambiato per un indizio di antichità: l'appartenenza al gruppo paleografico n. 4 rivela anzi con certezza la loro recenziorità. Vi è poi un lapicida che incide secondo le principali caratteristiche di questo insieme paleografico un decreto che dal punto di vista del formulario è inserito nel settimo gruppo: si dovrà forse pensare che si tratti di un lapicida che si ispira ad uno stile grafico più antico.

Il GRUPPO PALEOGRAFICO N. 2 coincide per la gran parte con il secondo gruppo di formulario e comprende parte del terzo.

Il GRUPPO PALEOGRAFICO N. 3 caratterizza parte del terzo raggruppamento di formulario, domina incontrasto nel quarto, è prevalente nel quinto e nel sesto; ne è documentato ancora un esempio nel settimo.

Il GRUPPO PALEOGRAFICO N. 4, che caratterizza in modo esclusivo l'ottavo gruppo di formulario, comincia a essere sporadicamente attestato nel quinto gruppo, ma si impone solo più avanti. Nel quinto e sesto raggruppamento di formulario è presente con la produzione del ‹Lapicida di Maddoli 2007, 20.A1›, il quale incide anche il decreto *SEG* 38.1061, che venne promulgato nello stesso giorno di *I.Iasos* 50 e Maddoli 2007, 17 (v. § 5.1.7), incisi da un altro lapicida (‹Lapicida di *I.Iasos* 56›) appartenente al gruppo paleografico n. 3. Questo scalpellino sembra pertanto un anticipatore, portatore di un gusto ‹più moderno›, che si sarebbe imposto più avanti. Egli è anche il lapicida dei due decreti abbreviati Maddoli 2007, 16.1 e 20.A2, inseriti nel primo gruppo di formulario, che perciò devono in realtà essere coevi a quelli inseriti nel quinto o sesto gruppo. Da segnalare la curiosa e complessa situazione che caratterizza il settimo gruppo di formulario, nel quale convivono grafie diverse: si tratta di una fase di passaggio nella quale si cerca uno stile grafico prevalente; si sarebbe poi optato per quello rappresentato dal gruppo paleografico n. 4.

L'analisi della grafia non contraddice dunque lo sviluppo delineato dal formulario. Vi sono periodi in cui prevalgono certi stili grafici – e non altri – in corrispondenza di alcuni precisi sviluppi delle formule; si procede chiaramente da certe caratteristiche verso altre. Alcuni esempi. Un *incipit* con formula di sanzione in uno ψήφισμα non abbreviato pubblicato in città si trova soltanto all'interno del gruppo paleografico n. 1 e mai più tardi: questa tipologia di decreti si presenta dunque come tipica di una certa epoca grazie a due variabili indipendenti, formulario e paleografia. I pritani sono in numero inferiore a sei soprattutto in decreti dei gruppi paleografici n. 1 e 2, sporadicamente del gruppo n. 3, mentre diventano stabilmente sei e, se assenti, nominano un sostituto, soltanto a partire dal gruppo n. 3 e poi, con costanza, nel gruppo n. 4; tale constatazione segnala chiaramente uno sviluppo non solo del formulario ma anche della procedura decisionale di Iasos (e forse una riforma: v. §§ 8.1.4; 8.2.1; 8.2.3.1). Non vi è poi nessun esempio di stefaneforato di Apollo in decreti dei gruppi paleografici n. 1 e 2: sembra pertanto che si sia iniziato ad assegnare la carica eponima al dio soltanto a partire da un certo momento. La mozione formale e le formule finanziarie si trovano esclusivamente in decreti incisi secondo lo stile del gruppo paleografico n. 4 e si confermano dunque come elementi (e come prassi) subentrati solo tardivamente nella struttura redazionale dei decreti di Iasos.

Formulario e paleografia palesano dunque una medesima linea di tendenza; questa linea può ammettere qualche piccolo ritorno indietro e qualche sporadica proiezione in avanti (che andranno tenute in considerazione e possibilmente spiegate), ma procede comunque con chiarezza da una direzione verso un'altra.

Gli stili grafici e la loro relazione con precise caratteristiche del formulario non soltanto aiutano a definire lo sviluppo cronologico dei decreti onorari di Iasos ma costituiscono anche, insieme ad altri dati ricavabili dal

---

[81] Maddoli 2007, 16.1 e 20.A2.

testo e alle connessioni prosopografiche (su tutto questo v. capitolo 5), un elemento decisivo per inserire nei gruppi così delineati i decreti frammentari che nella tabella n. 27, al termine dell'analisi del formulario, erano stati provvisoriamente collocati nel nono gruppo, quello dei testi di incerta collocazione.

Quest'ultimo risultato può essere agevolmente raggiunto, nel caso di ψηφίσματα per i quali tale dato sia disponibile, grazie all'identificazione delle mani dei lapicidi. Per questa ragione viene presentata di seguito ancora una tabella. Anche in questo caso l'ossatura è costituita dalla tabulazione scaturita dall'esame del formulario (tabella n. 27, i gruppi sono distinti ancora una volta da una doppia linea); i lapicidi sono indicati, nella colonna più a sinistra, con un numero (lo stesso numero verrà adoperato sia per epigrafi opera della stessa mano che ‹nello stile di› o ‹della scuola di›).

Un asterisco accanto a questo numero indicherà il decreto da cui è desunta la denominazione del lapicida.

Tabella n. 32. Confronto tra i gruppi di decreti stabiliti sulla base del formulario e quelli determinati dall'identificazione dei lapicidi

Legenda:

1	‹Lapicida di *SEG* 36.983›
2	‹Lapicida di *I.Iasos* 27›
3	‹Lapicida di Maddoli 2007, 23.1›
4	‹Lapicida di Maddoli 2007, 7›
5	‹Lapicida di Maddoli 2007, 9›
6	‹Lapicida di *I.Iasos* 54›
7	‹Lapicida di *I.Iasos* 42›
8	‹Lapicida di *I.Iasos* 37›
9	‹Lapicida di *I.Iasos* 61›
10	‹Lapicida di *I.Iasos* 56›
11	‹Lapicida di Maddoli 2007, 19.1›
12	‹Lapicida di Maddoli 2007, 20.A1›
13	‹Lapicida di Maddoli 2007, 20.B›
14	‹Lapicida di Maddoli 2007, 25.B›
15	‹Lapicida di *I.Iasos* 219›
16	‹Lapicida di *I.Iasos* 6›

Per le sigle adoperate si rinvia alla tabella n. 26.

Questa tabella consente alcune constatazioni.

- Conferma di nuovo che il risultato dell'analisi paleografica non è in contraddizione con quanto desunto dall'analisi del formulario: decreti incisi da una stessa mano sono *in genere* vicini tra loro e appartengono allo stesso gruppo; ancora una volta l'unica vera eccezione è costituita dai due decreti abbreviati, che, come già ricordato, nella struttura formulare si presentano assimilabili agli ψηφίσματα del primo gruppo ma che in realtà, graficamente, si rivelano assai più tardi.
- Evidenzia come nel periodo al quale risalgono i gruppi di formulario 4–6 ebbe luogo un processo di modificazione della struttura formulare molto rapido, tanto che in questa fase gli stessi lapicidi producono decreti che risultano inseriti in insiemi diversi.
- Suggerisce una possibile collocazione cronologica per le tante epigrafi che nella tabella n. 27 erano state collocate nel nono gruppo, che raccoglie decreti troppo lacunosi per essere valutati sul piano del formulario: il simbolismo numerico adoperato per identificare i diversi lapicidi indica facilmente in quale ambito cronologico e in quale/i gruppo/i essi possano essere inseriti.

Tabella n. 32. Confronto tra i gruppi di decreti stabiliti sulla base del formulario e quelli determinati dall' identità dei lapicidi

lapicida	decreto	pubbl. ass.	mot. p. cong.	mot. ass.	prop. ass.	solo sanz.	ἐν ἀρχ.	inc. sanz.	προεδρ. sempl.	citt. sempl.	pross./ev.+ Ἰασέων	ἀτέλ. sempl.	πρυτ. < 6	≠ Ἀφρ.	ὁ δ. εἶπε	pubbl. *in fine*	inc. στεφ.	ἀρχ./πρ.γν.	mot. sempl.	pross./ev. + altro gen.	mot. 3.B.i–iii	Ἀφρ.	inc. mese	προεδρ. ἐν.τ.ἀγ.	ἀτέλ. lim.	citt.+ f. part. A	citt.+ f. part. B	πρυτ. 6 o >	mot. 3.B.iv	προδρ. ἐν.τ.ἀγ.π.	στεφ. Ap.	δτδ	δτβκτδ	pritani καταστ.	moz. or.	form. fin.	mot. g. str.	form. esor.	voto	scelta amb.	gruppi secondo il formulario
	M2007,1.1 (**I**)	X	X		?	?	?	?	?	?	?	?	?	?	?		?	?		?		?	?	?	?	?	?	?		?	?									?	
	M2007,1.2	X		X	X	X			?	X	?	?								?				?	?					?											
	M2007,1.4	X		X	X	X			?	?		?												?	?	?	?			?											
	I.Iasos 68	X	?	?	X	X		X	X										?																						
1	*SEG* 36.982A	X	X		X				X																																
	SEG 36.982B	X		X	X		X	X	X		X		X																												
1	*SEG* 36.982C	X	X					X	X	X		X	X	X	X																										I
1*	*SEG* 36.983 (**II**)	X		X			X	X	X		X	X	X		X																										
1	*I.Iasos* 1 △	X		X	X			X						X														X													
	M2007,1.3 ▢	X		X	X				X	?	?	?								?					?	?	?														
12	M2007,16.1 ▢	X	X		X				?	?	?	X								?				?		?	?			?											
12	M2007,20.A2 ▢	X		X	X			X			X																														
	I.Iasos 24+30 (**III**)							X*	X			X		X		X		A																							
2	*I.Iasos* 52	X												?			X	P	X			?								X											
6	M2007,5	X		X						X				X			X	P		X																					
4	M2007,6									X	?		X	?		X	X	P	X	?		?																			
4*	M2007,7										?		X	?		X	X	P		?	X	?																			II
5	M2007,8									X	?		X	?		X	X	P	X	?		?																			
5*	M2007,9									X			X	X		X	X	P	X	X																					
4	M2007,10	?							?	?	?	?	X	X		?	X*	P	X*	?				?	?	?	?			?	?					?			?	?	
6	*I.Iasos* 40	X								X*				X	X		X*			X	X			X							?										
6*	*I.Iasos* 54	X									X				X						X	X	X	X	X							X									
6	*I.Iasos* 47			X						X						X	X	P				X																			
7*	*I.Iasos* 42									X	X	X		X	X	X					X		X	X																	
7	*I.Iasos* 60									X*				X		X	X	P*		X*	X			X*																	
8	*I.Iasos* 53						?	?						?		X*	?	P		X	X	?	?			X		X			?										
8*	*I.Iasos* 37						?	?		X	X			?		X	?	P	X			?	?	X	X			X			?										
8	M2007,12.B						?	?					?	?		X	?	P		X	X	?	?			X		?			?			?							III
8	M2007,11.A												X			X	X	P	X	X		X					X				?										
	M2007,14.A	?							?	?	?	?		X	X*	?			?	?	?		X	?	?	?	?		?	?		?	?		?	?		?	?	?	
	I.Iasos 45	?								X	X				X	?	X				X	X		X	X											?			?	?	
9*	*I.Iasos* 61				?	?	?	?					?	?	?	X	?	?			X*	?	?	X	X		X	?			?			?							
8	*I.Iasos* 62		?	?	?	?	?	?		X			?	?	?	X	?	?	?	X	?	?	?	X	X			?	?		?	?	?	?	?		?	?			
	I.Iasos 31		?	?	?	?	?	?		?	?		?	?	?	X	?	?	?	?	?	?	?	X	X	?	?	?	?		?	?	?	?	?		?	?			

lapicida	decreto	pubbl. ass.	mot. p. cong.	mot. ass.	prop. ass.	solo sanz.	ἐν ἀρχ.	inc. sanz.	προεδρ. sempl.	citt. sempl.	pross./ev.+Ἰασέων	ἀτέλ. sempl.	πρυτ. < 6	≠ Ἀφρ.	ὁ δ. εἶπε	pubbl. *in fine*	inc. στεφ.	ἀρχ./πρ.γν.	mot. sempl.	pross./ev. + altro gen.	mot. 3.B.i–iii	Ἀφρ.	inc. mese	προεδρ. ἐν.τ.ἀγ.	ἀτέλ. lim.	citt.+ f. part. A	citt.+ f. part. B	πρυτ. 6 o >	mot. 3.B.iv	προεδρ. ἐν.τ.ἀγ.π.	στεφ. Ap.	δτδ	δτβκτδ	pritani καταστ.	moz. or.	form. fin.	mot. g. str.	form. esor.	voto	scelta amb.	gruppi secondo il formulario
	I.Iasos 38				?	?	?	?					?	?	?	X	?	?				?	?		X		X	?	X	X	?			?							
	I.Iasos 32	?							?	?		?		X	X	?	X			X	X			?	?	?	?			?						?			?	?	
10	M2007,18.1													X	X	X	X			X					X		X		X	X											
11*	M2007,19.1				?	?	?	?					?	?	?	X	?	?		X	X	?	?		X		X	?		X	?			?							IV
	I.Iasos 39	?							?	?	?	?	X	X		?	X	P	?	?	?			?	?	?	?		?	?	X	?	?			?		?	?	?	
10	M2007,11.B													X		X	X	P		X							X	X	X		X										
	I.Iasos 48														X	X	X*		X	X		X					X				X*										
10	*I.Iasos* 50															X	X	P		X		X*					X		X												
12	*SEG* 38.1061															X	X	P		X		X		X*			X										X				
10	M2007,17															X	X	P		X		X					X		X												
11	*I.Iasos* 58+44 (**IVb**)															X	X*	P		X		X*			X		X		X	X*	X*										V
11	M2007,18.2 (**IVc**)															X	X	P		X		X			X		X		X	X	X										
	I.Iasos 41 (**IVa**)	?							?	?	?	?				?	X	P		?		X		?	?	?	?		X	?	X					?			?	?	
11	M2007,19.2 (**IVd**)	?							?	?	?	?				?	X	P	?	?	?	X		?	?	?	?		?	?	X	?	?		?	?	?	?	?	?	
12*	M2007,20.A1				?	?	?	?					?	?	?	X	?	?		X		?	?				X	?	X	X	?	X		?							
10	M2007,21															X	X	P		X		X					X		X		X	X									VI
10*	*I.Iasos* 56	?													X	?	X			X		X					X	X	X	X	X	X				?			?	?	
	I.Iasos 33				?	?	?	?					?	?	?	X	?	?				?	?		X		X	?		X	?	X		?	?						
	I.Iasos 82							?						?			?	P				?	?					X			?	X		X							
	M2007,22	X								X							X	P		X		X						X	X		X			X							
3*	M2007,23.1 + *I.Iasos* 66															X	X	P		X		X					X	X	X	X	?		X	X							VII
	I.Iasos 46				?	?	?	?					?	?	?	X	?	?		X		?	?				X	?	X	X	?		X	X	?			?			
	I.Iasos 35 (**V**)						?	?			?			?			?	P	X	?		?	?				X	X*	X		?		X	?	X	X			?	?	
	I.Iasos 36(**VI**)	?		X												?	X	P				X									X		X		X	?			?	?	
14*	M2007,25.B(**VII**)						?	?					?	?			?	P	X	X		?	?				X	?	X		?		X	X	X	X			?		
14	*SEG*41.931,15–58 (**VIIIb**)																X	P		X	X						X	X					X	X	X	X			X	X	
13*	M2007,20.B						?	?					?	?			?	P				?	?					?	X		?		X	?	X	X			X	X	
	M2007,25.A1				?	?	?	?					?	?	?		?	?		X		?	?				X	?			?		X	?	X	X			?	?	
13	M2007,26										?		?	?			X*	P*		?		?					X	?	X		?	?	?	?	X	X			X	?	
	I.Iasos 51 ■	?						X							?			P		X							X		X	X					X	?			?		VIII
14	*SEG*41.930,1–32 (**VIIIa**)			X													X	P		X							X	X					X	X	X	X					
14	B2007, 2 II													X			X	P										X					X		X	X	X	X	X	X	
13	*SEG*41.932,15–42			X					?	?	?	?					X	P		?				?	?	?	?	X		?			X*	X	X	X*			?	?	
15	*I.Iasos* 75				?	?	?	?	?	?	?	?	?	?	?		?	?		?		?	?	?	?	?	?	?		?	?		X*	?	X	X*	X*	X*	?	?	
	I.Iasos 76	?							?	?	?	?		X		?	X	P		?				?	?	?	?	X		?			X*	?	X	?	X	?	?	?	
	I.Iasos 77		?	?					?	?	?	?	?	?		?	X	P	?	?	?	?		?	?	?	?	?	?	?	?	?	?	?	X	X*	?	?	?	?	
	SEG 41.929				?	?	?	?					?	?	?		?	?				?	?					?			?		X	?	X	[illegible]	X	X	X	X	

14	*SEG* 41.933	?	?	?			?	?	?	?	?	?		?		?	?	P	?	?	?	?	?	?	?	?	?	X	?	?	?	?	?	X	X	?	?	?	?	?	VIII
14	B2007, 2 III	?	?	?					?	?	?	?	?			?	X	P	?	?	?	X		?	?	?	?	?	?	?		?	?	X	X	?	?	?	?	?	
	I.Iasos 73 ■							X										P		X													X		X		X	X		X	
	I.Iasos 74 ■							X										P		X													X		X		X	X		X	
13	*I.Iasos* 28	?	?	?	?	?	?	?	?	?	?	?	?	?	?		?	?	?	?	?	?	?	?	?	?	?	?	?	?	?	?	?	?	?	X	?	?	X		
14	*SEG* 41.930,33–35 + *SEG* 41.931,1–13		?	?													X	P*	?	X*	?						X	X*	?				X*	X*	X*	X	?				
13	*SEG* 41.932,1-14		?	?	?	?	?	?	?			?	?	?	?		?	?	?	X	?	?	?	?	?		X	?	?	?	?	?	?	?	?	X	?	?	X		
16	M2007,23.2		?	?	?	?	?	?	?	?	?	?	?	?	?		?	?	?	?	?	?	?	?	?	?	?	?	?	?	?	?	?	?	?	X	?	?	X	?	
	I.Iasos 23 △	X		X										X			X	P															X		X						
15*	*I.Iasos* 219 △	?	?	?	?	?	?	?					?	?	?	?	?	?	?		?	?	?					?	?		?		X	?	X	?	?		?	?	
	M2001,A (*SEG* 51.1506) △	?	?	?	?	?	?	?					?	?	?	?	?	?	?		?	?	?					?	?		?	?	?	?	X	?	?	?	?	?	
13	*I.Iasos* 29 ▲	?	?	?					?	?	?	?	?	?		?	X	P*	?	?	?	?		?	?	?	?	?	?	?	?	?	?	?	X	?	?	?	?	?	
	M2007,25.A2 ▲	?							?	?	?	?				?	X	P		?		X		?	?	?	?	X		?		?	?	X		?		?	?	?	
	H1994, p. 71 ▲	?	?	?				?	?	?	?	?	?	?	?	?	?	P*	?	?	?	?	?	?	?	?	?	?	?	?	?	?	?	X	X	?	?	?	?	?	
	I.Iasos 4 (**IX**)	?							?	?	?	?		X		?	X	P		?				?	?	?	?	X		?		?	?		?	?		?	?	?	
2*	*I.Iasos* 27	?							?	?	?	?		X		?	X	A	?	?	?			?	?	?	?		?	?		?	?		?	?	?	?	?	?	decreti lacunosi, non inseribili in alcun gruppo
	I.Iasos 34	X			?	?	?	?		X	X		?	?	?		?	?				?	?					?			?			?							
	I.Iasos 57	?							?	?	?	?				?	X	P	?	?	?	X		?	?	?	?		?	?		?	?		?	?		?	?	?	
9	*I.Iasos* 59	?							?	?	?	?				?	X	A		?	X	X		?	?	?	?			?						?			?	?	
	I.Iasos 63		?	?	?	?	?	?	?	?	?	?	?	?	?		?	?	?	?	?	?	?	?	?	?	?	?	?	?	?	?	?	?	?	X*	?	?			
9	*I.Iasos* 70	?	?	?	?	?	?	?	?		?	?	?	?	?	?	?	?	?	?	?	?	?	?	?			?	?	?	?	?	?	?	?	?	?	?	?	?	
9	*I.Iasos* 71	X	?	?	?	?	?	?	?		?	?	?	?	?		?	?	?	?	?	?	?	?	?	X		?	?	?	?	?	?	?	?		?	?			
	M2007,4		?	?	?	?	?	?	X*		X*	X	?	?	?	X	?	?	?		?	?	?					?	?		?	?	?	?	?	X	?	?			
8	M2007,12.A1		?	?	?	?	?	?	?	?	?	?	?	?	?	X	?	?	?	?	?	?	?	?	?	?	?	?	?	?	?	?	?	?	?		?	?			
	M2007,13	?			?	?	?	?	?	?	?	?	?	?	?	?	?	?		?	X	?	?	?	?	?	?	?		?	?			?		?			?	?	
	M2007,15				?	?	?	?	?	?	?	?	?	?	?	?	?	?		?	X*	?	?	?	?	?	?	?		?	?			?		?			?	?	
12	M2007,24	X	?	?	?	?	?	?		?	?	X*	?	?	?		?	?	?	?	?	?	?			?	?	?	?	X*	?	?	?	?	?		?	?			
	NPg 898	?							?			?				?	X	P		X		X		?	?		X		X	?						?			?	?	
9	*I.Iasos* 43				?	?	?	?					?	?	?	X	?	?				?	?					?			?			?							
10	*I.Iasos* 55		?	?	?	?	?	?	?	?	?	?	?	?	?	X	?	?	?	?	?	?	?	?	?	?	?	?	?	?	?	?	?	?	?		?	?			
	I.Iasos 2 △		?	?	?	?	?	?					?	?	?	X	?	?	?		?	?	?					?	?		?		X	?	?						
16*	*I.Iasos* 6 △	?							?	?	?	?		X		?	X	P		?				?	?	?	?			?		?	?		?	?		?	?	?	
	I.Iasos 20 △	?	?	?			?	?						?		?	?	P*	?		?	?	?					X	?		?	?	?		?	?		?	?		
	I.Iasos 152,40-41 △	X		X	X									X			X														X										
14	*I.Iasos* 25 ▲	?	?	?					?	?	?	?		X		?	X	P	?	?	?			?	?	?	?	X	?	?		?	?	X	?	?	?	?	?	?	
14	*I.Iasos* 26 ▲	?	?	?					?	?	?	?		X		?	X	P	?	?	?			?	?	?	?	?	?	?		?	?	X	?	?	?	?	?	?	
	I.Iasos 49 ▲	?	?	?	?		?		?	?	?	?	?	?	?	?	X	?	?	?	?	?		?	?	?	?	?	?	?	X	?	?	?	?	?	?	?	?	?	
9	*I.Iasos* 64 ▲	?							?	?	?	?			X	?	X		?	?	?	X		?	?	?	?		?	?		?	?		?	?	?	?	?	?	
8	*I.Iasos* 69 ▲	?	?	?	?				?	?	?	?	?		?	?	X	?	?	?	?	X		?	?	?	?	?	?	?		?	?	?	?	?	?	?	?	?	
8	M2007,12.A2 ▲	?	?	?					?	?	?	?	?	X		?	X	P	?	?	?			?	?	?	?	?	?	?		?	?	?	?	?	?	?	?	?	
12	M2007,16.2▲	?	?	?	?				?	?	?	?	?		?	?	X	?	?	?	?	X		?	?	?	?	?	?	?	X	?	?	?	?	?	?	?	?	?	

V. Gli indizi cronologici interni

I decreti onorari di Iasos contengono indizi cronologici che è importante valorizzare ai fini della loro datazione. Preziosissimi sono i casi di promulgazioni concomitanti, vale a dire i casi di decreti approvati nel corso di una medesima assemblea oppure, ma si tratta di eventualità molto meno frequenti, in mesi diversi di uno stesso anno. Il confronto fra testi certamente coevi, come questi, aiuta a valutare in modo corretto le alternanze del formulario: gli elementi passibili di variazione in un tale contesto sincronico non sono verosimilmente dei buoni indicatori di linee di sviluppo, mentre le clausole che variano nel complesso della documentazione, ma che ricorrono nella stessa forma in testi contemporanei, possono essere presumibilmente elementi sensibili allo sviluppo diacronico (v. § 5.1.13). Un altro dato importante in chiave cronologica è quello prosopografico: la presenza di un personaggio in più testi e la ricostruzione di catene generazionali (grazie alla tendenza alla conservazione onomastica, e dunque al ripetersi degli antroponimi, all'interno dei nuclei familiari)[1] forniscono informazioni preziosissime. Esse vanno tuttavia valutate con cautela, poiché infatti può esservi il rischio di identificazioni erronee: le ipotesi possono però essere verificate grazie al confronto con gli altri elementi presenti nel testo.

1 Decreti promulgati in uno stesso giorno

I decreti promulgati nel corso di una stessa assemblea vengono segnalati con il simbolo (~).

1.1 *I.Iasos* 32 ~ Maddoli 2007, 18.1

I due decreti, per quanto è dato confrontare (il primo è mutilo di gran parte della decisione), si presentano analoghi nel formulario. In ambedue i casi il prescritto, sia pure secondo sequenze diverse, è completo, la proposta è del tipo ὁ δεῖνα τοῦ δεῖνος εἶπε e la formula di motivazione è binaria, in *I.Iasos* 32 è di tipo 3.B.i, in Maddoli 2007, 18.1 di tipo 3.B.iv (cf. § 3.2.3): le due clausole potevano pertanto convivere, anche se ignoriamo se potessero avere un valore diverso, ed essere impiegate con diverse intenzioni. Entrambi i testi mancano della formula di mozione. L'unico onore paragonabile, quello di prossenia ed evergesia, è completato nel primo testo da τῆς πόλεως τῆς Ἰασέων, nel secondo da τοῦ δήμου τοῦ Ἰασέων.

1.2 *I.Iasos* 37 ~ *I.Iasos* 53

In entrambe le iscrizioni il prescritto è quasi del tutto perduto: resta infatti in tutte e due l'elenco dei pritani (la proposta fu dunque del tipo πρυτάνεων γνώμη; l'elenco non documenta la formula κατασταθέντος ὑπό). Sebbene promulgati nello stesso giorno, come suggerisce l'identica sequenza dei pritani, i due decreti presentano strutture in parte diverse: *I.Iasos* 37 è elaborato secondo moduli che abbiamo precedentemente identificato come più antichi (motivazione semplice, genitivo Ἰασέων dopo il titolo di prosseno ed evergeta, cittadinanza con formula semplice: v. § 3.6.3.3–4), *I.Iasos* 53 con uno un poco più moderno (motivazione di tipo 3.B.i,[2] genitivo τοῦ δήμου, cittadinanza con rara formula di partecipazione μετέχοντι τῶν κοινῶν κατὰ τὸν νόμον, formula che tuttavia non ha ancora assunto le caratteristiche tipiche dei decreti certamente più tardi). Entrambi i testi non pre-

---

[1] Matthews 1996, 1022; Hornblower 2000, 135 s.

[2] Sulle varie tipologie di formula di motivazione cf. § 3.2.3.

sentano la formula di mozione e in tutti e due i casi la pubblicazione – con cui il decreto si conclude – è prescritta con una forma verbale passiva, ἀναγραφῆναι: manca pertanto la menzione della magistratura incaricata.

1.3 *I.Iasos* 39 ~ Maddoli 2007, 11.B

Il primo dei due testi conserva soltanto il prescritto, che è dunque l'unica parte confrontabile. L'avvio è con l'indicazione dello στεφανηφόρος (Apollo per la seconda volta), seguito dal mese (in Maddoli 2007, 11.B quest'ultimo è preceduto dall'indicazione del semestre); il resto del prescritto è completo. In entrambi i decreti la proposta è del tipo πρυτάνεων γνώμη con elenco dei pritani; se però il collegio di *I.Iasos* 39 conta cinque elementi, quello di Maddoli 2007, 11.B ne annovera 7: è probabile dunque che i due προβουλεύματα fossero stati elaborati in giorni diversi,[3] ma è in ogni caso certo che i due decreti risalgono ad un periodo in cui non si ricorreva ancora a una prassi che prevedeva la sostituzione dei pritani eventualmente assenti. Il decreto integro è privo di formula di mozione e si chiude con la prescrizione per la pubblicazione.

1.4 *I.Iasos* 41 ~ *I.Iasos* 58+44 ~ Maddoli 2007, 18.2 ~ Maddoli 2007, 19.2[4]

Per quanto concerne la struttura del prescritto, i quattro decreti sono del tutto analoghi: avvio con στεφανηφόρος, che è Apollo, prescritto completo,[5] proposta del tipo πρυτάνεων γνώμη non seguita da elenco nominale. Nei tre testi in cui è possibile verificarlo, la motivazione è sempre del tipo 3.B.iv (§ 3.2.3). Assente in tutti i casi è la formula di mozione. È sempre identica la clausola che conferisce l'onore dell'elogio pubblico, il titolo di prosseno ed evergeta è seguito (nei due casi verificabili) dalla specificazione τοῦ δήμου τοῦ Ἰασέων, la πολιτεία è con la formula di partecipazione più ampia e comune a Iasos (tipo B: v. § 3.6.3.3), la ἀτέλεια è limitata, la προεδρία è corredata dalla clausola ἐν τοῖς ἀγῶσι πᾶσιν (v. rispettivamente §§ 3.6.3.4–5). La cura della pubblicazione – la cui indicazione conclude il decreto – è espressamente attribuita a dei magistrati (in *I.Iasos* 58+44 al νεωποίης, in Maddoli 2007, 18.2 ai νεωποῖαι nel loro complesso).

1.5 *I.Iasos* 42 ~ *I.Iasos* 60

Il prescritto è in entrambi i casi completo, ma la sequenza è differente, poiché *I.Iasos* 42 inizia con il mese, mentre *I.Iasos* 60 con l'indicazione dello στεφανηφόρος: questi due moduli possono dunque coesistere nella stessa epoca. Nel primo dei due decreti la proposta è del tipo ὁ δεῖνα τοῦ δεῖνος εἶπε, nel secondo del genere πρυτάνεων γνώμη: anche questi due elementi possono pertanto, almeno in certi momenti, esistere l'uno accanto all'altro. La motivazione è in entrambi i testi di tipo binario: in *I.Iasos* 42 di tipo 3.B.iii, in *I.Iasos* 60 3.B.ii (§ 3.2.3). La formula di mozione è assente in tutte e due le iscrizioni. Quanto agli onori confrontabili, la cittadinanza è conferita in entrambi i casi senza clausola di partecipazione, la προεδρία è seguita da ἐν τοῖς ἀγῶσι. La pubblicazione, che chiude il decreto, è affidata ai νεωποῖαι.

1.6 *I.Iasos* 45 ~ *I.Iasos* 69

L'unico elemento paragonabile, il prescritto, è completo e identico in ambedue le iscrizioni.

1.7 *I.Iasos* 50 ~ *SEG* 38.1061[6] ~ Maddoli 2007, 17

Tutti e tre i decreti, abbastanza ben conservati, prendono avvio con l'indicazione dello στεφανηφόρος e presentano un prescritto completo;[7] il mese della promulgazione è Ἀφροδισιών, la proposta è del tipo πρυτάνεων

[3] V. in proposito Maddoli 2007, comm. *ad loc.*, 261.
[4] Su questi quattro decreti promulgati in una stessa giornata v. Fabiani 2007.
[5] Nel solo decreto Maddoli 2007, 18.2 manca l'indicazione del γραμματεύς, come talora può succedere: v. § 3.1.3.6.
[6] Per la nuova integrazione del nome dello στεφανηφόρος in questi due decreti v. Maddoli 2007, 286.
[7] Nel solo *I.Iasos* 50 manca la formula di sanzione, come talora può accadere: v. § 3.1.3.4.

γνώμη senza elenco nominale. La motivazione di *I.Iasos* 50 e Maddoli 2007, 17 è di tipo 3.B.iv (§ 3.2.3), mentre quella di *SEG* 38.1061 non è classificabile, dal momento che si tratta di un decreto per giudici stranieri. Sempre assente la formula di mozione. In tutte le tre iscrizioni il titolo di prosseno ed evergeta è seguito dalla specificazione τοῦ δήμου, la cittadinanza è sempre conferita con la formula di partecipazione più ampia (tipo B: § 3.6.3.3); segue sempre estensione ai discendenti. Il compito della pubblicazione, che conclude tutti e tre i testi, è assegnato ai νεωποῖαι; è indicato il luogo di esposizione.

1.8 *I.Iasos* 56 ~ Maddoli 2007, 21

Il prescritto, completo in entrambi i casi, è disposto nei due testi secondo sequenze diverse. In *I.Iasos* 56 esso comprende, e si tratta di un *unicum*, l'elenco dei pritani introdotto da ἐπὶ πρυτάνεων: la lista viene pertanto inserita con funzione datante e precede il nome del γραμματεύς al genitivo.[8] La promulgazione ha luogo nel corso dell'assemblea del mese di Ἀφροδισιών. In *I.Iasos* 56 la proposta è del tipo ὁ δεῖνα τοῦ δεῖνος εἶπε, mentre in Maddoli 2007, 21 è del genere πρυτάνεων γνώμη: si conferma pertanto (v. § 5.1.5) la possibile coesistenza, almeno in un dato periodo, di queste due modalità di proposta. La formula di motivazione è in entrambi i casi del gruppo 3.B.iv (§ 3.2.3); è presente in tutti e due quella di mozione nella variante δεδόχθαι τῶι δήμωι (§ 3.3.3). La clausola che in *I.Iasos* 56 riconosce l'onore dell'elogio pubblico è priva di τὴν Ἰασέων, mentre il titolo di prosseno (in Maddoli 2007, 21 manca quello di evergeta) è seguito in entrambi i casi da τοῦ δήμου τοῦ Ἰασέων. La cittadinanza è in ambedue i decreti completata dalla formula di partecipazione di tipo B (§ 3.6.3.3).

1.9 *I.Iasos* 57 ~ NPg 898

Il decreto *I.Iasos* 57 conserva soltanto il prescritto. Per quanto è dato confrontare, i due testi sono del tutto simili, anche se in *I.Iasos* 57, come talora accade,[9] non è indicato il nome del segretario. In tutti e due i casi la proposta è del tipo πρυτάνεων γνώμη senza elenco nominale.

1.10 *I.Iasos* 59 ~ *I.Iasos* 64

Di *I.Iasos* 64 resta soltanto il prescritto. Per quanto è possibile verificare, quest'ultimo è completo in entrambi i documenti, ma le diverse componenti si presentano secondo sequenze diverse. In *I.Iasos* 59 la proposta è del tipo ἀρχόντων γνώμη, in *I.Iasos* 64 del tipo ὁ δεῖνα τοῦ δεῖνος εἶπε: si tratta dunque di due modalità alternative che possono coesistere in uno stesso periodo di tempo.

1.11 *SEG* 41.930 (= PC 1989, 2), 1–32 ~ *SEG* 41.930 (= PC 1989, 2), 33–35 + *SEG* 41.931 (= PC 1989, 3), 1–13 ~ *SEG* 41.931 (= PC 1989, 3), 15–58

Sebbene il secondo dei tre testi sia ampiamente integrato, quanto resta di esso e il fatto che sulla pietra su cui è inciso fosse posizionato tra gli altri due decreti, promulgati nel corso della medesima seduta dell'assemblea, rende certo che anch'esso venne deliberato nella stessa giornata.[10] Il prescritto dei due ψηφίσματα integri è del tutto identico, la proposta è in entrambi i casi del tipo πρυτάνεων γνώμη seguita da un elenco nominale nel quale è contenuta la formula di sostituzione κατασταθέντος ὑπό. Entrambi presentano la formula di mozione e la mozione originaria; in tutti e tre i casi, poi, l'indicazione della pubblicazione, affidata ai νεωποῖαι, è seguita dalle clausole finanziarie. Gli onori e la loro formulazione, sia pure simili, non possono essere oggetto di un confronto veramente indicativo, dal momento che *SEG* 41.930 (= PC 1989, 2), 1–32 è un decreto per giudici provenienti dall'estero (del cd. ‹primo tipo›: v. §§ 3.4.4 e 3.6.4), *SEG* 41.931 (= PC 1989, 3), 15–58 è invece per

---

[8] Sul valore prevalentemente datante dell'indicazione in genitivo del γραμματεύς v. § 3.1.2.2 e § 3.1.3.6.

[9] V. § 3.1.3.6.

[10] Per l'integrazione v. § 9.24.

uno straniero benemerito, mentre non siamo in grado di dire chi siano i forestieri onorati in *SEG* 41.930 (= PC 1989, 2), 33–35 + *SEG* 41.931 (= PC 1989, 3), 1–13.

1.12 *SEG* 41.932 (= PC 1989, 4), 15–42 ~ *SEG* 41.933 (= PC 1989, 5)

SEG 41.933 (= PC 1989, 5) si trova in un cattivo stato di conservazione, ma l'elenco dei pritani in esso contenuto coincide totalmente con quello presente in *SEG* 41.932, 15–42. I due decreti furono dunque promulgati in una stessa assemblea mensile nell'anno in cui στεφανηφόρος fu Basilides figlio di L[– – –]; per il resto, il confronto è necessariamente molto limitato. Tuttavia, per quanto è dato verificare, i due testi presentano molte analogie: la proposta è del tipo πρυτάνεων γνώμη seguita da elenco nominale, sono presenti la formula di sostituzione κατασταθέντος ὑπό e la mozione originaria.

1.13 Decreti promulgati in uno stesso giorno: elementi oscillanti e stabili

Questa breve presentazione di decreti concomitanti rivela che anche in ψηφίσματα contemporanei il formulario può presentare delle oscillazioni; tuttavia esistono elementi stabili, che possono essere considerati caratterizzanti i decreti di un certo periodo.

1. *Dati spesso oscillanti.* Il primo dato instabile è costituito dalla sequenza degli elementi presenti all'interno del prescritto, anche se tutti i decreti appena esaminati, con la sola eccezione di *I.Iasos* 42, iniziano con l'indicazione dello στεφανηφόρος. Altalenanti possono anche essere, almeno in certi gruppi di decreti promulgati in uno stesso giorno, la formula di motivazione – che d'altronde è legata anche a specifiche e concrete funzioni dei personaggi onorati – e la modalità di proposta: la ἀρχόντων e la πρυτάνεων γνώμη possono convivere – almeno poterono farlo in certi periodi – con la tipologia ὁ δεῖνα τοῦ δεῖνος εἶπε.
2. *Elementi saltuariamente oscillanti.* Infrequente, e tuttavia documentata, l'oscillazione della formula che conferisce l'onore della prossenia (e dell'evergesia). Generalmente infatti i decreti concomitanti presentano di volta in volta dopo il titolo lo stesso complemento di specificazione: se però in *I.Iasos* 37 la formula è completata da Ἰασέων, in *I.Iasos* 53 lo è da τοῦ δήμου; al τῆς πόλεως di *I.Iasos* 32 corrisponde il τοῦ δήμου di Maddoli 2007, 18.1, entrambi seguiti tuttavia dal genitivo (τῆς/τοῦ) Ἰασέων. La formula di conferimento della cittadinanza semplice convive in un caso (*I.Iasos* 37 e 53) con una completata da una formula di partecipazione di uso molto raro (tipo A) e comunque diversa da quella più comunemente attestata (tipo B; su tali formule v. § 3.6.3.3).
3. *Elementi stabili.* La formula di attribuzione della προεδρία è stabile: la clausola ἐν τοῖς ἀγῶσι, che talora la completa, non convive mai con quella ἐν τοῖς ἀγῶσι πᾶσιν. La formula di attribuzione della cittadinanza seguita dalla formula di partecipazione di tipo B non ricorre mai in concomitanza di quella semplice. La formula di mozione è di volta in volta un elemento sempre presente o sempre assente; lo stesso vale per la mozione originaria e per la clausola con cui si decreta la pubblicazione. La posizione di quest'ultima formula è poi un altro dato stabile; essa può essere l'ultimo elemento dello ψήφισμα oppure essere seguita da altre indicazioni: per i decreti promulgati nella stessa giornata si adottano sempre coerentemente o l'una o l'altra di queste soluzioni.

2 Testi promulgati in uno stesso anno

Qui di seguito vengono presentati testi risalenti a uno stesso anno; talvolta la concomitanza concerne esclusivamente decreti, talvolta invece unisce ψηφίσματα a testi di diversa tipologia. I documenti promulgati in uno stesso anno vengono segnalati con il simbolo (=), quelli promulgati in una stessa giornata invece, come sopra, con il simbolo (~). In alcuni casi, segnalati con (?), la contemporaneità dei testi non è immediatamente certa, e deve essere oggetto di discussione.

2.1 *I.Iasos* 4 = *I.Iasos* 162 [testo di coregia]

Sia in *I.Iasos* 4 che nel testo di coregia *I.Iasos* 162 compare il medesimo στεφανηφόρος, Kydias figlio di Hierokles, che rivestì la magistratura eponima tra il 196/5 e il 195/4 a.C.[11] La differente tipologia testuale non consente ulteriori confronti.

2.2 *I.Iasos* 23 = *I.Iasos* 191 [testo di coregia]

Tanto nel decreto non onorario *I.Iasos* 23 quanto nel testo di coregia *I.Iasos* 191 è στεφανηφόρος Hekataios figlio di Chrysaor. Poiché per ovvie ragioni la lista degli stefanefori non poteva ammettere che un nome venisse ripetuto due volte in maniera perfettamente identica, i due testi devono essere contemporanei. Dal momento che *I.Iasos* 191 è ormai oggi *grosso modo* databile negli anni '30 del II secolo a.C., anche *I.Iasos* 23 deve essere fatto risalire a quello stesso periodo.[12] Anche in questo caso, la differente tipologia testuale non consente ulteriori confronti.

2.3 *I.Iasos* 25 = *SEG* 41.930, 1–32 ~ *SEG* 41.930, 33–35 + *SEG* 41.931, 1–13 ~ *SEG* 41.931, 15–58

I.Iasos 25, promulgato come gli altri nell'anno in cui στεφανηφόρος era Hierokles figlio di Iason, risale certamente ad un mese e ad un semestre diverso da *SEG* 41.930 (= PC 1989, 2), 1–32 ~ *SEG* 41.930 (= PC 1989, 2), 33–35 + *SEG* 41.931 (= PC 1989, 3), 1–13 ~ *SEG* 41.931 (= PC 1989, 3), 15–58: diverso è infatti il collegio dei pritani.[13] Poiché di *I.Iasos* 25 resta soltanto il prescritto, il confronto non può essere esteso agli altri elementi.

2.4 *I.Iasos* 27 = *I.Iasos* 52

Dal momento che una frattura non consente di verificare in quale mese venne promulgato *I.Iasos* 52,[14] può essere considerato sicuro (v. § 4.4.1.2; ma cf. pure § 9.11) solamente il fatto che i due decreti vennero promulgati nel corso dello stesso anno, quando στεφανηφόρος era Minnion figlio di Theodotos (v. oltre § 5.4.16).

2.5 *I.Iasos* 45 ~ *I.Iasos* 69 = *I.Iasos* 62(?) = Maddoli 2007, 11.A(?)

Sembra possibile che allo stesso anno dei decreti concomitanti *I.Iasos* 45 e 69 (§ 5.1.6), datati sotto lo stefaneforato di Hegyllos figlio di Theodoros, possa risalire anche *I.Iasos* 62, peraltro inciso dallo stesso lapicida di *I.Iasos* 69 (§ 4.4.3.1).[15] Alle ll. 9–11 di questo decreto si legge infatti la seguente formula di pubblicazione: ἀναγράψαι δὲ τὸ ψήφισμ[α τ]οὺς νεωποίας τοὺς ἐπ' Ἡγύλλου (*sic*) ἐν τῆι παρ[αστάδι] τῆς στοᾶς τοῦ Ποσειδῶνος. La clausola richiama le tante altre in cui si precisa che l'incisione del testo debba essere curata dai νεωποῖαι in carica nell'anno di promulgazione (τοὺς νεωποίας τοὺς ἐνεστηκότας),[16] una clausola che evidentemente mirava ad una rapida attuazione della risoluzione, forse anche per ragioni di chiusura di bilancio (i νεωποῖαι sono infatti magistrati che dispongono di fondi di spesa).[17] Se così è, se ne desume che il decreto *I.Iasos* 62 venne promulgato in un anno in cui lo στεφανηφόρος si chiamava (H)egyllos, e non sembra irragionevole, alla luce dell'identità grafica, suggerire che si tratti dello stesso eponimo di *I.Iasos* 45 e 69: anche le sezioni di formulario confrontabili si presentano infatti del tutto analoghe, con la lieve eccezione del genitivo che segue il titolo di prosseno ed evergeta, Ἰασέων in *I.Iasos* 45, τῆς πόλεως in *I.Iasos* 62.

---

[11] V. in proposito Ma 2000 n° 26, spec. 329–335; Nafissi 2001, spec. 102 s. n. 1, con bibliografia precedente.

[12] V. Crowther 1990, 151, cui vanno aggiunte le considerazioni di Crowther 2007, 333–334; P. Fröhlich, *BE* 2009, 455, 533–534 e Id. 2013, 66 n. 29.

[13] V. Gauthier, *BE* 1992, 444, 508; Crowther 1995a, 98.

[14] Su questo decreto v. Fabiani in stampa, b.

[15] Lo ψήφισμα *I.Iasos* 45 è purtroppo andato perduto.

[16] Per questa o simili v. *e.g.* *I.Iasos* 31, 4–5; 48, 10.12; 61, 8–10; 63, 1–3.

[17] Cf. §§ 3.4.5, spec. n. 120 a p. 54; 3.6.7 e 8.1.7.

Anche il decreto Maddoli 2007, 11.A sembra poter essere considerato contemporaneo a questi documenti: il patronimico Μέλανος dell'ἐπιστάτης (di cui si è purtroppo perduto il nome) coincide infatti con quello del Κοίρανος Μέλαν[ος] ἐπιστάτης di *I.Iasos* 45, 2. Le parti del formulario che ci sono conservate non escludono questa possibilità. Maddoli 2007, 11.A documenta una proposta del tipo πρυτάνεων γνώμη, una formula di motivazione semplice (§ 3.2.3), l'inserimento del genitivo τῆς πόλεως τῆς Ἰασέων dopo il titolo di prosseno ed evergeta e il conferimento della cittadinanza con la rara formula di partecipazione μετέχοντι τῶν κοινῶν κατὰ τὸν νόμον; in *I.Iasos* 45 la proposta è del tipo ὁ δεῖνα τοῦ δεῖνος εἶπε, la motivazione di tipo 3.B.i, il titolo di prosseno è seguito soltanto dal genitivo Ἰασέων e la formula di cittadinanza è semplice. Difformità di questo genere si riscontrano anche nei decreti presentati ai §§ 5.1.2 e 5.1.5, che furono promulgati simultaneamente. È infine importante notare che i testi Maddoli 2007, 11.A, *I.Iasos* 62 e 69 sono stati incisi da uno stesso lapicida.

2.6 Maddoli 2007, 6 = Maddoli 2007, 7 = Maddoli 2007, 8 (?)

Le strette analogie e alcuni indizi interni rendono plausibile l'ipotesi che questi tre testi, purtroppo molto lacunosi, siano stati tutti promulgati nello stesso anno.[18] Del tutto assimilabile è in particolare la loro struttura: l'avvio avviene in tutti i casi con l'indicazione dello στεφανηφόρος, il prescritto è completo, la proposta è del tipo πρυτάνεων γνώμη seguita da elenco nominale, il collegio dei pritani è sempre inferiore a 6 membri; la formula di motivazione è costantemente poco elaborata: in due casi è di tipo semplice (3.A) e in Maddoli 2007, 7 è binaria di tipo 3.B.i (§ 3.2.3). La pubblicazione costituisce sempre l'ultimo elemento del decreto; l'incarico di curarla è affidato ai νεωποῖαι.

2.7 Maddoli 2007, 12.B = *I.Iasos* 37 ~ *I.Iasos* 53

Abbiamo già esaminato i decreti concomitanti *I.Iasos* 37 ~ *I.Iasos* 53 (§ 5.1.2). Un terzo ψήφισμα, Maddoli 2007, 12.B, anch'esso privo del prescritto, è stato promulgato nello stesso anno ed è molto simile soprattutto a *I.Iasos* 53. La proposta è sempre del tipo πρυτάνεων γνώμη seguita da elenco nominale. Il nome dei pritani attestati è lo stesso in tutti e tre i testi, ma in Maddoli 2007, 12.B è in un ordine diverso da quello presente in *I.Iasos* 37 e 53: ciò lascia pensare che quanto meno questo ψήφισμα, dello stesso semestre degli altri due, non fosse stato approvato nella medesima seduta della βουλή e che probabilmente non fosse stato promulgato nella stessa seduta assembleare.[19] In Maddoli 2007, 12.B, poi, come in *I.Iasos* 53,[20] la formula di motivazione è di tipo 3.B.i (§ 3.2.3), il titolo di prosseno è seguito da τοῦ δήμου e la cittadinanza è conferita con la rara clausola di partecipazione μετέχοντι τῶν κοινῶν κατὰ τὸν νόμον (v. § 3.6.3.3). In tutti e tre i decreti la formula di pubblicazione è l'ultimo elemento: il verbo è usato in forma passiva, senza riferimento alla magistratura incaricata.

2.8 Blümel 2007, 2 II = Blümel 2007, 2 III

I due decreti, risalenti a semestri diversi,[21] sono, per quanto è consentito constatare (il secondo è infatti assai lacunoso), del tutto analoghi: inizio con στεφανηφόρος, proposta del tipo πρυτάνεων γνώμη seguita da elenco nominale, presenza della mozione originaria.

L'analisi dei testi promulgati in uno stesso anno conferma le caratteristiche già delineate a § 5.1.13: accanto ad alcuni elementi occasionalmente variabili ve se sono altri che sono da considerare del tutto stabili e caratteristici di certi gruppi e, dunque, di certe epoche.

---

[18] Rinvio a Maddoli 2007, 236, 239, 242.

[19] V. in proposito Maddoli 2007, comm. *ad loc.*, 268.

[20] In *I.Iasos* 37 è di tipo 3.A (v. sopra).

[21] Se infatti lo στεφανηφόρος è il medesimo, i nomi presenti nell'elenco dei pritani sono diversi, come accade in *I.Iasos* 25(▲) rispetto a *SEG* 41.930 (= PC 1989, 2), 1–32 e *SEG* 41.931 (= PC 1989, 3), 15–58 (v. § 5.2.3).

E' sulla base dei gruppi definiti al termine del capitolo 3 (v. tabella n. 27) e della valutazione degli elementi appena presentati che andremo tra poco a verificare se sia possibile considerare contemporanei decreti nei quali siano presenti personaggi che portano lo stesso nome; alla luce di questi stessi dati cercheremo anche di identificare chi sia il padre e chi il figlio nel caso di personaggi contraddistinti da una sequenza inversa nome-patronimico.

3 Lo stefaneforato di Apollo

I decreti *I.Iasos* 39 e Maddoli 2007, 11.B sono datati ἐπὶ στεφανηφόρου Ἀπόλλωνος τοῦ δευτέρου. Si tratta di un'indicazione estremamente interessante perché priva di esatti paralleli. Altri ψηφίσματα nei quali è ugualmente Apollo a rivestire la magistratura eponima attestano infatti una formulazione diversa: ἐπὶ στεφανηφόρου Ἀπόλλωνος τοῦ + numerale ordinale + μετὰ seguito da antroponimo (+ talora patronimico).[22] Il decreto Maddoli 2007, 22 esordisce ad esempio con ἐπὶ στεφανηφόρου Ἀπόλλωνος τοῦ τετάρτου μετὰ Φορμίωνα. È evidente la logica che porta a una formulazione del genere. Per non confonderlo con altri, l'anno doveva avere una denominazione univoca: la serie (e la lista) degli stefanefori non poteva ammettere ripetizioni. Per questo motivo lo stefaneforato di Apollo, per essere distinguibile, doveva essere messo in relazione con l'eponimato dell'uomo cui immediatamente succedeva e, quando il dio μετὰ τὸν δεῖνα manteneva la carica per più anni, si doveva aggiungere, come ulteriore elemento distintivo, un numerale ordinale. Ciò significa, per converso, che la formula ἐπὶ στεφανηφόρου Ἀπόλλωνος τοῦ δευτέρου deve necessariamente indicare il secondo stefaneforato di Apollo in assoluto.[23] Ne consegue che i decreti *I.Iasos* 39 e Maddoli 2007, 11.B vennero promulgati in un anno in cui Apollo aveva rivestito lo stefaneforato soltanto per la seconda volta. Non sappiamo quanto tempo sia passato fra il primo e il secondo stefaneforato di Apollo: l'eponimato divino potrebbe essere stato un espediente di anni difficili,[24] al quale si ritenne opportuno far ricorso almeno due volte in un breve intervallo, o una prassi inizialmente rarissima cui Iasos era stata costretta a far appello in una sola altra occasione, non necessariamente vicina nel tempo. Sappiamo invece con certezza che nella prima metà del II secolo a.C. il ricorso alla cassa del tesoro del dio come riserva cui attingere per le ingenti spese che l'eponimato doveva comportare divenne molto frequente.[25] Una conseguenza cronologica di questa constatazione è che tutti gli altri testi nei quali Apollo è eponimo μετὰ τὸν δεῖνα devono essere ritenuti successivi a *I.Iasos* 39 e Maddoli 2007, 11.B.

4 Dati prosopografici:[26] personaggi menzionati in più testi non legati da indicazioni cronologiche dirette

In questa sezione si prendono in esame coppie onomastiche nome-patronimico che si ripresentano nella stessa forma in più testi.[27] Come sempre, l'attenzione è rivolta essenzialmente ai decreti iasei, nel tentativo di trovare indizi utili a datarli, ma nella raccolta di informazioni sui singoli individui non si potrà fare a meno, in alcuni

---

22 V. *e.g. I.Iasos* 172 e 173.

23 Su questa base Maddoli 2007, 261 s., propone di integrare in *I.Iasos* 36, certamente più tardo (v. § 2, 10), [Ἐπὶ στ]εφανηφόρου Ἀπόλλωνος το[ῦ μετὰ τὸν δεῖνα] anziché [Ἐπὶ στ]εφανηφόρου Ἀπόλλωνος το[ῦ δευτέρου], secondo la proposta di Hicks 1887, 101. Perplessità su questa proposta ha espresso P. Fröhlich, *BE* 2009, 450, 529–530, che la considera troppo ampia per gli spazi a disposizione. Se tuttavia è vero che le prime linee di *I.Iasos* 36 documentano soltanto 32–34 lettere, che sarebbero forse troppo poche per accogliere la proposta di Maddoli, è anche vero però che la settima e la nona ne contano tra le 37 e le 41: vi era dunque spazio sufficiente, almeno per un antroponimo breve. E d'altra parte, a rigore non potremmo escludere neppure integrazioni come τ[οῦ τρίτου] o τ[οῦ τετάρτου] e così via.

24 Sulla questione v. Dignas 2007, 174 con bibliografia precedente.

25 Si veda la lista degli stefaneforati ricavabile dai testi di coregia, risalenti al II secolo: Crowther 1990, 145–151.

26 Alcune di queste osservazioni erano già state raccolte da Delrieux 2005a, 178. Per un lavoro prosopografico analitico sui cittadini iasei che ebbero accesso all'assemblea v. adesso Fabiani 2012, 130–148. Sulla prosopografia in generale v. Hornblower – Spawforth 1996, *s. v.*, 1022–1024.

27 Sul lavoro prosopografico, sulla sua fondamentale utilità e le possibili incertezze da tenere in conto restano fondamentali le pagine di Feyel 1942, 23–25 e Etienne – Knoepfler 1976, 271–280.

casi, di considerare testi di tipologia diversa o, sporadicamente, ψηφίσματα di altre πόλεις che coinvolgono personaggi di Iasos.

4.1 Anaxagoras figlio di Apollonides [*SEG* 36.982C; 36.983; Maddoli 2001, A (= *SEG* 51.1506)]

Il proponente di *SEG* 36.983 (= PC 1989, p. 155) si chiama Anaxagoras figlio di Apollonides. Nel decreto Maddoli 2001, A (= *SEG* 51.1506) si delibera, a grande distanza di tempo, la pubblicazione di uno ψήφισμα ateniese (*IG* II^2 3+165) databile nel 413/412 o negli anni '90 del IV secolo a.C. Promulgandolo, la πόλις attica nomina suoi prosseni (e provvede loro anche molto altro) tre personaggi iasei, uno dei quali si chiama Anaxagoras Apollo[- - -] (ll. 31–32):[28] anche in considerazione della rarità del nome Anaxagoras in città (lo portano due soli altri cittadini, e in epoca molto più tarda,[29] mentre per un altro esempio vicino nel tempo v. subito dopo), l'integrazione Apollo[nidou] pare del tutto verosimile. Poiché *SEG* 36.983 (= PC 1989, p. 155), come si è visto (§ 2, 2), deve risalire agli anni '60 del IV secolo a.C., il proponente di questo decreto e il prosseno di Atene sono probabilmente due personaggi omonimi posti a distanza di due generazioni, ed è ragionevole pensare che quello di *SEG* 36.983 sia il nipote dell'altro.[30] Il fatto poi che i due decreti *SEG* 36.983 (= PC 1989, p. 155) e *SEG* 36.982C (= PC 1985, II c) siano stati incisi da uno stesso lapicida (v. § 4.4.1.1) rende plausibile l'identificazione dell'Anaxagoras figlio di Apollonides del primo decreto con il proponente del secondo, un Anaxagores menzionato senza patronimico.

4.2 Antheus figlio di Artemon [*I.Iasos* 56 ~ Maddoli 2007, 21; Maddoli 2007, 22]

Il nome di Antheus figlio di Artemon, attestato nel ruolo di pritane nei due decreti concomitanti *I.Iasos* 56 ~ Maddoli 2007, 21, ritorna, sempre come pritane, in Maddoli 2007, 22. Antheus è un antroponimo attestato in tutto solo altre tre volte in città, mentre Artemon è piuttosto diffuso.[31] La struttura formulare dei decreti contiene elementi che depongono tanto a favore quanto a sfavore dell'identificazione del personaggio nei due contesti. A renderla probabile l'avvio di tutte e tre le epigrafi con l'indicazione dello στεφανηφόρος, che è sempre Apollo; la presenza dei pritani che, quando elencati, sono almeno sei; la formula di motivazione, che è sempre binaria di tipo 3.B.iv (§ 3.2.3); l'uso della formula di mozione del tipo δεδόχθαι τῶι δήμωι (§ 3.3.3); la specificazione τοῦ δήμου τοῦ Ἰασέων a seguire il titolo di prosseno (ed evergeta) in tutti e tre i casi (§ 3.6.3.2). A sconsigliarla invece il fatto che, a differenza dei due testi concomitanti, in Maddoli 2007, 22 è presente la formula di cittadinanza semplice e manca l'indicazione della pubblicazione. A far propendere però definitivamente per

---

[28] Per la prima proposta di datazione v. Fabiani 2001, 79–87; per la seconda Culasso Gastaldi 2003, Ead. 2004, 67–87. Su questo decreto v. anche i contributi di Habicht 2001 e Walbank 2002 a–b.

[29] Anaxagoras figlio di Apellikon (*I.Iasos* 252, 4) e Anaxagoras figlio adottivo di Thaleuktos e figlio naturale di Euktos [*I.Iasos* 74, 2 e 34(■)]; entrambe le testimonianze non risalgono a prima degli ultimi anni del III secolo e possono scendere fino all'inizio del II; su *I.Iasos* 252 si veda oltre, spec. § 5.4.12; su *I.Iasos* 74(■) § 7.10. Assai comune anche a Iasos, come ovunque, il nome Apollonides: oltre ai casi presentati nel testo si trovano infatti altre ventisette occorrenze di esso, che documentano un numero massimo di ventuno e un numero minimo di tredici personaggi con questo nome; per le testimonianze rinvio agli indici onomastici presenti al termine del vol. II di *I.Iasos* e di Maddoli 2007, cui sono da aggiungere *SEG* 36.983 (= PC 1985, p. 155), 3–4, 6 e *SEG* 41.932 (= PC 1989, 4), 24.

[30] Culasso Gastaldi 2004, 81 s. pensa invece che in entrambi i casi si abbia a che fare con il medesimo personaggio: ma la forbice cronologica tra i due decreti, considerato l'arco di tempo entro cui può essere datato lo ψήφισμα ateniese, mi sembra in ogni caso davvero troppo ampia. Quest'ultima constatazione rafforza a mio avviso l'ipotesi, da me avanzata in Fabiani 2001, 79–87, di far risalire *IG* II^2 3 al 413/12 a.C. Culasso Gastaldi, *ibidem*, propone poi che un altro dei tre Iasei nominati prosseni da Atene, Artemon, sia il padre degli Euthallion, Eumachos e Aglaodoros, figli appunto di un Artemon, che vengono menzionati in *I.Iasos* 1, rispettivamente alle ll. 13, 30, 43. La lettura ‹filoateniese› che in Fabiani 2013 propongo per la cd. ‹congiura› contro Mausolo porterebbe ad escluderlo. Artemon non è d'altra parte un nome inconsueto a Iasos: v. nota successiva.

[31] Per quanto riguarda il nome Antheus, oltre a quello considerato nel testo sono noti un Antheus figlio di Drakon e un Drakon figlio di Antheus (rispettivamente figlio e padre: per questi due personaggi rinvio a § 5.5.3), infine un [A]nthe[us] figlio di Theodo[ros] (*I.Iasos* 274, 6). Quanto ad Artemon, le occorrenze documentate sono diciotto; esse attestano un numero massimo di quattordici e un numero minimo di un personaggio con questo nome; per le testimonianze rinvio agli indici onomastici presenti al termine del vol. II di *I.Iasos* e di Maddoli 2007, cui è da aggiungere Maddoli 2001, A (= *SEG* 51.1506), 13–14, 18, 33.

l'identificazione è l'analisi paleografica: Maddoli 2007, 22 presenta infatti precise analogie di stile con i decreti incisi dal ‹Lapicida di *I.Iasos* 56›, che incise ambedue gli altri testi (v. § 4.4.3.5). Per le peculiarità di Maddoli 2007, 22 occorrerà trovare un'altra spiegazione (v. § 7.7).

4.3 Archidemos figlio di Sarapion
[*SEG* 41.930, 1–32 ~ *SEG* 41.930, 33–35 + *SEG* 41.931, 1–13[32] ~ *SEG* 41.931, 15–58; *SEG* 41.932, 15–42~ *SEG* 41.933]

In tutti i testi qui considerati compare in qualità di pritane un Archidemos figlio di Sarapion; in *SEG* 41.932 e 933 nomina tuttavia un sostituto. I cinque decreti risalgono a due anni diversi (i primi tre sono datati sotto lo stefaneforato di Hierokles figlio di Iason, gli ultimi due sotto quello di Basilides: v. rispettivamente §§ 5.1.11 e 5.1.12), ma la perfetta analogia del formulario suggerisce una sostanziale omogeneità cronologica e dunque depone nettamente a favore dell'identificazione del personaggio, tanto più che nome e patronimico non sono altrove attestati a Iasos.[33]

In *SEG* 41.932, 15–42 e *SEG* 41.933 Archidemos agisce δι' ἐπιτρόπου αὐτοῦ Εὐκτιμένου τοῦ Ἰατροκλέους, vale a dire tramite il suo tutore legale. Euktimenos non può essere infatti il suo sostituto, come ha inteso S. Carlsson per un'erronea interpretazione di δι' ἐπιτρόπου,[34] dal momento che il testo indica chiaramente che come suo supplente nel collegio pritanico fu nominato il concittadino Leontiskos.[35] Archidemos doveva pertanto essere in quel momento minorenne e come tale doveva essere rappresentato in ogni atto legale e ufficiale da un ἐπίτροπος,[36] sia che si trattasse di nominare un rimpiazzo che di esprimere una γνώμη; ho discusso altrove le possibili ragioni e implicazioni di questa peculiare evidenza.[37] Negli altri tre decreti Archidemos compare invece autonomamente, senza più tutore: egli doveva pertanto aver compiuto nel frattempo la maggiore età. Ne consegue che i tre ψηφίσματα datati sotto lo stefaneforato di Hierokles figlio di Iason vanno considerati successivi ai due promulgati nell'anno in cui eponimo era Basilides.

Archidemos appare in decreti incisi da almeno due lapicidi diversi. *SEG* 41.930, 1–32, *SEG* 41.930, 33–35 + *SEG* 41.931, 1–13 e *SEG* 41.931, 15–58 sono opera del ‹Lapicida di Maddoli 2007, 25.B›; *SEG* 41.933 è ‹nello stile› di questo scalpellino (v. § 4.4.4.3), mentre a iscrivere sulla pietra *SEG* 41.932,15–42 fu il ‹Lapicida di Maddoli 2007, 20.B› (v. § 4.4.4.2). Poiché questi ultimi due sono ψηφίσματα promulgati nella stessa seduta dell'assemblea, se ne desume che i due artigiani, o maestranze legate ad essi, esercitarono il loro mestiere contemporaneamente. Considerata poi la datazione proposta per Maddoli 2007, 25.B (decreto databile **VII**: v. § 2, 12) e Maddoli 2007, 20.B,[38] si può affermare che anche i decreti che fanno riferimento a Archidemos figlio di Sarapion devono risalire alla parte conclusiva del III secolo a.C., senza poter del tutto escludere l'inizio del II. Un contesto cronologico di questo genere non è contraddetto dal peculiare patronimico, col suo evidente richiamo al culto di Serapide,[39] che di fatto impone di datare l'iscrizione al più presto intorno alla metà del III secolo. Il nonno di Archidemos avrà voluto dare quel nome a suo figlio per devozione nei confronti di Serapide

---

[32] Il nome del personaggio è in realtà integrato, ma la restituzione, fatta sulla base dei confronti, è certa (v. § 9.24, 12–13).

[33] Il Sarapion figlio di Demetrios di *I.Iasos* 408, 9–10 è infatti un Medo.

[34] Carlsson 2010, 173; così già Gauthier – Rougement, *BE* 1987, 18, 273 (a proposito di una formula analoga in *I.Iasos* 4, 40–41).

[35] Il decreto *SEG* 41.932 (= PC 1989, 4), 26–30 [cf. anche *SEG* 41.933 (= PC 1989, 5), 5–8] recita infatti: πρυτάνεων γνώμη· . . . Λεοντ[ί]σκου τοῦ [. .]ο[. . . .]ο[υ] κατασταθέντος ὑπὸ Ἀρχιδήμου τοῦ Σαραπ[ίων]ος δι' ἐπιτρόπου [α]ὐτοῦ Εὐκτιμένου τοῦ Ἰατροκλέους. L'ipotesi della minore età del pritane, già suggerita da Blümel commentando la clausola δι' ἐπιτρόπου documentata in *I.Iasos* 4, 40–41, era stata respinta da Gauthier e Rougement, *BE* 1987, 18, 273, che tuttavia non conoscevano ancora la formula appena citata, che contiene tanto il riferimento alla nomina di un sostituto che all'ἐπίτροπος.

[36] Lo conferma il confronto con *I.Iasos* 184, 5–7, nel quale a contribuire alle Dionisie sono dei fanciulli per il tramite dei tutori (παιδία Ἱππο[κ]λείδου τοῦ [Ἡ]ρακλείδου δι'ἐπιτρόπων Μιννίωνος τοῦ Μενί[ππ]ου, Παυσανίου τοῦ Ἡρακλείδου, ἃς ἐπέδωκεν ὁ πατὴρ αὐτῶν, δραχμὰ[ς δια]κοσίας).

[37] Fabiani 2012, 143–145.

[38] V. Maddoli 2007, 313–316.

[39] Il culto è documentato con certezza soltanto nel I secolo d.C. (Pugliese Carratelli 1993, 1 = *SEG* 43.717, 15); è integrato in *I.Iasos* 242, 17–18, testo di difficile datazione dato il cattivo stato di conservazione, ma comunque, in base alla grafia, almeno tardo-ellenistico.

(sulle ragioni di ciò potremmo soltanto speculare): il culto sarà stato ragionevolmente introdotto in città sotto la dominazione tolemaica che, iniziata nel 309 a.C., deve essere proseguita, forse con qualche interruzione, ben dentro il III secolo a.C.

4.4 Arktinos figlio di Poseidippos e Menoitios figlio di Eukrates [Maddoli 2007, 25.A2; *I.Iasos* 252]

Nel lacunoso ψήφισμα Maddoli 2007, 25.A2 sono menzionati insieme Arktinos figlio di Poseidippos e Menoitios figlio di Eukrates. Li si può identificare senza remore con i due omonimi personaggi ricordati, anche in quel caso insieme, nell'iscrizione *I.Iasos* 252 (per cui rinvio a §§ 5.4.12; 5.4.18); in essa sono ricordati come due dei cinque componenti di una commissione edilizia che, al termine dei lavori di restauro di cui è incaricata, offre una statua a Ὁμόνοια e al Δῆμος. A ulteriore conferma dell'identità dei due personaggi nelle due iscrizioni, si noti che il nome Arktinos non è documentato in nessun altro testo iaseo; un poco più comune è invece il patronimico Poseidippos. Molto limitata infine anche la diffusione di Menoitios e soprattutto di Eukrates.[40]

4.5 Chrysippos figlio di Apollonios [*I.Iasos* 23; *I.Iasos* 187 (testo di coregia)]

Poiché la datazione di *I.Iasos* 23 (v. § 5.2.2) e del testo di coregia *I.Iasos* 187[41] è molto vicina e riporta in entrambi i casi al terzo quarto del II secolo a.C., Chrysippos – che nel primo testo è ginnasiarca del ginnasio dei πρεσβύτεροι mentre nel secondo figura alle ll. 7–8 tra i coreghi – deve essere certamente la stessa persona. Il suo nome è d'altra parte molto raro in città (una sola altra attestazione), assai comune, invece, il patronimico.[42]

4.6 Demagoras figlio di Exekestos [*I.Iasos* 36; Maddoli 2007, 25.B]

Sia Demagoras che Exekestos sono antroponimi rari a Iasos: per entrambi, oltre a quello qui discusso, è attestato soltanto un altro esempio.[43] Accanto a questa osservazione, a far propendere per l'identificazione del personaggio menzionato nei due testi sono anche l'analisi del formulario e considerazioni prosopografiche. Sebbene infatti di *I.Iasos* 36 resti soltanto la parte iniziale, i due testi presentano un'articolazione interna del tutto analoga: entrambi attestano l'impiego della formula di mozione e la presenza della mozione originaria, che sono assenti da un'ampia fetta di decreti iasei. Quanto alla prosopografia, l'onorato di *I.Iasos* 36, il milesio Antenor figlio di Euandrides, è noto anche per essere stato στεφανηφόρος nella propria città nell'anno 230/29 a.C.[44] In Maddoli 2007, 25.B compare, tra i προστάται, Hekataios figlio di Admetos; un Admetos figlio di Heka-

---

[40] Oltre al padre di Arktinos, si annoverano altre dodici occorrenze di Poseidippos, che provano l'esistenza di un numero massimo di otto e un numero minimo di quattro personaggi con questo nome: per le testimonianze rinvio agli indici onomastici presenti al termine del vol. II di *I.Iasos* e di Maddoli 2007, cui è da aggiungere *SEG* 51.826, 2. I Menoitios sicuramente documentati sono invece quattro (v. *ibidem*). Quanto al nome Eukrates, le occorrenze note sono altre sei e attestano un numero massimo di due e un numero minimo di un personaggio con questo nome: conosciamo infatti un Eukrates figlio di Menon (Maddoli 2007, 18.2, 1–2; 19.2, 3; lo si integra in *I.Iasos* 58+44, 2 e *I.Iasos* 41, 3: rinvio a Fabiani 2007, 374–377) e un Aphthonetos figlio di Eukrates (*I.Iasos* 56, 3).

[41] Recenti ritrovamenti epigrafici (spec. Maddoli 2001, B) suggeriscono infatti di far scendere di qualche anno le cronologie, soprattutto le più tarde, ricostruite da Crowther 1990 (per questo testo v. p. 151: la proposta iniziale era «not earlier than 146/5»): v. Crowther 2007, 333–334; P. Fröhlich, *BE* 2009, 455, 533–534 e Id. 2013, 66 n. 29.

[42] È noto infatti ancora soltanto un Chrysippos figlio di Demetrios (*I.Iasos* 277, 14). Per quanto concerne Apollonios, oltre all'esempio discusso nel testo si trovano documentate altre cinquantotto occorrenze del nome, che testimoniano l'esistenza di un numero massimo di trentadue e un numero minimo di diciotto personaggi con questo nome; per l'elenco rinvio agli indici onomastici presenti al termine del vol. II di *I.Iasos* e di Maddoli 2007, cui sono da aggiungere l'iscrizione *Milet* I 3, 148, 14 e *SEG* 51.826, 1–2.

[43] Vi è un Demagoras figlio di Hermodoros in *I.Iasos* 194, 2; è noto un Demetrios figlio di Exekestos in *SEG* 41.932 (= PC 1989, 4), 25 e in *SEG* 41.933 (= PC 1989, 5), 4. Il secondo antroponimo è ulteriormente documentato con una variante: in *I.Iasos* 224 e 225 a dedicare ad Apollo Στεφανηφόρος un'esedra è un Phormion figlio di Exegestos: sul monumento v. Masturzo – Fabiani 2010.

[44] Günther 1988, 407–409. In *Milet* I 3, 124, 9 Rehm datava invece lo stefaneforato di Antenor nell'anno 224/3 a.C. Per la questione rinvio al capitolo 2 (decreto 10).

taios figura nell'elenco di coloro che hanno fatto una donazione per l'allestimento delle Dionisie nel testo di coregia *I.Iasos* 162, 9, datato sotto lo stefaneforato di Kydias figlio di Hierokles, che rimonta con certezza agli anni 197/6–195/4 a.C. (§ 5.2.1).[45] L'incrocio di questi dati consiglia di considerare Hekataios figlio di Admetos come il padre del contributore: la sua attività può pertanto risalire agli anni '30–'20 del III secolo a.C., proprio come quella del milesio Antenor. Il Demagoras che compare in entrambi gli ψηφίσματα deve pertanto essere considerato una e una sola persona.

4.7 Dioskourides figlio di Hermon [*I.Iasos* 64; *I.Iasos* 39 ~ Maddoli 2007, 11.B]

Tanto nei due decreti concomitanti *I.Iasos* 39 e Maddoli 2007, 11.B quanto in *I.Iasos* 64 compare un personaggio di nome Dioskourides figlio di Hermon, nei primi due in veste di pritane, nel terzo di proponente del decreto. Di *I.Iasos* 64 resta in effetti molto poco e ciò impedisce di esprimere una valutazione complessiva sull'analogia del formulario nei tre testi: nessuno degli elementi conservati contraddice tuttavia la possibilità di una struttura formulare omogenea. Gli antroponimi Dioskourides e Hermon non sono rari a Iasos: la relativa frequenza dei due nomi, che si trovano comunque in combinazione soltanto nei testi sopra elencati, esorta certamente a considerare con prudenza l'ipotesi dell'identificazione.[46] Tuttavia, la grafia di tutti e tre i documenti rientra nel gruppo paleografico n. 3: Maddoli 2007, 11.B è opera del ‹Lapicida di *I.Iasos* 56› (§ 4.4.3.3), mentre *I.Iasos* 64 del ‹Lapicida di *I.Iasos* 61› (§ 4.4.3.2); *I.Iasos* 39 è purtroppo perduto. L'appartenenza a uno stesso gruppo paleografico permette di postulare con prudenza che il Dioskurides figlio di Hermon dei tre testi sia lo stesso personaggio.

4.8 Dymas figlio di Antipatros [Maddoli 2007, 25.A2; *I.Iasos* 160 (testo di coregia)]

Il decreto Maddoli 2007, 25.A2 (su cui v. anche § 5.4.4 e 5.5.3) elenca tra i pritani Dymas figlio di Antipatros. La rarità dei due antroponimi (Dymas è addirittura un *unicum* a Iasos, mentre Antipatros offre altre tre occorrenze)[47] fa ritenere che egli sia lo stesso personaggio che compare come contributore in qualità di ex-corego in *I.Iasos* 160, databile al 198/7 a.C., e che fu, soprattutto, un noto poeta tragico iaseo.[48] Nella stessa direzione va il fatto che, per quello che è dato desumere da una superficie molto rovinata, lo ψήφισμα Maddoli 2007, 25.A2 pare mostrare caratteri grafici vicini a quelli del ‹Lapicida di Maddoli 2007, 25.B› (v. § 4.4.4.8), attivo al termine del III secolo a.C. (§ 2, 12).

---

45 Su tutto ciò v. Maddoli 2007, 346–347.

46 Oltre ai casi presentati nel testo si trovano infatti precisamente altre sei occorrenze del nome Dioskourides, che documentano un numero massimo di cinque e un numero minimo di due personaggi con questo nome: per l'elenco rinvio agli indici onomastici presenti al termine del vol. II di *I.Iasos* e di Maddoli 2007; si aggiunga che Crowther 2007, 312 ha proposto di integrare Ἑκαταῖος Διοσ[κουρίδου] in *I.Iasos* 205, 14. Per quanto riguarda Hermon, oltre ai casi summenzionati si riscontrano altre otto occorrenze, che documentano un numero massimo di sette e un numero minimo di sei personaggi: rinvio ancora una volta ai summenzionati indici.

47 Le occorrenze totali del nome Antipatros sono tre, ma fanno riferimento a due sole personalità: Antipatros figlio di Menekles (*I.Iasos* 186, 6) con quello che con ogni probabilità è suo figlio, Menekles figlio di Antipatros (*I.Iasos* 191, 8), e infine Antipatros figlio di Prytanis (*I.Iasos* 1, 55).

48 Per la datazione v. Crowther 1990, 145. V. già § 2, 13. Dymas (*TrGF* 130) venne onorato con due decreti da Samotracia; il secondo ψήφισμα intende omaggiarlo per aver composto una tragedia in onore di Dardano (*I.Iasos* 153; il testo è riproposto anche in Chaniotis 1988, E 68, 345–346; Dimitrova 2008, App. I 4; per la grafia di questi due decreti, a noi noti nella versione incisa a Iasos, v. § 4.4.4.6). Su Dymas v. Franco 2004, 393–394 e Rutherford 2007.

4.9 Epikrates figlio di Hermokreon [*I.Iasos* 20;[49] Maddoli 2007, 12.B = *I.Iasos* 37 ~ *I.Iasos* 53]

In *I.Iasos* 20 è menzionato tra i pritani un Epikrates figlio di Hermokreon; un personaggio con lo stesso nome e la stessa funzione riemerge, in un diverso collegio, anche in *I.Iasos* 37, *I.Iasos* 53 e Maddoli 2007, 12.B. *I.Iasos* 20 è uno ψήφισμα non onorario, pertanto non si può ricorrere al formulario per valutarne la vicinanza cronologica agli altri tre decreti e dunque per stabilire se Epikrates sia la stessa persona ricordata in quelli, tutti sicuramente risalenti ad uno stesso anno (§ 5.2.7). Alcuni indizi depongono tuttavia decisamente a favore dell'identità. Il primo è rappresentato dalla grafia. Sebbene si abbia la possibilità di verificare soltanto una fotografia del calco, si è già detto (§ 4.4.3.2) che *I.Iasos* 20 può essere quanto meno identificato come documento di ‹scuola del Lapicida di *I.Iasos* 61›, scalpellino stilisticamente vicinissimo (si ha persino il dubbio dell'identità) al ‹Lapicida di *I.Iasos* 37›, che incise anche *I.Iasos* 53 e Maddoli 2007, 12.B. Inoltre, se l'antroponimo Epikrates conosce qualche altra attestazione a Iasos,[50] Hermokreon è, ad oggi, documentato solamente nei decreti qui considerati, dunque soltanto come nome del padre di un Epikrates. Non osta all'ipotesi di identificazione il fatto che la stessa persona sia presente in differenti collegi di pritani. Poiché esiste almeno un altro caso analogo,[51] si deve pensare che a Iasos la carica fosse iterabile.

4.10 Hermias figlio di Melas [*I.Iasos* 39 ~ Maddoli 2007, 11.B = *I.Iasos* 184 (testo di coregia)]

Hermias figlio di Melas è attestato in due decreti e in un testo di coregia: le differenze non consentono un confronto immediato fra i primi due documenti e il terzo. Impossibile pertanto dire *a priori* se nelle tre epigrafi sia presente lo stesso personaggio oppure due membri della stessa famiglia divisi da due o quattro generazioni (è infatti in ogni caso verosimile che siano in numero pari). Poiché però Maddoli 2007, 11.B fu inciso dal ‹Lapicida di *I.Iasos* 56› (§ 4.4.3.3), che gravò anche decreti inseriti, sulla base del formulario, nel quinto gruppo, nel quale si trovano testi che possono essere datati nel secondo quarto del III secolo a.C. (v. tabella n. 27; cf. poi anche § 2, 8), mentre *I.Iasos* 184 risale, secondo la ricostruzione di Ch. Crowther,[52] a non prima del 171/70 a.C., la distanza di quattro generazioni sembra la più probabile. In ogni caso, poiché sia il nome (soprattutto) che il patronimico sono piuttosto comuni a Iasos,[53] non può essere esclusa neppure l'ipotesi di un'omonimia accidentale.

4.11 Hierokles figlio di Bryaxis [*I.Iasos* 47; Maddoli 2007, 5]

Uno Hierokles figlio di Bryaxis è, nel primo dei due testi qui considerati, στεφανηφόρος, nell'altro ἄρχων. L'elevato livello sociale dell'uomo, dimostrato dalle alte cariche pubbliche rivestite (stefaneforato e, almeno fino all'inizio del III secolo a.C., arcontato furono infatti di certo le più prestigiose di Iasos),[54] l'omogeneità del

[49] La proposta di correzione, assolutamente condivisibile, del nome (che in *I.Iasos* 20 è presentato come'Επικράτης Κρέοντος) è di Gauthier 1990, 424 (v. già Gauthier – Rougement, *BE* 1987, 18, 273).

[50] Oltre a quelle ricordate nel testo, sono note altre otto occorrenze dell'antroponimo Epikrates, che documentano un numero massimo di quattro e un numero minimo di due personaggi con questo nome: si vedano gli indici onomastici al termine del vol. II di *I.Iasos* e di Maddoli 2007; per il celebre evergeta Sopatros figlio di Epikrates (*I.Iasos* 170, 10–11; 206, 1–2; 249, 1; 250, 1) v. Masturzo – Nafissi 2010.

[51] Antheus figlio di Artemon è pritane in due collegi diversi (*I.Iasos* 56, 3 e Maddoli 2007, 22, 5–6; § 5.4.2). Sulla questione v. Fabiani 2012, 125, 137 e 150; qui § 8.1.4.

[52] Crowther 1990, 150.

[53] A proposito di Hermias, oltre al figlio di Melas presentato nel testo si trovano documentate altre diciotto occorrenze del nome, che provano l'esistenza di un numero massimo di sedici e un numero minimo di cinque personaggi con questo nome. Per quanto concerne invece Melas, le occorrenze totali sono sette e documentano l'esistenza di un numero massimo di sette e un numero minimo di due individui così chiamati: rimando agli indici onomastici presenti al termine del vol. II di *I.Iasos* e di Maddoli 2007), cui è da aggiungere, per Hermias, *IG* XII 8, 170, 70.

[54] Sugli ἄρχοντες e i limiti cronologici della documentazione ad essi relativa v. Fabiani 2010b, 467–469, 480 e, qui, § 8.1.3. Sull'elevato livello sociale di coloro che rivestivano queste magistrature Fabiani 2012, spec. 131–132 e 150.

formulario (elementi presenti o mancanti sono gli stessi) e la somiglianza grafica (entrambe le epigrafi appartengono al gruppo paleografico n. 2: *I.Iasos* 47 è opera del ‹Lapicida di *I.Iasos* 54›, mentre Maddoli 2007, 5 può essere definita come opera di uno scalpellino della scuola di questo artigiano: v. § 4.4.2.3) depongono a favore dell'identificazione con un unico personaggio, nonostante entrambi gli antroponimi, in particolare il primo, siano comuni in città.[55]

4.12 Hierokles figlio di Iason

[*I.Iasos* 25 ~ *SEG* 41.930, 1–32 ~ *SEG* 41.930, 33–35 + *SEG* 41.931, 1–13 ~ *SEG* 41.931, 15–58; *I.Iasos* 252]

I decreti *I.Iasos* 25, *SEG* 41.930 (= PC 1989, 2), 1–32, *SEG* 41.930 (= PC 1989, 2), 33–35 + *SEG* 41.931 (= PC 1989, 3), 1–13 e *SEG* 41.931 (= PC 1989, 3), 15–58 sono tutti datati nell'anno in cui era στεφανηφόρος Hierokles figlio di Iason. Anche se i due antroponimi sono comuni a Iasos,[56] non può che trattarsi di uno stesso personaggio, che ha ricoperto appunto la carica di eponimo, dato confermato dall'omogeneità grafica (tutti questi decreti sono stati incisi dal ‹Lapicida di Maddoli 2007, 25.B›: § 4.4.4.3) e formulare. Uno Hierokles figlio di Iason figura anche tra gli ἐπιμεληταί cui la città affidò il compito di curare il restauro del βουλευτήριον e dell'ἀρχεῖον e che poi, a conclusione dei lavori, offrirono una statua a Ὁμόνοια e al Δῆμος (*I.Iasos* 252).[57] La scelta della città dovette cadere su cittadini di elevato *status* sociale: è ragionevole perciò ipotizzare che si possa trattare ancora dello Hierokles figlio di Iason che fu στεφανηφόρος. Questa dedica viene comunemente fatta risalire all'epoca del dominio di Antioco III sulla città, dopo il difficile periodo dell'occupazione di Filippo V (§ 1.1).[58] La proposta si basa per buona parte sull'esistenza di un frammento di decreto risalente all'epoca del breve dominio sulla città del Seleucide, nel quale il re è presentato come promotore della concordia civica: egli invita infatti gli Iasei a vivere μεθ' ὁμονοίας, esortazione ovviamente recepita positivamente dagli abitanti della città.[59]

La datazione corrente di *I.Iasos* 252 non può essere esclusa, anche se andrà ulteriormente verificata alla luce del presente studio (v. § 7.10). L'attività del ‹Lapicida di Maddoli 2007, 25.B›, che gravò i decreti in cui Hierokles è στεφανηφόρος, può essere infatti per il momento approssimativamente datata a partire dagli anni '30 del III e potrebbe scendere fino all'inizio del II secolo a.C. (v. §§ 2, 12; 4.1.7; 4.4.4.3): in ogni caso, è molto probabile che lo Hierokles figlio di Iason menzionato in tutte queste iscrizioni sia stato un'unica rilevante personalità cittadina attiva tra la fine del III secolo a.C. e il principio del successivo.

---

[55] Oltre ai casi qui presentati, si trovano infatti precisamente altre trentacinque occorrenze del nome Hierokles, che documentano un numero massimo di ventuno e un numero minimo di sette personaggi. Per quanto concerne Bryaxis, le occorrenze documentate sono dodici; esse provano l'esistenza di un numero massimo di nove e di un numero minimo di cinque personaggi di nome Bryaxis: per gli elenchi rinvio agli indici onomastici al termine del vol. II di *I.Iasos* e di Maddoli 2007; per Hierokles si aggiungano poi Maddoli 2001, B1, 2; *SEG* 41.932 (= PC 1989, 4), 22–23; *SEG* 41.933 (= PC 1989, 5), 3.

[56] Per Hierokles v. n. 55. Per Iason, oltre al caso presentato nel testo si trovano documentate altre diciassette occorrenze, dalle quali è possibile ricostruire l'esistenza di un numero massimo di undici e un numero minimo di sette personaggi che portano questo nome; si vedano gli indici onomastici al termine del vol. II di *I.Iasos* e di Maddoli 2007, cui è da aggiungere *Milet* I 3, 148, 14.

[57] Per lo studio del pezzo architettonico (una cornice di base di una nicchia) su cui è incisa la dedica rinvio a Masturzo in stampa.

[58] V. Hicks 1887, 97; Id. 1890, 62–63; Mastrocinque 1995, 133 s.; Crowther 1995a, 98 s., 106, 119–120; Ma 2000, 180–181. Non esclude una datazione più tarda Thériault 1996, 39–42.

[59] Si tratta di *GIBM* 442 = *OGIS* 237. Jeanne e Louis Robert (*BE*, 1971, 621, 507–508) lo ritennero, sulla base della grafia, un frammento della colonna sinistra del documento cui Blümel, in *I.Iasos,* ha assegnato il n. 4 (Blümel, accogliendo la proposta dei Robert, ha inserito il testo di *GIBM* 442 alle ll. 51–62). Crowther 1989 ha dimostrato tuttavia che né il supporto (*GIBM* 442 è inciso su un blocco, *I.Iasos* 4 su una stele) né la grafia sono compatibili: si tratta di documenti coevi ma diversi: una revisione autoptica di questo e altri pezzi condotta insieme a Massimo Nafissi al British Museum conferma le osservazioni di Crowther. Il testo è ora in Ma 2000, n° 28, 336–337. Il riferimento all'armonia civica è ripetuto ben due volte; ecco alcune parti del testo tra le ll. 1–9: γέ[γραφε] (il soggetto è il re) πλεονάκις τῶι δήμωι περὶ τούτων … παρακαλῶν μεθ' ὁμονοίας πολιτεύεσθαι, ὁ δὲ δῆμος ἔχων ταύτην τὴν αἵρεσιν πολύ τε μᾶλλον μεθ' ὁμονοίας πολιτευόμενος τὰ μέγιστα ἀγαθὰ παρειληφὼς παρὰ τοῦ βασιλέως ταῦτα διατηρεῖ.

4.13 Kleandridas figlio di Kleandros [*I.Iasos* 42 ~ *I.Iasos* 60; *I.Iasos* 59]

In questi tre decreti, due dei quali concomitanti, appare un personaggio chiamato Kleandridas figlio di Kleandros: egli porta dunque un idionimo che richiama il nome del padre.[60] I due antroponimi sono infrequenti a Iasos.[61] Kleandridas vi è peculiarmente attestato sia in forma ionica che dorica (§ 6.5). Il Kleandridas figlio di Kleandros qui considerato appare, nei tre decreti, in vesti diverse: nei due decreti concomitanti svolge la funzione di γραμματεύς, nell'altro è ἄρχων. La lacunosità di *I.Iasos* 59 rende malagevole il confronto del formulario: non si può dunque usare tale strumento per capire se l'ἄρχων di questo decreto vada identificato con il γραμματεύς dei primi due. Un contributo può essere offerto dall'esame paleografico: *I.Iasos* 42 e 60 sono infatti opera del ‹Lapicida di *I.Iasos* 42›, inserito nel gruppo paleografico n. 2 ma dalle caratteristiche ormai molto vicine a quelle del gruppo n. 3 (v. § 4.4.2.4). *I.Iasos* 59 è stato classificato invece all'interno del gruppo paleografico n. 3 ed è stato in particolare attribuito al ‹Lapicida di *I.Iasos* 61› (§ 4.4.3.2). Di quest'ultimo scalpellino si è notata la grandissima prossimità (fin quasi al dubbio della coincidenza) allo stile del ‹Lapicida di *I.Iasos* 37›, la cui grafia pare quasi fungere da ponte tra il gruppo 2 e 3 (§ 4.4.3.1): entrambi gli stili grafici, insomma, pur confluiti in gruppi diversi si pongono tuttavia in posizione di confine e pertanto di vicinanza reciproca. Inoltre *I.Iasos* 59 è prosopograficamente connesso anche a Maddoli 2007, 18.1 (§ 5.4.17), che è stato inserito nel quarto gruppo di formulario, subito successivo a quello di *I.Iasos* 42 e 60 (v. tabella n. 27). Tutti questi elementi indicano una contiguità e autorizzano a formulare l'ipotesi che Kleandridas figlio di Kleandros sia in tutti questi decreti la stessa persona.

4.14 Kydias figlio di Hierokles
[*I.Iasos* 4 = *I.Iasos* 162 (testo di coregia); *I.Iasos* 161 (testo di coregia)]

Kydias figlio di Hierokles, στεφανηφόρος in *I.Iasos* 4 **(IX)** e nel testo di coregia *I.Iasos* 162, è poi agonoteta in *I.Iasos* 161; poiché *I.Iasos* 161 è stata incisa sulla pietra tra *I.Iasos* 160 (datata al 198/7 a.C.)[62] e *I.Iasos* 162 (anni 196/5–195/4 a.C.),[63] il personaggio è il medesimo in tutti i testi qui considerati, anche se il suo nome e il suo patronimico sono comuni a Iasos.[64]

4.15 Menoitios figlio di Hierokles [*I.Iasos* 4; *I.Iasos* 161 (testo di coregia)]

Nel testo di coregia *I.Iasos* 161 è menzionato anche Menoitios figlio di Hierokles;[65] uno Iaseo con lo stesso nome è pritane nel decreto *I.Iasos* 4 **(IX)**, degli anni 196/5–195/4 a.C.[66] Poiché, come si ricordava nel paragrafo precedente, *I.Iasos* 161 precede immediatamente sulla pietra *I.Iasos* 162, che risale allo stesso anno di *I.Iasos* 4, il personaggio deve essere lo stesso in entrambe le testimonianze ed è con molto probabilità il fratello del Kydias

---

[60] L'idionimo ha insomma la struttura di un patronimico: v. Angerman 1893, 3–5.

[61] Kleandridas: oltre al caso discusso – che in *I.Iasos* 59, 4–5 presenta il genitivo nella forma ionico-attica, mentre in *I.Iasos* 42, 2 è documentato in forma dorica (Schwyzer 1953², 561); in *I.Iasos* 60, dove è al nominativo, è invece integrato –, se ne riscontrano altre due occorrenze, che documentano un numero massimo di due e un numero minimo di un altro personaggio con questo nome; sono noti infatti un Kleandrides figlio di [- - -]thos (*I.Iasos* 1, 43) e un Pantaleon figlio di Kleandridas (*I.Iasos* 54, 3–4). Per Kleandros, oltre ai casi menzionati nel testo, si trovano altre sei occorrenze, che dimostrano l'esistenza di un numero massimo di tre e di un numero minimo di un personaggio con questo idionimo: sono infatti testimoniati un Kleandros figlio di Diodoros (*I.Iasos* 82, 13 e 55), un Diodoros figlio di Kleandros (*I.Iasos* 59, 7 e 64, 3: su questi personaggi, con ogni verosimiglianza figlio e padre, v. ancora § 5.5.2) e due figli di Kleandros di cui non è attestato il nome: *I.Iasos* 26, 5 e 40, 2 (su quest'ultimo decreto v. Fabiani 2010a).

[62] Su questo v. anche Crowther 2007, 302–304.

[63] Per la datazione v. § 2, 15. Per la disposizione dei testi sulla pietra v. Crowther 1990, 145.

[64] Oltre al Kydias presentato nel testo, si trovano infatti altre venticinque occorrenze del nome, che documentano un numero massimo di quindici e un numero minimo di cinque personaggi con questo nome; per l'elenco rinvio agli indici onomastici presenti al termine del vol. II di *I.Iasos* e di Maddoli 2007, cui è da aggiungere Maddoli 2001, A (= *SEG* 51.1506), 2, 14, 18. Per Hierokles si veda la n. 55 a p. 217.

[65] V. anche Crowther 2007, 308.

[66] V. nota precedente.

figlio di Hierokles presentato a § 5.4.14. Diversamente da Hierokles, Menoitios è un nome relativamente poco comune a Iasos, dove a portarlo sono altri quattro individui.[67]

4.16 Minnion figlio di Theodotos [*I.Iasos* 24+30; *I.Iasos* 27 = *I.Iasos* 52]

Grazie all'identificazione della grafia (§ 4.4.1.2), è ormai possibile affermare che in *I.Iasos* 24+30, *I.Iasos* 27 e, per parziale integrazione (§ 9.11), anche in *I.Iasos* 52 torna lo stesso abbinamento nome-patronimico, Minnion figlio di Theodotos. I due antroponimi, soprattutto il secondo, sono piuttosto diffusi a Iasos,[68] ma in combinazione compaiono soltanto in questi testi. In *I.Iasos* 24+30 un uomo così chiamato è onorato insieme a suo fratello Gorgos dai concittadini iasei per una preziosa opera di intercessione da loro prestata presso Alessandro Magno;[69] nelle altre due epigrafi Minnion è στεφανηφόρος. A suggerire che il personaggio presente nei tre documenti è lo stesso è, prima di tutto, la grafia: tutti e tre i decreti appartengono al gruppo paleografico n. 1; due di essi sono incisi dalla stessa mano, uno presenta analogie di stile con essi (v. § 4.4.1.4). Per di più i testi indicano con coerenza per Minnion uno *status* sociale estremamente elevato: la carica eponima, economicamente assai onerosa, non poteva che essere rivestita da personalità cittadine eminenti, come dimostra una sistematica indagine prosopografica sulla documentazione alto-ellenistica,[70] e il Minnion che intratteneva positivi rapporti con il sovrano macedone non poteva che appartenere all'*élite* cittadina.

4.17 Noumenios figlio di Pausimachos [*I.Iasos* 59; Maddoli 2007, 18.1][71]

Come abbiamo notato in § 5.4.13, *I.Iasos* 59 è uno ψήφισμα lacunoso, il cui formulario può essere confrontato solo in parte con quello di altri decreti. Per questa via, dunque, l'identità fra gli omonimi attestati nei due documenti qui in esame (nel primo Noumenios è ἄρχων, nel secondo proponente) non può essere oggetto di verifica approfondita. I due prescritti, ad ogni modo, entrambi completi, non paiono sostanzialmente dissimili; documentano inoltre entrambi una formula di motivazione binaria (nel primo caso di tipo 3.B.iii nel secondo 3.B.iv:[72] si noti che questi due tipi convivono anche nei decreti *I.Iasos* 32 e Maddoli 2007, 18.1, promulgati nello stesso giorno: v. § 5.1.1). La grafia delle iscrizioni, pur incise da lapicidi diversi, presenta molte analogie (entrambi i testi appartengono al gruppo paleografico n. 3). Occorre inoltre constatare che i due antroponimi hanno in città diffusione limitata, e che in particolare Pausimachos è documentato, ancora una volta come patronimico, in una sola altra coppia onomastica.[73] Si deve dunque ipotizzare che Noumenios figlio di Pausimachos sia il medesimo in entrambi i testi.

---

[67] Su Menoitios v. sopra n. 40 a p. 214.

[68] Oltre a quelle ricordate nel testo, sono note altre sette occorrenze del nome Minnion, che documentano un numero massimo di sette e un numero minimo di due personaggi: si vedano agli indici onomastici al termine del vol. II di *I.Iasos* e di Maddoli 2007. Per quanto concerne Theodotos, conosciamo altre ventitré occorrenze, che provano l'esistenza di un numero massimo di quindici e di un numero minimo di dodici cittadini con questo nome; alle attestazioni presenti negli indici onomastici già ricordati va aggiunto l'Orthagoras figlio di Theodotos documentato in Blümel 2007, 2 II, 12.

[69] Minnion è ricordato e onorato insieme al fratello anche nel decreto samio *I.Iasos* T50 = *IG* XII 6, 1, 17 (ripubblicato da Hallof 1999). Gorgos è a sua volta attestato anche negli epigrammi *I.Iasos* T51 (= *IG* IV^2 1, 616; *CEG* II 817) e T52 (= *IG* IV^2 1, 617) e, nelle fonti letterarie, in *FGrHist* 126 Ephippus F 5 (Athen. 12.538b). Sui due personaggi si vedano anche, qui, § 1.1 e, nel capitolo 2, il punto 4; ulteriori considerazioni si trovano a § 7.4.

[70] Per una valutazione di questo dato a Iasos v. Fabiani 2012, spec. 131–132, 149 e *passim*.

[71] Per l'integrazione di questo nome in *I.Iasos* 59 v. Maddoli 2007, 293.

[72] § 3.2.3.

[73] Oltre ai casi presentati nel testo si trovano infatti altre sette occorrenze del nome Noumenios, che documentano un numero massimo di sette e un numero minimo di quattro personaggi che portano questo antroponimo: v. indici onomastici di *I.Iasos* e Maddoli 2007. Quanto a Pausimachos, sono note due iscrizioni che menzionano un medesimo Theokritos figlio di P. (*I.Iasos* 271, 40 e 272, 41): il P. figlio di Iatrokles di Maddoli 2007, 19.2, 4 è invece uno straniero.

4.18 Philemon figlio di Philotes
[*I.Iasos* 80; *SEG* 41.932, 15–42; Blümel 2007, 2 II ~ Blümel 2007, 2 III]

Un Philemon figlio di Philotes[74] viene menzionato in *SEG* 41.932 (= PC 1989, 4), 15–42 come γραμματεύς; in Blümel 2007, 2 II un cittadino con lo stesso nome è ricordato nel triplice ruolo di ἐπιστάτης, di autore della mozione originaria e di ambasciatore incaricato dall'assemblea di recarsi nella πόλις dell'onorato; in Blümel 2007, 2 III (risalente allo stesso anno del secondo testo, ma a un semestre diverso: v. § 5.2.8) egli viene invece citato soltanto come promotore della mozione originaria. L'identica struttura formulare di questi tre decreti (presenza di formula di mozione e della mozione originaria, elenco di collegi di almeno sei pritani) e la comprovata contemporaneità dell'attività dei lapicidi che incisero tutti questi testi (v. §§ 4.4.4.2, 4.4.4.3, da incrociare con le considerazioni svolte a § 5.4.3) consentono di escludere che ci si trovi di fronte a una semplice omonimia: d'altra parte a Iasos è noto un solo altro Philemon e Philotes è documentato solo come padre di Philemon.[75]

Un Philemon figlio di Philotes figura anche tra i giudici che Iasos inviò a Colofone e che il δῆμος di quella città decise di onorare (*I.Iasos* 80, 7). Alcune strette ma complesse connessioni prosopografiche tra vari testi assicurano che anche in questo caso abbiamo a che fare con il medesimo individuo già ricordato nei decreti appena presi in esame. Egli venne infatti inviato a Colofone insieme ad altri due colleghi, Iatrokles figlio di Aristides e Autokles figlio di Leon.[76] Ch. Crowther ha ragionevolmente ipotizzato che questo Autokles, che porta peraltro un antroponimo rarissimo (Leon è invece assai più comune), sia lo stesso Autokles [– – –] che Iasos inviò in un'altra occasione, sempre in veste di δικαστής, a Calymna:[77] in questa circostanza ebbe come colleghi Drakon figlio di Kephalos[78] e Lysandros figlio di Aristokrites. Quest'ultimo compare anche tra gli ἐπιμεληταί del restauro del βουλευτήριον e dell'ἀρχεῖον nella dedica *I.Iasos* 252, poc'anzi menzionata. Qui, tra i colleghi di Lysandros si trova Hierokles figlio di Iason, στεφανηφόρος in quattro decreti promulgati in uno stessa seduta assembleare (§ 5.4.12); in tali documenti è presente quale pritane Archidemos figlio di Sarapion (§ 5.4.3).[79] Quest'ultimo è pritane, rappresentato però da un tutore legale, anche nell'anno in cui Philemon figlio di Philotes è γραμματεύς [*SEG* 41.932 (= PC 1989, 4), 15–42]. Abbiamo dunque a che fare con un nutrito gruppo di testi cronologicamente molto vicini tra loro e incisi, tra l'altro, fatta eccezione per *I.Iasos* 252, in due sole grafie (quella del ‹Lapicida di Maddoli 2007, 20.B› e quella del ‹Lapicida di Maddoli 2007, 25.B› o nel suo stile: v. § 4.4.4.2–3). Ciò rende ancor più sicura l'interconnessione e la possibilità di riconoscere un solo personaggio nel Philemon figlio di Philotes presente nei testi in esame. Come già notato in precedenza (§ 5.4.3), la cronologia proposta per i decreti che danno il nome a questi lapicidi suggerisce una datazione di questi testi negli ultimi decenni del III secolo a.C., senza che possa al momento essere escluso l'inizio del II.

4.19 Poseidonios figlio di Hegyllos
[*I.Iasos* 32 ~ Maddoli 2007, 18.1; *I.Iasos* 50 ~ *SEG* 38.1061 ~ Maddoli 2007, 17]

Ben cinque decreti documentano l'esistenza di un personaggio chiamato Poseidonios figlio di Hegyllos. Si dividono in una duplice serie: in *I.Iasos* 32 ~ Maddoli 2007, 18.1 Poseidonios è στεφανηφόρος, mentre in *I.Iasos* 50 ~ *SEG* 38.1061 (= PC 1987, c) ~ Maddoli 2007, 17 è ἐπιστάτης. Almeno altri tre personaggi portano a Iasos il nome Poseidonios, mentre altri due sono quelli che si chiamano Hegyllos: gli indizi suggeriscono tra l'altro che

---

[74] V. anche Crowther 1995a, 99.

[75] Philemon figlio di Ismenios (*I.Iasos* 382, 2).

[76] *I.Iasos* 80, 8. V. Crowther 1995a, 99.

[77] *Tit.Cal.* 61, 25–26; per l'identificazione con l'Autokles figlio di Leon di *I.Iasos* 80 v. Crowther 1994, 36–38 (che ha datato questo testo all'ultimo quarto del III secolo a.C.) e Crowther 1995a, 99. In *Tit.Cal.* 61, 25–26 si trova una delle due attestazioni del nome Autokles nell'onomastica iasea, l'altra è proprio in *I.Iasos* 80, 8. Quanto a Leon, sono note trentuno occorrenze che documentano un numero massimo di ventidue e un numero minimo di quattordici personaggi con questo nome; per l'elenco si vedano agli indici onomastici al termine del vol. II di *I.Iasos* e di Maddoli 2007.

[78] Come si vedrà tra poco, un Kephalos figlio di Drakon è attestato in *I.Iasos* 82.

[79] Archidemos è documentato in particolare in *SEG* 41.930 (= PC 1989, 2), 1–32 (alle ll. 12–13) e in *SEG* 41.931 (= PC 1989, 3), 15–58 (alla l. 26); gli altri sono lacunosi.

questi Hegylloi appartengano alla stessa famiglia (v. anche § 5.5.10).[80] La limitata diffusione dei due antroponimi depone certamente a favore dell'identificazione del personaggio menzionato nella doppia serie di testi di cui ci stiamo occupando. A suggerirlo sono in ogni caso anche la struttura formulare dei decreti e la paleografia. Quanto al primo dato, tutti gli ψηφίσματα nei quali questo nome è documentato prendono avvio con l'indicazione dello στεφανηφόρος e sono privi della formula di mozione e della mozione originaria. Se poi *I.Iasos* 32 è molto lacunoso, Maddoli 2007, 18.1 si rivela del tutto analogo all'altra serie di decreti concomitanti per la formula di motivazione (3.B.iv: § 3.2.3), per quella di conferimento della cittadinanza (seguita da formula di partecipazione di tipo B: § 3.6.3.3) e per la posizione conclusiva della formula di pubblicazione, nella quale viene specificato il luogo di esposizione e di cui sono incaricati i νεωποῖαι. Decisiva è poi la paleografia: a incidere *I.Iasos* 50 e Maddoli 2007, 17 da un lato e Maddoli 2007, 18.1 dall'altro fu infatti lo stesso scalpellino, quello qui denominato ‹Lapicida di *I.Iasos* 56› (§ 4.4.3.3): Poseidonios non può che essere sempre lo stesso. Un'osservazione *a latere*: poiché il decreto *SEG* 38.1061 (= PC 1987, c), promulgato insieme a *I.Iasos* 50 e Maddoli 2007, 17, fu inciso dal ‹Lapicida di Maddoli 2007, 20.A1› (§ 4.4.4.1), se ne desume che i due artigiani lavorarono in epoche vicine tra loro. L'elevata condizione sociale di Poseidonios figlio di Hegyllos, che ricopre la carica di eponimo, consente di ipotizzare che egli sia figlio non primogenito dello Hegyllos figlio di Theodoros anch'egli στεφανηφόρος in *I.Iasos* 45 e 69: su questo v. § 5.5.10.

5 Dati prosopografici: sequenze inverse nome-patronimico in più testi

In questa sezione vengono prese in considerazione sequenze inverse nome-patronimico per verificare se i personaggi da esse individuati appartengano alla stessa famiglia e per stabilire, nell'eventualità, la loro esatta successione cronologica. Anche in questo caso, sebbene l'attenzione sia rivolta, come sempre, essenzialmente ai decreti iasei, sarà talvolta necessario esaminare testi di tipologia diversa o, occasionalmente, ψηφίσματα di altre πόλεις che coinvolgono individui di Iasos.

5.1 Apollonides figlio di Mikion, Mikion figlio di Apollonides [*I.Iasos* 1; NPg 898 ~ *I.Iasos* 57]

Il decreto in corso di pubblicazione denominato NPg 898 (§ 9.27), promulgato nella stessa seduta assembleare che approvò anche *I.Iasos* 57, ha permesso di integrare nello ψήφισμα già edito il nome dello στεφανηφόρος. L'eponimo è più precisamente Mikion figlio di Apollonides. Un Apollonides figlio di Mikion è ricordato quale sacerdote di Zeus Megistos nel decreto non onorario *I.Iasos* 1. Poiché l'antroponimo Mikion è molto raro, è più che ragionevole pensare che ci troviamo di fronte a membri della stessa famiglia.[81] *I.Iasos* 1 è databile tra il 367/6 e il 353/2 a.C. (v. § 2, 3) ed è inserito nel gruppo paleografico n. 1 (§ 4.4.1.1). I decreti *I.Iasos* 57 e NPg 898 non sono in sé cronologicamente definibili; non è stato poi possibile collocarli, sulla base del formulario, per l'incompletezza del testo, in nessun raggruppamento; appartengono però certamente al gruppo paleografico n. 3 (§§ 4.4.3.1; 4.4.3.6) e NPg 898 presenta una formula di motivazione di tipo 3.B.iv (§ 3.2.3), esattamente

---

[80] Oltre ai casi presentati nel testo sono note altre sei occorrenze del nome Poseidonios, che documentano un numero massimo di quattro e un numero minimo di tre personaggi: si rinvia agli indici onomastici al termine del vol. II di *I.Iasos* e di Maddoli 2007 [ma l'individuo di *I.Iasos* 152, 38 non è uno Iaseo]. Quanto a Hegyllos, sono note altre cinque occorrenze, che sembrano riconducibili a due personaggi con questo nome: ne è noto infatti uno figlio di Ouliades (*I.Iasos* 1,7) che è probabilmente il padre di Theodoros figlio di Hegyllos di *I.Iasos* 52, 5 (v. § 5.5.10); quest'ultimo è poi con ogni verosimiglianza (v. *ibidem*) il padre di Hegyllos figlio di Theodoros (*I.Iasos* 45, 1 e 69, 1; allo stesso personaggio si riferisce forse anche *I.Iasos* 62, 10: v. § 5.2.5). Si veda Fabiani 2012, 131, 137.

[81] Esistono infatti altre tre occorrenze del nome Mikion, che testimoniano l'esistenza di un massimo di tre e un minimo di due personaggi con questo nome; si tratta di Mikion figlio di Mikion figlio di Laitos (*I.Iasos* 278,10; 280, 9) e di Histiaios figlio di Mikion (*I.Iasos* 266, 7). Per Apollonides v. sopra n. 29 a p. 212.

come nei testi databili **IVb–d**, che risalgono al secondo quarto del III secolo a.C. (§ 2, 8). L'ampia distanza cronologica rende ragionevole l'ipotesi che lo στεφανηφόρος Mikion figlio di Apollonides sia il bisnipote e non il figlio dell'Apollonides ἱερεύς di Zeus in epoca ecatomnide.

5.2 Diodoros figlio di Kleandros, Kleandros figlio di Diodoros [*I.Iasos* 59 ~ *I.Iasos* 64; *I.Iasos* 82]

In *I.Iasos* 59 e 64, promulgati nello stessa seduta dell'assemblea (§ 5.1.10), è ricordato come γραμματεύς Diodoros figlio di Kleandros. In *I.Iasos* 82 troviamo, tra i giudici di Iasos onorati da Calymna, un Kleandros figlio di Diodoros. Considerata la scarsa frequenza del nome Kleandros a Iasos,[82] è probabile anche questa volta che i tre testi ci rendano testimonianza di personaggi appartenenti alla stessa famiglia.[83] L'appartenenza di *I.Iasos* 59 al gruppo paleografico n. 3 e di *I.Iasos* 82 al n. 4 indica che proprio quest'ultimo deve essere il testo più recente. Anche in questo caso il formulario non può essere sistematicamente paragonato perché *I.Iasos* 59 e 64 sono lacunosi e *I.Iasos* 82 è un decreto per cittadini. Notiamo tuttavia che in quest'ultimo testo è presente la formula di mozione, che manca in *I.Iasos* 59, e che rappresenta, lo si è visto, un indizio di recenziorità (§ 3.3.4), a ulteriore conferma del dato paleografico.[84]

5.3 Drakon figlio di Antheus, Antheus figlio di Drakon [Blümel 2007, 2 II ~ Blümel 2007, 2 III; Maddoli 2007, 25.A2]

Indubbiamente i due stefanefori Drakon figlio di Antheus (Blümel 2007, 2 II e III) e Antheus figlio di Drakon (Maddoli 2007, 25.A2) sono l'uno il padre o il figlio dell'altro: troppo raro il nome Antheus (solo altri due personaggi portano questo nome)[85] e troppo prestigiosa la carica rivestita da entrambi per mettere in dubbio l'appartenenza alla stessa famiglia. L'assoluta omogeneità della parte di formulario paragonabile non consente tuttavia di stabilire immediatamente quale dei due testi sia più antico; neppure la grafia viene in soccorso.[86] I due decreti sono anzi variamente interconnessi dal punto di vista prosopografico: nelle due iscrizioni pubblicate nel 2007 da W. Blümel figura infatti Philemon figlio di Philotes (v. § 5.4.18); questi si recò in veste di giudice a Colofone con un Autokles [figlio di Leon] (cf. *ibidem*) che fu anche giudice a Calymna insieme a Lysandros figlio di Aristokrites (cf. *ibidem*); quest'ultimo è poi uno dei cinque autori della dedica di una statua a Ὁμόνοια e Δῆμος (*I.Iasos* 252), due dei quali sono ricordati proprio in Maddoli 2007, 25.A2.
Poiché le iscrizioni Blümel 2007, 2 II e III sono state incise dal ‹Lapicida di Maddoli 2007, 25.B›, al quale sono riconducibili epigrafi databili a partire dagli anni '30 del III secolo a.C. (§§ 2, 12; 4.4.4.3), e poiché invece in Maddoli 2007, 25.A2 figura tra i pritani il poeta tragico Dymas figlio di Antipatros, il cui nome appare sicuramente tra i testi di coregia dei primissimi anni del II secolo a.C. (§ 5.4.8), se ne desume che il testo più recente debba essere Maddoli 2007, 25.A2 e che, tra i due cittadini iasei di cui ci stiamo occupando, il padre sia Drakon figlio di Antheus.

---

[82] Per Kleandros rinvio alla n. 61 a p. 218. Il nome Diodoros presenta tredici occorrenze per un numero massimo di dodici e un numero minimo di sei personaggi con questo nome; rinvio agli indici onomastici presenti al termine del vol. II di *I.Iasos* e di Maddoli 2007.

[83] V. Crowther 1994, 37.

[84] V. § 3.3, soprattutto il commento al termine della tabella n. 6.

[85] Per le testimonianze su Antheus v. sopra § 5.4.2 e n. 31 a p. 212. Sono dieci invece le occorrenze del nome Drakon, che testimoniano l'esistenza di un massimo di dieci e un minimo di cinque cittadini con questo nome: si rinvia agli indici onomastici al termine del vol. II di *I.Iasos* e di Maddoli 2007, cui sono da aggiungere *SEG* 41.932 (= PC 1989, 4), 32 e *Tit.Cal.* 61, 26 e 39 (cf. § 5.5.5).

[86] Blümel 2007, 2 II e III sono opera del ‹Lapicida di Maddoli 2007, 25.B› (§ 4.4.4.3) e Maddoli 2007, 25.A2 è stato inserito tra le grafie non valutabili del gruppo paleografico n. 4 (§ 4.4.4.8).

5.4 Hekataios figlio di Admetos, Admetos figlio di Hekataios [Maddoli 2007, 25.B; *I.Iasos* 162 (testo di coregia)]

L'estrema rarità a Iasos del nome Admetos, che ad oggi appare soltanto nei due documenti qui considerati, assicura che i personaggi di cui ci stiamo occupando sono in diretto rapporto di parentela.[87] Si sono già esposti in precedenza (v. § 2, 11 e § 5.4.6) gli argomenti in base ai quali sembra più che probabile che lo Hekataios figlio di Admetos, προστάτης in Maddoli 2007, 25.B (**VII**), debba essere considerato il padre dell'Admetos figlio di Hekataios ricordato come corego in *I.Iasos* 162, datato sotto lo stefaneforato di Kydias figlio di Hierokles (§ 5.2.1) e dunque fra il 197/6 e il 195/4 a.C.[88]

5.5 Kephalos figlio di Drakon, Drakon figlio di Kephalos [*I.Iasos* 82; *Tit.Cal.* 61]

Uno dei cinque giudici iasei che vengono onorati prima da Calymna poi dai loro stessi concittadini nel decreto *I.Iasos* 82 si chiama Kephalos figlio di Drakon; nel decreto calimnio *Tit.Cal.* 61 in onore di un'altra corte di giudici iasei figura invece un Drakon figlio di Kephalos. Anche in questo caso la considerazione che a Iasos l'antroponimo Kephalos è attestato in questi due soli decreti spinge a ipotizzare un rapporto di parentela: due membri della stessa famiglia di diversa generazione furono dunque entrambi chiamati, in differenti momenti, a svolgere la funzione di giudici a Calymna.[89] Come è stato messo in rilievo in precedenza (§ 5.5.2), *I.Iasos* 82 sembra essere di una generazione successivo a *I.Iasos* 59. Quest'ultimo testo è stato inserito nel gruppo paleografico n. 3, nel quale sono presenti decreti databili nella prima metà del III secolo a.C., mentre *I.Iasos* 82 fa parte del gruppo paleografico n. 4, al quale appartengono testi successivi alla metà del III secolo a.C. È stato già precedentemente ricordato (§ 5.4.18) che il decreto *Tit.Cal.* 61 menziona un altro giudice, Autokles [figlio di Leon], che figura ancora come δικαστής nello ψήφισμα *I.Iasos* 80, nel quale ha come collega, tra gli altri, Philemon figlio di Philotes; questo personaggio è prosopograficamente collegato a un gruppo di testi[90] quasi tutti incisi dal ‹Lapicida di Maddoli 2007, 25.B› (§ 4.4.4.3) e dal ‹Lapicida di Maddoli 2007, 20.B› (§ 4.4.4.5), scalpellini attivi nella parte finale del III secolo a.C.[91] Grazie a tutta questa ampia serie di osservazioni pare dunque del tutto plausibile considerare Kephalos figlio di Drakon padre di Drakon figlio di Kephalos e dunque *I.Iasos* 82 precedente di una generazione *Tit.Cal.* 61.[92]

5.6 Kranaos figlio di Pausanias, Pausanias figlio di Kranaos [*I.Iasos* 39 ~ Maddoli 2007, 11.B; Habicht 1994, p. 71[93]]

Nei decreti concomitanti *I.Iasos* 39 ~ Maddoli 2007, 11.B (§ 5.1.3) compare, in veste di γραμματεύς, un cittadino di nome Kranaos figlio di Pausanias; nello ψήφισμα Habicht 1994, p. 71 (testo di difficilissima lettura, di cui Chr. Habicht ha offerto alcune letture parziali a partire da un calco di Louis Robert e che è inciso a fianco di *I.Iasos* 72),[94] si trova – probabilmente in qualità di pritane – un Pausanias figlio di Kranaos. Poiché il nome

---

[87] Per Hekataios, che invece è un nome molto comune, disponiamo di cinquantratré occorrenze per un numero massimo di quarantuno e un numero minimo di diciassette personaggi che portano questo antroponimo; per l'elenco rinvio agli indici onomastici al termine del vol. II di *I.Iasos* e di Maddoli 2007, cui è da aggiungere *SEG* 36.982B (= PC 1985 IIb), 2.

[88] § 2, 15.

[89] Su Drakon si veda sopra § 5.5.3 con n. 85 a p. 222. Sul frequente ricorso di Calymna a corti di giudici iasei (quattro i decreti: *Tit.Cal.* XVI; 9; 31; 61) v. Crowther 1994, spec. 40–43.

[90] Si tratta di *I.Iasos* 25; *I.Iasos* 252; *SEG* 41.930 (= PC 1989, 2), 1–32; *SEG* 41.930 (= PC 1989, 2), 33–35 + *SEG* 41.931 (= PC 1989, 3), 1–13; *SEG* 41.931 (= PC 1989, 3), 15–58; *SEG* 41.932 (= PC 1989, 4), 15–42; Blümel 2007, 2 II; Blümel 2007, 2 III.

[91] V. sopra § 5.4.18.

[92] V. anche Crowther 1994, 36 e 38–39.

[93] Si tratta, lo ricordiamo, di un decreto inciso a destra di *I.Iasos* 72 di cui dà notizia Ch. Habicht nel contributo indicato. Vedi *SEG* 43.715 (lemma).

[94] *I.Iasos* 72 è stato ripubblicato da Dimitrova 2008, Appendice I 3; v. anche *ibidem*, 74. Sul decreto Habicht 1994, 71 v. sopra n. 89 a p. 10.

Pausanias è raro a Iasos (altri due esempi) e ancora di più lo è Kranaos, che si trova solamente in queste tre epigrafi,[95] è certo che abbiamo a che fare con due generazioni della stessa famiglia.
Dal momento che Maddoli 2007, 11.B fu inciso dal ‹Lapicida di *I.Iasos* 56› (§ 4.4.3.3), autore anche di altri decreti inseriti nel medesimo gruppo di formulario (il quinto: v. tabella n. 27) e databili nel secondo quarto del III secolo a.C. (§ 2, 8) e dal momento che il decreto *I.Iasos* 72, posto accanto a quello qui considerato, viene fatto risalire da Chr. Habicht, sulla base di considerazioni storiche, agli anni '50–'30 del III secolo a.C.,[96] con preferenza per il termine alto, si può ritenere che i testi *I.Iasos* 39 ~ Maddoli 2007, 11.B risalgano alla generazione precedente il documento Habicht 1994, p. 71.

5.7 Noumenios figlio di Hermophantos, Hermophantos figlio di Noumenios [Maddoli 2007, 5; *I.Iasos* 43]

L'ἐπιστάτης di Maddoli 2007, 5 si chiama Noumenios figlio di Hermophantos. L'individuo oggetto di onori nel decreto *I.Iasos* 43 è un cittadino di Iasos[97] chiamato invece Hermophantos figlio di Noumenios. Anche in questo caso la diffusione piuttosto limitata dei nomi consiglia di considerarli come esponenti di due generazioni di una stessa famiglia.[98] L'appartenenza di Maddoli 2007, 5 al gruppo paleografico n. 2, e in particolare alla scuola del ‹Lapicida di *I.Iasos* 54› (v. § 4.4.2.3), consente di ritenere Noumenios figlio di Hermophantos il padre dell'altro, che invece è presente in uno ψήφισμα inserito nel gruppo paleografico n. 3 inciso dal ‹Lapicida di *I.Iasos* 61› (§ 4.4.3.2). I due testi non sono precisamente paragonabili dal punto di vista del formulario, dal momento che *I.Iasos* 43 è un decreto per un cittadino. Tuttavia, se Maddoli 2007, 5 è privo di formula di motivazione, in *I.Iasos* 43 essa è invece piuttosto ampia, e se nel primo dei due decreti manca anche l'indicazione relativa alla pubblicazione, l'altro la presenta invece in chiusura di decreto, completa anche della designazione degli incaricati e del luogo di esposizione. Tali caratteristiche (cf. considerazioni svolte a § 3.6.6.4 a commento della tabella n. 24) avallano l'ipotesi suggerita dalla paleografia: *I.Iasos* 43 è più recente di Maddoli 2007, 5.

5.8 Nysios figlio di Antiphon, Antiphon figlio di Nysios [Habicht 1994, p. 71; *I.Iasos* 77][99]

Il decreto Habicht 1994, p. 71, inciso a fianco di *I.Iasos* 72 (v. anche § 5.5.6), ricorda un Nysios figlio di Antiphon. In *I.Iasos* 77 è invece γραμματεύς Antiphon figlio di Nysios. Dal momento che entrambi i nomi sono rari a Iasos,[100] sembra certo che si tratti di una catena generazionale. Di Habicht 1994, p. 71 non è stata pubblicata la foto del calco e il suo stato di conservazione è davvero precario: non è possibile perciò prenderne in considerazione né grafia né formulario. Tuttavia può essere comunque fatta qualche osservazione di carattere cronologico. Sappiamo che il decreto *I.Iasos* 72, a fianco del quale è inciso il testo reso noto da Chr. Habicht, pare storicamente contestualizzabile tra il 250 e il 230 a.C. (e più probabilmente verso l'estremo superiore). Dall'altra parte constatiamo che il formulario di *I.Iasos* 77 (la cui grafia ha analogie di stile con quella del ‹Lapicida di *I.Iasos* 219›: v. § 4.4.4.6) presenta almeno una caratteristica sicuramente attribuibile ai decreti di fine III secolo

---

[95] Oltre ai casi menzionati nel testo sono noti un Pausanias figlio di Herakleides (*I.Iasos* 184, 6) e un Kratontides figlio di Pausanias (*Milet* I 3, 96, 7), prosseno iaseo di Mileto.

[96] Dimitrova 2008, 253 indica una datazione alla metà del III secolo a.C.

[97] V. in proposito Maddoli 2007, 233.

[98] Su Noumenios (sette occorrenze per un numero massimo di sette e un numero minimo di quattro personaggi che portano questo antroponimo) v. sopra n. 73 a p. 219. Quanto a Hermophantos, sono note cinque occorrenze per un numero massimo di quattro e un numero minimo di tre cittadini così chiamati: agli indici onomastici posti al termine del vol. II di *I.Iasos* e di Maddoli 2007 si aggiungano *Milet* I 3, 41, 4 e Blümel 2007, 2 II, 5.

[99] V. Crowther 1994, 37. Sul decreto Habicht 1994, p. 71 v. sopra n. 89 a p. 10.

[100] Oltre agli individui ricordati nel testo, le epigrafi di Iasos documentano nove occorrenze che fanno tuttavia riferimento a un massimo di tre e a un minimo di un personaggio di nome Nysios. Quanto ad Antiphon, disponiamo di sei occorrenze, che fanno capo al massimo a tre e al minimo a un personaggio. Il rinvio è per entrambi i nomi agli indici onomastici di *I.Iasos* e Maddoli 2007 cui sono da aggiungere, per Nysios, Maddoli 2001, B3, 5; *SEG* 41.930 (= PC 1989, 2), 4–5 e 7–8; 931 (= PC 1989, 3), 18–19 e 21 e *Milet* I 3, 148, 14.

a.C., vale a dire la presenza della mozione originaria; altri hanno poi proposto di datare questo testo, per ragioni di ordine storico, tra la fine del III e l'inizio del II secolo a.C.:[101] sembra pertanto legittimo affermare che, dei due testi, il più recente sia *I.Iasos* 77.

5.9 Poseidippos figlio di Hermonax, Hermonax figlio di Poseidippos [Maddoli 2007, 20.B; *I.Iasos* 164 e *I.Iasos* 177 (testi di coregia)]

Poseidippos figlio di Hermonax è, in Maddoli 2007, 20.B, uno dei due ambasciatori eletti dall'assemblea per portare a Labraunda il decreto con il quale Iasos ha deliberato di onorare Hekatomnos figlio di Korrhis, sacerdote di Zeus dell'importante santuario. Nei testi di coregia *I.Iasos* 164 e 177 figura, nel primo caso in veste di excorego, nel secondo di agonoteta, un Hermonax figlio di Poseidippos. Anche in questa circostanza la limitata diffusione del nome Hermonax spinge decisamente a considerare i due personaggi membri di due generazioni della stessa famiglia.[102] Alcune condivisibili considerazioni storiche svolte dall'editore del testo lasciano pensare che Maddoli 2007, 20.B vada posto negli anni '20 del III secolo; *I.Iasos* 164 e 177 sono state datate da Ch. Crowther negli anni '90–'80 del II secolo a.C.:[103] si deduce a questo punto che Poseidippos figlio di Hermonax fu il padre di Hermonax figlio di Poseidippos.

5.10 Theodoros figlio di Hegyllos, Hegyllos figlio di Theodoros [*I.Iasos* 52; *I.Iasos* 45 ~ *I.Iasos* 69]

In *I.Iasos* 52 a Theodoros figlio di Hegyllos, cittadino di Iasos, viene tributato per decreto l'onore di rivestire il sacerdozio di Zeus Idrieus e di una Hera il cui eventuale epiteto cade in lacuna. Nei due decreti fra loro concomitanti *I.Iasos* 45 e 69 figura invece come στεφανηφόρος un Hegyllos figlio di Theodoros. Theodoros è un nome molto comune in città, Hegyllos invece ha una diffusione piuttosto limitata: pare infatti riferibile a due sole personalità iasee.[104] Per questa ragione, è del tutto verosimile che nel caso presentato Theodoros figlio di Hegyllos e Hegyllos figlio di Theodoros siano due membri della stessa famiglia.

La paleografia indica chiaramente qual è il decreto più antico: *I.Iasos* 52 appartiene infatti al gruppo paleografico n. 1 e venne inciso dal ‹Lapicida di *I.Iasos* 27› (§ 4.4.1.2); l'identificazione grafica è importante, poiché essa rafforza la proposta di integrare in *I.Iasos* 52 (dove resta soltanto il patronimico, Theodotos, dello στεφανηφόρος) il nome dello stesso magistrato eponimo di *I.Iasos* 27, Minnion figlio di Theodotos (v. § 5.4.16 e 9.11), noto per essere stato in ottime relazioni con Alessandro Magno; *I.Iasos* 52 deve dunque essere vicina agli anni della dominazione del Macedone.[105] Coerente con la sua antichità è d'altra parte gran parte della struttura formulare, caratterizzata da prescritto incompleto, formula di motivazione di tipo semplice e assenza di clausola di pubblicazione.[106] *I.Iasos* 45 – di *I.Iasos* 69 resta ben poco – attesta invece, come ci si attende da un decreto un poco più tardo, un prescritto completo e una formula di motivazione di tipo binario (3.B.i: §

---

[101] Crowther 1995a data p. es. in prima battuta questo testo tra 220 e 185 a.C. (p. 107), ma più avanti propende più precisamente per una data successiva al 197 a.C. (p. 117).

[102] Quanto al nome Hermonax, sono note cinque occorrenze, che documentano l'esistenza di un numero massimo di cinque e un numero minimo di due cittadini con questo nome: si vedano gli indici onomastici di *I.Iasos* e Maddoli 2007. Per Poseidippos si veda sopra n. 40 a p. 214.

[103] Maddoli 2007, 313–316. Per la datazione di *I.Iasos* 164 e 177 v. Crowther 1990, 145–146.

[104] Per Theodoros disponiamo di trentatré occorrenze per un numero massimo di venticinque e un numero minimo di sette personaggi che portano questo antroponimo; per l'elenco rinvio agli indici onomastici al termine del vol. II di *I.Iasos* e di Maddoli 2007), cui si devono aggiungere Habicht 1994, p. 71, l. 8 e 16 e Maddoli 2001, B3, 6. Per Hegyllos v. già sopra § 5.4.19 con n. 80 a p. 221 e oltre nel testo.

[105] Sul decreto, sul culto di Zeus Idrieus, dall'epiclesi inconsueta, sicuramente legata a tradizioni carie [a notarlo già l'editore Pugliese Carratelli 1969–1970, 372: Hdt. 5.118 sapeva che una parte della Caria si chiamava Ἰδριάς; Ἰδριάς sarebbe stato il secondo nome della πόλις Χρυσαορίς (Steph. Byz. *s. v.*), poi divenuta Stratonicea (Paus. 5.21.10)], non posso che rinviare a Fabiani in stampa, b.

[106] V. considerazioni svolte a commento della tabella n. 24; v. anche § 3.8. Va detto che in realtà è in parte improprio paragonare questi testi, dal momento che si tratta di decreti eterogenei: *I.Iasos* 52 è per un cittadino, *I.Iasos* 45 per uno straniero benemerito, ma molti degli elementi considerati non sembrano condizionati da questa variabile.

3.2.3); a causa della sua lacunosità, non possiamo purtroppo sapere se si concludesse con la clausola di pubblicazione.

Vi è tuttavia un elemento che si pone in contraddizione con questa proposta di seriazione cronologica, vale a dire la formula con cui viene conferita la προεδρία: in *I.Iasos* 52 essa è infatti completata dalla clausola ἐν αγῶσι πᾶσιν, in *I.Iasos* 45 da ἐν τοῖς αγῶσι.[107] In precedenza abbiamo sottolineato come la formula di attribuzione della προεδρία seguita da ἐν (τοῖς) αγῶσι πᾶσιν si riveli in genere un modulo più recente dell'altro:[108] in questo caso ci troveremmo di fronte alla constatazione opposta. Tuttavia, Theodoros figlio di Hegyllos riceve qui un sacerdozio, una carica evidentemente di eccezionale prestigio: non è raro, nei decreti che assegnano ἱεροσύναι o nelle διαγραφαί che regolamentano privilegi e obblighi di sacerdozi messi all'asta, che la concessione della προεδρία sia estesa a tutti gli agoni cittadini.[109] La clausola dunque obbedisce qui a un criterio diverso: la sua formulazione è verosimilmente condizionata dal fatto che almeno in certi agoni il diritto alla προεδρία per il sacerdote fosse ovvio, diversamente dagli altri cittadini non elevati a cariche sacerdotali o dagli stranieri.

L'evidente importanza di questa famiglia, che annovera tra i suoi membri un sacerdote e uno στεφανηφόρος,[110] e la rarità del nome Hegyllos, fanno ritenere probabile che nel padre di Theodoros figlio di Hegyllos vada riconosciuto quell' Hegyllos figlio di Ouliades che al tempo di Mausolo rivestì la carica, non meno prestigiosa e elitaria, di ἄρχων.[111] Per gli stessi motivi, ritengo ragionevole ipotizzare che il Poseidonios figlio di Hegyllos che figura in vari decreti iasei in veste di στεφανηφόρος o ἐπιστάτης (§ 5.4.19) appartenga alla medesima famiglia. Dal momento che i decreti in cui è menzionato Poseidonios sono incasellati nel quarto o quinto gruppo di formulario, mentre quelli in cui compare Hegyllos figlio di Theodoros (*I.Iasos* 45 e 69) sono inseribili nel terzo, mi sembra si possa ipotizzare che Poseidonios sia stato il figlio non primogenito di quest'ultimo, e dunque un nipote del sacerdote di Zeus Idrieus.

6 Schema riassuntivo

Tutte le indicazioni raccolte in questo capitolo vengono di seguito riepilogate in uno schema riassuntivo. I decreti verranno disposti in otto spazi, corrispondenti agli otto gruppi di decreti individuati sulla base del formulario. I testi che già appartengono a un certo gruppo verranno sistemati nello spazio corrispondente; tuttavia, proprio in virtù delle indicazioni scaturite dall'esame soprastante, alcuni degli ψηφίσματα non ancora ‹incasellati› con precisione in un insieme possono riuscire a trovare adesso una collocazione, anche se forse provvisoria: l'incertezza di questa posizione verrà segnalata da un asterisco. Come nei paragrafi precedenti, decreti promulgati in una stessa giornata saranno collegati dal simbolo (~), mentre decreti promulgati in uno stesso anno saranno uniti dal simbolo (=). I testi indicati in parentesi quadra sono ψηφίσματα o altri documenti di o da Iasos che non sono direttamente oggetto del presente studio, ma che sono d'ausilio nel comprendere le relazioni tra i vari personaggi. Linee con frecce bidirezionali servono ad indicare i collegamenti prosopografici; quelle poste in orizzontale o in obliquo segnaleranno connessioni relative ad una stessa generazione, quelle in verticale collegamenti di generazioni diverse: il numero delle linee della freccia indicherà il numero di generazioni di distanza. Particolarmente interessanti si rivelano le frecce oblique: dal momento che esse segnalano presenze di uno stesso personaggio in gruppi di formulario diversi e successivi, la loro abbondanza evidenzia come in certi periodi di ricca produzione epigrafica siano avvenuti in fretta i cambiamenti delle clausole.

Si è voluto contenere lo schema in una pagina: le distanze in verticale tra i testi vanno pertanto considerate come puramente indicative e non proporzionali. La linea verticale presente nel primo gruppo, che – come

[107] Per la nuova edizione del testo rinvio a § 9.11 e soprattutto, per il commento, a Fabiani in stampa, b.

[108] V. commento al termine delle tabelle nn. 15 e 16 al § 3.6.3.5; v. anche § 3.8.

[109] Si vedano, *e.g.*, *IG* XII 4, 1, 306, 10–12 o *I.Pergamon* II 251, 22–23: per altri confronti e per un commento più ampio rinvio a Fabiani in stampa, b.

[110] Sull'onerosità e il prestigio della carica v. Dignas 2007, 173–174; la questione del collegamento tra *élite* cittadina e cariche pubbliche è più diffusamente trattata in Fabiani 2012.

[111] *I.Iasos* 1, 7. Sul ruolo degli ἄρχοντες a Iasos si rinvia a Fabiani 2010b, 467–469.

dimostrano i decreti databili – copre un arco di tempo di almeno tre quarti di secolo, separa p. es. due generazioni, mentre le altre ne separano in genere una; ciononostante attraversano spesso più gruppi, a ulteriore dimostrazione del veloce e incessante sviluppo che la struttura formulare dei decreti subì in un secolo circa, a partire dall'ultimo quarto del IV secolo a.C. Tale sviluppo fu a sua volta una probabile conseguenza del forte incremento del numero di decreti promulgati (v. in proposito anche § 7.11); a un certo momento però tale struttura si fissò in una forma costante, che riscontriamo nell'ottavo gruppo, la quale rimase sostanzialmente inalterata per tutto il tempo in cui continuiamo a trovare traccia di decreti onorari in favore di stranieri.

Possono essere già proposte alcune osservazioni generali. Il primo e il secondo gruppo, così come il secondo e il terzo si pongono a una generazione di distanza. Un recente studio sulle liste sacerdotali di Rodi ha individuato con estrema precisione l'esistenza sull'isola di sacerdozi rivestiti da padri e figli e ha misurato la distanza media di anni che li separa: pur con oscillazioni talora anche importanti, è stato tuttavia accertato che l'intervallo medio è calcolabile in 34,3 anni.[112] Su questa base, calcoleremo in trentacinque anni la distanza media tra due generazioni. Osserviamo poi che in due casi terzo e quarto gruppo si trovano a una generazione di distanza dal settimo. Ciò significa che fra quarto, quinto, sesto e fase iniziale del settimo gruppo intercorrono una quarantina di anni al massimo (e in effetti si tratta di gruppi di testi abbastanza poco numerosi), a suggerire un periodo di intensa trasformazione della struttura redazionale dei decreti. La distanza di una generazione, che in un caso si nota, tra alcuni decreti del terzo gruppo rispetto ad altri del quarto o del quinto sembra poter essere interpretata in un contesto del genere come una situazione eccezionale, una carriera politica, forse, particolarmente precoce. L'ottavo gruppo documenta poi decreti che si pongono a una generazione di distanza dal settimo, a dimostrare la maggiore durata di quest'ultima ‹fase› rispetto alle precedenti.

Schema riassuntivo degli indizi cronologici interni e dei collegamenti prosopografici.

LEGENDA:

~	decreti promulgati nella stessa seduta dell'assemblea
=	decreti promulgati nello stesso anno
*	decreti lacunosi per i quali l'analisi del formulario non ha rivelato la precisa appartenenza ad un gruppo
[ ]	decreti non direttamente oggetto del presente studio
⟷	stesso personaggio in più decreti dello stesso gruppo
⤡	stesso personaggio in più decreti di gruppi diversi
↕	personaggi di diverse generazioni della stessa famiglia (il numero delle linee verticali indica il numero di generazioni di distanza)

[112] Badoud in stampa. Sono molto grata a Nathan Badoud per avermi voluto generosamente anticipare questi ed altri risultati del suo lavoro.

Schema riassuntivo degli indizi cronologici interni e dei collegamenti prosopografici

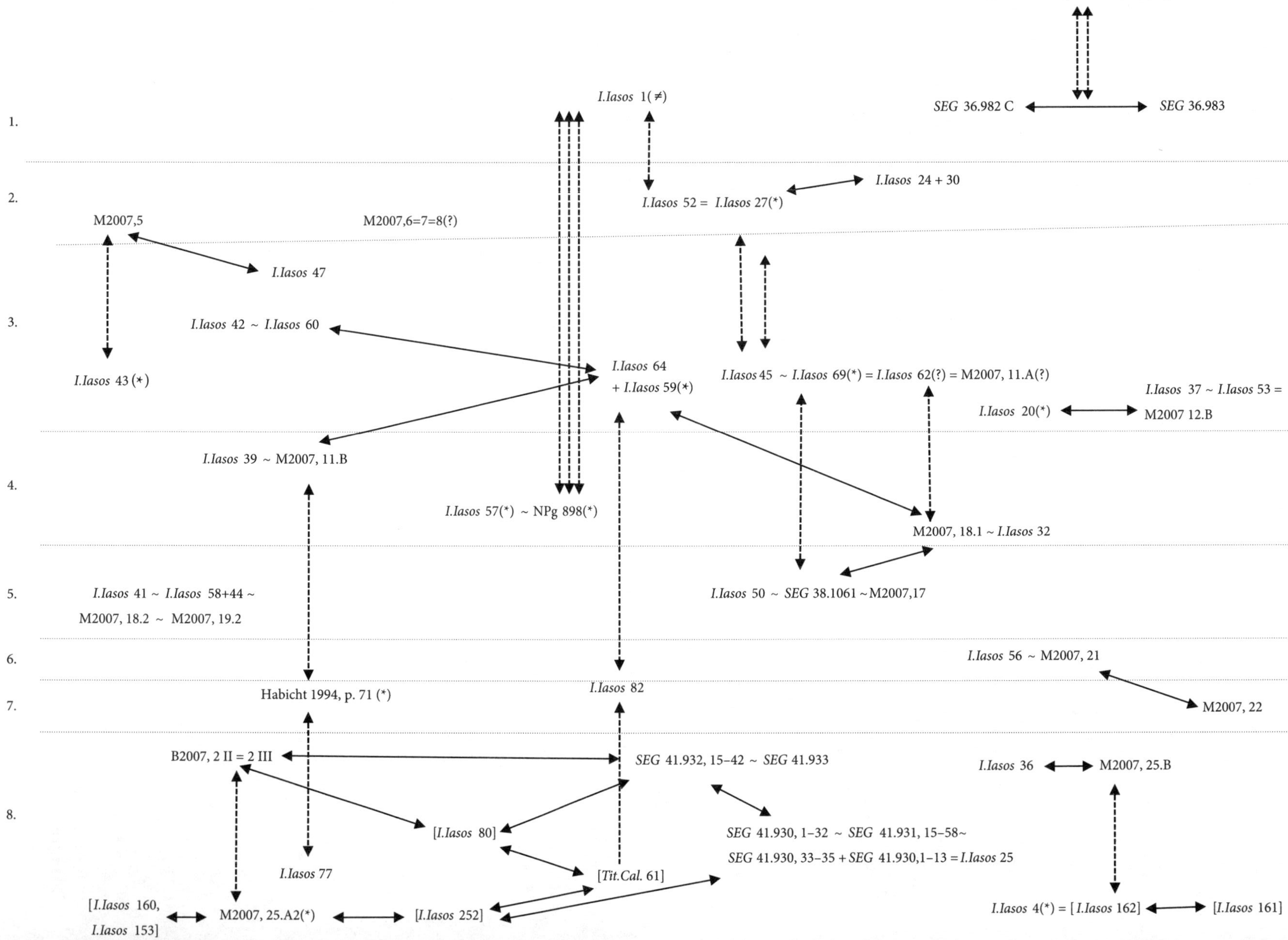

VI. Gli indizi linguistici

La lingua delle epigrafi di Iasos è generalmente la κοινή. Esse però propongono talora aspetti grafici, fonetici, morfologici e lessicali inattesi in un testo ellenistico in κοινή. Adoperano per esempio il grafema <O> al posto del digramma <OY> (il cui uso poi è invalso) per esprimere il suono [ọ̄], e presentano alcune tracce di dialetto ionico.[1] Ciò non stupisce: Iasos era infatti geograficamente prossima alla Ionia e la tradizione attribuiva alla vicina Mileto un ruolo decisivo nelle origini della città, dopo la sua fondazione a opera di Argivi,[2] e d'altra parte tutto il greco di Caria nel IV secolo, come è stato sottolineato da C. Brixhe, ebbe una sensibile impronta ionica.[3] L'arrivo dei Macedoni nel 334 a.C., lo evidenzia lo stesso studioso, provocò però – accanto a quella politica – una frattura anche linguistica e accelerò l'adesione della lingua alle forme della κοινή.[4]

Se la presenza del grafema <O> per il suono [ọ̄] costituisce indiscutibilmente un tratto antico, e può dunque essere a buon diritto considerato un indizio cronologico, la questione delle tracce di dialetto ionico è un po' più delicata e richiede caso per caso una valutazione attenta: se è vero infatti che più spesso esse devono essere residui di un processo di normalizzazione ancora imperfetto (che statisticamente ci si attende più numerosi in tempi ancora prossimi alla ‹frattura›), è vero anche che alcune di esse – entrate a far parte della κοινή stessa (ad esempio la forma non contratta di un aggettivo in -εος come χρύσεος o il tema del numerale τεσσερ-, anziché τεσσαρ-, con i suoi derivati) – sono attestate pure nell'avanzata epoca ellenistica.

Dati gli scopi di questo lavoro, pur essendo consapevole delle difficoltà presentate dalla loro valutazione, non ho voluto rinunciare alle informazioni che potevano provenire dai dati linguistici.[5] Le prime due sezioni di questo capitolo (§§ 6.1 e 6.2) raccolgono tutti i dati di più certo valore cronologico (grafema <O> per il suono [ọ̄]; un caso di arcaismo morfologico; esempi di ionismi non confluiti nella κοινή); al termine del capitolo i dati così raccolti verranno messi a confronto, ancora una volta mediante l'uso di una tabella, con quelli ricavati dall'analisi del formulario, per verificare se anche le informazioni desunte dalla lingua confermano – come è stato per la paleografia – la linea di sviluppo finora individuata. Delle due sezioni successive (§§ 6.3 e 6.4), una è dedicata agli ionismi che persistono nella κοινή, il cui valore di indizio cronologico è meno sicuro, e l'altra prende in esame tutti i restanti fenomeni linguistici riscontrabili nei decreti di Iasos. Poiché la valenza di spia cronologica di questi elementi non può essere accertata in partenza – sebbene il paragone con la documentazione epigrafica da Atene e dal resto della Grecia suggerisca talora un inquadramento temporale di massima – tali dati non verranno tabulati e valutati in questo capitolo. Lo si farà soltanto al termine del lavoro di riordino, alla fine del settimo capitolo (tabella n. 37), quando sarà ormai determinata la sequenza cronologica dei decreti: in quel momento il confronto tra i fenomeni linguistici documentati nei decreti di Iasos e la datazione di questi ultimi potrà permettere di apprezzare come certe caratteristiche grafiche e linguistiche insorgano, evolvano, si concludano.

---

[1] A sottolinearlo per primo Robert 1936, 75; v. anche Delrieux 2005a, 177.

[2] Polyb. 16.12.2; sulla questione v. Raffaelli 1995 e Biraschi 1999.

[3] Brixhe 1993, 61–69. Le epigrafi di Iasos attestano anche qualche sporadica traccia di vocalismo cario, che sarà successivamente adattato alla forma ellenica: è il caso di Ὑρωμέα presente in *SEG* 36.982B (= PC 1985, IIb), 4, mentre il greco successivo testimonia la forma Εὐρωμεύς (v. Pugliese Carratelli 1985, 152). Si è ipotizzato che il nome Ὑλιατος presente in *I.Iasos* 1, 19 sia stato poi ellenizzato nella forma greca Οὐλιάδης: v. Masson 1988, 179.

[4] Brixhe 1993, 69.

[5] Un lavoro non dissimile è proposto in Curbera 1994.

1 Tratti ‹arcaici›

1.1 <O> anziché <OY> per [ọ̄]

L'uso del digramma <OY> per esprimere il suono [ọ̄], conseguenza della monottongazione del dittongo ου, è un fenomeno ben conosciuto nella lingua greca. In Attica divenne del tutto prevalente a partire dalla metà del IV secolo a.C.;[6] anche a Iasos gli esempi di desinenza in -ου si calcolano nell'ordine di molte centinaia. Soltanto quattro tra le iscrizioni oggetto d'esame in questo lavoro documentano invece l'uso del grafema <O>. Dalla casistica qui presentata sono stati esclusi due esempi: 1) l'antroponimo Διοσκορίδης,[7] dal momento che in questo caso <O> rappresenta un suono diverso, derivato dal cosiddetto terzo allungamento di compenso, diffuso in varie parti del mondo greco, tra cui la Ionia;[8] 2) il verbo βόληται,[9] dal momento che in Omero e in alcuni dialetti è attestata anche una forma βόλομαι con ŏ,[10] anche se le altre testimonianze di Iasos[11] lasciano pensare che <O> rappresenti in effetti il suono [ọ̄] (34 exx.).

- *I.Iasos* 1, 2: Παταίκο
- *I.Iasos* 1, 9, 13: Ἑκαταίο
- *I.Iasos* 1, 10: Γλαύκο
- *I.Iasos* 1, 11, 26, 29: Δημητρίο
- *I.Iasos* 1, 12: Μελανθίο
- *I.Iasos* 1, 14: Διὸς Μεγίστ[ο][12]
- *I.Iasos* 1, 19: Ἐξαίτο[13]
- *I.Iasos* 1, 19, 44: Πολεμάρχο
- *I.Iasos* 1, 23: Ἀστύλο, Διονυσίο[14]
- *I.Iasos* 1, 27: Σατύρο
- *I.Iasos* 1, 28: Ἰδάκο, Ταργηλί<ο>[15]
- *I.Iasos* 1, 29, 58: Μελάνθο
- *I.Iasos* 1, 31, 36, 44, 46: Σαμίο
- *I.Iasos* 1, 36, 46: Ἀντιδότο
- *I.Iasos* 1, 39, 40: τõ Σκύλακος
- *I.Iasos* 1, 51: [- - -]ροδότο
- *SEG* 36.982B (= PC 1985, IIb), 3: Ιδυσσωλλο
- *SEG* 36.982B (= PC 1985, IIb), 6: ἐκγόνος
- *SEG* 36.982C (= PC 1985, IIc), 2: στεφανηφόρο
- *SEG* 36.982C (= PC 1985, IIc), 9: ἔσπλον
- *SEG* 36.982C (= PC 1985, IIc), 9: ἔκπλον
- *SEG* 36.983 (= PC 1985, p. 155), 9: προξένος
- *SEG* 36.983 (= PC 1985, p. 155), 11–12: ἔσπλογ
- *SEG* 36.983 (= PC 1985, p. 155), 11–12: ἔκπλογ[16]

1.2 Dativo singolare in -ηι di un tema in -ι

Il dativo πόληι rappresenta una forma arcaica, documentata anche in Omero.[17] In Attica esso è normalmente attestato fino al 370 a.C.; continua in seguito a dare qualche sporadica traccia di sé fino alla fine del IV secolo a.C.[18]

- *I.Iasos* 1, 3: πόληι

---

[6] Threatte 1980–1996, I, 238–259.
[7] *I.Iasos* 1, 8 e 24.
[8] Sulla questione v. recentemente Nieto Izquierdo 2004.
[9] *SEG* 36.982C (= PC 1985, IIc), 11.
[10] Oltre che in Omero è attestato nel dialetto arcadico e ad Eretria: v. *DELG*, *s. v.* βούλομαι.
[11] V. *e.g.* *I.Iasos* 2, 21; 70, 1; 219, 7; Maddoli 2007, 18.1, 7.
[12] La parola è incisa alla fine della linea e non vi è spazio per più di [ο] nell'integrazione.
[13] Incerta la terminazione, a l. 22, del genitivo Νουμηνίο[.
[14] Incerta, sulla stessa linea di scrittura, la terminazione del genitivo Ἑρμ[ίο.
[15] La parola è incisa alla fine della linea e non vi era più spazio per scrivere ο.
[16] Il fenomeno è attestato anche in Maddoli 2007, 1.6, 4: Οὐλιάδο (su questo nome v. Nieto Izquierdo 2004, 81–82).
[17] Hom., *Il.* 3.50. Sull'interpretazione di questo dativo come arcaismo v. già Chantraine 1947, 84; perplesso Brixhe 1993, 65, che preferisce piuttosto legare questa forma al mondo ionico. W. Blümel (in *I.Iasos* I, p. 12) parla in proposito di fenomeno non specificamente ionico ma anche attico e rinvia a Thumb – Scherer 1959, 272 e 294.
[18] V. in proposito Threatte 1980–1996, II, 213.

2 Tracce di dialetto ionico non confluite nella κοινή

Sono presenti in venticinque iscrizioni, più spesso in ragione di un esempio per ciascun testo, solo in pochi casi con due, assai raramente con tre o più.

2.1 Aspetti fonetici[19]

2.1.1 -η- per ᾱ anche dopo ε, ι, ρ[20]

(21 exx.)

- *I.Iasos* 1, 4: αἰτίηι
- *I.Iasos* 24+30, 15: μικρῆς
- *I.Iasos* 24+30, 20: προεδρίην
- *I.Iasos* 42, 7: προεδρίην
- *I.Iasos* 47, 4: πατριήν
- *I.Iasos* 54, 12: προεδρίην
- *I.Iasos* 60, 16: [προεδρί]ην
- *I.Iasos* 68, 4: [προ]εδρίηγ
- *SEG* 36.982A (= PC 1985, IIa), 3: ἀσυλίην
- *SEG* 36.982A (= PC 1985, IIa), 3: προεδρίην
- *SEG* 36.982B (= PC 1985, IIb), 2: ἐν ἀρχαιρεσίηισι
- *SEG* 36.982B (= PC 1985, IIb), 7: ἀσυλίην
- *SEG* 36.982B (= PC 1985, IIb), 8: προ<ε>δρίην
- *SEG* 36.982C (= PC 1985, IIc), 3–4: Ἀναξαγόρης
- *SEG* 36.982C (= PC 1985, IIc), 5: προξενίην
- *SEG* 36.982C (= PC 1985, IIc), 8: [προ]εδρ[ίην]
- *SEG* 36.983 (= PC 1985, p. 155), 11: προεδρίην
- Maddoli 2007, 1.2, 2: -ην
- Maddoli 2007, 1.3, 2: [προε]δ̣ρίην
- Maddoli 2007, 4, 3: [προεδρ]ίην
- Maddoli 2007, 4, 7: μετουσίην

2.1.2 ευ per εο[21]

(19 exx.)

- *I.Iasos* 1, 7: Οὐλιάδευς
- *I.Iasos* 1, 8, 9, 27: Πασιφάνευς
- *I.Iasos* 1, 9: Θευγείτων
- *I.Iasos* 1, 8, 12, 20, 33, 42: Ἰατροκλεῦς
- *I.Iasos* 1, 15: Κράτευς
- *I.Iasos* 1, 18: Ἱπποκράτευς
- *I.Iasos* 1, 20: Ἀντιφάνευς
- *I.Iasos* 1, 27: Φοινικίδευς
- *I.Iasos* 1, 48: κ]λεῦς
- *I.Iasos* 54, 2: Ἀπολλοφάνευς
- *I.Iasos* 54, 4, 8: Θευκλῆς
- Maddoli 2007, 11.A, 6: Ἰατροκλεῦς[22]

---

[19] Non viene qui inserito tra i fenomeni fonetici propriamente ionici l'antroponimo Νόσσου presente in *I.Iasos* 1, 81 (su cui v. commento di Blümel a p. 12) e 50, 4 da νεοσσός (v. Thumb – Scherer 1959, 250), che si riscontra anche in Attica: Buck 1955, 41. Brixhe 1993, 63 definisce il fenomeno sporadico.

[20] V. anche Nachmanson 1903, 27–30.

[21] Thumb – Scherer 1959, 260, 269; Brixhe 1993, 63 (in alcuni casi ciò comporta uno scambio di declinazione del nome dalla I alla III). In questa casistica non verranno considerati i tre patronimici Τελευτίας Θευδώρου (*I.Iasos* 51, 3, 21), Ζώπυρος Θεύτου [*SEG* 41.930 (= PC 1989, 2), 17; sulla conservazione di ionismi in nomi composti con Θεο- v. anche Nachmanson 1903, 38] e Φιλτογένης Ἀρχιγένευς (Blümel 2007, 2 II, 9); si tratta infatti di patronimici di persone onorate a Iasos, e non di Iasei. A rafforzare questa scelta soprattutto il fatto che il Teleutias di Cos cui la città rende omaggio nel decreto *I.Iasos* 51 venga chiamato υἱὸς Θευδώροιο anche in un epigramma di Antipatro di Sidone (*AP* 7.426 = 31 Gow – Page).

[22] Come suggeritomi da W. Blümel, nella medesima epigrafe si deve probabilmente integrare allo stesso modo, alla l. 7, anche Πυθοκλ[εῦς].

2.1.3 Mantenimento del tema εοντ- nel participio del verbo εἰμί

(2 exx.)

- *SEG* 36.982A (= PC 1985, IIa), 2: ἐόντι[23]
- Maddoli 2007, 16.1, 2: ἐόντι

2.1.4 Participio non contratto

- Maddoli 2007, 4, 17: ἐνεστεῶτα[ς] (< *ἐνεστηότας)

2.1.5 Psilosi[24]

(3 exx.)

- *I.Iasos* 62, 10: ἐπ' Ἡγύλλου
- *SEG* 36.982.B (= PC 1985, IIb), 8: κατάπερ[25]
- *SEG* 36.983 (= PC 1985, p. 155), 15–16: κατάπερ

2.2 Aspetti morfologici

2.2.1 Confusione tra i suffissi -είᾱ/-είη e -ειᾰ

- *SEG* 36.982C (= PC 1985, IIc), 8: ἀτελείην[26]

2.2.2 Genitivo singolare dei temi maschili in ᾱ

(5 exx.)

- *I.Iasos* 1, 11, 50: Φάνεω[27]
- *I.Iasos* 1, 73: Τυμνεω
- *I.Iasos* 56, 3: Ἀπελλέ[ω]
- *SEG* 36.982 C (= PC 1985, IIc), 4: Λεωνίδεω

2.2.3 Genitivo singolare non contratto dei temi in sibilante[28]

(4 exx.)

- *I.Iasos* 24+30, 7: Ἰατροκλέος
- *I.Iasos* 24+30, 9: Ἀριστοκράτεο[ς]
- Maddoli 2007, 6, 1: [Φα]ṿέος
- Maddoli 2007, 7, 1: Φανέος[29]

---

[23] Thumb – Scherer 1959, 281.

[24] Thumb – Scherer 1959, 265–266, che annovera tra gli esempi di psilosi anche il nome Ταργήλιος di *I.Iasos* 1, 27 e 28 – in contrasto con la forma Θαργήλιος di l. 14; ma v. anche *SEG* 36.983 (= PC 1985, p. 155), 8. Brixhe 1993, 63 non riscontrava tracce di psilosi nel greco di Caria.

[25] Sia in *SEG* 36.983 (= PC 1985, p. 155) che in *SEG* 36.982.B (= PC 1985, IIb) si trova anche καθόπερ, rispettivamente alla l. 17 e alla l. 10.

[26] Smyth 1894, 175–176; v. anche Schwyzer 1953², 469. Thumb – Scherer 1959, 268 ritiene che casi come questo non debbano essere necessariamente annoverati tra gli iper-ionismi.

[27] Questo nome attesta anche una possibilità di scambio tra la I e la III declinazione (v. § 6.2.2.2): Brixhe 1993, 63–64. Su questo tipo di genitivo v. Nachmanson 1903, 119.

[28] Thumb – Scherer 1959, 260, 269; Threatte 1980–1996, II, 191–194.

[29] Nello stesso testo si trova anche Θεογένους (l. 3).

2.2.4 Genitivo dei temi in -ι[30]

(9 exx.)

- *I.Iasos* 1, 12, 17: Βρυάξιος
- *I.Iasos* 1, 55: Πρυτάνιο[ς]
- *I.Iasos* 47, 1: Βρυάξιος
- *I.Iasos* 59, 3: Βρυάξιος
- *I.Iasos* 64, 3: Βρυάξ[ι]ος
- *SEG* 36.983 (= PC 1985, p. 155), 7: Πελδέμιος
- Maddoli 2007, 5, 2: Βρ[υ]ạξ̣ιọ[ς]
- Maddoli 2007, 10, 4: Βρυάξιος

2.2.5 Dativo plurale della I e II declinazione[31]

(3 exx.)

- *SEG* 36.982A (= PC 1985, IIa), 2: ἐγγόνοισιν
- *SEG* 36.982B (= PC 1985, IIb), 2: ἐν ἀρχαιρεσίηισι
- *SEG* 36.983 (= PC 1985, p. 155), 2–3: [ἐν ἀρχαιρεσί]αισι[32]

2.3 Aspetti lessicali: preposizione ἐς per εἰς[33]

Dalla preposizione *ενς si svilupparono due forme, di cui ἐς preferibilmente usata davanti a consonante e εἰς davanti a vocale. Lo ionico scelse invece in genere la prima.[34] A Iasos vi sono alcune tracce di ἐς, che potrebbe essere stato usato indifferentemente davanti a consonante e vocale.[35] In alcune iscrizioni la preposizione ἐς convive con la forma εἰς, usata in tali esempi prima di una consonante;[36] poiché in queste epigrafi ἐς è sempre documentato nel nome composto ἔσπλους all'interno della formula che conferisce questo privilegio insieme all'ἔκπλους (§ 3.6.3.6), è da ritenere che in questi casi sia stata la cristallizzazione della formula a far conservare la forma ἐς, pure destinata a far perdere le sue tracce nel giro di qualche tempo (9 exx.).

- *I.Iasos* 42, 7: ἔσπλουν
- *I.Iasos* 54, 10: ἔσπλουν
- *I.Iasos* 62, 6: ἔσπλου[ν]
- *SEG* 36.982A (= PC 1985, IIa), 4: ἐσαγωγήν[37]
- *SEG* 36.982C (= PC 1985, IIc), 9: ἔσπλον
- *SEG* 36.983 (= PC 1985, p. 155), 11–12: ἔσπλογ
- Maddoli 2007, 4, 9: ἐς φυλήν
- Maddoli 2007, 15, 6: ἔσπ[λουν]
- Maddoli 2007, 16.1, 2: ἔσπλοụṿ[38]

---

[30] Nachmanson 1903, 129; Brixhe 1993, 65.
[31] Thumb - Scherer 1959, 268 e 270.
[32] L'integrazione è resa sicura dal confronto con *SEG* 38.1059 (= PC 1987, a), che ripubblica il medesimo testo.
[33] *DELG*, *s. v.* εἰς et ἐς; Thumb - Scherer 1959, 283; Brixhe 1993, 66.
[34] Bechtel 1924, 240; Garbrah 1978, 65 (ad Eritre il passaggio dall'uso di una forma all'altra avviene intorno alla metà del IV secolo a.C.).
[35] Per un esempio di uso davanti a vocale si veda *SEG* 36.982A (= PC 1985, IIa), 4.
[36] In *I.Iasos* 42, 9 v. εἰς τὸ Ἀπολλώνιον; in *I.Iasos* 54, 7 v. εἰς Μελίβοιαν. Va detto che in generale a Iasos la preposizione εἰς viene adoperata indifferentemente davanti a vocale e consonante, secondo l'uso della κοινή.
[37] È questa infatti la lettura corretta della pietra (devo anche questa osservazione a W. Blümel, che ringrazio).
[38] È assai verosimile che anche in Maddoli 2007, 4, 3–4 l'integrazione più probabile sia ἔσπλουν. Il riesame della pietra sembra invece rendere preferibile l'integrazione [εἴ]σπλουν in Maddoli 2007, 20.A1, 12.

3 Tracce di dialetto ionico confluite nella κοινή

3.1 Aspetti morfologici: assenza di contrazione

La κοινή adottò alcune forme ioniche, fra le quali le forme maschili non contratte degli aggettivi in -εος. Tali forme sono attestate in iscrizioni già tardo-ellenistiche da città come Magnesia al Meandro o Pergamo, nelle quali convivono forme contratte e forme non contratte come quelle presenti nel dialetto ionico.[39] Tardo-ellenistica è d'altra parte anche l'iscrizione di Iasos che documenta un caso di questo genere (§ 2, 17). Ad Atene il fenomeno è invece limitato alle sole iscrizioni metriche.[40]

- *I.Iasos* 51, 22: χρυσέωι[41]

3.2 Aspetti lessicali: numerali[42]

Nella κοινή entrò anche il tema del numerale ionico τέσσερες, che nel dialetto attico si presenta nella forma τέσσαρες (4 exx.).[43]

- *I.Iasos* 1, 68, 76: τεσσέρων[14]
- *I.Iasos* 1, 52, 58: τεσσεράκοντα

4 Altri fenomeni: fenomeni fonetici

Gli altri caratteri linguistici notevoli riscontrabili nei decreti iasei verranno distinti in fenomeni fonetici, anche se – come sanno bene i linguisti – è molto difficile discernere questi ultimi da quelli grafici, e fenomeni morfologici.

4.1 ει per ĕ davanti a vocale[44]

(5 exx.)

- *I.Iasos* 40, 3: Τελεία[45]
- *I.Iasos* 40, 4.5:'Ιασείων
- *I.Iasos* 42, 3: Δημεḭας
- Maddoli 2007, 9, 6: 'Ιασείων[46]
- Maddoli 2007, 10, 3: π̣ρυτάνειων

Ad Atene questo fenomeno si verifica già a partire dalla fine del V secolo; dopo il 200 a.C. diviene molto raro.

---

[39] Schweizer 1898, 141 s.; Thumb 1901, 63; Nachmanson 1903, 123.

[40] Threatte 1980–1996, II, 286. Anche nei papiri egiziani la forma non contratta di questo aggettivo è documentata solo in poesia: Mayser 1938, 53–54.

[41] Non viene considerata qui la lezione [χρυσ]ẹ́ωι di *SEG* 41.929 (= PC 1989, 1), 17; l'incertezza nella lettura di ε, che potrebbe essere anche σ, consiglia prudenza, tanto più che alla l. 21 dello stesso testo si trova χρυσῶι. A fronte di questo unico esempio, sono attestati ad oggi, nelle epigrafi iasee, ventiquattro esempi della forma χρυσῶι.

[42] Nachmanson 1903, 146 n. 1; Thumb – Scherer 1959, 281–282; Brixhe 1993, 66.

[43] Mayser 1938, 74; Id. 1970², 34; Brixhe 1993, 66.

[44] Nachmanson 1903, 21; Threatte 1980–1996, I, 147–159.

[45] Il nome dell'onorato rodio è infatti Τελέας: su questo v. Fabiani 2010a.

[46] Nello stesso testo anche πρυτάνεων (l. 3).

4.2 ε per ει davanti a vocale

- *I.Iasos* 52, 11: ἀτέλεαν

La caduta di *iota* intervocalico è un fenomeno ben attestato[47] e frequente in molti dialetti, fra i quali anche lo ionico.[48] In Attica se ne riscontrano esempi tra la metà del V e la metà del III secolo a.C., ma la massima frequenza è documentata nella seconda metà del IV.[49]

4.3 Perdita del secondo elemento nel dittongo ηι[50]

(31 exx.)

- *I.Iasos* 4, 76: ἐπηνῆσθα[ι]
- *I.Iasos* 23, 5, 9, 19: τῇ βουλῇ
- *I.Iasos* 23, 5: ἕκτῃ
- *I.Iasos* 23, 9: δόξῃ
- *I.Iasos* 23, 10: ἐπιχωρηθῇ
- *I.Iasos* 23, 20: τῇ
- *I.Iasos* 34, 5: κωλύῃ
- *I.Iasos* 36, 3: ἕκτῃ
- *I.Iasos* 36, 9: ἐπῃνῆσθαι[53]
- *I.Iasos* 46, 1: ἐπῃνῆσθαι
- *I.Iasos* 51, 1: τῇ βουλῇ
- *I.Iasos* 51, 8: ἐπαινεθῇ
- *I.Iasos* 51, 9–10: στεφαν[ω]θῇ
- *I.Iasos* 51, 14, 15: ὑπάρχῃ
- *I.Iasos* 51, 18, 32: ἀνανγελῇ
- *I.Iasos* 56, 10: ἐπῃνῆσθαι[51]
- *I.Iasos* 73, 17, 20: ἐπῃνῆσθαι
- *I.Iasos* 73, 34: ἀναγραφῇ
- *I.Iasos* 82, 17: ἀναγορευθῇ
- *I.Iasos* 82, 25: ἀναγραφῇ[52]
- *I.Iasos* 152, 41: ἕκτῃ
- Maddoli 2001, A (= *SEG* 51.1506), 20: βουλῇ
- Maddoli 2007, 20.A1, 3: κοινῇ
- Maddoli 2007, 22, 9: κοινῇ
- Blümel 2007, 2 II, 21, 23: ἐπῃνῆσθαι

In Attica questo fenomeno, raro nel IV e nel III, è attestato soprattutto a partire dal II secolo a.C.[54]

4.4 Perdita del secondo elemento nel dittongo ᾱι

- *I.Iasos* 56, 8: [ἰ]δίᾳ[55]

4.5 Perdita del secondo elemento nel dittongo ωι[56]

(5 exx.)

- *I.Iasos* 23, 5, 10, 19: τῷ δήμῳ
- *I.Iasos* 23, 20: ἐφόδῳ
- *I.Iasos* 51, 15: αὐτῷ

---

[47] Schwyzer 1953², 236.
[48] Thumb - Scherer 1959, 253; W. Blümel in *I.Iasos* I, p. 62.
[49] Threatte 1980–1996, I, 302–323.
[50] V. anche le interessanti valutazioni di Nachmanson 1903, 51–54, 56–59.
[51] Nello stesso testo anche κοινῆι (l. 8).
[52] Nello stesso testo anche ἐπηινῆσθαι (l. 20) e ἀναγραφῆι (l. 23).
[53] Nello stesso testo anche στεφανωθῆι (l. 7).
[54] Threatte 1980–1996, I, 353–367.
[55] Nello stesso testo anche ἕκτηι e κοινῆι (l. 5 e 8). Su questo fenomeno a Magnesia al Meandro v. Nachmanson 1903, 49 s., 56–59.
[56] Nachmanson 1903, 54–59.

4.6 Monottongazione di ει[57]

(2 exx.)

- *SEG* 36.982 A (= PC 1985, IIa), 5: ἱρήνηι[58]
- *I.Iasos* 51, 11: πλίστου[59]

In Attica il fenomeno è attestato a partire dalla fine del III secolo a.C.

4.7 η per ει[60]

(3 exx.)

- *I.Iasos* 6, 8: ἐκήνης[61]
- *I.Iasos* 51, 39: οἰκήο[υς]
- Maddoli 2007, 20.A1, 9: πολιτήαν

In Attica il fenomeno si riscontra a partire dalla fine del III secolo a.C. e resta raro fino alla metà del I secolo a.C.[62]

4.8 ωι per ω

Si tratta di un esempio di ipercorrettismo, che prese a verificarsi in seguito alla monottongazione di ωι. Il fenomeno divenne generalmente molto diffuso soprattutto a partire dal I secolo a .C.[63]

- *SEG* 41.929 (= PC 1989, 1), 35: ὀκτώι

4.9 Assimilazione consonantica

Assimilazione di nasale davanti a gutturale[64] (8 exx.).

- *I.Iasos* 38, 4: ὦγ καί[65]
- *I.Iasos* 48, 10: ὧν ἂγ καί
- *I.Iasos* 68, 4: [προ]εδρίηγ καί
- *SEG* 36.983 (= PC 1985, p. 155), 12: ἔσπλογ καί
- *SEG* 36.983 (= PC 1985, p. 155), 12: ἔκπλογ καί
- *SEG* 36.983 (= PC 1985, p. 155), 14: ἔγκτησιγ γῆ[ς][66]
- Maddoli 2007, 11.B, 17: ὦγ καί
- Maddoli 2007, 17, 14: ὦγ καί[67]

Si noti che in due casi l'assimilazione si verifica in presenza anche di ionismi (*I.Iasos* 68, 4: [προ]εδρίηγ; *SEG* 36.983, 12: ἔσπλογ) e in due casi in presenza del grafema <O> per [ọ] (*SEG* 36.983, 12: ἔσπλογ καὶ ἔκπλογ). Ad Atene questo fenomeno, raro nel V secolo, trovò la sua massima diffusione nel IV, soprattutto nella prima metà; dopo quest'epoca divenne progressivamente sempre più raro, specialmente a partire dal II secolo a.C. in poi.[68]

---

57 Threatte 1980–1996, I, 207.

58 Questa è infatti la lettura che nasce dal riscontro autoptico e che era sfuggita all'editore. Non è da escludere che si tratti di un semplice errore del lapicida. Cf. oltre § 7.10.2.

59 Nello stesso testo si trova anche πλείστου (l. 23).

60 Su η al posto di ει prima di una consonante v. Mayser 1970², 50–51; prima di una vocale *ibid.*, 58–60.

61 L'attestazione è contenuta nella lettera di Eumene II di Pergamo agli abitanti di Iasos, che si data nel 182 a.C.

62 Threatte 1980–1996, I, 202–205.

63 Threatte 1980–1996, I, 365 s. V. però anche Kretschmer 1916, 346.

64 Per una presentazione e una quantificazione del fenomeno (che avviene in prevalenza con monosillabi) nei papiri v. Mayser 1970², 205–206.

65 Nello stesso testo si trova anche ἔκπλουν καί (l. 5).

66 La stessa iscrizione non presenta assimilazione alle ll. 8 e 11.

67 Sia il decreto Maddoli 2007, 11.B che Maddoli 2007, 17 presentano in ogni caso alcuni esempi di non assimilazione.

68 Threatte 1980–1996, I, 629–632. La stessa tendenza si evidenzia a Magnesia al Meandro: Nachmanson 1903, 100–107.

Assimilazione di nasale davanti a labiale[69] (35 exx.).

- *I.Iasos* 1, 57: τὸμ πρός
- *I.Iasos* 2, 18: τὴμ πόλιν
- *I.Iasos* 4, 54–55: τῶμ βασιλέων
- *I.Iasos* 31, 3: ἐμ πολέμωι
- *I.Iasos* 32, 6: τὴμ πόλιν[71]
- *I.Iasos* 33, 2, 5: τὴμ πόλιν
- *I.Iasos* 33, 9: ἐμ πολέμωι
- *I.Iasos* 36, 8: τὴμ πόλιν
- *I.Iasos* 37, 11: ἐμ πολέμωι
- *I.Iasos* 38, 7: ἐμ πολέμωι
- *I.Iasos* 41, 6: εἴσιμ περί
- *I.Iasos* 41, 6: τὴμ πόλιν
- *I.Iasos* 42, 8: ἐμ πολέμωι[73]
- *I.Iasos* 46, 5: ἐμ [πολέ]μωι[75]
- *I.Iasos* 48, 7: τῶμ πολ[ιτ]ῶν
- *I.Iasos* 50, 5: τὴμ πόλιν
- *I.Iasos* 50, 6: τῶμ πολιτῶν
- *I.Iasos* 54, 7: τῶμ πολιτῶν[78]
- *I.Iasos* 56, 7: τὴμ πόλιν[70]
- *I.Iasos* 61, 7: ἐμ πολέμῳ[ι]
- *I.Iasos* 62, 7: ἐμ πολέμωι
- *I.Iasos* 68, 5: ἐμ πο[λέμωι]
- *SEG* 36.982A (= PC 1985, IIa), 5: ἐμ πολέμωι
- *SEG* 36.982C (= PC 1985, IIc), 5: τὴμ προξενίην
- *SEG* 36.982C (= PC 1985, IIc), 10: ἐμ πολέμωι
- *SEG* 36.982C (= PC 1985, IIa), 11: ἐὰμ βόληται
- *SEG* 36.983 (= PC 1985, p. 155), 13: ἐμ πολέμωι
- *SEG* 38.1061 (= PC 1987, c), 9: ἐμ πολέμωι
- *SEG* 41.929 (= PC 1989, 1), 34: τῶμ πρότερον[72]
- Maddoli 2007, 11.B, 11, 14: τὴμ πόλιν
- Maddoli 2007, 17, 7: τὴμ πόλιν[74]
- Maddoli 2007, 18.1, 7: ἄμ βούληται
- Maddoli 2007, 20.A1, 12: ἐμ πολέμωι[76]
- Maddoli 2007, 21, 6: τῶμ πολιτῶν[77]
- Maddoli 2007, 22, 9, 11: τὴμ πόλιν

Nelle iscrizioni attiche questo fenomeno, raro nel V secolo, si riscontra con frequenza soprattutto nella prima metà del IV; dopo questa data diminuisce progressivamente, in particolare a cominciare dal III secolo.[79]

Assimilazione di nasale davanti a nasale[80] (8 exx.).

- *I.Iasos* 2, 39, 46, 51: μὲμ μοι
- *I.Iasos* 4, 61: πρῶτομ μέν
- *I.Iasos* 73, 26: τὸμ μέν
- *SEG* 41.929 (= PC 1989, 1), 16: τῶμ Μ̣[υνδίων]
- Maddoli 2007, 20.B, 20: ἐμ μέν
- Blümel 2007, 2 II, 37: ἐμ μηνί

Per la documentazione ateniese valgono le considerazioni svolte al punto precedente.

4.10 Mancata assimilazione

(3 exx.)

- *I.Iasos* 4, 89: συνπομπ[ευέτωσαν]
- *I.Iasos* 23, 14: συνκεχώρηται
- *I.Iasos* 75, 8: ἐνλείποντες[81]

---

69 Per una presentazione e una quantificazione del fenomeno (che avviene in prevalenza con monosillabi) nei papiri v. Mayser 1970², 203–206.
70 Nel testo è tuttavia documentato anche τῶν πολιτῶν (l. 8) e τὴν πόλιν (l. 10).
71 Nella stessa iscrizione si trova anche τῶν πολιτῶν (l. 6).
72 Nella medesima epigrafe si trovano anche τῶν πρότερον (l. 6) e ἐν πολέμωι (l. 11).
73 Nello stesso testo è attestato anche τὴν πόλιν (l. 4).
74 Vi si legge tuttavia anche τῶν πολιτῶν (l. 8–9).
75 V. nota precedente (l. 2).
76 Testimoniati anche τῶν πολιτῶν (l. 2) e τὴν πόλιν (l. 6–7).
77 Nella medesima iscrizione si trova anche τὴν πόλιν (l. 5 e 9).
78 Nella stessa epigrafe è attestato anche τὴν πόλιν (l. 5–6) e ἐν πολέμωι (l. 11).
79 V. Threatte 1980–1996, I, 624–629.
80 Per una presentazione e una quantificazione del fenomeno (che si verifica in prevalenza nei monosillabi) nei papiri v. Mayser 1970², 203–206.
81 La mancata assimilazione di ἐν- davanti a una voce del verbo λείπω è piuttosto rara: Threatte 1980–1996, I, 605.

4.11 Semplificazione di consonante doppia

(2 exx.)[82]

- *I.Iasos* 1, 3: Μαυσώλλωι[83]
- Maddoli 2007, 20.A1, 4: πράσοντες

Ad Atene la semplificazione della geminata non costituisce un indizio cronologico preciso, dal momento che è attestata in varie epoche, sempre comunque in maniera sporadica.[84]

4.12 Geminazione di consonante semplice[85]

- *I.Iasos* 46, 5: ἔκκπλουν

La geminazione della consonante finale della preposizione proclitica ἐκ è documentato anche in Attica.[86]

4.13 Oscillazione tra consonante semplice e geminata

- Maddoli 2007, 1.1, 4 e 6: Συέννεσσι e Συέννεσι̣[

L'oscillazione tra consonante semplice e geminata è un' evenienza ben nota; in questo caso è notevole la compresenza della duplice forma nel medesimo testo;[87] forse a spiegarlo è il fatto che si tratta di un nome non greco.

5 Altri fenomeni: fenomeni morfologici

Genitivo in -α per i nomi della I declinazione maschile[88]

(7 exx.)

- *I.Iasos* 1, 14, 26: Μεννέα
- *I.Iasos* 1, 21, 24: Ἀμύντα[89]
- *I.Iasos* 1, 49: Ἀθηναγόρα
- *I.Iasos* 42, 2: Κλεανδρίδα
- *I.Iasos* 54, 4: Κλεανδρίδα[90]

La documentazione attica mostra che in πόλεις non doriche il genitivo in -α nei nomi maschili della I declinazione divenne comune soltanto dall'avanzato II secolo a.C.;[91] la diffusione di antroponimi con nominativo in -ᾶς rappresenta d'altra parte un tratto tipico della κοινή.[92] Prima di questa data – e questo è il caso delle epigrafi

[82] Il rinvenimento nella campagna di scavo 2012 di un nuovo decreto (NPg 970, pietra inv. Iasos 8571) che dimostra ormai definitivamente che è Φυλαιών e non Φυλλιών la lezione corretta di uno dei nomi dei mesi di Iasos (v. sopra § 3.1.3.2, spec. n. 30 a p. 24 s.) permette di leggere in Maddoli 12.A2, 2 Φυλαιῶνος e non Φυλ<λ>ιῶνος. La revisione autoptica di *SEG* 41.929 (= PC 1989, 1) consente alla l. 27 di correggere in Ἀπόλ̣λωνος la lettura [Ἀ]πόλωνος dell'editore.

[83] In Caria e Ionia il nome di Mausolo è generalmente scritto con doppio *lambda*: v. *e.g.* *I.Mylasa* 1, 2, 6, 12; 2, 2; 3, 2, 3, 5, 8, 14; 5, 2–3; 6, 1; 7, 1; 11, 1; *I.Erythrai* 8, 2, 15; *I.Stratonikeia* 501, 6; *SEG* 12.471, 1.

[84] Threatte 1980–1996, I, 513–515. Per il fenomeno nei papiri v. Mayser 1970^2, 186–191.

[85] V. Mayser 1970^2, 194.

[86] Threatte 1980–1996, I, 527–532.

[87] Per il duplice fenomeno della geminazione della consonante semplice e della semplificazione della geminata v. Threatte 1980–1996, I, 532–534.

[88] Non viene qui elencato il patronimico (Ἀρχαΐδα) dello spartano onorato in Maddoli 2007, 25.B, 6.12, la cui forma dorica è ovvia e attesa.

[89] La datazione del testo (§ 2, 3) sembra sconsigliare la spiegazione, avanzata per Magnesia al Meandro da Nachmanson 1903, 32 s., che si tratti di un nome macedone.

[90] In *I.Iasos* 59, 4 lo stesso personaggio è indicato con il patronimico Κλεανδρίδου (cf. anche Nachmanson 1903, 119 s.).

[91] Threatte 1980–1996, II, 82–86.

[92] Zgusta 1956, 411–412.

iasee che attestano questi genitivi[93] – deve trattarsi probabilmente di genitivi dorici. Si può forse formulare l'ipotesi che la loro presenza a Iasos, culturalmente ionica, sia da collegare a relazioni intrattenute con città doriche, e in particolare con le grandi isole vicine, Cos e Rodi.[94]

6 Considerazioni cronologiche

Come premesso in apertura di capitolo, verranno qui impiegati quali strumenti utili a definire la datazione dei testi solamente i fenomeni linguistici di indiscutibile valore cronologico, vale a dire quelli presentati ai §§ 6.1–2. La loro presenza verrà valutata e confrontata con la tabella contenente la proposta di sviluppo cronologico degli ψηφίσματα onorari ricavata dallo studio del formulario (tabella n. 27), già a sua volta confermata dall'analisi paleografica (v. tabella n. 31).
I decreti esaminati in questo capitolo verranno suddivisi in tre gruppi:

1. decreti che attestano sia tratti ‹arcaici› che ionismi non recepiti nella κοινή;
2. decreti che attestano almeno due ionismi non recepiti nella κοινή;
3. decreti che attestano un solo ionismo non recepito nella κοινή.

Si è consapevoli dei limiti di una simile divisione, che per esempio classifica in uno stesso gruppo testi conservati per intero e piccoli frammenti (es. *I.Iasos* 68) e si è consci del fatto che essa è pertanto statisticamente discutibile; tuttavia, essa offre in ogni caso spunti e indicazioni interessanti.

Tabella n. 33. Confronto tra i gruppi di decreti stabiliti sulla base del formulario e gli indizi linguistici

Legenda:

grigio scuro	decreti che attestano sia tratti ‹arcaici› che ionismi non recepiti nella κοινή
grigio medio	decreti che attestano almeno due ionismi non recepiti nella κοινή
grigio chiaro	decreti che attestano un solo ionismo non recepito nella κοινή

---

[93] Per la datazione di *I.Iasos* 1 e 54 v. § 2, 3 e 7; *I.Iasos* 42 è stata incisa in uno stile grafico molto vicino a quello di *I.Iasos* 54: § 4.4.2.4.

[94] Sul significato della conservazione o del mutamento delle caratteristiche linguistiche negli antroponimi v. Morpurgo Davies 2000. Per la presenza di desinenze doriche anche in testi in κοινή v. Nachmanson 1903, 119 s.

Tabella n. 33. Confronto tra i gruppi di decreti stabiliti sulla base del formulario e gli indizi linguistici

decreto	publ. ass.	mot. p. cong.	mot. ass.	prop. ass.	solo sanz.	ἐν ἀρχ.	inc. sanz.	προεδρ. sempl.	citt. sempl.	pross./ev. Ἰασέων	ἀτέλ. sempl.	πρυτ. < 6	≠ Ἀφρ.	ὁ δ. εἶπε	publ. *in fine*	inc. στεφ.	ἀρχ./πρ.γν.	mot. sempl.	pross./ev. + altro gen.	mot. 3.B.i–iii
M2007,1.1 (**I**)	X	X		?	?	?	?	?	?	?	?	?	?	?		?	?		?	
M2007,1.2	X		X	X	X			?	X	?	?								?	
M2007,1.4	X		X	X	X			?	?		?									
I.Iasos 68	X	?	?	X	X		X	X										?		
SEG 36.982A	X	X		X				X												
SEG 36.982B	X		X	X		X	X	X		X		X								
SEG 36.982C	X	X					X	X	X		X	X	X	X						
SEG 36.983(**II**)	X		X			X	X	X		X	X	X		X						
I.Iasos 1 △	X		X	X			X						X							
M2007,1.3 □	X		X	X				X	?	?	?								?	
M2007,16.1 □	X	X		X				?	?	?	X								?	
M2007,20.A2 □	X		X	X			X			X										
I.Iasos 24+30(**III**)							X*	X			X		X		X		A			
I.Iasos 52	X												?			X	P	X		
M2007,5	X		X						X				X			X	P		X	
M2007,6									X	?		X	?		X	X	P	X	?	
M2007,7										?		X	?		X	X	P		?	X
M2007,8									X	?		X	?		X	X	P	X	?	
M2007,9									X			X	X		X	X	P	X	X	
M2007,10	?							?	?	?	?	X	X		?	X*	P	X*	?	
I.Iasos 40	X								X*				X	X		X*			X	X
I.Iasos 54	X									X				X						X
I.Iasos 47			X						X						X	X	P			
I.Iasos 42									X	X	X		X	X	X					X
I.Iasos 60									X*				X		X	X	P*		X*	X
I.Iasos 53						?	?						?		X*	?	P		X	X
I.Iasos 37						?	?		X	X			?		X	?	P	X		
M2007,12.B						?	?					?	?		X	?	P		X	X
M2007,11.A												X			X	X	P	X	X	
M2007,14.A	?							?	?	?	?		X	X*	?			?	?	?
I.Iasos 45	?								X	X				X	?	X				X
I.Iasos 61				?	?	?	?					?	?	?	X	?	?			X*
I.Iasos 62		?	?	?	?	?	?		X			?	?	?	X	?	?	?	X	?
I.Iasos 31		?	?	?	?	?	?		?	?		?	?	?	X	?	?	?	?	?
I.Iasos 38				?	?	?	?					?	?	?	X	?	?			
I.Iasos 32	?							?	?		?		X	X	?	X			X	X
M2007,18.1													X	X	X	X			X	
M2007,19.1				?	?	?	?					?	?	?	X	?	?		X	X
I.Iasos 39	?							?	?	?	?	X	X		?	X	P	?	?	?
M2007,11.B													X		X	X	P		X	

decreto	Ἀφρ.	inc. mese	προεδρ. ἐν.τ.ἀγ.	ἀτέλ. lim.	citt.+ f. part. A	citt.+ f. part. B	πρυτ. 6 o >	mot. 3.B.iv	προεδρ. ἐν.τ. ἀγ.π.	στεφ. Ap.	δτδ	δτβκτδ	pritani καταστ.	moz. or.	form. fin.	mot. g. str.	form. esor.	voto	scelta amb.	gruppo
M2007,1.1 (**I**)	?	?	?	?	?	?	?		?	?									?	I
M2007,1.2			?	?					?											
M2007,1.4			?	?	?	?			?											
I.Iasos 68																				
SEG 36.982A																				
SEG 36.982B																				
SEG 36.982C																				
SEG 36.983(**II**)																				
I.Iasos 1 △							X													
M2007,1.3 □				?	?	?														
M2007,16.1 □			?		?	?			?											
M2007,20.A2 □																				
I.Iasos 24+30(**III**)																				
I.Iasos 52	?								X											II
M2007,5																				
M2007,6	?																			
M2007,7	?																			
M2007,8	?																			
M2007,9																				
M2007,10			?	?	?	?			?	?					?			?	?	
I.Iasos 40			X							?										III
I.Iasos 54	X	X	X	X							X									
I.Iasos 47	X																			
I.Iasos 42		X	X																	
I.Iasos 60			X*																	
I.Iasos 53	?	?			X		X			?										
I.Iasos 37	?	?	X	X			X			?										
M2007,12.B	?	?			X		?			?			?							
M2007,11.A	X					X				?										
M2007,14.A		X	?	?	?	?		?	?		?	?		?	?		?	?	?	
I.Iasos 45	X		X	X											?			?	?	
I.Iasos 61	?	?	X	X		X	?			?			?							
I.Iasos 62	?	?	X	X			?	?		?	?	?	?	?		?	?			
I.Iasos 31	?	?	X	X	?	?	?	?		?	?	?	?	?		?	?			
I.Iasos 38	?	?		X		X	?	X	X	?			?							IV
I.Iasos 32			?	?	?	?			?						?			?	?	
M2007,18.1				X		X		X	X											
M2007,19.1	?	?		X		X	?		X	?			?							
I.Iasos 39			?	?	?	?		?	?	X	?	?			?		?	?	?	
M2007,11.B						X	X	X		X										

I.Iasos 50															X	X	P		X		X					X		X												
SEG 38.1061															X	X	P		X		X		X*			X										X				
M2007,17															X	X	P		X		X					X		X												
I.Iasos 58+44 (**IVb**)															X	X*	P		X		X*			X		X		X	X*	X*										V
M2007,18.2 (**IVc**)															X	X	P		X		X			X		X		X	X	X										
I.Iasos 41 (**IVa**)	?							?	?	?	?				?	X	P		?		X		?	?	?	?		X	?	X					?			?	?	
M2007,19.2 (**IVd**)	?							?	?	?	?				?	X	P	?	?	?	X		?	?	?	?		?	?	X	?	?		?	?	?	?	?	?	
M2007,20.A1				?	?	?	?					?	?	?	X	?	?		X		?	?				X	?	X	X	?	X		?							
M2007,21															X	X	P		X		X					X		X		X	X									
I.Iasos 56	?													X	?	X			X		X					X	X	X	X	X	X				?			?	?	VI
I.Iasos 33				?	?	?	?					?	?	?	X	?	?				?	?		X		X	?		X	?	X		?	?						
I.Iasos 82							?						?			?	P				?	?					X			?	X		X							
M2007,22	X								X							X	P		X		X						X	X		X			X							
M2007,23.1 +*I.Iasos* 66															X	X	P		X		X					X	X	X	X	?		X	X							VII
I.Iasos 46				?	?	?	?					?	?	?	X	?	?		X		?	?				X	?	X	X	?		X	?	?			?			
I.Iasos 35 (**V**)						?	?			?			?			?	P	X	?		?	?				X	X*	X		?		X	X	X	X			?	?	
I.Iasos 36 (**VI**)	?		X												?	X	P				X									X		X		X	?			?	?	
M2007,25.B(**VII**)						?	?					?	?			?	P	X	X		?	?				X	?	X		?		X	X	X	X			?		
*SEG*41.931,15–58 (**VIIIb**)																X	P		X	X						X	X					X	X	X	X			X	X	
M2007,20.B						?	?					?	?			?	P				?	?					?	X		?		X	?	X	X			X	X	
M2007,25.A1				?	?	?	?					?	?	?		?	?		X		?	?				X	?			?		X	?	X	X			?	?	
M2007,26										?		?	?			X*	P*		?		?					X	?	X		?	?	?	?	X	X			X	?	
I.Iasos 51 ■	?						X								?		P		X							X		X	X					X	?			?		
SEG 41.930,132 (**VIIIa**)			X													X	P		X							X	X					X	X	X	X					
B2007, 2 II													X			X	P										X					X		X	X	X	X	X	X	
*SEG*41.932,15-42			X					?	?	?	?					X	P		?				?	?	?	?	X		?			X*	X	X	X*			?	?	
I.Iasos 75				?	?	?	?	?	?	?	?	?	?	?		?	?		?		?	?	?	?	?	?	?		?	?		X*	?	X	X*	X*	X*	?	?	
I.Iasos 76	?							?	?	?	?		X		?	X	P		?				?	?	?	?	X		?			X*	?	X	?	X	?	?	?	VIII
I.Iasos 77		?	?					?	?	?	?	?	?		?	X	P	?	?	?	?		?	?	?	?	?	?	?	?	?	?	?	X	X*	?	?	?	?	
SEG 41.929				?	?	?	?					?	?	?		?	?				?	?					?			?		X	?	X	X	X	X	X	X	
SEG 41.933	?	?	?			?	?	?	?	?	?		?		?	?	P	?	?	?	?	?	?	?	?	?	X	?	?	?	?	?	X	X	?	?	?	?	?	
B2007, 2 III	?	?	?					?	?	?	?	?			?	X	P	?	?	?	X		?	?	?	?	?	?	?		?	?	X	X	?	?	?	?	?	
I.Iasos 73 ■							X										P		X													X		X		X	X		X	
I.Iasos 74 ■							X										P		X													X		X		X	X		X	
I.Iasos 28		?	?	?	?	?	?	?	?	?	?	?	?	?		?	?	?	?	?	?	?	?	?	?	?	?	?	?	?	?	?	?	?	X	?	?	X	?	
*SEG*41.930,33–35+ *SEG*41.931,1–13		?	?													X	P*	?	X*	?						X	X*	?				X*	X*	X*	X	?				
SEG 41.932,1–14		?	?	?	?	?	?	?			?	?	?	?		?	?	?	X	?	?	?	?	?		X	?	?	?	?	?	?	?	?	X	?	?	X		
M2007, 23.2		?	?	?	?	?	?	?	?	?	?	?	?	?		?	?	?	?	?	?	?	?	?	?	?	?	?	?	?	?	?	?	?	X	?	?	X	?	
I.Iasos 23 △	X		X										X			X	P															X		X						
I.Iasos 219 △	?	?	?	?	?	?	?					?	?	?	?	?	?	?		?	?	?					?	?		?		X	?	X	?	?		?	?	

decreto	pubbl. ass.	mot. p. cong.	mot. ass.	prop. ass.	solo sanz.	ἐν ἀρχ.	inc. sanz.	προεδρ. sempl.	citt. sempl.	pross./ev. Ἰασέων	ἀτέλ. sempl.	πρυτ. < 6	≠ Ἀφρ.	ὁ δ. εἶπε	pubbl. *in fine*	inc. στεφ.	ἀρχ./πρ.γν.	mot. sempl.	pross./ev. + altro gen.	mot. 3.B.i–iii	Ἀφρ.	inc. mese	προεδρ. ἐν.τ.ἀγ.	ἀτέλ. lim.	citt.+ f. part. A	citt.+ f. part. B	πρυτ. 6 ο >	mot. 3.B.iv	προεδρ. ἐν.τ. ἀγ.π.	στεφ. Ap.	δτδ	δτβκτδ	pritani καταστ.	moz. or.	form. fin.	mot. g. str.	form. esor.	voto	scelta amb.	gruppo
M2001,A (= *SEG* 51.1506) △	?	?	?	?	?	?	?					?	?	?	?	?	?	?		?	?	?					?	?		?	?	?	?	X	?	?	?	?	?	VIII
I.Iasos 29 ▲	?	?	?					?	?	?	?	?	?		?	X	P*	?	?	?	?		?	?	?	?	?	?	?	?	?	?	?	X	?	?	?	?	?	
M2007,25.A2 ▲	?							?	?	?	?				?	X	P		?		X		?	?	?	?	X		?		?	?	X		?		?	?	?	
H1994, p. 71 ▲	?	?	?				?	?	?	?	?	?	?	?	?	?	P*	?	?	?	?	?	?	?	?	?	?	?	?	?	?	?	X	X	?	?	?	?	?	
I.Iasos 4 (**IX**)	?								?	?	?		X		?	X	P		?				?	?	?	?	X		?		?	?		?	?		?	?	?	decreti lacunosi, non inseribili in alcun gruppo
I.Iasos 27	?							?	?	?	?		X		?	X	A	?	?	?			?	?	?	?		?	?		?	?		?	?	?	?	?	?	
I.Iasos 34	X			?	?	?	?		X	X		?	?	?		?	?				?	?					?			?			?							
I.Iasos 57	?							?	?	?	?				?	X	P	?	?	?	X		?	?	?	?		?	?		?	?		?	?		?	?	?	
I.Iasos 59	?							?	?	?	?				?	X	A		?	X	X		?	?	?	?			?						?			?	?	
I.Iasos 63		?	?	?	?	?	?	?	?	?	?	?	?	?		?	?	?	?	?	?	?	?	?	?	?	?	?	?	?	?	?	?	?	X*	?	?			
I.Iasos 70	?	?	?	?	?	?	?	?		?	?	?	?	?	?	?	?	?	?	?	?	?	?	?			?	?	?	?	?	?	?	?	?	?	?	?	?	
I.Iasos 71	X	?	?	?	?	?	?	?		?	?	?	?	?		?	?	?	?	?	?	?	?	?	X		?	?	?	?	?	?	?	?		?	?			
M2007,4		?	?	?	?	?	?	X*		X*	X	?	?	?	X	?	?	?		?	?	?					?	?		?	?	?	?	?	X	?	?			
M2007,12.A1		?	?	?	?	?	?	?	?	?	?	?	?	?	X	?	?	?	?	?	?	?	?	?	?	?	?	?	?	?	?	?	?	?		?	?			
M2007,13	?			?	?	?	?	?	?	?	?	?	?	?	?	?	?		?	X	?	?	?	?	?	?	?		?	?			?		?			?	?	
M2007,15				?	?	?	?	?	?	?	?	?	?	?	?	?	?		?	X*	?	?	?	?	?	?	?		?	?			?		?			?	?	
M2007,24	X	?	?	?	?	?	?		?	?	X*	?	?	?		?	?	?	?	?	?	?			?	?	?	?	X*	?	?	?	?	?		?	?			
NPg 898	?							?			?				?	X	P		X		X		?	?		X		X	?						?			?	?	
I.Iasos 43				?	?	?	?					?	?	?	X	?	?				?	?					?			?			?							
I.Iasos 55		?	?	?	?	?	?	?	?	?	?	?	?	?	X	?	?	?	?	?	?	?	?	?	?	?	?	?	?	?	?	?	?	?		?	?			
I.Iasos 2 △		?	?	?	?	?	?					?	?	?	X	?	?	?		?	?	?					?	?		?		X	?	?						
I.Iasos 6 △	?							?	?	?	?		X		?	X	P		?				?	?	?	?			?		?	?		?	?		?	?	?	
I.Iasos 20 △	?	?	?			?	?						?		?	?	P*	?		?	?	?					X	?		?	?	?		?	?		?	?		
I.Iasos 152,40–41 △	X		X	X									X			X														X										
I.Iasos 25 ▲	?	?	?					?	?	?	?		X		?	X	P	?	?	?			?	?	?	?	X	?	?		?	?	X	?	?	?	?	?	?	
I.Iasos 26 ▲	?	?	?					?	?	?	?		X		?	X	P	?	?	?			?	?	?	?	?	?	?		?	?	X	?	?	?	?	?	?	
I.Iasos 49 ▲	?	?	?	?		?		?	?	?	?	?	?	?	?	X	?	?	?	?	?		?	?	?	?	?	?	?	X	?	?	?	?	?	?	?	?	?	
I.Iasos 64 ▲	?							?	?	?	?			X	?	X		?	?	?	X		?	?	?	?		?	?		?	?		?	?	?	?	?	?	
I.Iasos 69 ▲	?	?	?	?				?	?	?	?	?		?	?	X	?	?	?	?	X		?	?	?	?	?	?	?		?	?	?	?	?	?	?	?	?	
M2007,12.A2 ▲	?	?	?					?	?	?	?	?	X		?	X	P	?	?	?			?	?	?	?	?	?	?		?	?	?	?	?	?	?	?	?	
M2007,16.2 ▲	?	?	?	?				?	?	?	?	?		?	?	X	?	?	?	?	X		?	?	?	?	?	?	?	X	?	?	?	?	?	?	?	?	?	

La linea di sviluppo già delineata grazie allo studio del formulario e della paleografia è ancora una volta confermata. Nonostante gli indizi linguistici siano certamente da valutare con particolare cautela e il sistema di raffronto sia empirico e impreciso, esso si dimostra comunque indicativo. Si osserva, infatti, come due diversi indizi di antichità (tratti ‹arcaici› e ionismi) si riscontrino soltanto nel primo gruppo di decreti individuato grazie al formulario; quest'ultimo coincideva già, lo si è visto (tabella n. 31), col gruppo paleografico n. 1. Due ionismi si trovano solamente in ψηφίσματα dei primi tre gruppi del formulario (l'assenza dal secondo gruppo va verosimilmente considerata effetto della ristretta base statistica); un solo ionismo è attestato in quantità progressivamente calante in tutti i primi tre insiemi e ritorna di nuovo soltanto una volta in un livello cronologico più basso, nel genitivo di un antroponimo in *I.Iasos* 56. Nella sequenza ricostruita grazie al formulario e confermata dalla paleografia, le tracce linguistiche più antiche, dunque, diminuiscono e si rarefanno progressivamente, com'era lecito attendersi.

Anche il dato linguistico conferma l'evoluzione progressiva della forma esteriore dei decreti onorari iasei che qui si va definendo. L'unico dato un po' dissonante è rappresentato dallo ψήφισμα abbreviato Maddoli 2007, 16.1. Nonostante sulla base del formulario debba essere inserito nel primo insieme (la sua forma sintetica, priva di molti elementi, richiama infatti i decreti più antichi), esso appartiene tuttavia al Gruppo paleografico n. 4 ed è stato inciso dal ‹Lapicida di Maddoli 2007, 20.A1› (v. § 4.4.4.1); per questo motivo dovrebbe essere cronologicamente coevo ai decreti del quinto e sesto gruppo di formulario. Dal momento che documenta ben due ionismi, esso si distingue per essere uno dei decreti più recenti a conservare tracce consistenti di questo dialetto. Sembra pertanto fondato il sospetto espresso dall'editore[95] che questo testo possa rappresentare la ripubblicazione di uno ψήφισμα più antico – evenienza già attestata a Iasos in almeno un altro esempio.[96]

95 Maddoli 2007, 280–282.

96 *SEG* 38.1059 (=PC 1987, a) è la ripubblicazione di *SEG* 36.983 (= PC 1985, p. 155).

VII. La proposta di riordino cronologico

1 La disposizione dei testi sulle παραστάδες

Un ulteriore contributo alla messa a punto della datazione dei decreti iasei può essere infine offerto dalla concreta disposizione dei testi sulla pietra. In generale, può valere il principio che si inizia a incidere una superficie lapidea predisposta per l'iscrizione dall'alto e che, pertanto, i testi sono da ritenere via via più recenti man mano che si scende. Questo principio pare valido soprattutto per supporti che presentano una sola superficie di scrittura, anche se alcuni rari casi non sembrano riconducibili a questa regola (v. oltre § 7.3, a proposito di *SEG* 36.982A = PC 1985, IIa). Un po' più complicata è invece la situazione per i testi incisi su παραστάδες, scelte frequentemente dalla πόλις come luogo di esposizione dei decreti onorari, sia per stranieri che per cittadini (§ 3.6.6, specialmente § 3.6.6.3). Le παραστάδες sono elementi architettonici visibili su tre lati, con il quarto appoggiato a qualche struttura: a volte con questo nome si definiscono pilastri addossati a pareti, a volte invece stipiti o ante d'ingresso di edifici.[1] Come si è visto a § 3.6.6.3, a Iasos è documentato più di un edificio con παραστάδες. Uno di questi fu la στοά di Poseidon – molto probabilmente la stessa talora definita semplicemente come ‹la στοά› (il dato rappresenta già in sé un interessante documento di topografia cittadina in epoca ellenistica) –, antenata del portico Sud dell'ἀγορά di epoca imperiale. Un interessante blocco iaseo (inv. 2131) fornisce un'utile informazione di dettaglio: per il decreto sul lato destro è infatti prescritta la pubblicazione sulla παραστάς della στοά di Poseidon, mentre per quello sul sinistro è indicata la παραστάς del βουλευτήριον; evidentemente l'edificio in cui si riuniva il Consiglio cittadino e il portico intitolato a Poseidon erano in stretta relazione tra loro.[2] Anche l' ἀρχεῖον era indubbiamente dotato di o preceduto da paraste: alcune formule di pubblicazione prescrivono infatti di incidere i testi ἐν τῆι παραστάδι τῆι πρὸ τοῦ ἀρχείου. La formulazione al singolare non è indizio dell'esistenza di una sola parasta: lo mostra chiaramente la clausola che ordina l'incisione dei testi anche ἐν τῆι παραστάδι τοῦ Μαυσσωλλείου: eppure il Μαυσσωλλεῖον di Iasos era ovviamente dotato, come dimostrano anche i ritrovamenti di blocchi opportunamente sagomati e degli stessi pilastri in fase di reimpiego, di due pilastri d'ingresso definiti παραστάδες.[3]

Venendo alla questione che qui è al centro dell'indagine, è ragionevole ritenere che nell'incisione dei testi sulle παραστάδες, che avevano tre lati disponibili e un certo sviluppo in altezza, sia stato innanzitutto utilizzato, perché più visibile e dunque migliore, il lato frontale: le facce laterali, che finivano per essere superfici residuali, dovevano essere nell'immediato meno appetibili.[4] La collocazione sulla fronte può dunque essere considerata, in genere, come un indizio di precedenza rispetto ai decreti sulle facce laterali dello stesso blocco. La distanza cronologica tra un testo inciso sulla fronte e uno sui lati può tuttavia non essere necessariamente ampia. Sulla parasta infatti, come si è già detto, saranno state innanzitutto privilegiate le posizioni di maggior prestigio e leggibilità: nel momento in cui sul lato frontale si iniziava a scendere troppo in basso, si saranno prese più volentieri in considerazione anche le superfici laterali. In periodi di intensa scrittura, sui blocchi posti a un'altezza comoda per la vista, è possibile che la città, per il tramite dei νεωποῖαι, abbia proceduto a far incidere agli scal-

[1] Esichio le definisce così: παραστάδες· οἱ πρὸς τοῖς τοίχοις τετραμμένοι κίονες. V. nota successiva. La questione dei luoghi di pubblicazione dei decreti a Iasos, tra i quali le παραστάδες e le strutture cui appartenevano, viene qui trattata in modo soltanto parziale, nella misura in cui se ne possono ricavare dati funzionali a ricostruire la cronologia relativa dei decreti. Il tema è affrontato in maniera sistematica in Fabiani – Nafissi 2013, cui si rinvia.

[2] Le indicazioni si trovano rispettivamente in *I.Iasos* 62, 10–11 e 55, 2.

[3] Maddoli 2007, 11–13, spec. pp. 248–252; Fabiani – Nafissi 2013, 51–54, con aggiornamento finale (p. 59 s.).

[4] Per un'eccezione a questa regola rinvio a § 7.10: il decreto Maddoli 2007, 25.B (lato sinistro) è più antico di Maddoli 2007, 25.A1 e A2 (lato frontale). La peculiarità deve essere dipesa da una particolare posizione della parasta.

pellini i tre lati pressoché in contemporanea.

La tabella che segue riassume la disposizione dei decreti sui blocchi appartenenti a παραστάδες che presentano testi su più fronti.

Tabella n. 34. Disposizione dei decreti sui blocchi delle παραστάδες[5]

n. inv.	**faccia sinistra**	**faccia centrale**	**faccia destra**	**monumento**
1064	*I.Iasos* 37, 13: ἐν τῆι παραστάδι	*I.Iasos* 61, 8–10: ἐν τῆι παραστάδι τῆς στοᾶς	*I.Iasos* 50, 11 s.: ἐν τῆι παραστάδι	στοά
1100	*I.Iasos* 69 [- - -]	*I.Iasos* 71	*I.Iasos* 70 [- - -]	στοά (?)
1777	*I.Iasos* 34	*I.Iasos* 63, 3 s.: ἐν τῆι πρα[στάδι (*sic*) ἐν τῆι τοῦ] Ποσειδῶνος στοᾶι *I.Iasos* 64 [- - -]	inedito: praticamente illeggibile	στοά
2131	*I.Iasos* 55, 2: ἐν τῆι παραστάδι τοῦ βουλευτηρίου *I.Iasos* 56 [- - -]	*I.Iasos* 59 [- - -]	*I.Iasos* 62, 9–11: ἐν τῆι παραστάδι τῆς στοᾶς τοῦ Ποσειδῶνος	στοά
2132	*I.Iasos* 53 [- - -]	inedito: praticamente illeggibile	*I.Iasos* 57 [- - -]	στοά (?)
2133	inedito: praticamente illeggibile	*I.Iasos* 43, 10–12: ἐν τῆι παραστάδι τῆς στοᾶς τοῦ Ποσειδῶνος	*I.Iasos* 451 [- - -]	στοά

Come mostrano le formule, è sul lato frontale che si trova preferibilmente, quando è conservata, un'indicazione più circostanziata del luogo di pubblicazione, mentre sui lati si può anche trovare una disposizione più generica. Partendo da questa constatazione, e con l'ausilio anche del ritrovamento di una delle pietre che ne facevano parte (Paton – Hicks 21–22, che conserva *I.Iasos* 58 sul lato sinistro e *I.Iasos* 24 sulla fronte, frammenti di decreti che possono essere idealmente ricongiunti, rispettivamente, a *I.Iasos* 44 e *I.Iasos* 30, altrettanto frammentari e oggi perduti),[6] può essere proposta anche una ricostruzione della distribuzione dei testi su due blocchi perduti della παραστάς davanti all'ἀρχεῖον.

[5] La formula di pubblicazione non compare, com'è ovvio, nel caso di decreti lacunosi (individuati da [- - -]) o che ne erano privi fin dall'origine. Le tabelle sono in buona parte riprese da Fabiani – Nafissi 2013, 47; si sono loro aggiunte le informazioni relative alla παραστάς del Μαυσσωλλεῖον. I blocchi inv. 1100 e 2132 portano decreti assai mutili e tutti oggi privi di indicazioni relative alla pubblicazione; poiché però, come gli altri, sono stati rinvenuti nel corso dello scavo del βουλευτήριον, è assai probabile che abbiano anch'essi fatto parte della στοά di Poseidon (v. blocco con n. inv. 2131).

[6] Su tutta la questione rinvio a Fabiani 2007.

n. inv.	faccia sinistra	faccia centrale	faccia destra	monumento
Paton – Hicks 21–22, *ED* 220	*I.Iasos* 58(+44)	*I.Iasos* 24(+30)	lato perduto	ἀρχεῖον
(blocco perduto)	*I.Iasos* (58+)44, 17: εἰς παραστάδα *I.Iasos* 45 [- - -]	*I.Iasos* (24+)30, 21 s.: ἐν τῆι παραστάδι τῆι πρὸ τοῦ ἀρχείου	*I.Iasos* 41 [- - -]	ἀρχεῖον
(blocco perduto)[7]	*I.Iasos* 33, 12 s.: τόπον ... τὸ[ν ἐπιφανέστ]ατον	*I.Iasos* 38, 6 s.: ἐν τῆι παραστάδι τῆι πρὸ τοῦ ἀρχείου *I.Iasos* 39 [- - -]	*I.Iasos* 46, 7 s.: ἐν τῆι ἀγορᾶι	ἀρχεῖον
(blocco perduto)	–	*I.Iasos* 31, 4 s.: ἐν τῆι παραστάδι τῆι πρὸ τοῦ ἀρχείου *I.Iasos* 32 [- - -]	–	ἀρχεῖον

Le παραστάδες del Μαυσσωλλεῖον sono invece, come si è detto, due. I decreti sono incisi su due lati, quello frontale e quello rivolto verso l'ingresso: il terzo offrirebbe in effetti una superficie scrittoria di dimensioni molto ridotte.[8]

n. inv.	faccia rivolta verso l'ingresso	faccia centrale	monumento
7152	Maddoli 2007, 11.B	Maddoli 2007, 11.A	Μαυσσωλλεῖον (pilastro a destra dell'ingresso)
7154	Maddoli 2007, 11.B ἐν τῆι παραστάδι τῆι ἐπὶ τῆς εἰσόδου τοῦ Μαυσσωλλείου	Maddoli 2007, 11.A ἐν τῆι παραστάδι τοῦ Μαυσσωλλείου	Μαυσσωλλεῖον (pilastro a destra dell'ingresso)
7153	Maddoli 2007, 12.B [- - -]	Maddoli 2007, 12.A1 ἐν τῆι παραστάδι τοῦ Μ̣[αυσσωλλείου] Maddoli 2007, 12.A2 [- - -]	Μαυσσωλλεῖον (pilastro a destra dell'ingresso)
7151	Lato perduto	Maddoli 2007, 13 [- - -]	Μαυσσωλλεῖον (pilastro a sinistra dell'ingresso)

2 La tabella riepilogativa del riordino

Dalla messe di dati raccolta nei capitoli 3, 4 e 6 non emergono elementi contraddittori, ma una coerente linea di sviluppo cronologico. Tutti questi dati, uniti alle osservazioni svolte nel capitolo 5 e qui in § 7.1, possono adesso essere messi a sistema per proporre un'ipotesi di seriazione globale e più puntuale: globale perché la molte-

[7] La posizione di *I.Iasos* 33 e di *I.Iasos* 46 sui lati sinistro e destro del blocco potrebbe anche essere invertita. Il regolare uso di formule complete sul lato frontale rivela che la posizione di *I.Iasos* 38 e 39 doveva essere quella proposta nello schema.

[8] Nella campagna di scavo 2012 sono state ritrovate le due παραστάδες del Μαυσσωλλεῖον in un rimontaggio probabilmente di piena epoca imperiale, su cui v. Baldoni 2014. Su di essi sono incisi altri decreti, che saranno oggetto di una prossima pubblicazione; i dati relativi non sono ancora qui inseriti. Gli ψηφίσματα qui presentati sono quelli pubblicati in Maddoli 2007, 11–13.

plicità di indicazioni permette di avanzare proposte di classificazione e inserire in uno schema finale anche i numerosi casi di testi, che per il loro stato troppo frammentario o lacunoso rimanevano ‹non collocati› nella tabella n. 27 (e pertanto inseriti lì provvisoriamente in un nono gruppo); più puntuale perché i gruppi inizialmente raccolti in base a semplici criteri di somiglianza possono essere ordinati in modo più dettagliato grazie alle indicazioni cronologiche interne, che rivelano in certi casi concomitanze e sequenze molto precise.

L'insieme delle osservazioni raccolte produce la tabella conclusiva e riepilogativa che segue; colori e simboli sono quelli già indicati a § 1.3. L'ordine, pur stabilito tenendo conto di tutti i dati disponibili, non pretende di essere assoluto. Chi scrive è conscia che la sequenza può in molti casi non riflettere *nel dettaglio* l'effettivo ordine storico. Si è consapevoli che nello stesso periodo non saranno mancati – da parte dei γραμματεῖς che redigevano i verbali e preparavano i testi destinati alla pubblicazione – tentennamenti, oscillazioni, commistioni di moduli vecchi e nuovi; i gusti e le abitudini personali possono talora aver portato un segretario ad attenersi a moduli più tradizionali e un altro a sperimentare forme nuove, ora subito abbandonate, ora invece destinate ad affermarsi.[9] D'altra parte le differenze possono anche non rispecchiare necessariamente un'evoluzione, ma scopi diversi: dei due decreti concomitanti *I.Iasos* 32 e Maddoli 2007, 18.1 il primo usa una formula di motivazione binaria di tipo 3.B.i, il secondo uno dei primi esempi della più articolata 3.B.iv (per esse rinvio a § 3.2.3), probabilmente per sottolineare un grado diverso e più alto di gratitudine della città (l'onorato del secondo ψήφισμα riceve infatti una grandissima quantità di onori e privilegi, anche molto rari); tuttavia, come si vedrà, essa in seguito divenne in pratica l'unica formula di motivazione adoperata. In mancanza di criteri di valutazione generale che potessero giustificare la successione dei singoli decreti fra loro, si è scelto semplicemente di accostare testi simili e di disporli secondo lo sviluppo tendenziale individuato. L'ordine suggerito qui sotto intende perciò soprattutto rendere esplicita la linea di sviluppo ideale identificata con l'esame delle diverse variabili e non pretende di ricostruire l'esatta successione di ciascuna promulgazione.

Pur con i limiti appena esposti, la suddivisione dei testi in gruppi possiede una sostanziale affidabilità cronologica: anche se non possono essere del tutto escluse marginali coesistenze e concomitanze, come potrebbe suggerire (ma non certo provare) la presenza di alcuni personaggi in almeno due diversi insiemi, ritengo che questi gruppi siano disposti secondo una cronologia relativa rispettosa dello sviluppo reale.

Tabella n. 35. Tabella conclusiva per gruppi elaborata sulla base di tutti i dati disponibili

Legenda: si rinvia alla tavola delle abbreviazioni e dei simboli (§ 1.5).

Decreti promulgati in uno stesso giorno o in uno stesso anno sono presentati all'interno di una stessa cella.

[9] Alla fase redazionale dei documenti, con le sue ‹incoerenze› e anomalie, ha dedicato particolare attenzione Laqueur 1927: accanto ad alcune casuali e prive di significato (v. *e.g.* p. 137), ve ne sono altre che possono invece rivelare aggiunte o correzioni della proposta originaria.

Tabella n. 35. Tabella conclusiva per gruppi elaborata sulla base di tutti i dati disponibili

decreto	pubbl. ass.	motiv. p. cong.	mot. ass.	prop. ass.	solo sanz.	ἐν ἀρχ.	inc. sanz.	προεδρ. sempl.	citt. sempl.	pross./ev. + Ἰασέων	ἀτέλ. sempl.	πρυτ. < 6	≠ Ἀφρ.	ὁ δ. εἶπε	pubbl. *in fine*	inc. στεφ.	ἀρχ. / πρ. γν.	motiv. sempl.	pross./ev.+ altro gen.	motiv. 3.B.i–iii	Ἀφρ.	inc. mese	προεδρ. ἐν.τ.ἀγ.	ἀτέλ. lim.	citt.+ f. part. A	citt.+ f. part. B	πρυτ. 6 o >	motiv. 3.B.iv	προεδρ. ἐν.τ.ἀγ.π.	στεφ. Ap.	δτδ	δτβκτδ	pritani καταστ.	moz. orig.	form. fin.	mot. g. str.	form. esor.	voto	scelta amb.	gruppo
M2007,1.1 (**I**)	X	X		?	?	?	?	?	?	?	?	?	?	?		?	?		?		?	?	?	?	?	?	?		?	?									?	I
M2007,1.2	X		X	X	X			?	X	?	?								?				?	?					?											
M2007,1.3 ▢	X		X	X				X	?	?	?								?					?	?	?														
M2007,1.4	X		X	X	X			?	?		?												?	?	?	?			?											
SEG 36.982B	X		X	X		X	X	X		X		X																												
SEG 36.982C	X	X					X	X	X		X	X	X	X																										
SEG 36.983 (**II**)	X		X			X	X	X		X	X	X		X																										
SEG 36.982A	X	X		X				X																																
I.Iasos 1 △	X		X	X			X						X														X													
I.Iasos 68	X	?	?	X	X		X	X										?																						
I.Iasos 24+30 (**III**)							X*	X			X		X		X		A																							II
M2007,4		?	?	?	?	?		X*		X*	X	?	?	?	X	?	?	?		?	?	?					?	?		?	?	?	?	?	X	?	?			
I.Iasos 27	?							?	?	?	?		X		?	X	A	?	?	?			?	?	?	?		?	?		?	?		?	?	?	?	?	?	
I.Iasos 52	X												?			X	P	X			?								X											
M2007,5	X		X						X				X			X	P		X																					
M2007,6									X	?		X	?		X	X	P	X	?		?																			
M2007,7										?		X	?		X	X	P		?	X	?																			
M2007 8									X	?		X	?		X	X	P	X	?		?																			
M2007,10	?							?	?	?	?	X	X		?	X*	P	X*	?				?	?	?	?			?	?					?			?	?	
M2007,9									X			X	X		X	X	P	X	X																					
I.Iasos 40	X								X*				X	X		X*			X	X			X							?										III
I.Iasos 54	X									X				X						X	X	X	X	X							X									
I.Iasos 47			X						X						X	X	P				X																			
I.Iasos 2 △		?	?	?	?	?	?					?	?	?	X	?	?	?		?	?	?					?	?		?		X	?	?						
I.Iasos 42									X	X	X		X	X	X					X		X	X																	
I.Iasos 60									X*				X		X	X	P*		X*	X			X*																	
I.Iasos 63		?	?	?	?	?	?	?	?	?	?	?	?	?		?	?	?	?	?	?	?	?	?	?	?	?	?	?	?	?	?	?	?	X*	?	?			
I.Iasos 34	X			?	?	?	?		X	X		?	?	?		?	?				?	?					?			?			?							
I.Iasos 71	X	?	?	?	?	?	?	?		?	?	?	?	?		?	?	?	?	?	?	?	?	?	X		?	?	?	?	?	?	?	?		?	?			
I.Iasos 61				?	?	?	?					?	?	?	X	?	?			X*	?	?	X	X		X	?			?			?							
I.Iasos 59	?							?	?	?	?				?	X	A		?	X	X		?	?	?	?			?						?			?	?	
I.Iasos 64 ▲	?							?	?	?	?			X	?	X		?	?	?	X		?	?	?	?		?	?		?	?		?	?	?	?	?	?	
I.Iasos 43				?	?	?	?					?	?	?	X	?	?				?	?					?			?			?							
I.Iasos 70	?	?	?	?	?	?	?	?		?	?	?	?	?	?	?	?	?	?	?	?	?	?	?			?	?	?	?	?	?	?	?	?	?	?	?	?	
I.Iasos 20 △	?	?	?			?	?						?		?	?	P*	?		?	?	?					X	?		?	?	?		?	?		?	?		
I.Iasos 62		?	?	?	?	?	?		X			?	?	?	X	?	?	?	X	?	?	?	X	X			?	?		?	?	?	?	?		?	?			
M2007,11.A												X			X	X	P	X	X		X					X				?										

decreto	pubbl. ass.	motiv. p. cong.	mot. ass.	prop. ass.	solo sanz.	ἐν ἀρχ.	inc. sanz.	προεδρ. sempl.	citt. sempl.	pross./ev. + Ἰασέων	ἀτέλ. sempl.	πρυτ. < 6	≠Ἀφρ.	ὁ δ. εἶπε	pubbl. *in fine*	inc. στεφ.	ἀρχ. / πρ. γν.	motiv. sempl.	pross./ev.+ altro gen.	motiv. 3.Bi–iii	Ἀφρ.	inc. mese	προεδρ. ἐν.τ.ἀγ.	ἀτέλ. lim.	citt.+ f. part. A	citt.+ f. part. B	πρυτ. 6 o >	motiv. 3.B.iv	προεδρ. ἐν.τ.ἀγ.π.	στεφ. Ap.	δτδ	δτβκτδ	pritani καταστ.	moz. orig.	form. fin.	mot. g. str.	form. esor.	voto	scelta amb.	gruppo
I.Iasos 45	?								X	X				X	?	X				X	X		X	X											?			?	?	
I.Iasos 69 ▲	?	?	?	?				?	?	?	?	?		?	?	X	?	?	?	?	X		?	?	?	?	?	?	?		?	?	?	?	?	?	?	?	?	
M2007,12.A1		?	?	?	?	?	?	?	?	?	?	?	?	?	X	?	?	?	?	?	?	?	?	?	?	?	?	?	?	?	?	?	?	?		?	?			
M2007,12.A2 ▲	?	?	?					?	?	?	?	?	X		?	X	P	?	?	?			?	?	?	?	?	?	?		?	?	?	?	?	?	?	?	?	
I.Iasos 37						?	?		X	X			?		X	?	P	X			?	?	X	X			X			?										
I.Iasos 53						?	?						?		X*	?	P		X	X	?	?			X		X			?										III
M2007,12.B						?	?					?	?		X	?	P		X	X	?	?			X		?			?			?							
M2007,14.A	?							?	?	?	?		X	X*	?			?	?	?		X	?	?	?	?		?	?		?	?		?	?		?	?	?	
M2007,15				?	?	?	?	?	?	?	?	?	?	?	?	?	?		?	X*	?	?	?	?	?	?	?		?	?			?		?			?	?	
I.Iasos 31		?	?	?	?	?	?		?	?		?	?	?	X	?	?	?	?	?	?	?	X	X	?	?	?	?		?	?	?	?	?		?	?			
I.Iasos 38				?	?	?	?					?	?	?	X	?	?				?	?		X		X	?	X	X	?			?							
I.Iasos 39	?							?	?	?	?	X	X		?	X	P	?	?	?			?	?	?	?		?	?	X	?	?			?		?	?	?	
M2007,11.B													X		X	X	P		X							X	X	X		X										
I.Iasos 57	?							?	?	?	?				?	X	P	?	?	?	X		?	?	?	?		?	?		?	?		?	?		?	?	?	
NPg 898	?							?			?				?	X	P		X		X		?	?		X		X	?						?			?	?	
I.Iasos 32	?							?	?		?		X	X	?	X			X	X			?	?	?	?			?						?			?	?	IV
M2007,18.1													X	X	X	X			X					X		X		X	X											
M2007,13	?			?	?	?	?	?	?	?	?	?	?	?	?	?	?		?	X	?	?	?	?	?	?	?		?	?			?		?			?	?	
I.Iasos 48														X	X	X*		X	X		X					X				X*										
I.Iasos 49 ▲	?	?	?	?		?		?	?	?	?	?	?	?	?	X	?	?	?	?	?		?	?	?	?	?	?	?	X	?	?	?	?	?	?	?	?	?	
I.Iasos 50															X	X	P		X		X*					X		X												
M2007,17															X	X	P		X		X					X		X												
SEG 38.1061															X	X	P		X		X		X*			X										X				
M2007,19.1				?	?	?	?					?	?	?	X	?	?		X	X	?	?		X		X	?		X	?			?							
I.Iasos 41 (**IVa**)	?							?	?	?	?				?	X	P		?		X		?	?	?	?		X	?	X					?			?	?	V
I.Iasos 58+44 (**IVb**)															X	X*	P		X		X*			X		X		X	X*	X*										
M2007,18.2 (**IVc**)															X	X	P		X		X			X		X		X	X	X										
M2007,19.2 (**IVd**)	?							?	?	?	?				?	X	P	?	?	?	X		?	?	?	?		?	?	X	?	?		?	?	?	?	?	?	
I.Iasos 55		?	?	?	?	?	?	?	?	?	?	?	?	?	X	?	?	?	?	?	?	?	?	?	?	?	?	?	?	?	?	?	?	?		?	?			
I.Iasos 56	?													X	?	X			X		X					X	X	X	X	X	X				?			?	?	
M2007,21															X	X	P		X		X					X		X		X	X									
I.Iasos 33				?	?	?	?					?	?	?	X	?	?				?	?		X		X	?		X	?	X		?	?						
M2007,16.1□	X	X		X				?	?	?	X								?				?		?	?			?											VI
M2007,16.2▲	?	?	?	?				?	?	?	?	?		?	?	X	?	?	?	?	X		?	?	?	?	?	?	?	X	?	?	?	?	?	?	?	?	?	
M2007,20.A1				?	?	?	?					?	?	?	X	?	?		X		?	?				X	?	X	X	?	X		?							
M2007,20.A2	X		X	X			X			X																														
M2007,24	X	?	?	?	?	?	?		?	?	X*	?	?	?		?	?	?	?	?	?	?			?	?	?	?	X*	?	?	?	?	?		?	?			

M2007,22	X								X							X	P		X		X						X	X		X			X							
I.Iasos 82							?						?			?	P				?	?					X			?	X		X							
H1994, p. 71	?	?	?				?	?	?	?	?	?	?	?	?	?	P*	?	?	?	?	?	?	?	?	?	?	?	?	?	?	?	X	X	?	?	?	?	?	VII
M2007,23.1+ *I.Iasos* 66															X	X	P		X		X					X	X	X	X	?		X	X							
I.Iasos 46				?	?	?	?					?	?	?	X	?	?		X		?	?				X	?	X	X	?		X	?	?			?			
B2007, 2 II													X			X	P										X					X		X	X	X	X	X	X	
B2007, 2 III	?	?	?					?	?	?	?	?			?	X	P	?	?	?	X		?	?	?	?	?	?	?		?	?	X	X	?	?	?	?	?	
M2007,25.B (**VII**)						?	?					?	?			?	P	X	X		?	?				X	?	X		?		X	X	X	X			?		
I.Iasos 36 (**VI**)	?		X												?	X	P				X									X		X		X	?			?	?	
I.Iasos 35 (**V**)						?	?			?			?			?	P	X	?		?	?				X	X*	X		?		X	X	X	X			?	?	
SEG 41.932,1–14		?	?	?	?	?	?	?			?	?	?	?		?	?	?	X	?	?	?	?	?		X	?	?	?	?	?	?	?	?	X	?	?	X		
SEG 41.932,15–42			X					?	?	?	?					X	P		?				?	?	?	?	X		?			X*	X	X	X*			?	?	
SEG 41.933	?	?	?			?	?	?	?	?	?		?		?	?	P	?	?	?	?	?	?	?	?	?	X	?	?	?	?	?	X	X	?	?	?	?	?	
M2007, 20.B						?	?					?	?			?	P				?	?					?	X		?		X	?	X	X			X	X	
I.Iasos 28		?	?	?	?	?	?	?	?	?	?	?	?	?		?	?	?	?	?	?	?	?	?	?	?	?	?	?	?	?	?	?	?	X	?	?	X	?	
I.Iasos 29 ▲	?	?	?					?	?	?	?	?	?		?	X	P*	?	?	?	?		?	?	?	?	?	?	?	?	?	?	?	X	?	?	?	?	?	
M2007,26										?		?	?			X*	P*		?		?					X	?	X		?	?	?	?	X	X			X	?	
M2001,A (= *SEG* 51.1506) △	?	?	?	?	?	?	?					?	?	?	?	?	?	?		?	?	?					?	?		?	?	?	?	X	?	?	?	?	?	
I.Iasos 25 ▲	?	?	?					?	?	?	?		X		?	X	P	?	?	?			?	?	?	?	X	?	?		?	?	X	?	?	?	?	?	?	
SEG 41.930,1–32 (**VIIIa**)			X										?			X	P		X		?					X	X					X	X	X	X					
SEG 41.930,33–35+ *SEG* 41.931,1–13		?	?													X	P*	?	X*	?						X	X*	?				X*	X*	X*	X	?				
SEG 41.931,15–58 (**VIIIb**)																X	P		X	X						X	X					X	X	X	X			X	X	VIII
I.Iasos 26 ▲	?	?	?					?	?	?	?		X		?	X	P	?	?	?			?	?	?	?	?	?	?		?	?	X	?	?	?	?	?	?	
I.Iasos 219△	?	?	?	?	?	?	?					?	?	?	?	?	?	?		?	?	?					?	?		?		X	?	X	?	?		?	?	
I.Iasos 77		?	?					?	?	?	?	?	?		?	X	P	?	?	?	?		?	?	?	?	?	?	?	?	?	?	?	X	X*	?	?	?	?	
I.Iasos 75				?	?	?	?	?	?	?	?	?	?	?		?	?		?		?	?	?	?	?	?	?		?	?		X*	?	X	X*	X*	X*	?	?	
SEG 41.929				?	?	?	?					?	?	?		?	?				?	?					?			?		X	?	X	X	X	X	X	X	
M2007,25.A1				?	?	?	?					?	?	?		?	?		X		?	?				X	?			?		X	?	X	X			?	?	
M2007,25.A2 ▲	?							?	?	?	?				?	X	P		?		X		?	?	?	?	X		?		?	?	X		?		?	?	?	
I.Iasos 4 (**IX**)	?							?	?	?	?		X		?	X	P		?				?	?	?	?	X		?		?	?		?	?		?	?	?	
I.Iasos 73 ■							X										P		X													X		X		X	X		X	
I.Iasos 74 ■							X										P		X													X		X		X	X		X	
I.Iasos 6 △	?							?	?	?	?		X		?	X	P		?				?	?	?	?			?		?	?		?	?		?	?	?	
M2007,23.2		?	?	?	?	?	?	?	?	?	?	?	?	?		?	?	?	?	?	?	?	?	?	?	?	?	?	?	?	?	?	?	?	X	?	?	X	?	
I.Iasos 76	?							?	?	?	?		X		?	X	P		?				?	?	?	?	X		?			X*	?	X	?	X	?	?	?	
*I.Iasos*152,40–41 △	X		X	X									X			X														X										
I.Iasos 23 △	X		X										X			X	P															X		X						
I.Iasos 51 ■	?						X								?		P		X							X		X	X					X	?			?		

3 Il primo gruppo

Il primo gruppo conta dieci decreti, tutti pubblicati in città. Tra di essi ve n'è uno di tipo abbreviato e uno non onorario. Per quanto concerne il formulario, questo raggruppamento è caratterizzato soprattutto da un prescritto che, se non addirittura assente (è il caso di Maddoli 2007, 1.3 e *SEG* 36.982A = PC 1985, IIa), manca di così tanti elementi da sembrar presente solo in embrione (v. anche § 3.8). L'informazione che esso eventualmente contiene si riduce in alcuni casi alla sola formula di sanzione: quest'ultima, quando è presente un prescritto, apre tutti gli ψηφίσματα del gruppo. Come accade anche ad Atene, nel più antico livello redazionale la città esprime per primo (talora limitandosi soltanto a esso) il dato più importante, la validazione legale della decisione;[10] solo col tempo verrà dato spazio anche alle altre indicazioni (la datazione e la presentazione degli attori della procedura deliberativa, in particolare l'indicazione del proponente).[11] Qualora registrata o conservata, la promulgazione avviene ἐν ἀρχαιρεσίαισι o in mesi diversi da Ἀφροδισιών, che statisticamente è invece – come si è visto – il mese più attestato nei decreti iasei. Quanto alla proposta, è presente solo la variante ὁ δεῖνα τοῦ δεῖνος εἶπε (§ 3.1.3.7); in un caso vengono ricordati i pritani, ma non in veste di proponenti, e sono in numero di sei. Un'altra caratteristica del gruppo è la frequentissima assenza della formula di motivazione, che al più si limita a un participio congiunto o a un complemento di causa, e la mancanza sistematica di quella di pubblicazione. La clausola per il conferimento dell'onore della prossenia e dell'evergesia è, quando attestata, seguita dal solo genitivo Ἰασέων; quella per la cittadinanza è semplice, così come quella per l'ἀτέλεια e la προεδρία.

Per quel che riguarda la grafia, tutti i testi rientrano nel gruppo paleografico n. 1.

Il decreto Maddoli 2007, 1.1 **(I)** è certamente il più antico: come si è ricordato in precedenza (§ 2, 1), è databile tra la fine del V e l'inizio del IV secolo a.C. ed è il primo testo inciso sulla pietra su cui è stato pubblicato.[12] In sequenza dispongo le altre tre iscrizioni del blocco: Maddoli 2007, 1.2 e 1.4 sono infatti gli unici ψηφίσματα iasei a presentare un prescritto contenente la sola formula di sanzione; Maddoli 2007, 1.3(□), posto tra i due precedenti, è necessariamente diverso in ragione delle sue caratteristiche di decreto abbreviato.[13]

Per quanto riguarda le quattro epigrafi successive, mi sembra di poter ipotizzare che il decreto centrale (*SEG* 36.982B = PC 1985, IIb) del blocco su cui tutte sono incise[14] sia, nonostante la posizione, il più antico. Lo lascia pensare in primo luogo la grafia, che ha analogie con quella di Maddoli 2007, 1.1 (§ 4.4.1.4) e si distingue da quella del decreto sovrastante, del sottostante e di quello sul lato destro, tutti opera del ‹Lapicida di *SEG* 36.983› (§ 4.4.1.1). Lo indicano poi anche i segni di lavorazione della pietra: le facce di questo blocco, come dimostra la superficie rimasta scabra del lato sinistro, su cui soltanto molto più tardi venne inciso il decreto Maddoli 2007, 17,[15] venivano lisciate quando vi si voleva apporre un testo. Se si osserva con attenzione la superficie della pietra al di sopra di *SEG* 36.982B (= PC 1985, IIb), vi si nota un leggero ‹scalino› (fig. 92): la superficie su cui fu iscritto il soprastante decreto *SEG* 36.982A (= PC 1985, IIa) è maggiormente ribassata, probabilmente perché venne lisciata in un secondo momento. Ritengo possibile che, in quanto primo decreto inciso sul blocco, a *SEG* 36.982B (= PC 1985, IIb) si fosse in un primo momento voluta dare, proprio in virtù della collocazione centrale, grande enfasi; solo in seguito si sarebbe deciso di occupare gli altri spazi rimasti disponibili, probabilmente a cominciare da quello in basso, su una superficie che poteva già essere stata lisciata al momento di redigere il primo decreto. Per questa ragione, nella sequenza ho inserito di seguito *SEG* 36.982C (= PC 1985, IIc), anche se non si può escludere che *SEG* 36.983 (= PC 1985, p. 155) **(II)**, inciso da solo sul lato destro e prosopografi-

---

[10] Sul ruolo fondamentale della formula di sanzione v. già Swoboda 1890, 24 s. V. poi Henry 1977, 1–18.

[11] L'assenza del proponente è considerata un indizio di maggiore antichità già da Swoboda 1890, 24–28. Su altre considerazioni analoghe, che trovano conferma nel lavoro di riordino cronologico qui presentato, v. ancora *ibidem*, 46 s., da confrontare con 50 s.

[12] Per l'iscrizione v. ora *SEG* 57.1040 e P. Fröhlich, *BE* 2009, 448, 529.

[13] Su questi tre testi v. *SEG* 57.1041–1043.

[14] Si tratta della pietra n. inv. 6500, su cui v. Maddoli 2007, 283–284.

[15] La questione è più diffusamente trattata in Fabiani – Nafissi 2013, spec. 41.

camente collegato a *SEG* 36.982C (= PC 1985, IIc),[16] sia stato promulgato anche prima ed esposto su una faccia laterale per conferirgli, isolandolo, maggiore rilievo: si tratta infatti di un decreto importante per Iasos, come dimostra una sua successiva ripubblicazione.[17] Gli indizi che parlano di una lisciatura successiva lasciano pensare che *SEG* 36.982A (= PC 1985, IIa) sia l'ultimo testo inciso su questo blocco.[18]

Di seguito ho inserito il decreto non onorario *I.Iasos* 1(△); per l'ipotesi che sia posteriore a *SEG* 36.983 (= PC 1985, p. 155) rinvio a § 2, 3; per la grafia v. anche § 4.4.1.1.

Ho collocato in chiusura al gruppo *I.Iasos* 68 (§ 9.18) per il suo formulario molto essenziale (il prescritto sembra limitarsi alla sola formula di sanzione), che lo riporta nettamente tra i decreti più antichi, e per la grafia, che invece presenta già analogie consistenti con decreti inseriti nel secondo e terzo gruppo (v. § 4.4.1.4).[19]

Fig. 92: *SEG* 36.982A–B (= PC 1985, IIa–b): dettaglio della lavorazione della pietra tra i due decreti

Per quanto concerne la datazione, l'estremo cronologico alto di questo gruppo è dettato dal decreto Maddoli 2007, 1.1 (**I**): fine del V – inizio del IV secolo a.C. Il secondo è probabilmente da individuare nell'epoca di Mausolo, in particolare nel momento della congiura, datata in modo generico tra il 367/6 e il 355/4, ma più probabilmente da contestualizzare intorno agli anni della Guerra Sociale (357–355 a.C.) (§ 2, 3). Visto che *SEG* 36.983 (= PC 1985, p. 155), secondo l'ipotesi più probabile, risale agli anni '60 del IV secolo (v. § 2, 2), saranno da considerare di quest'epoca i decreti incisi nella stessa grafia (*SEG* 36.982A = PC 1985, IIa e *SEG* 36.982C = PC 1985, IIc: § 4.4.1.1), mentre *SEG* 36.982B (= PC 1985, IIb) sarà precedente (forse degli anni '80–'70). Si tratta pertanto di ψηφίσματα risalenti alla prima metà del IV secolo a.C.;[20] forse il solo *I.Iasos* 68 potrebbe scendere un poco oltre. Durante questo arco temporale piuttosto ampio lo stile redazionale dei decreti onorari ha conosciuto un progressivo cambiamento, che ha portato all'inserimento stabile di un prescritto via via più ricco, ma non ancora corredato di tutte le informazioni in seguito abituali.

[16] Nei due decreti la proposta è avanzata da uno stesso personaggio: v. § 5.4.1.

[17] *SEG* 38.1059 (= PC 1987, a). Sulla questione v. Fabiani 2013, 319–322.

[18] Su *SEG* 36.982A (= PC 1985, IIa), che è privo di prescritto, v. ancora annotazioni a § 3.1.1 (spec. n. 13 a p. 18).

[19] J. e L. Robert, *BE* 1971, 622, 509 lo considerano, insieme a molti altri testi, parte del gruppo di decreti databili tra la fine del IV e l'inizio del III secolo a.C.

[20] Così anche Ph. Gauthier in *BE* 1990, 276, 482 per *SEG* 36.982A–C e *SEG* 36.983 (= PC 1985, IIa-c e p. 155).

4 Il secondo gruppo

Anche a questo insieme appartengono dieci decreti, di cui due per cittadini, pubblicati in città. Il prescritto di questi ψηφίσματα si amplia progressivamente fino a contenere tutte le informazioni abituali; esso inoltre, quando conservato, a differenza di quanto accade nel gruppo precedente e con la sola eccezione di *I.Iasos* 24+30, prende sempre avvio con l'indicazione dello στεφανηφόρος. La promulgazione non avviene mai nel mese di Ἀφροδισιών, la mozione è proposta sempre da un collegio magistratuale, due volte dagli ἄρχοντες ma più spesso dai pritani, che, quando elencati, sono in numero inferiore a sei; la formula di pubblicazione manca soltanto in due decreti. Se le differenze rispetto al raggruppamento precedente risiedono soprattutto nell'avvio del testo con la menzione del magistrato eponimo e nella presenza della formula di pubblicazione, alcune chiare analogie suggeriscono di porre questo gruppo subito di seguito al primo. Ci si riferisce in particolare allo stile grafico (quattro testi appartengono al gruppo paleografico n. 1 e sei al n. 2), alla presenza di ionismi e all'essenzialità delle formule di motivazione – che diventa consueta (assente una sola volta) e ha in genere forma semplice – e di concessione della cittadinanza, sempre priva di formula di partecipazione. Per quanto concerne la prossenia, fanno sporadicamente la loro comparsa genitivi diversi da Ἰασέων a conclusione della clausola.

Il gruppo si apre con *I.Iasos* 24+30 (**III**), che risale all'epoca di Alessandro Magno (§ 2, 4). Come i decreti del gruppo precedente comincia infatti con la formula di sanzione (è dunque l'ultimo esempio di *incipit* di questo genere), ma contiene la clausola che indica il luogo di esposizione; ad oggi è il primo decreto iaseo databile ad attestare un prescritto completo.

Di seguito ho posto Maddoli 2007, 4.[21] Insieme al prescritto sono certamente perdute molte informazioni preziose e dirimenti. Tuttavia, se le lettere ricordano in parte lo stile grafico del ‹Lapicida di *SEG* 36.983› (v. § 4.4.1.5) e dunque consigliano di non allontanare troppo questo decreto dal primo gruppo, la presenza di un'articolata formula di pubblicazione suggerisce piuttosto di collocarlo in questo insieme.

Vengono poi i due ψηφίσματα *I.Iasos* 27 e 52, promulgati nello stesso anno e incisi dallo stesso lapicida (§§ 5.2.2; 4.4.1.2). Di *I.Iasos* 27 resta davvero molto poco; *I.Iasos* 52 si conclude certamente senza formula di pubblicazione, come accade in genere nel gruppo 1. In entrambi i testi figurano però dati recenziori: il decreto si apre con la menzione del magistrato eponimo e viene impiegata la formula di motivazione, nella forma semplice. Anche le considerazioni prosopografiche svolte a § 5.5.10 inducono a inserire le due epigrafi in questo insieme: esse consigliano di considerare Hegyllos figlio di Ouliades ἄρχων in *I.Iasos* 1, 7(△) come il padre del sacerdote Theodoros figlio di Hegyllos onorato in *I.Iasos* 52: *I.Iasos* 52 deve dunque trovarsi a circa una generazione di distanza da *I.Iasos* 1 (△).

Per il resto del raggruppamento, la sequenza è quanto mai ipotetica. La forte analogia formulare con i testi del primo gruppo (assenza della formula di pubblicazione e di motivazione) induce a collocare qui lo ψήφισμα Maddoli 2007, 5,[22] che però è graficamente molto vicino ai decreti incisi dal ‹Lapicida di *I.Iasos* 54› (v. § 4.4.2.3), che appartengono al gruppo successivo. Lo ψήφισμα in questione è d'altra parte prosopograficamente collegato sia a *I.Iasos* 1(△) (lo segue a una generazione di distanza, v. sotto) che a *I.Iasos* 47, inserito nel terzo gruppo (§ 5.4.11). Maddoli 2007, 6, 7 e 8 sono uniti perché forse risalenti allo stesso anno (§ 5.2.4).[23] Maddoli 2007, 6 e 7 sono anche opera di uno stesso lapicida (§ 4.4.2.1), alla cui scuola può essere fatto risalire anche Maddoli 2007, 10; produzione di un medesimo scalpellino sono anche Maddoli 2007, 8 e 9 (§ 4.4.2.2).[24] I due artigiani scrivono testi dalle caratteristiche davvero molto simili: tale dato, accanto alla fortissima analogia del formulario dei testi stessi, rafforza l'ipotesi di una loro vicinanza.

Quanto alla datazione, alcuni decreti inseriti in questo gruppo riportano senz'altro al periodo immediatamente successivo all'arrivo di Alessandro Magno in Asia Minore: è in questo decennio che sembrano pertanto matu-

---

[21] *SEG* 57.1049.

[22] *SEG* 57.1050.

[23] *SEG* 57.1051–1053 e P. Fröhlich, *BE* 2009, 449, 529 (su Maddoli 2007, 6).

[24] Per Maddoli 2007, 10 v. *SEG* 57.1055; per Maddoli 2007, 8 e 9 v. *SEG* 57.1053 e 1054.

rare le caratteristiche di questo insieme di testi. Lo dimostra certamente la presenza di *I.Iasos* 24+30 **(III)**, che ricorda l'intervento dei fratelli Gorgos e Minnion figli di Theodotos presso il giovane re macedone.[25] Stessa cronologia deve essere proposta per *I.Iasos* 52:[26] si è appena ricordato (ma v. anche § 5.5.10) che questo testo deve cadere a una generazione di distanza da *I.Iasos* 1(△), che pare trovare un buon contesto negli anni intorno alla Guerra Sociale (357–355 a.C.),[27] ragion per cui, stando alla distanza media generazionale di cui si è parlato a § 5.6, il decreto più recente deve ragionevolmente risalire agli anni '20.[28] In linea con questa collocazione negli anni '20 è il formulario dello ψήφισμα, che mostra segni di recenziorità rispetto a quelli della piena epoca ecatomnide (indicazione dello stefaneforo e formula di motivazione). Poiché *I.Iasos* 52 onora il cittadino iaseo Theodoros figlio di Hegyllos con la concessione, tra l'altro, del sacerdozio di Zeus Idrieus che, come aveva già compreso G. Pugliese Carratelli, è certamente un culto regionale cario (l'epiteto deve trarre origine dalla Ἰδριάς, una regione della Caria interna, coronimo da cui deriva senza dubbio anche l'antroponimo Idrieo)[29] e non – come è stato proposto[30] – una testimonianza di culto divino per il satrapo Idrieo, fratello minore di Mausolo, constatiamo che questo culto di matrice locale si mantenne vivo in città anche dopo la conquista del Macedone. La distanza di una generazione da *I.Iasos* 1(△) deve essere analogamente supposta anche per il decreto Maddoli 2007, 5: l'estrema rarità del patronimico fa pensare infatti che l'ἄρχων Apollonides figlio di Marsyas in esso ricordato sia il figlio del Marsyas figlio di Histiaios a sua volta ἄρχων nel decreto che condanna la congiura contro Mausolo. La datazione di Maddoli 2007, 5 che qui viene proposta è confortata anche dalla constatazione che, unico esempio, questo ψήφισμα venne promulgato nel mese, notoriamente macedone, di Ὑπερβερεταῖος (§ 6.1.3.2).[31]

Il limite cronologico inferiore di questo gruppo è molto difficile da fissare; è possibile che esso scenda fino all'inizio degli anni '10 del IV secolo. A suggerire questo limite basso è soprattutto il confronto con la datazione proposta per il gruppo successivo (§ 7.5). Si osserva che, in questo periodo, per qualche ragione (su cui v. § 8.2.1), si approvano soltanto proposte di magistrati (pritani o arconti).

Poiché il gruppo precedente si chiudeva ponendo al penultimo posto *I.Iasos* 1(△), dell'epoca di Mausolo, mentre questo si apre con *I.Iasos* 24+30(**III**), dell'epoca di Alessandro, ci troviamo ad osservare che, fatta forse eccezione per *I.Iasos* 68, della Iasos ecatomnide successiva alla congiura non rimane nessun decreto, a suggerire, a quanto pare, una serissima rarefazione della prassi di pubblicazione nella seconda parte della dominazione degli Ecatomnidi sulla città.

5 Il terzo gruppo

Il terzo gruppo conta ventisette decreti, due non onorari, tre di incerta destinazione e due per cittadini, tutti pubblicati in città. Questo ulteriore stadio di sviluppo è contraddistinto dalla sopravvivenza di alcuni degli elementi precedenti e dalla comparsa di altri del tutto nuovi, come una formula di motivazione un poco più complessa, che aveva appena cominciato a presentarsi nel raggruppamento precedente, e formule di attribuzione degli onori lievemente più ricche: per l'attribuzione della prossenia/evergesia si trovano, accanto al più antico genitivo Ἰασέων, anche gli altri complementi di specificazione; per la cittadinanza prevale il tipo sem-

---

25 Sui due fratelli iasei e il loro intervento presso il re macedone si veda la bibliografia citata a § 1.1 (spec. nn. 20 e 22 a p. 2).

26 Né Pugliese Carratelli 1969–1970, 371–372 né J. et L. Robert, *BE* 1973, 417, 159–160 hanno proposto una datazione del testo.

27 § 2, 3.

28 Mi discosto su questo punto da quanto da me precedentemente proposto in Fabiani 2012, 150–151 e Fabiani 2013, 327–330, dove ipotizzavo una datazione in epoca tardo-ecatomnide del decreto *I.Iasos* 52; in quei contributi non avevo considerato la necessità di distanziare *I.Iasos* 52 da *I.Iasos* 1(△). Un ulteriore argomento a sostegno di questa datazione in un momento successivo alla conquista del Macedone è dato dalla tipologia di *incipit* del decreto, con indicazione dello stefaneforo: v. § 8.2.1.

29 Pugliese Carratelli 1969–1970, 372; la Ἰδριάς è nota da Hdt. 5.118. Sulla questione rinvio a Fabiani in stampa, b.

30 L'ipotesi è stata avanzata per primo da W. Blümel, che ha proposto di integrare le ll. 7–8 del decreto con [ἱερεωσύνην] Διὸς Ἰδριέως καὶ Ἥ[ρας Ἄδας (?)]; l'idea è stata poi accolta e approfondita da Leurini 1999. La questione è da me riesaminata in Fabiani in stampa, b.

31 V. Maddoli 2007, 233. Su Ὑπερβερεταῖος come mese specificamente macedone v. Trümpy 1997, 262: se ne deve desumere il valore di indizio cronologico, poichè non può essere apparso in città che dopo il passaggio di Alessandro.

plice, ma si trova qualche caso di formula di partecipazione, sia di tipo A sia di tipo B; l'ἀτέλεια è in genere limitata, con una sola eccezione; la προεδρία, e si tratta di un dato del tutto nuovo e di una caratteristica distintiva del gruppo, è sempre completata dall'espansione ἐν τοῖς ἀγῶσι (v. osservazioni conclusive a § 3.6.3.5). La formula di pubblicazione, assente in quattro casi, continua a occupare l'ultima posizione del decreto (v. anche § 3.8).

Dal punto di vista grafico, in questo insieme rientrano decreti dei gruppi paleografici n. 2 e n. 3. Gli indizi cronologici interni, quelli grafici e i collegamenti prosopografici consentono di inserire in questo insieme molti ψηφίσματα che il solo formulario non aveva permesso di classificare con chiarezza (*I.Iasos* 2(△); 20; 34; 43; 59; 63; 64; 69; 70; 71; Maddoli 2007, 12.A1 e 12.A2(▲); 15).

Pongo in testa al raggruppamento un terzetto di decreti onorari appartenente al gruppo paleografico n. 2 e graficamente vicino allo ψήφισμα Maddoli 2007, 5 (che è stato ascritto alla ‹Scuola del lapicida di *I.Iasos* 54›: § 4.4.2.3). Per primo inserisco *I.Iasos* 40, considerato un esempio della stessa scuola grafica, in cui un modulo antico (l'assenza di pubblicazione) convive con caratteri più recenti, una formula di motivazione binaria (3.B.i-iii: v. § 3.2.3) e la προεδρία ἐν τοῖς ἀγῶσι.[32] Di seguito ho inserito proprio i decreti incisi dal ‹Lapicida di *I.Iasos* 54›, cioè *I.Iasos* 54, storicamente contestualizzabile alla fine del IV secolo a.C. (v. § 2, 7), e *I.Iasos* 47,[33] che grazie alle informazioni prosopografiche sappiamo appartenere alla stessa generazione di Maddoli 2007, 5 (§ 5.4.11).

Fanno seguito gli ultimi ψηφίσματα appartenenti al gruppo paleografico n. 2. Tra essi, ho inserito per primo il decreto non onorario *I.Iasos* 2(△), databile, come precedentemente ricordato (§ 2, 6), tra la fine del IV e l'inizio del III secolo a.C. e il cui formulario e la cui grafia non sono paragonabili a quelli degli altri (§ 4.4.2.6). Seguono poi i due testi incisi dal ‹Lapicida di *I.Iasos* 42›, vale a dire il decreto che dà il nome allo scalpellino e *I.Iasos* 60, promulgato nel corso della medesima assemblea (§ 5.1.5); il loro stile grafico è vicino a quello del ‹Lapicida di *I.Iasos* 54›, ma con tracce di evoluzione (§ 4.4.2.4), e sono prosopograficamente collegati a due testi presenti poco più avanti in questo stesso gruppo (§ 5.4.13).[34]

Vi sono poi due testi incisi su due facce di un medesimo blocco di παραστάς (inv. Iasos 1777). Inserisco per primo *I.Iasos* 63 perché, come si argomentava a § 7.1, la sua presenza sul lato frontale permette di ipotizzarne una precedenza rispetto a *I.Iasos* 34, iscritto sulla faccia sinistra: i due decreti sono di certo cronologicamente molto vicini tra loro, come mostra l'analogia grafica (§ 4.4.3.6); il secondo evidenzia un tratto antico, vale a dire la mancanza della clausola di pubblicazione.

Pongo subito di seguito ancora un decreto privo della medesima clausola, *I.Iasos* 71, inciso anch'esso sul lato frontale di uno dei blocchi di παραστάς (§ 7.1).[35] Questo ψήφισμα è stato paleograficamente attribuito allo ‹stile del Lapicida di *I.Iasos* 61› (§ 4.4.3.2).

A § 4.4.3 si era notato che la grafia del ‹Lapicida di *I.Iasos* 61› aveva caratteristiche talmente simili a quella del ‹Lapicida di *I.Iasos* 37› che si era stati tentati di considerarli un unico artigiano. Piccole differenze avevano consigliato di mantenerli distinti. Comunque si voglia spiegare questa vicinanza, un dato assicura che la produzione del ‹Lapicida di *I.Iasos* 61› è più antica di quella del ‹Lapicida di *I.Iasos* 37›: quasi tutti i decreti che sono ascrivibili al lavoro del primo (§ 4.4.3.2) sono incisi sul lato frontale dei blocchi un tempo appartenenti alle παραστάδες: si veda la posizione di *I.Iasos* 61, 43, 59 e 64 nello schema presentato a § 7.1; il solo *I.Iasos* 70 è stato iscritto a destra di *I.Iasos* 71. È per questa ragione che, pur non potendo conoscere precisamente l'ordine originario, ho inserito di seguito i decreti attribuiti a questo scalpellino: *I.Iasos* 61, *I.Iasos* 59 (che presenta un

[32] Su questo decreto v. Fabiani 2010a. J. e L. Robert, *BE* 1971, 622, 509 lo considerano, insieme a molti altri, parte del gruppo di decreti databili tra la fine del IV e l'inizio del III secolo a.C. Gauthier 1990, 424 propende piuttosto per una datazione di questi documenti nell'ultimo terzo del IV secolo a.C; a p. 425 n. 20 lamenta l'incertezza generale della cronologia di tutto questo gruppo di epigrafi.

[33] Hicks 1888, 340–342 proponeva di datare *I.Iasos* 54, 47 e 42 nel III secolo a.C. Il testo di questi ψηφίσματα, così come quello di *I.Iasos* 60, è ripubblicato in Fabiani 2010c.

[34] Mi riferisco a *I.Iasos* 59 e 64(▲).

[35] J. e L. Robert, *BE* 1971, 622, 509 lo considerano, insieme a molti altri, parte del gruppo di decreti databili tra la fine del IV e l'inizio del III secolo a.C. Lo stesso vale, tra i documenti esaminati in questo paragrafo, anche per *I.Iasos* 61 e 70.

collegamento prosopografico con i soprastanti *I.Iasos* 42 e 60 e con un decreto inserito nel gruppo 4: §§ 5.4.13 e 5.4.17),[36] il concomitante *I.Iasos* 64(▲) (§ 5.1.10), *I.Iasos* 43 e *I.Iasos* 70.

A seguire è *I.Iasos* 20(△),[37] il cui stile grafico – per quanto è possibile constatare dall'esame della fotografia di un calco – pare mostrare forti analogie con quello del lapicida appena considerato (§ 4.4.3.5).

Trovano posto poi i decreti incisi dal ‹Lapicida di *I.Iasos* 37›, come si è appena detto, stilisticamente vicinissimo al precedente artigiano (§ 4.4.3.1). Si comincia da *I.Iasos* 62, inciso sulla faccia destra del blocco di παραστάς che sulla fronte porta *I.Iasos* 59 (§ 7.1), e Maddoli 2007, 11.A, il decreto che, sul pilastro d'ingresso del Μαυσσωλλεῖον, era stato inciso sul lato frontale del blocco posto più alto (al di sopra si vede infatti il coronamento).[38] Come ipotizzato a § 5.2.3, questi due ψηφίσματα sono assai probabilmente contemporanei alla coppia di decreti concomitanti *I.Iasos* 45 e 69(▲),[39] che si collocano a una generazione di distanza dall'accoppiata *I.Iasos* 27 e 52, inserita nel secondo gruppo (§ 5.5.10). Seguono Maddoli 2007, 12.A1 e 12.A2(▲), incisi sempre sulla παραστάς del Μαυσσωλλεῖον, ma più in basso di 11.A.[40] Viene infine il terzetto di testi, promulgati nello stesso anno (§ 5.2.5), *I.Iasos* 37,[41] *I.Iasos* 53 e Maddoli 2007, 12.B, prosopograficamente collegati a *I.Iasos* 20(△) (§ 5.4.9).[42]

Subito dopo ho collocato Maddoli 2007, 14.A,[43] che inizia con l'indicazione del mese, come nel caso di *I.Iasos* 54 e 42, pure appartenenti a questo gruppo; il formulario è omogeneo a quello dei testi di questo insieme, ma le sue caratteristiche grafiche sono già quasi proiettate verso il gruppo paleografico n. 4 (v. § 4.4.3.6); di seguito ad esso Maddoli 2007, 15, stilisticamente non dissimile (v. *ibidem*).[44]

A chiudere *I.Iasos* 31, epigrafe perduta, di cui non può essere valutata la grafia e che presenta, nella piccola porzione di testo che rimane, un formulario compatibile con quello dei testi inseriti in questo gruppo.[45]

Quanto alla datazione, tra i primi testi troviamo *I.Iasos* 54, decreto in onore di un personaggio di Meliboia, città poi assorbita nel sinecismo che ebbe luogo al momento della fondazione di Demetriàs (293 a.C. circa; v. § 2, 7); la datazione deve essere ovviamente anteriore. *I.Iasos* 54 è il primo decreto inciso sul lato frontale di un blocco calcareo, probabilmente un ortostato, dell' Ἀπολλώνιον di Iasos;[46] subito al di sotto di esso vi è *I.Iasos* 47, in cui figura un personaggio che troviamo anche in Maddoli 2007, 5 (§§ 5.4.11; 7.4), che appartiene al gruppo precedente e che, come si è detto poc'anzi, per ragioni grafiche, prosopografiche, per la presenza del mese di Ὑπερβερεταῖος e per il formulario che documenta, trova una buona collocazione negli anni '20 del IV secolo. Poiché sia *I.Iasos* 54 che *I.Iasos* 47 sono inseriti nel secondo gruppo paleografico e dunque mostrano caratteri grafici piuttosto antichi, poiché inoltre evidenziano sia tracce ‹arcaiche› (*I.Iasos* 54 è per esempio privo della

---

36 Considerazioni, anche cronologiche, su *I.Iasos* 59, datato tra l'ultimo terzo del IV e l'inizio del III secolo a.C., in J. e L. Robert, *BE* 1973, 421, 162 (dove tuttavia i due studiosi sembrano voler estendere questa datazione all'intero gruppo di decreti incisi su blocchi di παραστάς). Secondo i Robert la patria dell'onorato non può essere la Kallipolis del Chersoneso Tracio, ma piuttosto quella di Caria, dal momento che la prima, all'epoca della promulgazione del testo, probabilmente non esisteva ancora. Quest'ultima affermazione richiede tuttavia cautela, dal momento che tra l'Ellesponto e il Bosforo esistevano almeno tre località con questo nome (*IACP* 744) e ignoriamo completamente a quale località, settentrionale o caria (sulla Καλλίπολις caria v. comunque *HTC* 84–88, 208–212) che sia, si faccia effettivamente riferimento.

37 Su questo ψήφισμα v. Gauthier 1990 (che in *BE* 1991, 539, 524 presenta piccole correzioni; v. anche *SEG* 40.959) e Rhodes – Osborne 2003, 99, 508–513.

38 La foto del blocco superiore che porta Maddoli 2007, 11.A si trova *ibidem*, 256 (fig. 14). Su questo decreto v. *SEG* 57.1056.

39 *I.Iasos* 45, come tutti i decreti incisi ἐν τῆι παραστάδι πρὸ τοῦ ἀρχείου (v. schema a § 7.1), sarebbe stato databile, secondo Robert 1935, 166, tra la fine del IV e l'inizio del III secolo a.C. Hicks 1887, 93 li riteneva invece di III secolo a.C. (cf. anche Hicks 1888, 340). Per *I.Iasos* 69 (▲) vale quanto detto sopra alla n. 35 a p. 256.

40 Si veda lo schema presente in Maddoli 2007, 249, dove si deve leggere 11.A per 6.A e 12.A1–12.A2 per 7.A1–7.A2(▲). V. *SEG* 57.1058–1059.

41 Per questo testo vale quanto detto sopra alla n. 35 a p. 256.

42 Per Maddoli 2007, 12.B v. *SEG* 57.1060.

43 *SEG* 57.1062; P. Fröhlich, *BE* 2009, 451, 530.

44 *SEG* 57.1064; P. Fröhlich, *BE* 2009, 451, 530.

45 Per questo testo vale quanto detto sopra alla n. 39.

46 Il blocco è oggi conservato ai Musei Archeologici di Istanbul (inv. 3092). Per una descrizione del pezzo e una riedizione dei decreti rinvio a Fabiani 2010c. Che il blocco appartenesse all' Ἀπολλώνιον si ricava dal decreto *I.Iasos* 42, 8–9, il terzo dei tre incisi sul lato frontale; sul lato destro è *I.Iasos* 60.

clausola di pubblicazione, *I.Iasos* 47 della motivazione) che recenti del formulario (formula di motivazione di tipo 3.B.i-iii, προεδρία completata da ἐν τοῖς ἀγῶσι, ἀτέλεια limitata) mi sembra che una loro datazione negli anni '10 del secolo sia ragionevole.[47]

Tra i documenti più importanti del gruppo vi è poi *I.Iasos* 2(△) che contiene, accanto all'accordo tra la città e un gruppo di mercenari lasciati assai probabilmente di stanza in città da Antigono Monoftalmo, anche il celebre trattato tra Iasos e Tolomeo I;[48] il decreto venne promulgato tra il 309 e il 305 (al Lagide non è ancora attribuito il titolo di re),[49] ma la sua redazione scritta può essere invece genericamente datata tra il 305 e il 285 a.C. (§ 2, 6): lo ψήφισμα è stato inciso infatti sulla stessa stele, con la stessa grafia, dunque ragionevolmente nella stessa circostanza di *I.Iasos* 3, epigrafe che riporta due epistole di funzionari tolemaici che fanno invece riferimento a Tolomeo come βασιλεύς e che sono dunque necessariamente più recenti. *I.Iasos* 2(△) è stato inserito in questo gruppo esclusivamente perché riconducibile al gruppo paleografico n. 2, dal momento che il suo formulario è eterogeneo rispetto a quello dei decreti onorari. Tuttavia, proprio le caratteristiche grafiche suggeriscono che, tra i due estremi possibili, una datazione alta, forse entro la fine del IV secolo a.C., è nettamente preferibile:[50] in questo modo esso rappresenterebbe, con i decreti *I.Iasos* 42 e 60, uno degli ultimi esempi di questo stile grafico.

A proposito di *I.Iasos* 60, Chr. Habicht aveva ipotizzato che il personaggio in esso onorato, uno straniero il cui nome è perduto in lacuna e il cui etnico è [Μ]ακεδὼν ἐξ Α[- - -], possa essere il Διονύσιος Λ[- - - .].ους Μακεδὼν ἐξ Ἀνφιπόλεως in favore del quale è promulgato un decreto di prossenia di Samo[51] e che R. Billows aveva in precendenza ritenuto di poter ricollegare a un altro Διονύσι[ος], a sua volta oggetto di uno ψήφισμα ad Atene e uomo al servizio di Antigono Monoftalmo.[52] Se così fosse, come argomenta già Habicht, *I.Iasos* 60 dovrebbe essere datato negli anni del dominio di Antigono su Iasos, cioè tra 313 e 309 a.C. (v. § 1.1). Per la verità, occorre però notare non solo, come fa già Billows, che il nome Dionysios è molto comune, ma anche che la datazione proposta per il decreto di Samo è relativamente ampia (321–306 a.C.) e che in esso il personaggio viene onorato per aver sostenuto i Samii già ἐν τῆι φυγῆι: mi pare insomma che un collegamento tra il personaggio macedone onorato in *I.Iasos* 60 e il Monoftalmo non sia scontato. Il problema della datazione di questo decreto di Iasos richiede un supplemento di riflessione. In *I.Iasos* 60 non si concede l'ἀτέλεια, ma nel decreto *I.Iasos* 42, promulgato nella stessa seduta assembleare (§ 5.1.5), il privilegio è conferito in modo semplice, senza cioè l'aggiunta della formula ὧν ἡ πόλις κυρία ἐστίν. Se dunque *I.Iasos* 60 fosse dell'età del dominio di Antigono su Iasos, se ne dovrebbe desumere che Antigono avesse concesso anche a Iasos l'esenzione dalle tasse a lui dovute, come sembrerebbe aver fatto in favore degli Efesii grazie ai buoni uffici di Aristodemos figlio di Parthenios di Mileto.[53] Nel decreto *I.Iasos* 54 infatti – che sulla pietra viene prima sia di *I.Iasos* 42 che 60 e che dunque è certamente antecedente – all'onorato di Meliboia la ἀτέλεια viene invece concessa con limitazione: mi pare probabile che la città abbia dovuto versare queste tasse negli anni in cui era satrapo di Caria Asandro (323–313 a.C.). Dunque Iasos è stata a un certo punto liberata dall'obbligo di tassazione a poteri esterni, e questo deve essere avvenuto nel lasso di tempo tra l'approvazione di *I.Iasos* 54 e di *I.Iasos* 42. Nella parte conclusiva

---

[47] Robert 1935, 166 n. 2 proponeva la fine del IV secolo a.C.

[48] Secondo Migeotte 2005, 193–194 si tratterebbe in realtà ancora soltanto di una proposta di trattato avanzata dalla città.

[49] L'osservazione risale già all'editore, Pugliese Carratelli 1976–1968, 440–445.

[50] Anche Migeotte 2005, 190 pensa che tra *I.Iasos* 2(△) e *I.Iasos* 3 non dovesse essere trascorso molto tempo. Giovannini 2004, 79 ipotizza che tra *I.Iasos* 2(△) e la prima delle due lettere contenute in *I.Iasos* 3 siano passati soltanto pochi mesi e che entrambi i documenti possano essere datati nel 305 a.C.; non propone osservazioni di carattere cronologico Ph. Gauthier, *BE* 2005, 428, 529 s.

[51] *IG* XII 6, 1, 19, 2–3 (= Habicht 1957, n° 4, 171–172, 261–265).

[52] Habicht 1999, 24–25; Billows 1990, 380 (n° 31). Per il Dionysios oggetto di onorificenze ad Atene tra il 306 e il 301 a.C. v. *IG* II^2 560, 6–7.

[53] Cf. *SEG* 33.932, V: Efeso gli avrebbe riconosciuto per questo la cittadinanza (ἐπειδὴ πρόθυμος ὢν δια[τελεῖ περὶ] | τὸν δῆμον καὶ Βλέπων καὶ Μολο.[- - - οἱ γενόμενοι?] | πρέσβεις πρὸς τὸν βασιλέα ἐξήγγειλαν ὑπὲρ ἀτ[ελείας τῶι δ]ήμωι κτλ.). Perplessità sull'integrazione ὑπὲρ ἀτ[ελείας hanno tuttavia espresso J. e L. Robert, *BE* 1983, 335, 142, che hanno suggerito piuttosto ὑπὲρ αὐ[τοῦ κτλ. Aristodemos figlio di Parthenios era già noto per essere stato stefaneforo di Mileto nel 306/5 a.C. (*Milet* I 3, 123, 11; v. anche il *Nachtrag* di P. Herrmann in *Milet* VI 1, p. 166). Si ritiene che egli sia l'ufficiale di Antigono Monoftalmo di cui parla Diod. 18.47.4, 19.57.5 e 19.66; v. Billows 1990, 372–374 (n° 16).

del IV secolo a.C., ciò può essere verosimilmente avvenuto in due momenti, dapprima all'arrivo del Monoftalmo, poi di Tolomeo I: entrambi i diadochi potrebbero essere stati responsabili di questo provvedimento. Se però per Antigono non abbiamo prove dirette di una simile decisione in favore di Iasos, disponiamo invece di un indizio che potrebbe riportare a Tolomeo I sia l'esenzione dai βασιλικὰ τέλη che la datazione di *I.Iasos* 42 e 60. Nelle già menzionate epistole raccolte da W. Blümel sotto il nome di *I.Iasos* 3 si legge, alle ll. 12–14 e, con la stessa formulazione, anche alle ll. 23–25, tra i giuramenti dei funzionari tolemaici Aristoboulos e Asklepiodotos agli Iasei: διαφυλάξω τὴν ἐλευθερίαν καὶ τὴν αὐτονομίαν τῶι δήμωι τῶν Ἰασέων, τὰς δὲ προσόδους ἐάσω Ἰασεῖς λαμβάνειν τὰς τῆς πόλεως πάσας καὶ τοὺς λιμένας. Pur obbligata a pagare, come informa in seguito il testo, una σύνταξις a Tolomeo I, alla città era stata lasciata la piena signoria sui proventi pubblici che scaturivano tanto dalla città che dal porto.[54] Le due epistole sono genericamente databili, come si è detto sopra, tra il 305 (si fa riferimento a Tolomeo come βασιλεύς) e il 285, ma abbiamo già sottolineato come il dato paleografico suggerisca piuttosto di portarlo verso il limite alto: gli ultimi anni del IV secolo potrebbero dunque essere un contesto storico adatto alla datazione di *I.Iasos* 42 e del concomitante *I.Iasos* 60. Va comunque detto che *I.Iasos* 42 rappresenta l'ultimo esempio di decreto che conferisce l'esenzione dalle tasse senza limitazioni. Questo periodo fortunato deve essere stato breve.

Un dato cronologico è offerto poi da *I.Iasos* 43, che risale alla generazione successiva a Maddoli 2007, 5 (§ 5.5.7); anche i decreti *I.Iasos* 45 e 69(▲) sono di una generazione successiva a *I.Iasos* 52 e 27 (§ 5.5.10). Tanto Maddoli 2007, 5 quanto *I.Iasos* 52 e 27 sono da contestualizzare, come si è visto, negli anni '20 del IV secolo (§ 7.4). Attenendoci, come si è detto sopra (§ 5.6), a un calcolo generazionale medio di trentacinque anni, ne consegue che *I.Iasos* 43, *I.Iasos* 45 e 69(▲) e con essi l'insieme di testi riconducibili al ‹Lapicida di *I.Iasos* 61› e al ‹Lapicida di *I.Iasos* 37› possono trovare una loro ragionevole collocazione cronologica nei primi 10–15 anni del III secolo a.C.

Il terzo gruppo, dunque, nel suo complesso, pare muoversi tra il 320 e il 285 a.C. circa, un periodo difficile, travagliato e pieno di insidie esterne per la città, come dimostrano decreti quali *I.Iasos* 2(△), 34 e 43, che raccontano di mercenari presenti in città, di nemici e pericoli. La datazione proposta consente un'ulteriore osservazione, di genere completamente diverso: soltanto in questo periodo, all'inizio del III secolo a.C., la città iniziò a incidere i pilastri d'ingresso del Μαυσσωλλεῖον (Maddoli 2007, 11.A è, come si è detto, il decreto inciso sul blocco più alto della παραστάς destra), dunque molto tempo dopo la fine del dominio ecatomnide sulla città.[55]

A questo insieme appartiene infine anche il decreto *I.Iasos* 20(△), che stabilisce la procedura di pagamento dell' ἐκκλησιαστικόν. Le analogie grafiche (§ 4.4.3.5) e le connessioni prosopografiche (§ 5.4.9) che lo collegano a *I.Iasos* 37, *I.Iasos* 53 e Maddoli 2007, 12.B inducono a datare questa importante riforma all'inizio del III secolo a.C. piuttosto che nel IV, contro l'opinione sino ad oggi prevalente.[56]

---

[54] Migeotte 2005, spec. 197–198.

[55] Delrieux 2001a, 175 n. 21 suggerisce invece che i decreti incisi sul Μαυσσωλλεῖον risalgano ad anni vicini alla morte del satrapo (353 a.C.). Sulla questione v. Fabiani – Nafissi 2013, 51–54.

[56] Gauthier 1990, 424–425 ritiene ad esempio che «l'hypothèse la plus tentante» sia una datazione nell'epoca di Alessandro Magno, «sans qu'on puisse toutefois exclure une date plus tardive, autour des années 300» (così ancora in *BE* 1991, 539, 525). All'autorità di Gauthier si sono richiamati poi altri studiosi, che hanno pertanto riportato senza incertezze il documento all'epoca del Macedone: così Delrieux 2001a e Vacante 2011, che collegano l'inizio della prassi del pagamento dell'ἐκκλησιαστικόν alla restituzione del Mar Piccolo alla città per intercessione di Gorgos e Minnion (*I.Iasos* 24+30, su cui v. §§ 1.1 e 2.4); anche Konuk 2010 si dichiara convinto della datazione di *I.Iasos* 20(△) tra 330–325 a.C. anche se, facendo riferimento all'esistenza di alcune monete della prima metà del IV secolo di valore corrispondente alla cifra che secondo Gauthier sarebbe stata pagata ai partecipanti all'assemblea (tre oboli, come ad Atene dal 392/1), non esclude che la prassi del pagamento del soldo agli ecclesiasti fosse già antecedente. Rhodes – Osborne 2003, 99, 511 ritengono che il decreto debba essere o di poco precedente o di poco successivo all'epoca del dominio del satrapo Asandro sulla Caria (323–314/3 a.C.). In Fabiani 2010b, 481–482 suggerivo una datazione nella parte finale del IV secolo.

6 Il quarto gruppo

Il gruppo è composto di dieci decreti, tutti pubblicati in città, uno dei quali di incerta destinazione. L'analisi paleografica mi ha consigliato di modificare la proposta avanzata al termine dell'indagine sul solo formulario e di porre Maddoli 2007, 19.1 nel gruppo successivo (v. § 4.4.3.4).

In questo gruppo (ma v. anche § 3.8) l'*incipit* dei decreti presenta ormai senza eccezioni l'indicazione dello στεφανηφόρος; in esso si trovano poi le prime attestazioni dell'eponimato del dio Apollo; le forme della proposta continuano ad essere varie, ma inizia a fare la sua comparsa la formula di motivazione più complessa, quella di tipo 3.B.iv. Anche gli onori sono ormai conferiti con le formule più articolate.

La sequenza proposta inizia con il decreto *I.Iasos* 38, che anche sulla pietra precedeva *I.Iasos* 39 (v. § 7.1; naturalmente, è tutt'altro che ovvio che i due decreti siano stati promulgati in sequenza stretta), inserito nella tabella subito di seguito; *I.Iasos* 39 si trova ovviamente insieme al concomitante Maddoli 2007, 11.B[57] (§ 5.1.3): questi ultimi due testi non possono infatti allontanarsi di molto da *I.Iasos* 64(▲), con il quale sono in relazione prosopografica (§ 5.4.7). In queste due epigrafi Apollo figura per la prima volta in assoluto quale eponimo cittadino (§ 5.3).

Le analogie grafiche con le iscrizioni incise dal ‹Lapicida di *I.Iasos* 61› e dal ‹Lapicida di *I.Iasos* 37› (§ 4.4.3.5) consigliano di inserire qui il decreto *I.Iasos* 57, insieme al concomitante NPg 898 (§ 5.1.9), il primo ad attestare una formula di motivazione di tipo 3.B.iv.[58]

Vengono poi i due decreti concomitanti *I.Iasos* 32 e Maddoli 2007, 18.1 (§ 5.1.1).[59] Maddoli 2007, 18.1 presenta infatti un personaggio citato anche in *I.Iasos* 59, del gruppo 3 (§ 5.4.17); allo stesso tempo entrambi i testi si datano sotto lo stefaneforato di un personaggio di nome Poseidonios figlio di Hegyllos: la rarità del patronimico e il prestigio dell'incarico fanno pensare che egli sia il figlio non primogenito di Hegyllos figlio di Theodoros, eponimo in *I.Iasos* 45 e 69(▲) (§§ 5.4.19 e 5.5.10). Ne emerge una concatenazione di dati piuttosto peculiare: la coppia di decreti in esame appartiene alla stessa generazione di *I.Iasos* 59, ma è allo stesso tempo di una generazione successiva a *I.Iasos* 45 e 69(▲), tre testi tutti inseriti nel terzo gruppo. Le due epigrafi sono anche, per il tramite dello stesso Poseidonios, connesse a tre decreti inseriti nel quinto gruppo. La densità di legami prosopografici tra insiemi diversi ma limitrofi all'interno della stessa generazione dipende, come si è osservato a § 5.6, dal fatto che in questo periodo più gruppi si affollano in poco tempo: evidentemente ci troviamo in una fase di intensa redazione di decreti e di altrettanto intensa elaborazione e sviluppo di nuove formule, procedure e regole. Ciò permette di distinguere diverse fasi piuttosto ravvicinate fra loro. Il fatto che, pur in una situazione di prossimità cronologica, venga tuttavia documentata anche la distanza di una generazione tra alcuni testi, può spiegarsi ipotizzando un tardivo eponimato per Hegyllos figlio di Theodoros di *I.Iasos* 45 e 69(▲) e uno precoce per il Poseidonios figlio di Hegyllos di *I.Iasos* 32 e Maddoli 2007, 18.1.

Subito dopo porrei Maddoli 2007, 13,[60] perché la sua grafia è vicina è quella del ‹Lapicida di *I.Iasos* 56›, che ha inciso anche Maddoli 2007, 18.1, che lo precede (§§ 4.4.3.3 e 4.4.3.5), e allo stesso tempo contiene una formula di motivazione binaria di tipo 3.B.i-iii, come *I.Iasos* 32. Ho assegnato gli ultimi posti nell'elenco a *I.Iasos*

---

[57] Per *I.Iasos* 38 e 39 Robert 1935, 166 propone una datazione tra la fine del IV e l'inizio del III secolo a.C.: v. sopra n. 39 a p. 257. Su Maddoli 2007, 11.B v. *SEG* 57.1057 e P. Fröhlich, *BE* 2009, 450, 529 s.

[58] Su *I.Iasos* 57 v. J. e L. Robert, *BE* 1973, 422, 162: poiché *ibidem* 421 i due studiosi sembrano voler considerare databile tra la fine del IV e l'inizio del III secolo a.C. l'intero gruppo di decreti incisi su blocchi di παραστάς, tale cronologia sembra dover essere estesa anche a questo ψήφισμα.

[59] Diversa da quella corrente, come si vedrà tra poco, la datazione che propongo per *I.Iasos* 32 (v. da ultimo Delrieux 2005a, 174), considerato decreto di fine IV secolo, sulla scorta dell'identificazione, proposta da Louis Robert, dell'Eupolemos figlio di Potalos qui onorato con l'Eupolemos stratego e dinasta in Caria attestato da monete ed epigrafi. Per una messa a punto della questione, la bibliografia precedente e la proposta che l'Eupolemos dinasta di Caria non vada identificato con quello onorato in *I.Iasos* 32 ma piuttosto con l'Eupolemos figlio di Simalos autore di una corposa dedica alla divinità poliade di Iasos, Artemide Astias, v. Fabiani 2009 (su cui P. Fröhlich, *BE* 2011, 539, 477). Per Maddoli 2007, 18.1 v. *SEG* 57.1068 e P. Fröhlich, *BE* 2009, 451, 530.

[60] *SEG* 57.1061.

48 e 49(▲):[61] entrambi attestano uno stefaneforato di Apollo μετὰ τὸν δεῖνα, e sono dunque necessariamente successivi a *I.Iasos* 39 e Maddoli 2007, 11.B, nei quali Apollo è στεφανηφόρος per la seconda volta in assoluto (v. § 5.3).

Esaminiamo dunque gli indizi cronologici. *I.Iasos* 39 e Maddoli 2007, 11.B devono appartenere alla stessa generazione di *I.Iasos* 64(▲), datato all'incirca nel primo decennio del III secolo a.C. I decreti concomitanti *I.Iasos* 57 e l'ancora inedito NPg 898 portano con sé un dato cronologico prezioso. NPg 898[62] permette infatti di integrare in *I.Iasos* 57 il nome delle στεφανηφόρος, Mikion figlio di Apollonides, certamente un discendente del sacerdote di Zeus Megistos Apollonides figlio di Mikion ricordato in *I.Iasos* 1(△): i due decreti in esame devono dunque cadere a distanza di una o tre generazioni da *I.Iasos* 1(△), datata con buona probabilità, come si è già visto a § 2, 3, nella prima metà degli anni '50 del IV secolo a.C.: già a § 5.5.1 abbiamo constatato come gli indizi paleografici e il formulario consiglino di distanziare i due testi di tre generazioni. Lo studio sulle liste sacerdotali di Rodi menzionato a § 5.6 mostra come, aumentando il numero delle generazioni di distanza, sia opportuno computare un intervallo più breve dei 34,3 anni medi che separano padri e figli, probabilmente perché possono entrare in gioco anche discendenze in linea femminile, con secondogeniti cui viene imposto il nome del nonno materno: e le donne hanno ovviamente in media figli in età più giovane degli uomini. Calcolando dunque generazioni di non più di una trentina di anni e lasciando aperta la possibilità che a rivestire l'importante sacerdozio di Zeus potesse essere una persona d'età già avanzata, sembra ragionevole collocare i due decreti qui in esame negli anni '70–'60 del III secolo a.C.

Vi sono poi *I.Iasos* 32 e Maddoli 2007, 18.1, ψηφίσματα concomitanti, che devono appartenere alla stessa generazione di *I.Iasos* 59. I due decreti sono però anche di una generazione successiva a *I.Iasos* 45 e 69(▲) del terzo gruppo (per i quali si è proposta una datazione nel primo quindicennio del III secolo a.C.), a loro volta distanti una generazione da *I.Iasos* 27 e 52, ragionevolmente risalenti agli anni '20 del IV secolo (§§ 5.5.10; 7.4; 7.5). La somma delle osservazioni, rese abbastanza complicate dalle diverse connessioni, suggerisce come datazione probabile, per questi due decreti, gli anni '70 del IV secolo a.C.: in questo modo restano abbastanza vicini a *I.Iasos* 59 ma si distanziano a sufficienza da *I.Iasos* 45 e 69(▲).

Raccolti e valutati tutti gli indizi, il quarto gruppo sembra poter essere ragionevolmente datato tra gli anni '80 e '70 del III secolo a.C. (285–270 a.C. circa).

Una notazione a margine. Se si osserva lo schema delle pietre del Μαυσσωλλεῖον presentato a § 7.1, si nota che il decreto Maddoli 2007, 11.B, attribuito a questo gruppo, è quello inciso più in alto sul lato rivolto verso l'ingresso. Tutti gli altri testi iscritti sulla stessa parasta appartengono al terzo gruppo e sono pertanto precedenti, anche Maddoli 2007, 12.B, che pure era inciso sotto di esso. Si può spiegare quest'apparente contraddizione ammettendo, come si è detto, che le parti poste più in alto delle facce laterali fossero meno attraenti di quelle della fronte e che venissero riempite mano a mano che venivano a mancare posti considerati appetibili: lo conferma un caso analogo, quello di *I.Iasos* 58+44 (gruppo 5), inciso in alto a sinistra della παραστὰς πρὸ τοῦ ἀρχείου, e più recente dello ψήφισμα *I.Iasos* 45 (gruppo 3), iscritto più in basso.[63]

7 Il quinto gruppo

Come anticipato a § 3.8, il quinto gruppo, che conta soltanto otto decreti pubblicati in città di cui uno in onore di una corte di giudici stranieri, non rappresenta di fatto niente altro che una stabilizzazione di tendenze affermatesi nel quarto. La vera differenza consiste nell'imporsi di promulgazioni nel mese di Ἀφροδισιών e nel progressivo abbandono della proposta del tipo ὁ δεῖνα τοῦ δεῖνος εἶπε (ve ne sarà ancora un esempio nel gruppo successivo) a vantaggio delle mozioni avanzate dai pritani.

---

[61] Di queste due epigrafi l'editore Reinach 1893, 154 annotava «bons caractères de l'époque alexandrine». La pietra su cui sono incise non è al momento rintracciabile ai Musei Archeologici di Istanbul. Per *I.Iasos* 48, il cui *incipit* è integrato, v. § 9.9.

[62] Per il testo rinvio a § 9.27.

[63] Fabiani – Nafissi 2013, 52–54.

Subito in apertura ho collocato tre decreti promulgati nella stessa seduta dell'assemblea che sono prosopograficamente connessi a *I.Iasos* 32 e Maddoli 2007, 18.1 del gruppo precedente (§ 5.4.19): si tratta di *I.Iasos* 50, di Maddoli 2007, 17 e di *SEG* 38.1061 (= PC 1987, c).[64] Con quest'ultimo testo incontriamo il primo esempio di grafia del gruppo paleografico n. 4.

Viene poi Maddoli 2007, 19.1, decreto che dà il nome a un lapicida che ha inciso almeno due dei quattro ψηφίσματα successivi (§ 4.4.3.4), tutti decreti databili e promulgati nella stessa giornata (**IVa.b.c.d**: v. § 2, 8): si tratta di Maddoli 2007, 18.2 e 19.2; un terzo è stato catalogato come ‹scuola del Lapicida di Maddoli 2007, 19.1› (*I.Iasos* 58+44); un quarto è infine perduto (*I.Iasos* 41).[65]

Per offrire una datazione al quinto gruppo si possono considerare tre dati. In primo luogo, di esso fanno parte i decreti *I.Iasos* 50, Maddoli 2007, 17 e *SEG* 38.1061 (= PC 1987, c), nei quali compare lo stesso Poseidonios figlio di Hegyllos già presente nel precedente (v. § 5.4.19), distante una generazione da *I.Iasos* 45 e 69(▲) del terzo gruppo e due generazioni da *I.Iasos* 27 e 52 del secondo. In secondo luogo, rientrano in questo gruppo i quattro decreti databili **IVa.b.c.d** (v. § 2, 8), che risalgono al secondo quarto del III secolo. Infine, rientrano in questo insieme testi incisi dal ‹Lapicida di *I.Iasos* 56› (§ 4.4.3.3), del cui lavoro si trovano esempi tanto nel quarto (Maddoli 2007, 11.B e 18.1) quanto nel sesto gruppo (*I.Iasos* 56 e Maddoli 2007, 21). L'ultimo indizio fa pensare che i decreti del quinto gruppo siano raccolti in un periodo di tempo piuttosto breve, che penso vada collocato tra gli anni '70 e '60 del III secolo a.C.

8 Il sesto gruppo

Il sesto gruppo conta nove decreti pubblicati in città, di cui due abbreviati e uno d'incerta destinazione. A partire da questo insieme si riscontra l'uso sistematico della formula di mozione, per ora nella forma δεδόχθαι τῶι δήμωι.[66] Vi si trovano documenti appartenenti al gruppo paleografico n. 3 e n. 4. Siamo dunque in un momento di passaggio a un nuovo aspetto tanto del formulario quanto della grafia.

Il gruppo si apre con i tre testi che rappresentano gli ultimi esempi individuati del lavoro del ‹Lapicida di *I.Iasos* 56› (v. § 4.4.3.3): *I.Iasos* 55 e i due decreti concomitanti *I.Iasos* 56 e Maddoli 2007, 21.[67]

È ragionevole porre accanto a essi *I.Iasos* 33, omogeneo nel formulario ma di grafia non verificabile: la pietra su cui era inciso è infatti perduta.[68] Esso, che è l'ultimo decreto iaseo a documentare la formula che riconosce

---

[64] Su *I.Iasos* 50 v. J. e L. Robert, *BE* 1971, 622, 509–510: i due studiosi lo considerano appartenente alla serie dei decreti iasei databili tra la fine del IV e l'inizio del III secolo a.C. Per *SEG* 38.1061 (= PC 1987, c), Pugliese Carratelli (p. 292) propone la medesima cronologia, dal momento che fu promulgato nella stessa seduta assembleare di *I.Iasos* 50; Pugliese desume la datazione dal repertorio di Blümel, che a sua volta la riprende dal commento di Robert a quell'epigrafe (gli stessi curatori del *SEG* propongono una cronologia intorno al 300 a.C.). Per Maddoli 2007, 17 v. *SEG* 57.1067 e P. Fröhlich, *BE* 2009, 451, 530.

[65] Su Maddoli 2007, 19.1 v. *SEG* 57.1070. Su Maddoli 2007, 18.2 v. *SEG* 57.1069 e P. Fröhlich, *BE* 2009, 451, 530. Su Maddoli 2007, 19.2 v. *SEG* 57.1071. *I.Iasos* 41, come tutti i decreti incisi ἐν τῆι παραστάδι τῆι πρὸ τοῦ ἀρχείου (v. schema a § 7.1), è databile, secondo Robert 1935, 166, tra la fine del IV e l'inizio del III secolo a.C. Su questi quattro decreti promulgati insieme v. Fabiani 2007; *SEG* 57.1069, 1071, 1084 e 1086; P. Fröhlich, *BE* 2009, 454, 533.

[66] La maggiore antichità di questa forma rispetto a δεδόχθαι τῆι βουλῆι καὶ τῶι δήμωι (v. gruppo successivo) era già evidente a Rhodes - Lewis 1997, 338.

[67] Su *I.Iasos* 55 e 56 v. Robert, *BE* 1973, 420, 161–162. Su Maddoli 2007, 21 v. *SEG* 57.1075 e P. Fröhlich, *BE* 2009, 451, 531.

[68] Del tutto diversa la mia proposta di datazione rispetto a quella avanzata da Robert 1935, 166 (fine del IV – inizio del III secolo a.C.) e Delrieux 2005, 174. Robert 1936, 75–77, seguito da Delrieux, *ibid.*, riteneva che l'Aristodemos onorato in *I.Iasos* 33 fosse lo stesso ufficiale mercenario che compare, con almeno altri due, nel decreto di Theangela pubblicato da Robert, *ibid.*, 69–70 (ll. 7 e 9): qui avrebbe prestato servizio in favore dei cittadini di Theangela contro Eupolemos, ma in seguito sarebbe passato al suo servizio; il legame sarebbe documentato proprio dall'esistenza dei decreti iasei che onorano entrambi. In linea teorica non è impossibile che Aristodemos, che in entrambi i testi è un militare, sia lo stesso individuo e che abbia prestato il suo servizio tanto a Theangela quanto a Iasos. Tuttavia, l'ipotetica identificazione dei due personaggi e la ricostruzione degli eventi è in realtà priva di un solido appoggio: un mercenario poteva giungere anche autonomamente a Iasos e non possiamo neppure escludere che vi fosse

l'esenzione (parziale) dalle tasse,[69] era inciso su una delle facce laterali del blocco di παραστάς su cui erano stati iscritti anche, sulla fronte, *I.Iasos* 38 e 39 (§ 7.1), che dunque dovevano essere antecedenti.

Subito dopo sono presentati i testi incisi dal ‹Lapicida di Maddoli 2007, 20.A1› (§ 4.4.4.1; uno dei suoi lavori, *SEG* 38.1061 = PC 1987, c, si trovava già nel quinto gruppo): sono Maddoli 2007, 16.1(□) e 16.2(▲), 20.A1 e 20.A2(□).[70] Due di essi sono abbreviati: data la peculiarità di questo tipo di decreti, che offrono soltanto le informazioni essenziali, il loro *incipit* con formula di sanzione non rappresenta un indizio cronologico. Dopo di essi è stato inserito Maddoli 2007, 24, di grafia molto molto vicina (§ 4.4.1.1).[71]

Lo stretto collegamento paleografico ai due insiemi precedenti induce a pensare che questo gruppo debba essere datato molto vicino ad essi, probabilmente negli anni '60–'50 del III secolo a.C.

9 Il settimo gruppo

Questo piccolissimo gruppo di cinque ψηφίσματα (uno di incerta destinazione e uno per cittadini) pubblicati in città rivela con le sue novità (i primi esempi di formula di sostituzione nel collegio dei pritani e formula di mozione del tipo δεδόχθαι τῆι βουλῆι καὶ τῶι δήμωι; ma v. anche § 3.8) un momento di cambiamento nella prassi decisionale di Iasos, su cui si tornerà meglio a § 8.2.3. Si noti che a partire da questo gruppo le proposte accolte da consiglio e assemblea sono esclusivamente quelle dei pritani, anche se già a partire dal quinto si era manifestata una spiccata tendenza in questo senso. Dal punto di vista grafico siamo in un momento che sembra quasi di incertezza e di oscillazione: vi è un esempio di decreto dalle caratteristiche pienamente inseribili nel gruppo paleografico n. 1 (Maddoli 2007, 23.1+*I.Iasos* 66: v. § 4.4.1.3) che ha tuttavia una struttura formulare del tutto diversa da quella dei decreti caratteristici di quello stile di scrittura; ve n'è uno del gruppo paleografico n. 3 (Maddoli 2007, 22) e uno del n. 4 (*I.Iasos* 82). Si conferma l'idea che ci si trovi, con questo raggruppamento e il precedente, in un vero momento di trapasso e cambiamento delle procedure.

Il primo decreto è Maddoli 2007, 22, connesso per ragioni prosopografiche e paleografiche a *I.Iasos* 56 e Maddoli 2007, 21 del sesto gruppo (v. §§ 5.4.2 e 3.4.3.2).[72] Si tratta di uno ψήφισμα dalle caratteristiche molto particolari. Presenta infatti, come quelli di questo raggruppamento, un collegio di pritani composto di sei membri con sostituzione (e la relativa formula), ma ha una clausola di cittadinanza semplice ed è privo di formula di mozione e delle indicazioni per la pubblicazione. Queste ultime caratteristiche sono proprie di decreti di periodi precedenti, nei quali però non convivono mai con la formula di sostituzione: si può forse pensare che Maddoli 2007, 22 sia uno ψήφισμα pubblicato a proprie spese dall'onorato.

Di seguito pongo *I.Iasos* 82,[73] di una generazione successiva a *I.Iasos* 59 (§ 5.5.2), quest'ultimo inserito nel terzo gruppo e datato negli anni '90 del III secolo a.C.; fin qui la formula di mozione è ancora del tipo δεδόχθαι τῶι δήμωι.

Subito dopo inserisco il frustulo di decreto Habicht 1994, p. 71(▲),[74] che è di una generazione successiva a *I.Iasos* 39 e Maddoli 2007, 11.B (v. § 5.5.6), che trovano spazio tra i primi testi del quarto gruppo.

---

nuovamente giunto in veste di oppositore di Eupolemos. Vorrei in ogni caso qui ribadire la convinzione che nell'Eupolemos onorato in *I.Iasos* 32 non debba essere più necessariamente riconosciuto il più celebre omonimo, ricordato nel trattato di Theangela e in altri documenti carii, come invece supponeva Robert (v. Fabiani 2009; cf. sopra n. 59 a p. 260).

[69] Fabiani 2014, spec. 109–112.

[70] Per Maddoli 2007, 16.1(□) v. *SEG* 57.1065. Per la 16.2(▲) v. *SEG* 57.1066. Per il decreto Maddoli 2007, 20.A1 v. *SEG* 57.1072 e per il 20.A2 (□) v. *SEG* 57.1073.

[71] Per questo ψήφισμα v. *SEG* 57.1079.

[72] Su Maddoli 2007, 22 v. *SEG* 57.1076 e P. Fröhlich, *BE* 2009, 451, 531.

[73] È il decreto *Tit.Cal.* XVI.

[74] Il testo è registrato nel lemma iniziale di *SEG* 43.715 e da Ph. Gauthier, *BE* 1995, 534, 528–529.

Successivamente vengono Maddoli 2007, 23.1+*I.Iasos* 66 (§ 9.25) e *I.Iasos* 46, che documentano l'uso di δεδόχθαι τῆι βουλῆι καὶ τῶι δήμωι; è tutt'altro che chiaro quale dei due testi preceda l'altro.[75]

Da una parte la vicinanza prosopografica a testi del sesto gruppo, dall'altra la distanza cronologica di una generazione da decreti del terzo e del quarto consigliano di datare questo piccolo insieme di testi negli anni centrali del III secolo a.C. Attenendoci al calcolo medio di 35 anni di distanza tra le generazioni, *I.Iasos* 82 sembra trovare una buona collocazione negli anni '50 del III secolo a.C.,[76] mentre Habicht 1994, p. 71(▲) tra gli anni '50 e '40: e in effetti il testo inciso a fianco di esso (*I.Iasos* 72), che secondo l'editore è opera della stessa mano, va posto secondo Habicht tra gli anni '50–'30 del III secolo a.C., con una netta preferenza per la prima parte di questo periodo.

10 L'ottavo gruppo

Questo gruppo, che conta ben trentatré testi (undici per giudici stranieri, quattro di incerta natura, quattro per destinatari incerti, tre pubblicati in altra città, tre non onorari), è certamente il più numeroso e, insieme al primo, è quello che copre il più ampio arco cronologico. Ad esso appartengono tutti gli ψηφίσματα che presentano mozione originaria (§ 3.4) e clausole finanziarie (§ 3.6.7), elementi in precedenza mai attestati e che assai probabilmente entrano nella struttura redazionale dei decreti in seguito a una definizione della prassi decisionale (su questo v. capitolo 8.2–3). Queste nuove procedure, misero di fatto fine alla grande variabilità che aveva caratterizzato il periodo precedente, imponendo un modello redazionale di decreto che, una volta entrato in uso, rimase valido molto a lungo. È ancora soltanto in questo gruppo che troviamo documentata la formula esortativa (§ 3.5) e la registrazione del numero dei voti nel consiglio e nell' assemblea (§ 3.6.8). Una piccola premessa: nel caso degli altri gruppi si è prima giustificata la sequenza dei decreti e poi la loro cronologia assoluta. Per questo invece il gran numero di testi, la maggiore profondità cronologica, la complessità delle connessioni prosopografiche consigliano di presentare e valutare in maniera contestuale tutti gli elementi di datazione relativa e assoluta.

Alcuni tra questi decreti paiono trovare una buona collocazione negli anni '30, e non sembra possano risalire più indietro. Si constata di conseguenza, anche in considerazione dell'esiguità del gruppo precedente, una certa rarefazione della pubblicazione di ψηφίσματα tra gli anni '40 e '30: da questa fase i decreti e la procedura escono, come si è accennato, trasformati.

Tra gli ψηφίσματα che trovano un buon contesto negli anni '30 sono Blümel 2007, 2 II e III:[77] sono infatti della generazione precedente Maddoli 2007, 25.A2 (§ 5.5.3), che è possibile collocare, per la presenza di Dymas figlio di Antipatros (§ 5.4.8), all'inizio del II secolo a.C. In Blümel 2007, 2 II è sia pritane con ruolo di ἐπιστάτης sia promotore della mozione originaria sia infine ambasciatore incaricato di recarsi nella πόλις dell'onorato lo iaseo Philemon figlio di Philotes (§ 5.4.18): si tratta di una ‹tripletta› davvero eccezionale che fa riconoscere in lui una personalità di prestigio, di livello sociale indubbiamente elevato e, probabilmente, un uomo già maturo ed esperto.

Negli anni '30 sembra del tutto ragionevole datare anche Maddoli 2007, 25.B **[VII]**.[78] Tra i προστάται vi figura infatti Hekataios figlio di Admetos, il cui figlio si trova nel testo di coregia *I.Iasos* 162, che si data al 196/6 o al 195/4 a.C. (§ 5.4.6). Il consueto calcolo generazionale suggerisce come più probabile, per Maddoli 2007,

[75] Su Maddoli 2007, 23.1 v. *SEG* 57.1077. Per *I.Iasos* 46 Robert 1935, 166 proponeva, come per tutti i decreti incisi ἐν τῆι παραστάδι τῆι πρὸ τοῦ ἀρχείου (v. schema a § 7.1), una datazione tra la fine del IV e l'inizio del III secolo a.C.

[76] In *Tit.Cal.* Segre lo datava negli anni '70/'60 del III secolo a.C. (pp. 22–23). Crowther 1994, 38–40 ipotizzava, tra molte incertezze, il terzo quarto del III secolo a.C. come il contesto cronologico più probabile. Sulla difficile datazione di *I.Iasos* 82 (= *Tit.Cal.* XVI) v. Ph. Gauthier, *BE* 1995, 449, 504. Il re menzionato nel decreto calimnio che segue quello iaseo, che lo recepisce (ll. 44–45: κατά τε τὸ διάγραμμα τοῦ βασιλέως), resta dunque Tolomeo II, come già nell'ipotesi di Segre, e non può essere un sovrano antigonide (il Gonata o il Dosone), come invece prospettato da Crowther 1994, 40.

[77] L'editore Blümel li data all'inizio del II secolo a.C. (p. 42) senza offrire una spiegazione; la proposta è accolta in *SEG* 57.1046 e da P. Fröhlich, *BE* 2009, 446, 527–528. Per il testo di Blümel 2007, 2 III v. § 9.26.

[78] Su Maddoli 2007, 25.B v. *SEG* 57.1082 e P. Fröhlich, *BE* 2009, 451, 532.

25.B, una datazione intorno alla fine degli anni '30 del III secolo a.C. Nello stesso testo è pritane Demagoras figlio di Exekestos (§ 5.4.6), promotore anche di *I.Iasos* 36 **[VI]**, che onora il milesio Antenor figlio di Euandrides, στεφανηφόρος nella propria città nel 230/29 a.C. Il collegamento consiglia di inserire di seguito proprio *I.Iasos* 36, che ovviamente potrebbe essere anche precedente o successivo. Mi pare dunque che, per questi due testi, rispetto all'arco cronologico proposto a § 2, 10–11 (240–210 a.C. circa), sia preferibile il termine alto.

In questo stesso periodo, tra il 240 e il 220 a.C., è da contestualizzare anche, come anticipato a § 2, 9, *I.Iasos* 35 **[V]**, che onora il dinasta Olympichos di Alinda.[79]

Si deve segnalare che i decreti Blümel 2007, 2 II e III e Maddoli 2007, 25.B**[VII]** sono stati tutti incisi dal ‹Lapicida di Maddoli 2007, 25.B›; e anche *I.Iasos* 35, per quanto è dato vedere dalla foto del calco, sembra quanto meno presentare una forte vicinanza grafica alle caratteristiche di questo scalpellino (§ 4.4.4.3). Il collegamento fra questo gruppo di testi è dunque molto stretto.

Agli stessi anni '30–'20 devono essere riportati anche altri decreti, sulla base di argomenti prosopografici e paleografici. La rarità del patronimico suggerisce ad esempio che il Demetrios figlio di Exekestos documentato alla l. 25 di *SEG* 41.932 (= PC 1989, 4), 15–42 sia fratello di Demagoras figlio di Exekestos, pritane e proponente di Maddoli 2007, 25.B **[VII]** e *I.Iasos* 36 **[VI]**. Che il contesto cronologico sia omogeneo è d'altra parte confermato dal fatto che il decreto in questione, pur inciso dal ‹Lapicida di Maddoli 2007, 20.B›, è però stato approvato lo stesso giorno di *SEG* 41.933 (= PC 1989, 5), inciso ‹nello stile del Lapicida di Maddoli 2007, 25.B› (§§ 5.1.12 e 4.4.4.3). Nella tabella inserisco pertanto prima *SEG* 41.932 (= PC 1989, 4), 1–14, che sulla pietra precede *SEG* 41.932 (= PC 1989, 4), 15–42, poi *SEG* 41.933 (= PC 1989, 5).[80] In questi due ultimi ψηφίσματα compare lo iaseo Archidemos figlio di Sarapion mentre è ancora nella minore età (§ 5.4.3), sotto lo stefaneforato di Basilides L[– – –]. In questo ψήφισμα è γραμματεύς il Philemon figlio di Philotes (§ 5.4.18) incontrato poc'anzi, anche in questo caso impegnato in un ruolo delicato e importante.[81]

Ho inserito di seguito Maddoli 2007, 20.B, iscrizione eponima dello scalpellino di cui abbiamo appena visto un altro lavoro, in onore di Hekatomnos figlio di Korrhis, sacerdote di Zeus a Labraunda, decreto che, per ragioni storiche, sembra trovare il contesto migliore negli anni '20 del secolo.[82] Vengono poi gli altri testi graficamente nello stile o della scuola del ‹Lapicida di Maddoli 2007, 20.B›: *I.Iasos* 28 e 29(▲), Maddoli 2007, 26; li segue Maddoli 2001, A (= *SEG* 51.1506)(△), che offre alcune analogie grafiche (§ 4.4.4.6).[83]

Cronologicamente un poco successivi, forse ormai della fine degli anni '20 o già degli anni '10, sono i quattro decreti promulgati tutti nell'anno dello stefaneforato di Hierokles figlio di Iason (§ 5.4.12, § 5.2.8) e incisi ancora dal ‹Lapicida di Maddoli 2007, 25.B›, nei quali torna la figura di Archidemos figlio di Sarapion (§ 5.4.3), ormai senza un tutore legale: si tratta di *I.Iasos* 25(▲), di *SEG* 41.930 (= PC 1989, 2), 1–32, di *SEG* 41.930 (= PC 1989, 2), 33–35 + *SEG* 41.931 (= PC 1989, 3), 1–13 e di *SEG* 41.931 (= PC 1989, 3), 15–58. Pongo qui – ma potrebbe essere anche un poco precedente – pure l'ultimo testo attribuito allo stesso scalpellino e non ancora inserito nella tabella, *I.Iasos* 26(▲) (§ 4.4.4.3).[84] L'attività dell'artigiano pare dunque concentrarsi

[79] La grafia di *I.Iasos* 35, per quanto è dato vedere dalle foto del calco (v. sopra § 4.4.4.3, spec. n. 58 a p. 178), pare infatti presentare lo stesso stile del ‹Lapicida di Maddoli 2007, 25.B›.

[80] Su *SEG* 41.932 (= PC 1989, 4), 1–14, *SEG* 41.932 (= PC 1989, 4), 15–42 e *SEG* 41.933 (= PC 1989, 5) v. Ph. Gauthier, *BE* 1992, 446–447, 508–509, che ne propone una datazione tra la fine del III e l'inizio del II secolo a.C. L'editore dei testi non offriva una proposta di inquadramento cronologico, a parte una generica attribuzione all'epoca ellenistica; Crowther 1995a, 98–101 preferiva considerarli successivi al 189 a.C. (v. *SEG* 45.1518). Su questo v. § 8.3.

[81] Fabiani 2012, 120, 140 e *passim*.

[82] V. Maddoli 2007, 20.B, spec. 312–316.

[83] Su Maddoli 2007, 26 (l'editore proponeva di datare il testo all'inizio del II secolo a.C.) v. *SEG* 57.1083 e P. Fröhlich, *BE* 2009, 451, 532. A proposito di Maddoli 2001, A (= *SEG* 51.1506)(△), in Fabiani 2001, 88–93 suggerivo di datare la promulgazione di questo decreto, che stabilisce di pubblicare uno ψήφισμα di Atene in onore di tre Iasei (ψήφισμα di fine V secolo a.C. – v. § 1.1 – o al più tardi, secondo l'ipotesi di Culasso Gastaldi 2003 e Ead. 2004, 79–87, dell'inizio del IV secolo a.C.), negli anni della presenza in città di Antioco III, ma ritengo ora di doverlo considerare di una trentina di anni più recente.

[84] Su *I.Iasos* 25(▲) v. Robert, *BE* 1971, 622, 509. Su *SEG* 41.930 (= PC 1989, 2) e 931 (= PC 1989, 3), di cui l'editore non ha proposto una datazione precisa oltre alla generica attribuzione all'epoca ellenistica, v. Ph. Gauthier, *BE* 1992, 444–445, 508, che ne suggerisce una cronologia tra la fine del III e l'inizio del II secolo a.C., e Crowther 1995a, che alle pp. 98–101 propone di datarli dopo il 189 a.C. (di *SEG* 41.930 = PC 1989, 2, alle p. 123–124 offre una riedizione con traduzione inglese: cfr. *SEG* 45.1518).

tra gli anni '30 e l'inizio degli anni '10; quella del ‹Lapicida di Maddoli 2007, 20.B› sembra invece svilupparsi entro gli anni '20.

È stato menzionato più volte Philemon figlio di Philotes. È utile ricordare che egli figura anche in *I.Iasos* 80. Si tratta di un decreto di Colofone che qui non è stato classificato né analizzato, perché appunto decreto di altra città: la sua rilevanza per l'indagine consiglia tuttavia di prenderlo adesso in considerazione. In questo testo Philemon è membro di una commissione di tre giudici giunta da Iasos a Colofone per dirimere le controversie locali. *I.Iasos* 80 non può ovviamente essere molto distante in termini cronologici dagli altri testi in cui troviamo Philemon: tutti i prestigiosi compiti che riveste richiedono esperienza e maturità. Per questa ragione credo che *I.Iasos* 80 debba essere contestualizzato al più tardi tra gli anni '20 e l'inizio degli anni '10. Una conferma viene da almeno un dato.[85] Uno dei colleghi di Philemon si chiama Autokles figlio di Leon. In virtù della rarità del nome (§ 5.4.18) e anche dell'estrema importanza dell'incarico, mi sembra sia da accogliere la proposta di Crowther di considerare questo Autokles come lo stesso personaggio che Iasos inviò, ancora una volta come giudice, a Calymna, come ci informa il decreto *Tit.Cal.* 61.[86] Qui Autokles ebbe fra i suoi colleghi un Drakon, il cui padre, Kephalos, a sua volta figlio di un Drakon, era stato ugualmente giudice iaseo a Calymna nel decreto *I.Iasos* 82, che abbiamo datato negli anni '50. Per questa complessa serie di collegamenti prosopografici, anche l'attività di Autokles quale giudice straniero, e dunque anche *Tit.Cal.* 61, sembrano dover essere collocati tra gli anni '20 e '10, e comunque non poter scendere oltre gli anni '10 del III secolo a.C. In effetti Mario Segre aveva datato questo testo calimnio tra il 230 e il 220 a.C.:[87] esso deve in ogni caso risalire ad anni in cui non era stata ancora stipulata la prima ὁμοπολιτεία tra Cos e Calymna, la cui promulgazione, come ha mostrato Habicht, deve essere avvenuta tra il 218 e il 208/7 a.C.[88] L'attività di Philemon figlio di Philotes deve dunque essere datata tra gli anni '30 e la prima parte degli anni '10.

Attraverso questa analisi, abbiamo potuto constatare come la maggior parte dei diversi decreti che si collegano prosopograficamente alla dedica *I.Iasos* 252 – più volte ricordata nel corso del capitolo 5, nella quale i cinque ἐπιμεληταί incaricati dalla città di curare il restauro dell'ἀρχεῖον e del βουλευτήριον offrono una statua a Ὁμόνοια e al Δῆμος –, vale a dire quelli in cui incontriamo Hierokles figlio di Iason, che abbiamo poc'anzi ricordato come στεφανηφόρος negli stessi decreti nei quali torna Archidemos figlio di Sarapion ormai in maggiore età (§ 5.4.12), e Lysandros figlio di Aristokrites, terzo membro del collegio di giudici iasei a Calymna nel decreto *Tit.Cal.* 61 testé menzionato (§ 5.4.18), si muove tra gli anni '20 e gli anni '10 del III secolo a.C.;[89] soltanto Maddoli 2007, 25.A2, nel quale troviamo Menoitios figlio di Eukrates e Arktinos figlio di Poseidippos (§ 5.4.4), scende più in basso. La datazione di *I.Iasos* 252 comunemente accolta, vale a dire negli anni del dominio di Antioco III in città (v. § 5.4.12), non è radicalmente contraddetta da questi dati. Hierokles figlio di Iason, stefaneforo tra la fine degli anni '20 e l'inizio degli anni '10, può infatti aver esteso, al pari di Lysandros figlio di Aristokrites, la sua carriera fino all'epoca del Seleucide, quando sarà stato uomo molto maturo: egli figura d'altra parte negli stessi decreti [*SEG* 41.930 (= PC 1989, 2), 1–32 e *SEG* 41.931 (= PC 1989, 3), 15–58] in cui compare anche Apollonios figlio di Nysios, che è uno dei tre ambasciatori iasei delegati a presenziare al trattato tra Mileto e Magnesia, che recentemente si è tornati a datare nel 196 a.C. (v. § 2, 12). Menoitios figlio

[85] Oltre alle riflessioni espresse nel testo principale, che si legano più direttamente ai decreti onorari in esame, vi è da considerare ancora un dato prosopografico. In *I.Iasos* 80, 13 e 20, il γραμματεύς del collegio dicastico iaseo si chiama Demetrios figlio di Euboulides. Lo iaseo Euboulos figlio di Demetrios dona nel 270/69 a.C. una preziosa *phiale* di 130 dracme (la città di Iasos ne dona una di 100) ad Apollo Didimeo (*I.Didyma* 433, 9–12). I due personaggi appartengono chiaramente alla stessa famiglia. Senza poter escludere altre possibilità, la distanza di circa 50–60 anni tra i due personaggi che la datazione del decreto di Colofone qui proposta fa postulare, spinge a ipotizzare che l'Euboulos che fa la sua offerta a Didyma avesse avuto due figli, un Demetrios e un Euboulides: quest'ultimo sarebbe il padre del γραμματεύς di *I.Iasos* 80.

[86] Crowther 1994, 36–38 e Id. 1995a, 99.

[87] *Tit.Cal.*, 81–82. Crowther 1994, 38 ipotizza gli anni '10 del secolo o i successivi.

[88] Si vedano Habicht 2000, spec. 312 e Id. 2004, spec. 62–63 per la fissazione del *terminus ante quem*; la datazione è accolta da Bencivenni 2008. La questione è riassunta in Walser 2009, 149–150 n. 65. Wiemer 2002, 230 n. 16, invece, pone tra gli anni 220–205 la seconda stipula della ὁμοπολιτεία, il cui primo momento andrebbe pertanto antedatato.

[89] Sono *I.Iasos* 25(▲); *SEG* 41.930 (= PC 1989, 2), 1–32; *SEG* 41.930 (= PC 1989, 2), 33–35 + *SEG* 41.931 (= PC 1989, 3), 1–13; *SEG* 41.931 (= PC 1989, 3), 15–58 (per la presenza di Hierokles figlio di Iason); *Tit.Cal.* 61 (per la presenza di Lysandros figlio di Aristokrites).

di Eukrates e Arktinos figlio di Poseidippos, che figurano in un decreto più recente, potrebbero essere stati membri più giovani di quella commissione edilizia. Tuttavia, a me pare che, per evitare di allungare troppo la carriera di questi personaggi, in particolare quella di Lysandros, che non sarà stato inviato come giudice a Calymna quando era molto giovane, si possa avanzare l'ipotesi che la dedica *I.Iasos* 252 sia un po' più antica di quanto finora ipotizzato, magari dell'estrema fine del III secolo, e che risalga a un altro momento in cui nella città le parole ‹riconciliazione› e ‹concordia› potevano essere, se non realtà, quanto meno un auspicio: d'altra parte a Cos è ben documentata la diffusione del culto di Ὁμόνοια dalla fine del III secolo a.C., in una situazione di instabilità politica non risolta e non pacificata da poteri esterni.[90]

I.Iasos 80, come si è visto a § 4.4.4.4, è opera del ‹Lapicida di *I.Iasos* 219›. È per questo motivo che nella tabella gli si fa seguire il piccolo gruppo di testi di quest'ultimo scalpellino o vicino al suo stile (v. anche § 4.4.4.6), con il decreto eponimo e poi, in particolare, *I.Iasos* 77.[91] Ancora una volta gli indizi finora raccolti permettono una ricostruzione cronologica coerente. *I.Iasos* 77 cade infatti una generazione dopo Habicht 1994, p. 71(▲), del settimo gruppo (§ 5.5.8), che abbiamo datato tra gli anni '50–'40. *I.Iasos* 77 sembra trovare dunque un buon contesto negli anni '10, probabilmente nella parte finale. Vengono poi *I.Iasos* 75 e *SEG* 41.929 (= PC 1989, 1), graficamente simile,[92] che potrebbero forse scendere nell'ultimo decennio del III secolo a.C.: in effetti la grafia del ‹Lapicida di *I.Iasos* 219› è molto vicina a quella di *I.Iasos* 153 (§ 4.4.4.6), che contiene i decreti di Samotracia in onore del poeta tragico iaseo Dymas figlio di Antipatros:[93] poiché le testimonianze relative a Dymas sicuramente databili risalgono con ogni probabilità agli inizi del II secolo a.C. (v. § 5.4.8), l'attività di questo lapicida pare essersi estesa dagli anni '10 del III ai primi 10 anni del II secolo a.C.

La serie proposta seguita con i testi Maddoli 2007, 25.A1 e 25.A2(▲), incisi sulla stessa faccia del blocco con numero d'inventario 6453.[94] Nella seconda delle due iscrizioni è eponimo il figlio dello στεφανηφόρος in carica in Blümel 2007, 2 II e III (§ 5.5.3): essa segue dunque questi due decreti di una generazione. La collocazione in tale punto della tabella dipende principalmente da ragioni prosopografiche: in Maddoli 2007, 25.A2(▲) è elencato tra i pritani il Dymas figlio di Antipatros appena menzionato (§ 5.4.8; ma v. anche poco oltre). Per motivi che ci sfuggono e che potrebbero dipendere da una posizione particolare della παραστάς di appartenenza, avremmo qui l'unico esempio a oggi noto di un decreto inciso su una faccia laterale di parasta (in questo caso la sinistra, sulla quale è inciso lo ψήφισμα Maddoli 2007, 25.B) più antico di quelli presenti sul lato frontale; è bene sottolineare che la faccia destra è anepigrafe.

Propongo di inserire poi qui il decreto *I.Iasos* 4 **[IX]**, la cui datazione oscilla tra il 196/5 e il 195/4 a.C. (v. § 2, 14), che risale alle fasi successive alla presa della città da parte del re Antioco III, la cui grafia non trova

---

[90] Bencivenni 2008, 200 n. 36. Sul culto di Ὁμόνοια a Cos e Calymna v. Thériault 1996, 21–22, 38–39, 42–44; Bosnakis – Hallof 2005, 240–245, con raccolta di tutte le testimonianze. V. ora soprattutto *IG* XII 4, 1, 315, con commento.

[91] Su *I.Iasos* 219(△) v. Robert, *BE* 1973, 425, 163–164, che offre una discussione attenta del formulario e del contesto ma non propone, come pure l'editore, una cronologia. Su *I.Iasos* 77 v. Robert 1963, 302–303, senza proposta di datazione, non avanzata neppure da Pugliese Carratelli 1961–1962, 573; Crowther 1995a, 105–107, 117–119 e 131–132 (a p. 131 nuova integrazione con commento: cfr. *SEG* 45.1519) suggerisce una cronologia nella seconda metà degli anni '90 del II secolo a.C. (cfr. anche *SEG* 45.1518). In *I.Iasos* 77 il γραμματεύς si chiama Antiphon figlio di Nysios (l. 2); il patronimico non può non ricordare quello dell'ἐπιστάτης Apollonios figlio di Nysios figlio di Apollonios (su cui v. § 2, 12) attestato nei decreti *SEG* 41.930 (= PC 1989, 2), 4–5 e *SEG* 41.931 (= PC 1989, 3), 18–19 e da integrare anche in *SEG* 41.930 (= PC 1989, 2) + *SEG* 41.931 (= PC 1989, 3), 4–5 (v. § 9.24), inseriti appena più in alto nella tabella n. 35. Si tratta di un ulteriore dato prosopografico che viene a confermare l'accostamento cronologico delle iscrizioni già reso chiaro dalla grafia. Per una più approfondita indagine sulla prosopografia iasea tra il IV e l'inizio del II secolo a.C. v. Fabiani 2012, 130–148. Come si è visto a § 4.4.4.6, spec. n. 65 a p. 184, questa grafia presenta elementi comuni a *I.Iasos* 150, che si data tra 220 e 214 a.C.

[92] Per *I.Iasos* 75 v. J. e L. Robert, *BE* 1971, 623, 510 (senza proposta di datazione, come anche nella *editio princeps*); Crowther 1995a, 105–107, 117–119 e 133 (a p. 133 nuova integrazione con commento: cfr. *SEG* 45.1518–1519) propone di farlo risalire alla seconda metà degli anni '90 del II secolo a.C. Su *SEG* 41.929(= PC 1989, 1) v. Ph. Gauthier, *BE* 1992, 443, 507–508 (che *ibidem* 447, 508–509 estende anche a questo testo la cronologia 'fine III – inizio II secolo a.C.); Crowther 1995a, 105–107, 117–119 e 133 propone la stessa datazione avanzata per *I.Iasos* 77 e 75 (cfr. anche *SEG* 45.1518).

[93] Rutherford 2007, 279 (v. anche *SEG* 57.1087) data i due decreti di Samotracia per Dymas «around 200 BC»; nel testo (spec. 289) allude però alla possibilità che Dymas possa aver composto il dramma che narrava le gesta di Dardano, mitico fondatore di Troia, per il quale viene onorato nel secondo ψήφισμα, in collegamento con l'arrivo di Roma sulla scena microasiatica: ciò suggerirebbe però di abbassare un poco la datazione.

[94] Su queste due epigrafi v. *SEG* 57.1080 e 1081 e P. Fröhlich, *BE* 2009, 451, 531–532.

confronti con nessuna di quelle incontrate fino a questo punto (§ 4.4.4.7). Questo importante decreto, fra l'altro, come anche Maddoli 2007, 25.A2(▲), cade a una generazione di distanza da Maddoli 2007, 25.B [VII] (§§ 5.2.1; 5.4.6; 5.5.4).

Ho scelto poi di posizionare subito in sequenza i due decreti per giudici stranieri *I.Iasos* 73(■) e 74(■). Poiché li conosciamo nella versione recepita da Priene, la loro grafia, come premesso, non è stata analizzata.[95] Tuttavia, come convincentemente dimostrato da Ch. Crowther, essi, per ragioni soprattutto prosopografiche, sembrano risalire all'inizio del II secolo a.C.; lo studioso inglese propende in particolare per gli anni '90.[96] Il giudice prieneo Kallikrates figlio di Apollonios onorato da Iasos in *I.Iasos* 74(■) è infatti anche uno dei rappresentanti che Priene invia a Rodi in occasione dell'arbitrato che deve dirimere la nota contesa territoriale con Samo, e che va datato tra l'autunno del 196 e il 191 a.C.[97] Inoltre, in *I.Iasos* 73(■) l'ambasciatore designato dagli Iasei per recarsi a Priene e presentare gli onori per i giudici e la città è Menexenos figlio di Kydias (ll. 2 e 37); un Kydias figlio di Menexenos figura come stefaneforo e agonoteta in testi di coregia che si datano appena dopo la metà del II secolo a.C.[98] Proponente e ambasciatore è poi un Hekataios figlio di Poseidippos che potrebbe essere il fratello di altri numerosi figli di Poseidippos presenti nei testi di coregia, datati tra l'inizio e gli anni '70 del II secolo a.C.[99] Queste informazioni prosopografiche e cronologiche fanno pensare che per *I.Iasos* 73(■) e 74(■) gli anni '80 potrebbero essere un contesto forse anche più adatto degli anni '90.

Seguono poi *I.Iasos* 6(△), datato al 182 a.C., e il decreto Maddoli 2007, 23.2, inciso nello stesso stile di scrittura (§ 4.4.4.5).[100] L'analogia grafica che si lascia desumere dalle fotografie dei calchi consiglia di inserire qui lo ψήφισμα iaseo *I.Iasos* 76, che onora una corte di giudici proveniente da Rodi.[101] Un indizio interno conferma l'indicazione offerta dalla grafia. È noto infatti che dopo la Pace di Apamea la Caria venne assegnata ai

---

[95] V. introduzione al capitolo 4.

[96] Crowther 1995a, 103–105, 115–117 (cfr. *SEG* 45.1518); di *I.Iasos* 73(■) Crowther propone a 124–129 una nuova edizione commentata e tradotta in inglese.

[97] Kallikrates figlio di Apollonios è menzionato dunque in *I.Iasos* 74, 4,7,19,38,45,62(■) e in *I.Priene* 37, 17–18, l'epigrafe che registra l'arbitrato di Rodi tra Samo e Priene. Sulla datazione di detto arbitrato v. Magnetto 2008, 75–77.

[98] *I.Iasos* 185, 1; 186, 2; 187, 2; 188, 2; 189, 2; 199, 3,13. Si veda Crowther 1990, 151. In *I.Iasos* 73, 23–24(■) segretario del giudice prieneo è lo stesso Hegepolis figlio di Hegias che la sua città d'origine inviò, nella stessa veste, anche a Laodicea al Lico: Gauthier 1994, 191–193, che propone per il decreto oggetto del suo studio una datazione tra il 195 e il 189 a.C.

[99] Arktinos figlio di Poseidippos (su cui v. § 5.4.4) è presente in testi datati all'inizio del II secolo a.C. (*I.Iasos* 252 e Maddoli 2007, 25.A2(▲): v. sopra nel testo). Hermonax figlio di Poseidippos si trova in *I.Iasos* 164, 3; 177, 3–4; 204, 6 (datati da Crowther 1990 rispettivamente nel 192/1 a.C., a non prima del 180/79 e del 179/78 a.C.). Kydias figlio di Poseidippos è documentato in *I.Iasos* 164, 4–5 (Crowther 1990: 192/1 a.C.). Menexenos figlio di Poseidippos si trova in *I.Iasos* 171, 17–18 e 206, 6–7 (Crowther 1990, rispettivamente non prima del 186/5 a.C. e non prima del 177/6 a.C.).

[100] *I.Iasos* 6(△), copia della lettera con cui Eumene II di Pergamo invita una comunità il cui nome non è conservato alla prima celebrazione dei nuovi Νικηφόρια, fu edita da Lambrino 1929, che ne propose subito l'attribuzione a Iasos; tale proposta venne accolta, ma con prudenza e alcune obiezioni, da Robert 1930, 338–339 n. 3 (= *OMS* I, 157–158). I suoi dubbi furono recepiti da Welles 1934, 49, 197–202, che, sulla base di una revisione autoptica, poté proporre anche miglioramenti alla lettura; il testo fu ulteriormente perfezionato da Mario Segre, in uno scritto pubblicato postumo da L. Robert (Robert 1948, 101–128), grazie al ritrovamento di un secondo frammento della stessa lettera (un primo era stato già pubblicato da Herzog 1930), indirizzata però a Cos, che riportava nella sostanza il medesimo testo (cf. J. et L. Robert, *BE* 1949, 173, 142). Ne escludeva la provenienza da Iasos Crowther 1990, 146–147, che suggeriva quale possibile altra candidata Bargylia. Sulla complessa questione dei Νικηφόρια rinvio a Jones 1974; Id. 2000; Müller 2003, 433–445; Musti 2005. Sulla conferma, che può venire oggi dall'identificazione della grafia, dell'attribuzione a Iasos di questa iscrizione, v. sopra § 4.4.4.5. Su Maddoli 2007, 23.2 v. *SEG* 57.1078.

[101] Per la questione della grafia v. § 4.4.4.5, spec. n. 62 a p. 184. Crowther 1995a, 101–103, 107–112, 118 datava *I.Iasos* 76 (di cui a p. 129 propone una nuova integrazione con commento: cfr. *SEG* 45.1518–1519) intorno al 215 a.C.; a p. 107 sottolineava tuttavia come questo decreto potesse essere tanto il primo quanto l'ultimo della serie dei decreti dicastici di fine III-inizio II secolo a.C. e a p. 108 valutava la possibilità di una datazione successiva ad Apamea, che decideva tuttavia di scartare per le caratteristiche formulari del decreto (ma un breve ripensamento è espresso in Id. 2007, 334 n. 86, dove a consigliargli una cronologia più bassa è la grafia): Crowther riteneva infatti che i cd. ψηφίσματα ‹di secondo tipo›, tra i quali lo stesso *I.Iasos* 76, fossero più antichi degli altri; per una diversa spiegazione delle due tipologie di formulario v. § 8.3.1. Un ulteriore piccolo indizio a favore della datazione più bassa proposta nel testo può venire dalla prosopografia: Glaukos figlio di Skylax, ἐπιστάτης in *I.Iasos* 76, 3, potrebbe essere il fratello del Python figlio di Skylax (il nome è raro a Iasos: oltre a questi due casi è documentato quattro volte in *I.Iasos* 1(△), dove è probabilmente da riferire a una sola persona, visto che compare sempre come patronimico, e in *Milet* I 3, 96, 8), corego in *I.Iasos* 165, 21 s., testo che Crowther 1990, 145 data al 191/90 a.C.

Rodii, cui rimase soggetta fino al 167 a.C.:[102] alle linee 13–14 del decreto i Rodii sono definiti dagli Iasei oltre che συγγενεῖς καὶ φίλοι καὶ εὔνοι anche σύμμαχοι. In *I.Iasos* 150, databile tra 220 e 214 a.C.,[103] gli Iasei erano invece ricordati dai Rodii soltanto come συγγενεῖς καὶ φίλοι, senza cenno ad un'alleanza. Solo dopo la redazione di *I.Iasos* 150 Iasos stipulò dunque un'alleanza con Rodi: è verosimile che ciò sia avvenuto dopo la Pace di Apamea, dal momento che fino all'arrivo di Antioco III Iasos era sotto il controllo antigonide, come mostra il fatto stesso che i Rodii non poterono intervenire direttamente a Iasos contro le aggressioni di Olympichos e dovettero rivolgersi a Filippo V; e quando nel 191/90 a.C. alcuni esuli iasei si rivolsero nuovamente ai Rodii in cerca di aiuto chiedendo loro di far recedere il pretore Lucio Emilio Regillo dalla decisione di distruggere Iasos, occupata da una guarnigione di Antioco III (i magistrati cittadini, consultati da Regillo circa una loro disponibilità a schierarsi con Roma, avevano infatti dichiarato di essere impossibilitati a prendere decisioni autonome) non poterono far leva su una trascorsa alleanza, ma solo sulla parentela (*ne urbem et vicinam sibi et cognatam innoxiam perire sinerent*...).[104] Il decreto trova dunque a tutti gli effetti un buon contesto dopo il 188 a.C., negli anni successivi alla conclusione della guerra contro Antioco III, e rivela che Iasos aveva istituito con i nuovi dominatori della regione un formale rapporto di συμμαχία.[105]

Vengono infine gli ultimi tre documenti: *I.Iasos* 152(△), il decreto dei Τεχνῖται di Dioniso in favore di Iasos, datato nell'anno del terzo stefaneforato di Apollo dopo Menes figlio di Tyrtaios, anno che – secondo i calcoli di Ch. Crowther – sembra essere vicino alla metà del II secolo a.C.;[106] collegamenti prosopografici e altre considerazioni riportano oggi forse negli anni '30 dello stesso secolo *I.Iasos* 23(△)(v. § 5.2.7);[107] a chiudere la serie *I.Iasos* 51(■), decreto della seconda metà del II secolo a.C. (v. § 2, 17).[108]

---

[102] Polyb. 21.24.7–8; 46.8. Liv. 37.55.5; 56.5–6; 38.39.13.

[103] Su questo documento v. Meadows 1996 (con le osservazioni di Ph. Gauthier, *BE* 1997, 536, 572–573).

[104] Liv. 37.17.5. Sulle testimonianze di parentele leggendarie di Iasos v. Curty 1995, n° 50, 129 (Priene); n° 62, 152–154 (Colofone); nn[i] 63–64, 154–159 (Rodi); n° 65, 159 (città sconosciuta). Sull'uso dei legami di parentela nelle relazioni internazionali in epoca ellenistica, con alcune riflessioni sul ruolo dell'*élite* nell'elaborazione delle tradizioni mitiche che dovevano presupporre, v. Patterson 2010, 109–153.

[105] Già Wiemer 2002, 189–190, che accettava la datazione proposta da Crowther 1995a (v. sopra n. 101 a p. 268), considerava però plausibile per *I.Iasos* 76 una datazione successiva ad Apamea. Con la nuova cronologia qui proposta il testo diviene un utile documento sulle condizioni delle città libere della costa occidentale nella Caria rodia tra 188 e 167 a.C., su cui v. soprattutto Bresson 2003, 182–188, che tratteggia la variegata tipologia dei rapporti intrattenuti dai Rodii con le diverse comunità della Caria e che a p. 184 chiarisce tra l'altro che la posizione di σύμμαχος consentiva alle comunità di trattare il proprio *status* con i poteri egemoni su un piano almeno formalmente ugualitario e di avere la signoria sui propri introiti (anche se non poteva essere escluso il pagamento di un tributo). Sulla questione si veda ancora Reger 1999, 89–93 [un cenno a *I.Iasos* 76, con rinvio a Crowther 1995a, 93–95, si trova a p. 86, dove Reger avanza l'ipotesi, non implausibile, che padre del giudice rodio a Iasos, Thestidas figlio di Theodotos (l. 11), sia il Theodotos ἀρχιθέωρος che dona φιάλαι d'argento al tempio di Apollo a Delo: cf. *e.g.* *ID* 380, 66 e 442B, 35; Bruneau 1970, 105; Hamilton 2000, 69–73 (Apollo Treasure C, n. 83)]. Sia Bresson 2003, 185 che Reger 1999, 89 ponevano Iasos tra le πόλεις che dopo Apamea erano libere: a suggerirlo la presenza di tre Iasei alla stipula del trattato tra Mileto e Magnesia (*Milet* I 3, 148, 13–15, che entrambi datavano, seguendo Errington 1989, negli anni in cui la Caria era assegnata ai Rodii: sul riconoscimento dei tre ambasciatori come cittadini iasei rinvio a § 2, 12). Se si torna oggi, con Wörrle 2004 e Magnetto 2008, 75–80, alla datazione proposta da Rehm, cioè al 196 a.C., *I.Iasos* 76 resta l'unica testimonianza della condizione della nostra città dopo il 189 a.C. Sulla relazioni di Rodi con le comunità carie in quest'epoca v. anche Wiemer 2002, 251–260, Chaniotis 2010, 456–460 e in generale, sulla complessa questione dello *status* delle città greche in questo periodo, Baronowski 1991. Un'alleanza con i Rodii nel ventennio successivo ad Apamea è documentata per Mileto e Eraclea al Latmo nel trattato (*Milet* I 3, 150) che le due πόλεις concludono tra loro e che è stato datato da Wörrle 1988, 428–448, spec. 437 (cf. anche Wörrle 2004), tra 184 e 181 a.C., mentre da Errington 1989, 288 tra 185 e 184 a.C. (la storia degli studi e le diverse proposte di datazione sono raccolte da P. Herrmann in *Milet* VI 1, 150, 185 s.); alle ll. 35–36 del suddetto trattato si legge infatti μηθὲν ὑπεναντίον πρασσόντων τῶν δήμων τῆι πρὸς Ῥοδίους συμμαχίαι.

[106] Sono su questo sostanzialmente concordi Crowther 1990, 148 e 151 e Migeotte 1993, 285 s. (che tuttavia propone l'arco cronologico più ampio: «il peut ... dater aussi bien du deuxième quart du siècle que du troisième»); Crowther 1995b, 232; Aneziri 2003, D13, 392 (cfr. *SEG* 53,2.1201).

[107] I ritrovamenti epigrafici più recenti (spec. Maddoli 2001, B) suggeriscono infatti di far scendere di qualche anno le cronologie, soprattutto le più tarde, proposte da Crowther 1990: su questo v. Crowther 2007, 333–334, P. Fröhlich, *BE* 2009, 455, 533–534 e Id. 2013, 66 n. 29.

[108] Per la datazione di *I.Iasos* 51(■) rinvio a § 2, 17.

Tirando le somme: grafia, prosopografia e, laddove disponibili, valutazioni storiche suggeriscono che una buona fetta dei decreti inseriti in questo ottavo gruppo, probabilmente fino a *SEG* 41.929 (= PC 1989, 1), risalga agli ultimi tre decenni del III secolo a.C.; essi furono promulgati nell'arco di una sola generazione, quella compresa tra lo stefaneforato di Drakon figlio di Antheus e quello di suo figlio, Antheus figlio di Drakon.

Se con Maddoli 2007, 25.A2(▲) siamo tra la fine del III e l'inizio del II secolo a.C., con *I.Iasos* 6(△) si scende ormai sicuramente ben addentro gli anni '80 del II secolo. Dopo questo momento, le tracce di decreti onorari diventano davvero sporadiche: la loro grande stagione, almeno nella sua forma epigrafica, sembra pertanto concludersi entro i primi due decenni del II secolo a.C. (§ 8. 4).

11 Prime osservazioni

Lo studio dello sviluppo della struttura formale dei decreti onorari pubblicati su pietra rivela una fase iniziale nella quale i testi non hanno ancora trovato un modulo redazionale stabile, soprattutto per quanto concerne il prescritto, forse perché la pubblicazione di questo genere di documenti è, nella prima parte del IV secolo a.C., ancora relativamente rara; i testi sono parchi di informazioni e tendono alla sintesi e alla presentazione dei dati essenziali: validazione legale, nome dell'onorato, elenco dei benefici concessi.

A partire dall'epoca di Alessandro il numero di ψηφίσματα onorari incisi su pietra aumenta progressivamente; in base ai dati a nostra disposizione possiamo affermare che il numero dei decreti in onore di stranieri tocca il suo massimo nella prima metà del III secolo a.C. Nel corso di questo periodo di intensa redazione (dal 334 al 250 a.C. circa) il primo elemento a stabilizzarsi è il prescritto, mentre il resto del formulario continua a subire modifiche: indizio di questa vivace fase di cambiamento è rappresentato dalla comparsa dei medesimi personaggi in decreti appartenenti a gruppi di formulario diversi. La tendenza generale è certamente verso l'ampliamento progressivo di tutte le formule.

Dalla metà circa del III secolo a.C. si assiste progressivamente a molti mutamenti: nei decreti si introducono elementi nuovi come la formula di sostituzione dei pritani assenti, la formula di mozione e la mozione originaria, che in parte rispecchiano non solo nuove abitudini redazionali ma riforme della procedura decisionale, sulle quali ci si soffermerà nel capitolo successivo. Accanto a questo, soprattutto a partire dall'ultimo terzo del secolo, si assiste ad una significativa riduzione del numero di ψηφίσματα onorari per privati cittadini stranieri: conosciamo ormai pochi decreti riservati a personaggi di altissimo profilo (Olympichos, il sacerdote di Zeus a Labraunda, uno στεφανηφόρος di Mileto[109] e pochi altri), mentre piuttosto numerosi sono i decreti per giudici stranieri, che si distribuiscono nell'arco di circa cinquanta anni, fino agli anni '80 del II secolo, con periodi di maggior addensamento. Dopo questo periodo, nel quale gli ψηφίσματα pubblicati sono proprio prevalentemente destinati a collegi dicastici forestieri (cui in precedenza era da riferire un solo testo),[110] a Iasos sembra tramontare la stagione dei decreti onorari per stranieri, almeno di quelli eternati su pietra: dalla città provengono infatti ormai soltanto *I.Iasos* 4 (per dei forestieri molto speciali, il re Antioco III e la regina Laodice), *I.Iasos* 76 e infine il lacunosissimo Maddoli 2007, 23.2, entrambi in onore di δικασταί venuti da altre città (per Maddoli 2007, 23.2 è solo una fondata ipotesi), che sembrano essere ad oggi gli ultimi esempi di questa tipologia di testi.

Per il resto sono documentati:

1) (pochi) decreti non onorari : *I.Iasos* 6(△); *I.Iasos* 23(△);

2) l'incisione di ψηφίσματα esteri in favore di Iasos: *I.Iasos* 152(△);

3) decreti iasei in onore di forestieri non rinvenuti in città ma nella patria degli onorati: è il caso di *I.Iasos* 73(■), 74(■) e di *I.Iasos* 51(■), che rappresenta ad oggi l'ultimo ψήφισμα in onore di uno straniero a noi noto: e a proposito di quest'ultimo, la mozione originaria permette di verificare che di esso non era prevista una pubblicazione a Iasos.[111] Qualcosa dunque era davvero cambiato. Per un'ulteriore riflessione su questo dato rinvio a § 8.4.

---

[109] Olympichos: *I.Iasos* 35 (**V**); sacerdote di Zeus a Labraunda: Maddoli 2007, 20.B; stefaneforo di Mileto: *I.Iasos* 36 (**VI**).

[110] *SEG* 38.1061 (= PC 1987, c).

[111] *I.Iasos* 51, 8–19(■). Sebbene sia naturalmente possibile che la mozione originaria venisse arricchita di ulteriori decisioni nel corso della seduta dell'assemblea (manca purtroppo la parte conclusiva del decreto, che ci avrebbe fornito tutte le indica-

12 Sviluppi possibili

Il lavoro di riordino cronologico qui presentato, e in particolare la tabella riepilogativa n. 35, rappresenta certamente un risultato, ma vuol essere al contempo una premessa e una base di partenza per altre possibili indagini.

12.1 L'evoluzione dei prescritti dei decreti iasei

In fase di analisi del formulario si è rilevata la grande variabilità della sequenza dei prescritti (§ 3.1.2.1–2). È stato già ripetutamente constatato come l'*incipit* (con formula di sanzione o con στεφανηφόρος) costituisca un elemento datante. Tra i decreti che prendono avvio con l'indicazione dell'eponimo (Insieme 1) sono stati più in particolare distinti tre tipi (A-B-C, secondo la sequenza con cui vengono disposti i vari elementi che costituiscono il prescritto), piuttosto variegati al loro interno. Uno degli elementi di differenziazione è costituito dalla modalità di presentazione del γραμματεύς, a volte indicato con il verbo γραμματεύω all'imperfetto, a volte invece con il genitivo assoluto γραμματέως δὲ τοῦ δεῖνος τοῦ δεῖνος. Ricostruita ormai la sequenza cronologica di massima, vengono adesso sovrapposti alla tabella n. 35 i dati raccolti in proposito (tralasciando tutti i decreti che non iniziano con l'indicazione dell'eponimo), al fine di verificare se la variabilità della sequenza dei prescritti e/o la diversa modalità d'indicazione del γραμματεύς sia del tutto casuale o rifletta uno sviluppo diacronico.

Tabella n. 36. Analisi cronologica dei decreti il cui prescritto prende avvio con l'indicazione dello στεφανηφόρος; analisi cronologica delle differenti modalità d'indicazione del γραμματεύς (p. 272).
Legenda: si rinvia alla tavola delle abbreviazioni e dei simboli (§ 1.5).

La tabella n. 36 evidenzia come le differenti sequenze dei prescritti che prendono avvio con lo στεφανηφόρος non evolvano in modo del tutto lineare; il tipo B tuttavia sembra prevalere a partire dalla fine del III secolo a.C., anche se il tipo A non viene del tutto abbandonato; il tipo C pare invece essere stato un modulo in uso per poco tempo tra la fine del IV e l'inizio del III secolo a.C. Quello che appare più chiaro è piuttosto che, come accade di preferenza nel tipo B, dopo la metà del III secolo a.C. il γραμματεύς non viene più ricordato con il verbo all'imperfetto, ma nella forma – prima sporadica – al genitivo; dalla tabella sembrerebbe desumersi poi che, a partire dal II secolo a.C., questa indicazione, già in precedenza non di rado omessa, scomparve praticamente del tutto. La prudenza su questo fronte è tuttavia d'obbligo: a partire da questo momento, infatti, conserviamo pochi testi. Di questi uno è un documento estero di cui Iasos si limita a prendere atto[112] e tre sono decreti iasei pubblicati in altra città,[113] che tralasciano – come è ovvio – tutte le indicazioni d'interesse strettamente locale.

---

zioni necessarie), non si può escludere che anche *I.Iasos* 51(■) sia un decreto fatto pubblicare a proprie spese nella propria patria dall'onorato. Gli altri esempi di decreti iasei inviati all'estero contengono invece questo dato: *I.Iasos* 73, 36–37(■); 74, 33–34(■).

[112] *I.Iasos* 152, 40–41(△).

[113] *I.Iasos* 73(■); 74(■); 51(■).

Tabella n. 36. Analisi cronologica dei decreti il cui prescritto prende avvio con l'indicazione dello στεφανηφόρος

decreto	prescritti Insieme 1, tipo A	prescritti Insieme 1, tipo B	prescritti Insieme 1, tipo C	γραμματεύς all'imperfetto	γραμματεύς al genitivo	γραμματεύς assente	Gruppo
I.Iasos 27						X	
I.Iasos 52						X	
M2007,5					X		
M2007,6	X			X			
M2007,7	X			X			II
M2007,8		X		X			
M2007,10	X			X			
M2007,9		X		X			
I.Iasos 40			X	X			
I.Iasos 47			X			X	
I.Iasos 60			X	X			
I.Iasos 59	X			X			
I.Iasos 64 ▲			X	X			III
M2007,11.A	X					X	
I.Iasos 45			X	X			
I.Iasos 69 ▲			X	X			
M2007,12.A2 ▲	X			X			
I.Iasos 39	X			X			
M2007,11.B	X			X			
I.Iasos 57	X					X	
NPg 898	X			X			
I.Iasos 32			X	X			IV
M2007,18.1		X		X			
I.Iasos 48		X			X		
I.Iasos 49 ▲					X		
I.Iasos 50	X			X			
M2007,17	X					X	
SEG 38.1061	X					X	
I.Iasos 41 (**IVa**)	X			X			V
I.Iasos 58+44 (**IVb**)	X			X			
M2007,18.2 (**IVc**)	X						
M2007,19.2 (**IVd**)	X					X	
I.Iasos 56					X		
M2007,21		X		X			
M2007,16.1 □						X	VI
M2007,22	X					X	
M2007,23.1 + *I.Iasos* 66	X			X			VII
B2007, 2 II		X			X		
B2007, 2 III		X			X		
I.Iasos 36 (**VI**)		X				X	
SEG 41.932,15-42		X			X		
I.Iasos 29 ▲		X			X		
I.Iasos 25 ▲		X			X		
SEG 41.930,1-32 (**VIII a**)		X			X		
SEG 41.930,33-35 + *SEG* 41.931,1-13		X			X		
SEG 41.931,15-58 (**VIII b**)		X			X		VIII
I.Iasos 26 ▲		X			X		
I.Iasos 77		X			X		
M2007,25.A2 ▲	X	X			X		
I.Iasos 4 (**IX**)	X					X	
I.Iasos 6 △	X					X	
I.Iasos 76		X			X		
I.Iasos 152,40-41 △	X					X	
I.Iasos 23 △		X				X	

12.2 L'evoluzione dei fenomeni linguistici

Il lavoro di datazione dei decreti può avere un risvolto anche nel campo dell'analisi linguistica. Sovrapponendo infatti alla tabella n. 35 i dati raccolti nel sesto capitolo, si può cogliere ora l'evoluzione diacronica dei diversi fenomeni. Si evidenzierà la lunga persistenza di certi usi, l'abbandono di altri e l'inizio di nuovi; anche in questo caso, a tutte queste osservazioni potrà essere fornita, adesso, una definizione in termini di cronologia assoluta.

Tabella n. 37. Evoluzione cronologica delle particolarità linguistiche nei decreti di Iasos

L'esame della tabella offre dei risultati interessanti.

Innanzitutto essa evidenzia e conferma definitivamente come i tratti linguistici ‹arcaici› riscontrati (§§ 6.1.1–2) e gli ionismi (§§ 6.2.1–2) si concentrino soprattutto nel primo gruppo e che comunque, fatta eccezione per tracce sporadiche, non si estendano oltre l'inizio del III secolo a.C.[114]

L'uso di ει al posto di ἕ davanti a vocale (§ 6.3.1), attestato nel secondo e terzo gruppo, si presenta come un elemento piuttosto antico, che non pare scendere oltre l'inizio del III secolo a.C., come d'altra parte si riscontra in Attica.

È invece solo a partire dal sesto gruppo – dalla metà del III secolo a.C. circa, dunque – che inizia a registrarsi la perdita del secondo elemento dei dittonghi (§§ 6.4.3–5); la tabella rivela anche che il fenomeno divenne progressivamente sempre più consistente, fino a divenire molto forte nel II secolo a.C.

Il fatto che un fenomeno come la monottongazione di ει (§ 6.4.6) sia riscontrabile soltanto nel primo e nell'ottavo gruppo lascia invece a mio avviso ipotizzare che, almeno nel caso del decreto più antico,[115] essa dipenda soprattutto da una svista del lapicida.

Casi di impiego di η per ει oppure di ωι per ω non si manifestano prima della metà del III secolo, e soprattutto nel II secolo a.C.

Per il fenomeno dell'assimilazione consonantica ci è restituito un quadro più variegato: mentre quella che concerne le nasali davanti alle gutturali si perde decisamente già prima della metà del III secolo a.C., quella che investe le nasali davanti alle labiali sembra vivere la stagione più intensa nella prima metà del III secolo a.C. per poi regredire, ma in modo meno drastico del caso precedente, tanto che di essa rimane qualche rara traccia alla fine del III e nel II secolo a.C. Probabilmente il progressivo abbandono di queste grafie sarà da ascrivere a un crescente livello di istruzione grammaticale e a una tendenza alla regolarizzazione ortografica; la stessa ragione potrebbe nascondersi dietro il fenomeno opposto: i casi di mancata assimilazione di consonanti, che presuppongono una maggiore consapevolezza ‹etimologica›, si verificano solo molto tardi.[116] L'assimilazione delle nasali davanti ad altre nasali si presenta invece con caratteristiche del tutto diverse dalle altre e si manifesta progressivamente man mano che si procede verso il II secolo a.C.

La semplificazione delle consonanti doppie, sempre molto rara, equamente distribuita nella tabella, non si presenta come un fenomeno cronologicamente rilevante, proprio come era già stato notato per l'Attica.

Infine, l'uso del genitivo in -α per i nomi della I declinazione maschile sembra essere limitato, a Iasos, a fasi cronologiche alte e non offre traccia di sé oltre l'inizio del III secolo a.C. Ciò conferma l'ipotesi già avanzata (§ 6.5): a Iasos questi sono più probabilmente dei genitivi dorici e non un portato della κοινή.

[114] Il caso del tema del numerale ionico τέσσερες, subentrato nella κοινή e pertanto escluso in prima battuta dalla valutazione degli ionismi in città (§ 6.3.2), sarà in questo caso da intendere, per ragioni cronologiche [la presenza nell'iscrizione databile *I.Iasos* 1(△) d'altra parte lo suggeriva], come un caso di vero ionismo.

[115] *SEG* 36.982A (= PC 1985, II a), 5.

[116] Sull'insegnamento scolastico della grammatica in Egitto a partire dall'epoca ellenistica, con giusta accentuazione sulla necessità di stabilire e presentare regole ben precise, v. Cribiore 2001, 185–219; sulle modalità di apprendimento della scrittura: Cribiore 1996, 139–159.

Tabella n. 37. Evoluzione cronologica delle particolarità linguistiche nei decreti di Iasos

decreto	<O> anziché <OY> per [ō]	dativo singolare in -ηι di un tema in -ι	-η- per ᾱ anche dopo ε, ι, ρ	ευ per εο	mantenimento del tema εοντ- nel participio del verbo εἰμί	psilosi	confusione tra i suffissi -εια/-ειη e -εια:	genitivo singolare dei temi maschili in ᾱ	genitivo singolare non contratto dei temi in sibilante	genitivo dei temi in -ι	dativo plurale della I e II declinazione	preposizione ἐς per εἰς	assenza di contrazione	numerale τέσσερ-	ει per ε̄ davanti a vocale	ε per ει davanti a vocale	perdita del secondo elemento nel dittongo ηι	perdita del secondo elemento nel dittongo ᾱι	perdita del secondo elemento nel dittongo ωι	monottongazione di ει	η per ει	ωι per ω	nasale davanti a gutturale	nasale davanti a labiale	nasale davanti a nasale	mancata assimilazione	semplificazione di consonante doppia	geminazione di consonante semplice	oscillazione tra consonante semplice e geminata	genitivo in -α per i nomi della I declinazione maschile
M2007,1.1 (I)																													1	
M2007,1.2			1																											
M2007,1.3 □			1																											
M2007,1.4																														
SEG 36.982B	2		3			1					1																			
SEG 36.982C	3		3				1	1				1												3						
SEG 36.983 (II)	3		1			x				1	1	1											3	1						
SEG 36.982A			2		1						1	1								1				1						
I.Iasos 1 △	28	1	1	15				3		3				4										1			1			5
I.Iasos 68			1																				1	1						
I.Iasos 24+30 (III)			2						2																					
M2007,4			2		1							1																		
I.Iasos 27																														
I.Iasos 52																1														
M2007,5										1																				
M2007,6									1																					
M2007,7									1																					
M2007,8																														
M2007,10										1					1															
M2007,9															1															
I.Iasos 40															3															
I.Iasos 54			1	2								1												1						1
I.Iasos 47			1							1																				
I.Iasos 2 △																								1	3					
I.Iasos 42			1									1			1									1						1
I.Iasos 60			1																											
I.Iasos 63																														
I.Iasos 34																	1													
I.Iasos 71																														
I.Iasos 61																								1						
I.Iasos 59										1																				
I.Iasos 64 ▲										1																				
I.Iasos 43																														
I.Iasos 70																														
I.Iasos 20 △																														

I.Iasos 62						1						1												1						
M2007,11.A				1																										
I.Iasos 45																														
I.Iasos 69 ▲																														
M2007,12.A1																														
M2007,12.A2 ▲																														
I.Iasos 37																								1						
I.Iasos 53																														
M2007,12.B																														
M2007,14.A																														
M2007,15												1																		
I.Iasos 31																								1						
I.Iasos 38																							1	1						
I.Iasos 39																														
M2007,11.B																							1	2						
I.Iasos 57																														
NPg 898																														
I.Iasos 32																								1						
M2007,18.1																								1						
M2007,13																														
I.Iasos 48																							1	1						
I.Iasos 49 ▲																														
I.Iasos 50																								2						
M2007,17																							1	1						
SEG 38.1061																								1						
M2007,19.1																														
I.Iasos 41 (**IVa**)																								2						
I.Iasos 58+44 (**IVb**)																														
M2007,18.2 (**IVc**)																														
M2007,19.2 (**IVd**)																														
I.Iasos 55																														
I.Iasos 56								1									1	1						1						
M2007,21																								1						
I.Iasos 33																								3						
M2007,16.1 ▢					1							1																		
M2007,16.2 ▲																														
M2007,20.A1																	1				1			1			1			
M2007,20.A2 ▢																														
M2007,24																														
M2007,22																	1							1						
I.Iasos 82																	2													
H1994, p. 71 ▲																														
M2007,23.1 + *I.Iasos* 66																														
I.Iasos 46																	1							1				1		
B2007, 2 II																	1													
B2007, 2 III																									1					

decreto	<O> anziché <OY> per [ọ̄]	dativo singolare in -ηι di un tema in -ι	-η- per ᾱ anche dopo ε, ι, ρ	ευ per εο	mantenimento del tema εοντ- nel participio del verbo εἰμί	psilosi	confusione tra i suffissi -εῖᾰ/-εἴη e -εῖᾱ:	genitivo singolare dei temi maschili in ᾰ	genitivo singolare non contratto dei temi in sibilante	genitivo dei temi in -ι	dativo plurale della I e II declinazione	preposizione ἐς per εἰς	assenza di contrazione	numerale τέσσερ-	ει per ε̆ davanti a vocale	ε per ει davanti a vocale	perdita del secondo elemento nel dittongo ηι	perdita del secondo elemento nel dittongo ᾱι	perdita del secondo elemento nel dittongo ωι	monottongazione di ει	η per ει	ωι per ω	nasale davanti a gutturale	nasale davanti a labiale	nasale davanti a nasale	mancata assimilazione	semplificazione di consonante doppia	geminazione di consonante semplice	oscillazione tra consonante semplice e geminata	genitivo in -α per i nomi della I declinazione maschile
M2007,25.B (**VII**)																														
I.Iasos 36 (**VI**)																	2							1						
I.Iasos 35 (**V**)																														
SEG 41.932,1–14																														
SEG 41.932,15–42																														
SEG 41.933																														
M2007,20.B																									1					
I.Iasos 28																														
I.Iasos 29 ▲																														
M2007,26																														
M2001,A (*SEG* 51.1506) △																	1													
I.Iasos 25 ▲																														
SEG 41.930,1–32 (**VIIIa**)																														
SEG 41.930,33-35 + *SEG* 41.931,1–13																														
SEG 41.931,15–58 (**VIIIb**)																														
I.Iasos 26 ▲																														
I.Iasos 219 △																														
I.Iasos 77																														
I.Iasos 75																										1				
SEG 41.929																						1		1	1					
M2007,25.A1																														
M2007,25.A2 ▲																														
I.Iasos 4 (**IX**)																	1							1	1	1				
I.Iasos 73 ■																	3								1					
I.Iasos 74 ■																														
I.Iasos 6 △																					1									
M2007,23.2																														
I.Iasos 76																														
I.Iasos 152,40–41 △																	1													
I.Iasos 23 △																	7		4							1				
I.Iasos 51 ■													1				7		1	1	1									

12.3 Altri possibili impieghi della tabella n. 35

Accanto a questi primi risultati, vi sono conseguenze più strettamente storiche che possono essere raggiunte grazie alla tabella n. 35.

1. La ricostruzione della cronologia dei decreti mette oggi nelle condizioni di tentare di delineare una storia politica di Iasos, in particolare nelle sue relazioni col mondo esterno. Come è stato di recente ricordato, i decreti di prossenia rappresentano infatti a pieno titolo uno strumento di indagine per comprendere la politica estera di una πόλις greca, dal momento che il prosseno, oltre a far fronte ad una pluralità di compiti pratici, è sentito anche «come vettore potenziale di atteggiamenti politici».[117] Ed anche la scelta di convocare in un certo periodo giudici stranieri da una ben determinata città non è immune da considerazioni di ordine politico e può pertanto rivelare l'appartenenza ad alcune alleanze piuttosto che ad altre, anche se naturalmente saranno entrati in causa anche relazioni e vincoli tradizionali di ospitalità, amicizia e consanguineità.[118] Questo tema non può essere qui affrontato, se non suggerendo possibili linee di ricerca: v. § 8.5.

2. Grazie alla pressoché costante menzione, soprattutto nel prescritto, di magistrati, i decreti offrono gran parte delle informazioni sul funzionamento delle istituzioni politiche cittadine di cui disponiamo. Li si può perciò usare per definire i compiti delle diverse magistrature che compaiono in questo genere di testi. Il riordino cronologico consente però anche un altro risultato, quello di tracciare in qualche misura una storia di queste istituzioni e soprattutto della procedura decisionale che portava alla promulgazione. La questione è affrontata in maniera dettagliata ai §§ 8.1–2.

3. Un terzo frutto è più strettamente epigrafico. L'analisi minuta del formulario, la possibilità di stabilire confronti cronologicamente pertinenti per ciascuna sezione di testo, oltre che naturalmente il notevole incremento del materiale documentario, pongono oggi in condizione di proporre integrazioni più fondate che nel passato. Alcuni casi sono illustrati nel capitolo 9.

---

[117] Culasso Gastaldi 2004, 11–34 (la citazione è da p. 17); v. anche Ead. 2005.

[118] Sull'ultimo punto rinvio ancora a Curty 1995, n° 50, 129; n° 62, 152–154; nn[i] 63–64, 154–159; n° 65, 159.

VIII. Conclusioni: risultati storici e prospettive di ricerca

Grazie al sostanziale incremento del loro numero, i decreti offrono oggi più che mai un'importante mole di dati e di informazioni sulle istituzioni politiche di Iasos e rappresentano un ampio spaccato di vita assembleare cittadina. Il riordino cronologico mette a disposizione uno strumento di comprensione in più: consentendo la lettura dei dati in chiave diacronica, ci pone infatti anche nelle condizioni di capire se le istituzioni documentate nei decreti abbiano conosciuto un'evoluzione.

1 Organi politici e magistrati nei decreti: una breve presentazione

I cittadini di Iasos erano organizzati e suddivisi in φυλαί e πατριαί. Una più attenta lettura dei dati disponibili e una loro valutazione in senso diacronico permette di desumere che il numero delle φυλαί cittadine non fu di sei, come si è in genere ritenuto,[1] ma prima di quattro (questo è il numero che si evince per l'epoca ecatomnide) e successivamente, dall'immediato inizio dell'epoca ellenistica, di cinque. Se *I.Iasos* 1(△) (§ 2, 3; primo gruppo della tabella n. 35) attesta quattro ἄρχοντες (§ 8.1.3), Maddoli 2007, 5 (secondo gruppo della stessa tabella), che è il primo decreto a elencare questi magistrati dopo quello, ne enumera cinque.[2] Vista la datazione che abbiamo proposto per questo secondo testo (§ 7.4), sembra un'ipotesi ragionevole che la nuova φυλή sia stata istituita in onore di Alessandro Magno: in occasione dell' ἀπόδοσις del Mar Piccolo Iasos non avrebbe dunque manifestato la propria gratitudine soltanto ai concittadini Gorgos e Minnion (§§ 1.1; 5.4.16), promulgando per loro un decreto (*I.Iasos* 24+30) e pubblicandolo sulla più significativa παραστάς della città (§ 7.1), ma anche al re, intitolandogli una nuova tribù.[3]

1.1 L'assemblea

Quando sono riuniti in assemblea, i cittadini di Iasos assumono, come altrove, il nome di δῆμος.[4] Le testimonianze sull'attività di questo organo politico, ovviamente il più importante della città, vanno dall'inizio del IV secolo a.C. fino al IV d.C. Almeno dall'epoca di Alessandro (ma probabilmente sin da prima: v. §§ 8.1.4 e 8.2.2.2) l'assemblea si riunisce regolarmente il sei di ogni mese; accanto alle sedute di *routine* vi era anche la possibilità di convocazioni straordinarie.[5] A partire dagli anni '30 del III secolo a.C., taluni decreti testimoniano l'esito di votazioni a scrutinio segreto tenutesi nell'ambito dell'assemblea (§ 3.6.8); sono registrati soltanto i voti favorevoli alla mozione.[6] Anche se non conosciamo le effettive dimensioni della città, i numeri

---

[1] Hicks 1887, 105–106; cf. poi Swoboda 1890, 72; Bilabel 1920, 120; Jost 1935, 22–23, 36; Gschnitzer 1973a, 790–791; Ehrhardt 1983, 99 e 382–383; Gauthier 1990, 436–437, n. 56; Rhodes – Osborne 2003, 99, 512. Più prudente Jones 1987, 332–334 (spec. 333).

[2] La questione è affrontata in Fabiani 2010b, 477–480.

[3] Sulla παραστάς in questione: Fabiani – Nafissi 2013, 48–51. Sulla dedica di φυλαί in onore di sovrani o satrapi da parte delle città greche v. Habicht 1970², 153–155. In Fabiani 2010b, 482 avevo proposto un ventaglio più ampio di ipotesi.

[4] Un dettagliato quadro delle testimonianze sull'assemblea di Iasos si trova in Fabiani 2012, 111–118.

[5] L'esempio più antico di assemblea riunitasi il giorno 6 sembra essere *I.Iasos* 24+30. Per una convocazione straordinaria: *I.Iasos* 4, 35–36; v. anche Maddoli 2007, 25.A2, 2(▲).

[6] L'unico esempio di registrazione di voti contrari si trova, dopo quelli favorevoli, in *I.Iasos* 93, 23, che è però un decreto dei πρεσβύτεροι e non dell'assemblea.

conservati sembrano abbastanza elevati, e ciò sembra suggerire l'assenza di uno sbarramento censitario per l'accesso al δῆμος:[7] sono documentati [7]58 o [8]58,[8] 841, 1011 voti e infine un numero che potrebbe essere di 1022 o 1102 suffragi. Iasos è d'altra parte una delle poche πόλεις per cui una celebre epigrafe, *I.Iasos* 20 (△), che oggi possiamo datare all'inizio del III secolo a.C. (§ 7.5: terzo gruppo della tabella n. 35), rende certa l'esistenza del pagamento di un ἐκκλησιαστικόν e ne fa conoscere la procedura.[9] Per quanto permette di valutare la documentazione disponibile, l'assemblea di Iasos aveva facoltà di esprimersi su qualunque questione.

1.2 Il consiglio

Anche a Iasos, l'ordine del giorno dell'assemblea era stabilito e preparato da un consiglio, detto βουλή. La βουλή è attestata a partire dall'epoca ecatomnide,[10] ma in ogni epoca la conosciamo in misura davvero ridotta. Come altrove, doveva certamente vagliare e considerare tutte le questioni che potevano essere oggetto di una deliberazione da parte del δῆμος e esprimere su di esse un parere preliminare (προβούλευμα: le attestazioni relative alla formula di sanzione mostrano che il più delle volte esso veniva accolto integralmente dall'assemblea cittadina)[11] da sottoporre al giudizio dei cittadini riuniti. Nel suo lavoro il Consiglio era costantemente coadiuvato da un segretario, detto γραμματεὺς τῆς βουλῆς, che possiamo supporre dovesse redigere gli indispensabili verbali delle sedute, provvedere all' archiviazione degli atti, occuparsi di eventuali ricerche di atti precedenti nell'archivio stesso e di disporre infine il testo, se così deliberato, per la pubblicazione.[12]

Anche nel caso della βουλή (§ 3.6.8) alcune epigrafi registrano l'esito di votazioni a scrutinio segreto tenutesi in alcune riunioni e documentano 68, 83 e 111 voti.[13] È probabile (ma mancano informazioni dirette) che essa fosse composta di un numero fisso di rappresentanti per ciascuna tribù: dal momento che la somma massima di voti attestata in epoca ellenistica è di 111 e dal momento che le tribù a quest'epoca erano 5 (v. sopra), si potrebbe ipotizzare che ciascuna φυλή fornisse a regolare cadenza (ignoriamo se annuale o semestrale, anche se è forse più verosimile la seconda opzione, vista l'ormai comprovata scansione dell'anno amministrativo di Iasos in semestri: v. oltre § 8.1.4) 25 persone.

Non sappiamo quando anche a Iasos, come nelle altre πόλεις, il consiglio cessò di reclutare i suoi membri fra tutti i cittadini e divenne un collegio ‹di tipo senatorio›,[14] composto solo di persone dotate di un determinato censo e di precise caratteristiche di rispettabilità. A Iasos, il primo chiaro segno di questa evoluzione è rappresentato da un'epigrafe onoraria dell'epoca dell'imperatore Claudio,[15] che tuttavia si trova certamente già alla fine del percorso. È di una βουλή di questo secondo genere che restano, come per l'assemblea, tracce sino almeno alla fine del IV secolo d.C.[16]

---

[7] Le indicazioni provengono rispettivamente da *SEG* 41.932 (= PC 1989, 4), 13–14; *SEG* 41.929 (= PC 1989, 1), 35; Maddoli 2007, 20.B, 21–22; Blümel 2007, 2 II, 39–41. Per un confronto con i voti registrati nelle assemblee di altre πόλεις v. Rhodes - Lewis 1997, 510–512.

[8] Il testo riporta infatti [..]τακόσιαι. Su tutto rinvio a § 3.6.8 (n. 373 a p. 118).

[9] Su questo importante documento resta fondamentale lo studio di Gauthier 1990; alle pp. 438–443 ipotizzava che fossero circa 360 i cittadini iasei a riscuotere l'ἐκκλησιαστικόν: su questo v. ancora §. 8.2.2.1. Per una descrizione della procedura v. Fabiani 2010b, 469–470.

[10] *SEG* 36.982B (= PC 1985, IIb), 1.

[11] La formula ἔδοξεν τῆι βουλῆι καὶ τῶι δήμωι è nettamente più frequente di quella ἔδοξεν τῶι δήμωι: v. § 3.1.3.4.

[12] Per Iasos v. *e.g.* *I.Iasos* 23, 15–16(△); 264, 6. Ad Atene era detto anche γραμματεὺς κατὰ πρυτανείαν (Arist., [*Ath. Pol.*] 54.3): Rhodes 1972, 134–141; Hansen 1991, 256–257.

[13] Si vedano rispettivamente *SEG* 41.932 (= PC 1989, 4), 10–12; *SEG* 41.929 (= PC 1989, 1), 34–35; Maddoli 2007, 20.B, 20–21; Blümel 2007, 2 II, 39–40: quest'ultima attestazione fa decadere l'ipotesi di Müller 1995, 43, secondo cui il consiglio iaseo sarebbe stato composto di 100 membri. Almeno 90 sono i voti in *I.Iasos* 28, 5–6 (Ph. Gauthier, *BE* 1992, 447, 509).

[14] Sulla questione v. Müller 1995, 41–43; Hamon 2005 (che ha mostrato come la mutazione fosse ormai comunemente acquisita nel I secolo d.C.: v. soprattutto 134 s.); Quaß 1993, spec. 382–394; Dmitriev 2005, 169–172.

[15] Pugliese Carratelli 1993, I, 263.

[16] V. *e.g.* *I.Iasos* 14, 13 (iscrizione onoraria per l'imperatore Giuliano).

1.3 Gli ἄρχοντες

Il loro nome[17] e la posizione che essi occupano in testa alla lunga lista di funzionari cittadini incaricati di vendere i beni confiscati ai protagonisti della congiura contro Mausolo, *I.Iasos* 1(△)[18] fa ritenere che gli ἄρχοντες siano stati, almeno in origine, la principale magistratura cittadina. Un'epigrafe di epoca ecatomnide ci informa che a quell'epoca essi dovevano (o potevano) provvedere all'inserimento dei nuovi cittadini nelle φυλαί e nelle πατριαί.[19] Almeno dall'età di Alessandro avevano una sede chiamata ἀρχεῖον.[20] Anche se infrequente, la formula ἀρχόντων γνώμη dimostra anche che essi avevano facoltà di presentare mozioni proprie nel consiglio e nell'assemblea.[21] L'ultimo esempio di questo tipo di proposta si trova nel decreto *I.Iasos* 59, inserito nel terzo gruppo della tabella n. 35, che abbiamo datato nei primi 10–15 anni del III secolo. La perdita di ogni successiva traccia di questi magistrati nelle iscrizioni (sono tuttavia ancora documentati sulle monete, tra la fine del III e l'inizio del II secolo a.C. esiste poi ancora la loro sede[22]) sembra suggerire che nel tempo il loro ruolo sia andato incontro a una trasformazione e forse ad una perdita di importanza, probabilmente a vantaggio di altre magistrature, forse pritani, προστάται e strateghi.

1.4 I pritani

A svolgere la cruciale funzione di presiedere consiglio e assemblea fu il collegio dei pritani, posto dunque in un ruolo-chiave della vita democratica. Quando possediamo l'elenco di questi ufficiali al completo, possiamo constatare che l'ἐπιστάτης del δῆμος, il cui nome viene regolarmente inserito nel prescritto dei decreti (§ 3.1.3.5), è sempre uno di essi. Il presidente del collegio dei pritani doveva essere colui che svolgeva l'importante funzione di mettere ai voti le mozioni nei due principali organi deliberativi cittadini.

Le indagini prosopografiche consentono ormai di dirimere una questione a lungo rimasta irrisolta: se i pritani iasei dovessero essere considerati un semplice comitato del consiglio, sul modello di Atene, o una vera magistratura, come a Rodi.[23] L'iterazione della carica e la presenza nei collegi di membri provenienti dalle medesime famiglie rende improbabile che essi fossero sorteggiati e permette di riconoscerli come dei magistrati.[24]

Complessa è poi la questione del loro numero, che oscilla tra 1 e 8 membri (§ 3.1.3.7). L'iscrizione *I.Iasos* 1(△) presenta un lungo elenco di collegi magistratuali che hanno partecipato alla vendita dei beni [τ]ῶν ἀν[δρ]ῶν τῶν ἐπιβουλευσάντων Μαυσώλλωι καὶ τῆι Ἰασέων πόληι (ll. 2–3; cf. §§ 1.1 e 2, 3). È evidente l'intenzione di testimoniare la piena concordia civica nella condanna di coloro che congiurarono contro il satrapo: i collegi figurano perciò certamente a ranghi completi e i pritani sono in numero di 6; gli altri collegi magistratuali presenti in questo stesso testo contano invece 2 o 4 membri. A Iasos – anche se in epoca di poco successiva – sono attestate riunioni mensili dell'assemblea presiedute da un membro del collegio dei pritani ed è documentata

---

[17] Su tale magistratura in generale v. Rhodes 1996.

[18] *I.Iasos* 1, 6–8(△).

[19] Maddoli 2007, 4, 8–10. Nello stesso testo essi sono anche incaricati di far materialmente erigere la stele onoraria e di verificare che quanto deciso dalla città venga inciso su pietra, anche se il decreto specifica che devono essere i νεωποῖαι a sostenere le spese per l'iscrizione e la pubblicazione della stele stessa; il diretto interessamento degli ἄρχοντες potrebbe costituire dunque un onore aggiuntivo per il benefattore premiato. L'inserimento dei nuovi cittadini nella φυλαί competerà in seguito, a quanto sembra, ai προστάται: su tutto questo v. Fabiani 2010b, spec. 467–469.

[20] Il decreto più antico ad attestare l'esistenza dell'ἀρχεῖον è quello in onore di Gorgos e Minnion (*I.Iasos* 24+30, 20–21), su cui v. §§ 1.1; 2, 4; 9.1. Per gli altri decreti incisi sulla παραστὰς πρὸ τοῦ ἀρχείου v. § 3.6.6.3, Gruppo 3 e § 7.1. Per le considerazioni che inducono a ritenere l'ἀρχεῖον indicato nelle iscrizioni la sede del collegio degli ἄρχοντες e non dei magistrati cittadini in senso generico rinvio a Fabiani – Nafissi 2013, 50.

[21] *I.Iasos* 24+30, 4; 27, 3; 59, 4.

[22] Ashton 2007, 71–72. L'ἀρχεῖον è ancora ricordato in *I.Iasos* 252, sulla cui datazione v. sopra §§ 5.4.12 e 7.10.

[23] Sulla questione v. Gschnitzer 1973a, 794–795, incline a considerare i pritani iasei un comitato del consiglio; Busolt 1920, 476 li considerava invece magistrati.

[24] Cf. § 5.4.9; v. più nel dettaglio Fabiani 2012, 124–125 (con bibliografia precedente) e 154.

la divisione dell'anno amministrativo in semestri:[25] mi pare logico desumerne che la carica dei pritani avesse durata semestrale. Mi sembra perciò del tutto ragionevole collegare il numero dei 6 membri del collegio al numero di assemblee di cui essi dovevano essere a turno ἐπιστάται in un semestre. I πρυτάνεις di *I.Iasos* 1(△) sono insomma 6 perché 6 erano le assemblee che a turno sarebbero stati chiamati a presiedere[26] (sulle successive oscillazioni del numero dei membri di questo collegio si tornerà ancora più avanti, cf. § 7.2.3.2). Il legame dei pritani coi semestri può forse spiegare perché *I.Iasos* 56, 2–4 (sesto gruppo della tabella n. 35) li elenchi in funzione soltanto datante; varrà forse la pena sottolineare che in precedenza lo stesso era accaduto con gli ἄρχοντες in un'iscrizione inserita nel secondo gruppo:[27] questo passaggio di funzione potrebbe rappresentare un ulteriore piccolo indizio della perdita d'importanza di questi ultimi magistrati a favore di altri (§ 7.1.3), tra cui i pritani stessi. Accanto a ciò, se il ragionamento qui svolto è corretto, *I.Iasos* 1(△) consente indirettamente anche di desumere che l'assemblea di Iasos aveva cadenza mensile già in epoca ecatomnide.

Quanto ai compiti dei pritani, la formula [πρυτ]άνεων ἐκκλησίαν συναγαγόντων di *I.Iasos* 4, 35–36, che documenta una riunione straordinaria del δῆμος, informa che essi avevano l'incarico di convocare ufficialmente l'assemblea. La frequente formula πρυτάνεων γνώμη rivela poi che, almeno dall'epoca di Alessandro, essi avevano la facoltà di proporre proprie mozioni al consiglio e conseguentemente al δῆμος.[28] È probabile che nel loro ruolo di presidenti dell'assemblea i pritani fossero incaricati di ricevere in prima battuta i rappresentanti che la πόλις inviava all'estero[29] e di accogliere ed ascoltare delegazioni straniere: in due occasioni sono documentate πρυτάνεων γνῶμαι in decreti promulgati in relazione all'arrivo di lettere da parte di cancellerie reali.[30]

1.5 I προστάται

I προστάται (τοῦ δήμου)[31] sono documentati per la prima volta in *I.Iasos* 20(△), il decreto che istituisce il pagamento dell'ἐκκλησιαστικόν, ψήφισμα che nella presente ricerca è stato inserito nel terzo gruppo della tabella n. 35 e che risulta databile all'inizio del III secolo a.C. (§ 7.5). Essi affiancano i νεωποῖαι durante tutto l'*iter* dell'operazione; in particolare, hanno l'incarico di sigillare le urne – ve n'è una per ciascuna φυλή – in cui devono essere inseriti i gettoni che i cittadini consegnano al νεωποίης della propria tribù dopo avervi scritto il proprio nome.[32] In questa, come in altre mansioni da loro ricoperte, essi sembrano avere il compito specifico – in accordo con il loro nome – di tutelare l'interesse di tutta la cittadinanza. Intervengono p.es. in difesa del δῆμος in caso di malfunzionamenti o abusi: è a loro che i privati cittadini possono rivolgersi (προσαγγεῖλαι) se lamentano mancanze da parte di sacerdoti o magistrati preposti alle questioni sacre.[33] In *I.Iasos* 4, 20–26 sono incaricati dalla regina Laodice di assumere il compito centrale del suo intervento in città, cioè di ripartire ogni anno i proventi della vendita di parte del grano che ella dona alla πόλις per costituirne doti per le figlie dei cittadini indigenti: devono dunque garantire che i beni che la comunità riceve in un momento di difficoltà vadano veramente a favore del δῆμος e di chi ne ha bisogno, secondo il volere della regina. Sono anche strettamente

---

[25] Questa informazione – già in parte deducibile dal confronto tra il prescritto di *I.Iasos* 25(▲), quello di *SEG* 41.930 (= PC 1989, 2), 1–13 e di *SEG* 41.931 (= PC 1989, 3), 15–27 (v. anche Ph. Gauthier, *BE* 1992, 444, 508) – è oggi resa certa dall'attestazione della suddivisione dell'anno amministrativo iaseo in due semestri presente in Maddoli 2007, 11.B, 2; cf. anche Blümel 2007, 2 II, 3–6 con 2 III, 3–6.

[26] L'incarico mensile di presidenza da parte dei pritani iasei non può non ricordare i diversi magistrati ἐπιμήνιοι noti in varie città. Il termine individuava talora coloro che mensilmente presiedevano un collegio (*e.g.* οἱ ἐπιμήνιοι τῶν στρατηγῶν di *I.Priene* 99, 15; per Kyme eolica v. Hamon 2008, 64 e 69–70) talora invece i presidenti di consiglio e assemblea: v. *e.g.* *SEG* 24.1095 (Istros). Sulla questione v. Migeotte 1992, 179 n. 141 e, recentemente, Knoepfler – Ackermann 2012, 921 n. 38.

[27] Maddoli 2007, 5, 2–5.

[28] L'attestazione più antica è al momento in *I.Iasos* 52; seguono poi Maddoli 2007, 5; 6; 7; 8; 9; 10.

[29] I giudici iasei di ritorno da Calymna si rivolgono proprio ai pritani per riferire l'esito della loro missione: *I.Iasos* 82, 7–18; v. ancora Müller, 1995, 51.

[30] *I.Iasos* 4 e 6 (in cui la γνώμη è in stretta relazione con la lettera del re: v. ll. 13–16). Anche a Rodi i pritani avevano il compito di inviare e ricevere ambascerie, straniere e cittadine: v. Gschnitzer 1973a, 767–769.

[31] Fabiani 2010b, 472–476.

[32] Gauthier 1990, 435, l. 12.

[33] *I.Iasos* 219, 7(△).

collegati alla concessione della πολιτεία agli stranieri: in decreti di inizio II secolo a.C. sono infatti i magistrati che vengono esplicitamente incaricati dall'assemblea di preparare una προγραφή (da presentare certamente, secondo la procedura a un certo punto stabilita – v. § 8.2.3.1 –, prima ai pritani, poi alla βουλή e infine al δῆμος) in merito alla concessione della cittadinanza nei cd. decreti in onore di giudici stranieri di ‹secondo tipo› (su cui v. §§ 3.4.5; 8.3.1)[34]. Anche in questa mansione curano l'interesse dei πολῖται di Iasos: da una parte infatti premiano dei forestieri che hanno fatto il bene del δῆμος iaseo, dall'altra hanno il compito di distribuire con oculatezza, evitando abusi, quel bene prezioso che è la cittadinanza stessa. In virtù di questo loro incarico mi pare ragionevole pensare che nella loro sede e nel loro archivio (ἀρχεῖον προστατικόν)[35] essi conservassero le liste dei cittadini κατὰ φυλάς[36]. Altrove ho suggerito, sulla base del confronto con le riforme avvenute a Euromos al tempo di Antioco III, che i προστάται si fossero sostituiti agli ἄρχοντες nel ruolo di massima magistratura cittadina.[37] Oggi, pur continuando a riconoscere loro una notevole importanza (essi fra l'altro detenevano la δημοσία σφραγίς),[38] sulla base di una più accurata indagine prosopografica ritengo debba essere usata una maggiore prudenza: a partire dall'ultimo terzo del III secolo a.C. i pritani sembrano infatti in genere personalità di maggiore rilievo sociale dei προστάται;[39] è dunque probabile che anche politicamente i primi occupassero una posizione di maggiore importanza (v. ancora oltre § 8.2.3.3).

1.6 Gli στρατηγοί

Questa magistratura appare raramente nei decreti iasei. La documentazione sugli στρατηγοί è più tarda di quella sulle altre magistrature: non compaiono infatti prima dell'inizio del II secolo a.C.[40] Come altrove, essi saranno certamente stati anche a Iasos la massima autorità militare e saranno stati incaricati della sicurezza della città e del territorio: come a Kyme eolica detengono infatti le chiavi della πόλις.[41] Tuttavia, anche se nei documenti iasei non rivelano a oggi un legame forte, altrove invece documentato, con i corpi deliberativi (non presiedono infatti, lo si è visto, consiglio e assemblea e non sono i magistrati che più frequentemente avanzano proposte di decreti in questi consessi), abbiamo comunque traccia di incarichi anche civili, come doveva essere comune:[42] in *I.Iasos* 74(■) si affiancano ad esempio ai προστάται nel compito di preparare la προγραφή con la quale si richiede a consiglio e all'assemblea di concedere la cittadinanza a un giudice di Priene e al suo segretario e in *I.Iasos* 51(■), che risale alla seconda metà del II secolo a.C. (§ 2, 16) ed è l'ultimo decreto onorario per uno straniero ad oggi noto, figurano come promotori dello ψήφισμα, ancora una volta insieme ai προστάται.[43]

[34] *I.Iasos* 73, 28–29, 56–57(■); 74, 26–27, 52–53(■) (in questo caso sono a quanto pare insieme agli strateghi). Sulla procedura v. Savalli 1981, 625–627.

[35] Maddoli 2001, A (= *SEG* 51.1506), 6–9(△) con Fabiani 2001, 93–100 e le giuste osservazioni di Faraguna 2005, 62.

[36] V. Savalli 1985, 400–408; Faraguna 2005, 69–70. Un legame dei προστάται con l'anagrafe cittadina era già suggerito da Hicks 1887, 106–107 e 1890, 420, 39–40; Swoboda 1890, 92; v. anche Pugliese Carratelli 1967–1968, 451.

[37] Fabiani 2010b, 474–476.

[38] Gauthier 1990, 435, l. 12. Su questo sigillo e i depositari di esso v. Haensch 2006, 258, 262–263.

[39] Per questa analisi rinvio a Fabiani 2012, 141–147.

[40] Testimonianze epigrafiche sugli strateghi: *I.Iasos* 4, 68–76; 51, 2–3; 74, 53(■) (a l. 27 sono integrati); 264, 2–5 (lista); 267, 7 (lista); si tratta in tutti i casi di epigrafi di II secolo a.C.

[41] V. *I.Iasos* 4, 68–76 con la rilettura e i miglioramenti di Nafissi 2001, 115–128 (v. particolarmente n. 23). Sugli strateghi a Kyme v. Hamon 2008, spec. 64–66, 74–77 (possesso delle chiavi), 96–97. Stessa funzione avevano i κόσμοι a Euromos: Errington 1993, n° 5, 3–8.

[42] Così era p. es. a Lesbo (Ereso, Metimna, Mitilene) e in Eolide (Elaia, Kyme): Hamon 2008, 64–66. Per alcuni esempi di città nelle quali gli strateghi uniscono funzioni civili a funzioni militari (con indicazione dettagliata delle diverse possibili funzioni) rinvio a Fröhlich 2008, spec. 431–440.

[43] *I.Iasos* 74, 26–27 e 52–53(■) (un parallelo, nel quale l'incarico è affidato ai soli strateghi, si trova in un decreto di Mitilene per giudici di Eritre: *I.Erythrai* 122, 8–10 e 37–39); *I.Iasos* 51, 2–3(■).

1.7 I νεωποῖαι

Quasi costante è invece la presenza dei νεωποῖαι nei decreti. Come in altre πόλεις, essi hanno competenze insieme religiose ed economiche.[44] In epoca tardo-classica la *lex sacra* che disciplina i diritti del sacerdote di Zeus Megistos li incarica di occuparsi degli ἀναθήματα offerti al dio;[45] un decreto di epoca ellenistica affida loro, insieme a qualunque altro πολίτης lo desideri, il compito di avanzare un progetto finanziario relativo al reperimento di fondi per il restauro dei santuari.[46] In epoca ecatomnide hanno poi il compito di pagare la stele su cui incidere un decreto da far pubblicare in un santuario, ma materialmente incaricati di sovrintendere all'incisione del testo sono gli ἄρχοντες.[47] A partire almeno dall'inizio del III secolo a.C. il loro impegno fuoriesce dai limiti degli ἱερά. Li troviamo infatti non soltanto coinvolti nel pagamento dell'ἐκκλησιαστικόν (*I.Iasos* 20(△):[48] non è tuttavia da escludere che anche questa procedura avesse un risvolto religioso che oggi non siamo in grado di percepire), ma da questo momento sono anche regolarmente incaricati di provvedere alla pubblicazione su pietra dei decreti che l'assemblea decide di eternare (§ 3.6.6.3), anche quando questi ultimi non devono essere incisi in luoghi esplicitamente definiti come santuari. Per portare a termine questo incarico essi ricevevano somme di denaro dalla πόλις, più precisamente dai ταμίαι (§§ 3.4.5; 3.6.7); con queste essi provvedevano a far incidere i decreti su stele o su strutture ed elementi architettonici già esistenti. D'altra parte, ad oggi i νεωποῖαι sono la sola magistratura iasea che sappiamo disporre di una cassa stabilmente destinata a finanziare lavori connessi all'edilizia.

2 Innovazioni normative, procedurali e istituzionali

Il riordino cronologico dei decreti iasei rivela con molta nettezza che nel corso del tempo Iasos conobbe più di un cambiamento in campo politico, il più importante dei quali riguardò la procedura da seguire per portare una mozione in assemblea.[49]

La documentazione verrà esaminata in successione. L'arco cronologico coperto dai decreti esaminati in questo lavoro può essere infatti articolato in tre fasi, segnate da cambiamenti – probabilmente vere riforme – importanti: 1) dall'epoca ecatomnide alla fine del IV secolo a.C.; 2) la prima metà del III secolo a.C. 3) la seconda metà del III e l'inizio del II secolo a.C.

2.1 Dall'epoca ecatomnide alla fine del IV secolo a.C.[50]

Non sappiamo praticamente nulla delle istituzioni cittadine, in particolare delle magistrature, in epoca pre-ecatomnide: i più antichi decreti conservati sono infatti estremamente sintetici e si limitano a riferire il contenuto della decisione, cui viene premessa la formula di sanzione, dalla quale desumiamo soltanto l'esistenza di consiglio e assemblea. Disponiamo di qualche dato in più, ma sempre molto scarno, per l'epoca ecatomnide. La lunga iscrizione *I.Iasos* 1(△) ci fa conoscere una serie di collegi e il numero dei loro componenti (ἄρχοντες, ταμίαι, ἀστυνόμοι, συνήγοροι, πρυτάνεις). Per il resto, a quest'epoca il prescritto si arricchisce essenzialmente d'indicazioni datanti, come la segnalazione del mese o dell'assemblea elettorale, del presidente dell'assemblea e occasionalmente dello stefaneforo (per maggiori dettagli sulla questione rinvio però a § 8.2.2.2).

---

[44] Per un quadro d'insieme su questa magistratura v. Fabiani 2010b, 469–472.

[45] *I.Iasos* 220, 9–10; Le Guen-Pollet 1991, n° 41, 135–139.

[46] *I.Iasos* 219(△). Cfr. J. e L. Robert, *BE* 1973, 425, 163–164.

[47] Maddoli 2007, 4, 11–17. V. § 8.1.3.

[48] Gauthier 1990, 435.

[49] Fabiani 2012, spec. 126–129. Qualche osservazione preliminare è già in Fabiani 2010b.

[50] Si considerano qui i decreti inseriti nel primo, nel secondo e nella prima metà del terzo gruppo (tabella n. 35), fino a *I.Iasos* 60 compreso, che ritengo databili entro il IV secolo a.C.

Indagini prosopografiche da me condotte in altra sede, che oggi devono essere integrate e in qualche misura corrette con le ulteriori osservazioni e conclusioni qui raggiunte,[51] mostrano che nel lungo documento che condanna la ἐπιβουλή contro Mausolo, *I.Iasos* 1(△), ritornano con frequenza personaggi appartenenti a un gruppo piuttosto ristretto di famiglie, sia tra i magistrati che tra i cittadini attivamente coinvolti nella procedura di confisca e vendita dei beni dei congiurati.[52] Era certamente un fatto ovvio che la città scegliesse di ricorrere, in questa circostanza, a famiglie ‹affidabili›, quelle che, nella per noi misteriosa vicenda definita dal decreto ‹congiura› dovevano aver chiaramente dimostrato un orientamento favorevole agli Ecatomnidi. Tuttavia, un'ulteriore osservazione rende probabile che questo dato prosopografico possa rappresentare un indizio dell'esistenza in quel momento, o da quel momento in poi, di un regime tendenzialmente oligarchico.[53]

A meno che non si tratti soltanto di una lacuna documentaria, il riordino cronologico permette infatti di osservare un'evidente rarefazione della pratica della pubblicazione (se non della promulgazione) dei decreti dopo la repressione della congiura contro Mausolo (§ 7.4). È ben noto che ad Atene la stessa circostanza si osserva negli anni del governo di Demetrio Falereo. Il significato di questo dato è in parte controverso. Qualcuno ha voluto spiegarlo con una scelta di tipo economico, come una conseguenza della politica di risparmio adottata dal Falereo.[54] Tuttavia pare innegabile, e anche gli studiosi che valutano il dato con maggiore prudenza non rifiutano in genere questo assunto, che la pubblicazione di un decreto rappresenti comunque un atto politico: qualunque fosse stata la motivazione formale addotta dal governo del Falereo per non ricorrere alla pubblicazione (vorrei qui sottolineare che l'assenza di decreti pubblicati non comporta necessariamente una ridotta attività di assemblea e consiglio), la scelta rappresenta comunque una presa di posizione: nella selezione fra elementi irrinunciabili e trascurabili quel governo ritenne evidentemente secondaria la comunicazione, la condivisione delle decisioni e l'autorappresentazione della comunità come entità politica responsabile e fiera dei propri atti, elementi, questi, generalmente caratteristici delle democrazie, in particolare di quella attica. Che la scelta fosse politica e che la prassi della pubblicazione fosse ritenuta dagli Ateniesi un'attitudine tipicamente

---

[51] Fabiani 2012, 129–134. Rispetto a quel contributo ho potuto infatti precisare meglio la cronologia di alcuni testi. Adesso ritengo ad esempio che *I.Iasos* 37, *I.Iasos* 45 e 69, *I.Iasos* 53, Maddoli 2007, 11.A e 12.B debbano essere più correttamente datati all'inizio del III secolo a.C.

[52] I dati sono raccolti in Fabiani 2012, 129–134. Nel decreto *SEG* 36.983 (= PC 1985, p. 155), che risale certamente all'epoca precedente la congiura (Fabiani 2013, 317–327), sia il proponente che i due presidenti della seduta (su questo v. § 8.2.2) sono figli di un Apollonides: se si tratta di fratelli, come a me pare probabile (Fabiani 2012, 130 e 132), potremmo disporre di un indizio che ci rivela come nella città già prima della congiura poche famiglie esercitassero un'influenza decisiva nella vita politica.

[53] Si tocca qui in qualche modo il complesso tema dell'ampio coinvolgimento dell'*élite* cittadina (per una definizione di essa v. soprattutto Ober 1989, 11 e Capdetrey – Lafond 2010b; v. ancora oltre n. 149 a p. 299), che aveva disponibilità di tempo e mezzi, nella vita politica e amministrativa delle città, in particolare in presenza di regimi democratici, che esigevano la partecipazione da parte della maggioranza e soprattutto il controllo supremo da parte dell'assemblea composta di tutti i πολῖται. Nell'Atene d'epoca classica sarebbe stato trovato un *modus vivendi*, fatta eccezione per alcuni periodi di crisi: Nippel 1980, 107–123 e Ober 1989; si veda anche Mann 2007, 162–163; un quadro più sfumato in Raaflaub 1996, spec. 150–159. Sul dibattito in Atene circa la convivenza di uguaglianza politica e disuguaglianze sociali v. Mossé 1987; sull'attenzione che le città d'Asia Minore avevano, in epoca ellenistica, per un'uguaglianza che giunse a coinvolgere gradualmente anche i non-cittadini, e a trasformarsi da politica in quasi filantropica, pur in un contesto pieno di disuguaglianze, v. Hamon 2012. Sostenitore dell'opinione che nelle città greche, anche nell'Atene classica, fosse sempre soprattutto una minoranza della popolazione, quella più ricca e colta, ad essere impegnata nella vita politica è Habicht 1995 (su cui v. le critiche di Mann 2012, 22–24). Sul maggiore coinvolgimento della *élite* nella vita politica cittadina si vedano anche le considerazioni generali di Scholz 2008, spec. 76–82. Di Iasos sappiamo davvero molto poco, soprattutto in questo periodo, e dobbiamo limitarci a valutare gli indizi.

[54] Su questa linea Tracy 1995, 36–41 e Id. 2000, 227 (il quale tuttavia *ibidem* scrive: «Inscriptions basically reflect political acts... Not inscribing may also be a political act»); O'Sullivan 2009, 105–164, spec. 116–131 (la studiosa cerca di ridurre l'impatto di alcuni pregiudizi sul regime in vigore sotto Demetrio Falereo, in particolare l'assunto che sotto il suo governo l'attività di consiglio e assemblea sarebbe stata limitata; non nega tuttavia che quanto meno la presenza della guarnigione macedone avrebbe avuto un impatto sulla democrazia ateniese); non crede a un collegamento tra quantità di pubblicazioni e regime politico neppure Pébarthe 2005b, 176–177. Nei dieci anni di regime di Demetrio (317–307 a.C.) è certa la pubblicazione di due soli decreti (O'Sullivan 2009, 117 parla di altri quattro, ma v. Bayliss 2011, 229 n. 58), *IG* II^2 450 e 453, e di essi solo il primo è abbastanza ben conservato: l'assenza della formula di pubblicazione potrebbe far pensare che sia stato fatto iscrivere a spese dell'onorato, il satrapo di Caria, Asandros figlio di Agathon: Lambert 2000, 486–489. Alcune considerazioni anche in Williams 1997, 331 n. 10.

democratica è confermato da un fatto: all'indomani della caduta del governo del Falereo per opera della conquista del Poliorcete, si riprese a incidere testi su pietra a gran ritmo.[55]

Questa osservazione, insieme al dato prosopografico prima messo in luce, potrebbe lasciar ipotizzare che l'εὐνομία, quella che un epigramma inciso qualche anno dopo la congiura su un monumento dedicato dagli Iasei ad alcuni membri della famiglia ecatomnide ricorda come felice condizione raggiunta dalla città per merito di uno dei satrapi di Caria[56] (forse Ada), riveli, in linea con il significato più diffuso del termine, il carattere di fondo del regime filoecatomnide, guidato da un'*élite* ristretta (e certo selezionata dai sanguinosi eventi della congiura), assai consapevole della propria superiorità.[57] Ciò andrebbe a confliggere con l'idea, piuttosto diffusa, di una Iasos solidamente democratica in epoca ecatomnide.[58]

A queste considerazioni si deve aggiungere che a ricoprire la carica di ἄρχοντες furono spesso cittadini imparentati con στεφανηφόροι o sacerdoti (cariche notoriamente onerose dal punto di vista economico). Si deve perciò dedurre che gli Iasei che rivestivano la principale magistratura cittadina del IV secolo (§ 8.1.3) appartenevano a un livello sociale molto elevato; essi dovevano essere certamente eletti, e mi pare possibile che ciò avvenisse tra cittadini al di sopra di una certa soglia censitaria. Quanto ai pritani, poiché per tali magistrati questo tipo di evidenza è un poco meno netto e manca un loro sistematico collegamento alla carica eponimica e ai sacerdozi, è probabile che essi fossero semplicemente eletti.

Nel 334 a.C. ebbe poi luogo la conquista dell'Asia Minore da parte di Alessandro Magno. A quanto afferma Diodoro proprio a proposito della Caria, il re avrebbe dichiarato autonome e esenti da tributo le città greche e avrebbe assicurato loro di essere venuto a portare la libertà dai Persiani.[59] Arriano narra che il re, mentre si trovava a Efeso, avrebbe inviato truppe alle città dell'Eolide e della Ionia ancora sotto il controllo dei barbari e che avrebbe ordinato di rovesciare ovunque le oligarchie, istituire democrazie, ripristinare le leggi e abolire il tributo.[60] Come ha ben mostrato M. Faraguna, quello proposto da Arriano non è altro che un modello: la libertà delle città greche fu essenzialmente uno slogan politico e Alessandro trattò ogni città in modo differente, senza schemi, a seconda delle diverse situazioni e dei diversi contesti; e in ogni caso, egli mantenne su di esse il potere supremo.[61] Per Iasos, nonostante l'importante cesura storica, vi sono segni di continuità e di un passaggio di mano avvenuto senza sostanziali mutamenti nella composizione della classe dirigente.[62] I discendenti di almeno due importanti personaggi iasei documentati in *I.Iasos* 1(△) occupano posizioni di

---

55 Su questa linea soprattutto Habicht 1997, 70–72; Hedrick 2000 e da ultimo Bayliss 2011, 82–83. A fronte di due decreti certi in dieci anni, nel solo 307/6 sono documentate con sicurezza sedici iscrizioni: Tracy 2000, 229.

56 Uno studio molto attento dell'uso del termine εὐνομία nelle fonti letterarie e epigrafiche si trova in Nafissi 2013, 310–313 e Nafissi in stampa, b.

57 Sul monumento dedicato da Iasos agli Ecatomnidi v. Maddoli 2010 e Fabiani *et al.* 2010; lo studio più sistematico su epigramma e monumento attualmente edito è Nafissi 2013, ma le conclusioni lì raggiunte sono ampiamente modificate in Nafissi in stampa, a-b, con Masturzo – Nafissi in stampa, e a questi lavori, così come a Fabiani in stampa, b, è opportuno rinviare il lettore.

58 A partire da Hornblower 1982, 114 n. 64 Iasos è infatti ritenuta un eccezionale esempio di continuità democratica all'interno del dominio ecatomnide; si veda *e.g.* Nawotka 2003, 24–25 e, da ultimo, Vacante 2011, 322. Per una lettura diversa, stimolata dai recenti rinvenimenti archeologici ed epigrafici, v. adesso Fabiani 2013, a e Nafissi 2013.

59 Diod. 17.24.1: … αὐτὸς δὲ μετὰ πάσης τῆς δυνάμεως προῆγεν ἐπὶ Καρίας καὶ τὰς ἐν τῇ παρόδῳ πόλεις προσήγετο ταῖς φιλανθρωπίαις· μάλιστα δ᾽εὐεργέτει τὰς Ἑλληνίδας πόλεις, ποιῶν αὐτὰς αὐτονόμους καὶ ἀφορολογήτους, προσεπιλέγων ὅτι τῆς τῶν Ἑλλήνων ἐλευθερώσεως ἕνεκα τὸν πρὸς Πέρσας πόλεμον ἐπανήρηται.

60 Arr., *An.* 1.18.2. Secondo Nawotka 2003, 32 queste decisioni indicherebbero che Alessandro non avrebbe posto le città greche di Eolide, Ionia, Caria sotto il controllo di un satrapo.

61 Faraguna 2003, 107–115; anche secondo Heisserer 1980, spec. 230–234 – il quale ritiene che le città greche d'Asia Minore fossero state obbligate dal Macedone a entrare a far parte della Lega di Corinto (seguendo una politica già adottata da Parmenione) e a seguirne obbligatoriamente le regole –, il tema della liberazione sarebbe stata pura e semplice propaganda. Il modello è invece accolto in pieno da Nawotka 2003.

62 Secondo Nawotka 2003, 24–26 nella città la democrazia sarebbe divenuta adesso «more active and radical than in the previous period»; l'immagine dipende molto dalla datazione imprecisa di alcune iscrizioni, vale a dire *I.Iasos* 52, *SEG* 36.983 (= PC 1985, p. 155) – cioè il decreto in onore dei figli di Peldemis di Mylasa che lo studioso, secondo la proposta dell'editore Pugliese Carratelli, fa risalire proprio all'arrivo di Alessandro e che invece risale agli anni '60 del IV secolo (§ 2, 2) – e infine di *I.Iasos* 20(△), relativa all'introduzione dell' ἐκκλησιαστικόν (su questo v. § 7.5). Lo stesso Nawotka, *ibidem*, pensa invece che l'organizzazione politica delle città della Caria interna non abbia conosciuto mutamenti in seguito alle conquiste del Macedone.

rilievo nell'età di Alessandro: Marsyas figlio di Histiaios è ἄρχων nello ψήφισμα più antico (l. 7); Apollonides figlio di Marsyas, ragionevolmente il figlio del primo (l'antroponimo è attestato in questi due soli casi), riveste la medesima carica in Maddoli 2007, 5, 3–4, inserito nel secondo gruppo della tabella n. 35 e datato negli anni '20 del IV secolo (§ 7.4). Abbiamo poi visto più volte come la rarità del nome (§§ 5.5.10; 7.4) consigli allo stesso modo di considerare Hegyllos figlio di Ouliades, anch'egli ἄρχων in *I.Iasos* 1, 7(△), come il padre del Theodoros figlio di Hegyllos onorato con il sacerdozio di Zeus Idrieus in *I.Iasos* 52, ugualmente inserito nel secondo gruppo e datato nello stesso decennio.[63] Esistono inoltre, come ho dimostrato altrove, solidi indizi anche per pensare che i fratelli Gorgos e Minnion, i quali ὑπὲρ τῆς μικρῆς θαλάσσης διαλεχθέντες Ἀλεξάνδρωι βασιλεῖ ἐκομίσαντο [κ]αὶ ἀπέδοσαν τῶι δήμωι, fossero esponenti di una famiglia che era stata legata agli Ecatomnidi.[64] La situazione in cui la Caria si trovò a vivere dopo la conquista di Alessandro favorì questo passaggio senza scosse. Ada I, sorella di Mausolo, ebbe infatti la felice intuizione di proporre ad Alessandro di farsi adottare da lei.[65] Il Macedone accolse la proposta e decise di assegnare alla donna, e dunque lasciare ancora agli Ecatomnidi, la guida della Caria. Ciò poté evitare drastiche cesure e favorì la continuità dei ceti dirigenti tanto a livello regionale che locale. In questo quadro Iasos poté conservare in qualche misura la propria attenzione alla famiglia dei satrapi e al mondo cario; lo testimonia l'attribuzione per decreto, ancora a quest'epoca, del sacerdozio del culto di Zeus Idrieus, dal chiaro sapore ‹regionale›. Continuità sembra esservi stata anche sul piano istituzionale. Si deve infatti notare che dal momento in cui torna ad essere documentata con una certa regolarità la pubblicazione di decreti, si trovano approvate per alcuni anni soltanto proposte di collegi magistratuali che, lo ricordiamo, sono a Iasos di composizione elettiva.[66] Se si osserva la tabella n. 35, si constata che questa tipologia di proposta caratterizza totalmente il secondo gruppo; soltanto a partire dagli anni '10 del IV secolo riprendiamo a trovare, come era in due ψηφίσματα precedenti la congiura, mozioni di proponenti individuali (del tipo ὁ δεῖνα τοῦ δεῖνος εἶπε), nei quali, secondo la più comune prassi delle città greche, vanno identificati dei buleuti,[67] potenzialmente più rappresentativi del corpo civico. Mi limito inoltre per ora a osservare come, nel caso dei pritani, i collegi attestati si presentino in questa fase sempre in numero inferiore a quello di riferimento di sei, desumibile dalla lista di *I.Iasos* 1(△) (v. § 8.1.4).

Accanto a questi segni di continuità rispetto all'epoca ecatomnide, dopo il 334 a.C. se ne osservano però anche altri che denotano un cambiamento. Innanzitutto, dopo la conquista macedone della città torniamo a trovare un numero abbastanza significativo di decreti.[68] Al loro interno, il formulario documenta un elemento di novità: dopo *I.Iasos* 24+30, lo ψήφισμα che onora Gorgos e Minnion per aver ottenuto dal giovane re la restituzione del Mar Piccolo, i decreti non prendono più avvio con la formula di sanzione ma con il nome dello stefaneforo. L'avvio di questa nuova prassi cancelleresca dopo uno ψήφισμα che registra un intervento di Alessandro Magno in favore della città rende a mio avviso ragionevole avanzare un'ipotesi. È ben noto che eventi memorabili nella storia di una comunità vengono celebrati nelle liste degli eponimi e in generale nelle liste pubbliche di magistrati, e che spesso si cominciano a stilare liste proprio a partire da quel momento, non di rado risalendo anche indietro nel tempo. A Mileto l'arrivo di Alessandro fu ad esempio l'occasione per iniziare a incidere su una stele, retrospettivamente, l'elenco degli stefanefori della città; una nuova lista fu inaugurata poi

---

[63] Non è forse da scartare l'ipotesi che i due figli di Phanes (Bation e Pantaleon) attestati in *I.Iasos* 1, 11 e 50 (il primo è συνήγορος, il secondo μνήμων) siano fratelli del Krates e dello Ouliades figli di Phanes, delegati iasei all'accordo tra Mylasa e Kindye per la delimitazione di un recinto sacro: v. *I.Mylasa* 11 = *HTC* 90, 12–13 (su cui v. adesso van Bremen 2013), che risale agli stessi anni; essi rappresentano forse la generazione antecedente il Phanes, magistrato eponimo in Maddoli 2007, 7, 1 (e forse in Maddoli 2007, 6 e 8: cf. § 5.2.6), anch'esso inserito nel secondo gruppo della tabella n. 35. Phanes è infatti un antroponimo non molto documentato in città [altre due attestazioni come idionimo in *I.Iasos* 1, 17(△) e 266, 9].

[64] Fabiani 2013, 327–330 e Fabiani in stampa, a, cui rimando anche per l'indicazione delle fonti relative ai due fratelli. Molto diversa l'opinione di Delrieux (da ultimo in Id. 2013, 209–210). Per una prima informazione Heckel 2006, *s. v.* Gorgus (1), 127.

[65] Arr., *An.* 1.23.8; si vedano poi anche Diod. 17.24.2–3 e Strab. 14.2.17. V. anche Briant 1996, 727; Debord 1999, 448; Heckel 2006, s. v. Ada [1]. Questo secondo periodo di governo di Ada I è di durata incerta: inizia molto probabilmente già nel 334 ma non se ne può fissare con sicurezza la conclusione; si vedano Hornblower 1982, 51; Vacante 2008, 519–520 e Id. 2010, 230–231; Id. 2011, 324 pare propendere invece per una conclusione del dominio di Ada nel 326 a.C.

[66] Fabiani 2012, 129–137, 150 e *passim*.

[67] Cf. Müller 1976, 20–22, 58, 68, 88; v. Rhodes – Lewis 1997, 491–497.

[68] A questo dato dà molta importanza Nawotka 2003, 19–26.

nel 312 a.C., nel momento in cui Antigono Monoftalmo proclamò libera e autonoma la πόλις.[69] Ad Amyzon un elenco comincia nel 166 a.C. con l'intestazione [στ]εφανηφόροι οἱ γεγονότες ἀφ' οὗ [Κ]ᾶρες ἠλευθερώθησαν; ma molti sono gli esempi che potrebbero essere ancora addotti.[70] Mi pare insomma che l'arrivo del Macedone potrebbe aver indotto anche Iasos a dare il via alla pratica di stilare liste degli eponimi, recuperando magari informazioni d'archivio per l'epoca precedente, o a iniziare un nuovo elenco di stefanefori. Con la pubblicazione della lista potrebbe essere stata introdotta una diversa prassi cancelleresca, che prevedeva di aprire i decreti con l'indicazione dell'eponimo, una modalità poi diventata regola (tre sole eccezioni in un secolo e mezzo).[71] La situazione di Atene non pare del resto dissimile: l'indicazione del nome dell'arconte eponimo diventa consueta soltanto alla fine del V secolo a.C., negli stessi anni in cui si decide di pubblicare la lista di questi magistrati.[72] Se questa ipotesi coglie nel segno, diventa ragionevole proporre per l'ultimo decreto che prende avvio con la formula di sanzione, *I.Iasos* 24+30, una datazione proprio nel 334/3 (anno in cui eponimo sarebbe lo stesso Gorgos).[73] Questa cronologia sembra d'altra parte sensata anche per altri motivi. In primo luogo è proprio in quell'occasione, – è difficile individuarne un'altra migliore! –, che Alessandro poté conoscere e apprezzare Gorgos, tanto da prenderlo al proprio servizio e portarlo al suo seguito nella spedizione; secondariamente, è ragionevole pensare che Iasos abbia interpellato il sovrano su una questione che tanto le stava a cuore nel momento in cui si trovava vicino e poteva meglio comprendere e intervenire sul problema.[74] Come si è già ricordato, M. Faraguna ha mostrato che gli interventi di Alessandro tra i Greci d'Asia sono molteplici e che non si attengono, diversamente da quanto spesso ipotizzato, a una regola generale, valida per tutti.[75] Per prendere le diverse decisioni, il re doveva dunque essere regolarmente informato delle situazioni particolari e di tutte le realtà con le quali entrava in rapporto. Più spesso, com'è ovvio, il re avrà gestito le situazioni e avrà reagito alle sollecitazioni nel momento in cui si trovava *in loco*: così avvenne nel 334 a.C. nel caso di Priene, in favore della quale prese varie decisioni.[76] Un'ulteriore conferma di questa ricostruzione cronologica è rappresentata dalla partecipazione alla trattativa con il re di *entrambi* i figli di Theodotos: sappiamo infatti che Gorgos visse lontano da Iasos e seguì Alessandro, ma per Minnion non esistono indizi di un allontanamento dalla patria.[77]

Nonostante i segni di continuità messi in evidenza poc'anzi, a Iasos l'arrivo di Alessandro dovette essere sentito come l'inizio di una nuova era, come suggeribbe la prassi di compilare una lista degli stefanefori.[78] Innan-

---

[69] *Milet* I 3, 122, II 81 (per la datazione v. *Milet* VI I, 122, p. 166); I 3, 123, 1–3; sull'istituzione della lista a Mileto v. Chaniotis 1988, 196 e Gorman 2001, 113; alcune correzioni sono proposte in Rhodes 2006. Le diverse stele di Mileto contenenti la lista degli stefanefori iniziano e finiscono in occasione di eventi storici rilevanti per la città: Wörrle 1988, 437. A Iasos l'esistenza di una lista di eponimi è sicura soltanto in epoca molto più tarda, ma non poteva mancare neppure prima: Pugliese Carratelli 1993, II (= *SEG* 43.718), 10–11 (il testo risale all'inizio del III secolo d.C.).

[70] Per il caso di Amyzon v. Robert 1983, 51, 1–2. Sulle liste di magistrati e su una possibile interpretazione dell'esigenza di crearle v. in particolare Chaniotis 1988, 186–219, con lunga lista di esempi (interesse amministrativo e non storico: pp. 209–211; l'avvio di liste è in genere legato a particolari eventi storici; pp. 211–212); Boffo 1995, 125–127 (le liste nascono dall'«interesse per il passato civico che in Grecia univa alla ricerca ‹storica› il senso della identità e della autorappresentazione cittadina»); Hedrick 2002 (le liste hanno scopo onorifico e non cronografico).

[71] *I.Iasos* 54; *I.Iasos* 42; Maddoli 2007, 14.A.

[72] Così pensa Chaniotis 1988, 210. Anche Pébarthe 2005a, spec. 21–24, pone di fatto in rapporto cronologico la comparsa in forma regolare dell'indicazione dell'eponimo nei decreti e la pubblicazione della lista arcontale alla fine del V secolo; più precisamente, secondo Pébarthe la decisione di compilare e pubblicare la lista risalirebbe al 410 a.C., al momento della revisione delle leggi.

[73] A una datazione precoce pensava anche Heisserer 1980, 178–179; per una nella parte finale del regno v. invece Vacante 2008, 515–531 e Id. 2011, 333.

[74] Priene: Heisserer 1980, 142–168 (166–168 su interventi del Macedone, nel 334 a.C., anche in favore di Eritre, Colofone e Smirne) e Magnetto 2008, 103–106.

[75] Faraguna 2003, 107–115.

[76] Così accade *e.g.* a Sardi (Arr., *An.* 1.17.4) e a Efeso (Arr., *An.* 1.17.9–12). Si veda Briant 2006, spec. 332 (alle pp. 334-336 alcune osservazioni sulle conclusioni di Faraguna 2003).

[77] In Fabiani 2007, 382 non escludevo la possibilità che al momento della promulgazione del decreto Gorgos, pur essendo stefaneforo, fosse lontano dalla patria. Tuttavia, una carica che aveva di fatto molte analogie con quella sacerdotale (v. Dignas 2007) e che doveva comportare certamente un ruolo di primo piano in molte cerimonie religiose, con le loro processioni, preghiere e sacrifici, sarà stata di norma esercitata *in loco*. Minnion è eponimo in decreti datati negli anni '20 (*I.Iasos* 27 e 52: § 5.4.16); come si è detto, non ci sono motivi per pensare che non si trovasse in città.

[78] D'altra parte anche una città filoecatomnide come la Iasos successiva alla congiura, che si era profondamente legata al

zitutto sicuramente la città, dopo essere stata parte integrante della comunità caria,[79] deve essere tornata ad affermare la propria origine greca: pare del tutto ragionevole pensare che nasca adesso, o venga valorizzata adesso, la tradizione, ricordata in Polibio, di un'origine argiva della città, la stessa vantata dalla famiglia di Alessandro, gli Argeadi.[80] Un altro elemento nuovo è infine questo: anche se spesso sono mutili proprio dell'etnico dell'onorato, i decreti onorari del periodo parlano di una città aperta non più soltanto a relazioni regionali ma più chiaramente mediterranee.[81] Iasos, dunque, pur senza rinnegare il proprio recente passato, poté tuttavia riappropriarsi, ed era conveniente farlo, della sua identità greca, ormai ben radicata almeno dal V secolo.[82]

2.2 La prima metà del III secolo a.C.[83]

2.2.1 La costruzione di una democrazia temperata

Un cambiamento particolarmente importante si verificò all'inizio del III secolo a.C., quando fu introdotto in città il pagamento dell'ἐκκλησιαστικόν. Alcuni indizi suggeriscono che non si sia trattato dell'unica innovazione messa in atto in quel momento.[84] Ritengo infatti che possa risalire a questo stesso periodo l'istituzione della magistratura dei προστάται, di cui precedentemente non si trova traccia, neppure nell'esaustivo elenco di collegi di magistrati presente in *I.Iasos* 1(△) (su cui v. § 2, 3). Emerge poi un altro dato. La tabella n. 35 mostra che nei decreti del secondo gruppo gli elenchi di pritani, lo si era già segnalato nel paragrafo precedente, si presentano in formazioni fortemente incomplete[85] rispetto al numero di riferimento di sei membri (v. § 8.1.4); soltanto alcune tra le ultime epigrafi del terzo gruppo cominciano a registrarne proprio sei.[86] La differenza sembra suggerire che nel frattempo fosse intervenuta una normalizzazione. Poiché il primo decreto ad attestare un

mondo cario, poteva proclamare liberatore Alessandro senza sembrare voltagabbana: nel 341 a.C. Pixodaros, l'ultimo dei fratelli di Mausolo, aveva infatti deposto la sorella Ada, vedova ed erede di Idrieo, e come tale era stato certamente sentito come un usurpatore (Strab. 14.2.17; cf. anche Diod. 16.74.2); a ciò si aggiunga che dal 336 troviamo associato a lui come satrapo un Persiano, Orontobates, che fu suo genero e che divenne poi, alla sua morte, l'unico vero satrapo di Caria. Egli veniva dunque visto come un nemico non solo da Alessandro ma probabilmente anche dagli Ecatomnidi e da coloro che erano loro legati: non per nulla i Cari reagirono positivamente quando Alessandro accolse le richieste di Ada (Diod. 17.24.2–3). Sulle ultime vicende della dinastia ecatomnide v. Hornblower 1982, 49–50; Ruzicka 1992, 120–155 (che alle pp. 132–133 discute la questione dell'arrivo di Orontobates: anche se Strab. 14.2.17 sembra lasciar pensare che fosse stata una richiesta di Pixodaros, Ruzicka preferisce pensare che si fosse trattato di un'imposizione del Gran Re); Briant 1996, 727 e 1037.

79 Vi sono diversi indizi di questo. In primo luogo, in epoca ecatomnide i decreti onorari celebrano solamente stranieri di ambito cario. Inoltre nel 354/3, secondo la datazione più probabile, troviamo una delegazione iasea tra quelle chiamate a testimoniare a una transazione territoriale tra Mylasa e Kindye e che, come è stato ben argomentato, sono con probabilità membri del κοινόν dei Cari (Debord 1994, 109 n. 18; Id. 2003, 119–125; di opinione diversa van Bremen 2013, 22–23). Forse non potremo mai sapere se l'epigramma di Iasos in onore degli Ecatomnidi li lodasse davvero come [Καρῶν] βασιλεῖς, come ritiene Nafissi in stampa, a-b, o se elogiasse l'opera di Ada presso le città carie: ma è chiaro in ogni caso che in quel documento gli Iasei pensavano agli Ecatomnidi come βασιλεῖς dei Cari. Per questi e altri indizi ancora si vedano Fabiani 2013, Ead.in stampa, a e i summenzionati lavori di Nafissi.

80 Raffaelli 1995, 309–310, pur prendendo rapidamente in considerazione l'epoca del Macedone, preferisce tuttavia pensare che l'origine argiva della città fosse stata elaborata alla fine del III secolo a.C., quando Iasos si appoggiò a Rodi, che vantava ascendenze argive, al momento del contrasto con Olympichos (*I.Iasos* 150: rinvio a § 1.1): la Raffaelli fa risalire a quegli stessi anni *I.Iasos* 76, in cui gli Iasei si definiscono συγγενεῖς dei Rodii: ma oggi per questo decreto può essere proposta una diversa datazione: v. § 7.10. In virtù della sua fondazione argiva, alla cilicia Mallo fu rimesso da Alessandro l'obbligo di pagare il φόρος (Arr., *An.* 2.5.9).

81 Maddoli 2007, 5 onora un personaggio di Magnesia (forse al Meandro: v. commento dell'editore); *ibid.*, 6 un individuo di Naukratis, *ibid.*, 9 uno di Calcedone; ad oggi, infine, l'integrazione migliore per *I.Iasos* 27, 4–5 resta Ξενοκλῆ[ς – – – – – Z]ακύν[θιος].

82 § 1.1.

83 I decreti che vengono qui considerati sono quelli inseriti nella seconda metà del terzo gruppo, da *I.Iasos* 63, poi ancora quelli presenti nel quarto, nel quinto e nel sesto (tabella n. 35).

84 Fabiani 2012, 150–153.

85 Si tratta di Maddoli 2007, 6; 7; 8; 9; 10; 11.A.

86 *I.Iasos* 20(△) e i tre decreti promulgati nella stessa seduta *I.Iasos* 37, 53 e Maddoli 2007, 12.B.

elenco di sei pritani è, tra l'altro, proprio quello che fissa la procedura del pagamento dell'ἐκκλησιαστικόν, del quale tra l'altro essi, elencati per nome nelle prime righe, devono essere stati i proponenti, non pare illegittimo ipotizzare che i due cambiamenti siano stati concomitanti. La città potrebbe insomma ad un certo momento aver elaborato un pacchetto complesso di misure con l'obiettivo di regolamentare la propria vita politica: accanto alla decisione di pagare i partecipanti all'assemblea, potrebbe aver anche definito norme volte a incoraggiare una regolare partecipazione dei pritani, prima spesso disinteressati, alle attività di loro competenza. Si potrebbe ipotizzare che lo avesse fatto istituendo una multa: dopo questo periodo infatti il numero dei pritani attesta – con una sola eccezione[87] – solo oscillazioni ‹in eccesso›, tra le sei e le otto unità (su questo v. § 8.2.3.2).

È difficile comprendere le ragioni dei mutamenti intervenuti nella πολιτεία di Iasos all'inizio del III secolo a.C. La disaffezione politica di coloro che erano designati pritani potrebbe essere un sintomo di crisi politica. Non possiamo però neppure escludere che la riforma abbia avuto luogo per un'ispirazione esterna, magari in collegamento più o meno diretto con i richiami all'αὐτονομία e all'ἐλευθερία delle πόλεις greche tanto frequenti nella propaganda di fine IV secolo.[88] La datazione che ora possiamo proporre per questa serie di misure sembra suggerire che patrono di quest'iniziativa sia stato Tolomeo I, ma su questo mi riservo di tornare altrove. Una conseguenza, forse, di questi cambiamenti potrebbe essere stata la progressiva perdita di importanza degli ἄρχοντες, cui si è già fatto cenno, dei quali in seguito svaniscono rapidamente le tracce, almeno in campo epigrafico.

Questa duplice riforma (che prevede il pagamento della frequenza dell'assemblea e un giro di vite nei confronti di magistrati poco presenti agli impegni comunitari), puntando evidentemente ad ampliare la partecipazione alla vita politica di classi sociali differenti, ricorda il passo della *Politica* di Aristotele[89] in cui lo Stagirita riflette su come costruire il regime che egli ritiene più equilibrato e preferibile, la cd. πολιτεία, la cui peculiarità consiste nella mistione di forme democratiche e oligarchiche.[90] Aristotele suggerisce tre modi per costruire la mistione: uno di questi è quello di unire un fattore oligarchico, come la multa comminata ai ricchi che non prendano parte alle attività giudiziarie (nel nostro caso si tratterebbe in realtà di attività politiche), con uno democratico, come la retribuzione di coloro che partecipano all'assemblea. Se si coglie nel segno, all'inizio del III secolo Iasos avrebbe dunque varato una riforma, che si sarebbe tentati di ricondurre alla dottrina aristotelica, che puntava a fondare un regime stabile che temperasse con istituti pienamente democratici (oltre all'ἐκκλησιαστικόν, si notino i προστάται, vale a dire una magistratura simbolicamente incaricata di proteggere l'interesse del δῆμος, e di tutto il δῆμος, senza distinzioni), l'impronta conservatrice che in precedenza era stata prevalente, in reazione a problematiche o a stimoli che non siamo purtroppo in grado di valutare. Lo stesso indennizzo per i frequentatori dell'assemblea sembra d'altra parte plasmato, a Iasos, su un modello aristotelico: il decreto che lo istituisce prescrive infatti di accantonare una somma prestabilita, 180 (dracme, probabilmente).[91] In un passo della *Politica* lo Stagirita consiglia, nei casi in cui il popolo sia molto più numeroso degli altri cittadini, di non concedere la paga a tutti gli ecclesiasti, ma solo a un numero commisurato a quello dei notabili.[92] L'esistenza di una cifra massima, come quella fissata a Iasos, trova senso solamente a fronte di un numero massimo di persone da retribuire, probabilmente allo scopo di equilibrare i numeri dei diversi gruppi rappresentati in assemblea.[93]

---

[87] *I.Iasos* 39, 4–6 (5 pritani); il decreto Maddoli 2007, 11.B, 4–8, promulgato nella stessa giornata (§ 5.1.3), ne documenta tuttavia 7.

[88] Diod. 19.61.3 - 62.2 (Antigono Monoftalmo e Tolomeo); Diod. 19.105.1 (accordo tra i diadochi). Sui proclami di Antigono si veda Billows 1990, 194–205. Per un quadro v. Capdetrey 2007, 204–208.

[89] IV 9 1294 a 35 - 1294 b.

[90] Roux 2010, spec. 62–67.

[91] *I.Iasos* 20, 5–6(△). Diversa lettura in Gauthier 1990, 441–443. Se anche a Iasos, come ad un certo punto ad Atene (Arist., [*Ath. Pol.*] 41.3), il rimborso previsto fosse stato pari a un triobolo, i cittadini pagati sarebbero stati 360: Gauthier 1990, 438 e 443 (v. già sopra).

[92] IV 14 1298 b 23–26.

[93] Questa serie di riforme di impronta aristotelica non stonano in una città per la quale, solo pochi anni prima, sono documentati rapporti diretti con Alessandro Magno, e la cui costituzione fu tra quelle oggetto di studio della scuola peripatetica: della Ἰασέων πολιτεία composta dalla scuola aristotelica resta un solo frammento giuntoci attraverso gli *excerpta* di Eraclide Lembo: Dilts 1971, 73.

Il prodotto sarebbe stato dunque un regime di democrazia moderata,[94] in cui l'*élite* continuò a detenere certe cariche socialmente prestigiose ma anche economicamente onerose, quali lo stefaneforato e probabilmente l'arcontato, ma nel quale la partecipazione all'assemblea venne incentivata in una misura tale da non creare squilibri. Va notato che da adesso le mozioni sono frequentemente presentate da semplici buleuti (v. oltre): non sappiamo se si tratti di un'apertura, originata da una nuova regola ora introdotta, o dell'effetto di un clima di maggior partecipazione.

Il ruolo magistratuale dei pritani, desunto grazie allo studio prosopografico, e che è certamente un dato precedente, è del tutto in linea con le scelte politiche compiute dalla città in questo periodo: Aristotele – che ha in grande stima le cariche elettive perché pongono a guida delle comunità persone più competenti – suggerisce fra l'altro di costruire la democrazia temperata selezionando i magistrati tramite elezione, ma senza limiti di censo, come pare essere stato il caso dei pritani.[95]

In armonia con l'indirizzo di questa riforma, secondo una prassi tipica delle democrazie, in questo periodo la documentazione testimonia il maggior numero di pubblicazioni di decreti,[96] particolarmente di quelli onorari per privati stranieri. Accanto a ciò, la fase che segue – e che documenta tutte e tre le tipologie di proposta ad oggi note (con l'ultimo esempio di ἀρχόντων γνώμη)[97] – è anche quella che attesta il maggior numero di istanze di tipo ὁ δεῖνα τοῦ δεῖνος εἶπε, vale a dire, come si anticipava poc'anzi, di buleuti, di cui si trova qualche esempio a partire già dagli anni '10 del IV secolo.[98] L'indagine prosopografica mostra come solo per uno di essi sia ipotizzabile la provenienza da una famiglia dell'*élite*:[99] sebbene non possa essere del tutto esclusa una lacuna della documentazione, è tuttavia probabile che gli altri siano da considerare buleuti di estrazione sociale non elevata. Osservando la tabella n. 35 si nota tuttavia facilmente come, procedendo verso la metà del secolo, le mozioni dei pritani tornino ad essere numericamente preponderanti. Ignoriamo quanto a lungo la città abbia provveduto a versare l'ἐκκλησιαστικόν.

2.2.2 L'introduzione della seduta annuale per la concessione della cittadinanza

Si è più volte accennato al fatto che nei decreti più antichi mancano riferimenti cronologici: la preoccupazione è infatti tutta rivolta a segnalare la validità legale di quanto dichiarato e il fuoco è posto sulla formula di sanzione.[100] È dall'epoca ecatomnide [il primo decreto è *SEG* 36.982B (= PC 1985, IIb)] che la struttura degli ψηφίσματα si arricchisce dell'indicazione della specifica seduta deliberativa: si fa riferimento a un mese di cui viene indicato il nome o all'assemblea elettorale (ἐν ἀρχαιρεσίαισι).[101] Accanto a ciò si inizia anche a indicare il nome del presidente dell'assemblea: è questo infatti a mio parere il significato dell'espressione – insolita per Iasos – ὁ δεῖνα ἐπρυτάνευε, che nei decreti successivi scomparirà in favore della forma ὁ δεῖνα ἐπεστάτει.[102] Il

94 Gauthier 1984, 99.

95 Arist., *Pol.* VI 4 1318 b 9 – 1319 a 4: presenta come una situazione vantaggiosa quella in cui convivano cariche elettive e pieno diritto di voto per l'assemblea. Non ritengo dunque, come non ritenevo in Fabiani 2012 (v. *ibidem* 150 e 154), che i pritani iasei siano stati una magistratura di carattere censitario, opinione attribuitami da P. Fröhlich, *BE* 2013, 379, 562–563.

96 Nawotka 2003, 19–26.

97 *I.Iasos* 59, 4.

98 *I.Iasos* 40, 2–3 (v. § 9.7); 42, 3; 54, 3–4.

99 Si rinvia ancora una volta a Fabiani 2012, 135–138.

100 Ciò avveniva anche in altre πόλεις: v. già Swoboda 1890, 24–25.

101 Così è per *SEG* 36.982B (= PC 1985, II b), 2 e *SEG* 36.983 (= PC 1985, p. 155), 2–3.

102 Nonostante l'area ionica, cui Iasos culturalmente appartiene, attesti in più casi la magistratura del pritane unico (Gschnitzer 1973a, 733–738), ritengo che quella proposta nel testo sia la spiegazione più probabile per questa formula. Il pritane unico infatti è generalmente eponimo (*ibid.*, 734–735), mentre a Iasos ad avere l'eponimia è notoriamente lo stefaneforo (v. § 3.1.3.1), che per di più compare anche in un'iscrizione che contiene la formula ὁ δεῖνα ἐπρυτάνευε [*SEG* 36.982C (= PC 1985, II c)]. Ma a Iasos è soprattutto attestata molto presto, già dalla metà del IV secolo come si è visto poc'anzi, la pritania collegiale [*I.Iasos* 1, 12–14(△)]: in città i πρυτάνεις costituirono dunque tutti insieme il ‹collegio dei presidenti› e per designare il membro che tra loro aveva, secondo il turno, il compito di presiedere l'assemblea mensile scelsero di ricorrere a un termine generico, quello di ἐπιστάτης. Per altri testi che fanno riferimento al pritane presidente del collegio come se apparentemente fosse l'unico e sul rischio, a ciò collegato, di confusioni, v. Gschnitzer 1973a, 796–798.

successivo *SEG* 36.982C (= PC 1985, IIc) aggiunge un nuovo elemento, lo στεφανηφόρος, il magistrato eponimo, da allora sostanzialmente sempre presente. *SEG* 36.983 (= PC 1985, p. 155) documenta un altro esempio di approvazione nell'assemblea elettorale e registra un'insolita doppia presidenza (οἱ δεῖνες ἐπρυτάνευον), di difficilissima interpretazione, forse da intendere come una presidenza distinta di consiglio e assemblea.[103] Dall'epoca di Alessandro compare infine stabilmente l'indicazione del giorno.[104]

Il fatto che ben due decreti vicini tra loro nel tempo vengano promulgati nell'ambito dell'assemblea elettorale (se ne riscontra un altro esempio soltanto in epoca romana)[105] potrebbe lasciar pensare che nella prima metà del IV secolo a.C. le assemblee fossero rare e non a cadenza mensile come in seguito, oppure che decisioni ritenute importanti – e che dunque forse richiedevano un *quorum* – venissero discusse soltanto in occasione delle elezioni, quando la partecipazione all'ἐκκλησία doveva essere maggiore; Ph. Gauthier ha anche osservato che le assemblee elettorali erano particolarmente adatte all'approvazione di onorificenze, perché in tali occasioni dovevano essere contestualmente proposti onori per quei magistrati che, all'uscita dalla carica, non andavano sottoposti a rendiconto.[106] Non mi pare che l'inserimento dell'indicazione del giorno soltanto a partire dall'epoca di Alessandro possa costituire un indizio del fatto che la cadenza mensile degli incontri fosse un elemento nuovo, entrato in vigore dopo la conquista macedone. Oltretutto è mia convinzione, come già esposto in riferimento al numero dei pritani (§ 8.1.4), che le assemblee fossero mensili già in epoca ecatomnide.

Come mostra chiaramente la tabella n. 35, vi è un mese nel quale le promulgazioni sono nettamente più numerose, Aphrodision (v. anche § 3.1.3.2); le prime attestazioni sicure di decreti approvati in questo mese si riscontrano nel terzo gruppo, poi gli ψηφίσματα approvati nel corso di esso cominciano a farsi più frequenti, fino a divenire la regola esclusiva nel quinto gruppo, vale a dire dagli anni '70–'60 del III secolo a.C. Evidentemente a Iasos dopo una certa data, che fu comunque successiva all'introduzione della prassi di affidare in certi casi anche al dio Apollo lo stefaneforato (cf. ancora una volta la tabella n. 35; v. anche § 5.3), venne stabilita una regola, probabilmente una vera e propria legge, con l'intento di dare ordine alla vita assembleare. Per il momento la potremmo definire in questi termini: i decreti onorari per stranieri non potevano essere promulgati che nel mese di Aphrodision.

La pubblicazione nel 2007, da parte di W. Blümel, di due decreti per giudici stranieri consente tuttavia di precisare questa prima definizione: nel secondo quarto del III secolo a Iasos fu stabilito che in Aphrodision si concentrassero le decisioni relative alla concessione della cittadinanza. La pietra pubblicata da Blümel presenta infatti tre testi di cui due, il secondo e il terzo, sicuramente decreti, e tra loro collegati. Il secondo documento, in particolare, è uno ψήφισμα sostanzialmente integro che conferisce una serie di onori (corona, elogio pubblico, προεδρία in occasione degli spettacoli, accesso privilegiato a consiglio e assemblea, invio di un ambasciatore nella patria degli onorati) a giudici provenienti da Cnido; questo decreto viene promulgato nel mese di Anthesterion. Il testo prescrive però ad un certo punto:[107] ἵνα δὲ πρόξενοι καὶ πολῖται γένωνται ὁ δῆμος βουλευσάσθω ἐμ μηνὶ Ἀφροδισιῶνι. Come dimostra in modo inconfutabile il frustulo di formulario che resta (ma su questo v. meglio § 8.3.1), il terzo decreto, in onore degli stessi giudici, datato sotto lo stesso στεφανηφόρος e promulgato in Aphrodision ma mutilo della decisione, non è altro che il decreto che, recependo la decisione del precedente, conferisce agli onorati, nel momento stabilito per legge, vale a dire nel mese di Aphrodision, la cittadinanza (e in questo caso anche la prossenia).

Tale informazione rende a questo punto comprensibile ed esplicita la formula presente in altri due decreti, *I.Iasos* 73(■) e 74(■), che recitano: περὶ πολιτείας δὲ αὐτοῖς τε καὶ τοῖς ἐκγόνοις αὐτῶν προγράψασθαι τοὺς προστάτας ἐν τοῖς ἐννόμοις χρόνοις. A Iasos, dunque, la formula ἐν τοῖς ἐννόμοις χρόνοις non serve a indicare un intervallo di tempo di durata prestabilita, ma piuttosto un'assemblea deputata allo scopo, esattamente quella del mese di Aphrodision.[108] La sequenza dei decreti presenti sulla pietra pubblicata da Blümel rivela

---

103 Per essa mancano ad oggi ancora spiegazioni soddisfacenti: v. in proposito § 3.1.3.7.

104 *I.Iasos* 24+30.

105 *I.Iasos* 99, 3.

106 Gauthier 1993, 219–220.

107 Blümel 2007, 2 II, 34–35.

108 P. Fröhlich, *BE* 2009, 446, 528 ha già segnalato come Aphrodision si riveli un mese privilegiato nel conferimento di onori a stranieri.

ancora un dato nuovo: poiché l'elenco dei pritani che si trova nei due testi è diverso, se ne desume che i due documenti vennero approvati in semestri diversi; dal momento che lo στεφανηφόρος è lo stesso in entrambi e il decreto promulgato in Aphrodision è il secondo dei due, ne deduciamo che il mese di Aphrodision ricadeva nel secondo semestre, e Anthesterion, evidentemente, nel primo.[109]

Abbiamo dunque a disposizione un dato di storia istituzionale nuovo e interessante, confermato peraltro da un fatto: a partire dal quinto gruppo, i decreti promulgati in mesi diversi da Aphrodision o non sono decreti onorari, quelli indicati con il simbolo (△) (è il caso di *I.Iasos* 6, *I.Iasos* 152, *I.Iasos* 23), o lo sono ma concedono onorificenze diverse dalla πολιτεία, come accade nel caso di alcuni ψηφίσματα per giudici stranieri che, come i già citati *I.Iasos* 73(■), 74(■), e ancora *I.Iasos* 76 e Blümel 2007, 2 II, rinviano la decisione di conferire la cittadinanza ἐν τοῖς ἐννόμοις χρόνοις, cioè al mese fissato dalla legge.[110] Ne scaturiscono due conseguenze: 1) a partire dal secondo quarto del III secolo a.C. decreti mutili della parte della decisione e approvati in un mese diverso da Aphrodision (es. *I.Iasos* 25 e 26)(▲) vanno intesi o come decreti non onorari oppure come decreti onorari per cittadini oppure ancora come decreti per stranieri (verosimilmente giudici: v. ancora § 8.3.1) che non conferiscono la cittadinanza; 2) a cominciare dalla stessa epoca decreti che conferiscono la cittadinanza ma non riportano il mese di promulgazione sono stati certamente approvati nel mese di Aphrodision: è a mio avviso il caso di *SEG* 41.930 (= PC 1989, 2), 1–32 [che trascina con sé *SEG* 41.931 (= PC 1989, 3), 15–58, approvato dalla stessa assemblea per uno straniero non giudice], *SEG* 41.932 (= PC 1989, 4), 15–42 e *SEG* 41.933 (= PC 1989, 5).

Dal momento che a Iasos, a differenza che altrove,[111] la cittadinanza era concessa con una certa larghezza, la scelta di un mese specifico per questo genere di decisioni fa sì che i decreti onorari a nostra conoscenza risalgano – a cominciare dal secondo quarto del III secolo a.C., ma già in misura significativa dall'inizio dello stesso secolo – con schiacciante prevalenza a sedute del mese di Aphrodision. Ψηφίσματα relativi ad altri onori potevano comunque essere approvati in mesi diversi.

Anche in altre πόλεις la cittadinanza veniva concessa con una procedura articolata su due tempi: si ritiene che l'importanza di questo tipo di riconoscimento consigliasse di prendere tempo per procedere a una riflessione e a acquisire le necessarie informazioni sul candidato.[112] I promotori preparavano dunque una richiesta preliminare, che veniva discussa in consiglio e in assemblea; in caso di esito positivo essi, o dei magistrati appositamente incaricati, preparavano un'altra mozione che doveva essere poi presentata in un momento prestabilito, nel caso di Iasos nell'assemblea del mese di Aphrodision, quando si arrivava (in caso di votazione favorevole) alla concessione effettiva.[113] Di tutto questo *iter* non abbiamo traccia nei decreti per stranieri non giudici.[114] Nel caso dei collegi dicastici forestieri, però, non si riteneva opportuno attendere e conferire gli onori nella seduta di Aphrodision, ma si sentiva l'urgenza di conferire tutti le onorificenze che non richiedessero il rispetto di tempi legali prima della partenza. Questa circostanza ci ha permesso di conoscere in dettaglio la procedura. La concessione della cittadinanza sarebbe venuta dopo, quando la legge lo avrebbe consentito.

Ma perché venne scelto il mese di Aphrodision? Come è ovvio, si tratta di un mese legato al culto di Afrodite: quale motivo può esservi stato dietro alla scelta di collocare nel mese dedicato a questa dea la concessione della cittadinanza, il massimo onore che potesse essere elargito, agli stranieri benemeriti? Un indizio interessante proviene da Atene. Qui, dopo il 229 a.C. venne eretto nell' ἀγορά un τέμενος del Δῆμος e delle Χάριτες, nel quale si rendeva omaggio a personaggi, in particolare stranieri, che si erano distinti per i loro meriti nei confronti del δῆμος. Come ha giustamente sottolineato Chr. Habicht,[115] le Χάριτες rappresentano la gratitudine:

---

[109] Per altre attestazioni del mese di Anthesterion v. § 3.1.3.2. P. Fröhlich, *BE* 2009, 446, 528 desume giustamente che nel calendario iaseo Aphrodision segue a una distanza imprecisata Anthesterion.

[110] *I.Iasos* 4, in onore di Antioco III e Laodice, promulgato in Elaphebolion in risposta a una lettera della regina giunta in città nello stesso mese, decreta l'istituzione di un culto ai sovrani.

[111] È p.es. un onore raro a Delo, Oropos e Delfi: v. Habicht 2002, 13–25, 29.

[112] Savalli 1981, 638–640. V. anche Rhodes – Lewis 1997, 498, 520.

[113] In Blümel 2007, 2 III, 7 la richiesta di cittadinanza è avanzata dallo stesso promotore della prima serie di onori (Blümel 2007, 2 II, 7), vale a dire Philemon figlio di Philotes. In *I.Iasos* 73, 28–29(■) a sovrintendere al secondo momento sono invece i προστάται; in *I.Iasos* 74, 26–27(■) sono i προστάται insieme agli strateghi (v. già §§ 8.1.5–6).

[114] Sull'assoluta mancanza di informazioni, in tutte le città, circa il prosieguo della procedura dopo la prima approvazione v. anche Savalli 1981, 626–627.

[115] Habicht 1982, 84–93.

fondamentale un passo della *Etica Nicomachea* aristotelica, che indica nella reciprocità e nel giusto contraccambio dei mali e dei beni uno dei fondamenti della concordia civica; è in particolare giusto e necessario contraccambiare chi ci ha beneficato, dice Aristotele: διὸ καὶ Χαρίτων ἱερὸν ἐμποδὼν ποιοῦνται, ἵνα ἀνταπόδοσις ᾖ· τοῦτο γὰρ ἴδιον χάριτος· ἀνθυπηρετῆσαί τε γὰρ δεῖ τῷ χαρισαμένῳ, καὶ πάλιν αὐτὸν ἄρξαι χαριζόμενον («questa è la ragione per cui si fa innalzare un tempio delle Χάριτες davanti agli occhi di tutti, perché vi sia reciprocità; questo è infatti la gratitudine: si deve contraccambiare chi ci ha fatto un beneficio e offrirgli benefici a propria volta»).[116] Il santuario ateniese era dunque un luogo in cui il δῆμος esprimeva e celebrava la propria gratitudine nei confronti dei benefattori.

Come è noto, le Χάριτες appartenevano, insieme ad altri personaggi mitologici tra cui le Ὥραι e Πόθος, al corteggio di Afrodite. Una testimonianza epigrafica rende evidente il collegamento tra Afrodite e le Χάριτες proprio in relazione al τέμενος ateniese prima citato: nel 194/3 a.C. la βουλή di Atene dedicò infatti un altare Ἀφροδίτει ἡγεμόνει τοῦ δήμου καὶ Χάρισιν.[117] Anche se le interpretazioni su questo accostamento possono essere diverse, appare tuttavia chiaro, come è stato sottolineato ancora una volta da Chr. Habicht e soprattutto da V. Pirenne-Delforge, che Afrodite è presente qui – come anche in altre πόλεις – in un ruolo essenzialmente politico, in particolare di custode dell'armonia civica, di cui la χάρις, come affermava Aristotele, rappresentava una componente essenziale e necessaria.[118]

È ragionevole ipotizzare, dunque, che anche a Iasos si fosse deciso che le deliberazioni in merito all'elargizione della πολιτεία, la massima espressione di χάρις della πόλις nei confronti di uno straniero benemerito, avessero luogo nel mese delle feste di Afrodite proprio in virtù del ruolo di custode dell'armonia che le veniva riconosciuto, e della sua relazione con le Χάριτες.

Un'ultima notazione, infine, di carattere diverso, relativa soprattutto a questo periodo della storia di Iasos. A partire dall'inizio e fino alla metà del III secolo a.C.,[119] il privilegio dell'esenzione dalle tasse, quando concesso, si presenta sempre nella forma limitata (ἀτέλειαν ὧν ἡ πόλις κυρία ἐστί: § 3.6.3.4). In questo periodo la città, pertanto, evidentemente non è più sovrana in materia fiscale. A quale potere esterno fosse soggetta non è noto per via documentaria; forse, ma la questione dovrà essere approfondita, si tratterà ancora dei Tolomei, ai quali Iasos si era legata alla fine del IV secolo a.C. e che nella prima metà del III secolo a.C. possiedono basi piuttosto solide nella Caria, soprattutto costiera.[120]

---

116 Arist., *Eth. Nic.* 5, 1132 b 34 – 1133 a 5.

117 *IG* II² 2798.

118 Habicht 1982, 87; Pirenne-Delforge 1994, 39, 403–408, 446–450; Thériault 1996, 39, 55 e 69 (con bibliografia): al culto di Afrodite si associa infatti spesso, non a caso, quello di Ὁμόνοια. Molte delle altre interpretazioni sono riassunte in Habicht 1982, 84–92; si veda anche Mikalson 1998, 172–178.

119 A fine IV secolo è documentata una situazione ancora incerta, l'esenzione dalla tasse si presenta prima semplice, poi limitata, poi ancora semplice: v. § 7.5. Dopo la metà del III secolo questo privilegio non viene più concesso: per una proposta di interpretazione del dato rinvio a Fabiani 2014, 109–112.

120 Il dominio dei Tolemei su Iasos è di durata assai incerta (Habicht 1994, 73–74). Per la consistente presenza tolemaica nella Caria (prevalentemente ma non soltanto) costiera e in alcune importanti città della Ionia (come p. es. Mileto e Samo) nella prima metà del III secolo a.C. v. *I.Labraunda* 43 e 44, 48–57; Bagnall 1976, 80–102; Mastrocinque 1979, 66–104; Mastrocinque 1995, 140–141; Ma 2000, 39–41; Meadows 2013; Reger 1999, 77–78 fa il punto della situazione per gli anni '40 del III secolo. Purtroppo si può proporre solo una datazione approssimativa per *IG* XII 6, 1, 462 (250 a.C. ca.), che testimonia l'esistenza di un'alleanza tra Iasos e Samo, che notorialmente dal 281 al 259 a.C. circa, e di nuovo dal 246 al 197, con brevi interruzioni, entrò a far parte della sfera d'influenza tolemaica (Bagnall 1976, 80–88; Transier 1985, 26–31; Shipley 1987, 182–188). Indizi utili a valutare la continuità o meno del rapporto di Iasos con i Tolomei potranno certamente venire da uno studio che vorrei intraprendere in tempi ravvicinati: si tratta di esaminare la provenienza degli stranieri onorati alla luce delle conclusioni cronologiche sui decreti raggiunte in questo lavoro (§ 8.5). Questo legame con i Tolomei avrebbe tuttavia conosciuto almeno un'interruzione, se si accoglie la proposta da me avanzata in Fabiani 2009 di identificare l'Eupolemos figlio di Simalos che dedica un ἀνδρών ad Artemide Astiàs con l'Eupolemos dinasta di Caria, sulla cui cronologia trovo pienamente condivisibili le riflessioni e le argomentazioni di Billows 1989 (primo-secondo decennio del III secolo a.C.); v. anche sopra n. 59 a p. 260.

2.3 La seconda metà del III e l'inizio del II secolo a.C.[121]

Il lavoro di riordino cronologico rivela con molta nettezza che a Iasos la procedura che portava alla presentazione delle mozioni e alla decisione assembleare conobbe un cambiamento importante intorno alla metà del III secolo a.C.[122] Prudenti osservazioni in proposito sono state avanzate anche da S. Carlsson, che ha parimenti proposto un inquadramento cronologico dei decreti iasei, ma non ne aveva tratto le debite conseguenze.[123]

2.3.1 L'evoluzione del ruolo dei pritani

I decreti onorari più antichi, estremamente stringati, omettono sistematicamente l'indicazione del proponente. Anche in questo caso si segnala un cambiamento che data all'epoca ecatomnide: a partire da *SEG* 36.982B (= PC 1985, IIb) – e con la sola eccezione di *I.Iasos* 1(△), decreto che nasce programmaticamente per iniziativa di tutta la cittadinanza (o almeno è in questa forma che vuol presentarsi) – questa indicazione non manca più,[124] vuoi nella forma ὁ δεῖνα τοῦ δεῖνος εἶπε, ἀρχόντων γνώμη o πρυτάνεων γνώμη.

La tabella n. 35 evidenzia come i tre tipi di proposta abbiano convissuto a lungo: in *I.Iasos* 42 e 60 [anni finali del IV secolo a.C.], promulgati nella stessa seduta dell'assemblea, si trovano rispettivamente la formula ὁ δεῖνα τοῦ δεῖνος εἶπε e πρυτάνεων γνώμη (§ 5.1.5), così come avviene in *I.Iasos* 56 e Maddoli 2007, 21 (anni '70–'60 del III secolo), anch'essi risalenti a uno stesso giorno (§ 5.1.8); in *I.Iasos* 64(▲) e 59 (primo quindicennio del III secolo), pure concomitanti, si trovano rispettivamente ὁ δεῖνα τοῦ δεῖνος εἶπε e ἀρχόντων γνώμη (§ 5.1.11). *I.Iasos* 59, inserito nel terzo gruppo, presenta l'ultima mozione di arconti (sempre rara); la proposta del tipo ὁ δεῖνα τοῦ δεῖνος εἶπε, del tutto assente nel secondo e nel quinto gruppo, offre nel sesto il suo ultimo esempio (i gruppi sono databili, rispettivamente, negli anni '30–20 del IV secolo a.C., negli anni '70–'60 e infine negli anni '60–'50 del III secolo). Dal settimo, ascrivibile agli anni '50–'40 del III secolo, sono attestate esclusivamente mozioni dei pritani, che d'altra parte diventano proponderanti già almeno dal quinto.[125] Un dato di questo genere si spiega, a mio avviso, soltanto come esito di una nuova definizione legislativa della prassi d'accesso all'assemblea: a un certo punto, intorno alla metà del III secolo a.C., si stabilì evidentemente che il δῆμος potesse approvare solamente γνῶμαι del collegio dei pritani.

Questa riforma sembra aver avuto un corollario. Abbiamo già visto come all'inizio del III secolo a.C. si fosse cercato di ovviare a quello che sembra essere stato un fenomeno di assenteismo tra le fila dei pritani; dopo quella data è attestato un solo caso di collegio inferiore alle 6 unità:[126] ciò avviene nel decreto *I.Iasos* 39, nel quale sono elencati 5 pritani; tuttavia in Maddoli 2007, 11.B, promulgato nella stessa assemblea, se ne trovano 7. Questi due decreti, inseriti nel quarto gruppo (anni '80–'70 del III secolo a.C.), ci rivelano che a quell'epoca non esisteva l'obbligo, per un pritane assente, di nominare un sostituto. A partire dal settimo gruppo, nello stesso momento in cui diventano esclusive le proposte di tipo πρυτάνεων γνώμη, troviamo invece attestato l'uso della formula κατασταθέντος ὑπό: evidentemente la sostituzione era divenuta obbligatoria, certo per far sì che il collegio di magistrati fosse sempre a ranghi compatti, come stabilito dalla legge. E in effetti in tutti i decreti che contengono la formula di sostituzione, il numero di pritani non è mai inferiore a 6, chiaramente il numero minimo necessario. È probabile che i nomi dei sostituti fossero desunti da una lista già predisposta allo scopo.[127] Nel momento in cui di fatto i pritani divennero gli unici a poter avanzare proposte, il loro ruolo dovette acquisire ancora maggiore importanza: si volle pertanto che ogni proposta fosse vagliata da un collegio a pieni ranghi, verosimil-

---

[121] I decreti che vengono qui considerati sono quelli inseriti nel settimo e ottavo gruppo (tabella n. 35).

[122] V. già in parte Fabiani 2010b, 476–477 e Fabiani 2012, 126–129, 155–157.

[123] Carlsson 2010, 174–5 e 183. Alcune osservazioni anche in Delrieux 2005, 176–177.

[124] È naturalmente escluso il peculiare gruppo dei decreti abbreviati (▢).

[125] Lo stesso si verificò anche a Mileto a favore degli ἐπιστάται a partire dall'epoca di Lisimaco (Müller 1976, 70–83). Questa linea di sviluppo era già stata individuata, per Iasos, da Delrieux 2005, 177 e Carlsson 2009, 174–175.

[126] Anche il decreto *I.Iasos* 77, in base alle integrazioni proposte da Crowther 1995a, 131, presenterebbe 5 pritani; ma ragionevolmente, in questa epigrafe estremamente frammentaria, è da integrare un ulteriore nome (v. § 9.22).

[127] V. Traill 1981.

mente anche in ossequio all'esigenza di definire in modo più stringente le loro responsabilità sul piano legale.[128] L'istituzione della prassi della sostituzione avrà annullato, con vantaggio economico di coloro che erano eletti pritani, il ricorso alla multa che, secondo l'ipotesi avanzata a § 8.2.2.1, sarebbe stata la soluzione adottata all'inizio del secolo per scongiurare le assenze dall'incarico.

La documentazione disponibile non mostra successivi ripensamenti della città sul ruolo esclusivo dei pritani; il formulario indica piuttosto che con il tempo la procedura si consolidò e formalizzò sempre meglio (su questo v. ancora § 8.2.3.3). Poco tempo dopo, a partire dall'ottavo gruppo dei decreti (dagli anni '30 del III secolo a.C., dunque), cominciamo infatti a trovare inserita nel dettato dei testi la cosiddetta ‹mozione originaria› o ἔφοδος:[129] essa riporta i nomi di quei privati cittadini (o buleuti) o componenti di collegi magistratuali che erano stati gli originari promotori della proposta poi presentata dai pritani all'approvazione della βουλή e del δῆμος.[130] Sebbene di costoro venga ricordato il nome (lo si fa con la clausola, che ora diviene comune, περὶ ὧν ἐπῆλθεν/ἐπῆλθον *nomen/nomina*),[131] la formula da ora invariabilmente attestata nei decreti testimonia che essi non avevano un'audizione diretta presso il consiglio, ma dovevano invece presentare la propria mozione ai pritani, i quali si confermano pertanto come gli unici legalmente autorizzati a avanzare proposte in consiglio prima e in assemblea poi. Probabilmente questa doveva essere la prassi almeno già dal settimo gruppo (anni '50–'40 del III secolo), e forse anche prima, ma è soltanto con l'ottavo che emerge la nuova formulazione, che si accompagna all'inserimento anche di altre clausole (mi riferisco in particolare a quelle finanziarie e di indicazione del voto): forse queste nuove informazioni vennero introdotte in occasione di un qualche aggiustamento o di una qualche precisazione della procedura, che in ogni caso non modificò la sostanza dei ruoli già precedentemente stabiliti. Si constata dunque un profondo cambiamento dell'aspetto generale dei decreti. Per quel che riguarda la proposta, la formula πρυτάνεων γνώμη è ora sempre presente, così come è costante il riferimento alla mozione originaria con la clausola περὶ ὧν ἐπῆλθεν/ἐπῆλθον; non si incontra più, inoltre, la formula ὁ δεῖνα τοῦ δεῖνος εἶπε. Fra le altre modifiche e gli altri inserti nella struttura degli ψηφίσματα, va messa in rilievo la contemporanea comparsa della formula di sostituzione, che denuncia un particolare interesse per il funzionamento del collegio dei pritani. Queste trasformazioni nella formulazione dei decreti sembrano frutto di un ripensamento che non si limita alle modalità di registrazione del processo deliberativo, ma che ne investe la sostanza. È certamente vero, come suggerisce Hamon,[132] che la clausola περὶ ὧν ἐπῆλθεν/ἐπῆλθον – pur nuova, a Iasos, nella forma – doveva rispecchiare una prassi già esistente, quella per la quale un cittadino che, non essendo membro del consiglio, avesse voluto portare una proposta fino in assemblea doveva già prima di quest'epoca presentare la propria mozione ai pritani. Decisiva, per la comprensione delle trasformazioni avvenute, non è però tanto la generalizzazione della clausola περὶ ὧν ἐπῆλθεν/ἐπῆλθον, quanto la scomparsa della formula ὁ δεῖνα τοῦ δεῖνος εἶπε. Quest'ultima mostra che, a partire da questo momento, venne meno la possibilità di presentare proposte autonome anche per i membri del consiglio, che invece in precedenza erano autorizzati a farlo. Siamo di fronte a una vera riforma del processo deliberativo. Si noti che dopo la metà del III secolo a.C. non si registrano più neppure proposte dirette di collegi magistratuali che non siano i pritani stessi; anche le mozioni di altre ἀρχαί (στρατηγοί, προστάται) sono filtrate da loro, mentre in precedenza era documentato l'accesso diretto alla βουλή almeno degli ἄρχοντες.

---

128 Il primo testo ad attestare la formula di sostituzione è Maddoli 2007, 22; il fatto che sia di privo di formula di mozione e di molti altri elementi non crea difficoltà alla ricostruzione qui presentata, dal momento che si tratta di un testo peculiare: per una possibile spiegazione v. § 7.9.

129 V. § 3.4.

130 Su questo ruolo di filtro insisteva già Swoboda 1890, 71 (delle cui conclusioni su Iasos molto resta valido, nonostante siano certamente da accogliere le critiche mosse da Müller 1976, 86–91), 109, 116–117; v. anche Rhodes - Lewis 1997, 338–340. Molto istruttiva e limpida la procedura attestata nell'epigrafe *I.Iasos* 23 (△). Su questa formula v. soprattutto Gauthier 1993, 220–221; Id. 2005, 79–93 (che la considera un segno del perdurare di pratiche democratiche nella *polis* ellenistica); Fröhlich 2002, 81–83; Hamon 2009, 358–362. Per un'analisi più ampia di queste opinioni rinvio a Fabiani 2012, 127–128.

131 Su questa linea anche Delrieux 2005, 177.

132 Hamon 2009, 360–361 (ma v. anche Müller 1995, 51).

In seguito ad una ridefinizione della prassi decisionale, a partire dalla metà circa del III secolo a.C., neppure i buleuti ebbero dunque più la possibilità di presentare in consiglio proposte senza mediazione; venne invece stabilito che chiunque volesse sottoporre una mozione all'assemblea dovesse presentare il proprio ἔφοδος ai pritani per un vaglio preliminare. Se accettato, veniva fatto proprio da questi stessi magistrati e sottoposto all'esame di βουλή e δῆμος come πρυτάνεων γνώμη.[133] Fatto salvo il caso in cui l'iniziativa fosse nata all'interno dello stesso collegio dei presidenti dell'assemblea,[134] la procedura stabiliva pertanto sempre un gradino di valutazione in più rispetto alla fase precedente. Da questo momento l'audizione presso i pritani divenne pertanto uno stadio ineludibile della procedura che consentiva ad una proposta di giungere in assemblea, e i pritani divennero di fatto un filtro imprescindibile tra la cittadinanza e la coppia βουλή-δῆμος.

La riforma del ruolo dei pritani si accompagna anche a un'altra modifica del formulario. Nel sesto gruppo della tabella n. 35 si assiste infatti alla stabilizzazione dell'uso della formula di mozione (§ 3.3) nella forma δεδόχθαι τῶι δήμωι,[135] attestata anche nell'ultimo decreto a documentare una proposta del tipo ὁ δεῖνα τοῦ δεῖνος εἶπε (*I.Iasos* 56). Da quando però i pritani diventano gli unici possibili proponenti ufficiali, cioè dal settimo gruppo, la formula di mozione si cristallizza quasi subito, e senza più eccezioni, nella forma δεδόχθαι τῆι βουλῆι καὶ τῶι δήμωι. Se la formula di mozione δεδόχθαι τῶι δήμωι registra la proposta nella forma in cui essa fu o sarebbe stata presentata in assemblea, la forma δεδόχθαι τῆι βουλῆι καὶ τῶι δήμωι adotta invece il punto di vista di chi sta parlando in consiglio o si sta preparando a farlo. La formula di mozione più completa rispecchia certamente in modo più attento l'*iter* deliberativo, e sembra presupporre una precoce redazione degli atti da parte del γραμματεύς, già in vista della riunione della βουλή – una prassi che potrebbe essere stata regolata anche per legge. Di fatto il γραμματεύς agiva in questo modo in più stretto rapporto con il collegio dei pritani: sarebbe però imprudente stabilire una relazione troppo diretta fra questa nuova prassi e l'accresciuto ruolo del collegio.

2.3.2 Il numero dei pritani

Si è già più volte accennato al fatto che i pritani di Iasos si presentano in collegi dal numero oscillante. Anche se escludiamo i casi di uno o due pritani noti per l'epoca ecatomnide – dal momento che probabilmente in quei casi la formula (ὁ δεῖνα ἐπρυτάνευε, οἱ δεῖνες ἐπρυτάνευον) corrisponde alla successiva ὁ δεῖνα ἐπεστάτει (v. sopra § 8.2.2.2) –, pure dopo la riforma di inizio III secolo a.C. che fissa il numero minimo dei membri dei collegi a 6 unità, restano comunque attestati, a partire dagli anni '80 circa del III secolo a.C.,[136] collegi composti da 6, 7 e 8 πρυτάνεις.

Questa oscillazione è estremamente difficile da spiegare. Sarà bene analizzare gli elementi a disposizione, premettendo uno schema per meglio visualizzare il quadro della documentazione.

Testimonianze sul numero di componenti nei collegi dei pritani dalla metà del III secolo a.C.[137]

Decreti promulgati nella stessa giornata sono inseriti nella medesima cella.

---

[133] Sulla procedura a Mileto (e non solo), v. Müller 1976, 85–92.

[134] V. p.es. *I.Iasos* 4, 36–37.

[135] Precedentemente vi era stato un uso occasionale di essa, rimasto senza seguito, in *I.Iasos* 54, 8; v. però anche *I.Iasos* 2, 3–4(△).

[136] Maddoli 2007, 11.B, 4–8 attesta 7 pritani.

[137] Sulla base di quanto desunto a § 8.2.2, considero promulgati nel mese di Aphrodision decreti che tributano la πολιτεία anche quando privi di questa indicazione cronologica. Tralascio i decreti *I.Iasos* 25(▲), 26(▲) e 35, in cui il numero di pritani è molto incerto.

decreto	numero di pritani	mese	semestre (laddove individuabile)[138]	presenza della formula κατασταθέντος ὑπό
M2007, 22	6	Aphrodision	II	X
I.Iasos 82	8	?	?	X
M2007, 23.1+*I.Iasos* 66	7*	Aphrodision	II	X
B2007, 2 II	8	Anthesterion	I	
B2007, 2 III	6*	Aphrodision	II	X
SEG 41.932 (=PC 1989, 4), 15–42	6	Aphrodision*	II*	X
SEG 41.933(=PC 1989, 5)	6	Aphrodision*	II*	X
SEG 41.930 (=PC 1989, 2), 1–32[139]	7	Aphrodision*	II*	X
SEG 41.931 (=PC 1989, 3), 15–58[140]	7	Aphrodision*	II*	X
M2007, 25.A2	7	Aphrodision	II	X
I.Iasos 4	7	Elaphebolion	?	
I.Iasos 76	8	Posideon	?	

Riassumiamo qui alcuni altri dati di fatto.

Ph. Gauthier ha suggerito, sulla base di un'attenta lettura e di una ragionevolissima integrazione di *I.Iasos* 20, 7–8(△), che a Iasos l'assemblea elettorale costituisse una riunione aggiuntiva del δῆμος rispetto agli incontri mensili.[141] In un anno privo di mesi intercalari i presidenti dell'assemblea dovevano dunque essere almeno 13: 6 nel semestre senza elezioni, 7 nell'altro. Questa ipotesi potrebbe spiegare in modo soddisfacente l'oscillazione tra collegi di 6 e 7 pritani. In realtà, le cose sono ancora più complicate.

In § 8.2.2.2 si è avuto modo di constatare che Aphrodision appartiene al secondo semestre dell'anno civile di Iasos. Come mostra la tabella soprastante, in decreti promulgati nel mese di Aphrodision sono documentati sia collegi di 6 che di 7 pritani, mai di 8. A meno di non voler attribuire all'assemblea elettorale una data variabile (ad Atene ad esempio le elezioni delle cariche militari avevano luogo nella prima assemblea in cui vi fossero *omina* favorevoli dopo la sesta pritania[142]), quest'oscillazione fa ritenere che a Iasos le ἀρχαιρεσίαι non avessero luogo nel secondo semestre, ma nel primo. Si tratterebbe di un fatto degno di nota, dal momento che la prassi di tenere assemblee elettorali nel secondo semestre, in particolare nel penultimo o nell'ultimo mese dell'anno è molto diffusa, particolarmente in Asia Minore.[143] Aphrodision sarebbe anche stato un buon candidato come mese delle elezioni: Ph. Gauthier ha giustamente sottolineato come il momento delle ἀρχαιρεσίαι, assemblea forse più frequentata delle altre, potesse prestarsi perfettamente alla ratificazione di onori civici.[144] Tuttavia, il numero incostante di pritani induce a ritenere che l'assemblea elettorale non cadesse nel semestre comprendente Aphrodision. L'alternanza di collegi di 6 o 7 pritani in questo semestre potrebbe piuttosto dipendere dall'inserimento o meno di un mese intercalare, che sarebbe dunque stato collocato nella seconda metà dell'anno.

Si è anche visto che Blümel 2007, 2 II, promulgato in Anthesterion, è un decreto del primo semestre dell'anno: mentre lo στεφανηφόρος è lo stesso, il collegio dei pritani in carica è diverso da quello dello ψήφισμα del mese di Aphrodision che lo segue immediatamente sulla pietra (2 III). Ebbene, in Blümel 2007, 2 II i pritani sono 8.

[138] Ricordo che questa indicazione è in taluni casi ricavabile dal confronto dei prescritti: osservando Blümel 2007, 2 II e 2 III si desume p.es. che il mese di Anthesterion cadeva nel primo semestre mentre quello di Aphrodision nel secondo (§ 8.2.2).

[139] Ometto *SEG* 41.930 (= PC 1989, 2), 33–35 + *SEG* 41.931 (= PC 1989, 3), 1–13, promulgato nella stessa giornata, dal momento che i dati relativi al collegio dei pritani sono completamente frutto di integrazione.

[140] V. nota precedente.

[141] Gauthier 1990, 432: alle linee 7–8 del decreto si legge infatti, nella sua proposta: ἑκάστου μηνὸς ἕκτηι ἱσταμένου καὶ ταῖς [ἀρχαιρ]ε̣σίαις.

[142] Arist., [*Ath. Pol.*] 44.4.

[143] Gauthier 2001, 220. Si veda, p. es., il caso di Mileto, secondo la ricostruzione proposta da Rehm in *Milet* I 3, introduzione alle iscrizioni 122–128, 233–234.

[144] Gauthier 2001, 219.

Si noti che non si tratta di un caso del tutto eccezionale: altri decreti attestano collegi di 8 pritani (*I.Iasos* 82 e 76). Significativamente, nessuno di essi è promulgato in Aphrodision. È razionale l'ipotesi di collocare tutti i decreti con otto pritani nel I semestre, quello in cui *non* si trova Aphrodision.

Poiché, come si è visto, non sembra che a Iasos l'assemblea elettorale si svolgesse nel secondo semestre, pare inevitabile collegare questo numero di pritani, 8, alle elezioni dei magistrati che dovevano tenersi in quel semestre. Forse a Iasos, come avveniva a Samo,[145] essa si svolgeva in due giorni, e ciascuna riunione, per ragioni di equilibrio negli onori assegnati ai membri di uno stesso collegio, era presieduta da un ἐπιστάτης diverso.

Se questa spiegazione coglie nel segno – ma non ci si nasconde che Iasos presenterebbe una prassi elettorale peculiare – dovremmo desumere due dati: 1) l'assemblea elettorale ricadeva all'interno del primo semestre, forse alla fine del medesimo, probabilmente per avere tempo più che sufficiente per procedere a tutte le verifiche necessarie sull'integrità e l'eleggibilità dei magistrati designati; 2) il mese intercalare veniva invece inserito nel secondo: la sostanziale equivalenza numerica tra collegi di 6 o 7 pritani nel secondo semestre lascia pensare che si ricorresse all'intercalazione con grande frequenza, forse secondo ritmi biennali, come per qualche tempo accadde nell'Egitto tolemaico.[146]

A favore d'una simile ricostruzione è il fatto che questa distribuzione degli incontri dell'assemblea era prevedibile fin dall'inizio dell'anno e non richiedeva aggiustamenti in corsa del numero dei pritani nel collegio (come sarebbe stato nel caso di un'assemblea elettorale mobile).

2.3.3 Il crescente ruolo dell'*élite*

I dati prosopografici da me recentemente esaminati altrove[147] mettono in luce due sviluppi successivi alla riforma sulla modalità di accesso all'assemblea, che abbiamo visto doversi collocare verso la metà circa del III secolo a.C. Il primo è questo: a partire dall'ottavo gruppo, cioè dagli anni '30 del III secolo a.C., i promotori delle mozioni ‹originarie› diventano *de facto* esclusivamente personalità dell'*élite* cittadina;[148] il secondo è che la presenza di membri della stessa *élite* diviene parallelamente significativa anche tra i pritani, la cui menzione nei decreti, a differenza di quanto si può pensare per i promotori della mozione, non ha nulla a che vedere con il livello sociale dell'onorato. Il dato, proprio perché duplice, mostra che ci si trova di fronte a un fenomeno generale dalla direzione univoca: anche se è certo corretto ammettere che la costante appartenenza dei proponenti agli strati elevati non deve essere necessariamente estesa dai decreti onorari al complesso dell'attività deliberativa, sembra tuttavia innegabile che si fosse avviato un processo di accentramento dell'iniziativa politica nelle mani degli strati sociali più elevati. Consiglio, assemblea, votazioni esistevano ancora come istituzioni efficienti e partecipate, i cittadini erano ancora tutti uguali, ma il gruppo di πολῖται che prendeva la parola in assemblea cominciò a essere più ristretto che in precedenza. Mi pare non sia da escludere che anche il regolare inserimento nel formulario dei decreti, dagli anni '30, della cd. ‹mozione originaria› (§ 3.4) possa essere un riflesso dell'accresciuto livello sociale medio dei proponenti, che potrebbe aver suggerito di registrare il nome di chi aveva ben parlato a vantaggio della città. Concretamente, dopo la riforma che abbiamo osservato appare cresciuta la possibilità dell'*élite* di orientare le scelte e costruire la volontà politica.[149]

La nuova procedura deliberativa che lasciava ai soli pritani la facoltà di presentare proposte in consiglio e assemblea non negava a nessuno il diritto di proposta e non escludeva *a priori* nessuna istanza. Quali che fos-

---

[145] *IG* XII 6, 1, 172, 38–40; Gauthier 2001, 221–222.

[146] Sull'intercalazione biennale nella versione egiziana del calendario macedone v. Samuel 1972, 146–149. In alternativa si potrebbe pensare ai ritmi del cd. ciclo ottaeterico (su cui v. Hannah 2005, 35–41): nel corso di 8 anni il mese intercalare veniva inserito nel terzo, nel quinto e nell'ottavo anno.

[147] Fabiani 2012, 138–148.

[148] Lo nota Cassayre 2010, 170–171, a proposito dei decreti ellenistici in onore di giudici stranieri. Definizioni di *élite* si trovano, tra gli altri, in Ober 1989, 11; Savalli-Lestrade 2003, 51–53; Capdetrey – Lafond 2010b; Dreyer – Mittag 2011b, 7–10; un interessante *excursus* sul lessico greco specifico dall'epoca arcaica al IV secolo a.C. è offerto da Fouchard 2010; ulteriori utili considerazioni in Bresson 2010b.

[149] Riflessioni storiche più ampie sono sviluppate in Fabiani 2012, 155–165. Sul complesso rapporto tra *élites* cittadine e regimi democratici in piena epoca ellenistica e poi romana v. Dreyer – Weber 2011, 26–31.

sero però le ragioni consapevoli di chi promosse l'innovazione – H. Müller ritiene molto ragionerdmente che essa rientrasse nel comune processo di divisione e specializzazione degli incarichi che si produce in epoca ellenistica (v. oltre)[150] –, nel giro di qualche tempo tale prassi rese più elitario l'accesso all'assemblea e meno concreta l'ἰσηγορία, che sembra invece aver in precedenza caratterizzato la vita politica di Iasos, almeno nella prima metà del III secolo a.C. L'inserimento per tutti di uno stadio di valutazione aggiuntivo, per di più affidato a una commissione sempre più composta, almeno in gran parte, da cittadini di livello sociale elevato, comportò di per sé un'autoselezione dei proponenti: competenze retoriche e relazioni sociali dovettero apparire, e forse di fatto essere, un prerequisito indispensabile perché la proposta potesse avere qualche possibilità di essere approvata.

Oltre ai proponenti, però, sembra che anche i destinatari dei decreti onorari siano stati sempre più ‹selezionati›. Dopo la metà del III secolo a.C. hanno luogo infatti altri due fenomeni. Innanzitutto, a partire dal settimo gruppo (anni '50–'40 del III secolo) il numero di ψηφίσματα onorari pubblicati diminuisce in modo estremamente sensibile. L'ottavo raggruppamento si presenta numeroso solo in apparenza: occorre infatti notare che esso si estende su un arco cronologico molto ampio, lungo circa un secolo, nel corso del quale i decreti onorari diminuiscono progressivamente; inoltre, il conteggio è segnato dalla consistente presenza di ψηφίσματα per giudici stranieri, in precedenza sostanzialmente assenti, senza i quali il numero dei testi sarebbe esiguo.

Accanto a ciò, soprattutto a partire dall'ottavo gruppo (cioè dagli anni '30)[151] si constata che gli ψηφίσματα per cui si decide un'incisione a spese pubbliche sono ormai riservati a individui d'elevatissimo livello sociale (v. § 7.11). La diminuzione dei decreti sembra dunque spiegarsi con la volontà di riservare ψηφίσματα pubblicati a spese della collettività soltanto a personalità di altissima caratura. A § 8.2.1 si è notata, in epoca ecatomnide, un'analoga drastica rarefazione della pubblicazione dei decreti, che ho proposto di intendere come riflesso di una breve fase di governo di probabile tendenza conservatrice, poi superata. La rarefazione che si osserva nel settimo gruppo mi pare invece richieda una spiegazione diversa. Alla riduzione del numero dei decreti non corrisponde in seguito una ripresa; non è una cesura oltre la quale si riprendono le abitudini precedenti. Il settimo gruppo inaugura una tendenza nuova, che si conferma nel successivo e che permane a lungo. Va notato inoltre che questa tendenza si manifesta nello stesso momento in cui si modifica la procedura di approvazione dei decreti. Mi pare che il duplice contemporaneo cambiamento annunci una profonda trasformazione della vita politica della città e dei suoi equilibri.

Quanto alle ragioni delle novità che vengono osservate, a me sembra che un ruolo importante possa essere stato giocato da problemi di natura economica. Sin dal quinto gruppo (anni '70–'60 del III secolo) constatiamo che con molta frequenza lo stefaneforato viene attribuito ad Apollo, segno della difficoltà di trovare cittadini disposti a sobbarcarsi l'onerosa carica; inoltre nell'ottavo gruppo, quando ormai la nuova procedura deliberativa è ben consolidata, i decreti iniziano a segnalare con regolarità quali debbano essere i fondi cui attingere per il pagamento delle spese connesse agli onori tributati (§ 3.6.7), dato in precedenza del tutto assente. C'è evidentemente la volontà, ma anche una maggiore capacità, di razionalizzare e pianificare le deliberazioni e le loro conseguenze economiche. Si potrebbe ipotizzare che la città si fosse trovata nel corso del III secolo in una crisi finanziaria, e forse anche sociale (non siamo in grado di sapere se intervenissero anche altre componenti).[152] A partire dal settimo gruppo di ψηφίσματα (anni '50–'40 del III secolo: ma già in precedenza ci si era avviati in questa direzione) venne elaborata una strategia: si pensò di risolvere la difficoltà facendo giungere in assemblea ‹buone› proposte rigorosamente sempre vagliate da personale competente, nella fattispecie i pritani, che – essendo eletti – offrivano maggiori garanzie di preparazione e consapevolezza rispetto ai semplici rappresentanti della βουλή. I pritani, incaricati di vagliare preliminarmente ogni proposta, divennero dunque, *de facto*, una sorta di probuli.[153] La presenza tra di essi, ora consistente, di esponenti dell'*élite* cittadina fa pen-

[150] Müller 1995, 51.

[151] Nel settimo gruppo, che conta soltanto cinque decreti, troviamo già un testo che onora cittadini di elevato livello sociale, *I.Iasos* 82, in onore di una corte di giudici iasei a Calymna (su questo assunto v. § 8.3.2). Vista la sua presenza su una pietra che porta un decreto di Samotracia in onore di Iasos e dei suoi due θεωροί Gryllos figlio di Eukleides e Euktos figlio di Menekrates (*I.Iasos* 72), si potrebbe supporre che anche Habicht 1994, p. 71(▲) fosse uno ψήφισμα destinato a personalità di grande caratura.

[152] Per una più particolareggiata proposta di contestualizzazione rinvio a Fabiani 2012, 155–157.

[153] Contrario a un'ipotesi di questo genere Hamon 2009, 361–2.

sare che questa soluzione, nata con l'obiettivo di mettere alla guida della città una classe politica più preparata, fosse stata voluta dall'*élite* stessa.

Il destino dei decreti onorari sembra iscriversi coerentemente in un quadro del genere. La drastica diminuzione di questa tipologia di testi, sempre più riservati a personaggi di elevatissima caratura sociale, può spiegarsi anche con la necessità di razionalizzare le spese, evitando quelle considerate non necessarie, per destinare invece, in vista dell'utile per la comunità e secondo una naturale propensione delle *élites* a privilegiare i propri pari, risorse più consistenti agli onori per stranieri molto autorevoli (ma su questo v. anche § 8.4). In questo modo prese però pure a definirsi l'idea dell'esistenza, nelle diverse città, di un gruppo di ‹migliori› con i quali l'*élite* iasea, sempre più saldamente alla guida della πόλις, veniva creando una solida rete di rapporti sociali.

Nel suo indirizzo politico generale, Iasos sembra pertanto configurarsi come una città precoce: nella procedura deliberativa l'iniziativa dei singoli s'indebolisce e cresce la funzione dei magistrati prima che in altre πόλεις; il diritto di proposta diventa p. es. esclusivamente dei pritani circa settanta anni prima che a Mileto.[154] O forse Iasos non fu più precoce della maggior parte delle altre πόλεις, ma conserva una documentazione che consente di verificare meglio che altrove, almeno *in politicis*, spostamenti anche di piccola entità.

3 Giudici stranieri a Iasos[155]

3.1 Le diverse tipologie di decreti

I due ψηφίσματα per i giudici di Cnido pubblicati nel 2007 da W. Blümel sono di grandissima importanza anche per comprendere in modo definitivo la procedura rispecchiata nei decreti per giudici stranieri. Come si è già ricordato (v. §§ 3.4.4; 3.6.4),[156] Ch. Crowther, nel suo importante lavoro su questo consistente gruppo di testi iasei, li aveva distinti in due tipologie.

Egli aveva in particolare definito di ‹primo tipo› quegli ψηφίσματα di forma più succinta che richiedono, nella mozione originaria, la concessione della sola cittadinanza, talora accompagnata dalla prossenia; essi possono mancare della formula di motivazione e sono sistematicamente privi di quella esortativa. Aveva definito invece di ‹secondo tipo› decreti molto più articolati, dalla ricchissima motivazione, sempre accompagnati dalla formula esortativa; in essi l'elenco dei riconoscimenti effettivamente conferiti è solitamente molto ricco: lode e corone sia ai giudici che al loro δῆμος di provenienza, προεδρία, invio di ambasciatori nelle città d'origine (§ 3.6.4), mentre manca sempre l'attribuzione (immediata) della cittadinanza e talora è assente anche la prossenia.

Lo studioso inglese aveva accennato alla possibilità di intendere questa differenza come il riflesso epigrafico di due diversi momenti della stessa procedura,[157] ma aveva poi preferito un'altra soluzione, e spiegato le loro differenze su base cronologica: gli ψηφίσματα di ‹primo tipo› sarebbero stati un poco più recenti (successivi al 189 a.C.: la loro maggiore semplicità avrebbe rispecchiato una procedura ormai divenuta abituale e routinaria), quelli di ‹secondo tipo› un poco più antichi (tra il 215 a.C circa e la metà degli anni '90 del II secolo a.C.).[158]

---

[154] Questo fu infatti un fenomeno comune, sia pure con tempi da differenziare, a tutte le πόλεις greche: Sherwin-White 1978, 176–177; Fröhlich 2002, 81–83. Müller 1976, 55–57. Sull'evoluzione (e la diminuzione) del potere decisionale dell'assemblea in epoca ellenistica e poi romana v. Quaß 1993, 366–375. Per Mileto v. Müller 1976, 55–56 (qui il fenomeno si riscontra a partire dal 180/170 a.C. circa). Per una riflessione su questo rinvio a Fabiani 2012, 164–165.

[155] Questo argomento è stato in parte da me già affrontato in Fabiani 2012, 157–160, cui rinvio per la bibliografia generale; ad essa vanno oggi aggiunti Cassayre 2010, spec. 127–175, 291–294, 353–359 e Walser 2012, spec. 96–107. Rispetto a quel mio precedente lavoro, si trova qui una presentazione dettagliata della modalità con cui i giudici stranieri erano onorati a Iasos e una sistemazione cronologica più precisa.

[156] Crowther 1995a, 93–98.

[157] Crowther 1995a, 94–95; Crowther auspicava proprio quello che la pubblicazione di Blümel 2007 ha concretizzato: trovare due decreti di tipo diverso collegati alla medesima corte dicastica.

[158] Crowther 1995a, 101. 117–118. Un utile quadro riassuntivo delle datazioni proposte da Crowther per questi testi si trova in *SEG* 45.1518.

I due decreti per i giudici di Cnido recentemente pubblicati da W. Blümel dimostrano – e lo ha notato anche P. Fröhlich[159] – che Crowther aveva colto nel segno proprio con l'ipotesi che non aveva seguito. Lo conferma senza ombra di dubbio l'esame del loro formulario.

Dopo il prescritto il primo decreto (Blümel 2007, 2 II) attesta infatti la formula περὶ ὧν ἐπῆλθεν Φιλήμων Φιλώτου, ἵνα ἡ βουλὴ καὶ ὁ δῆμος [βουλεύσηται], τίσιν δεῖ τιμαῖς τιμηθῆναι τὸν δῆμον τὸν Κνιδίων καὶ τοὺ[ς πρὸς ἡμᾶς π]αραγενομένους δικαστὰς .... Si tratta della tipica clausola (v. § 3.4.4) con la quale i promotori della mozione originaria richiedono in modo generico a consiglio e assemblea in che modo possano essere onorati i giudici che hanno tanto ben figurato nella loro città (decreti del ‹secondo tipo› di Crowther).[160]

Il secondo decreto attesta invece, dopo il prescritto, l'avvio (il resto è perduto) di una formula diversa: [περὶ ὧν ἐπῆλθεν Φιλήμω]ν Φιλώτου, ἵνα οἱ [δικασταὶ οἱ παραγενόμενοι ἐκ ....]. Sebbene resti così poco, essa può essere riconosciuta come la medesima clausola con cui altri decreti per giudici stranieri (quelli del ‹primo tipo› di Crowther) attribuiscono agli onorati prossenia e cittadinanza, e questi onori soltanto.[161]

I due decreti sono promossi dallo stesso cittadino, sono destinati a onorare giudici di uno stesso collegio (si può identificare uno dei δικασταί) e sono stati incisi sulla stessa pietra. La differenza di formulario consente dunque di dirimere definitivamente la questione e di capire infine con sicurezza perché a Iasos esistano due tipi di decreti per giudici stranieri. Come già in parte anticipato in § 8.2.2.2, il cd. ‹secondo tipo› è in realtà il riflesso epigrafico del *primo* momento della procedura e della *prima* assemblea nella quale, volendo mostrare la loro piena gratitudine, gli Iasei si affrettano a premiare i giudici benemeriti e il proponente introduce la propria proposta di onori chiedendo cortesemente al consiglio e all'assemblea cosa si possa fare per loro. Il cd. ‹primo tipo› è invece il riflesso del *secondo* momento, ed è più sbrigativo perché porta a compimento una procedura già avviata: per questo spesso manca della motivazione ed è sempre privo della formula esortativa, perché in fondo la pratica è stata in gran parte già portata a buon fine e ormai occorre solo concludere ciò che è rimasto pendente, vale a dire la concessione della cittadinanza, per la quale occorreva attendere i tempi legali. Per tale ragione appare più routinario ed è di fatto privo di espressioni di gratitudine; è d'altra parte virtualmente certo che venisse approvato e inciso quando ormai gli onorati non erano più presenti in città.

3.2 Questioni di datazione e interpretazione

L'ottavo gruppo di decreti della tabella n. 35 attesta una grande abbondanza di ψηφίσματα per ξενικὰ δικαστήρια. In precedenza ne era documentato uno soltanto, nel quinto raggruppamento: si tratta di *SEG* 38.1061 (= PC 1987, c: v. § 9.23), già definito come di ‹terzo tipo› (§ 3.6.4.1). Esso presenta infatti caratteristiche del tutto diverse dagli altri ψηφίσματα per δικασταί ed è in tutto e per tutto identico ai comuni decreti per forestieri del periodo in cui venne promulgato.

La migliore definizione della cronologia dei decreti cui si giunge in sede di redazione finale di questo lavoro consente di osservare questo gruppo di ψηφίσματα con maggiore chiarezza e permette alcune riflessioni. Nel suo lavoro sui decreti iasei per i giudici stranieri Crowther notava come nessuno dei tanti individui ricordati nei testi di coregia *I.Iasos* 160–218, che si estendono per gran parte del II secolo a.C., figurasse come pritane nei decreti in onore dei δικασταί da lui definiti di ‹primo tipo›, che egli considerava successivi al 189 a.C. e dunque per buona parte contemporanei a quei testi di coregia.[162] Si domandava in prima istanza se questo non potesse suggerire che le due serie di documenti risalissero in realtà a due generazioni diverse. Egli preferiva tuttavia un'altra spiegazione, che ha continuato a proporre di recente:[163] nei testi di coregia figurereb-

[159] Così anche P. Fröhlich, *BE* 2009, 446, 528.

[160] Altri esempi di questa formula: *I.Iasos* 73, 2–5(■); 74, 2–4(■); 76, 8–12; 77, 6–11. V. anche le osservazioni avanzate in proposito da Crowther 1995a, 95 s.

[161] V. *SEG* 41.930 (= PC 1989, 2), 15–18; *SEG* 41.932 (= PC 1989, 4), 32–37.

[162] Crowther 1995a, 100–101. Si tratta dei decreti *SEG* 41.930–933 (= PC 1989, 2–5). *I.Iasos* 75, 77 e *SEG* 41.929 (= PC 1989, 1) risalirebbero invece, secondo la sua ipotesi, alla seconda metà degli anni '90 del II secolo a.C. (v. anche sopra § 7.10). In Crowther 2007 si trova un nuovo studio sui testi di coregia.

[163] Crowther 2007, 307–308.

bero i nomi degli esponenti delle famiglie più ricche della città, non molto numerose a Iasos, mentre i pritani sarebbero ufficiali scelti a rotazione fra tutta la cittadinanza, dunque anche gente comune. Tuttavia, le ricerche da me condotte portano a delle conclusioni diverse. Innanzitutto, come si è detto in precedenza, almeno a partire dagli anni '30 del III secolo a.C. i pritani sono ormai prevalentemente persone di alto livello sociale.[164] Inoltre, i decreti di ‹primo tipo› sono variamente databili tra gli anni '30–'20 del III e l'inizio del II secolo a.C. Infine, in realtà esistono connessioni prosopografiche tra pritani dei decreti di ‹primo tipo› e contribuenti dei testi di coregia, anche se non univoche. Alcuni personaggi presenti in ψηφίσματα di fine III secolo compaiono infatti anche in testi di coregia, ma – e la cosa è molto interessante – soltanto in quelli più antichi (*I.Iasos* 160–165), datati dallo stesso Crowther negli anni '90 del II secolo a.C.,[165] dunque prima della conclusione del dominio seleucide in città. Di qualche famiglia sembra invece trovarsi traccia sia prima che dopo la presenza di Antioco III,[166] mentre alcuni collegamenti familiari sembrano emergere soltanto in epoca successiva ad Apamea.[167]

Mi sembra possibile che l'incongruenza notata da Crowther, in ogni caso soltanto parziale, possa essere dunque spiegata dal contesto storico. Come si è visto a § 7.10, nel 191/90 a.C., nel corso della Guerra Siriaca, il pretore Lucio Emilio Regillo giunse a Iasos, occupata da una guarnigione di Antioco III. Regillo saggiò la disponibilità dei magistrati e dei *principes* cittadini a passare dalla parte di Roma, ma essi declinarono l'offerta, affermando di non poter prendere decisioni autonome.[168] Per tutta risposta, Regillo deliberò di distruggere la città. Alcuni esuli iasei filoromani si rivolsero allora ai Rodii, chiedendo loro di intercedere e dissuadere il pretore. La mediazione ebbe successo e Iasos fu risparmiata. Un fatto mi sembra molto probabile: anche se, nell'urgenza di evitare la distruzione della loro città, gli Iasei filoromani avevano assicurato ai Rodii che tutti i loro concittadini, anche quelli sotto il potere di Antioco, desideravano allo stesso modo sfuggire alla soggezione del Seleucide, dopo la vittoria romana a Magnesia quanti non avevano avuto il coraggio di passare dalla parte dei Romani non saranno potuti rimanere alla guida della πόλις; sarà invece subentrato il gruppo legato a Roma e a Rodi. Ritengo pertanto che la mancanza di un'assoluta continuità prosopografica tra i decreti di fine III e i testi di coregia del II secolo a.C. vada spiegata ipotizzando un certo ricambio della classe dirigente cittadina.[169]

Spesso la convocazione e la presenza di giudici stranieri nelle città sono state lette come strumento di salvaguardia delle democrazie locali.[170] Anche se effettivamente non di rado si deve essere fatto ricorso agli ξενικὰ δικαστήρια in situazioni di grave tensione interna, sia che ciò avvenisse, come è noto per alcune città, su preciso

---

164 Fabiani 2012, 138–148.

165 Dymas figlio di Antipatros (su cui v. § 5.4.8) è pritane in Maddoli 2007, 25.A2, 4(▲) e corego in *I.Iasos* 160, 5–8 (199/8 a.C.). I pritani Lampitos e Straton figli di Metrodoros [*SEG* 41.930, 1–32 (= PC 1989, 2), 6–10; *SEG* 41.931, 15–58 (= PC 1989, 3), 22–23] sono forse fratelli dei coreghi Hippokrates e Ktesias figli di Metrodoros di *I.Iasos* 163, 16–7; 165, 9–10. Menoitios figlio di Hierokles ἐπιστάτης in *I.Iasos* 4, 36 e 39 è corego in *I.Iasos* 161, 12–13. Va detto che i figli di Hierokles potrebbero essere numerosi: oltre a Menoitios vi sono Kydias (στεφανηφόρος in *I.Iasos* 4, 1 e 33 e in *I.Iasos* 162, 1; agonoteta in *I.Iasos* 161, 2), Pantainos (στεφανηφόρος e contribuente in *I.Iasos* 161, 1 e 15–16 e agonoteta in *I.Iasos* 163, 4–5) e Menekles (contribuente in *I.Iasos* 162, 11–12); di una generazione precedente, e dunque probabilmente non fratello degli altri, Anaxikles figlio di Hierokles, pritane in *SEG* 41.932 (= PC 1989, 4), 22–23, sulla cui datazione v. § 7.10. Segnalo poi che il figlio del προστάτης Hekataios figlio di Admetos di Maddoli 2007, 25.B, 5 (§ 5.5.4) è corego in *I.Iasos* 162, 9. Due fratelli figli di Maiandrios sono probabilmente il Minnion di Maddoli 2007, 25.A2, 3(▲) e il Menitas di *I.Iasos* 163, 18–19. Per la datazione di *I.Iasos* 160–165 v. Crowther 1990, 145–146.

166 Il discorso sembra valere per i figli di Poseidippos (sui quali si veda sopra, al § 7.10, n. 99 a p. 268, a proposito di *I.Iasos* 73). Inoltre il Python figlio di Skylax corego in *I.Iasos* 165, 21 s. è probabilmente, come si è proposto sopra (§ 7.10, n. 101 a p. 268), il fratello di Glaukos figlio di Skylax di *I.Iasos* 76, 3 e 7–8: avremmo in questo caso due fratelli presenti l'uno in un testo databile negli anni '90 (*I.Iasos* 165) e uno in un decreto degli anni '80 del II secolo (*I.Iasos* 76, v. § 7.10).

167 Così è per esempio per Menexenos figlio di Kydias (*I.Iasos* 73, 2 e 37(■), decreto probabilmente degli anni '80 del II secolo) e Kydias figlio di Menexenos (*I.Iasos* 185.1, 186.2, 187.2, 188.2, 189.2, 199.3,13, databili dopo la metà del II secolo a.C.: per la loro cronologia v. Crowther 1990, 151).

168 Liv. 37.17.3–8. V. Mastrocinque 1979, 188–190.

169 Una rapida sintesi sulla storia iasea del II secolo a.C. è offerta, a partire dall'analisi e dalla valutazione della presenza in città di stranieri e della loro provenienza, da Delrieux 2001b. Considerazioni e ipotesi sulle vicende storiche di Iasos nella prima metà del secolo anche in Crowther 1995a, spec. 107–118; Id. 2007, 296–298.

170 Gauthier 1984, 102–104; Crowther 1992, spec. 22–29.

invito e indicazione di qualche re oppure per iniziativa autonoma,[171] credo tuttavia, alla luce di quanto osservato a Iasos, che il fenomeno nel suo complessso richieda un'interpretazione più articolata.

Innanzitutto va sottolineato che a Iasos conosciamo ad oggi undici esemplari sicuri di decreti per δικασταί provenienti da altre città nell'arco di circa cinquanta anni.[172] Si tratta di una densità non trascurabile se si tiene anche conto delle ovvie lacune documentarie, e ancor di più se consideriamo che a oggi non è stato ancora identificato il santuario di Artemide Astiàs, dove certamente erano esposti molti di questi decreti.[173] Ne deduciamo dunque un ricorso non sporadico a questo tipo di corti. L'osservazione della tabella n. 35 sembra in alcuni casi far pensare che in certi periodi la convocazione di corti forestiere sia stata più frequente.[174] I decreti *I.Iasos* 73, 74 e 76 sono infatti molto vicini tra loro, nella tabella n. 35 e per la cronologia, dal momento che per tutti la datazione più probabile sembra essere quella degli anni '80 del II secolo a.C. Sono dunque testi che risalgono al periodo subito successivo alla Pace di Apamea. Poiché per le vicende che si sono poc'anzi ricordate quello deve essere inevitabilmente stato un periodo difficile per la città, dal momento che una parte della cittadinanza era stata schierata con Antioco III mentre una parte era andata in esilio per ragioni di dissenso (v. § 7.10 e sopra), la presenza di più di un decreto per δικασταί forestieri in questa fase potrebbe in effetti far pensare che i giudici fossero stati chiamati a contribuire alla risoluzione di tensioni interne particolarmente gravi.[175] Vi è un altro gruppetto di testi dello stesso tipo (*I.Iasos* 77, 75 e *SEG* 41.929 = PC 1989, 1) che si presenta in sequenza stretta nella tabella e si addensa all'incirca nell'ultimo quindicennio del III secolo, senza poter escludere che possa scendere un poco ancora. In questo periodo sono note tensioni tra Iasos e Olympichos, per superare le quali la città chiese la mediazione di Rodi: non sappiamo se esse abbiano potuto suscitare particolari problemi interni, forse risolti facendo ricorso a giudici stranieri; l'impossibilità di fissare la cronologia *ad annum* non consente d'altra parte di escludere che queste eventuali tensioni possano risalire al momento del passaggio tra il dominio di Filippo V e quello di Antioco III (v. § 1.1), che è lecito supporre non essere trascorso senza conseguenze. Negli anni '30–'20 del III secolo, poi, ci è noto un anno nel quale vengono onorate due diverse corti dicastiche [*SEG* 41.932 (= PC 1989, 4), 15–42; *SEG* 41.933] (§ 5.1.12). Evidenze del genere sembrano suggerire che in certi periodi, magari in occasione di particolari tensioni e difficoltà interne, si fece un maggiore ricorso a corti dicastiche straniere. Tuttavia, occorre tener conto, accanto alle lacune documentarie, del fatto che la vicinanza nella tabella non è necessariamente segno di una sequenza stretta: a dividere epigrafi poste l'una di seguito all'altra potrebbero anche essere alcuni anni. L'apparente affollarsi di decreti per i giudici in certe aree della tabella potrebbe dunque essere solo un illusorio indizio di una particolare emergenza interna.

Quello che invece si può osservare con sicurezza è che i decreti per i giudici stranieri sono sempre molto simili e hanno un aspetto del tutto routinario; persino le formule di motivazione – che ci si potrebbe attendere più specifiche e circostanziate – sono praticamente identiche tra loro,[176] così come nessun testo si distingue per gli onori erogati, che sono invece standardizzati. Va in questa direzione anche la formula esortativa.

---

[171] Sul ruolo decisivo dei diadochi e dei re nello sviluppo dell'abitudine a ricorrere a corti di giudici stranieri in caso di gravi situazioni di crisi v. Gauthier 1994; Walser 2008, 270–272; Cassayre 2010, 99–122, 127–130 (a p. 130 sottolinea che, anche se probabilmente i re ellenistici incentivarono e promossero l'appello agli ξενικὰ δικαστήρια, la pratica deve avere avuto tuttavia un'origine precedente). Sulla ragioni che spingono a convocare una corte dicastica v. Robert 1973, 773–776; Walser 2012, 94–96, per il quale il ricorso ai tribunali cittadini regolari doveva andare in crisi soprattutto in due circostanze: nei periodi di guerra, quando gran parte della popolazione maschile serviva la patria come soldato, o in caso di tensioni sociali interne, che portavano con sé anche la sfiducia nell'imparzialità del giudizio.

[172] I risultati definitivi della ricerca qui condotta impongono di ampliare l'arco cronologico da me proposto in Fabiani 2012, 157.

[173] *I.Iasos* 73, 36–37(■); 74, 33–34(■) (i due decreti sono stati rinvenuti a Priene); *SEG* 41.929 (= PC 1989, 1), 28–30; Blümel 2007, 2 II, 34–36 (rinvenimento sporadico).

[174] Cassayre 2010, 162–164 individua tre periodi di ricorso intenso da parte di Iasos ai giudici stranieri (periodo delle tensioni con Olympichos a fine III secolo a.C., periodo della presa della città da parte di Antioco III, periodo successivo alla Pace di Apamea), e li desume dalla datazione dei decreti proposta da Crowther 1995a. Secondo Cassayre, *ibidem* e 294 la città di Iasos avrebbe fatto ricorso ai giudici stranieri in circostanze di eccezionale difficoltà e la richiesta di corti forestiere non sarebbe mai divenuta un'abitudine.

[175] V. già Crowther 1995a, 117–118, che tuttavia faceva risalire a questo contesto i decreti *SEG* 41.930 (= PC 1989, 2), 1–32; 932 (= PC 1989, 4), 15–42; 933 (= PC 1989, 5).

[176] *I.Iasos* 73, 6–13(■); 74, 5–12(■); 75, 4–12; Blümel 2007, 2 II, 13–20; *SEG* 41.929 (= PC 1989, 1), 7–12.

Se Blümel 2007, 2 II (datato negli anni '30 del III secolo) – che di fatto, con la sola eccezione del peculiare *SEG* 38.1061 = PC 1987, c (su cui v. §§ 3.6.4 e 8.3.1), è il primo ψήφισμα in onore di giudici forestieri secondo il modello che fu poi comune – contiene una formula esortativa molto stringata (v. § 3.5), che non fa alcun cenno al possibile ritorno di altre corti in futuro,[177] i decreti successivi che conservano la formula considerano invece come un dato ovvio e certo l'intervento di altri colleghi in futuro.[178] Il formulario, insomma, suggerisce che la convocazione di corti di giudici stranieri venne presto considerata una pratica piuttosto abituale. E che fosse divenuta tale lo conferma certamente la diffusa e frequente presenza di tali corti anche in altre città microasiatiche, soprattutto a partire dal II secolo a.C.[179] Tale diffusione mi pare esorti ad escludere che, come è stato suggerito,[180] si ricorresse a queste corti solo quando le πόλεις si trovavano in situazioni di tensione potenzialmente capaci di condurle sull'orlo di una στάσις: tali situazioni si sarebbero verificate davvero troppo spesso!

I giudici stranieri apparivano certamente, in situazioni di conflitto intestino, i sicuri garanti di una vera giustizia. Ritengo tuttavia che nell'abitudine crescente di ricorrere ad essi, che a Iasos prende piede negli anni '30 del III secolo, e che porta a considerare l'eventualità di una loro convocazione sempre possibile e ripetibile, vi sia qualcosa di più. Particolarmente importante mi pare la formula con la quale i giudici stranieri vengono richiesti. I decreti affermano in modo costante di aver domandato δικαστὰς ὡς ἐπιεικεστάτους, un aggettivo che esprime eccellenza sia in campo morale (correttezza, equità, integrità)[181] che tecnico (competenza, abilità, capacità). A mio avviso la πόλις, quando venne a trovarsi di fronte a problemi e controversie di natura giudiziaria compì scelte analoghe per indirizzo a quelle operate a livello politico. Come, *in quegli stessi anni*, nella vita politica, in un prolungato momento di difficoltà, si era sentita l'esigenza di affidare la gestione della città a del personale competente (§§ 8.2.3.3), così, in ambito giudiziario, si sarà pensato che la giustizia venisse meglio amministrata, soprattutto in momenti di tensione, da individui non soltanto estranei alla lotta fra fazioni, ma anche eccellenti per natura e per di più esperti e competenti.[182] Ciò non poteva non determinare in tempi più o meno rapidi una crescente sfiducia nelle corti popolari: al tempo stesso il fenomeno era favorito dal fatto che i giudici stranieri erano personalità dello stesso livello sociale e della stessa preparazione culturale di coloro che in città rivestivano ormai in prevalenza le cariche maggiori.[183] I giudici stranieri infatti non erano sorteggiati, a differenza – com'è assai probabile – dei giudici delle corti popolari,[184] ma erano eletti dall'assemblea della propria città d'origine tra persone preparate, capaci e preferibilmente di prestigio (avevano d'altra parte il compito di far ben figurare la città stessa): essi dovevano rapidamente appropriarsi degli elementi rilevanti del diritto della πόλις in cui si recavano per essere all'altezza del compito e dovevano possibilmente avere, sia per esperienza personale che per tradizione familiare, dimestichezza con le relazioni diplomatiche.[185] I giudici stranieri servono dunque assai probabilmente a scongiurare situazioni di tensione interna al corpo civico, ma sono a mio avviso anche la soluzione scelta da una città che, senza aver rinunciato alle proprie istituzioni democratiche,[186] ha avviato la loro trasformazione in senso elitario; coerente con questo, lo si è visto, anche la scelta di limitare i decreti onorari a personalità influenti e di *milieu* sociale elevato.

---

177 Blümel 2007, 2 II, 20–21: ἵνα οὖν καὶ ὁ δῆμ[ος φαίνηται χάριν ἀπο]διδοὺς τοῖς εὐεργετοῦσιν αὐτόν.

178 *I.Iasos* 73, 13–17(■): ἵνα οὖν καὶ ὁ δῆμος φαίνηται χάριν ἀποδιδοὺς τοῖς εὐεργετοῦσιν αὐτὸν καὶ οἱ λοιποὶ οἱ παραγινόμενοι δικάζειν εἰς τὴν πόλιν ζητῶσιν ἀξίως ἐπαίνου καὶ τιμῶν ποιεῖσθαι τὰς κρίσεις, εἰδότες ὅτι ὁ δῆμος τοὺς καλοὺς καὶ ἀγαθοὺς τῶν ἀνδρῶν ἐπαινεῖ τε καὶ τιμᾶι. Cf. anche *I.Iasos* 74, 12–15 e *SEG* 41.929 (= PC 1989, 1), 12–16. V. anche Crowther 1992, 40–41; Walser 2008, 266–267.

179 In generale v. Robert 1973, 776; Crowther 1992, 24–28.

180 Gauthier 1984, 102–104; Crowther 1992, spec. 22–29.

181 Cf. Arist., [*Ath. Pol.*] 26.1.

182 V. *e.g.* Blümel 2007, 2 II, 14–16.

183 Su questo v. più diffusamente Fabiani 2012, 157–165. Queste conclusioni sono in consonanza con l'utile e lucida analisi dello sviluppo della giurisdizione nelle città greche di epoca ellenistica proposta da Walser 2012 (sui giudici stranieri pp. 96–107), contributo pubblicato nello stesso volume in cui ho proposto per la prima volta queste riflessioni. Walser sottolinea come questa nuova immagine di competenza e capacità incarnata dai giudici stranieri venne presto richiesta anche ai tribunali cittadini: ciò dovette gradualmente comportare la perdita della prassi del sorteggio delle corti dicastiche locali in favore di quella dell'elezione.

184 Walser 2012, 86–93 raccoglie indizi per la continuazione di questa pratica anche in epoca ellenistica.

185 Robert 1973, 777–778; Gauthier 1989, 123–124; Gauthier 1994, 177–178; Grieb 2008, 168–170 e 308–310; Magnetto 2008, 158–159 (le considerazioni fatte sugli arbitri internazionali si possono estendere ai giudici stranieri).

186 Su questo aspetto insiste Cassayre 2010, 175 e 179; lo stesso ribadisce Walser 2012, 105.

4 La ‹fine› dei decreti onorari: alcune riflessioni

Come evidenzia la tabella n. 35, l'inizio del II secolo sembra segnare la fine della stagione dei decreti in onore di stranieri, o almeno della loro pubblicazione. In § 7.11 si sottolineava come *I.Iasos* 4 (che, comunque, essendo in onore della coppia regale seleucide Antioco III e Laodice, rappresenta un caso speciale), Maddoli 2007, 23.2 e *I.Iasos* 76 siano ad oggi gli ultimi testi di questo tipo pubblicati in città. Gli ulteriori ψηφίσματα iasei per forestieri a noi noti (comunque sporadici) non provengono infatti da Iasos, ma dalla patria degli onorati: e si tratta, significativamente, di quegli unici tre decreti pubblicati all'estero che fin dall'inizio abbiamo distinto con il simbolo (■): *I.Iasos* 73, 74 e 51. Quest'ultimo, in onore di Telutias di Cos, non pare prescrivere neppure, nella lunga serie di onori tributati, che il testo promulgato debba essere pubblicato a Iasos (§ 7.11).[187] E parallelamente, mentre si registra questa netta diminuzione di ψηφίσματα della città all'interno della città stessa, se ne trovano due di un'altra città, Samotracia, per un cittadino di Iasos, il poeta Dymas figlio di Antipatros (*I.Iasos* 153).

L'impressione è dunque quella di un forte cambiamento,[188] dietro il quale possono essere più ragioni. È possibile ad esempio che la diminuzione degli onori resi – o almeno di una parte di essi, in particolare l'incisione su pietra – sia da collegare all'impoverimento della πόλις di cui nel II secolo a.C. abbiamo traccia per altra via.[189] Accanto a questo, però, mi sembra si possa suggerire anche un'altra interpretazione. Va premesso che si tratta di valutazioni che tengono in considerazione soprattutto un indirizzo generale del mondo greco dal momento che, con la sola eccezione dei testi di coregia, le nostre conoscenze sull'epigrafia iasea di II secolo a.C. sono molto modeste.

Ph. Gauthier ha mostrato con chiarezza come nella tarda epoca ellenistica cambi il rapporto tra la πόλις e i suoi concittadini più agiati:[190] se fino a quest'epoca le città greche avevano sostanzialmente coltivato un'ideologia egualitaria ed erano state poco inclini a esaltare singoli πολῖται, considerando il loro impegno per il bene pubblico come un atto dovuto (si è constatato quanto rari siano i decreti per cittadini: § 3.6.5), una volta che furono usciti di scena i re ellenistici e con essi il loro sostegno alle realtà locali, le città non poterono più fare a meno del contributo dei loro concittadini più benestanti (a Iasos il primo grande evergeta di cui abbiamo notizia, Sopatros figlio di Epikrates, è attivo intorno al 170 a.C.)[191] e, nell'ottica della reciprocità, già ritenuta fondamentale nella vita politica nell'*Etica Nicomachea* (v. § 8.2.2.2), non si astennero più dal riconoscere loro onorificenze e distinzioni anche importanti. Di pari passo con il crescere delle evergesie, molto concrete e economicamente molto consistenti, si accrebbe anche l'entità degli onori che esprimevano la gratitudine per i propri cittadini più generosi: accanto ad iscrizioni ci sono non di rado corone, dipinti, statue, anche più di una e di vario tipo di materiale e, in casi chiaramente eccezionali, vengono persino fondati e resi culti.[192] Se ne ricavano due impressioni, che possono giustificare il cambiamento registrato. La prima è che per i cittadini dell'*élite* fosse adesso divenuto più importante trovare rinomanza nella *propria* città, luogo per eccellenza della τιμή.[193] In quest'ottica vi è da chiedersi pertanto se i decreti onorari per stranieri non siano venuti meno, nella loro forma iscritta, perché le πόλεις giunsero ad elaborare nuove modalità per rendere onore ai forestieri, d'altra parte sempre più selezionati e meno numerosi (§ 8.2.3.3), preferendo magari investire le risorse con cui prima avrebbero fatto pubblicare un certo numero di ψηφίσματα entro le proprie mura in onorificenze che avrebbero avuto un più evidente impatto nella città dell'onorando: tra queste l'invio di ambasciatori (è noto tra l'altro che

---

187 Il testo è infatti mutilo di parte della decisione, ma conserva per intero la mozione originaria (ll. 8–19).

188 Così da ultimo anche Hamon 2012, 60–62.

189 V. § 1.1 (n. 53 a p. 4).

190 Gauthier 1985.

191 *I.Iasos* 249–250, su cui v. Masturzo – Nafissi 2010.

192 Utile l'elenco (ovviamente non esaustivo ma presentato a titolo esemplificativo) di possibili evergesie e onori resi dalle città in Chaniotis 2004, 80. A Iasos onori di questo genere risalenti ad epoca tardo-ellenistica (al momento non è possibile precisare meglio la cronologia) si riscontrano *e.g.* in *I.Iasos* 93, 98 e 246.

193 Sulla πόλις come comunità dell'onore v. in particolare Gehrke 2003, 226–240.

dalla tarda epoca ellenistica alcuni cittadini accettano di compiere ambascerie a proprie spese),[194] la pubblica proclamazione degli onori, la consegna di corone e forse altro ancora. La seconda è invece che gradualmente, nei confronti degli stranieri come anche dei propri cittadini, un semplice decreto non doveva essere più ritenuto una forma di ossequio adeguata.

In effetti, forse non è casuale che, tramontata la stagione dei decreti onorari, cominci a Iasos, e non soltanto qui, quella delle epigrafi onorarie (di fatto estratti di decreti) incise su basi di statua, quasi esclusivamente in onore di cittadini.[195] Tuttavia, la cronologia di questo genere di testi è ancora troppo incerta per permettere di porre seriamente in relazione questi due eventi; allo stato attuale, non si può far di più che suggerire una linea interpretativa.

5 Conclusioni e prospettive di ricerca

La storia ellenistica di Iasos, e particolarmente quella di III secolo, è quasi del tutto oscura. Tra la notizia, di fonte letteraria, della presa della città da parte di Antigono Monoftalmo nel 313 a.C. e le vicende che videro Iasos coinvolta più di un secolo dopo nella spedizione caria di Filippo V, che occupò a lungo la città, sappiamo di fatto con certezza, solo da fonti epigrafiche, che la πόλις strinse un'alleanza con Tolomeo I, tra il 309 e il 305 a.C., e che la presenza tolemaica ebbe una qualche durata, assai difficile da determinare; sappiamo poi che alla fine del III secolo a.C. la città subì delle aggressioni da parte dello stratego/dinasta Olympichos e che in questa circostanza cercò aiuto in Rodi.[196] Poi quasi nient'altro. Eppure le testimonianze epigrafiche non mancano; ma la mancanza di una datazione, e dunque di un contesto, le ha sempre rese poco significative.

Perciò mi è parso indispensabile rendere storicamente fruibili i decreti onorari, il gruppo di iscrizioni più abbondante che si sia conservato nella Iasos ellenistica. Di qui il tentativo di elaborare un metodo di datazione affidabile, che valorizzasse tutti gli elementi che un decreto mette a disposizione: formulario, grafia, lingua, informazioni interne. L'analisi prima distinta e poi coordinata di tutti gli elementi ha permesso di proporre il quadro di sviluppo presentato nelle pagine precedenti. Esso mette oggi a disposizione una griglia evolutiva dei decreti onorari di Iasos con agganci, sebbene mai del tutto puntuali, alla cronologia assoluta. Sulla base di questi elementi di valutazione sinora indisponibili si può anche schizzare una sorta di premessa o dichiarazione di intenti per uno studio storico su Iasos ancora più ampio, di cui il presente capitolo voleva rappresentare solamente un saggio soprattutto in ambito istituzionale.

La possibilità di datare i decreti in onore di stranieri può ad esempio consentire, per il valore anche politico che essi certamente avevano (v. § 7.12), di conoscere, almeno per il III secolo, l'epoca in cui si fece più fittamente ricorso alla pratica dello ψήφισμα onorario, le comunità con le quali di volta in volta Iasos intrattenne dei rapporti, e dunque di intravedere il più vasto quadro di relazioni politiche all'interno del quale essi vennero stabiliti. Tali informazioni potrebbero per esempio contribuire a portare luce sulla controversa questione delle sfere d'influenza dei diversi sovrani ellenistici sulla Caria e l'area egea meridionale, questione resa di fatto oscura dalla mancanza di fonti sicuramente databili e di univoca interpretazione. Alcuni problemi potrebbero oggi essere riaffrontati sulla base di nuovi indizi.

1. Sarebbe da verificare se da Iasos provengano indizi utili a confermare o smentire la proposta di A. Bresson,[197] secondo il quale dopo il 280 la Caria fu divisa più o meno in una zona costiera sotto il controllo lagide ed una interna sotto quello seleucide.

---

[194] Quaß 1993, 168–76; a Iasos v. *e.g.* *I.Iasos* 87, 4–6; 113, 3–6 (si tratta di ambascerie a Roma) e Fabiani 2010d, 43–44.

[195] Gauthier 1985, 59 s., 72 s. Epigrafi onorarie a Iasos: *I.Iasos* 84–124; Pugliese Carratelli 1993; Maddoli 2008. Uno studio dell'evoluzione dello *habitus epigraphicus* a Creta, che si presenta molto peculiare e poco assimilabile al resto del mondo greco, è proposto da Chaniotis 2004.

[196] Per maggiori dettagli e il rinvio a fonti e bibliografia si veda § 1.1.

[197] Bresson 2003, spec. 177.

2. Lo stesso potrebbe dirsi per l'ipotesi secondo la quale dopo il 258 a.C., in seguito alle conquiste di Antioco II, Iasos sarebbe entrata, almeno per qualche tempo, nell'orbita seleucidica;[198] si potrebbe anche cercare di comprendere quale fosse la posizione della città nel travagliato ventennio successivo alla morte dello stesso Antioco II.[199]
3. Da riconsiderare è anche il ruolo di Iasos nelle complesse vicende che alla fine del III secolo a.C. videro confrontarsi in Caria sovrani seleucidi, macedoni, la πόλις di Rodi[200] e dinasti locali come Olympichos.[201]
4. Al di là dell'ambio cario, andrà valutato se i contatti della città con altre πόλεις greche (p. es. Cos,[202] Samo,[203] Samotracia[204]) e lo scambio di corti di giudici stranieri con alcune città alla fine del III secolo a.C. (Calymna,[205] Colofone,[206] Cnido,[207] Chio,[208] Clazomene[209] e Mindo[210]) e con altre (Priene[211] e Rodi[212]) ormai nel II secolo a.C. rientrino in un quadro organico di relazioni più vaste.
   Come poi anticipato a § 8.4, la presente ricerca invita a volgere l'attenzione a un nuovo gruppo di iscrizioni iasee, quello delle epigrafi onorarie, e a indagare sui tempi, i ritmi e le ragioni di un così evidente cambiamento dell'*habitus epigraphicus*, attestato naturalmente non solo a Iasos, che portò al sostanziale abbandono della pubblicazione di decreti onorari in favore di stranieri per intraprendere quella delle epigrafi onorarie in favore, soprattutto, di cittadini.

Resta dunque molto da fare. Questo era un punto di partenza. L'auspicio è dunque che questo lavoro possa aprire la strada non solo ad analoghe ricerche volte a classificare e a datare i decreti di altre città, ma anche a studi e approfondimenti di carattere più tipicamente storico, che portino luce sulla storia di Iasos, e più in generale sulle vicende della Caria e dell'area egea meridionale. Anche i punti di partenza trovano però una fine. Così è per questo lavoro.

---

198 Così Mastrocinque 1995, 138–141; Ma 2000, 41–42.
199 Ma 2000, 41–43.
200 *I.Iasos* 76 e 150.
201 V. Mastrocinque 1979, 143–173; Crowther 1995a, pp. 107–119; Meadows 1996; Reger 1999.
202 *I.Iasos* 21.
203 *IG* XII 6, 1, 462.
204 *I.Iasos* 72, su cui v. Habicht 1994.
205 *I.Iasos* 82; *Tit.Cal.* 9; 31; 61; v. Crowther 1994.
206 *I.Iasos* 80; 81.
207 Blümel 2007, 2 II e III.
208 *SEG* 41.932 (= PC 1989, 4), 15–42.
209 *SEG* 41.930 (= PC 1989, 2), 1–32; *SEG* 41.933 (= PC 1989, 5).
210 *SEG* 41.929 (= PC 1989, 1).
211 *I.Iasos* 73(■) e 74(■).
212 *I.Iasos* 76.

IX. Appendice epigrafica: nuove integrazioni di decreti onorari

Una parte consistente di questo lavoro, che, lo si è visto, si fonda essenzialmente sulla catalogazione di tutto il materiale a disposizione alla ricerca di analogie e differenze che uniscano o distinguano i gruppi di decreti, è rappresentata dall'analisi minuziosa del formulario. Nel capitolo 3 si è proceduto a ordinare, raggruppare, costruire tipologie e a definire le formulazioni più correnti, talora variabili nel corso del tempo, per ogni sezione di testo. Questo sforzo di seriazione ha prodotto non soltanto una conoscenza più precisa delle formule adoperate nella redazione dei decreti onorari iasei con le loro varianti, ma anche un catalogo cui attingere e con il quale confrontare le formule che di volta in volta sono oggetto di analisi. Un simile strumento si è rivelato immediatamente utile e ha reso evidente come alcune integrazioni proposte in passato, sulla base di una casistica, occorre senz'altro ricordarlo, assai più limitata di quella ora disponibile, fossero scorrette o comunque poco verosimili, e potessero essere sostituite da altre più conformi all'*usus* delle cancellerie iasee, e che dunque hanno maggiori possibilità di riprodurre effettivamente il testo originario. A questo proposito va sottolineato che le restituzioni, con una sola eccezione,[1] sono state sempre proposte sulla scorta di confronti condotti all'interno di gruppi omogenei di decreti, così come definiti al cap. 7 (tabella n. 35), ossia mediante confronto con decreti approvati presumibilmente in epoca vicina a quello da integrare.

Quello che qui si presenta è uno strumento di duplice valenza e duplice natura. 1) Da una parte questo capitolo costituisce un saggio di lavoro, che mette in rilievo un'altra delle potenzialità di questa ricerca, questa volta nel campo della restituzione dei documenti epigrafici; esso però si limita a presentare quei testi nei quali le nuove proposte di integrazione abbiano apportato modifiche, anche piccole, ma rilevanti per la conoscenza di alcuni antroponimi (dato essenziale per le conclusioni: v. capitolo 5, spec. §§ 5.2.4; 5.4.16; 5.5.10) o per la corretta catalogazione delle formule e dei decreti. Ulteriori miglioramenti possono e potranno ancora essere apportati ad altre epigrafi. Qui ci si è limitati a presentare gli interventi necessari alla comprensione di questa ricerca. 2) Accanto a ciò, questo capitolo vuol essere una sorta di comoda appendice che raccoglie quei decreti la cui restituzione differisce, in punti significativi, da quella presente nelle raccolte (come quella di W. Blümel) o nelle edizioni principali. Per questa ragione, come anticipato nell'introduzione, per comodità del lettore in questo *dossier* viene anticipato il testo di un'epigrafe in corso di pubblicazione (NPg 898: § 9.27) e con esso alcune nuove recenti integrazioni già edite, talune pubblicate a cura di chi scrive (§§ 9.1; 9.15), altre di Ch. Crowther (§ 9.20–22).

1. *I.Iasos* 24+30[2]

[Ἔδοξεν τῆι βουλῆι καὶ τῶι δήμωι,]
μηνὸς Ποσιδεῶ[νος, ἐπὶ στεφανηφόρου] *I.Iasos* 24
Γόργου τοῦ Θεοδό[του, ἕκτηι ἱσταμένου·]
Θεόδοτος Δημητ[ρίου ἐπεστάτει·]
ἀρχόντων γνώ[μη – – – – – – τοῦ]
Ἀρτεμιδώρου, Δ[– – – – – – – τοῦ]
Ἰατροκλέος, Ἀπ[– – – – – – – τοῦ]

---

[1] Il modello per l'integrazione di *I.Iasos* 61 (terzo gruppo; v. sotto § 9.16) è *I.Iasos* 32 (quarto gruppo).

[2] Per il ricongiungimento delle due pietre, e dunque delle due porzioni di testo, e la nuova edizione del decreto v. Fabiani 2007 (cf. anche § 9.15).

Σανναίου, Παντ[– – – – – – – τοῦ]
Ἀριστοκράτεο[ς· – – – – – – – – –]
[– – – – – – – – – ἐγραμμάτευε ? ·]
[ἐπει]δ[ὴ Γό]ργος καὶ Μιννίων Θεοδότ[ου] *I.Iasos* 30
[υἱ]οὶ κ[αλ]οὶ κἀγαθοὶ γεγένηνται
[πε]ρὶ τ[ὸ] κοινὸν τῆς πόλεως
[κα]ὶ πολλοὺς τῶν πολιτῶν ἰδίαι εὖ
[π]εποιήκασιν, καὶ ὑπὲρ τῆς μικρῆς
θαλάσσης διαλεχθέντες
Ἀλεξάνδρωι βασιλεῖ ἐκομίσαντο
[κ]αὶ ἀπέδοσαν τῶι δήμωι, δεδόσθαι
αὐτοῖς καὶ ἐγγόνοις ἀτέλειαν καὶ
προεδρίην εἰς τὸν ἀεὶ χρόνον·
ἀναγράψαι δὲ τὸ ψήφισμα ἐν τῆι
παραστάδι τῆι πρὸ τοῦ ἀρχείου.

2. *I.Iasos* 27

Ἐπὶ στεφανηφόρου Μιννίων[ος]
τοῦ Θεοδότου, μηνὸς Ἀπολ[λωνιῶνος·]
ἀρχόντων γνώμη· ἔ[δοξε τῶι δήμωι·]
ἐπειδὴ Ξενοκλῆ[ς – – – – – – – – –]
[Ζ]ακύν[θιος – – – – – – – – – – –]

3 ἀρχόντων γνώμη Ε[– – –] Blümel

3. *I.Iasos* 28[3]

[– – – – – – – ἀναγράψαι δὲ τὸ ψήφισμα τοὺς νεωποίας ἐν τῆι παραστάδι]
ἐν ἧ καὶ ọ[ἱ ἄλλοι πρόξενοι ἀναγεγραμμένοι εἰσίν ἐν τῶι τοῦ Διὸς καὶ τῆς]
Ἥρας ἱε[ρῶι· – – – – – – – – – – – – – – – – – – – πόρον δὲ ὑπάρχειν εἰς]
τὴν ἀναγ[ραφὴν τὸν ἀποδεδειγμένον τοῖς νεωποίαις καὶ εἰς τὰ λοιπὰ]
ἀναλώμα[τα πλὴν – – – – – – – – – – – ἐξοικονομηθέντων τῶν πρότερον]
ἐψηφισμέν[ων· ἐδόθη ψήφωι κρυφαίαι· ψῆφοι αἱ διδοῦσαι ἐν μὲν τῆι βουλῆι]
ἐνενήκοντα [– – – ??, ἐν δὲ τῶι δήμωι –]

1–6 Per l'integrazione cf. Maddoli 2007, 26, 12–13; *SEG* 41.931, 38–40; *SEG* 41.932, 9–14 1 ενηι[-]λ[-θεῖναι εἰς τὸ] Dain; ενηι[-]λ[- ἀναγράψαι εἰς τὸ] Blümel 2 Ἥρας ἱε[ρὸν – – – εἰς δὲ] Dain; Ἥρας ἱε[ρὸν – – –] Blümel 3 τὴν ἀναγ[ραφὴν – – –· δοῦναι τὸ] Dain; τὴν ἀναγ[ραφὴν – – –· τὸ δὲ] Blümel 4 ἀνάλωμα [τοὺς ἄρχοντας τὸ] Dain; ἀνάλωμα [δοῦναι τοὺς ταμίας·] Blümel 5 ἐψηφισμέṿ[ον ψήφοις ἑκατὸν] Dain; ἐψηφισμέṿ[ον ψήφοις (Zahl)] Blümel 6 ἐνενήκοντα Dain, Blümel

4. *I.Iasos* 29

Ἐπὶ στεφαν[ηφόρου – – – – – τοῦ – – – – –, γραμματέως δὲ – – – – –]
τοῦ Ἀφθονή[του· ἔδοξε τῆι βουλῆι καὶ τῶι δήμωι, ἕκτηι ἱσταμένου,]

---

[3] Osservazioni sulle frammentarie formule finali in Ph. Gauthier, *BE* 1992, 447, 509.

Κτήσων Π[– – – – – ἐπεστάτει· πρυτάνεων γνώμη – – – – – τοῦ]
Κτήσονο[ς, – – – – – τοῦ – – – – –, – – – – – τοῦ – – – – –,]
Παρμε[νίωνος τοῦ – – – – –, – – – – – τοῦ – – – – –, – – – – – τοῦ]
Εὐμη[λίδου· περὶ ὧν ἐπῆλθεν – – – – – – – – – – – – – – – – – – –]
ἵνα [οἱ δικασταὶ οἱ παραγενόμενοι ἐκ (?) – – – – – – – – – – – – –]
Φιλ[– –]
Π[– –]

1–4 Per l'integrazione cf. *SEG* 41.930, 1–16 1 Ἐπὶ στεφαν[ηφόρου – – –] Dain, Blümel 2 τοῦ Ἀφθονή[του – – –] Dain; τοῦ Ἀφθονή[του· ἕκτηι ἱσταμένου· – – –] Blümel 3 Κτήσων Π[– – – ὁ δεῖνα τοῦ] Dain; Κτήσων Π[– – – ἐπεστάτει· ἀρχόντων γνώμη] Blümel 4 Κτήσονο[ς, – – –] Dain; Κτήσονο[ς τοῦ – – –] Blümel 5 Παρμε[νίων ? – – –] Dain 6 Εὐμη[λίδης ? – – –] Dain; Εὐμη[λίδου – – –] Blümel 7 ἵνα [οἱ δικασταὶ οἱ πρὸς ἡμᾶς παραγενόμενοι ἐκ (?): Ἰνα[χόδωρος ? – – –] Dain; ἵνα [ἡ βουλὴ καὶ ὁ δῆμος βουλεύσηται – – –] Blümel 8 Φίλ[ιππος? – – –] Dain

5. *I.Iasos* 35

[– – – – – – – – – – –]οκράτης Κ[– – – – ἐπεστάτει (?)· πρυτάνεων]
[γνώμη – – – – – τ]οῦ Χαβρίου, Μ[– – – – – τοῦ – – – – – κα]τα-
[σταθέντος ὑπὸ – – –]τος τοῦ Ἀν[– – –, – – – – – τοῦ – –]ατο[υ],
[– – – – – τοῦ – –]ντου, Σκύμνο[υ τοῦ – – – – –, – – – –]α τοῦ
[– – – – –, – – – – –]ου τοῦ Σκύμ[ν]ο[υ· περὶ ὧ]ν ἐπῆλθο[ν]
[– – – – – – – – – – – – ·] ἐπειδὴ Ὀλύμπ̣[ιχος Ὀλυ]μπίχο[υ]
[– – – – – ἀνὴρ καλὸς κἀγαθό]ς ἐστι περὶ τ[ὴν πόλιν, ἵνα πρ]όξενο[ς]
[καὶ εὐεργέτης ἀναγραφῆι, δοθῆι δὲ κ]αὶ πολιτεία [αὐτῶι καὶ ἐκγ]όνοις
[μετέχοντι πάντων ὧν καὶ οἱ ἄλλοι πολ]ῖται μετέ[χουσι, καὶ ὅ]πως
[ἀναγραφῆι τὸ ψήφισμα ἐν τῶι ἱερῶι τ]οῦ Διὸς καὶ τ[ῆς Ἥρας, πό]ρος δ[ὲ]
[ὑπάρχηι εἰς τὴν ἀναγραφὴν ὁ ἀποδε]δειγμένος [τοῖς νεω]ποίαις
[καὶ εἰς τὰ λοιπὰ ἀναλώματα, δεδό]χθαι τῆι βουλῆι καὶ τῶι δήμωι·
[ἐπειδὴ Ὀλύμπιχος Ὀλυμπίχου – – – – – –] ἀνὴρ καλὸς κἀγαθὸς καὶ
[πρόθυμος περὶ τὴν πόλιν ἐστίν, ἰδίαι τε] τοῖς ἐντυγχάνουσι τῶν
[πολιτῶν χρείας παρεχόμενος καὶ κ]οινῆι ὑπὲρ τῆς πόλεως καὶ
[λέγων καὶ πράσσων ἀγαθὸν ὅτι ἂν δύ]νηται, εἶναι αὐτὸν πρόξενον
[καὶ εὐεργέτην· δεδόσθαι δὲ καὶ πολιτ]είαν αὐτῶι καὶ ἐκγόνοις
[μετέχοντι πάντων ὧν καὶ οἱ ἄλλοι πο]λῖται μετέχουσιν· οἱ δὲ
[νεωποῖαι ἀναγραφέτωσαν (?) τὸ ψήφισ]μα ἐν τῶι ἱερῶι τοῦ Διὸς
[καὶ τῆς Ἥρας· πόρον δὲ ὑπάρχειν] τὸν ἐν τῆι ἐφόδωι γεγραμμένο[ν,]
[ἐξοικονομηθέντων τῶν πρότερον ἐψηφισμένων – – – – – – – – – – –]

1–21 Per l'integrazione cf. Maddoli 2007, 25.B 1 [καὶ τῶι δήμωι· ἕκτηι ἱσταμένου – – –]οκράτης Κ[λ– – – ἐπεστάτει] Cousin-Diehl 1889; [–]οκράτης Κ[– – –] Blümel 2 [πρυτάνεων γνώμη, τοῦ δεῖνος τ]οῦ Χαβρίου, Μ[– – – κα]τὰ Cousin-Diehl 1889; [– – – τ]οῦ Χαβρίου, Μ[– – –]τα Blümel 3 [δὲ υἱοθεσίαν τοῦ δεῖνος, – – – –]τος τοῦ Ἀν[τ– – – , – – –]ατο|υ Cousin-Diehl 1889; [– – –]τος τοῦ Ἀν[– – –]ατο Blümel 4 [τοῦ δεῖνος κατὰ δὲ υἱοθεσία]ν τοῦ Σκύμνο[υ, – – –οκρ]άτου Cousin-Diehl 1889; [– – –] ντου Σκύμνο[– – –]ατου Blümel 5 [τοῦ Κλ– – –, – – –]ου τοῦ Σκύμ[ν]ο[υ, περὶ ὧ]ν ἐπῆλθο|ν Cousin-Diehl 1889 6 [προστάται καὶ στρατηγοί·] ἐπειδὴ Cousin-Diehl 1889; Blümel 7 [ἀνὴρ καλὸς κἀγαθὸς καὶ πρόθυμό]ς ἐστι Cousin-Diehl 1889, Blümel 8 [γένηται, δοθῆι δὲ καὶ ἀτέλεια κ]αὶ Cousin-Diehl 1889, Blümel 10 τ]οῦ Διὸς καὶ τ[ῆς Δήμητ]ρος, δ- Cousin-Diehl 1889; τ]οῦ Διὸς καὶ τ[– – –]ρος δ[– – –] Blümel 11 [– – – δε]δειγμένος [τοῖς νεω]ποίαις Cousin-Diehl 1889, Blümel 12 [– – – δεδό]χθαι Cousin-Diehl 1889, Blümel 13 [ἐπειδὴ Ὀλύμπιχος Ὀλυμπίχου] Cousin-Diehl 1889; [– – – ἐπειδὴ Ὀλύμπιχος Ὀλυμπίχου] Blümel 14 [πρόθυμος περὶ τὴν πόλιν καὶ ἰδίαι] Cousin-Diehl 1889, Blümel 15 [πολιτῶν εὐχρηστῶν διατελεῖ, καὶ κ]οινῆι Cousin-Diehl 1889, Blümel 16 [τοῦ πλήθους ἀεὶ(?) χρήσιμος γεγέ]νηται Cousin-Diehl 1889; [– – – τοῦ πλήθους ἀεὶ χρήσιμος γεγέ]νηται Blümel 17 [δεδόσθαι δὲ καὶ ἀτέλειαν καὶ πολιτ]είαν Cousin-Diehl 1889, Blümel 18 [μετέχουσι] Cousin-Diehl 1889 20 [– – –] τὸν … γεγραμμένο[ν] Cousin-Diehl 1889, Blümel

6. *I.Iasos* 38

[ἐπειδὴ - ἀνὴρ]
[καλὸς καὶ ἀγαθός ἐστι περὶ τὴν πόλιν τὴν Ἰασέων καὶ ἰδίαι περὶ]
[ἕ]κα[στ]ον καὶ κοινῆι περὶ πά[ν]τας τοὺς πολίτας· [εἶναι] αὐτὸν
πρόξενον καὶ πολίτην μετέχοντι πάντων ὧγ καὶ [οἱ ἄ]λλοι
πολῖται μετέχουσιν· εἶναι δὲ αὐτῶι καὶ προεδρίαν ἐν τοῖς
[ἀ]γῶσι πᾶσιν, καὶ ἀτέλειαν ὧν ἡ πόλις κυρία ἐστίν, καὶ εἴσπλουν
[κ]αὶ ἔκπλουν καὶ ἐν εἰρήνηι καὶ ἐν πολέμωι ἀσυλεὶ καὶ ἀσπονδεί·
ὑπάρχειν δὲ ταῦτα καὶ τοῖς ἐκγόνοις αὐτοῦ· ἀναγράψαι δὲ τὸ
ψήφισμα τὸν νεωποίην ἐν τῆι παραστάδι πρὸ τοῦ ἀρχείου.

1 Cf. Maddoli 2007, 11.B, 10–13 1[- - - - - - καὶ ἰδίαι κατὰ πάν]|[τα] κα[ιρ]ὸν Blümel, che precedentemente integra [Ἐπὶ στεφανηφόρου Ἀπόλλωνος τοῦ δευτέρου μετὰ - - -]; κα[ιρ]ὸν Boeckh 2 μετέχοντ{α} Boeckh

7. *I.Iasos* 40[4]

[Ἐπὶ στεφανηφόρου - - - - - τοῦ - - - - -, μηνὸ]ς Ἀν̣[θ]εστηριῶνος ἕκτηι ἱσταμένου,
[- - - - - - - - - - - ἐπεστάτει, - - - - -]Κ̣λεάνδ[ρο]υ̣ ἐγραμμάτευεν· Πυθίων
[- - - - - εἶπεν· ἔδοξεν τῆι βουλῆι καὶ] τ̣ῶι δήμωι· ἐ[πει]δὴ Ἀθηναγόρας Τελεία Ῥόδι̣ο̣ς
[ἀνὴρ ἀγαθ]ὸ̣ς̣ [ἐστιν περὶ τὴν πόλιν τὴ]ν Ἰασείων καὶ [πο]λ̣λοῖς τῶν ἐντυχόντ[ω]ν
[χρήσιμος γε]γένητα̣[ι, εἶναι αὐτὸν καὶ ἐ]γγόνους προ̣[ξ]ένους τοῦ δήμου τοῦ Ἰασείων̣·
[δεδόσθαι δ]ὲ αὐτοῖς κ[αὶ πολιτείαν καὶ π]ροεδρίαν ἐ[ν τ]οῖς ἀγῶσι καὶ εἴσπλουν̣ κ̣[αὶ]
[ἔκπλουν κα]ὶ ἐν εἰρήν[ηι καὶ ἐν πολέμωι ἀ]συλεὶ καὶ ἀ[σπονδ]εί.

1–7 Cf. *I.Iasos* 45 1–3 [- - - μηνὸ]ς̣ Ἀν̣[θ]εστηριῶνος ἕκτηι ἱσταμένο[υ·] | [- - - Κ]λεάνδ[ρου] ἐγραμμάτευεν· Πυθίων [- - - | - εἶπεν· δεδόχθαι τ]ῶι δήμωι Blümel; Πυθίων τοῦ δ. ἐπεστάτει Pugliese Carratelli 1967–1968 4–5 [- - - τῆι πόλει τῆ]ι Ἰασείων καὶ [πο]λ̣λοῖς τῶν ἐντυχόντ[ω]ν | [- - - εἶναι αὐτὸν καὶ ἐ]γγόνους Blümel 5–6 cf. *I.Iasos* 45, 8–10 6–7 [- - - π]ροεδρίαν ἐ[ν τ]οῖς ἀγῶσι καὶ ε̣ἴσπλουν̣ | [- - - ἀ]σ̣υλεὶ καὶ ἀ[σπονδ]εί, Pugliese Carratelli 1967–1968, Blümel

8. *I.Iasos* 41[5]

Ἐπὶ στεφανηφόρου Ἀπόλλων[ος τοῦ μετ᾽ Εὐθαλλίωνα, μηνὸς]
Ἀφροδισιῶνος, ἕκτηι ἱσταμένου· [ἔδοξεν τῆι βουλῆι καὶ τῶι]
δήμωι· Εὐκράτης [Μένωνος ἐπεστάτει, Ἀριστέας Ἱερονίκου]
ἐγραμμάτευεν· πρυτ[άνεων γνώμη· ἐπειδὴ - - - - - - - - - - -]
Διόδωρος καὶ Ἡλιόδωρος Ηρ[- - - - - - - - - ἄνδρες καλοὶ καὶ]
ἀγαθοί εἰσιμ περὶ τὴν πόλιν τὴν Ἰασέων [καὶ ἰδίαι περὶ ἕκαστον καὶ]
κοινῆι περὶ πάντας τοὺς πολίτας, [ἐπηινῆσθαι αὐτοὺς]
ἀρετῆς ἕνεκεν καὶ εὐνοίας ἧς ἔχ<ου>[σιν

1 Ἐπὶ στεφανηφόρου Ἀπόλλων[ίου(?) τοῦ - - - μηνὸς] Boeckh; ἐπὶ στεφανηφόρου Ἀπόλλων[ος τοῦ - - -] Blümel 3 Εὐκράτης [- - - ἐπεστάτει - - -] Boeckh; Εὐκράτης [- - -] Blümel 4 ἐγραμμάτευεν· πρυτ[άνεων γνώμη - - - ἐπειδὴ] Blümel 5 Διοδώρο[υ] Boeckh, Ἡρ[ακλείδου(?) Boeckh; Blümel suppone giustamente che nella lacuna debba essere integrato anche un etnico 6 [καὶ ἰδίαι κατὰ πάντα καιρὸν καὶ] Blümel 7 [δεδόχθαι τῶι δήμωι ἐπηινῆσθαι αὐτοὺς] Boeckh 8 ἔχει Chandler; ἔχε[τον] Boeckh

---

[4] La riedizione del testo è già in Fabiani 2010a.
[5] Per la restituzione del prescritto v. Fabiani 2007, 376.

9. *I.Iasos* 48

[Ἐπὶ στεφανηφόρου Ἀπόλλωνος τοῦ μετὰ]
[– – – – – –, γραμματέως δὲ – – – – – – τοῦ]
[– – –]ου, μηνὸς Ἀφροδισιῶ[νος· ἔδοξεν τῆι βουλῆι]
[καὶ] τῶι δήμωι, ἕκτηι ἱσταμένου, Ποσειδώνιος
[– – –]ίου ἐπεστάτει, Νυμφόδωρος Ἀρτεμιδώ-
[ρου ε]ἶπεν· ἐπειδὴ Μηνόδωρος Ἰατροκλείους
[Ἁλι]καρνασσεὺς πολλοῖς τῶμ πολ[ιτ]ῶν χρή-
[σι]μος γεγένηται, εἶναι αὐτὸν πρόξενον τῆ[ς]
[πό]λεως, δεδόσθαι δὲ αὐτῶι καὶ πολιτείαν με-
[τέ]χοντι πάντων ὧν ἄγ καὶ οἱ λοιποὶ πολῖται
[με]τέχωσιν, ὑπάρχειν δὲ αὐτῶι ταῦτα καὶ το[ῖς]
ἐκγόνοις αὐτοῦ· τὸ δὲ ψήφισμα ἀναγράψα[ι]
τοὺς νεωποίας τοὺς ἐνεστῶτας ἐν τῆ[ι]
[πα]ραστάδι.

1–2 [Ἐπὶ στεφανηφόρου τοῦ δεῖνος | τοῦ δεῖνος, γραμματέως δὲ τοῦ δεῖνος …] Reinach 1893[6]

10. *I.Iasos* 50[7]

[Ἐπὶ στεφανηφόρου Δρ]α̣κ[ο]ν̣τ̣ίδου τοῦ [Ἑ]ρμαΐσ[κου, μηνὸς]
[Ἀφροδισιῶ]νος, ἕκτηι ἱσταμένου· Ποσειδώνιος [Ἡγύλλου]
[ἐπ]ε̣σ[τά]τ̣ει, Ἀπολλωνίδης Ἱκεσίου ἐγραμμάτευεν· π̣ρ[υτάνεων]
[γ]νώμη· ἐπειδὴ Μένυλλος Νόσσου Θεαγγελεὺς ἀνὴρ κα̣[λὸς]
κ̣αὶ ἀγαθός ἐστιν περὶ τὴμ πόλιν τὴν Ἰασέων, ἰδίαι τε τοῖς
ἐντυγχάνουσι τῶμ πολιτῶν χρείας παρεχόμενος καὶ κοινῆ[ι]
περὶ τῆς πόλεως, καὶ λέγων καὶ πράσσων ἀγαθὸν ὅτι ἂν
δύνηται, εἶναι αὐτὸν πρόξενον καὶ εὐεργέτην τοῦ δήμου,
δεδόσθαι δὲ αὐτῶι καὶ πολιτείαν μετέχοντι πάντων ὧν καὶ̣
οἱ λοιποὶ πολῖται μετέχουσιν· ταῦτα δὲ ὑπάρχειν αὐτῶι
καὶ τοῖς ἐκγόνοις· ἀναγράψαι δὲ τὸ ψήφισμα τοὺς νεωποίας
[ἐν τ]ῆι παραστάδι.

2 [– – –ῶ]ν̣ος ἕκτηι ἱσταμένου· Ποσειδώνιος [– – –] Pugliese Carratelli 1967–1968

11. *I.Iasos* 52[8]

[Ἐπὶ στ]εφαν̣η̣[φόρου Μιννίωνος]
[το]ῦ Θεοδότου, μ[ηνὸς – – – – ·]
[πρ]υτάνεων γν[ώμη· ἔδοξεν τῆι]

---

[6] L'integrazione delle prime due linee che qui viene proposta è la sola che consenta di trovare uno spazio a tutte le informazioni attese nella lacuna così come ricostruibile. Non è escluso che gli antroponimi presenti nel decreto *I.Iasos* 49, che sulla pietra – purtroppo oggi non più rintracciabile – veniva subito di seguito a *I.Iasos* 48, fossero gli stessi del testo qui in esame.

[7] L'integrazione degli antroponimi del prescritto è fatta sulla base del confronto con il decreto Maddoli 2007, 17, promulgato nella stessa giornata (§ 5.1.7); v. anche *SEG* 38.1061 = PC 1987, c (§ 9.23).

[8] La nuova lettura è frutto di autopsia. Mi riservo di pubblicare altrove uno studio completo di questo decreto (Fabiani in stampa, b).

[βο]υλῆι καὶ τῶι δ[ήμωι· ἐπειδὴ]
Θεόδωρος Ἡγύλ[λου ἀνὴρ καλὸς]
καὶ ἀγαθὸς περ[ὶ τὴν πόλιν ἐστί,]
δεδόσθαι αὐτῶ[ι ἱερωσύνην]
Διὸς Ἰδριέως καὶ Ἥ[ρας· εἶναι]
δὲ αὐτῶι καὶ προε[δρίαν ἐν ἀγῶσι]
πᾶσιν, δεδόσθαι δὲ [αὐτῶι καὶ]
ἀτέλεαν πάντων τ[ῶν ἐκ τοῦ νόμου]
εἰς τὸν ἅπαντα χρόν[ον καὶ αὐτῶι]
καὶ ἐγγόνοις.

1–2 Cf. *I.Iasos* 27, 1–2 (v. § 4.4.1.2) 5 [ἀνήρ ἐστι καλὸς] Pugliese Carratelli 1969–1970, Blümel 6 περ[ὶ τὴν πόλιν τὴν Ἰασέων] Pugliese Carratelli 1969–1970, Blümel 7–8 δεδόσθαι αὐτῶ[ι πολιτείαν καὶ ἱερεωσύνην (?)] | Διὸς Ἰδριέως καὶ Ἥ[ρας Ἄδας (?)· εἶναι] Blümel 9–10 cf. *IG* XII 7, 44, 5[9] 10 [αὐτῶι καὶ – – –] Pugliese Carratelli 1969–1970 11 cf. *I.Tralleis* 25, 9 ([εἶναι δὲ αὐ]τῶι κα[ὶ τὰ]ς ἀτελείας τὰς ἐκ τοῦ νόμου), decreto che, proprio come il presente, onora un cittadino (un atleta); πάντων τ[ῶν ἡ πόλις κυρία ἐστὶν] Blümel[10]

12. *I.Iasos* 53

[πρυτάνεων γνώμη] Θεμίστου τοῦ [Ἀπολλωδόρου],
[Ἐπικράτους το]ῦ Ἑρμοκρέοντος, Εὐκλ̣[έους τοῦ Ἀρ]-
[τεμιδ]ώ̣ρου, Γόργου τοῦ Π[ερικλέους, Θεοκλέους]
[τοῦ Πα]ρμένοντος, Διογνή[τ]ο[υ] τοῦ Εὐκλέ[ο]‹υ›[ς]·
[ἐπε]ιδὴ Θεόδωρος Σωτάδα Κρὴς Ῥαύκιος ἀνὴ[ρ]
[ἀγ]αθός ἐστιν περὶ τὴν πόλιν καὶ πολλοῖς
[τῶν] πολιτῶν χρήσιμος γέγονεν, εἶναι αὐτὸν
[πρόξ]ενον καὶ εὐεργέτην [τ]ο[ῦ] δήμου, δεδόσθαι δὲ
[αὐτῶ]ι πολιτείαν μετέ[χ]οντι τῶν κοινῶν
[κατὰ τὸ]ν νόμον· [τὸ δὲ ψήφισμα ἀνα]γραφῆναι [ἐν]
[τῆι παραστάδι].

10–11 Cf. *I.Iasos* 37, 13; νόμον [– – –]γραφῆναι [– – –] | [– – –] Blümel

13. *I.Iasos* 55[11]

[- – – – – ὑπ]ηρ[ετῆ]ται ạ[ὐ]ṭῶι πṛọθ[ύμως, ἀναγράψαι δὲ]
[τὸ] ψήφισμα τὸν νεωποίην ἐν τῆι παραστάδι τοῦ βουλευτηρίου.

1 Cf. Maddoli 2007, 18.1, 10

[9] In ragione degli spazi viene proposta l'integrazione [ἐν ἀγῶσι] πᾶσιν, in luogo della ben più consueta ἐν τοῖς ἀγῶσι πᾶσιν.

[10] L'integrazione proposta da W. Blümel presenta due problemi: ipotizza il raro uso dell'articolo in forma di pronome relativo e presenta una formula di ἀτέλεια limitata non attesa a quest'epoca (cf. §§ 3.6.3.4; 3.8). In *FD* III 1, 404, 2–4 si legge: [ἀτ]έλειαν πάντων κατὰ τὸν νόμον; cf. *FD* III 1, 408[2], 11–13.

[11] La nuova integrazione, che rivela la natura onoraria del decreto in esame, dipende dalla rilettura della pietra che Massimo Nafissi ha condotto nell'estate 2010: lo ringrazio sentitamente del permesso di pubblicare in questa sede il frutto del suo lavoro.

14. *I.Iasos* 57[12]

[Ἐπὶ στεφανηφόρου Μικίω]νος τοῦ Ἀπολλωνίδου,
[μηνὸς Ἀφρο]δισιῶνος, ἕκτηι ἱσταμένου· ἔδοξε[ν τῆι]
[βουλῆι κ]αὶ τῶι δή[μωι· Δ]ιογένης Ἀνδρονίκου ἐ[πεστάτει·]
[πρυ]ṭ[ά]νεων γνώμ[η· ἐ]π̣[ειδὴ – – – – – Μελ]άνοπο[ς]
[Θεσ]σαλὸς ἐκ Γόμ[φων ἀνὴρ καλός ἐστι καὶ πολλοῖς τῶν πολιτῶν]
[χρήσι]μος γέγο[νεν, εἶναι αὐτὸν πρόξενον καὶ εὐεργέτην]
[– – –]ọσδ̣[– – –]σ[– –]

1 [Ἐπὶ στεφανηφόρου – – –]νος τοῦ Ἀπολλωνίδου Pugliese Carratelli 1969–1970 3 ε[ἶπεν] Pugliese Carratelli 1969–1970, Blümel; ἐ[πεστάτει] Gauthier *BE* 1987, 18, 273, Delrieux 2005a, 177 n. 39 5–6 [Θεσ]σαλὸς ἐκ Γόμ[φων – – –] | [πρόθυ]μος γέγο[νεν – – –] Pugliese Carratelli

15. *I.Iasos* 58+44[13]

[Ἐπὶ στεφανηφόρου Ἀπόλλωνος τοῦ μετ᾽ Εὐθαλλίωνα,]
[μηνὸς Ἀφροδισιῶνος, ἕκτηι ἱστ]αμέν[ου· ἔδοξεν τῆι] *I.Iasos* 58
[βουλῆι καὶ τῶι δήμωι· Εὐκρ]άτης Μένω[νος ἐπεσ]τάτει, *vacat*
[Ἀριστέας Ἱερονίκου ἐγρ]ạμμάτευε[ν· πρυτάν]εων γνώμη·
[– – – – – – – – – – – – · ἐπειδὴ] Θεοκλῆς Ạ[– – – – – –]ιμου Ἀράδιος
[ἀνὴρ ἀγαθὸς καὶ πρόθυμός ἐ]στιν περὶ [τὴν πόλι]ν τὴν Ἰασέων
[καὶ ἰδίαι περὶ ἕκαστον καὶ κοι]νῆι περὶ π[άντας τ]οὺς πολίτας *v*
[ἐπηινῆσθαι αὐτὸν ἀρετ]ῆς ἕνεκ[εν καὶ εὐνο]ίας ἧς ἔχει *vacat*
[περὶ τὴν πόλιν, εἶναι αὐτὸ]ν πρόξ[ενον καὶ εὐ]εργέτην τοῦ *vv*
[δήμου τοῦ Ἰασέων· δεδόσθαι δὲ] α[ὐτῶι καὶ πολι]τείαν μετέχοντι
[πάντων ὧν καὶ οἱ ἄλλοι πολῖται μετέχουσιν· εἶ]ναι δὲ αὐτῶι καὶ
[προεδρίαν ἐν τοῖς ἀγῶσι πᾶσιν καὶ ἀτέλειαν ὧ]ν ἡ πόλις ḳυρία *v*
[ἐστίν, καὶ εἶναι αὐτῶι καὶ εἴσπλουν καὶ ἔκπλουν καὶ] ἐν πολέμωι *vv*
[καὶ ἐν εἰρήνηι ἀσυλεὶ καὶ ἀσπονδεί· εἶναι δὲ αὐτῶι καὶ ἔφοδον ἐπὶ]
[βου]λὴν καὶ δῆμ̣[ον πρώτωι μετ]ὰ τὰ [ἱε]ρά· ὑπάρχειν δὲ ταῦτα καὶ τοῖς *I.Iasos* 44
[ἐκ]γόνοις αὐτοῦ· ἐπιμέλεσθαι δὲ αὐτοῦ τοὺς ἄρχοντας τοὺς [ἐνεσ]-
τῶτας· τὸ δὲ ψήφισμα τόδε ἀναγραφῆναι εἰς παραστάδα, ἐπ[ι]-
μεληθῆναι δὲ τῆς ἀναγραφῆς τὸν νεωποίην.

1–13 Cf. Maddoli 2007, 18.2 1 [Ἐπὶ στεφανηφόρου – – –]ι̣ε̣ι̣[– – –] Pugliese Carratelli 1969–1970; [μηνὸς – – –, ἕκτηι ἱστ]αμέν[ου, ἐπὶ στεφανηφόρου] Bosnakis – Hallof 2 [μηνὸς – – – ἐπεσ]τάτει Pugliese Carratelli 1969–1970; [– – – κρ]άτης Μένω[νος ἐπεσ]τάτει Bosnakis – Hallof 3 [ἔδοξεν τῆι βουλῆι καὶ τῶι δήμωι· πρυτάν]εων γνώμη Pugliese Carratelli 1969–1970; [– – –ἐγρ]αμμάτευε[ν, πρυτάν]εων γνώμη Bosnakis – Hallof 4 [ἐπειδὴ – – –]ίμου Ἀράδιος Pugliese Carratelli 1969–1970; [ἔδοξεν τῶι δήμωι· ἐπειδὴ] Θεοκλῆς Bosnakis – Hallof 5 [καλὸς καὶ ἀγαθός ἐστιν περὶ τὴν πόλι]ν Pugliese Carratelli 1969–1970; [ἀνὴρ καλὸς καὶ ἀγαθός ἐ]στιν περὶ Bosnakis – Hallof 6 [καὶ ἰδίαι εὐεργετεῖ κατὰ δύναμιν τ]οὺς πολίτας Pugliese Carratelli 1969–1970; [– – – κοι]ṿῆι Bosnakis – Hallof 7 [ἐπαινέσαι αὐτὸν ἀρετῆς ἕνεκεν καὶ εὐνο]ίας ἧς ἔχει Pugliese Carratelli 1969–1970; [ἐπαινέσαι τε αὐτὸν ἀρε]τῆς Bosnakis – Hallof 8 [εἰς τὴν πόλιν, εἶναι δὲ πρόξενον καὶ εὐ]εργέτην τοῦ Pugliese Carratelli 1969–1970 9 [δήμου· δεδόσθαι δὲ αὐτῶι καὶ πολι]τείαν μετέχοντι Pugliese Carratelli 1969–1970 10 [πάντων ὧν καὶ οἱ ἄλλοι πολῖται· εἶ]ναι Pugliese Carratelli 1969–1970 11 [προεδρίαν ἐν τοῖς ἀγῶσιν καὶ ἀτέλειαν ὧ]ν ἡ πόλις ḳυρί[α] Pugliese Carratelli 1969–1970 12 [ἐστίν, καὶ εἴσπλουν καὶ ἔκπλουν καὶ ἐ]ṿ π̣ọλ̣έμ̣ω̣ι̣ Pugliese Carratelli 1969–1970; [ἐστίν, καὶ

[12] L'integrazione del prescritto è resa possibile dal confronto con NPg 898, decreto in corso di pubblicazione promulgato nello stesso giorno (v. § 9.27; cf. anche §§ 5.1.9 e 5.5.1).

[13] Per il ricongiungimento delle due pietre, e dunque delle due porzioni di testo, e la nuova edizione del decreto v. Fabiani 2007 (cf. anche § 9.1).

εἴσπλουν καὶ ἔκπλουν ἐν εἰρήνηι καὶ] Bosnakis – Hallof 13 [καὶ ἐν εἰρήνηι – – –] Pugliese Carratelli 1969–1970; [– – – εἶναι δὲ αὐτῶι καὶ πρόσοδον πρὸς] Boeckh 15 [καθεσ]- Blümel

16. *I.Iasos* 61

[ἐπειδὴ – – – – – – – – – – – – – – – – –]
[ἀνὴρ καλὸς κἀγαθός ἐστιν περὶ τὴν πόλιν]
[τὴν Ἰασέων καὶ πολλοῖς τῶν πολιτῶν χρείας]
[π]αρέχεται, ἐπαιν[έ]σαι αὐτὸν ε[ὐνοίας ἕνεκεν]
[ἧς] ἔχει περὶ τὴν πόλιν καὶ δεδόσθαι αὐ[τῶι καὶ]
ἐκγόνοις πολιτείαν καὶ ἔγκτησιν μετέ[χον]τ[ι]
πάντων ὧν Ἰασεῖς μετέχουσιν, δεδόσθαι δὲ αὐτῷ[ι]
καὶ ἀτέλειαν πάντων ὧν ἡ πόλις κυρία ἐστίν
καὶ προεδρίαν ἐν τοῖς ἀγῶσιν· εἶναι δὲ αὐτῶι καὶ
εἴσπλουν καὶ ἔκπλουν καὶ ἐν εἰρήνηι καὶ ἐμ πολέμῳ[ι]
ἀσυλεὶ καὶ ἀσπονδεί· ἀναγράψαι δὲ τοὺς νεωποίας
τοὺς ἐνεστηκότας τὸ ψήφισμα τόδε ἐν τῆι
παραστάδι τῆς στοᾶς.

1 Cf. Maddoli 2007, 19.1, 1–2 e *I.Iasos* 32, 5–7

17. *I.Iasos* 63

[ἀσπο]νδεί· ἀν[αγράψαι δὲ τόδε τὸ ψήφισμα]
[το]ὺς ἐνεστηκότας [ν]ε[ωποίας – – – – – –]
Θαργελιῶνος ἐν τῆι π<α>ρα[στάδι ἐν τῆι]
Ποσειδῶνος στοᾶι· καὶ τὸ ἀ[ργύριον δοῦναι]
– –

3–4 πρα[– – –] | Ποσειδῶνος στοᾶι καὶ τὸ ἀ[νάλωμα δοῦναι Pugliese Carratelli 1969–1970; καὶ τὸ ἀ[νάλωμα δοῦναι τὸν ταμίαν (?)] Blümel 4 cf. Maddoli 2007, 4, 13–14

18. *I.Iasos* 68[14]

⟦[Ἔδο]ξεν τῆι βουλῆι.– – – – –⟧
[Ἔδοξ]εν τῆι βουλῆι καὶ τῷ[ι δήμωι – – – – –]
[– – πρ]οξένωι γενομέν[ωι – – – – – – – – – – –]
[– – προ]εδρίηγ καὶ εἴσπλο[υν καὶ ἔκπλουν ἀσυλεὶ]
[καὶ ἀσπ]ονδεὶ καὶ ἐμ πο[λέμωι καὶ ἐν εἰρήνηι]

[14] Il decreto viene qui presentato in una forma diversa da quella offerta nel *corpus* delle iscrizioni iasee curato da Blümel, che ha ripreso la lettura di Pugliese Carratelli 1967–1968, 12, 459. La revisione autoptica induce infatti a pensare che la pietra non conservi un unico decreto, come supposto dai due precedenti editori, ma resti di due diversi documenti. Il secondo di questi testi è uno ψήφισμα che inizia, come è proprio dei decreti più antichi a noi noti, con la formula di sanzione: la sua linea 1 è stata erasa, a quanto pare essenzialmente per la volontà di distanziarlo da quello sovrastante. Le due grafie sembrano anche eterogenee, anche se la scarsità dei segni verificabili nel primo testo consiglia prudenza (per un'immagine dell'intera pietra v. Pugliese Carratelli, *ibidem*, fig. 16; v. anche § 4.4.1.4). A conferma dell'antichità del decreto in esame, suggerita dalla tipologia dell'*incipit* e dalla grafia, è anche il supporto: quelli di dimensioni analoghe e lavorazione analoga a questo recano in maggioranza decreti databili tra l'inizio e la metà del IV secolo a.C.: v. Fabiani – Nafissi 2013, 40–41.

1 ⟦]οξε τῆι βουλ[ῆι]⟧ Pugliese Carratelli 1967–1968, Blümel 3 πρ]ο̣ξένωι Pugliese Carratelli 1967–1968, Blümel 4 εἴσπλ[ουν] Pugliese Carratelli 1967–1968, Blümel

19. *I.Iasos* 70

[- εἶναι]
[αὐτὸν Ἰασέα ἐὰ]ν̣ βούληται· μετε[ῖναι δὲ πάν]-
των αὐτῶι [ὧν καὶ ἄλ]λοις· ταῦτα δὲ ὑπάρχειν̣
καὶ τοῖς ἐκγόνοις· ἑλέσθαι δὲ ἄνδρας δύο οἵτιν[ες]
ἢ παραγενόμενον κατὰ τὸ ψήφισμα
στεφανώσουσιν αὐτὸν ἢ πρὸς ἐκεῖνον̣
[παραγενόμενοι - - - - - - - - - - - - - -]

1 Cf. *SEG* 36.982C, 10–11; ἄ]ν̣ βούληται Pugliese Carratelli 1967–1968; [- - - ὅπου ἄ]ν̣ βούλητα̣ι Blümel

20. *I.Iasos* 75[15]

[- καὶ τὸ ψήφισμα]
[γένηται εἰς τάδε καὶ πόροι ὑπάρχωσιν οἱ ἀπ]οδε[δειγμένοι τοῖς]
[νεωποίαις καὶ εἰς τὰ λοιπὰ ἀναλώματα - - - -]ΜΕΝΑ ἀ[πὸ τῆς (?) δωδεκά]-
[της τοῦ πωληθέντος οἴνου τοῦ ἐπιχωρίου, ἐξοικ]ονομηθέν̣[των τῶν]
[πρότερον ἐψηφισμένων· δεδόχθαι τῆι βουλῆι κα]ὶ τῶι δήμωι· ἐπειδὴ ὁ δῆ-
[μος ὁ - - - - - - ἔν τε τοῖς πρότερον χρόνοι]ς εὔνους ὢν καὶ φίλος
[τῶι δήμωι διετέλει καὶ ἀξιωσάντων ἡμῶν ἀπ]οστεῖλαι δικαστὰς τρεῖς
[ὡς ἐπιεικεστάτους ἀπέστειλεν ἄνδρας καλοὺς κα]ὶ ἀγαθούς, οἵτινες
[παραγενόμενοι τὰς μὲν διέλυσαν τῶν δικῶν οὐθ]ὲν ἐνλείποντες προ-
[θυμίας, ἀλλὰ πᾶσαν σπουδὴν ποιούμενοι, ἵνα συλλ]υθέντες οἱ ἀντί-
[δικοι τὰ πρὸς αὐτοὺς μεθ᾽ὁμονοίας πολιτεύωνται, τὰ]ς δὲ λοιπὰς διέ-
[κριναν δικαίως, τήν τε ἄλλην ἐνδημίαν ἐποιήσαντο ἀ]πὸ παντὸς
[τοῦ βελτίστου· ἵνα οὖν καὶ ὁ δῆμος φαίνηται χάριν ἀποδιδοὺς τοῖ]ς ε[ὐ]-
[εργετηκόσιν αὐτὸν -]

2 [νεωποίαις καὶ εἰς τὰ ἄλλα - - - - -] Crowther 1995a

21. *I.Iasos* 76[16]

[Ἐπὶ στεφανηφόρου - - - - - τοῦ] Ἀπολλωνίου, γραμματέ-
[ως δὲ - - - - τοῦ - - -ο]υ, Ποσιδεῶνος· ἔδοξεν τῇ[ι]
[βουλῆι καὶ τῶι δήμωι, ἕκτηι ἱσταμέ]νου· Γλαῦκος Σκύλακος ἐπε-
[στάτει· πρυτάνεων γνώμη - -]οδώρου τοῦ Διο[σ]κουρίδου,
[- - - - - τοῦ - - - - -, Διογ]νήτου τοῦ Διογένου, Μενα̣-
[- - τοῦ - - - - -, - - - - - τοῦ Ἀ]γλαοφῶντος, Δημοφίλου
[τοῦ - - - - -, - - - - - τοῦ Ἀπολ]λωνίου, Γλαύκου τοῦ Σκύλα-

[15] L' integrazione che qui si presenta è quella proposta da Crowther 1995a, 133 (fatta eccezione per una nuova piccola proposta alla linea 2).
[16] L' integrazione che qui si presenta è quella proposta da Crowther 1995a, 129.

[κος· περὶ ὧν ἐπῆλθεν – – – – –] Μελανθίου, ἵνα ἡ βουλὴ καὶ ὁ
[δῆμος βουλεύσηται τίσιν δεῖ τιμ]αῖς τιμῆσαι τὸν δῆμον τὸν
[Ῥοδίων καὶ τοὺς παραγενεμένους δ]ικαστὰς Α[ὐ]τόφιλον Παυσικ[– –,]
[– – – – – – – – – – –,] Θεστίδαν Θευδότου, καὶ τὸν συ[ν]-
[αποσταλέντα αὐτοῖς γραμματέα] Ἀριστότιμον Ἀλεξιμάχου·
[δεδόχθαι τῆι βουλῆι καὶ τῶι δήμ]ω̣ι· ἐπειδὴ Ῥόδιοι συγγενεῖς
[ὑπάρχοντες καὶ φίλοι καὶ εὔνοι κ]αὶ [σ]ύμμαχοι τῆς πόλ[εως]
[ἔν τε τοῖς πρότερον χρόνοις τῆι] πόλει πρόνοιαν ποιο[ύμενοι]
[– – – – – – – – – – – – – – –τ]αύτης τῆς [πόλεως (?)– – – – – – – –]

22. *I.Iasos* 77[17]

[Ἐπὶ στ]εφανηφ[όρου –, γραμματέ]-
ως δὲ Ἀντιφῶντος τοῦ Νυσ[ίου, μηνὸς Ἐλαφηβολιῶνος(?)· ἔδοξεν τῆι]
βουλῆι καὶ τῶι δήμωι, ἕκτηι ἱσταμέ[νου, – – – – – – – – – – – ἐπεστάτει·]
πρυτάνεων γνώμη Μοιραγένο[υς τοῦ – – – –, – – – – τοῦ – – – –,]
Πρωταγόρου τοῦ Πλουτίω̣[νος, – – – – τοῦ – – – –, – – – – τοῦ – – – –, – – – –]
τοῦ Δημέου· περὶ ὧν ἐπ[ῆλθεν – – – – – – – – – –, ἵνα ἡ βουλὴ καὶ ὁ δῆ]-
μος βουλεύσηται, [τίσιν δεῖ τιμαῖς τιμηθῆναι τὸν δῆμον τὸν Ἁλικαρνασ(?)]-
σέων καὶ τοὺς παρ[αγενεμένους πρὸς ἡμᾶς δικαστὰς – – – – – – – – – –, – – – – –]
Ἀλεξάνδρου, Κρατ̣[– – – – – – , καὶ τὸ ψήφισμα γένηται εἰς τάδε καὶ πόροι]
[ὑ]πάρχωσιν οἱ ἀπο̣[δεδειγμένοι τοῖς νεωποίαις καὶ εἰς τὰ λοιπὰ ἀναλώματα]
π̣λ̣ὴν τοῦ περιγ[ινομένου ἀπὸ τῆς δωδεκάτης τοῦ πωλουμένου οἴνου τοῦ ἐπι]-
[χωρίου, ἐξοικονομηθέντων τῶν πρότερον ἐψηφισμένων· – – – – – – – –]

5 [νος, – – – – τοῦ – – – –, – – – –] Crowther 1995a

23. *SEG* 38.1061(= PC 1987, c)[18]

[Ἐπὶ στεφανηφόρου Δρακοντίδου τοῦ Ἑρ]μαΐσκου, μηνὸς Ἀφροδισιῶνος, ἕκτηι ἱσταμένου·
[ἔδοξεν τῆι βουλῆι καὶ τῶι δήμωι· Πο]σειδώνιος Ἡγύλλου ἐπεστάτει· πρυτάνεων γνώμη·
[– – – – – – – οἱ ἐκ – – – – –] παραγενόμενοι δικασταὶ καλῶς καὶ δικαίως
[– – – – – – – – – – – – – – – –τ]ὰς δίκας ἐδίκασαν Νικόλοχος Ἱππάρχου, Πισίλας
[– – – – –, – – – – – – – – – – –,] Ἰθικλέας Ἡγησιμάχου, Νικόμαχος Ῥύκχου, Ἀντιφῶν
[– – – – –, – – – – – – – – – – –]ωνος, Τιμόδαμος Ἰθαγένους, Λεωσθένης *vacat*
[– – – – – ἐπηινῆσθαι αὐτοὺς κ]αὶ εἶναι προξένους καὶ εὐεργέτας τοῦ δήμου, δεδόσθαι δὲ
[αὐτοῖς καὶ πολιτείαν μετέχουσι πάντω]ν ὧν καὶ οἱ λοιποὶ πολῖται μετέχουσιν, εἶναι δὲ αὐτοῖς καὶ
[προεδρίαν ἐν τοῖς ἀγῶσι καὶ εἴσπλουν κ]αὶ ἔκπλουν καὶ ἐν εἰρήνηι καὶ ἐμ πολέμωι ἀσυλεὶ καὶ
[ἀσπονδεί· ὑπάρχειν δὲ ταῦτα καὶ αὐτοῖς] καὶ τοῖς ἐκγόνοις, ἀναγράψαι δὲ τὸ [ψήφισμα τοὺς]
[νεωποίας ἐν τῶι ἐπιφανεστάτωι τόπωι ἐν τ]ῆι ἀγορᾶι. *vacat*

1 Cf. Maddoli 2007, 17, 1–2; [– – –] μαίσκου· μηνὸς Ἀφροδισιῶνος ἕκτηι ἱσταμένου Pugliese Carratelli 1987 3 [– – – οἱ] παραγενόμενοι Pugliese Carratelli 1987 7–11 κ]αὶ εἶναι προξένους καὶ εὐεργέτας τοῦ δήμου, δεδόσθαι δὲ | [– – – πάντω]ν ὧν καὶ οἱ λοιποὶ πολῖται μετέχουσιν, εἶναι δὲ αὐτοῖς καὶ | [– – – κ]αὶ ἔκπλουν καὶ ἐν εἰρήνηι καὶ ἐμ πολέμωι ἀσυλεὶ καὶ | [– – –] καὶ τοῖς ἐκγόνοις, ἀναγράψαι δὲ τό[δε τὸ ψήφισμα] | [– – – ἐν τ]ῆι ἀγορᾶι Pugliese Carratelli 1987

[17] L' integrazione che qui si presenta è quella proposta da Crowther 1995a, 131.

[18] L'integrazione del prescritto è fatta sulla base del confronto con il decreto Maddoli 2007, 17, promulgato nella stessa giornata (§ 5.1.7); v. anche *SEG* 38.1061 = PC 1987, c (§ 9.10).

24. *SEG* 41.930 (= PC 1989, 2), 33–35 + *SEG* 41.931 (= PC 1989, 3), 1–13[19]

[Ἐπὶ στεφα]νηφόρου Ἱεροκλέους [τοῦ Ἰάσονος],
[γραμματ]έ̣ως δ̣ὲ Στησιόχου [τοῦ Θεοδότου]·
[ἔδοξε τῆι βουλῆ]ι̣ καὶ τῶι δήμ̣[ωι, ἕκτηι]
[ἱσταμένου· Ἀπολλώνιος Νυσίου τοῦ]
[Ἀπολλωνίου ἐπεστάτει κατασταθεὶς ὑπὸ]
[Λαμπίτου τοῦ Μητροδώρου· πρυτάνεων]
[γνώμη Ἀπολλωνίου τοῦ Νυσίου τοῦ]
[Ἀπολλωνίου κατασταθέντος ὑπὸ]
[Λαμπίτου τοῦ Μητροδώρου],
[Στράτωνος τοῦ Μητροδώρου, Ἀναξικλέους]
[τοῦ Παρμενίσκου, Ἰάσονος τοῦ Μενεδήμου],
[Ἀρκεσίλα τοῦ Μένητος, Ἀρχιδήμου τοῦ]
[Σαραπίωνος, Δημέου τοῦ Ἀσκληπιάδου]·
[περὶ ὧν ἐπῆλθον ?? – – – – – – – – – – – –]
[– –]
[ἵνα –]
[– – – – – – – – – – – – – – – – πρόξενοι καὶ]
πολ[ῖται γένωνται· τὸ δὲ ψήφισμα ὑπὲρ αὐτῶν]
ἀναγ[ράψατωσαν οἱ νεωποῖαι ἐν τῶι ἱερῶι τοῦ Διὸς]
καὶ τῆς Ἥρα[ς, πόρος δὲ ὑπάρχηι εἰς τὴν ἀναγραφὴν ὁ]
ἀποδεδειγμένο[ς τοῖς νεωποίαις καὶ εἰς τὰ λοιπὰ]
[ἀ]ναλώματα· δεδόχ[θαι τῆι βουλῆι καὶ τῶι]
δ̣ήμωι· εἶναι αὐτοὺς προ[ξένους τῆς πόλεως],
δ̣εδόσθαι δὲ καὶ πολιτείαν αὐτ[οῖς μετέχουσι]
[πάν]τ̣ων ὧν καὶ οἱ ἄλλοι πολῖται μετ[έχουσι]·
[ἀ]ναγράψαι δὲ τὸ ψήφισμα τοὺς νεωπ̣ο̣ί̣α̣[ς]
[ἐν τῶι ἱ]ε[ρ]ῶι τοῦ Διὸς καὶ τῆς Ἥρας, πόρον δὲ
ὑ̣π̣α̣[ρχει]ν εἰς τὴν ἀναγραφὴν τὸν ἐν τῆι
[ἐ]φό[δωι γ]εγραμμένον, ἐξοικονομηθέντων
τ[ῶν πρ]ό̣τερον ἐψηφισμένων.[20] *vacat*

3–17 Cf. *SEG* 41.930 (=PC 1989, 2), 1–32; v. anche *SEG* 41.931 (= PC 1989, 3), 15–58 23 προ[ξένους καὶ εὐεργέτας ?] Pugliese Carratelli 1989

[19] Come già accennato nell'introduzione (§ 1.3, n. 80 a p. 7–8), il ricongiungimento dei due frammenti nasce da un'indagine, in corso di pubblicazione, condotta dall'architetto Dr. Nicolò Masturzo; egli ha accertato che i due frammenti di stipite con n. inv. 5144 e 6507, su cui sono rispettivamente incisi *SEG* 41.930 (= PC 1989, 2), 1–32 con *SEG* 41.930 (= PC 1989, 2), 33–35 e *SEG* 41.931 (=PC 1989, 3), 1–14 con *SEG* 41.931 (= PC 1989, 3), 15–58 sono due porzioni non combacianti di uno stesso stipite. Dal momento che il decreto che precede i due frammenti qui ricongiunti venne promulgato nella medesima seduta dell'assemblea dello ψήφισμα che li segue, se ne deduce che anche il testo centrale, per di più inciso dal medesimo lapicida degli altri (§ 4.4.4.3), venne promulgato in quella stessa giornata: ciò rende possibile l'integrazione del prescritto (v. anche § 5.1.11).

[20] Il decreto è sicuramente in onore di più persone (cf. p.es. l. 23); poiché si trova al di sotto di un decreto in onore di giudici stranieri [*SEG* 41, 930 (= PC 1989, 2), 1–32], promulgato nel corso della stessa seduta dell'assemblea, ritengo probabile, per non dover supporre la presenza multipla in città di corti straniere, che le persone qui onorate non appartenessero a un collegio dicastico. Resta incerto anche chi sia stato a promuovere la mozione formale (privati? magistrati?) e si sia trattato di un'iniziativa singola o di più persone.

25. Maddoli 2007, 23.1 + *I.Iasos* 66

Ἐπὶ στεφανη̣[φόρου – – – – – τοῦ – – – – –]
ου, μηνὸς Ἀφροδ̣[ισιῶνος, ἕκτηι ἱσταμένου,]
Σόλων Εὐθαλλίω̣[νος ἐπεστάτει, – – – – – –]
Μηνοδώρου ἐγραμ̣[μάτευε· πρυτάνεων γνώ]-
μη Ἀστυνόμου τοῦ̣ [– – – – – –, – – – – – – τοῦ]
Ἀρτεμιδώρου κατα[σταθέντος ὑπὸ – – – – – –]
τοῦ Διοπείθου, Πασι.[– – – τοῦ – – – – – – –],
Σόλωνος τοῦ Εὐθαλ[λίωνος, – – – – – τοῦ – – – – –],
Συμμάχου τοῦ Σανν[– – –, – – – – – τοῦ – – – – –]
κατασταθέντος ὑπ[ὸ – – – – – – – – – – – – – – –·]
ἐπειδὴ Μελάνθιος .[– – – – – – – – – – – – ἀνὴρ]
καλὸς κἀγαθός ἐσ̣[τιν περὶ τὴν] π[ό]λιν τ̣[ὴν Ἰασέων,]
ἰδίαι τε τοῖς ἐντ[υγχάνουσι] τῶν πολ̣[ιτῶν χρείας]
παρεχόμενος κ̣[αὶ κοινῆι περ]ὶ τῆς πόλεως [καὶ]
λέγων κ̣αὶ πράσ̣[σων ἀγαθὸν] ὅτι ἂν δύνητα̣[ι,]
δεδόχθαι τῆι[βουλῆι καὶ τῶι δή]μωι· ἐπαινέ[σαι]
Μελάνθιον ἀρε[τῆς ἕνεκεν καὶ εὐ]νοίας ἧς ἔ[χει]
περὶ τὴν πόλιν̣ [καὶ εἶναι αὐτὸν π]ρόξενον [καὶ εὐ]-
εργέτην τοῦ δ[ήμου τοῦ Ἰασέων· δεδ]όσθαι [δὲ αὐ]-
τῶι καὶ πολιτε[ίαν μετέχοντι πάντ]ων ὧν [καὶ οἱ]
λ̣οιπ̣οὶ Ἰασεῖς [μετέχουσιν· ὑπάρχειν δὲ αὐτῶι]
καὶ εἴσπλου[ν καὶ ἔκπλουν καὶ ἐν εἰρήνηι καὶ ἐν]
πολέμωι ἀσ[υλεὶ καὶ ἀσπονδεὶ καὶ προεδρίαν ἐν τοῖς]
ἀγῶσι πᾶσιν· [ταῦτα δὲ εἶναι καὶ τοῖς ἐκγόνοις]
αὐτοῦ· ἀνα[γράψαι δὲ τὸ ψήφισμα τοὺς νεωποίας]
ἐν τῶι ἱερ[ῶι τοῦ Διός – – – ?].
vacat

12 ἐσ̣[τιν περὶ τὴν πόλιν τὴν Ἰασέων] Maddoli 2007 13 ἐντ[υγχάνουσι τῶν πολιτῶν χρείας] Maddoli 2007 14 κ̣[αὶ κοινῆι περὶ τῆς πόλεως καὶ] Maddoli 2007 15 πράσ̣[σων ἀγαθὸν ὅτι ἂν δύνηται] Maddoli 2007 16 [βουλῆι καὶ τῶι δήμωι· ἐπηινῆσθαι] Maddoli 2007 17 ἀρε[τῆς ἕνεκεν καὶ εὐνοίας ἧς ἔχει] Maddoli 2007 18 [καὶ εἶναι αὐτὸν πρόξενον καὶ εὐ]- Maddoli 2007 19 δ[ήμου τοῦ Ἰασέων· δεδόσθαι δὲ αὐ]- Maddoli 2007 20 πολιτε[ίαν μετέχοντι πάντων ὧν καὶ οἱ] Maddoli 2007 26 La provenienza di entrambe le pietre iscritte dalla zona della Basilica Est (cf. § 4.4.1.3) depone a favore dell'integrazione qui proposta[21]

26. Blümel 2007, 2 III

[Ἐπὶ στεφαν]η̣φόρου Δ[ράκοντος το]ῦ̣ Ἀνθέως, γραμματ[έως δὲ – – – – τοῦ – –]
[– – –, μηνὸς] Ἀφροδ[ισιῶνος· ἔδοξε τ]ῆι βουλῆι καὶ τῶι δή[μωι, ἕκτηι ἱστα]-
[μένου, Ἀν]τιφῶ[ν – – – – – – – – ἐπεσ]τ̣άτει· πρυτάνεων [γνώμη – – – – – – –]
[τοῦ – – – – – κατασταθέντος ὑπὸ– – –].τίδου τοῦ Δ̣ρα̣[– – –, – – – – – – – τοῦ]
[– – – – – – –, – – – – – – – τοῦ – – – – –]λέους [κατ]ασταθ[έντος ὑπὸ – – – – –]
[τοῦ – – – – – –, – – – – – τοῦ – – – – –]ου, Θεαιτήτο[υ τοῦ – – – – –, – – – – – –]
[τοῦ – – – – –· περὶ ὧν ἐπῆλθεν Φιλήμω]ν Φιλώτου, ἵνα οἱ [δικασταὶ οἱ παραγενό]-
[μενοι ἐκ Κνίδου Φιλτογένης Ἀρχιγένευς], Ἀριστείδ[ας Ἀριστομάχου – – – – – –]

[21] La cronologia del decreto, inserito nel settimo gruppo (§ 7.9), consente di ipotizzare che l'integrazione possa essere piuttosto ἐν τῶι ἱερ[ῶι τοῦ Διὸς καὶ τῆς Ἥρας]: questa formula diventa frequentissima nell'ottavo gruppo di decreti (§ 7.10).

1 γραμματ[έως δὲ – – –] Blümel 2007 2–8 [– – –] Ἀφροδ[ισιῶνος· ἔδοξε τ]ῆι βουλῆι καὶ τῶι δή[μωι – – –] | [– – – Ἀν]τιφῶ[ν – – – ἐπεσ]τ̣άτει· πρυτάνεων [γνώμη – – –] | [– – –].τίδου τοῦ Δ̣ρ̣α̣[– – –] | [– – –]λέους [κατ]ασταθ[έντος ὑπὸ – – –] | [– – – τ]οῦ, Θεαιτήτο[υ – – –] | [– – – περὶ ὧν ἐπῆλθεν Φιλήμω]ν Φιλώτου, ἵνα οἱ [δικασταὶ οἱ παρα] | [γενόμενοι ἐκ Κνίδου Φιλτογένης Ἀρχιγένευς], Ἀριστείδ[ας Ἀριστομάχου] Blümel 2007

27. NPg 898[22]

Ἐπὶ στεφ̣ανηφόρου Μι[κί]ωνος τοῦ Ἀπολλω[νίδου,]
μ̣ηνὸς Ἀφροδισιῶνος, ἕκτηι ἱσταμένου· ἔδοξεν
τ̣ῆι βουλῆι καὶ τῶι δήμωι, Διογένης Ἀνδρονίκου
ἐ̣πεστάτει, Μέ̣νιππος Θ̣ε̣ογε̣ίτονος ἐγραμμάτευε,
πρυτάνεων [γ]ν̣ώμη· ἐπειδὴ Ἀγροίτ̣ας Ἀπολλωνίο[υ]
Βεροιεὺς ἀνὴρ ἀγαθός ἐστιν περὶ τὴν πόλιν
τὴν Ἰασέων καὶ κοινῆι καὶ ἰδίαι τοῖς *vacat*
ἐντυγχάνουσι τῶν πο̣λιτ[ῶ]ν διατελεῖ *vv*
χρήσιμ̣ος ὤν, ἐπηινῆσθαι αὐτόν· εἶν[αι δὲ αὐ]τ̣ὸν
καὶ ἐκγόν̣[ους] προξ[ένο]υ̣ς καὶ εὐεργ̣έ[τας]
τοῦ δ[ήμ]ο̣[υ τ]ο̣ῦ Ἰασέ̣ω̣[ν, ὑ]πάρχειν δὲ αὐ̣[τῶι]
καὶ ἐκγόνοις πολ[ιτείαν μετέχοντι – – – – – – – –]
[τ]ῶν αὐτῶν Ἰασεῖ̣[ς μετέχουσιν – – – – – – – – –]

[22] Questo ψήφισμα è in corso di pubblicazione da parte di Gianfranco Maddoli, Massimo Nafissi e di chi scrive. Per la rilevanza dei dati prosopografici in esso contenuti, i due colleghi mi hanno consentito di anticipare il testo in questa sede. Di questo li ringrazio vivamente.

Bibliografia

Per le abbreviazioni dei titoli delle riviste si veda la «Liste des sigles» de L'Année Philologique.

Adiego 2007 — I. J. Adiego, The Carian Language, Handbook of Oriental Studies. Section I, 86, Leiden-Boston.

Alessandrì 1982 — S. Alessandrì, «Alcune osservazioni sui segretari ateniesi nel IV sec. a.C.», ASNP s. III 12.1, 7–70.

Andreoli *et al.* 2002 — A. Andreoli – F. Berti – L. Lazzarini – R. Pierobon Benoit, «New Contributions on Marmor Iassense», in L. Lazzarini (ed.), Interdisciplinary Studies on Ancient Stone. ASMOSIA VI. Proceedings of the 6th International Conference (Venice, June 15–18, 2000), Padova, 13–18.

Aneziri 2003 — S. Aneziri, Die Vereine der dionysischen Techniten im Kontext der hellenistischen Gesellschaft. Untersuchungen zur Geschichte, Organisation und Wirkung der hellenistischen Technitenvereine, Historia Einzelschriften 163, Stuttgart.

Angerman 1893 — C. Th. Angerman, Beiträge zur griechischen Onomatologie, Jahresbericht der Fürsten- und Landesschule St. Afra in Meissen, Meissen.

Angiolillo 2004 — S. Angiolillo, «*Ostendunt et Iasii Dianam manibus eorum factam*», Aristeo 1, 161–182.

Ashton 2007 — R. H. J. Ashton, «The pre-Imperial coinage of Iasos», NC 167, 47–78.

Badoud in stampa — N. Badoud, Le temps de Rhodes. Une chronologie des inscriptions de la cité fondée sur l'étude de ses institutions, du synécisme de 408 av. J.-C. à la fin de l'Antiquité, Vestigia 63, München.

Bagnall 1976 — R. S. Bagnall, The Administration of the Ptolemaic Possessions outside Egypt, Leiden.

Baldoni 2014 — D. Baldoni, «Culti orientali a Iasos: ipotesi interpretativa di un edificio di età romana», in L. Karlsson – S. Carlsson – J. Blid Kullberg (eds.), ΛΑΒΡΥΣ. Studies presented to Pontus Hellström, Boreas 35, Uppsala, 369–385.

Baldoni *et al.* 2004 — D. Baldoni – C. Franco – M. Manara – P. Belli – F. Berti, Carian Iasos, Istanbul.

Baldoni *et al.* 2013 — D. Baldoni – F. Berti – M. Giuman (a cura di), Iasos e il suo territorio. Atti del convegno internazionale per i cinquanta anni della Missione Archeologica Italiana (Istanbul, 26–28 febbraio 2011), Roma.

Baltrusch 1994 — E. Baltrusch, Symmachie und Spondai. Untersuchungen zum griechischen Völkerrecht der archaischen und klassischen Zeit (8.–5. Jahrhundert v. Chr.), Berlin – New York.

Baronowski 1991 — D. W. Baronowski, «The Status of the Greek Cities of Asia Minor after 190 B. C.», Hermes 119, 450–463.

Bayliss 2011 — A. J. Bayliss, After Demosthenes: The Politics of Early Hellenistic Athens, London-New York.

Bechtel 1924 — F. Bechtel, Die griechischen Dialekte III, Berlin.

Bencivenni 2008 — A. Bencivenni, «I Tolomei e l'*homopoliteia* di Cos e Calimna», Simblos 5, 185–208.

Benoit – Pierobon Benoit 1993 — J. Benoit – R. Pierobon Benoit, «Il territorio a N di Iasos: ricognizioni 1988», in Sinus Iasius, 902–919.

Benzi 1986 — M. Benzi, «I Micenei a Iasos», in Studi su Iasos 1986, 29–34.

Benzi 2005 — M. Benzi, «Mycenaeans at Iasos? A Reassessment of Doro Levi's Excavations», in Laffineur – Greco 2005, 205–215.

Benzi – Graziadio 2013 — M. Benzi – G. Graziadio, «Iasos nel Tardo Bronzo III. Un sito miceneizzato alla periferia del mondo miceneo», in Baldoni *et al.* 2013, 1–19.

Berti 1993 — F. Berti, «Iasos di Caria», in Arslantepe, Hierapolis, Iasos, Kyme. Scavi archeologici italiani in Turchia, Venezia, 188–247.

Berti 2007 — F. Berti, «La necropoli ‹geometrica› dell'agora di Iasos», in J. Cobet – V. von Graeve – W.-D. Niemeier – K. Zimmermann (Hrsg.), Frühes Ionien. Eine Bestandsaufnahme, Panionion (Symposion Güzelçamli, 26 September – 1 Oktober 1999), Milesische Forschungen 5, Mainz a. Rh., 437–446.

Berti *et al.* 2010 — F. Berti - R. Fabiani - Z. Kızıltan - M. Nafissi (a cura di), Marmi erranti. I marmi di Iasos presso i Musei Archeologici di Istanbul. Gezgin Taşlar. Istanbul Arkeolojy Müzeleri'ndeki Iasos Mermerleri. Wandering Marbles. Marbles of Iasos at the Istanbul Archaeological Museums (Istanbul Arkeoloji Müzeleri, 7.12.2010 - 4.7.2011), Istanbul.

Bietti Sestieri 1986 — A. M. Bietti Sestieri, «I dati archeologici di fronte alla teoria», in Prospettive storico-antropologiche in archeologia preistorica, DArch 4.2, 249–263.

Bietti Sestieri 1988–1989 — A. M. Bietti Sestieri, «Esempi di lettura di materiali da contesti funerari», Origini 14.2, 421–445.

Bietti Sestieri 1992 — A. M. Bietti Sestieri, La necropoli laziale di Osteria dell'Osa, Roma.

Bietti Sestieri - De Santis 2006 — A. M. Bietti Sestieri - A. De Santis, «Il rituale funerario nel Lazio tra età del Bronzo finale e prima età del Ferro», in La ritualità funeraria tra età del Ferro e Orientalizzante in Italia. Atti del Convegno (Verucchio, 26–27 giugno 2002), Biblioteca di Studi etruschi 41, Pisa-Roma, 79–93.

Bilabel 1920 — F. Bilabel, Die ionische Kolonisation, Philologus Supplbd. 14,1.

Billows 1989 — R. A. Billows, «Anatolian Dynasts: The Case of the Macedonian Eupolemos in Karia», CA 8.2, 173–205.

Billows 1990 — R. A. Billows, Antigonos the One-Eyed and the Creation of the Hellenistic State, Berkeley-Los Angeles-London.

Biraschi 1999 — A. M. Biraschi, «La fondazione di Iasos fra mito e storia. A proposito di Polibio XVI 12, 2», in Gli scavi italiani a Iasos in Caria I, PP 54, 250–260.

Blech 1982 — M. Blech, Studien zum Kranz bei den Griechen, Berlin-New York.

Bleckmann 1998 — B. Bleckmann, Athens Weg in die Niederlage. Die letzten Jahre des Peloponnesischen Kriegs, Beiträge zur Altertumskunde 99, Stuttgart-Leipzig.

Blümel 1994 — W. Blümel, «Über die chronologische und geographische Verteilung einheimischer Personennamen in griechischen Inschriften aus Karien», in M. E. Giannotta - R. Gusmani - L. Innocente - D. Marcozzi - M. Salvini - M. Sinatra - P. Vannicelli (a cura di), La decifrazione del cario. Atti del I Simposio Internazionale (Roma, 3–4 Maggio 1993), Roma, 65–86.

Blümel 2007 — W. Blümel, «Neue Inschriften aus Karien III», EA 40, 41–48.

Boffo 1995 — L. Boffo, «Ancora una volta sugli ‹archivi› nel mondo greco: conservazione e ‹pubblicazione› epigrafica», Athenaeum 83, 91–130.

Bosnakis - Hallof 2003 — D. Bosnakis - K. Hallof, «Alte und neue Inschriften aus Kos I», Chiron 33, 203–262.

Bosnakis - Hallof 2005 — D. Bosnakis - K. Hallof, «Alte und neue Inschriften aus Kos II», Chiron 35, 219–272.

Bouvier 1978 — H. Bouvier, «Honneurs et recompenses à Delphes», ZPE 30, 101–118.

Braccesi 2010 — L. Braccesi, «Orazio, Curzio Rufo e il cantore di Alessandro», Athenaeum 98, 245–247.

Bradeen 1963 — D. W. Bradeen, «The fifth Century Archon List», Hesperia 32, 187–208.

Bravo 1980 — B. Bravo, «Sulân. Représailles et justice privée contre des étrangers dans les cités grecques», ASNP 10.3, 675–987.

van Bremen 2013 — R. van Bremen, «A Property Transaction between Kindye and Mylasa. *I.Mylasa* 11 Reconsidered», EA 46, 1–26.

van Bremen - Carbon 2010 — R. van Bremen - J.-M. Carbon (eds.), Hellenistic Karia. Proceedings of the First International Conference on Hellenistic Karia (Oxford, 29 June–02 July 2006), Ausonius Études 28, Bordeaux.

Bresson 2000 — A. Bresson, La cité marchande, Ausonius Scripta Antiqua 2, Bordeaux.

Bresson 2003 — A. Bresson, «Les intérêts rhodiens en Carie à l'époque hellénistique, jusqu'en 167 av. J. C.», in F. Prost (dir.), L'Orient méditerranéen de la mort d'Alexandre aux campagnes de Pompée. Cités et royaumes à l'époque hellénistique. Colloque internationale de la SOPHAU (Rennes, avril 2003), Pallas 62, 169–192.

Bresson 2009 — A. Bresson, «Karien und die dorische Kolonisation», in Rumscheid 2009, 109–120.

Bresson 2010a — A. Bresson, «Knidos: Topography for a Battle», in van Bremen - Carbon 2010, 435–451.

Bresson 2010b — A. Bresson, «Conclusion», in Capdetrey - Lafond 2010a, 379–384.

Briant 1996 — P. Briant, Histoire de l'Empire Perse. De Cyrus à Alexandre, Achaemenid History 10, Paris.

Briant 2006 — P. Briant, «L'Asie Mineure en transition», in Id. - F. Joannès (dir.), La transition entre l'empire achémenide et les royaumes hellénistiques, Paris, 309–351.

Brixhe 1993 — C. Brixhe, «Le grec en Carie et Lycie au IVe siècle: des situations contrastées», in Id. (dir.), La Koiné grecque antique: I. Une langue introuvable?, Nancy, 59–82.

Brun *et al.* 2013 — P. Brun - L. Cavalier - K. Konuk - F. Prost (éd.), Euploia. La Lycie et la Carie antiques. Dynamiques des territoires, échanges et identités. Actes du colloque (Bordeaux, 5–7 Novembre 2009), Bordeaux.

Bruneau 1970 P. Bruneau, Recherches sur les cultes de Délos à l'époque hellénistique et à l'époque impérial, BEFAR 217, Paris.

Buck 1955 C. D. Buck, The Greek Dialects, Chicago-London.

Buranelli 1983 F. Buranelli, La necropoli villanoviana «Le Rose» di Tarquinia, Quaderni del Centro di Studio per l'Archeologia Etrusco-Italica 6, Roma.

Busolt 1920 G. Busolt, Griechische Staatskunde I, Handbuch der Altertumswissenschaft 4.1, München.

Capdetrey 2007 L. Capdetrey, Le pouvoir séleucide. Territoire, administration, finances d'un royaume hellénistique (312–129 av. J.-C.), Rennes.

Capdetrey – Lafond 2010a L. Capdetrey – Y. Lafond (textes réunis par), La cité et ses élites. Pratiques et representation des formes de domination et de contrôle social dans les cités grecques. Actes du Colloque (Poitiers, 19–20 octobre 2006), Ausonius Études 28, Bordeaux.

Capdetrey – Lafond 2010b L. Capdetrey – Y. Lafond, «Introduction – Penser et définir les élites civiques», in Capdetrey – Lafond 2010a, 9–16.

Carcaiso 2005 A. Carcaiso, «Il materiale archeologico di superficie dal territorio di Iasos», in Pierobon Benoit 2005a, 299–314.

Carlsson 2010 S. Carlsson, Hellenistic Democracies. Freedom, Independence and Political Procedure in Some East Greek City-States, Historia Einzelschriften 206, Stuttgart.

Casabonne 1995 O. Casabonne, «Le syennésis cilicien et Cyrus: l'apport des sources numismatiques», in P. Briant (éd. par), Dans les pas des Dix-Milles. Peuples et pays du Proche-Orient vus par un Grec. Actes de la Table Ronde internationale (Toulouse, 3–4 février 1995), Pallas 43, 147–172.

Casabonne 2001 O. Casabonne, «De Tarse à Mazaka et de Tarkumuwa à Datamès: d'une Cilicie à l'autre?», in E. Jean – A. M. Dinçol – E. Durugönül (éd. par), La Cilicie: éspaces et pouvoirs locaux (2e millénaire av. J.-C. – 4e siècle ap. J.-C.). Actes de la Table Ronde internationale (Istanbul, 2–5 novembre 1999), Paris, 243–263.

Casabonne 2004 O. Casabonne, La Cilicie à l'époque achéménide, Persika 3, Paris.

Cassayre 2010 A. Cassayre, La justice dans les cités grecques. De la formation des royaumes hellénistiques au legs d'Attale, Rennes.

Ceccarelli 2013 P. Ceccarelli, «Circular Choruses and the Dithyramb in the Classical and Hellenistic Period. A Problem of Definition», in B. Kowalzig – P. Wilson (eds.), Dithyramb in Context, Oxford.

Chandezon 2003 Ch. Chandezon, L'élevage en Grèce (fin Ve-fin Ier s. a.C.). L'apport des sources épigraphiques, Ausonius Publications 5, Bordeaux.

Chaniotis 1986 A. Chaniotis, «Ἐντέλεια: zu Inhalt und Begriff eines Vorrechtes», ZPE 64, 159–162.

Chaniotis 1988 A. Chaniotis, Historie und Historiker in den griechischen Inschriften. Epigraphische Beiträge zur griechischen Historiographie, Heidelberger Althistorische Beiträge und Epigraphische Studien 4, Stuttgart.

Chaniotis 2004 A. Chaniotis, «From Communal Spirit to Individuality: the Epigraphic Habit in Hellenistic and Roman Crete», in M. Livadiotti – I. Simiakaki (a cura di), Creta romana e protobizantina. Atti del Congresso Internazionale (Iraklion, 23–30 settembre 2000), Padova, 75–87.

Chaniotis 2010 A. Chaniotis, «New Evidence from Aphrodisias concerning the Rhodian Occupation of Karia and the Early History of Aphrodisias», in van Bremen – Carbon 2010, 455–466.

Chantraine 1947 P. Chantraine, Morphologie historique du grec, Paris.

Charneaux 1990 P. Charneaux, «En relisant les décrets argiens», BCH 114, 395–415.

Cottier *et al.* 2009 M. Cottier – M. H. Crawford – C. V. Crowther – J.-L. Ferrary – B. M. Levick – O. Salomies – M. Wörrle (eds.), The Customs Law of Asia, Oxford.

Cousin – Diehl 1889 G. Cousin – Ch. Diehl, «Inscriptions de Iasos et de Bargylia», BCH 13, 23–32.

Cribiore 1996 R. Cribiore, Writing, Teachers and Students in Graeco-Roman Egypt, Atlanta.

Cribiore 2001 R. Cribiore, Gymnastics of the Mind. Greek Education in Hellenistic and Roman Egypt, Princeton.

Crowther 1989 Ch. Crowther, «Iasos in the Early Second Century B. C.: A Note on *OGIS* 237», BICS 36, 136–138.

Crowther 1990 Ch. Crowther, «Iasos in the Second Century II: the Chronology of the Theatre Lists», BICS 37, 143–151.

Crowther 1992 Ch. Crowther, «The Decline of Greek Democracy?», JAC 7, 13–45.

Crowther 1994 Ch. Crowther, «Foreign Courts on Kalymna in the third Century B. C.», JAC 9, 33–55.

Crowther 1995a Ch. Crowther, «Iasos in the Second Century BC III: Foreign Judges from Priene», BICS 40, 91–136.

Crowther 1995b — Ch. Crowther, «The Chronology of the Iasian Theatre Lists: Again», Chiron 25, 225–234.

Crowther 2007 — Ch. Crowther, «The Dionysia at Iasos: Its Artists, Patrons, and Audience», in Wilson 2007a, 294–334.

Culasso Gastaldi 2003 — E. Culasso Gastaldi, «Un decreto ateniese di prossenia per tre individui di Iasos (*IG* II^2 3+165)», ZPE 142, 109–118.

Culasso Gastaldi 2004 — E. Culasso Gastaldi, Le prossenie ateniesi del IV secolo a.C. Gli onorati asiatici, Alessandria.

Culasso Gastaldi 2005 — E. Culasso Gastaldi, «Per un bilancio comparativo sulle prossenie ateniesi del IV secolo a.C.», in M. G. Angeli Bertinelli – A. Donati (a cura di), Il cittadino, lo straniero, il barbaro fra integrazione ed emarginazione nell'antichità. Atti del I Incontro Internazionale di Storia Antica (Genova, 22–24 maggio 2003), Serta Antiqua et mediaevalia 7, Roma, 45–75.

Curbera 1994 — J. B. Curbera, «Sulla cronologia relativa dei decreti di Entella», ASNP s. III, 24.4, 879–893.

Curty 1995 — O. Curty, Les parentés légendaires entre cités grecques, Hautes Études du monde gréco-romain 20, Genève.

Dain 1933 — A. Dain, Inscriptions grecques du Musée du Louvre. Les textes inédites, Paris.

Daubner 2003 — F. Daubner, Bellum Asiaticum. Der Krieg der Römer gegen Aristonikos von Pergamon und die Einrichtung der Provinz Asia, München.

Debord 1999 — P. Debord, L'Asie Mineure au IVe siècle (412–323 a.C.). Pouvoirs et jeux politiques, Bordeaux.

Delrieux 1996 — F. Delrieux, «Remarques sur l'ordre de succession des contributions financières d'Iasos au IIe siècle a.C.», REA 99.3–4, 371–388.

Delrieux 2001a — F. Delrieux, «Iasos à la fin du IVe siècle a. c. Les monnaies aux fruits de mer, de fils de Théodotos au versement de l'*ekklesiastikon*», REG 114.1, 160–189.

Delrieux 2001b — F. Delrieux, «Les étrangers dans l'épigraphie iasienne du IIe siècle a.C.», in A. Bresson – R. Descat (textes réunis par), Les cités d'Asie Mineure occidentale au IIe siècle a.C., Ausonius Études 8, Bordeaux, 137–155.

Delrieux 2005a — F. Delrieux, «Les décrets d'Iasos en l'honneur d'étrangers au début de l'époque hellénistique. Notes sur un essai de classement», ZPE 154, 173–180.

Delrieux 2005b — F. Delrieux, «Les étrangers à Iasos au debut de l'époque hellénistique», Boll.Ass.Iasos di Caria 11, 22–25.

Delrieux 2008 — F. Delrieux, «Le décret d'Iasos en l'honneur des fils de Peldémis à l'époque classique», Boll. Ass.Iasos di Caria 14, 33–36.

Delrieux 2013 — F. Delrieux, «Les ventes de biens confisqués dans la Carie des Hécatomnides. Notes d'histoire économique et monétaire», in M.-C. Ferriès – F. Delrieux (textes éd. par), Spolier et confisquer dans les mondes grec et romain, Chambéry, 209–265.

Desideri – Jasink 1990 — P. Desideri – A. M. Jasink, Cilicia. Dall'età di Kizzuwatna alla conquista macedone, Torino.

Dignas 2007 — B. Dignas, «Porter la couronne d'un dieu: titre civique, charge religieuse, pouvoir ou fardeau?», Kernos 20, 173–187.

Dilts 1971 — M. R. Dilts, Heraclidis Lembi Excerpta Politiarum, GRBS Monographs 5, Durham.

Dimitrova 2008 — N. M. Dimitrova, Theoroi and Initiates in Samothrace. The Epigraphical Evidence, Hesperia Supplement 37, Princeton.

Dinsmoor 1931 — W. B. Dinsmoor, The Archons of Athens in the Hellenistic Age, Cambridge Mass. (rist. Amsterdam 1966).

Dmitriev 2005 — S. Dmitriev, City-Government in Hellenistic and Roman Asia Minor, Oxford.

Dreher 2003 — M. Dreher, «Einleitung: Die Konferenz über das antike Asyl und der Stand der Forschung», in M. Dreher (Hrsg.), Das antike Asyl: kultische Grundlagen, rechtliche Ausgestaltung und politische Funktion, Köln-Weimar-Wien, 1–13.

Dreyer 1998 — B. Dreyer, «Vom Buchstaben zum Datum? Einige Bemerkungen zur aktuellen ‹Steinschreiberforschung›», Hermes 126, 276–296.

Dreyer – Mittag 2011a — B. Dreyer – P. F. Mittag (Hrsg.), Lokale Eliten und hellenistische Könige. Zwischen Kooperation und Konfrontation, Berlin.

Dreyer – Mittag 2011b — B. Dreyer – P. F. Mittag, «Einleitung», in Dreyer – Mittag 2011a, 7–13.

Dreyer – Weber 2011 — B. Dreyer – G. Weber, «Lokale Eliten griechischer Städte und königliche Herrschaft», in Dreyer – Mittag 2011a, 14–54.

Duhoux 1992 — Y. Duhoux, Le verb grec ancien. Éléments de morphologie et de syntaxe historiques, Louvain-La Neuve.

Ehrhardt 1983 — N. Ehrhardt, Milet und seine Kolonien. Vergleichende Untersuchung der kultischen und politischen Einrichtungen, Frankfurt a.M.-New York.

Errington 1987 R. M. Errington, «Θεὰ Ῥώμη und römischer Einfluß südlich des Mäanders im 2. Jh. v. Chr.», Chiron 17, 97–118.

Errington 1989 R. M. Errington, «The Peace Treaty between Miletus and Magnesia (*I.Milet* 148)», Chiron 19, 279–288.

Etienne – Knoepfler 1976 R. Etienne – D. Knoepfler, Hyettos de Béotie et la chronologie des archontes fédéraux entre 250 et 171 avant J.-C., BCH Suppl. 3, Paris.

Fabiani 1997 R. Fabiani, «Diodoro XIII 104, 7 e la presunta distruzione di Iasos», PP 52, 81–104.

Fabiani 1999 R. Fabiani, «La questione delle monete SYN: per una nuova interpretazione», AIISS 16, 87–123.

Fabiani 2000 R. Fabiani, «Strabone e la Caria», in A. M. Biraschi – G. Salmeri (a cura di), Strabone e l'Asia Minore. Incontri Perugini di Storia della Storiografia Antica e sul Mondo Antico X (Perugia, 25–28 maggio 1997), Perugia, 373–400.

Fabiani 2001 R. Fabiani, «Un decreto ateniese riproposto a Iasos (*IG* II^2 3 e *Iasos* 3926)», in Gli scavi italiani a Iasos in Caria II, PP 56, 69–100.

Fabiani 2004 R. Fabiani, «Linee di storia iasia tra il VI e gli inizi del IV secolo a.C.», in Iasos tra VI e IV secolo a.C. Miscellanea storico-archeologica, Ferrara, 11–47.

Fabiani 2007 R. Fabiani, «Ricongiungimento di pietre erranti dalla *parastàs* πρὸ τοῦ ἀρχείου di Iasos: *IIasos* 58+44 e *IIasos* 24+30», PP 62, 373–384.

Fabiani 2009 R. Fabiani, «Eupolemos Potalou o Eupolemos Simalou? Un nuovo documento da Iasos», EA 42, 61–77.

Fabiani 2010a R. Fabiani, «Un nuovo frammento del decreto IIasos 40», BollAssIasos di Caria 16, 27–30.

Fabiani 2010b R. Fabiani, «Magistrates and Phylai in Late Classical and Early Hellenistic Iasos», in van Bremen – Carbon 2010, 467–482.

Fabiani 2010c R. Fabiani, «Decreti onorari per stranieri sulle pareti dell'*Apollonion*», in Berti *et al.* 2010, 60–62.

Fabiani 2010d R. Fabiani, «L'*élite* e la *polis*: politica, evergetismo e onori», in Berti *et al.* 2010, 42–44.

Fabiani 2012 R. Fabiani, «*Dedochthai tei boulei kai toi demoi*: protagonisti e prassi della procedura deliberativa a Iasos», in Mann – Scholz 2012, 109–165.

Fabiani 2013 R. Fabiani, «Iasos between Maussollos and Athens», in Brun *et al.* 2013, 317–330.

Fabiani 2014 R. Fabiani, «Gli onori dei prosseni a Iasos», in J. Fischer (Hrsg.), Der Beitrag Kleinasiens zur Kultur- und Geistesgeschichte der griechisch-römischen Antike. Akten des Internationalen Kolloquiums (Wien, 3.-5. November 2010), Österreichische Akademie der Wissenschaften, Philosophisch-Historische Klasse, Denkschriften 469, Wien, 99–123.

Fabiani in stampa, a R. Fabiani, «Iasos. Eine Polis unter hekatomnidischer Herrschaft», in Winter – Zimmermann in stampa.

Fabiani in stampa, b R. Fabiani, «*I.Iasos* 52 e il culto di Zeus Idrieus a Iasos», in Epigrafi di Iasos. Nuovi supplementi, II. In memoria di G. Pugliese Carratelli, SCO 61, 2015, in stampa.

Fabiani – Nafissi 2013 R. Fabiani – M. Nafissi, «La pubblicazione dei decreti a Iasos: cronologia e topografia», in Baldoni *et al.* 2013, 37–60.

Fabiani – Nafissi in preparazione R. Fabiani – M. Nafissi, «Epigrafi di Iasos. Nuovi supplementi, III», PP.

Fabiani *et al.* 2010 R. Fabiani – N. Masturzo – M. Nafissi, «Base della statua di Aba figlia di Hyssaldomos, e poi dell'atleta T. Flavius Metrobios», in Berti *et al.* 2010, 55–57.

Fantuzzi 1997 M. Fantuzzi, *s. v.* Choirilos [3], in NP 2, 1139.

Faraguna 2003 M. Faraguna, «Alexander and the Greeks», in J. Roisman (ed.), Brill's Companion to Alexander the Great, Leiden-Boston, 99–130.

Faraguna 2005 M. Faraguna, «Scrittura e amministrazione nelle città greche: gli archivi pubblici», QUCC 80.2, 61–86.

Fensterbusch 1957 C. Fensterbusch, *s. v.* Prohedria, in RE 23.1, 114–115.

Feyel 1942 M. Feyel, Polybe et l'histoire de Béotie au IIIe siècle avant notre ère, BEFAR 152, Paris.

Flensted-Jensen – Nielsen – Rubinstein 2000 P. Flensted-Jensen – Th.H. Nielsen – L. Rubinstein (eds.), Polis & Politics. Studies in Ancient Greek History presented to M. H. Hansen on his Sixtieth Birthday (Copenhagen, August 20, 2000), Copenhagen.

Fouchard 2010 A. Fouchard, «Comment reconnaître les élites en Grèce ancienne?», in Capdetrey – Lafond 2010a, 359–378.

Franco 1993 C. Franco, «Il delfino di Iaso: tradizione di una leggenda», Lexis 11, 225–231.

Franco 2004 C. Franco, «Iasos ellenistica tra politica e cultura», in M. Fano Santi (a cura di), Studi di archeologia in onore di Gustavo Traversari I, Roma, 383–395.

Fröhlich 2002 P. Fröhlich, «Les magistrats des cités grecques: image et réalité du pouvoir (IIe s. a.C. – Ier

s. p.C.)», in H. Inglebert (textes réunis par), Idéologies et valeurs civiques dans le Monde Romain. Hommage à Claude Lepelley, Paris, 75–92.

Fröhlich 2005 — P. Fröhlich, «Dépenses publiques et évergétisme des citoyens dans l'exercise des charges publiques à Priène à la basse époque hellénistique», in Fröhlich – Müller 2005, 225–256.

Fröhlich 2008 — P. Fröhlich, «Les magistrats militaires des cités grecques au IVe siècle a.C.», REA 110.2, 423–441.

Fröhlich 2013 — P. Fröhlich, «Les groupes du gymnase d'Iasos et les *presbyteroi* dans les cités à l'époque hellénistique», in P. Fröhlich – P. Hamon (éd. par), Groupes et associations dans les cités grecques (IIIe siècle av. J.-C. – IIe siècle apr. J.-C.). Actes de la Table Ronde (Paris, INHA, 19–20 juin 2009), Hautes Études du monde gréco-romain 49, Genève, 59–111.

Fröhlich – Müller 2005 — P. Fröhlich – Chr. Müller (actes édités par), Citoyenneté et participation a la basse époque hellénistique. Actes de la table ronde (Paris, 22–23 mai 2004), Hautes Études du monde gréco-romain 35, Genève.

Gabrielsen *et al.* 1999 — V. Gabrielsen – P. Bilde – T. Engberg-Pedersen – L. Hannestad – J. Zahle (eds.), Hellenistic Rhodes: Politics, Culture, and Society. Studies in Hellenistic Civilization 9, Aarhus.

Garbrah 1978 — K. A. Garbrah, A Grammar of the Ionic Inscriptions from Erythrae. Phonology and Morphology. Beiträge zur klassischen Philologie 60, Meisenheim am Glan.

Gauthier 1972 — Ph. Gauthier, Symbola. Les étrangers et la justice dans les cités grecques, Nancy.

Gauthier 1973 — Ph. Gauthier, «A propos des clérouquies athéniennes du Ve siècle», in M. I. Finley (dir.), Problèmes de la terre en Grèce ancienne, Paris-La Haye, 163–178.

Gauthier 1984 — Ph. Gauthier, «Les cités hellénistiques». Proceedings of the 8th International Congress of Greek and Latin Epigraphy (Athens, 3–9 October 1982), Athens, 82–107.

Gauthier 1985 — Ph. Gauthier, Les cités grecques et leurs bienfaiteurs, BCH Suppl. 12, Paris.

Gauthier 1989 — Ph. Gauthier, Nouvelles inscriptions de Sardes II, Genève.

Gauthier 1990 — Ph. Gauthier, «L'inscription d'Iasos relative à l'ekklesiastikon (I. Iasos 20)», BCH 114, 417–443.

Gauthier 1993 — Ph. Gauthier, «Les cités dans le monde hellénistique», in M. H. Hansen (ed.), The Ancient Greek City-State. Symposium on the Occasion of the 250th Anniversary of the Royal Danish Academy of Sciences and Letters (Copenhagen, July, 1–4 1992), Copenhagen, 211–231.

Gauthier 1994 — Ph. Gauthier, «Les rois hellénistiques et les juges étrangers: à propos des décrets de Kimôlos et de Laodicée du Lykos», JS 1994, 2, 165–195.

Gauthier 2000 — Ph. Gauthier, «Epigraphica IV», RPh 74, 103–114.

Gauthier 2001 — Ph. Gauthier, «Les assemblées électorales et le calendrier de Samos à l'époque hellénistique», Chiron 31, 211–227.

Gauthier 2005 — Ph. Gauthier, «Trois exemples méconnus d'intervenants dans des décrets de la basse époque hellénistique», in Fröhlich – Müller 2005, 79–93.

Gehrke 1985 — H. J. Gehrke, Stasis. Untersuchungen zu den inneren Kriegen in den griechischen Staaten des 5. und 4. Jahrhunderts v. Chr., Vestigia 35, München.

Gehrke 2003 — H. J. Gehrke, «Bürgerliches Selbstverständnis und Polisidentität im Hellenismus», in K.-J. Hölkeskamp – J. Rüsen – E. Stein-Hölkeskamp – H. T. Grütter (Hrsg.), Sinn (in) der Antike. Orientierungssysteme, Leitbilder und Wertkonzepte im Altertum, Mainz, 225–254.

Gerolymatos 1986 — A. Gerolymatos, Espionage and Treason. A Study of the Proxenia in Political and Military Intelligence Gathering in Classical Greece, Amsterdam.

Ghinatti 2005 — F. Ghinatti, «Assemblee uniche mensili e annuali. Spunti di ricerca», Sileno 31, 49–78.

Giovannini 2004 — A. Giovannini, «Le traité entre Iasos et Ptolémée Ier (*IK* 28, 1, 2–3) et les relations entre les cités grecques d'Asie Mineure et les souverains hellénistiques», EA 37, 69–86.

Gorman 2001 — V. B. Gorman, Miletos, the Ornament of Ionia: a History of the City to 400 B.C.E., Ann Arbor.

Gow – Page 1965 — A. S.F. Gow – D. L. Page, The Greek Anthology. Hellenistic Epigrams, Cambridge.

Grieb 2008 — V. Grieb, Hellenistische Demokratie. Politische Organisation und Struktur in freien griechischen Poleis nach Alexander dem Großen, Historia Einzelschriften 199, Stuttgart.

Gschnitzer 1973a — F. Gschnitzer, *s. v.* Prytanis, in RE Suppl. 13, 730–816.

Gschnitzer 1973b — F. Gschnitzer, *s. v.* Proxenos, in RE Suppl. 13, 629–730.

Guagliumi 2004 — B. Guagliumi, «Tra approvazione e mozione: corrispondenza e irregolarità delle formule epigrafiche», in E. Culasso Gastaldi (a cura di), La prassi della democrazia ad Atene. Voci di un seminario, Alessandria, 27–52.

Guarducci 1967 — M. Guarducci, Epigrafia greca I, Roma.

Günther 1988 W. Günther, «Milesische Bürgerrechts- und Proxenieverleihungen der hellenistischen Zeit», Chiron 18, 383–419.

Habicht 1957 Chr. Habicht, «Samische Volksbeschlüsse der hellenistischen Zeit», MDAI(A) 72, 152–274.

Habicht 1970² Chr. Habicht, Gottmenschentum und griechische Städte, Zetemata 14, München.

Habicht 1982 Chr. Habicht, Studien zur Geschichte Athens in hellenistischer Zeit, Hypomnemata 73, Göttingen.

Habicht 1994 Chr. Habicht, «Iasos und Samothrake in der Mitte des 3. Jahrhunderts v. Chr.», Chiron 24, 69–74.

Habicht 1995 Chr. Habicht, «Ist ein ‹Honoratiorenregime› das Kennzeichen der Stadt im späteren Hellenismus?», in Wörrle - Zanker 1995, 87–92.

Habicht 1997 Chr. Habicht, Athens from Alexander to Antony, Cambridge-London.

Habicht 1999 Chr. Habicht, «Zu griechischen Inschriften aus Kleinasien», EA 31, 19–29.

Habicht 2000 Chr. Habicht, «Zur Chronologie der hellenistischen Eponyme von Kos», Chiron 30, 302–332.

Habicht 2001 Chr. Habicht, «Späte Wiederaufzeichnung eines athenischen Proxeniedekrets», ZPE 137, 113–116.

Habicht 2002 Chr. Habicht, «Die Ehren der Proxenoi», MH 59, 13–30.

Habicht 2004 Chr. Habicht, «The Dating of the Koan *Monarchoi*», in K. Höghammar (ed.), The Hellenistic *Polis* of Kos. State, Economy and Culture. Proceedings of an International Seminar organized by the Department of Archaeology and Ancient History (Uppsala University, 11–13 May 2000), Boreas 28, Uppsala, 61–67.

Habicht 2005 Chr. Habicht, «Datum und Umstände der rhodischen Schlichtung zwischen Samos und Priene», Chiron 35, 137–146.

Haensch 2006 R. Haensch, «Das öffentliche Siegel der griechischen Staaten zwischen Kontrollmittel und Staatssymbol», in H.-A. Rupprecht (Hrsg.), Symposion 2003. Vorträge zur griechischen und hellenistischen Rechtsgeschichte (Rauischholzhausen, 30. September - 3. Oktober 2003), Wien, 255–279.

Hallof 1999 K. Hallof, «Decretum Samium Syll.³ 312 redivivum», Klio 81, 392–396.

Hamilton 2000 R. Hamilton, Treasure Map. A Guide to the Delian Inventories, Ann Arbor.

Hamon 2005 P. Hamon, «Le Conseil et la participation des citoyens: les mutations de la basse époque hellénistique», in Fröhlich - Müller 2005, 121–144.

Hamon 2008 P. Hamon, «Kymè d'Éolide, cité libre et democratique, et le pouvoir des stratèges», Chiron 38, 63–106.

Hamon 2009 P. Hamon, «Démocraties grecques après Alexandre: à propos de trois ouvrages récents», Topoi 16, 347–382.

Hamon 2012 P. Hamon. «Gleichheit, Ungleichheit und Euergetismus: die *isotes* in den kleinasiatischen Poleis der hellenistischen Zeit», in Mann - Scholz 2012, 56–73.

Hannah 2005 R. Hannah, Greek and Roman Calendars. Construction of Time in the Classical World, London.

Hansen 1991 M. H. Hansen, The Athenian Democracy in the Age of Demosthenes. Structures, Principles and Ideology, Oxford-Cambridge (USA).

Hansen - Nielsen 2004 M. H. Hansen - Th. H. Nielsen (eds.), An Inventory of Archaic and Classical Poleis, Oxford.

Heckel 2006 W. Heckel, Who's Who in the Age of Alexander the Great. Prosopography of Alexander's Empire, Oxford.

Hedrick 2000 Ch. W. Hedrick jr., «Epigraphic Writing and the Democratic Restoration of 307», in Flensted-Jensen - Nielsen - Rubinstein 2000, 327–335.

Hedrick 2002 Ch.W. Hedrick jr., «The Prehistory of Greek Chronography» in V. B. Gorman - E. W. Robinson (eds.), Oikistes. Studies in Constitutions, Colonies, and Military Power in the Ancient World, offered in Honor of A. J. Graham, Leiden-Boston, 13–32.

Heisserer 1980 A. J. Heisserer, Alexander the Great and the Greeks: The Epigraphic Evidence, Norman.

Hennig 1994 D. Hennig, «Immobilienerwerb durch Nichtbürger in der klassischen und hellenistichen Polis», Chiron 24, 305–344.

Henry 1977 A. S. Henry, The Prescripts of Athenian Decrees, Mnemosyne 49, Lugduni Batavorum.

Henry 1983 A. S. Henry, Honours and Privileges in Athenian Decrees. The Principal Formulae of Athenian Honorary Decrees, Hildesheim-Zürich-New York.

Henry 1996 A. S. Henry, «The Hortatory Intention in Athenian State Decrees», ZPE 112, 105–119.

Henry 2002	A. S. Henry, «The Athenian State Secretariat and Provisions for Publishing and Erecting Decrees», Hesperia 71, 91–118.
Herda 2009	A. Herda, «Karkisa-Karien und die sogenannte ionische Migration», in Rumscheid 2009, 27–108.
Herzog 1930	R. Herzog, «Griechische Königsbriefe», Hermes 65, 455–471.
Hicks 1887	E. L. Hicks, «Iasos», JHS 8, 83–118.
Hicks 1888	E. L. Hicks, «Inscriptions from Iasos», JHS 9, 338–342.
Hicks 1890	E. L. Hicks, The Collection of Ancient Greek Inscriptions in the British Museum (GIBM). III. Priene, Iasos and Ephesos, Oxford.
Höghammar 1996	K. Höghammar, «Honours for a Koan Judge in the Second Century B. C.», MDAI(A) 111, 337–361.
Hölbl 1994	G. Hölbl, Geschichte des Ptolemäerreiches. Politik, Ideologie und religiöse Kultur von Alexander dem Großen bis zur römischen Eroberung, Darmstadt.
Hoffmann 2002	A. Hoffmann, Grabritual und Gesellschaft. Gefäßformen, Bildthemen und Funktionen unteritalisch-rotfiguriger Keramik aus der Nekropole von Tarent, Internationale Archäologie 76, Rahden.
Hornblower 1982	S. Hornblower, Mausolus, Oxford.
Hornblower 2000	S. Hornblower, «Personal Names and the Study of the Ancient Greek Historians», in Hornblower – Matthews 2000, 129–143.
Hornblower – Matthews 2000	S. Horblower – E. Matthews (eds.), Greek Personal Names. Their Value as Evidence, Oxford.
Hornblower – Spawforth 1996	S. Hornblower – A. Spawforth (eds.), The Oxford Classical Dictionary (Third Edition), Oxford-New York.
Huss 2001	W. Huss, Ägypten in hellenistischer Zeit. 332–30 v. Chr., München.
Ieranò 1997	G. Ieranò, Il ditirambo di Dioniso. Le testimonianze antiche, Pisa-Roma.
Jones 1974	C. P. Jones, «Diodoros Pasparos and the Nikephoria of Pergamon», Chiron 4, 183–205.
Jones 2000	C. P. Jones, «Diodoros Pasparos Revisited», Chiron 30, 1–14.
Jones 1987	N. F. Jones, Public Organization in Ancient Greece, Philadelphia.
Jost 1935	G. Jost, Iasos in Karien. Ein antikes Stadtbild, Diss. Hamburg.
Klaffenbach 1966^2	G. Klaffenbach, Griechische Epigraphik, Göttingen.
Knoepfler 2001	D. Knoepfler, Décrets érétriens de proxénie et de citoyenneté, Eretria. Fouilles et recherches 11, Lausanne.
Knoepfler – Ackermann 2012	D. Knoepfler – G. Ackermann, «Phulé Admètis: un nouveau document sur les institutions et les cultes de l'Érétriade trouvé dans les fouilles de l'École Suisse d'Archéologie en Grèce», CRAI 2012 II, 905–949.
Kobes 1996	J. Kobes, Kleine Könige. Untersuchungen zu den Lokaldynasten im hellenistischen Kleinasien (323–188 v. Chr.), Pharos. Studien zur griechisch-römischen Antike 8, St. Katharinen.
Konuk 2010	K. Konuk, «The Payment of the *Ekklesiastikon* at Iasos in Light of new Evidence?» in van Bremen – Carbon 2010, 59–67.
Kramolisch 1999	H. Kramolisch, *s. v.* Meliboia, in NP 7, 1184–1185.
Kretschmer 1916	P. Kretschmer, «Literaturbericht für das Jahr 1913», Glotta 7, 321–359.
Laffineur – Greco 2005	R. Laffineur – E. Greco (eds.), Emporia. Aegeans in the Central and Eastern Mediterranean. Proceedings of the 10th International Aegean Conference (Athens, 14–18 April 2004), Aegaeum 25, Liège.
Lambert 2000	S. D. Lambert, «The Greek Inscriptions on Stone in the Collection of the British School at Athens», ABSA 95, 485–516.
Lambert 2012	S. D. Lambert, Inscribed Athenian Laws and Decrees 352/1 – 322/1 BC. Epigraphical Essays, Leiden-Boston.
Lambrino 1929	S. Lambrino, «Lettre du roi Euméne II et décret de Iasos relatifs aux ‹Nicéphoria› de Pergame», RA 29, 107–120.
Laqueur 1927	R. Laqueur, Epigraphische Untersuchungen zu den griechischen Volksbeschlüssen, Leipzig – Berlin.
Le Bohec 1993	S. Le Bohec, Antigone Dôsôn roi de Macédoine, Nancy.
Le Guen-Pollet 1991	B. Le Guen-Pollet, La vie religieuse dans le mond grec du Ve au IIIe siècles avant notre ère. Choix de documents épigraphiques traduits et commentés, Toulouse.
Leurini 1999	L. Leurini, «Osservazioni sullo Ζεὺς Ἰδριεύς di Iasos», Boll. Ass. Iasos di Caria 5, 20–21.
Leurini 2000	L. Leurini, «Ermocrate di Iasos: un maestro dimenticato», Boll. Ass. Iasos di Caria 6, 13–14.

Leurini 2001 L. Leurini, «Diodoros Kronos, un bizzarro filosofo di Iasos», Boll. Ass. Iasos di Caria 7, 27–29.

Levi 1969 D. Levi, «I vasti commerci di una modesta città anatolica», AAA 2.2, 206–209.

Lloyd-Jones 2005 H. Lloyd-Jones (ed.), Supplementum Supplementi Hellenistici, Berlin-New York.

Lloyd-Jones - Parsons 1983 H. Lloyd-Jones - P. Parsons (eds.), Supplementum Hellenisticum, Berlin-New York.

Lücke 2005 S. Lücke, «Enktesis», in H. H. Schmitt - E. Vogt (Hrsg.), Lexikon des Hellenismus, Wiesbaden, 270.

Lytle 2012 E. Lytle, Ἡ θάλασσα κοινή: Fishermen, the Sea, and the Limits of Ancient Greek Regulatory Reach, ClAnt 31.1, 1–55.

Ma 2000 J. Ma, Antiochos III and the Cities of Western Asia Minor, Oxford.

Ma 2003 J. Ma, Peer Polity Interaction in the Hellenistic Age, Past & Present 180, 9–40.

Maas 1972 M. Maas, Die Prohedrie des Dionysostheaters in Athen, Vestigia 15, München.

MacDowell 2004 D. M. MacDowell, «Epikerdes of Kyrene and the Athenian Privilege of *Ateleia*», ZPE 150, 127–133.

Maddoli 2001 G. Maddoli, «Nuovi testi da Iasos», in Gli scavi italiani a Iasos in Caria II, PP 56, 15–32.

Maddoli 2007 G. Maddoli (con la collaborazione di R. Fabiani e M. Nafissi), «Epigrafi di Iasos. Nuovi supplementi, I», PP 62, 193–372.

Maddoli 2008 G. Maddoli, «Iasos: dedica per l'imperatore Teodosio (e Damnatio memoriae, forse, per Giuliano)», in Iasos in età romana. Miscellanea storico-archeologica, Ferrara, 127–133.

Maddoli 2010 G. Maddoli, «Nouveautés au sujet des Hékatomnides d'après les inscriptions de Iasos», in van Bremen - Carbon 2010, 123–131.

Maffi 1973 A. Maffi, «‹Strateuesthai meta Athenaion›. Contributo allo studio dell'isoteleia», RIL 107, 939–964.

Magnetto 2008 A. Magnetto, L'arbitrato di Rodi tra Samo e Priene, Pisa.

Mann 2007 Chr. Mann, Die Demagogen und das Volk. Zur politischen Kommunikation im Athen des 5. Jahrhunderts v. Chr., Klio Beihefte 13, Berlin.

Mann 2012 Chr. Mann, «Gleichheiten und Ungleichheiten in der hellenistischen Polis: Überlegungen zum Stand der Forschung», in Mann - Scholz 2012, 11–27.

Mann - Scholz 2012 Chr. Mann - P. Scholz (Hrsg.), «Demokratie» im Hellenismus. Von der Herrschaft des Volkes zur Herrschaft der Honoratioren? Die hellenistische Polis als Lebensform 2, Mainz.

Marek 1984 Chr. Marek, Die Proxenie, Europäische Hochschulschriften 213, Frankfurt–Bern–New York.

Marek 1988 Chr. Marek, «Karien im ersten mithradatischen Krieg», in P. Kneissl - V. Losemann (Hrsg.), Alte Geschichte und Wissenschaftsgeschichte. Festschrift für Karl Christ zum 65. Geburtstag, Darmstadt, 285–308.

Masson 1988 O. Masson, «Le culte ionien d'Apollon Oulios, d'après des données onomastiques nouvelles», JS 1988, 173–183.

Mastrocinque 1979 A. Mastrocinque, La Caria e la Ionia meridionale in epoca ellenistica (323–188 a.C.), Roma.

Mastrocinque 1995 A. Mastrocinque, «Iaso e i Seleucidi», Athenaeum 83, 131–141.

Masturzo 2012 N. Masturzo, Architettura ed epigrafia a Iasos. Linee per la ricomposizione dei contesti monumentali pubblici, Tesi di Dottorato Università di Perugia.

Masturzo in stampa N. Masturzo, «New studies on the theatre of Iasos, 50 years from the first excavation», in The Architecture of the Ancient Greek Theatre. International Conference at the Danish Institute at Athens (Athens, 27–30 January 2012).

Masturzo -Fabiani 2010 N. Masturzo - R. Fabiani, «Esedra dedicata ad Apollo *stephanephoros* da Phormion figlio di Exegestos», in Berti *et al.* 2010, 58–59.

Masturzo - Nafissi 2010 N. Masturzo - M. Nafissi, «Architrave della *stoa* dei *presbyteroi* offerta dal ginnasiarca Sopatros figlio di Epikrates», in Berti *et al.* 2010, 66–68.

Masturzo - Nafissi in stampa N. Masturzo - M. Nafissi, «Il monumento di Iasos per i basileîs di Caria», in Epigrafi di Iasos. Nuovi supplementi, II. In memoria di G. Pugliese Carratelli, SCO 61, 2015, in stampa.

Matthews 1996 E. Matthews, «Names, personal, Greek», in Hornblower - Spawforth 1996, 1022–1024.

Mayser 1938 E. Mayser, Grammatik der griechischen Papyri aus der Ptolemäerzeit mit Einschluss der gleichzeitigen Ostraka und der in Ägypten verfassten Inschriften. I Band: Laut- und Wortlehre. II Teil: Flexionslehre, Berlin (rist.1970).

Mayser 1970² E. Mayser, Grammatik der griechischen Papyri aus der Ptolemäerzeit mit Einschluss der gleichzeitigen Ostraka und der in Ägypten verfassten Inschriften. I Band: Laut- und Wortlehre. I Teil: Einleitung und Lautlehre (zweite Auflage bearbeitet von H. Schmoll), Berlin.

McLean 2002 — B. H. McLean, An Introduction to Greek Epigraphy of the Hellenistic and Roman Periods from Alexander the Great down to the Reign of Constantine (323 B. C. – A. D. 337), Ann Arbor.

Meadows 1996 — A. Meadows, «Four Rhodians Decrees. Rhodes, Iasos and Philip V», Chiron 26, 251–266.

Meadows 2013 — A. Meadows, «Ptolemaic Possessions outside Egypt», in R. S. Bagnall – K. Brodersen – C. B. Champion – A. Erskine – S. R. Huebner (eds.), The Encyclopaedia of Ancient History, Oxford 5625–5629.

Migeotte 1992 — L. Migeotte, Les souscriptions publiques dans les cités grecques, Hautes Études du monde gréco-romain 17, Genève-Québec.

Migeotte 1993 — L. Migeotte, «De la liturgie à la contribution obligatoire: le financement des Dionysies et des travaux du théâtre à Iasos au IIe siècle avant J.-C.», Chiron 23, 267–294.

Migeotte 2003 — L. Migeotte, L'economia delle città greche. Dall'età arcaica all'alto impero romano, Roma (trad. it. a cura di U. Fantasia di L'économie des cités grecques de l'archaïsme au Haut-Empire romaine, Paris 2002).

Migeotte 2005 — L. Migeotte, «Iasos et les Lagides», in F. Duyrat – O. Picard (éd. par), L'exception égyptienne? Production et échanges monétaires en Égypte hellénistique et romaine. Actes du Colloque d'Alexandrie (Alexandrie, 13–15 avril 2002), Le Caire, 189–203.

Migeotte 2006 — L. Migeotte, «La planification des dépenses publiques dans les cités hellénistiques», in B. Virgilio (a cura di), Studi ellenistici 19, Pisa, 77–97.

Mikalson 1998 — J. D. Mikalson, Religion in Hellenistic Athens, Berkeley-Los Angeles-London.

Mileta 1990 — Chr. Mileta, «Zur Vorgeschichte und Entstehung der Gerichtsbezirke der Provinz Asia», Klio 72, 427–444.

Momigliano 2005 — N. Momigliano, «Iasos and the Aegean Islands before the Santorini Eruption», in Laffineur – Greco 2005, 217–224.

Momigliano 2009 — N. Momigliano, «Minoans at Iasos?» in C. F. MacDonald – E. Hallager – W.-D. Niemeier (eds.), The Minoans in the Central, Eastern and Northern Aegean – New Evidence. Acts of a Minoan Seminar in collaboration with the Danish Institute at Athens and the German Archaeological Institute at Athens (Athens, 22–23 January 2005), Monographs of the Danish Institute at Athens 8, Aarhus, 121–140.

Morel 1981 — J. P. Morel, Céramique campanienne: les formes, BEFAR 244, Rome.

Morpurgo Davies 2000 — A. Morpurgo Davies, «Greek Personal Names and Linguistic Continuity», in Hornblower – Matthews 2000, 15–39.

Mossé 1987 — C. Mossé, Égalité démocratique et inégalités sociales. Le débat a Athènes au IVeme siècle, Metis 2, 165–176, 195–206.

Müller 1976 — H. Müller, Milesische Volksbeschlüsse. Eine Untersuchung zur Verfassungsgeschichte der Stadt Milet in hellenistischer Zeit, Hypomnemata 47, Göttingen.

Müller 1995 — H. Müller, «Bemerkungen zu Funktion und Bedeutung des Rats in den hellenistischen Städten», in Wörrle – Zanker 1995, 41–54.

Müller 2003 — H. Müller, «Pergamenische Parerga», Chiron 33, 419–445.

Müller 2005 — Chr. Müller, «La procédure d'adoption des décrets en Béotie de la fin du IIIe s. av. J.-C. au Ier s. apr. J.-C.», in Fröhlich – Müller 2005, 95–119.

Müller-Karpe 1962 — H. Müller-Karpe, «Zur Stadtwerdung Roms», MDAI(R) Ergänzungsheft 8, Heidelberg.

Musti 2005 — D. Musti, «I *Nikephoria* e il ruolo panellenico di Pergamo», in Id. (a cura di), Nike. Ideologia, iconografia e feste della vittoria in età antica, Roma, 45–91.

Nachmanson 1903 — E. Nachmanson, Laute und Formen der magnetischen Inschriften, Uppsala.

Nafissi 2001 — M. Nafissi, «L'iscrizione di Laodice (IvIasos 4): Revisione del testo e nuove osservazioni», in Gli scavi italiani a Iasos in Caria II, PP 56, 101–146.

Nafissi 2010 — M. Nafissi, «Gli Ecatomnidi e la Caria», in Berti *et al.* 2010, 39–41.

Nafissi 2013 — M. Nafissi, «Sur un nouveau monument de Iasos pour les Hécatomnides», in Brun *et al.* 2013, 303–315.

Nafissi in stampa, a — M. Nafissi, «Königliche Ansprüche der Hekatomniden: das neue Monument für die Basileis Kariens aus Iasos», in Winter – Zimmermann in stampa.

Nafissi in stampa, b — M. Nafissi, «Le iscrizioni del monumento per gli Ecatomnidi: edizione e commento storico», in Epigrafi di Iasos. Nuovi supplementi, II. In memoria di G. Pugliese Carratelli, SCO 61, 2015, in stampa.

Nawotka 2003 — K. Nawotka, «Freedom of Greek Cities in Asia Minor in the Age of Alexander the Great», Klio 85.1, 15–41.

Nieto Izquierdo 2004 — E. Nieto Izquierdo, «Le ‹troisième allongement compensatoire› à Cos: révision critique», Glotta 80, 72–94.

Niku 2002 — M. Niku, «Aspects of the Taxation of Foreign Residents in Hellenistic Athens», Arctos 36, 41–57.

Niku 2007 — M. Niku, The Official Status of the Foreign Residents in Athens, 322–120 B. C., Papers and Monographs of the Finnish Institute at Athens 12, Helsinki.

Nippel 1980 — W. Nippel, Mischverfassungstheorie und Verfassungsrealität in Antike und früher Neuzeit, Stuttgart.

Ober 1989 — J. Ober, Mass and Elite in Democratic Athens. Rhetoric, Ideology, and the Power of the People, Princeton.

Olson - Sens 2000 — S. D. Olson - A. Sens, Archestratos of Gela. Greek Culture and Cuisine in the fourth Century BCE, Oxford.

Osborne 1983 — M. J. Osborne, Naturalization in Athens, III-IV. Verhandelingen van de Koninklijke Academie voor Wetenschappen, Letteren en schone Kunsten van België, Klasse der Letteren, 109, Brussel.

Osborne 2000 — M. J. Osborne, «Philinos and the Athenian Archons of the 250s BC», in Flensted-Jensen - Nielsen - Rubinstein 2000, 507–520.

O'Sullivan 2009 — L. O'Sullivan, The Regime of Demetrius of Phalerum in Athens, 317–307 BCE, Mnemosyne 318, Leiden.

Patterson 2010 — L. E. Patterson, Kinship Myth in Ancient Greece, Austin.

Pébarthe 2005a — Chr. Pébarthe, «La liste des archontes athéniens (*IG* I^3, 1031). Réflexions sur la datation d'une inscriptions», REA 107, 11–28.

Pébarthe 2005b — Chr. Pébarthe, «Inscriptions et régime politique: le cas athénien», in A. Bresson - A.-M. Cocula - Chr. Pébarthe (dir.), L'écriture publique du pouvoir, Paris, 169–193.

Perlman 1999 — P. Perlman, «Krētes aei lēistai? The Marginalization of Crete in Greek Thought and the Role of Piracy in the Outbreak of the First Cretan War», in Gabrielsen *et al.* 1999, 132–161.

Pickard-Cambridge 1968^2 — A. Pickard-Cambridge, The Dramatic Festivals of Athens (second edition revised by J. Gould and D. M. Lewis), Oxford.

Pierobon Benoit 2005a — R. Pierobon Benoit (a cura di), Iasos e la Caria. Nuovi studi e ricerche, PP 60.2–6, 81–464.

Pierobon Benoit 2005b — R. Pierobon Benoit, «*Paralypros chora*: il territorio di Iasos alla luce delle recenti ricognizioni», in Pierobon Benoit 2005a, 200–244.

Pimouguet-Pédarros 2000 — I. Pimouguet-Pédarros, Archéologie de la défense. Histoire des fortifications antiques de Carie. Époques classique et hellénistique, Paris.

Piras 2009 — D. Piras, «Der archäologische Kontext karischer Sprachdenkmäler und seine Bedeutung für die kulturelle Identität Kariens», in Rumscheid 2009, 229–50.

Pirenne-Delforge 1994 — V. Pirenne-Delforge, L'Aphrodite grecque. Contribution à l'étude de ses cultes et de sa personnalité dans le panthéon archaïque et classique, Kernos Suppl. 4, Athènes-Liège.

Preuner 1894 — E. Preuner, «Datierungen griechischer Inschriften des II. Jahrhunderts v. Chr.», Hermes 29, 530–555.

Pugliese Carratelli 1961–1962 — G. Pugliese Carratelli, «Nuove iscrizioni di Iasos», ASAA n.s. 22–24, 573–632.

Pugliese Carratelli 1964 — G. Pugliese Carratelli, «A proposito delle nuove iscrizioni di Iasos», PP 19, 457–463.

Pugliese Carratelli 1967–1968 — G. Pugliese Carratelli, «Supplemento epigrafico di Iasos», ASAA, n.s. 29–30, 437–486.

Pugliese Carratelli 1969–1970 — G. Pugliese Carratelli, «Nuovo supplemento epigrafico di Iasos», ASAA, n.s. 31–32, 371–405.

Pugliese Carratelli 1985 — G. Pugliese Carratelli, «Cari in Iasos», RAL 40, [1986], 149–155.

Pugliese Carratelli 1986 — G. Pugliese Carratelli, «Le due dediche della stoà orientale», in Studi su Iasos 1986, 151–154.

Pugliese Carratelli 1987 — G. Pugliese Carratelli, «Ancora su Iasos e i Cari», RAL 42, [1989], 289–292.

Pugliese Carratelli 1989 — G. Pugliese Carratelli, «Decreti di Iasos in onore di giudici stranieri», RAL 44, [1991], 47–55.

Pugliese Carratelli 1993 — G. Pugliese Carratelli, «Epigrafi onorarie di Iasos in Caria», RAL s. 9., 4.2, 261–269.

Quaß 1993 — F. Quaß, Die Honoratiorenschicht in den Städten des griechischen Ostens. Untersuchungen zur politischen und sozialen Entwicklung in hellenistischer und römischer Zeit, Stuttgart.

Raaflaub 1996 — K. Raaflaub, «Equalities and Inequalities in Athenian Democracy», in J. Ober - Ch. Hedrick (eds.), Dēmokratia. A Conversation on Democracies, Ancient and Modern, Princeton, 129–174.

Raffaelli 1995 — T. Raffaelli, «Sulle origini di Iaso e di Alicarnasso», Ostraka, 4.2, 307–313.

Reger 1999 — G. Reger, «The Relations between Rhodes and Caria from 246 to 167 BC», in Gabrielsen *et al.* 1999, 76–97.

Reger 2010 G. Reger, «Mylasa and its territory», in van Bremen – Carbon 2010, 43–57.

Reinach 1893 Th. Reinach, «Inscriptions d'Iasos», REG 6, 153–203.

Rhodes 1972 P. J. Rhodes, The Athenian Boule, Oxford.

Rhodes 1996 P. J. Rhodes, *s. v.* Archontes, in NP 1, 1026–1028.

Rhodes 1998 P. J. Rhodes, *s. v.* Isoteleia, in NP 5, 1144.

Rhodes 2006 P. J.Rhodes, «Milesian *Stephanephoroi*: Applying Cavaignac correctly», ZPE 157, 116.

Rhodes 2007 P. J. Rhodes, διοίκησις, Chiron 37, 349–362.

Rhodes – Lewis 1997 P. J. Rhodes with D. M. Lewis, The Decrees of the Greek States, Oxford.

Rhodes – Osborne 2003 P. J. Rhodes – R. Osborne (eds.), Greek Historical Inscriptions 404–323 BC, Oxford.

Rigsby 1996 K. J. Rigsby, Asylia. Territorial Inviolability in the Hellenistic World, Berkeley-Los Angeles-London.

Robert 1930 L. Robert, «Notes d'épigraphie hellénistique», BCH 54, 322–351 (= Opera Minora Selecta I, Amsterdam 1969, 141–170).

Robert 1935 L. Robert, «Sur des inscriptions de Theangela», AC 4, 157–173.

Robert 1936 L. Robert, Collection Froehner, I, Paris 1936.

Robert 1948 L. Robert, Hellenica. Recueil d'épigraphie, de numismatique et d'antiquités grecques, V, Paris.

Robert 1963 L. Robert, «Nouvelles inscriptions d'Iasos», REA 65, 298–329 (= Opera Minora Selecta III, Amsterdam 1969, 1493–1524).

Robert 1973 L. Robert, «Les juges étrangers dans la cité grecque», in Xenion. Festschrift für Pan. I. Zepos, Athènes, 765–782 (= Opera Minora Selecta V, Amsterdam 1989, 137–154).

Robert 1983 J. et L. Robert, Fouilles d'Amyzon en Carie. Tome I. Exploration, histoire, monnaies et inscriptions, Paris.

Roux 2010 S. Roux, «Pouvoir des élites et aristocratie dans la Politique d'Aristote», in Capdetrey – Lafond 2010a, 49–68.

Rumscheid 2009 F. Rumscheid (Hrsg.), Die Karer und die Anderen. Internationales Kolloquium an der Freien Universität Berlin (Berlin, 13.-15. Oktober 2005), Bonn.

Rutherford 2007 I. Rutherford, «Theoria and Theatre at Samothrace: The Dardanos by Dymas of Iasos», in Wilson 2007a, 279–293.

Ruzicka 1992 S. Ruzicka, Politics of a Persian Dinasty. The Hecatomnids in the Fourth Century B. C., Norman and London.

Samuel 1972 A. E. Samuel, Greek and Roman Chronology. Calendars and Years in Classical Antiquity. Handbuch der Altertumswissenschaft 1.7, München.

Savalli 1981 I. Savalli, «La clausola ‹EN TOIS ENNOMOIS CHRONOIS› nei decreti greci di cittadinanza d'età ellenistica», ASNP 11.3, 615–640.

Savalli 1985 I. Savalli, «I neocittadini nelle città ellenistiche. Note sulla concessione e l'acquisizione della *politeia*», Historia 34, 387–431.

Savalli-Lestrade 2003 I. Savalli-Lestrade, «Remarques sur les élites dans les poleis hellénistiques», in M. Cébeillac-Gervasoni – L. Lamoine (éd.), Les élites et leurs facettes. Les élites locales dans le monde hellénistique et romain, Collection de l'École Française de Rome 309, Rome, 51–62.

Schmitt 2005a H. H. Schmitt, *s. v.* Ehrungen, in Schmitt – Vogt, 257–259.

Schmitt 2005b H. H. Schmitt, *s. v.* Proxenos, in Schmitt – Vogt, 872.

Schmitt 2005c H. H. Schmitt, *s. v.* Euergetes, in Schmitt – Vogt, 315–317.

Schmitt 2005d H. H. Schmitt, *s. v.* Bürgerrecht, in Schmitt – Vogt, 217–220.

Schmitt 2005e H. H. Schmitt, *s. v.* Asylie, in Schmitt – Vogt, 158–160.

Schmitt 2005f H. H. Schmitt, *s. v.* Rechtsgewährungsverträge, in Schmitt – Vogt, 906–907.

Schmitt – Vogt 2005 H. H. Schmitt – E. Vogt (Hrsg.), Lexikon des Hellenismus, Wiesbaden.

Scholz 2008 P. Scholz, «Die ‹Macht der Wenigen› in den hellenistichen Städten» in H. Beck – P. Scholz – U. Walter (Hrsg.), Die Macht der Wenigen. Aristokratische Herrschaftspraxis, Kommunikation und ‹edler› Lebensstil in Antike und Früher Neuzeit, HZ Beihefte 47, München, 71–99.

Schuler 2005 Chr. Schuler, «Die διοίκησις τῆς πόλεως im öffentlichen Finanzwesen der hellenistischen Poleis», Chiron 35, 385–403.

Schweizer 1898 E. Schweizer, Grammatik der pergamenischen Inschriften. Beiträge zur Laut- und Flexionslehre der gemeingriechischen Sprache, Berlin.

Schwyzer 1953[2] E. Schwyzer, Griechische Grammatik, I. Allgemeiner Teil. Lautlehre, Wortbildung, Flexion. Handbuch der Altertumswissenschaft II 1.1, München.

Schwyzer 1959[2] E. Schwyzer, Griechische Grammatik, II. Syntax und syntaktische Stilistik. Handbuch der Altertumswissenschaft II 1.2, München.

Serin 2004 U. Serin, Early Christian and Byzantine Churches at Iasos in Caria: an Architectural Survey, Città del Vaticano.

Sherk 1991 R. K. Sherk, «The Eponymous Officials of Greek Cities III. The Register. Thrace, Black Sea Area, Asia Minor», ZPE 88, 225–260.

Sherwin-White 1978 S. Sherwin-White, Ancient Cos. An historical study from the Dorian settlement to the Imperial period, Göttingen.

Shipley 1987 G. Shipley, A History of Samos, 800–188 BC, Oxford.

Sickinger 1999 J. P. Sickinger, Public Records & Archives in Classical Athens, Chapel Hill and London.

Sinus Iasius 1993 «Sinus Iasius I. Il territorio di Iasos: ricognizioni archeologiche 1988–1989», ASNP 23.3–4, 847–998.

Smyth 1894 H. W. Smyth, The Sound and the Inflections of the Greek Dialects. Ionic, Oxford.

Studi su Iasos 1986 Studi su Iasos di Caria. Venticinque anni di scavi della Missione Archeologica Italiana, BA suppl. al n. 31–32, Roma.

Sugliano 2001 A. Sugliano, «Cittadini, pareci, stranieri: le categorie giuridiche e sociali nelle città greche d'Asia Minore fra III e I secolo a.C.», MediterrAnt 4.1, 293–324.

Swoboda 1890 E. Swoboda, Die griechischen Volksbeschlüsse. Epigraphische Untersuchungen, Leipzig.

Thériault 1996 G. Thériault, Le culte d'*Homonoia* dans les cités grecques, Lyon-Québec.

Thonemann 2009 P. Thonemann, «Lycia, Athens and Amorges», in J. Ma – N. Papazarkadas – R. Parker (eds.), Interpreting the Athenian Empire, London, 167–194.

Threatte 1980–1996 L. Threatte, The Grammar of Attic Inscriptions, I–II, Berlin–New York.

Thumb 1901 A. Thumb, Die griechische Sprache im Zeitalter des Hellenismus. Beiträge zur Geschichte und Beurteilung der KOINH, Strassburg.

Thumb – Scherer 1959 A. Thumb – A. Scherer, Handbuch der griechischen Dialekte, Heidelberg.

Tracy 1970 S. V. Tracy, «Identifying Epigraphical Hands», GRBS 11, 321–333.

Tracy 1975 S. V. Tracy, The Lettering of an Athenian Mason, Hesperia Suppl. 15, Princeton.

Tracy 1990 S. V. Tracy, Attic Letter-Cutters of 299 to 86 B. C., Berkeley-Los Angeles-Oxford.

Tracy 1995 S. V. Tracy, Athenian Democracy in Transition. Attic Letter-Cutters of 340 to 290 B. C., Berkeley-Los Angeles-Oxford.

Tracy 2000 S. V. Tracy, «Athenian Politicians and Inscriptions of the Years 307 to 302», Hesperia 69, 227–233.

Tracy 2003 S. V. Tracy, Athens and Macedon. Attic Letter-Cutters of 300 to 229 B. C., Berkeley-Los Angeles-Oxford.

Traill 1981 J. S. Traill, «Athenian Bouleutic Alternates», in G. S. Shrimpton – D. J. McCargar (eds.), Classical Contributions: Studies in Honour of M. F. McGregor, New York, 161–169.

Transier 1985 W. Transier, Samiaka. Epigraphische Studien zur Geschichte von Samos in hellenistischer und römischer Zeit, Mannheim.

Trotta 2008 F. Trotta, «A proposito delle due dediche della stoà orientale», in Iasos in età romana. Miscellanea storico-archeologica, Ferrara, 7–15.

Trümpy 1997 C. Trümpy, Untersuchungen zu den altgriechischen Monatsnamen und Monatsfolgen, Heidelberg.

Vacante 2008 S. Vacante, «Economia e territorio di Iasos nell'età di Alessandro Magno. Una rilettura di *SIG*³ 307», MediterrAnt 9.1–2, 509–531.

Vacante 2010 S. Vacante, «Alessandro e l'*apodosis* del Mar Piccolo di Iasos: alcune osservazioni», in M. G. Angeli Bertinelli – A. Donati (a cura di), Città e territorio. La Liguria e il mondo antico. Atti del IV incontro internazionale di storia antica (Genova, 19–20 febbraio 2009), Genova, 229–235.

Vacante 2011 S. Vacante, «Alexander the Great and the polis of Iasus: Salt and Democracy? Notes on the ‹Little Sea› Inscription (IIasos 24 + 30) and the *Ekklesiastikon* Decree (IIasos 20)», Klio 93.2, 322–336.

Veligianni-Terzi 1997 Ch. Veligianni-Terzi, Wertbegriffe in den attischen Ehrendekreten der Klassischen Zeit, Heidelberger Althistorische Beiträge und Epigraphische Studien 25, Stuttgart.

Wackernagel 1926² J. Wackernagel, Vorlesungen über Syntax mit besonderer Berücksichtigung von Griechisch, Lateinisch und Deutsch, I-II, Basel.

Walbank 1978 M. B. Walbank, Athenian Proxenies of the Fifth Century B. C., Toronto and Sarasota.

Walbank 2002a M. B. Walbank, «Notes on Attic Decrees», ZPE 139, 61–65.

Walbank 2002b M. B. Walbank, «Dihippos Myrrhinousios (ZPE 137, 113–116)», ZPE 140, 71–72.

Walser 2008 A. V. Walser, Bauern und Zinsnehmer. Politik, Recht und Wirtschaft im frühhellenistichen Ephesos, Vestigia 59, München.

Walser 2009 — A. V. Walser, «Sympolitien und Siedlungsentwicklung», in A. Matthaei – M. Zimmermann (Hrsg.), Stadtbilder im Hellenismus, Die hellenistische Polis als Lebensform 1, Berlin, 135–155.

Walser 2012 — A. V. Walser, «ΔΙΚΑΣΤΗΡΙΑ. Rechtsprechung und Demokratie in den hellenistischen Poleis», in Mann – Scholz 2012, 74–108.

Walsh 2011 — J. Walsh, «The Lamiaka of Choerilus of Iasos and the genesis of the term ‹Lamian War›», CQ 61.2, 538–544.

Wehrli 1969 — C. Wehrli, Antigone et Démétrios, Genève.

Welles 1934 — C. B. Welles, Royal Correspondence in the Hellenistic Period. A Study in Greek Epigraphy, New Haven.

Whitehead 1977 — D. Whitehead, The Ideology of the Athenian Metic, PCPhS Suppl. 4, Cambridge.

Wiemer 2002 — H. U. Wiemer, Krieg, Handel und Piraterie. Untersuchungen zur Geschichte des hellenistischen Rhodos, Klio Beiheft 6, Berlin.

Wiemer 2010 — H. U. Wiemer, «Rezension von Susanne Carlsson: Hellenistic Democracies. Freedom, Independence and Political Procedure in Some East Greek City-States, Stuttgart 2010», Sehepunkte 10.9.

Williams 1997 — J. M. Williams, «Ideology and the Constitution of Demetrius of Phalerum», in C. D. Hamilton – P. M. Krentz (eds.), Polis and Polemos. Essays on Politics, War and History in Ancient Greece, in Honor of Donald Kagan, Claremont, 327–346.

Wilson 2007a — P. Wilson (ed.), The Greek Theatre and Festivals. Documentary Studies, Oxford Studies in Ancient Documents, Oxford.

Wilson 2007b — P. Wilson, «Performance in the *Pythion*: The Athenian Thargelia», in Id. 2007a, 150–182.

Winter – Zimmermann in stampa — E. Winter – K. Zimmermann (Hrsg.), Zwischen Satrapen und Dynasten: Kleinasien im 4. Jhdt. v. Chr. Akten des Kolloquiums (Münster, 25.–26. Februar 2013), Asia Minor Studien 76, Münster, in stampa.

Wörrle 1988 — M. Wörrle, «Inschriften von Herakleia am Latmos I: Antiochos III., Zeuxis and Herakleia», Chiron 18, 421–476.

Wörrle 2004 — M. Wörrle, «Der Friede zwischen Milet und Magnesia. Methodische Probleme einer *communis opinio*», Chiron 34, 45–57.

Wörrle – Zanker 1995 — M. Wörrle – P. Zanker (Hrsg.), Stadtbild und Bürgerbild im Hellenismus, Kolloquium (München, 24.–26. Juni 1993), Vestigia 47, München.

Zgusta 1956 — L. Zgusta, «Die Deklination der Personennamen griechischer Städte der nördlichen Schwarzmeerküste. Ein Beitrag zur κοινή-Forschung», ArchOrient 24, 276–283, 410–419.

Indice delle illustrazioni

Fig. 1: Maddoli 2007, 1.1. Foto archivio Scuola Archeologica Italiana di Atene, n° 18744.
Fig. 2: *SEG* 36.983 (= PC 1985, p. 155). Foto digitale archivio ricerca su Iasos, Dipartimento di Scienze Storiche, Università degli Studi di Perugia, n° DSCN 0288.
Fig. 3: *I.Iasos* 24. Foto Dr. H.R. Goette, DAI Berlin, per gentile concessione dell'autore e del Prof. Dr. K. Hallof.
Fig. 4: *I.Iasos* 58 (calchi dei due frammenti superstiti). Foto Prof. Dr. K. Hallof, per gentile concessione dell'autore.
Fig. 5: Maddoli 2007, 18.2, parte centrale. Foto archivio Associazione Iasos di Caria.
Fig. 6: Maddoli 2007, 19.2. Foto archivio Associazione Iasos di Caria.
Fig. 7: Maddoli 2007, 25.B. Foto archivio ricerca su Iasos, Dipartimento di Scienze Storiche, Università degli Studi di Perugia, neg. 6/0.
Fig. 8: *SEG* 41.930 (= PC 1989, 2), 1–32. Foto digitale archivio ricerca su Iasos, Dipartimento di Scienze Storiche, Università degli Studi di Perugia, n° DSCN 0124.
Fig. 9: *SEG* 41.931 (= PC 1989, 3), 15–58. Foto digitale archivio ricerca su Iasos, Dipartimento di Scienze Storiche, Università degli Studi di Perugia, n° DSCN 0287.
Fig. 10: *I.Iasos* 4. Foto archivio Scuola Archeologica Italiana di Atene, n° 12124.
Figg. 11–12–13: *SEG* 36.982A–B–C (= PC 1985 IIa–b–c). Foto archivio ricerca su Iasos, Dipartimento di Scienze Storiche, Università degli Studi di Perugia, neg. 15/24.
Fig. 14: *I.Iasos* 1, 22–53 © RMN-Grand Palais (Musée du Louvre) / Hervé Lewandowski.
Fig. 15: *I.Iasos* 27. Foto archivio Scuola Archeologica Italiana di Atene, n° 18609.
Fig. 16: *I.Iasos* 52. Foto archivio Scuola Archeologica Italiana di Atene, n° 14183.
Fig. 17: Maddoli 2007, 23.1. Foto archivio ricerca su Iasos, Dipartimento di Scienze Storiche, Università degli Studi di Perugia, neg. 1/25.
Fig. 18: *I.Iasos* 66. Foto archivio Associazione Iasos di Caria.
Fig. 19: *SEG* 36.982B (= PC 1985 IIb). Foto archivio ricerca su Iasos, Dipartimento di Scienze Storiche, Università degli Studi di Perugia, neg. 15/24.
Fig. 20: *I.Iasos* 68. Foto archivio Scuola Archeologica Italiana di Atene, n° 12106.
Fig. 21: Maddoli 2007, 4. Foto archivio ricerca su Iasos, Dipartimento di Scienze Storiche, Università degli Studi di Perugia, neg. 1/4.
Fig. 22: Maddoli 2007, 1.2–4. Foto archivio Scuola Archeologica Italiana di Atene, n° 18744.
Fig. 23: Maddoli 2007, 7. Foto archivio ricerca su Iasos, Dipartimento di Scienze Storiche, Università degli Studi di Perugia, neg. 3/36.
Fig. 24: Maddoli 2007, 6. Foto archivio ricerca su Iasos, Dipartimento di Scienze Storiche, Università degli Studi di Perugia, neg. 12/25.
Fig. 25: Maddoli 2007, 10. Foto archivio Scuola Archeologica Italiana di Atene, n° 18775.
Fig. 26: Maddoli 2007, 9. Foto archivio ricerca su Iasos, Dipartimento di Scienze Storiche, Università degli Studi di Perugia, neg. 8/2.
Fig. 27: Maddoli 2007, 8. Foto archivio Scuola Archeologica Italiana di Atene, n° 18783.
Figg. 28–29: *I.Iasos* 54; 47. Foto Prof. Dr. Mustafa H. Sayar, per gentile concessione dell'autore.
Fig. 30: *I.Iasos* 40. Foto archivio Associazione Iasos di Caria.
Fig. 31: Maddoli 2007, 5. Foto archivio ricerca su Iasos, Dipartimento di Scienze Storiche, Università degli Studi di Perugia, neg. III/2.
Fig. 32: *I.Iasos* 42. Foto Prof. Dr. Mustafa H. Sayar, per gentile concessione dell'autore.
Fig. 33: *I.Iasos* 60. Foto Dr. Arch. Nicolò Masturzo, per gentile concessione dell'autore.
Fig. 34: *I.Iasos* 2, ll. 25–61; 3, 1–10. Foto Archivio Scuola Archeologica Italiana di Atene, n° 11120.
Fig. 35: *I.Iasos* 37. Foto archivio ricerca su Iasos, Dipartimento di Scienze Storiche, Università degli Studi di Perugia, neg. 15/13.
Fig. 36: *I.Iasos* 53. Foto archivio Scuola Archeologica Italiana di Atene, n° 13281.
Fig. 37: *I.Iasos* 62. Foto archivio Scuola Archeologica Italiana di Atene, n° 13278.
Fig. 38: *I.Iasos* 69. Foto Archivio Scuola Archeologica Italiana di Atene, n° 12111.
Fig. 39: Maddoli 2007, 11.A, 6–14. Foto digitale archivio ricerca su Iasos, Dipartimento di Scienze Storiche, Università degli Studi di Perugia, n° DSCF 2953.

Fig. 40: Maddoli 2007, 12.A1–2. Foto digitale archivio ricerca su Iasos, Dipartimento di Scienze Storiche, Università degli Studi di Perugia, n° DSCF 2954.
Fig. 41: Maddoli 2007, 12.B. Foto digitale archivio ricerca su Iasos, Dipartimento di Scienze Storiche, Università degli Studi di Perugia, n° DSCN 0291.
Fig. 42: *I.Iasos* 61. Foto archivio Scuola Archeologica Italiana di Atene, n° 11122.
Fig. 43: *I.Iasos* 43. Foto archivio Scuola Archeologica Italiana di Atene, n° 13388.
Fig. 44: *I.Iasos* 59. Foto archivio Scuola Archeologica Italiana di Atene, n° 13277.
Fig. 45: *I.Iasos* 64. Foto archivio Scuola Archeologica Italiana di Atene, n° 13274.
Fig. 46: *I.Iasos* 70. Foto archivio Scuola Archeologica Italiana di Atene, n° 12109.
Fig. 47: *I.Iasos* 71. Foto archivio Scuola Archeologica Italiana di Atene, n° 12110.
Fig. 48: *I.Iasos* 55–56. Foto archivio Scuola Archeologica Italiana di Atene, n° 13276.
Fig. 49: *I.Iasos* 50. Foto archivio Scuola Archeologica Italiana di Atene, n° 11124.
Fig. 50: Maddoli 2007, 11.B, 1–11. Foto digitale archivio ricerca su Iasos, Dipartimento di Scienze Storiche, Università degli Studi di Perugia, n° DSCF 1101.
Fig. 51: Maddoli 2007, 17. Foto archivio ricerca su Iasos, Dipartimento di Scienze Storiche, Università degli Studi di Perugia, neg. 16/4.
Fig. 52: Maddoli 2007, 18.1. Foto archivio Associazione Iasos di Caria.
Fig. 53: Maddoli 2007, 21. Foto archivio Scuola Archeologica Italiana di Atene, n° 18779.
Fig. 54: Maddoli 2007, 19.1. Foto archivio Associazione Iasos di Caria.
Fig. 55: *I.Iasos* 57. Foto archivio Scuola Archeologica Italiana di Atene, n° 13280.
Fig. 56: Maddoli 2007, 13. Foto digitale archivio ricerca su Iasos, Dipartimento di Scienze Storiche, Università degli Studi di Perugia, n° DSCF 2950.
Fig. 57: Maddoli 2007, 22. Foto archivio Associazione Iasos di Caria.
Fig. 58: NPg 898. Foto digitale archivio ricerca su Iasos, Dipartimento di Scienze Storiche, Università degli Studi di Perugia, n° DSC_0057.
Fig. 59: *I.Iasos* 34. Foto archivio Scuola Archeologica Italiana di Atene, n° 13275.
Fig. 60: *I.Iasos* 63. Foto archivio Scuola Archeologica Italiana di Atene, n° 13274.
Fig. 61: Maddoli 2007, 14.A. Foto archivio Associazione Iasos di Caria.
Fig. 62: Maddoli 2007, 15. Foto archivio Associazione Iasos di Caria.
Fig. 63: Maddoli 2007, 20.A1. Foto archivio ricerca su Iasos, Dipartimento di Scienze Storiche, Università degli Studi di Perugia, neg. 8/3.
Fig. 64: *SEG* 38.1061 (= PC 1987, c). Foto archivio ricerca su Iasos, Dipartimento di Scienze Storiche, Università degli Studi di Perugia, neg. 3/8.
Figg. 65–66: Maddoli 2007, 16.1–2. Foto archivio ricerca su Iasos, Dipartimento di Scienze Storiche, Università degli Studi di Perugia, neg. 19/16a.
Fig. 67: Maddoli 2007, 20.A2. Foto archivio ricerca su Iasos, Dipartimento di Scienze Storiche, Università degli Studi di Perugia, neg. 8/3.
Fig. 68: Maddoli 2007, 24. Foto archivio Associazione Iasos di Caria.
Fig. 69: Maddoli 2007, 20.B. Foto archivio ricerca su Iasos, Dipartimento di Scienze Storiche, Università degli Studi di Perugia, neg. 20/11.
Fig. 70: *SEG* 41.932 (= PC 1989, 4), 1–14 (calco). Foto Prof. Dr. K. Hallof, per gentile concessione dell'autore.
Fig. 71: *SEG* 41.932 (= PC 1989, 4), 15–42 (calco). Foto Prof. Dr. K. Hallof, per gentile concessione dell'autore.
Fig. 72: *I.Iasos* 28 e 29. © Musée du Louvre, Dist. RMN / Christian Larrieu.
Fig. 73: Maddoli 2007, 26. Foto archivio ricerca su Iasos, Dipartimento di Scienze Storiche, Università degli Studi di Perugia, neg. 5/22.
Fig. 74: *I.Iasos* 25. Foto archivio Associazione Iasos di Caria.
Fig. 75: *I.Iasos* 26. Foto archivio Scuola Archeologica Italiana di Atene, n° 10526.
Fig. 76: *SEG* 41.930 (= PC 1989, 2), 33–35. Foto archivio Associazione Iasos di Caria.
Fig. 77: *SEG* 41.931 (= PC 1989, 3), 1–14. Foto archivio Associazione Iasos di Caria.
Fig. 78: Blümel 2007, 2 II. Foto Prof. Dr. W. Blümel, per gentile concessione dell'autore.
Fig. 79: Blümel 2007, 2 III. Foto Prof. Dr. W. Blümel, per gentile concessione dell'autore.
Fig. 80: *SEG* 41.933 (= PC 1989, 5). Foto archivio ricerca su Iasos, Dipartimento di Scienze Storiche, Università degli Studi di Perugia, n° DSCF 0985.
Fig. 81: *I.Iasos* 219. Foto archivio Scuola Archeologica Italiana di Atene, n° 15314.
Fig. 82: *I.Iasos* 75. Foto archivio ricerca su Iasos, Dipartimento di Scienze Storiche, Università degli Studi di Perugia, neg. 8/4.
Fig. 83: *I.Iasos* 6. © Musée du Louvre, Dist. RMN / Christian Larrieu.
Fig. 84: Maddoli 2007, 23.2. Foto archivio ricerca su Iasos, Dipartimento di Scienze Storiche, Università degli Studi di Perugia, neg. 3/19.

Fig. 85: *I.Iasos* 77. Foto archivio Scuola Archeologica Italiana di Atene, n° 9318.
Fig. 86: *SEG* 41.929 (= PC 1989, 1). Foto archivio Scuola Archeologica Italiana di Atene, n° 18645.
Fig. 87: *I.Iasos* 153 ©The Trustees of the British Museum. All rights reserved.
Fig. 88: frammento di *I.Iasos* 82. Foto archivio ricerca su Iasos, Dipartimento di Scienze Storiche, Università degli Studi di Perugia, neg. 19/21a.
Fig. 89: Maddoli 2001, A (= *SEG* 51.1506). Foto archivio Scuola Archeologica Italiana di Atene, n° 18777.
Fig. 90: *I.Iasos* 23 (calco). Foto Prof. Dr. K. Hallof, per gentile concessione dell'autore.
Fig. 91: Maddoli 2007, 25.A1–2. Foto archivio ricerca su Iasos, Dipartimento di Scienze Storiche, Università degli Studi di Perugia, neg. 20/15.
Fig. 92: *SEG* 36.982A–B (= PC 1985, IIa–b). Foto archivio ricerca su Iasos, Dipartimento di Scienze Storiche, Università degli Studi di Perugia, n° DSCF 1173.

Indice analitico

A. Fonti letterarie

B. Fonti epigrafiche

B.2 Iscrizioni inedite

C. Luoghi e comunità

D. Persone

D.1 Individui menzionati nei decreti di Iasos: cittadini

D.2 Individui di origine straniera menzionati nei decreti di Iasos:

D.3 Altri personaggi storici e mitici:

E. Istituzioni e magistrature iasee

F. Generi, contenuto e formulario dei decreti di Iasos

G. Fenomeni linguistici

H. Calendario iaseo

I. Indice delle cose notevoli